환상의 콤비

엑셀 and 파워포인트 and 워드 2016

장경호 지음

YoungJin.com Y.
영진닷컴

한권의 끝내기
엑셀 & 파워포인트 & 워드 2016

ISBN 978-89-314-5295-2

독자님의 의견을 받습니다

이 책을 구입한 독자님은 영진닷컴의 가장 중요한 비평가이자 조언가입니다. 저희 책의 장점과 문제점이 무엇인지, 어떤 책이 출판되기를 바라는지, 책을 더욱 알차게 꾸밀 수 있는 아이디어가 있으면 이메일, 또는 우편으로 연락주시기 바랍니다. 의견을 주실 때에는 책 제목 및 독자님의 성함과 연락처(전화번호나 이메일)를 꼭 남겨 주시기 바랍니다. 독자님의 의견에 대해 바로 답변을 드리고, 또 독자님의 의견을 다음 책에 충분히 반영하도록 늘 노력하겠습니다.

이메일 : support@youngjin.com
주 소 : (우)08505 서울시 금천구 가산디지털2로 123 월드메르디앙벤처센터2차 10층 1016호
등 록 : 2007. 4. 27. 제16-4189호

STAFF

저자 장경호 | **책임** 김태경 | **진행** 성민 | **본문 편집** 최동연 | **본문 디자인** 고은애, 지화경 | **표지 디자인** 임정원

PREFACE

오피스 2016이 새롭게 출시되었습니다. 오피스 2016을 통해 협업과 생산성으로 요약할 수 있는 비즈니스 업무를 가장 효과적으로 처리할 수 있습니다. 환상의 콤비 도서는 오피스 프로그램을 한 권으로 묶어 가장 효과적으로 공부할 수 있습니다.

환상의 콤비는 아래의 기준에 따라 집필하였습니다.

▶ 한 권의 도서만으로 오피스를 완벽하게 마스터할 수 있도록 내용에 충실할 것!
▶ 타 도서보다 많은 내용을 다룰 수 있도록 프로그램별로 중복 집필하지 말고, 연계 기능에 신경 쓸 것!
▶ 업데이트되는 내용은 저자가 운영하는 21만 회원이 소속되어 있는 실무카페를 통해 A/S 할 것!

환상의 콤비라는 이름으로 벌써 다섯 번째 도서를 출간하게 되었습니다. 그 동안의 노하우를 잘 풀어쓸 수 있도록 도와주신 영진닷컴 식구들과 김태경 부장님, 성민 과장님에게 고마움을 전합니다. 항상 곁에서 힘이 되어주는 아내와 내년과 내후년에 학교에 갈 소연, 소희에게 사랑한다고 이야기하고 싶습니다.

2016년 3월
장경호

오피스 2016은 계속해서 새로운 기능과 내용이 업데이트됩니다. 저자가 운영하는 실무카페를 통해 해당 내용을 소개하고 있으며, 피드백 창구도 마련하고 있습니다.

환상의 콤비 도서를 공부하면서 궁금한 점을 물어보면 21만 회원과 함께 답을 찾아보겠습니다. 환상의 콤비 도서만이 가질 수 있는 장점을 놓치지 마세요.

오피스 실무카페 http://cafe.naver.com/ppt

Preview

이 책은 오피스 2016에 수록되어 있는 엑셀, 파워포인트, 워드를 각각의 PART로 나누어 설명하고 있습니다. 각 PART는 Chapter와 Section으로 구성되어 있으며, Section의 시작 부분에는 Intro 코너를 마련하여 해당 Section에서 다루는 전반적인 내용을 한눈에 파악

■ 엑셀, 파워포인트, 워드

엑셀, 파워포인트, 워드 2016을 각각 PART로 나눠서 분권으로 구성하여 초보자들의 눈높이에 맞는 기본+활용 노하우를 소개합니다.

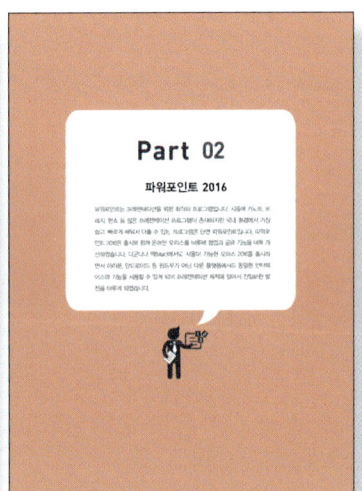

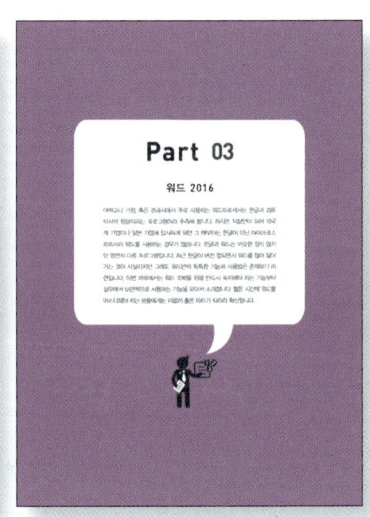

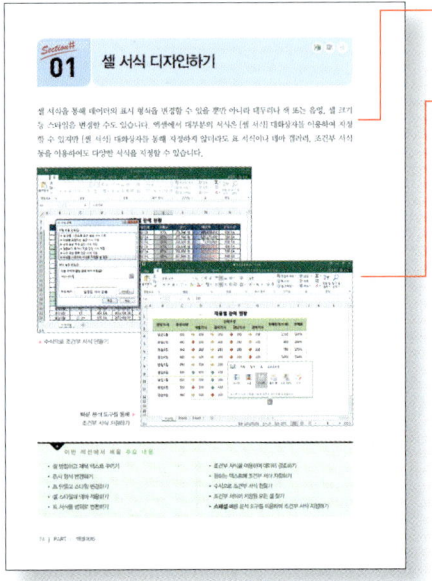

■ INTRO

각 Section의 시작 전에 어떤 내용을 배우게 되는지 알아봅니다.

■ Preview

각 Section에서 배우게 되는 주요 예제들을 미리 보기로 확인합니다.

할 수 있습니다. 그리고 자세한 따라하기를 비롯하여 부연 설명이나 주의해야 할 사항, 추가적인 정보는 'TIP', '꼭! 알고가기', 'QR 코드로 더 자세히' 등의 요소로 독자들의 이해를 돕습니다. 마지막으로 'Special Page'에서는 본문에서 다루지 못했지만 오피스 2016 사용에 유용한 저자의 노하우를 소개하며 '체크해봐요'에서는 본문에서 익힌 내용을 활용하여 응용력을 키울 수 있는 문제들을 제공합니다.

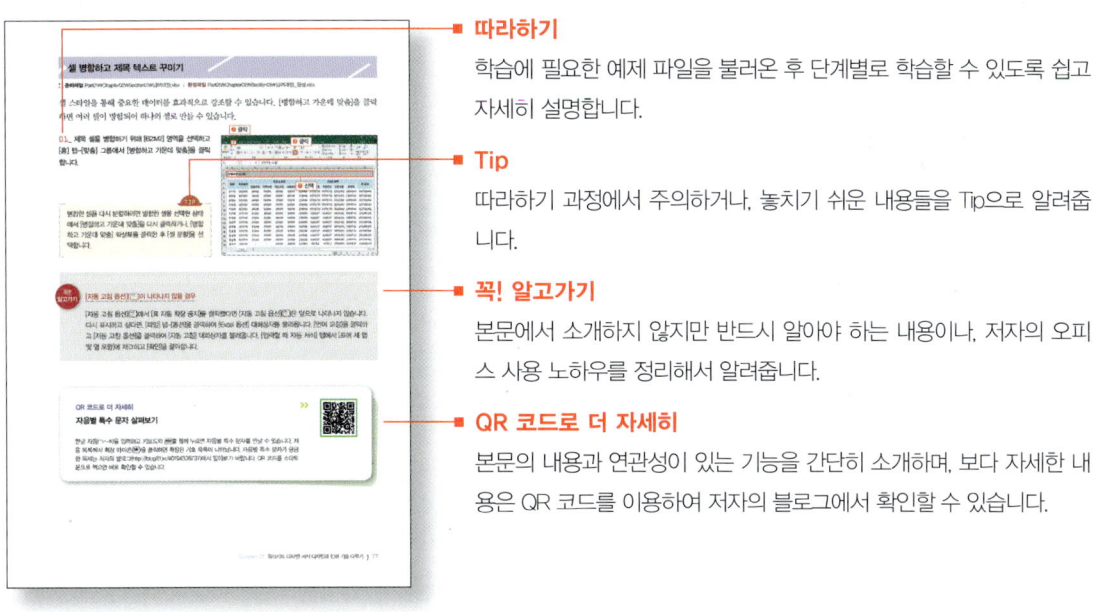

■ 따라하기
학습에 필요한 예제 파일을 불러온 후 단계별로 학습할 수 있도록 쉽고 자세히 설명합니다.

■ Tip
따라하기 과정에서 주의하거나, 놓치기 쉬운 내용들을 Tip으로 알려줍니다.

■ 꼭! 알고가기
본문에서 소개하지 않지만 반드시 알아야 하는 내용이나, 저자의 오피스 사용 노하우를 정리해서 알려줍니다.

■ QR 코드로 더 자세히
본문의 내용과 연관성이 있는 기능을 간단히 소개하며, 보다 자세한 내용은 QR 코드를 이용하여 저자의 블로그에서 확인할 수 있습니다.

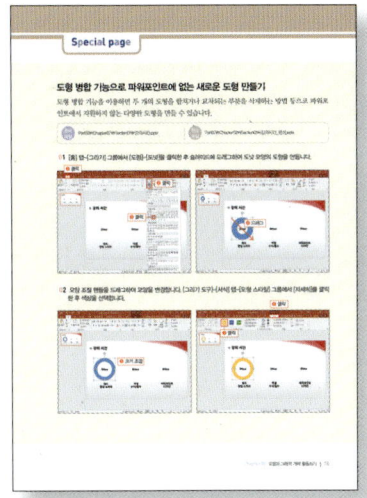

■ Special Page
오피스 2016 학습에 도움이 되는 내용들을 별도의 페이지로 구성하여 설명합니다.

■ 체크해봐요
앞선 따라하기에서 익힌 내용을 바탕으로 응용력을 키울 수 있는 문제들을 제공하며, 자세한 풀이 과정은 부록 CD에 수록되어 있는 해설 파일을 참고합니다.

이 책의 구성

'환상의 콤비 엑셀+파워포인트+워드 2016'은 더욱 강력해지고 편리해진 오피스 2016의 핵심 기능들을 어떻게 하면 제대로 써먹을 수 있는지 설명하고 있습니다. 엑셀, 파워포인트, 워드 2016의 멋진 기능들을 활용한 실전 문서 제작 방법과 저자의 노하우가 스며들어 있는 문서 작업 효율 극대화 방법을 소개하여 엑셀, 파워포인트, 워드를 전혀 모르더라도 쉽게 배울 수 있습니다. 이 책은 엑셀, 파워포인트, 워드를 각각의 PART로 구성하고 분권 처리를 하여 휴대성을 높였습니다. 그럼 본격적인 학습에 앞서 이 책이 어떻게 구성되어 있는지 간단히 살펴보겠습니다.

PART · 01 엑셀 2016

엑셀(Excel)은 데이터를 입력하거나 표를 계산하고 보고서를 작성하는 데 최적화된 대표적인 스프레드시트(Spread Sheet) 프로그램이라고 할 수 있습니다. PART 01에서는 엑셀 2016의 인터페이스와 기본 기능을 비롯하여 문서 작성 방법, 수식과 함수, 표와 차트, 데이터 관리와 자동화 기술 등 다양한 기능들을 소개합니다.

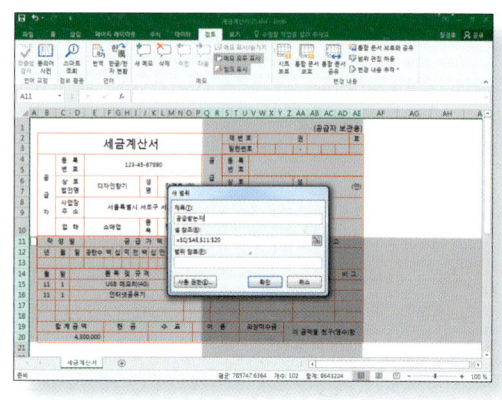

▶ **Chapter 01** 엑셀의 첫 걸음! 기본 문서 작성하기
▶ **Chapter 02** 워크시트 디자인! 서식 디자인과 인쇄 기술 다루기
▶ **Chapter 03** 복잡한 계산을 효율적으로! 수식과 함수 활용하기
▶ **Chapter 04** 데이터 관리하고 분석하기

PART·02 파워포인트 2016

파워포인트는 프레젠테이션의, 프레젠테이션에 의한, 프레젠테이션을 위한 프로그램이라고 할 수 있습니다. 키노트, 프레지, 한쇼 등 많은 프레젠테이션 프로그램이 있지만 가장 쉽고, 빠르게 배워서 다룰 수 있는 프로그램은 단연 파워포인트입니다. PART 02에서는 제대로 된 슬라이드 디자인을 위한 파워포인트 2016의 모든 것을 알아봅니다.

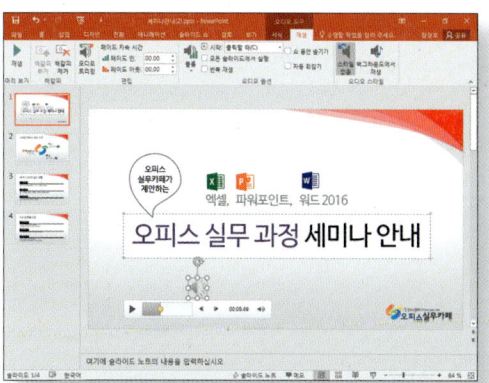

▶ **Chapter 01** 파워포인트 2016, 슬라이드 디자인하기
▶ **Chapter 02** 도형과 그래픽 개체 활용하기
▶ **Chapter 03** 멀티미디어와 슬라이드 쇼
▶ **Chapter 04** 테마 설정하고 인쇄 및 공유하기

PART·03 워드 2016

새롭게 출시된 오피스 2016에 포함되어 있는 워드 2016은 기존 버전보다 몇 단계 업그레이드되어 보다 강력하고 빠른 작업 환경을 제공합니다. PART 03에서는 워드 2016을 제대로 사용하기 위해 반드시 알아야 하는 기능부터 실무에서 보편적으로 사용하는 팁들을 모아서 소개합니다.

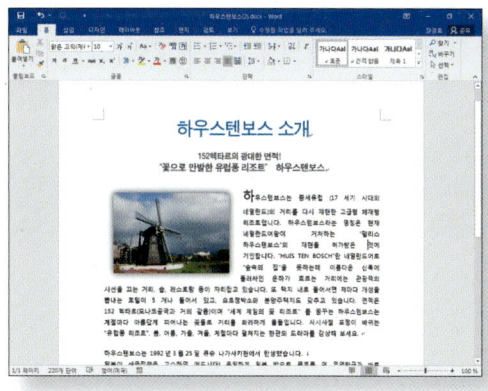

▶ **Chapter 01** 문서 작성과 편집하기
▶ **Chapter 02** 문서 인쇄와 개체 삽입하기
▶ **Chapter 03** 문서 고급 기능 활용하기

부록 CD
살펴보기

이 책의 부록 CD에는 본문에서 사용하는 예제 파일과 완성 파일, 그리고 '체크해봐요' 요소의 풀이 과정 해설 파일이 수록되어 있습니다. 부록 CD의 파일들은 내 컴퓨터에 복사한 후 사용할 것을 권장합니다.

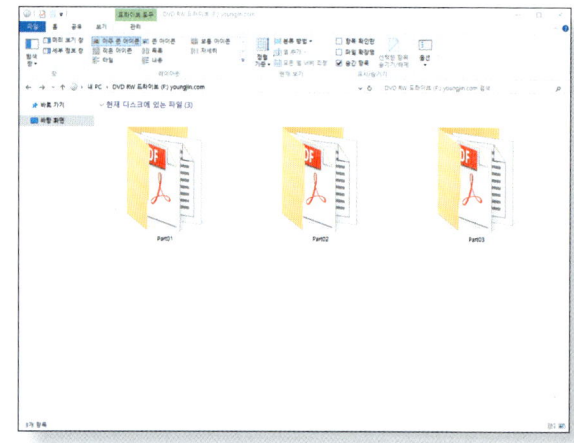

Part01 : 'Part01 엑셀 2016'의 따라하기에 필요한 예제 파일과 완성 파일, 그리고 [체크해봐요] 요소의 문제 풀이 과정 파일이 수록되어 있습니다.

Part02 : 'Part02 파워포인트 2016'의 따라하기에 필요한 예제 파일과 완성 파일, 그리고 [체크해봐요] 요소의 문제 풀이 과정 파일이 수록되어 있습니다.

Part03 : 'Part03 워드 2016'의 따라하기에 필요한 예제 파일과 완성 파일, 그리고 [체크해봐요] 요소의 문제 풀이 과정 파일이 수록되어 있습니다.

동일한 부록 CD 데이터를 영진닷컴 홈페이지(www.youngjin.com)의 [고객센터]-[부록 CD 다운로드]-[IT도서/교재]에서 도서명으로 검색한 후 다운로드할 수도 있습니다.

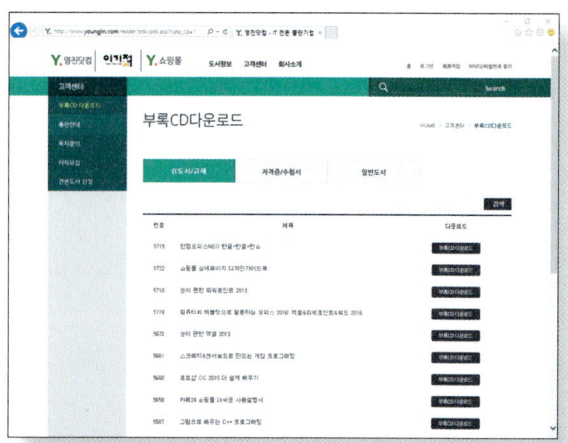

Part 01

엑셀 2016

엑셀(Excel)은 데이터를 입력하거나 표를 계산하고 보고서를 작성하는 데 최적화된 대표적인 스프레드시트(Spread Sheet) 프로그램이라고 할 수 있습니다. 엑셀 2016으로 할 수 있는 문서 작성 방법을 비롯해 수식과 함수, 표와 차트, 데이터 관리와 자동화 기술 등 다양한 기능에 대해서 배워보겠습니다.

Contents

PART · 0 1 엑셀 2016

Chapter 01. 엑셀의 첫 걸음! 기본 문서 작성하기   16

Section 01 엑셀 2016 시작하기   18

01 엑셀 2016 시작 화면 살펴보기   19

02 엑셀 2016 화면 구성 살펴보기   20

03 새 통합 문서 시작하기   21

04 서식 파일 열고 저장하기   23

05 엑셀 2016 리본 메뉴 살펴보기   24

06 중요 문서에 암호 설정하기   28

Special Page OneDrive를 통해 다른 사용자와 문서 공유하기   30

Section 02 데이터 입력하기   38

01 문자와 숫자 데이터 입력하기   39

02 날짜와 시간 데이터 입력하기   41

03 텍스트 방향을 자유롭게 변경하기   43

04 한 셀에 두 줄 텍스트 입력하기   44

05 소수와 백분율 표시 형식 변경하기   45

06 한자와 기호 입력하기   46

07 메모 삽입하고 색, 글꼴 변경하기   48

08 채우기 핸들로 데이터 자동 채우기   49

09 사용자 지정 목록 만들어 자동 채우기   51

Section 03 셀과 워크시트 다루기   54

01 행 높이와 열 너비 조절하기   55

02 워크시트 보호하기   57

03 붙여넣기와 선택하여 붙여넣기   59

04 행과 열 숨기기와 취소하기 · · · · · · · · · · · · · · · · · · · 62

05 워크시트 이동하고 복사하기 · · · · · · · · · · · · · · · · · 63

06 시트 이름과 색상 변경하기 · · · · · · · · · · · · · · · · · · 65

07 틀 고정하고 창 나누기 · 66

08 워크시트를 그림으로 붙여넣기 · · · · · · · · · · · · · · 68

09 연결된 그림 붙여넣기 · 69

Special Page 빠른 채우기로 셀 분리하기 · · · · · · · · · · 71

Chapter 02. 워크시트 디자인! 서식 디자인과 인쇄 기술 다루기 · · · 74

Section 01 셀 서식 디자인하기 · · · · · · · · · · · · · · · · · · 76

01 셀 병합하고 제목 텍스트 꾸미기 · · · · · · · · · · · · · 77

02 표시 형식 변경하기 · 78

03 표 만들고 스타일 변경하기 · · · · · · · · · · · · · · · · · · 80

04 셀 스타일과 테마 적용하기 · · · · · · · · · · · · · · · · · · 82

05 표 서식을 범위로 변환하기 · · · · · · · · · · · · · · · · · · 83

06 조건부 서식을 이용하여 데이터 강조하기 · · · · · · 84

07 원하는 텍스트에 조건부 서식 지정하기 · · · · · · · · 86

08 수식으로 조건부 서식 만들기 · · · · · · · · · · · · · · · · 87

09 조건부 서식이 지정된 모든 셀 찾기 · · · · · · · · · · · 88

Special Page 빠른 분석 도구를 통해 조건부 서식 지정하기 · · · 89

Section 02 차트 서식 디자인하기 · · · · · · · · · · · · · · · · · 91

01 차트 삽입하고 스타일 변경하기 · · · · · · · · · · · · · · 92

02 차트의 구성 요소 살펴보기 · · · · · · · · · · · · · · · · · · 94

03 레이아웃 변경하고 차트 요소 추가하기 · · · · · · · · 95

04 데이터 선택으로 차트 데이터 추가하기 · · · · · · · · 97

05 빠른 실행 단추로 차트 변경하기 · · · · · · · · · · · · · 98

06 혼합(콤보) 차트 만들기   100

07 추천 차트로 만들고 차트 변경하기   101

08 스파크라인으로 셀 안에 차트 만들기   102

09 스파크라인 차트 종류 변경하기   103

Special Page 선버스트 차트와 트리맵 차트 작성하기   104

Section 03 인쇄 기술 다루기   108

01 인쇄 미리 보기와 [페이지 설정] 대화상자 살펴보기   109

02 전체 화면 인쇄 미리 보기 추가하기   111

03 페이지마다 같은 행 반복 인쇄하기   112

04 머리글과 바닥글 설정하기   114

05 전체가 아닌 문서의 일부만 인쇄하기   116

06 페이지 가운데로 인쇄 영역 지정하고 배율 조절하기   117

Special Page PDF 문서나 인터넷 문서로 출판하기   119

Chapter 03. 복잡한 계산을 효율적으로! 수식과 함수 활용하기   124

Section 01 수식과 자동 함수 활용하기   126

01 엑셀의 수식 구조 이해하기   127

02 상대 참조와 절대 참조로 수식 계산하기   130

03 혼합 참조로 셀 주소 일부만 고정하기   133

04 다른 워크시트의 셀 참조하기   135

05 다른 파일의 셀 참조하기   136

06 셀 주소를 이름으로 정의하기   138

07 정의한 이름으로 수식 계산하기   139

08 구조적 참조를 이용하여 한 번에 계산하기   140

09 표 서식에 요약 행 설정하기   142

10 자동 합계를 이용해 수식 계산하기   144

11 함수 라이브러리에서 함수 시작하기   **146**

12 함수 마법사를 통해 함수 검색하기   **147**

Section 02 기초 함수 익히기   **149**

01 함수의 기본 형식과 구성 요소   **150**

02 MAX, MIN 함수로 최고, 최저 판매량 구하기   **151**

03 LARGE, SMALL 함수로 두 번째 최고, 최저점 구하기   **152**

04 ROUND, ROUNDUP, ROUNDDOWN 함수로 자릿수 조절하기   **154**

05 INT 함수로 부가세 구하기   **157**

06 LEN 함수로 문자 개수 알아보기   **158**

07 FREQUENCY 함수로 빈도수 구하기   **159**

08 REPLACE 함수로 주민등록번호 뒷자리 감추기   **160**

Section 03 필수 함수 익히기   **164**

01 AVERAGE, AVERAGEA 함수로 진급 시험 평균 구하기   **165**

02 AVERAGEIF, AVERAGEIFS 함수로 지역별 커피 평균 구하기   **167**

03 IF, LEFT, MID, RIGHT 함수로 지역 구분하고 성별 구별하기   **169**

04 중첩 IF 함수로 회원 등급 나누기   **173**

05 SUMIF, SUMIFS 함수로 판매 수량 구하기   **174**

06 COUNT, COUNTBLANK 함수로 응시자, 미응시자 구하기   **178**

07 COUNTIF, COUNTIFS 함수로 조건에 맞는 개수 구하기   **181**

08 TODAY, YEAR, MONTH 함수로 초과 근무 시간 구하기   **183**

Section 04 실무 함수 익히기   **187**

01 RANK.EQ, RANK.AVG 함수로 1학기 성적 순위 구하기   **188**

02 LOOKUP 함수로 제품코드로 제품명 나타내기   **191**

03 VLOOKUP, HLOOKUP 함수로 상품명과 지역명 입력하기   **193**

04 INDEX 함수로 근무연수에 따른 연봉 구하기   **196**

05 SUMPRODUCT 함수로 배열 값 구하기 · 197

06 DSUM, DAVERAGE 함수로 부서 합계, 평균 구하기 · · · · · · · · · · · · · · 198

07 DCOUNT 함수로 조건에 맞는 응시인원, 합격인원 구하기 · · · · · · · · 201

08 FV 함수를 이용해 정기적금 만기 시 받을 금액 산출하기 · · · · · · · · · 203

📖 Chapter 04. 데이터 관리하고 분석하기 · 206

Section 01 데이터 관리하기 · 208

01 오름차순과 내림차순으로 데이터 정렬하기 · 209

02 여러 가지 기준으로 데이터 정렬하기 · 210

03 사용자가 원하는 임의의 순서대로 정렬하기 · 212

04 셀 색, 글꼴 색을 기준으로 데이터 정렬하기 · 214

05 자동 필터에서 데이터 추출하기 · 216

06 숫자나 날짜 데이터로 데이터 추출하기 · 217

07 사용자 지정으로 데이터 추출하기 · 219

08 셀 서식을 기준으로 데이터 추출하기 · 220

09 고급 필터에서 다중 데이터 추출하기 · 221

10 여러 조건으로 데이터 추출하기 · 222

11 AND 조건과 OR 조건으로 혼합 데이터 추출하기 · · · · · · · · · · · · · · · · 223

Special Page 고급 필터 지정 조건 살펴보기 · 224

Section 02 데이터 요약하기 · 226

01 부분합으로 요약 보고서 작성하기 · 227

02 부분합을 그룹으로 묶어서 윤곽 조정하기 · 228

03 여러 그룹으로 구성된 다중 부분합 작성하기 · 229

04 부분합 요약 보고서 결과 복사하기 · 230

05 원하는 필드만으로 피벗 테이블 만들기 · 231

06 필드를 그룹으로 설정하기 · 233

07 피벗 테이블 스타일 지정하기 · 234

08 피벗 테이블 시간 표시 막대 삽입하기 · 235

09 피벗 차트로 보고서 작성하기 · 236

10 슬라이서로 필터 만들기 · 237

11 하나의 셀에 있는 텍스트 나누기 · 239

12 중복된 항목 제거하기 · 240

13 데이터 유효성 검사로 항목 입력하기 · 241

14 데이터 유효성 검사로 설명 메시지 입력하기 · · · · · · · · · · · · · · · · 243

15 데이터 유효성 검사로 오류 메시지 표시하기 · · · · · · · · · · · · · · · · 244

Special Page 원하는 기능이나 궁금증을 한 번에 해결하기 · · · · · · · 245

Special Page 플래시 필 기능으로 항목 수정하고 합산하기 · · · · · · · 247

Section 03 가상 분석과 매크로 · 250

01 가상 분석을 이용하여 목표 값 찾기 · 251

02 할인가에 따른 변동 수익률 시나리오 작성하기 · · · · · · · · · · · · · · 252

03 숨겨진 [개발 도구] 탭 표시하기 · 255

04 매크로가 포함된 파일 열기 · 256

05 매크로 보안 설정하기 · 257

06 매크로 바로 가기 키 설정하고 저장하기 · · · · · · · · · · · · · · · · · · · 258

07 도형에 매크로 실행 단추 만들기 · 261

08 기록한 매크로 삭제하기 · 265

Special Page VBA 편집기 실행하고 매크로 수정하기 · · · · · · · · · · · 266

Chapter 1

엑셀의 첫 걸음!
기본 문서 작성하기

엑셀은 방대한 양의 데이터를 파악하고 분석할 수 있는 매우 강력한 도구입니다. 물론, 데이터의 양이 많지 않더라도 클릭 한 두 번으로 간단하게 데이터를 처리할 수 있으며, 원하는 내용을 정리하고, 보고하는 데 매우 유용한 도구이기노 합니다. 여기서는 다양한 실무 예제를 통해 엑셀의 기본 문서를 작성해보겠습니다.

Section 1. 엑셀 2016 시작하기

Section 2. 데이터 입력하기

Section 3. 셀과 워크시트 다루기

엑셀 2016 시작하기

엑셀 2016을 실행하면 최근에 사용한 항목이나 전문가가 만든 온라인 서식 파일이 제일 먼저 나타납니다. 이 중에 원하는 서식 파일이 있다면 선택하여 보다 빠르게 엑셀 작업을 할 수 있습니다. 여기서 '새 통합 문서'를 선택하면 비어있는 문서가 열리며 새롭게 엑셀 문서를 만들 수도 있습니다.

▲ 새 통합 문서 시작하기

▲ 서식 파일 열고 저장하기

★ 이번 섹션에서 배울 주요 내용

- 엑셀 2016 시작 화면 살펴보기
- 엑셀 2016 화면 구성 살펴보기
- 새 통합 문서 시작하기
- 서식 파일 열고 저장하기

- 엑셀 2016 리본 메뉴 살펴보기
- 중요 문서에 암호 설정하기
- **스페셜** OneDrive를 통해 다른 사용자와 문서 공유하기

엑셀 2016 시작 화면 살펴보기

엑셀 2016을 실행하면 처음 등장하는 시작 화면은 최근에 사용한 문서를 선택하거나, 온라인 서식 파일을 비롯해 내 컴퓨터에 저장되어 있는 문서를 빠르게 불러올 수 있습니다.

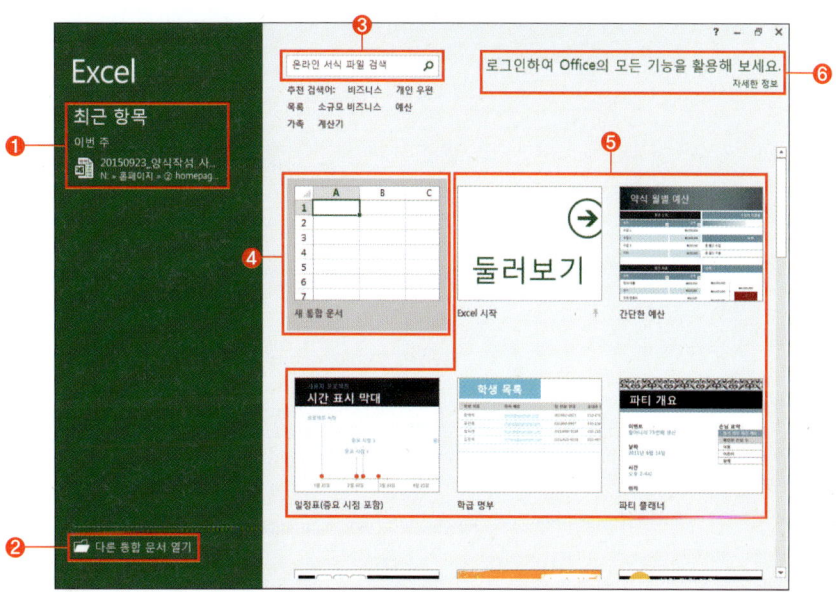

❶ **최근 항목** : 최근에 사용한 문서를 표시합니다.

❷ **다른 통합 문서 열기** : OneDrive, 내 컴퓨터 등에 저장되어 있는 문서를 엽니다.

❸ **온라인 서식 파일 검색** : 원하는 키워드를 입력하여 온라인 서식 파일을 엽니다.

❹ **새 통합 문서** : 비어있는 새 통합 문서를 엽니다.

❺ **서식 파일** : 엑셀 2016이 제공하는 다양한 서식 파일을 보여줍니다.

❻ **로그인** : OneDrive와 같은 Microsoft 온라인 서비스에 자동으로 로그인됩니다.

꼭!! 알고가기

주요 Excel 서식 파일

온라인 서식 파일은 엑셀 2016 시작 화면에서도 검색할 수 있지만 Office.com의 서식 페이지에서도 검색하고 내 컴퓨터로 다운로드할 수 있습니다.

https://templates.office.com

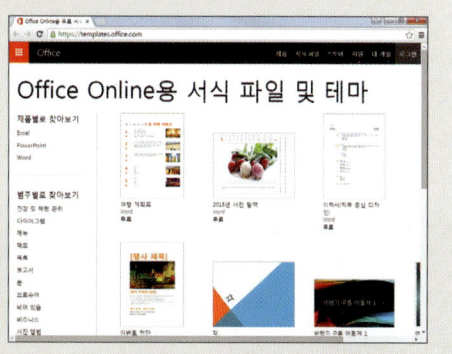

엑셀 2016 화면 구성 살펴보기

엑셀 2016의 화면은 엑셀 2010, 2013과 유사하지만 제목 표시줄의 색상이 깔끔하게 변경되었으며, 로그인과 사용자 정보, 그리고 문서를 공유하기 위한 협업 기능이 강조되었습니다.

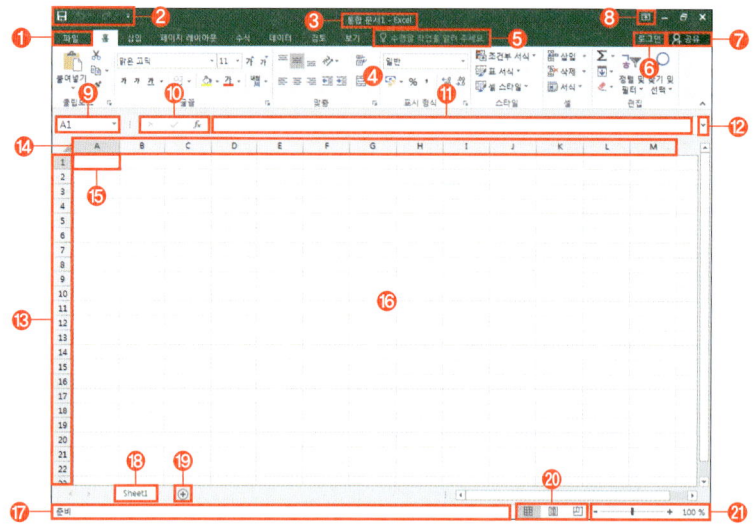

❶ **[파일] 탭** : 새로 만들기, 열기, 저장, 인쇄, 내보내기 등 문서를 관리하고 옵션을 지정할 수 있는 메뉴로 구성되어 있습니다.

❷ **빠른 실행 도구 모음** : 자주 사용하는 명령을 모아 놓은 도구 모음으로 원하는 명령을 추가하거나 삭제할 수 있습니다.

❸ **제목 표시줄** : 통합 문서의 파일명이 나타납니다.

❹ **리본 메뉴** : 탭과 그룹으로 구성되어 있으며, 탭과 그룹마다 비슷한 성격의 명령 단추로 나열되어 있습니다.

❺ **빠른 실행** : 엑셀 2016에서 제공하는 도움말을 비롯해 기능을 빠르게 실행할 수 있습니다.

❻ **로그인** : Microsoft 서비스에 로그인하거나 사용자의 로그인 정보를 확인할 수 있습니다.

❼ **공유** : 다른 사용자와 공동 작업을 위해 문서를 클라우드(OneDrive)에 저장할 수 있으며, 공유한 문서를 통해 공동 작업을 진행할 수 있습니다.

❽ **리본 메뉴 확대/축소 단추** : 워크시트를 넓게 사용하고 싶거나 리본 메뉴를 표시하지 않도록 설정할 수 있습니다.

❾ **이름 상자** : 셀이나 범위의 이름이 나타나며, 이름을 지정하지 않으면 선택한 셀 주소가 나타납니다.

❿ **함수 삽입** : [함수 마법사] 대화상자를 통해 원하는 함수를 빠르고 편리하게 선택할 수 있습니다.

⓫ **수식 입력줄** : 입력한 데이터나 수식이 표시되며, 직접 수식을 입력할 수도 있습니다.

⓬ **수식 입력줄 확장 단추** : 수식 입력줄의 크기를 확장하거나, 축소할 수 있습니다.

⓭ **행 머리글** : 워크시트의 행을 표시하는 이름표로써 행 머리글은 1, 2, 3 등으로 나타납니다.

⓮ **열 머리글** : 워크시트의 열을 표시하는 이름표로써 열 머리글은 A, B, C 등으로 나타납니다.

⓯ **셀** : 행과 열이 교차되는 곳으로 수식과 데이터를 입력할 수 있습니다.

⓰ **워크시트** : 데이터 작업이 이루어지는 공간을 말합니다.

⓱ **상태 표시줄** : 화면 보기 단추와 확대/축소 단추가 있는 상태 표시줄을 통해 합계, 평균 등 간단한 계산을 표시할 수 있으며, 키보드 상태와 페이지 번호 등을 확인할 수 있습니다.

⓲ **시트 탭** : 엑셀 작업이 이루어지는 워크시트의 이름이 표시되며, 추가하거나 삭제할 수 있습니다.

⓳ **새 시트** : [새 시트] 단추를 클릭하여 워크시트를 추가할 수 있습니다.

⓴ **여러 가지 보기 단추** : 문서의 화면 보기 형태를 다양하게 선택할 수 있습니다.

㉑ **화면 확대/축소 단추** : 화면을 원하는 배율로 조절할 수 있습니다.

새 통합 문서 시작하기

빈 워크시트 화면을 불러오기 위해서는 시작 화면에서 새 통합 문서를 선택해야 합니다.

01_ 엑셀 2016을 실행합니다. 빈 워크시트 화면을 불러오기 위해 [새 통합 문서]를 클릭합니다.

TIP

[새 통합 문서]는 **Ctrl** + **N** 을 눌러 불러올 수도 있습니다.

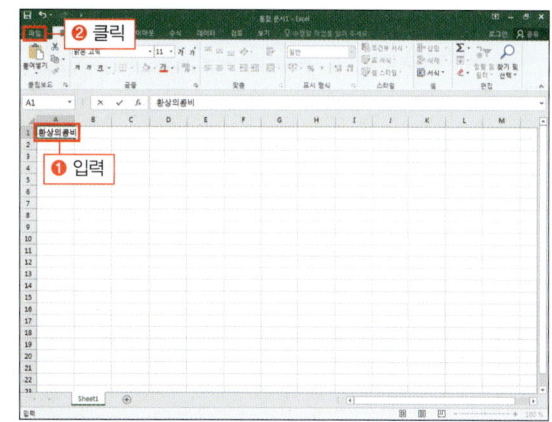

02_ 새 통합 문서가 나타나면 [A1] 셀에 『환상의콤비』를 입력합니다. 문서를 저장하기 위해 [파일] 탭을 클릭합니다.

03_ [다른 이름으로 저장]에서 [저장 위치]를 선택합니다. 여기서는 내 컴퓨터에 저장하기 위해 [이 PC]를 선택한 후 원하는 폴더를 클릭합니다. 여기서는 [내 문서]를 선택합니다.

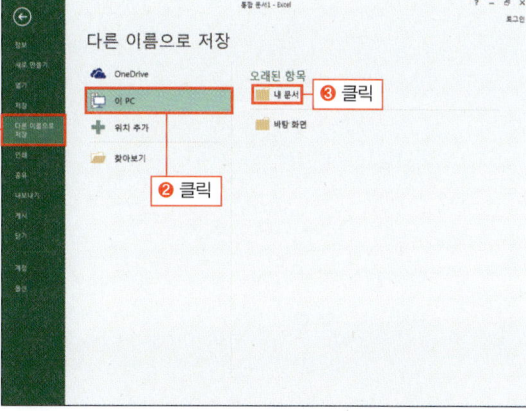

TIP

[저장] 단축키는 **Ctrl** + **S** 이며, [다른 이름으로 저장] 단축키는 **F12** 입니다.

04_ [다른 이름으로 저장] 대화상자가 나타나면 [파일 이름]에 원하는 이름을 입력합니다. 여기서는 『환상의콤비』를 입력한 후 [저장]을 클릭합니다.

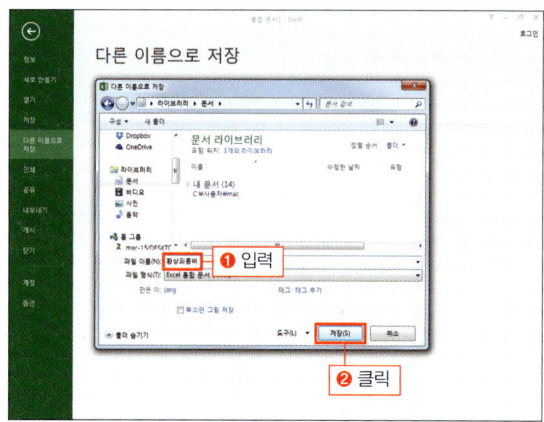

05_ 제목 표시줄에 '환상의콤비.xlsx'라는 파일명이 나타납니다.

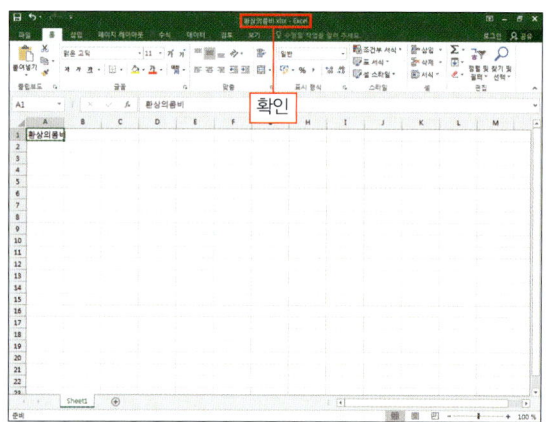

꼭!! 알고가기 **엑셀 파일 저장 형식 살펴보기**

엑셀 2016을 비롯해, 2013, 2010, 2007의 경우 확장자로 'xlsx'를 사용합니다. 최신 엑셀 버전의 경우 XML(eXtensible Markup Language) 포맷으로 저장됩니다. 파일의 저장 형식이 XML 포맷으로 변경되면서 전반적인 파일 크기가 작아졌으며, 보안 기능과 호환을 위한 유연성이 향상되었습니다. 하지만 엑셀 2003을 비롯해 이전 버전의 경우 확장자로 'xls'를 사용합니다. 여기서 엑셀 파일의 저장 형식에 대해서 살펴보겠습니다.

저장 형식	확장자	설명
Excel 통합 문서	.xlsx	엑셀 2016의 기본 저장 형식입니다.
Excel 매크로 사용 통합 문서	.xlsm	매크로가 포함된 파일 형식입니다.
Excel 서식 파일	.xltx	엑셀 서식 파일 형식입니다.
Excel 바이너리 통합 문서	.xlsb	바이너리(이진) 파일 형식입니다.
Excel 97 – Excel 2003 통합 문서	.xls	엑셀 97~2003 버전의 파일 형식입니다.
Excel 4.0 통합 문서	.xlw	엑셀 4.0 파일 형식입니다.

서식 파일 열고 저장하기

엑셀 2016에서 제공하는 온라인 서식 파일을 이용하면 다양한 문서를 쉽게 만들 수 있습니다.

01_ 서식 파일로 문서를 시작하기 위해 [파일] 탭을 클릭한 후 [새로 만들기]를 클릭합니다. 서식 파일이 나타나면 원하는 서식 파일을 선택합니다. 여기서는 [간단한 예산]을 선택합니다.

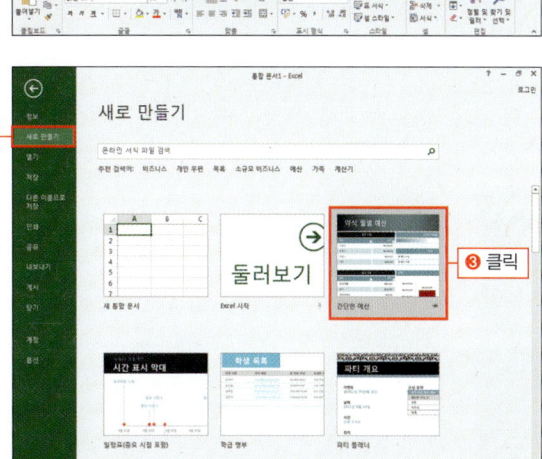

02_ 상세 페이지가 열리면 좌, 우 화살표를 클릭하여 서식 파일 내용을 미리 확인한 후 [만들기]를 클릭합니다.

03_ '간단한 예산' 서식 파일이 열립니다. 워크시트 내용을 수정하여 엑셀 문서를 만듭니다.

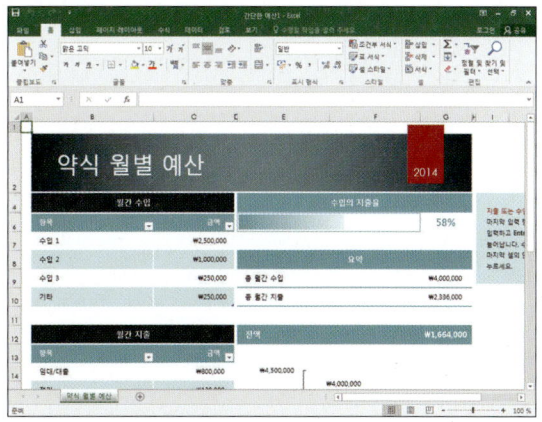

엑셀 2016 리본 메뉴 살펴보기

리본 메뉴는 [홈], [삽입], [페이지 레이아웃], [수식], [데이터], [검토], [보기] 탭 등으로 구성되며 선택하는 기능에 따라 상황별 탭이 나타나기도 합니다.

[파일] 탭

[파일] 탭은 엑셀 문서를 열거나 저장하는 등 다양한 파일 작업과 인쇄와 공유, 내보내기, 옵션 설정 등을 할 수 있습니다.

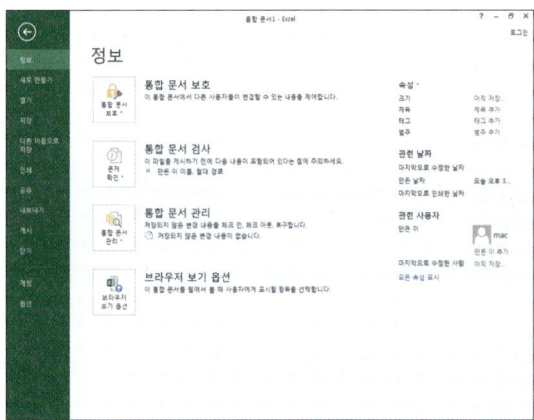

[홈] 탭

[홈] 탭은 엑셀 2016을 실행했을 때 기본 설정되어 있는 탭으로써 텍스트 작업 등 엑셀에서 가장 많이 사용하는 편집 기능과 서식 설정 등을 할 수 있습니다.

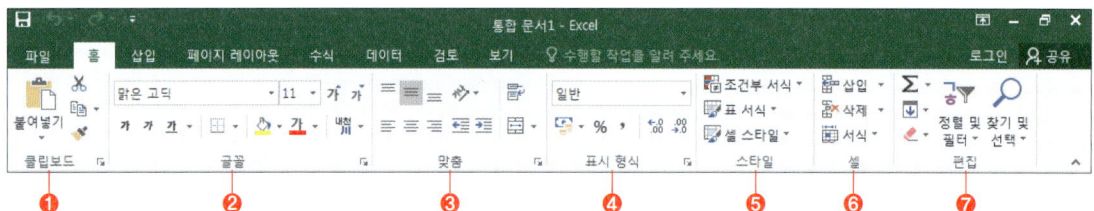

❶ **[클립보드] 그룹** : 선택한 영역을 복사하거나 잘라내고 다시 붙이는 등 클립보드를 이용한 작업을 할 수 있습니다.

❷ **[글꼴] 그룹** : 글꼴과 글꼴 크기를 비롯한 글꼴 작업과 배경 및 글꼴 색상 등의 작업을 할 수 있습니다.

❸ **[맞춤] 그룹** : 데이터를 정렬하거나 여러 셀을 병합하여 하나의 셀로 만드는 기능을 포함한 다양한 맞춤 관련 작업을 할 수 있습니다.

❹ **[표시 형식] 그룹** : 백분율이나 통화, 콤마 등 셀 데이터의 표시 형식을 설정하거나 변경할 수 있습니다.

❺ **[스타일] 그룹** : 조건부 서식을 비롯하여 표 서식 그리고, 셀 스타일을 설정할 수 있습니다.

❻ **[셀] 그룹** : 행이나 열을 삽입하거나 삭제할 수 있으며 다양한 셀과 시트의 서식을 설정할 수 있습니다.

❼ **[편집] 그룹** : 자동 합계나 채우기, 정렬 및 필터 그리고 특정 텍스트나 서식을 찾을 수 있는 기능 등으로 구성되어 있습니다.

[삽입] 탭

[삽입] 탭은 표를 비롯하여 일러스트레이션이나 앱 스토어를 통해 개체를 삽입하거나 추가할 수 있으며, 차트나 필터, 스파크라인 등 다양한 시각적 효과를 위한 기능을 추가할 수 있습니다.

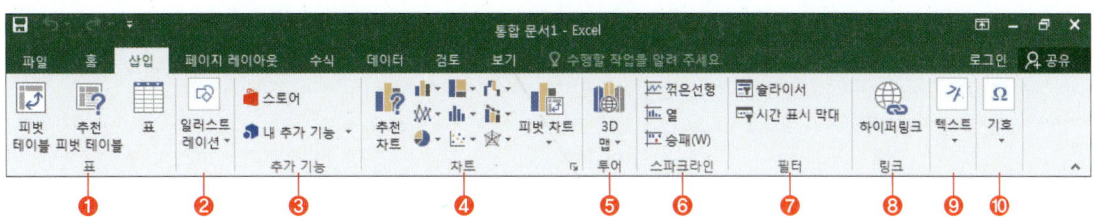

❶ **[표] 그룹** : 워크시트에 표와 피벗 테이블을 삽입하는 기능으로 구성되어 있습니다.

❷ **[일러스트레이션] 그룹** : 그림이나 클립아트, 도형, 스마트아트 등을 삽입할 수 있으며, 화면을 캡처할 수 있는 스크린 샷 등의 작업을 할 수 있습니다.

❸ **[추가 기능] 그룹** : 오피스 관련 앱을 설치하여 엑셀에서 활용할 수 있습니다.

❹ **[차트] 그룹** : 다양한 차트를 워크시트에 삽입할 수 있으며, 각각의 차트 항목을 선택하면 세부적인 차트를 다시 설정할 수 있습니다.

❺ **[투어] 그룹** : 3D 맵 등을 통해 보다 나은 엑셀 보고서나 문서를 만들 수 있습니다.

❻ **[스파크라인] 그룹** : 선택한 영역에 스파크라인 차트를 삽입할 수 있습니다.

❼ **[필터] 그룹** : 피벗 테이블의 데이터를 재구성할 수 있는 슬라이서 작업을 할 수 있습니다.

❽ **[링크] 그룹** : 워크시트에 하이퍼링크 등을 연결할 수 있습니다.

❾ **[텍스트] 그룹** : 텍스트 상자를 삽입하거나 머리글/바닥글 등을 설정할 수 있습니다.

❿ **[기호] 그룹** : 수식이나 기호를 삽입할 수 있습니다.

[페이지 레이아웃] 탭

워크시트에 다양한 서식이 포함된 테마를 적용할 수 있으며, 인쇄를 위한 페이지 설정과 시트 옵션 등 다양한 인쇄 관련 기능을 비롯하여 개체들을 정렬할 수 있습니다.

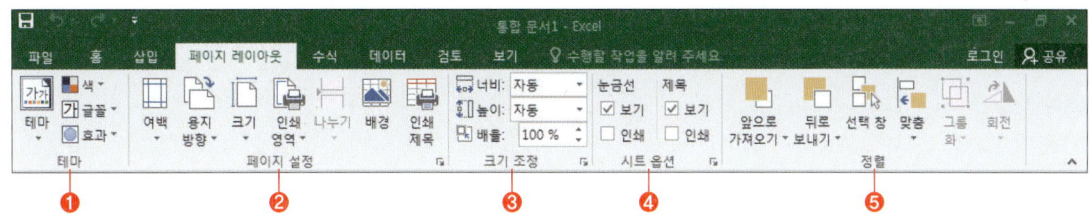

❶ **[테마] 그룹** : 색이나 글꼴 등의 다양한 서식이 포함된 테마 기능을 한 번에 워크시트에 적용할 수 있으며, 개별적으로 색이나 글꼴, 효과 등을 설정할 수도 있습니다.

❷ **[페이지 설정] 그룹** : 페이지의 여백이나 용지의 방향, 크기 등을 설정할 수 있습니다.

❸ **[크기 조정] 그룹** : 최대 페이지 수에 맞게 너비나 높이를 조절하여 인쇄를 하거나 배율을 조절할 수 있습니다.

❹ **[시트 옵션] 그룹** : 인쇄할 때 시트의 눈금선 표시 방법을 변경하거나 시트 인쇄와 관련된 설정을 변경할 수 있습니다.

❺ **[정렬] 그룹** : 삽입한 개체의 순서를 변경하거나 개체의 정렬, 또는 그룹, 회전 등을 설정할 수 있습니다.

[수식] 탭

[수식] 탭은 함수를 삽입하거나 수식을 분석하는 등 수식과 관련된 기능을 설정할 수 있습니다.

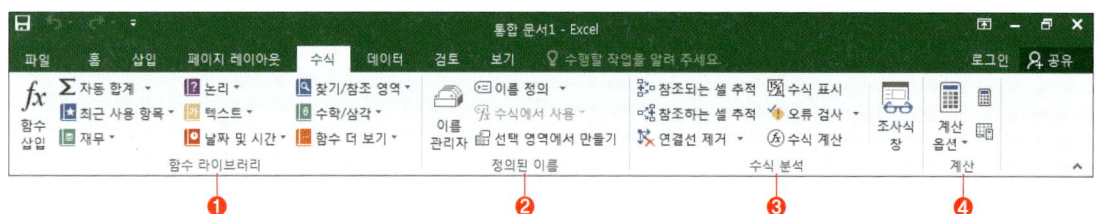

❶ **[함수 라이브러리] 그룹** : 여러 함수 형식을 선택하거나 세부적으로 함수를 선택할 수 있습니다.

❷ **[정의된 이름] 그룹** : 선택한 영역의 이름을 정의하고 정의된 이름을 관리하는 기능들이 있습니다.

❸ **[수식 분석] 그룹** : 참조 셀을 표시하거나 수식을 표시하는 등 수식의 관계를 분석하고 관리하는 기능을 설정할 수 있습니다.

❹ **[계산] 그룹** : 수식을 계산할 시간을 설정하거나 현재 시트를 계산하는 기능 등으로 구성되어 있습니다.

[데이터] 탭

[데이터] 탭은 액세스 데이터베이스나 웹 페이지 등의 외부 데이터를 가져오거나 데이터를 정렬 또는 필터링하여 원하는 데이터만 추출할 수 있습니다.

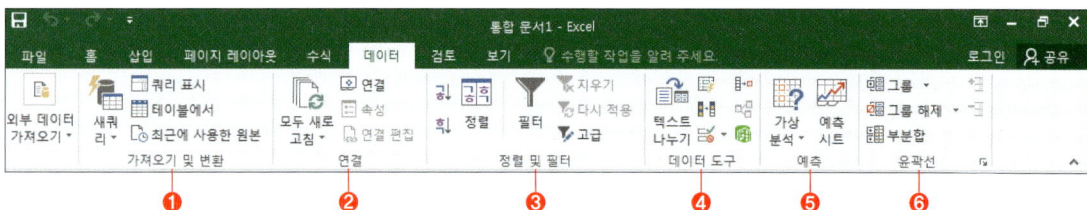

❶ **[가져오기 및 변환] 그룹** : 액세스 데이터베이스나 웹 페이지 등에서 외부 데이터를 가져올 수 있습니다.

❷ **[연결] 그룹** : 데이터 원본에서 가져온 모든 정보를 업데이트하거나 새로운 외부 데이터를 연결하는 등의 작업을 할 수 있습니다.

❸ **[정렬 및 필터] 그룹** : 데이터를 정렬하거나 필터링 등을 할 수 있습니다.

❹ **[데이터 도구] 그룹** : 텍스트를 나누거나 중복된 데이터를 제거, 유효한 데이터만 입력하는 등 데이터 입력 및 관리를 할 수 있습니다.

❺ **[예측] 그룹** : 시나리오 관리자, 목표 값 찾기, 데이터 추세 등을 통해 시트에 다양한 수식 값을 예측할 수 있습니다.

❻ **[윤곽선] 그룹** : 선택한 셀들을 하나의 그룹으로 만들거나 부분합을 구할 수 있습니다.

[검토] 탭

[검토] 탭은 입력한 데이터의 맞춤법을 검사하거나 언어를 번역, 언어를 교정할 수 있으며, 메모를 입력하거나 시트를 보호 또는, 공유할 수 있습니다.

❶ **[언어 교정] 그룹** : 맞춤법 검사나 리서치, 동의어 사전 등 입력된 데이터를 교정할 수 있습니다.

❷ **[정보 활용] 그룹** : 다양한 온라인 소스 정보 및 이미지 등을 조회할 수 있습니다.

❸ **[언어] 그룹** : 언어를 번역하거나 한글을 한자로 변환할 수 있습니다.

❹ **[메모] 그룹** : 메모를 추가하거나 삭제하는 등 메모와 관련된 기능을 사용할 수 있습니다.

❺ **[변경 내용] 그룹** : 시트 보호나 통합 문서 보호, 공유 등을 할 수 있습니다.

[보기] 탭

[보호] 탭은 페이지 레이아웃을 변경하거나 페이지 나누기를 미리 보기로 확인할 수 있으며, 화면을 확대 또는, 축소하거나 매크로 등을 실행할 수 있습니다.

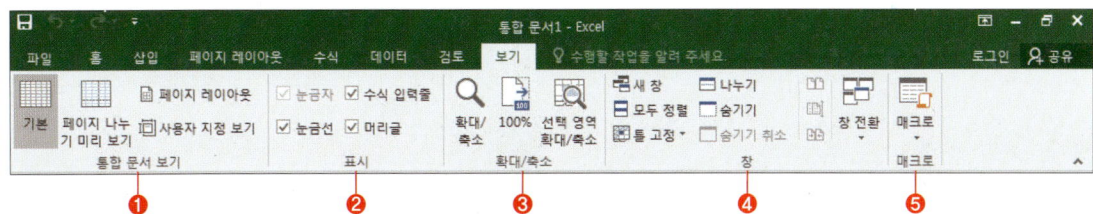

❶ **[통합 문서 보기] 그룹** : 페이지 레이아웃 화면이나 전체 화면 등으로 통합 문서 보기 방법을 변경하거나 워크시트의 페이지 나누기 등을 할 수 있습니다.

❷ **[표시] 그룹** : 눈금선이나 수식 입력줄 등의 화면 표시 방법을 설정할 수 있습니다.

❸ **[확대/축소] 그룹** : 화면의 배율을 설정하거나 일부분을 확대할 수 있습니다.

❹ **[창] 그룹** : 창을 나누거나 다른 창으로 전환, 또는 원하는 셀의 틀을 고정할 수 있습니다.

❺ **[매크로] 그룹** : 매크로 목록을 보거나 매크로를 실행, 작성, 제거할 수 있으며 다른 매크로 옵션에 액세스할 수 있습니다.

중요 문서에 암호 설정하기

:: **준비파일** Part01₩Chapter01₩Section01₩고객명부.xlsx | **완성파일** Part01₩Chapter01₩Section01₩고객명부_완성.xlsx

개인 정보 보호법이 강화되어 개인 정보가 담긴 문서를 취급할 때에는 이전보다 더 많은 주의가 요구됩니다. 개인 정보가 하나라도 포함된 문서라면 암호를 설정하는 습관을 들이는 것이 좋습니다.

01_ [파일] 탭-[다른 이름으로 저장]을 클릭한 후 [이 PC]-[찾아보기]를 선택합니다. [다른 이름으로 저장] 대화 상자가 나타나면 [도구]-[일반 옵션]을 클릭합니다.

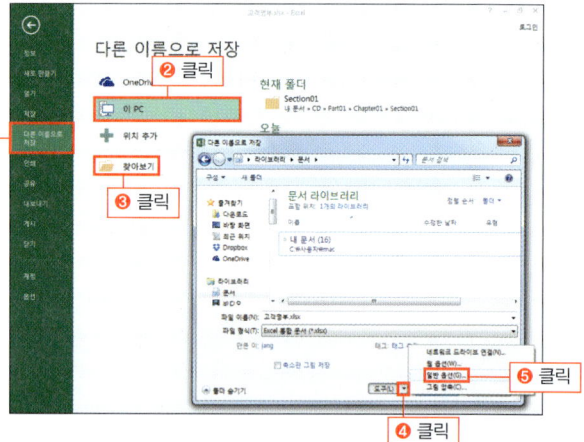

> **TIP**
> [파일] 탭-[정보]-[통합 문서 보호]-[암호 설정]으로도 암호를 설정할 수 있습니다.

02_ 암호를 입력합니다. [열기 암호]에 『1234』를 입력한 후 [쓰기 암호]에 『4321』을 입력하고 [확인]을 클릭합니다.

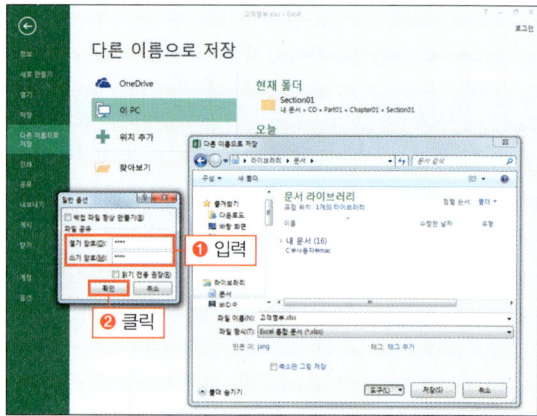

> **TIP**
> [일반 옵션] 대화상자에서 [백업 파일 항상 만들기]와 [읽기 전용 권장]으로 구분해서 암호를 지정할 수 있습니다. [백업 파일 항상 만들기]는 파일을 항상 생성하는 기능이며, [읽기 전용 권장]은 문서를 불러올 때마다 읽기 전용으로 열리도록 설정하는 기능입니다. [읽기 전용]으로 열리는 문서는 수정이 불가능하며 읽기만 가능한 문서입니다.

03_ [암호 확인] 대화상자가 나타나면 02번 따라하기에서 지정한 암호를 입력합니다. [열기 암호]에 『1234』를 입력한 후 [확인]을 클릭합니다. [쓰기 암호]에 『4321』을 입력하고 [확인]을 클릭합니다.

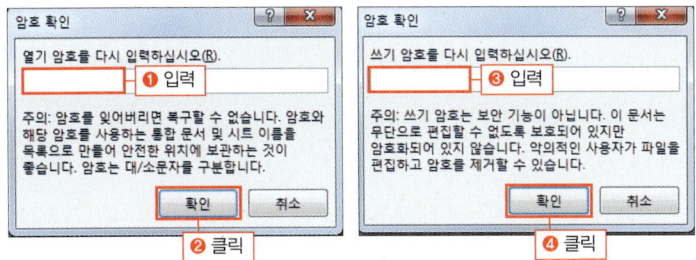

> 사용자가 지정하는 암호는 [열기 암호]와 [쓰기 암호]로 나누어지며, [열기 암호]는 파일을 불러올 때, [쓰기 암호]는 파일의 내용을 수정하거나 변경할 때 사용하는 암호입니다.

04_ 암호를 지정한 문서를 저장한 후 엑셀 2016을 종료합니다. 다시 엑셀 2016을 실행한 후 암호를 저장한 문서를 엽니다. [암호] 대화상자가 나타나면, 『1234』를 입력하고 [확인]을 클릭합니다. 다시 [암호] 대화상자가 나타나면 『4321』을 입력한 후 [확인]을 클릭합니다.

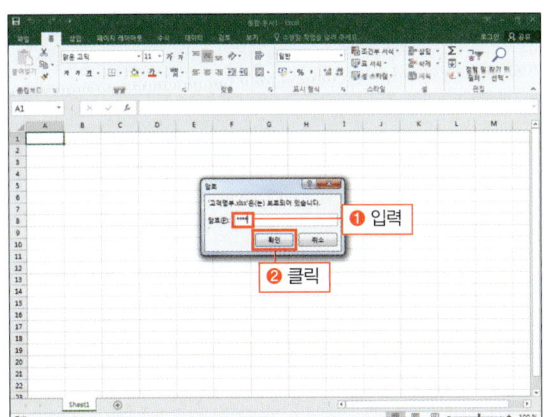

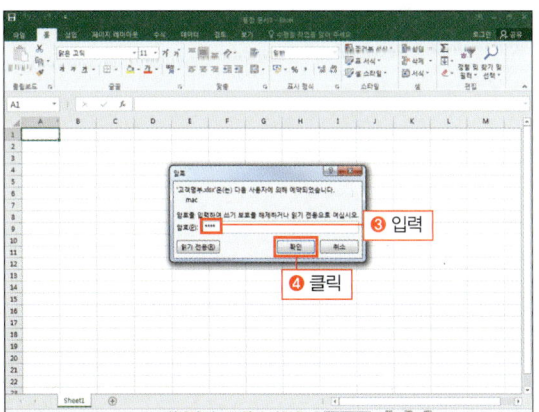

> 첫 번째 [암호] 대화상자는 열기 암호 대화상자로 열기 암호를 모르면 파일 자체가 열리지 않습니다. 두 번째 [암호] 대화상자는 쓰기 암호 대화상자로 쓰기 암호를 모르면 [읽기 전용]을 클릭해 읽기 전용으로 불러올 수 있습니다.

> 암호를 입력할 경우 기존 사용자에 의해 예약되었다는 메시지가 나타날 수 있습니다. 이럴 경우에는 읽기 전용이나 쓰기 보호를 해제하여 문서를 엽니다.

OneDrive를 통해 다른 사용자와 문서 공유하기

엑셀 2016을 비롯한 오피스 2016에서는 OneDrive라는 클라우드를 기본 저장 공간으로 사용할 수 있습니다. OneDrive라는 클라우드에 파일을 저장하면 어떤 장점이 있을까요? 먼저, 내 컴퓨터나 외장하드가 없어도 인터넷만 가능하다면 언제 어디서나 문서를 불러와서 사용할 수 있습니다. 또한, 다른 사용자와 문서를 공유하여 협업을 할 수 있습니다.

 준비 파일 Part01₩Chapter01₩Section01₩거래처집계.xlsx

 완성 파일 https://onedrive.live.com/redir?page=view&resid=C1929F8B8365C9F3!1663&authkey=!ALPuUNgVLa06suE

01 사용자와 문서를 공유하기 위해 리본 메뉴 오른쪽에 있는 [공유]를 클릭합니다. [공유] 창이 나타나면 [클라우드에 저장]을 클릭합니다.

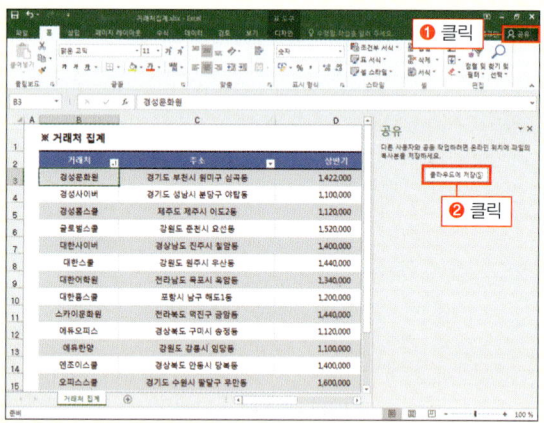

02 [다른 이름으로 저장]-[OneDrive]-[로그인]을 클릭합니다.

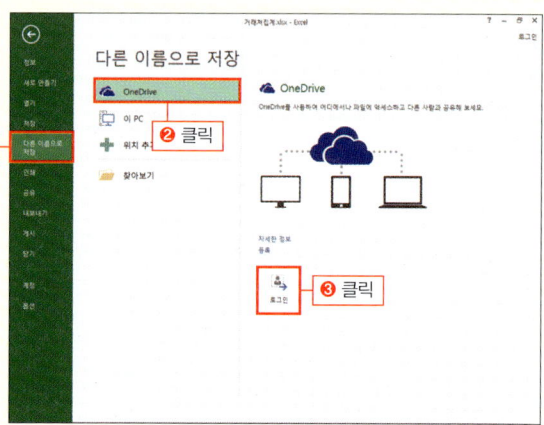

> **TIP**
>
> 본 서비스를 사용하기 위해서는 Windows Live ID가 필요합니다. 만일, Hotmail이나 Outlook.com 메일, Msn, 또는 Xbox LIVE, Windows phone 아이디가 있으면 아이디를 새로 만들 필요 없이 사용하는 아이디를 이용해 바로 로그인할 수 있습니다.

> **TIP**
>
> 아이디가 없다면 [등록]을 클릭하여 아이디를 생성한 후 따라하기를 진행합니다.

03 [로그인] 창이 나타나면 사용자 메일 주소를 입력한 후 [다음]을 클릭합니다. 사용자 암호 입력란이 나타나면 암호를 입력한 후 [로그인]을 클릭합니다.

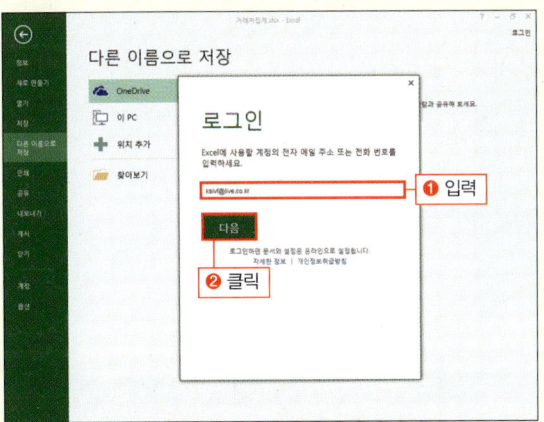 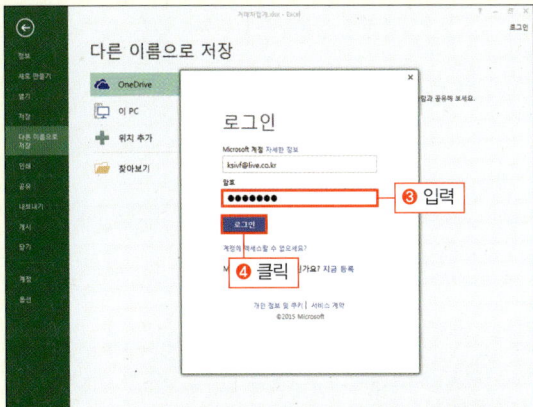

이미 로그인되어 있다면 본 과정은 생략합니다.

04 본인의 OneDrive 계정이 나타나면 최근 만들어진 폴더를 비롯해 파일을 확인할 수 있습니다. 여기서는 [공개]를 클릭합니다. [공개] 폴더가 없으면 아무 폴더나 클릭합니다.

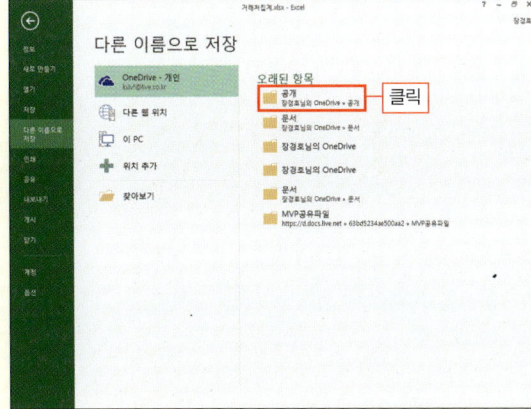

사용자에 따라 OneDrive 계정에 생성된 폴더 이름 및 개수가 다를 수 있습니다.

05 [다른 이름으로 저장] 대화상자가 나타납니다. [파일 이름]에 『거래처집계』가 입력되어 있는지 확인한 후 [저장]을 클릭합니다.

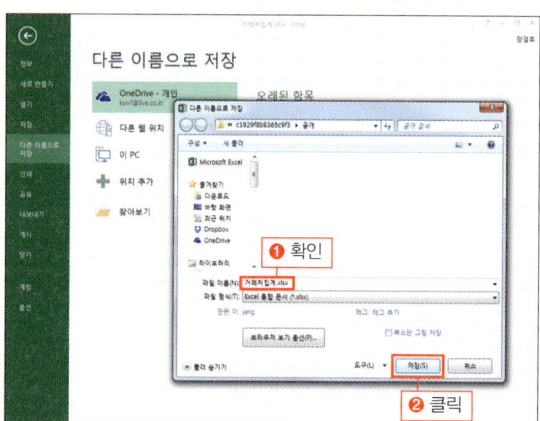

TIP

원드라이브에 파일이 저장되면 상태 표시줄에 'One Drive에 업로드하는 중'이라는 메시지가 나타납니다.

06 [공유]를 클릭합니다. [공유] 창에 사용자 이름이 나타납니다. 문서를 함께 수정하거나 공유하고 싶은 사용자를 연결해 보겠습니다. [사용자 초대] 입력란의 [주소록](📖)을 클릭합니다.

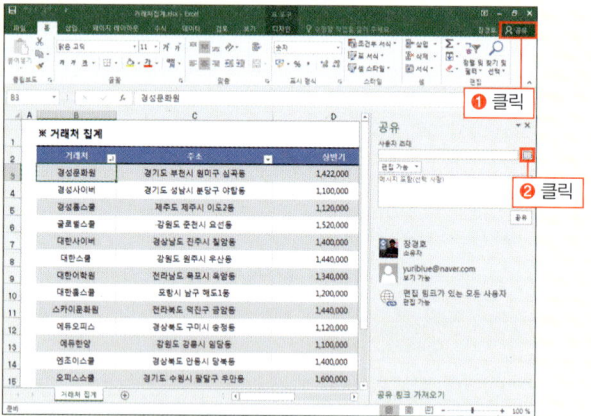

07 [주소록] 대화상자가 나타납니다. 공유하고 싶은 사용자를 선택한 후 [받는 사람]과 [확인]을 각각 클릭합니다.

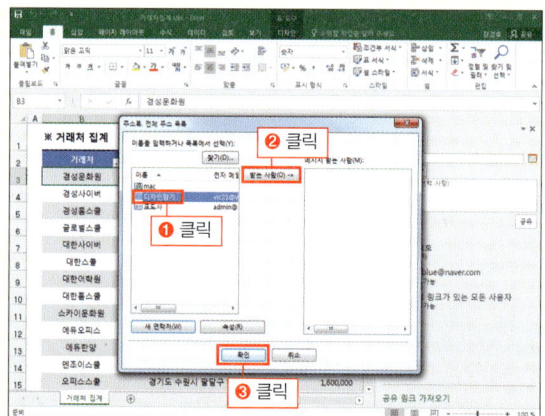

TIP

공유하고 싶은 사용자가 많다면 다수를 선택할 수도 있습니다.

TIP

주소록뿐만 아니라 [사용자 초대] 입력란에 사용자의 이메일 주소를 직접 입력하여 공유할 수도 있습니다.

꼭!! 알고가기

주소록 추가하기

[주소록] 대화상자에서 연락처를 추가하여 문서를 공유하거나 주소록으로 활용할 수도 있습니다. [새 연락처]를 클릭하여 사용자를 추가합니다.

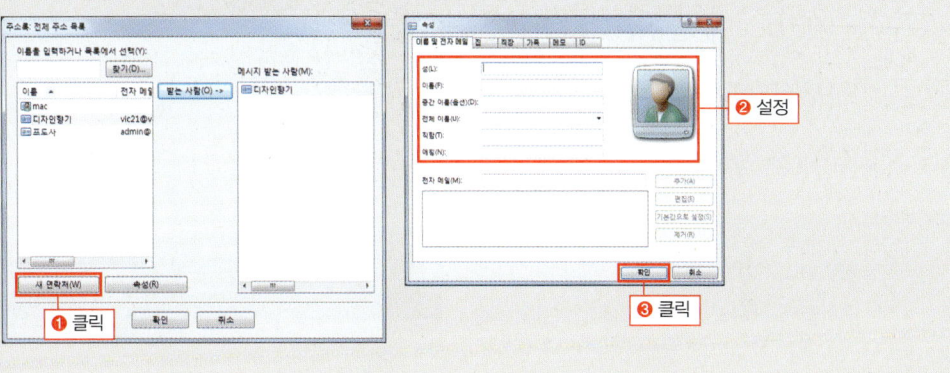

08 [편집 가능] 화살표를 클릭하여 사용 권한을 변경할 수도 있습니다. 여기서는 '편집 가능'을 선택한 후 [공유]를 클릭합니다.

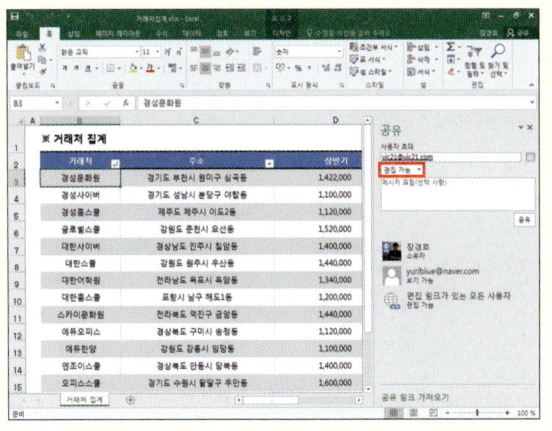

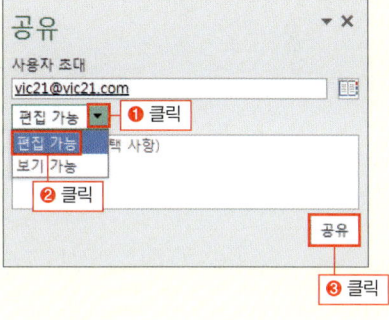

TIP

'편집 가능'은 문서를 수정하거나 편집하는 권한을 상대방에게 줄 수 있습니다. '보기 가능'은 문서를 수정하거나 편집하는 권한 없이 문서를 볼 수 있는 권한만 상대방에게 줄 수 있습니다.

09 상대방이 메일 계정으로 로그인하면 다음과 같은 메일이 전달됩니다. [OneDrive에서 보기]를 클릭합니다.

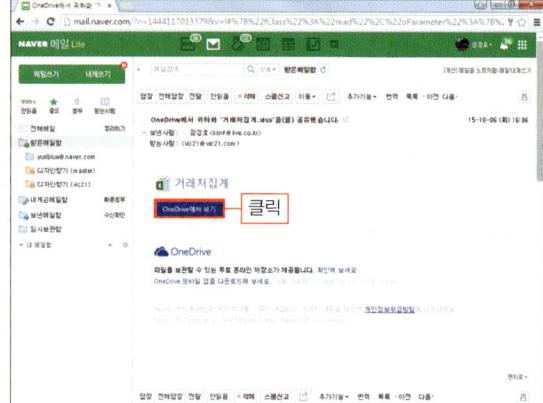

TIP

❾~⓭ 과정은 공유 작업을 위해 다른 컴퓨터에서 다른 사용자가 로그인하여 작업하는 과정을 가정한 것입니다.

10 'Excel Online' 페이지가 열리면서 문서를 확인할 수 있습니다. 문서를 수정하고 싶다면 오피스 온라인에 로그인해야 합니다. [로그인]을 클릭합니다.

11 OneDrive 페이지가 나타나면 로그인 아이디와 패스워드를 입력한 후 [로그인]을 클릭합니다.

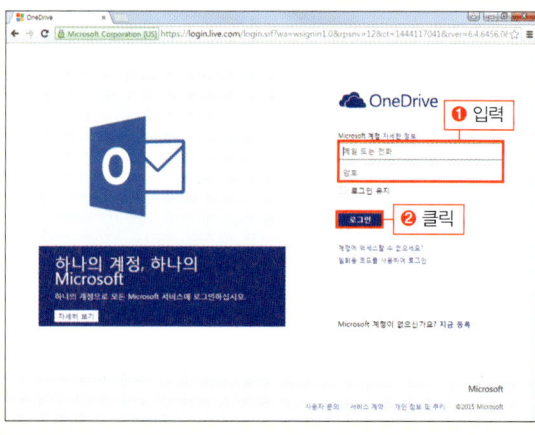

TIP

본 과정은 공유 작업을 위해 다른 컴퓨터에서 다른 사용자가 로그인하는 과정을 가정한 것입니다.

12 사용자가 로그인됩니다. 공유한 사용자와 함께 문서를 편집하고 내용을 공유할 수 있습니다. [통합 문서 편집]을 클릭하여 'Excel에서 편집'과 'Excel Online에서 편집' 중에서 선택하여 문서를 편집할 수 있습니다. 여기서는 'Excel Online에서 편집'을 선택한 후 문서를 수정합니다.

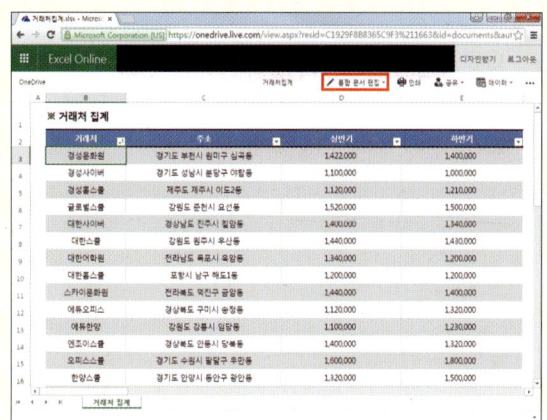

Excel에서 편집과 Excel Online에서 편집

문서를 수정하거나 편집하고 싶다면 [통합 문서 편집]을 클릭한 후 'Excel에서 편집' 또는 'Excel Online에서 편집'을 선택합니다.

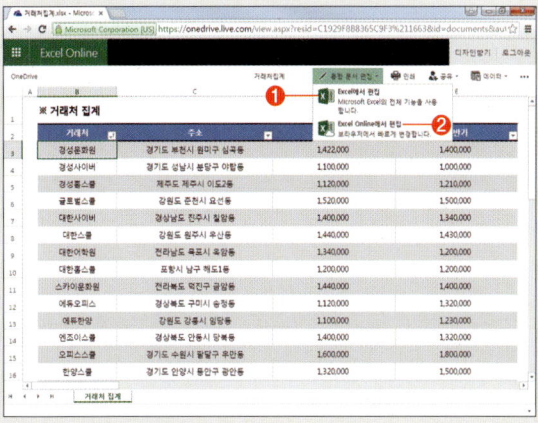

❶ **Excel에서 편집** : 사용자의 컴퓨터에 엑셀이 설치되어 있다면 엑셀을 실행하여 문서를 편집할 수 있습니다.

❷ **Excel Online에서 편집** : 사용자의 컴퓨터에 엑셀이 설치되어 있지 않더라도 온라인에서 엑셀 앱을 열어 문서를 편집할 수 있습니다.

13 문서를 수정합니다. 여기서는 마지막 셀 영역에 내용을 입력한 후 [로그아웃]을 클릭하여 엑셀 온라인을 종료합니다.

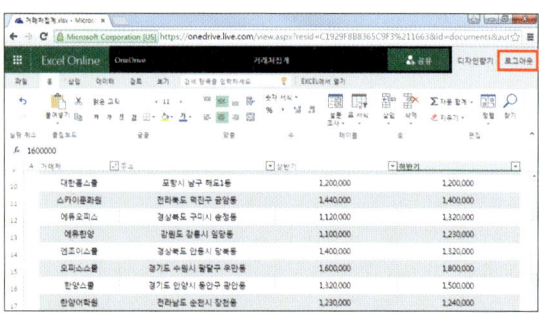

TIP

엑셀 온라인에는 저장하기 기능이 따로 없습니다. 실시간으로 클라우드에 저장되기에 문서 작업 후 종료를 하면 자동으로 클라우드에 저장됩니다.

14 엑셀 2016을 열어 OneDrive에 공유한 문서를 다시 엽니다. 엑셀 온라인을 통해 협업자가 수정한 내용이 반영되어 나타납니다.

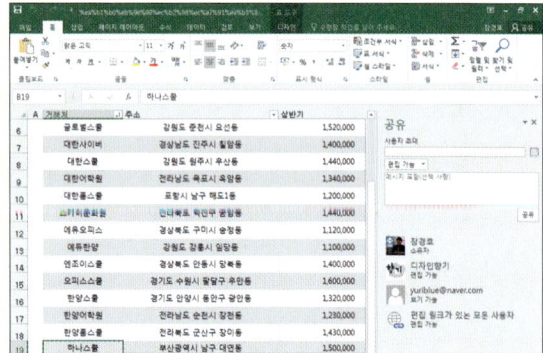

꼭!!
알고가기

공유 링크 가져오기

[공유] 창 하단에 표시되어 있는 [공유 링크 가져오기]를 클릭하면 페이스북이나 트위터, 또는 다양한 네트워크를 통해 링크를 공유할 수 있습니다.

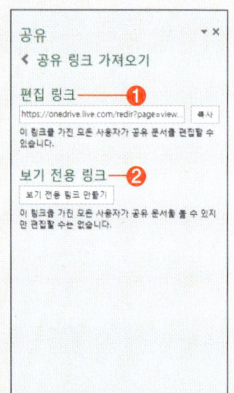

❶ **편집 링크** : 링크를 받은 사람이라면 누구나 문서를 편집할 수 있습니다.
❷ **보기 전용 링크** : 편집은 불가능하지만 링크를 받은 사람이라면 누구나 문서를 열람할 수 있습니다.

체크해봐요

1 오피스 2016은 사용자 계정을 여러 개 추가하여 다중 사용자로 등록할 수 있습니다. 로그인이 되어 있는 상태에서 계정 전환을 통해 사용자 계정을 추가해 보고 자유롭게 계정을 이동해 보세요.

◎ 준비파일 : 없음   ◎ 완성파일 : 없음

 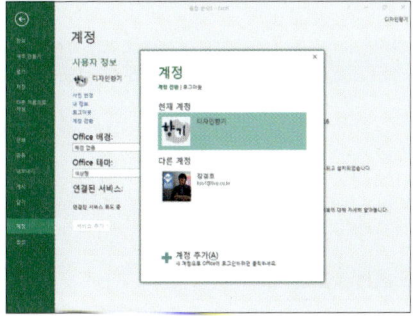

힌트

❶ [파일] 탭-[계정]을 클릭한 후 [계정 전환]을 클릭합니다.

❷ [계정] 창이 나타나면 [계정 추가]를 통해 계정을 추가합니다.

---

2 Office.com을 통해 이력서나 자기소개서, 혹은 초대장, 가계부 등 다양한 서식 파일을 다운로드 받아 오피스 2016으로 불러올 수 있습니다. 여기서는 '가계부'와 관련되어 있는 서식 파일을 엑셀 2016에 불러오세요.

◎ 준비파일 : 없음   ◎ 완성파일 : 없음

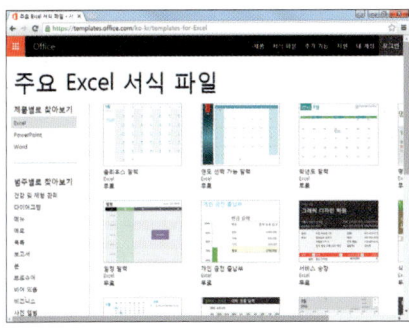 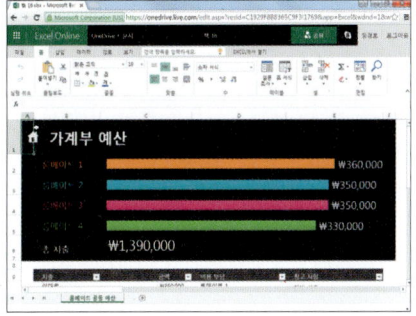

힌트

❶ 'http://www.office.com'에 접속한 후 [템플릿] 혹은, [서식 파일]을 클릭합니다.

❷ 가계부 관련 서식 파일을 찾아 엑셀 온라인으로 연 후 엑셀 2016으로 가져옵니다.

데이터 입력하기

엑셀에 데이터를 입력하는 가장 기본 단위는 셀(Cell)입니다. 셀은 표를 쉽게 작성할 수 있도록 가로와 세로를 눈금선으로 구분하고 있습니다. 셀에는 숫자를 비롯해 텍스트, 수식, 함수 등 다양한 데이터를 입력할 수 있습니다. 여기서는 셀에 데이터를 입력해보고, 서식을 적용하여 문서를 작성하는 방법에 대해서 살펴보겠습니다.

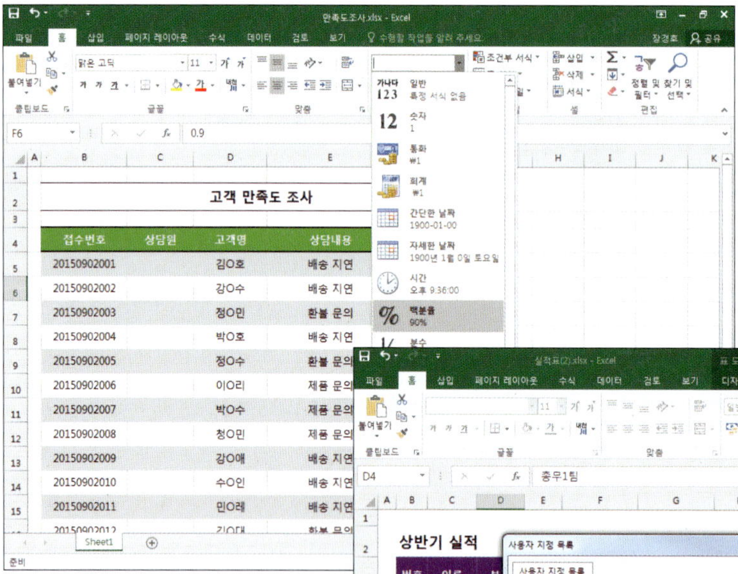

▲ 소수와 백분율 표시 형식 변경하기

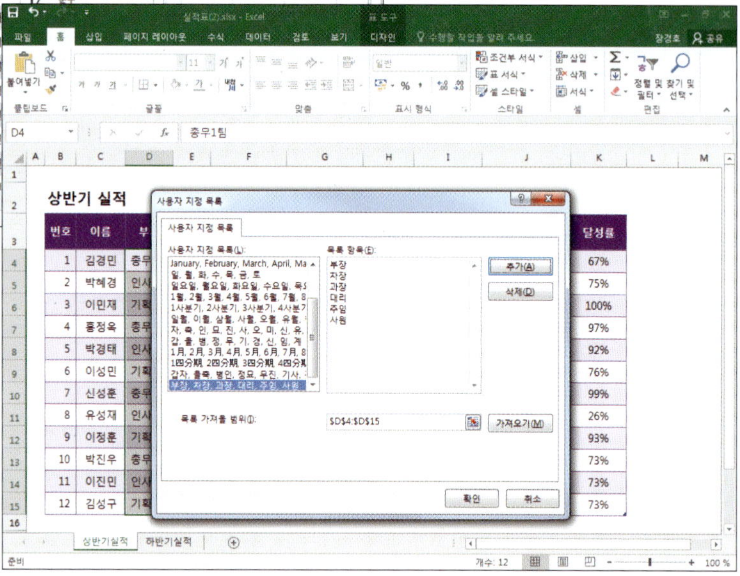

사용자 지정 목록 만들어 자동 채우기 ▶

★ 이번 섹션에서 배울 **주요 내용**

- 문자와 숫자 데이터 입력하기
- 날짜와 시간 데이터 입력하기
- 텍스트 방향을 자유롭게 변경하기
- 한 셀에 두 줄 텍스트 입력하기
- 소수와 백분율 표시 형식 변경하기

- 한자와 기호 입력하기
- 메모 삽입하고 색 글꼴 변경하기
- 채우기 핸들로 데이터 자동 채우기
- 사용자 지정 목록 만들어 자동 채우기

문자와 숫자 데이터 입력하기

::준비파일 Part01\Chapter01\Section02\데이터입력.xlsx | **완성파일** Part01\Chapter01\Section02\데이터입력_완성.xlsx

문자 데이터는 셀의 왼쪽에 정렬되며, 숫자 데이터는 셀의 오른쪽에 정렬됩니다. 문자의 길이가 셀 너비보다 긴 경우에는 오른쪽 셀에 내용이 없으면 모두 표시되며, 오른쪽 셀에 내용이 있으면 표시되지 않습니다.

01_ 문자 데이터를 입력해 보겠습니다. [C5] 셀을 선택하고 『환상의콤비』를 입력한 후 Enter 를 누릅니다.

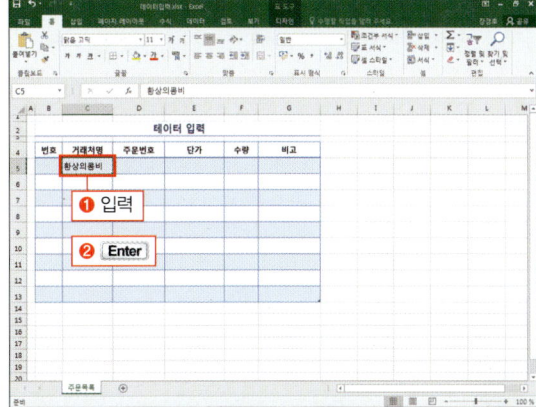

TIP
문자 데이터는 셀의 왼쪽에 정렬됩니다.

02_ [C6] 셀을 선택하고 『오피스 실무카페 엑셀과 파워포인트』를 입력한 후 Enter 를 누릅니다.

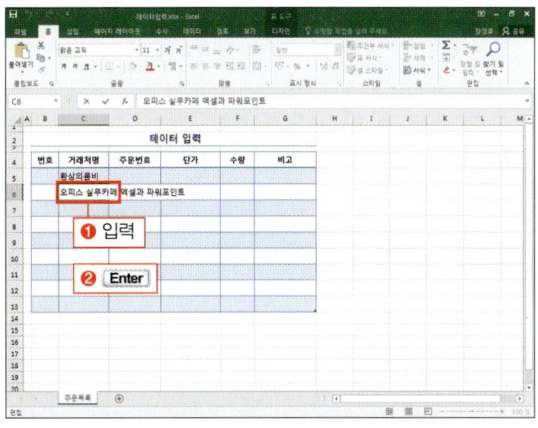

TIP
오른쪽 셀에 내용이 없는 경우에 문자 데이터가 셀 너비보다 길다면 셀 너비를 벗어나 모두 나타납니다.

03_ 숫자 데이터를 입력해 보겠습니다. [E5] 셀을 선택하고 『35000』을 입력한 후 Enter 를 누릅니다.

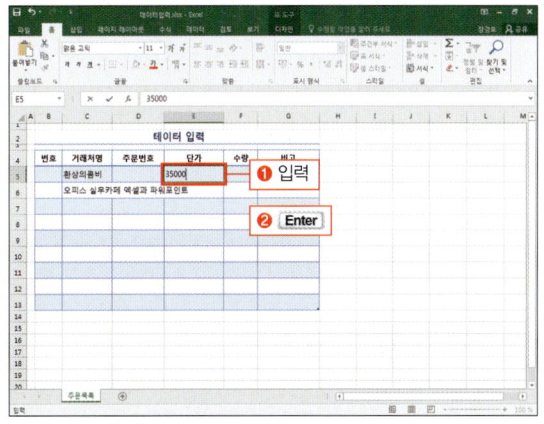

TIP
숫자 데이터는 셀의 오른쪽에 정렬됩니다.

04_ [E6] 셀을 선택하고 『123456789012345』를 입력한 후 <u>Enter</u> 를 누릅니다. 그리고 입력된 데이터를 확인합니다.

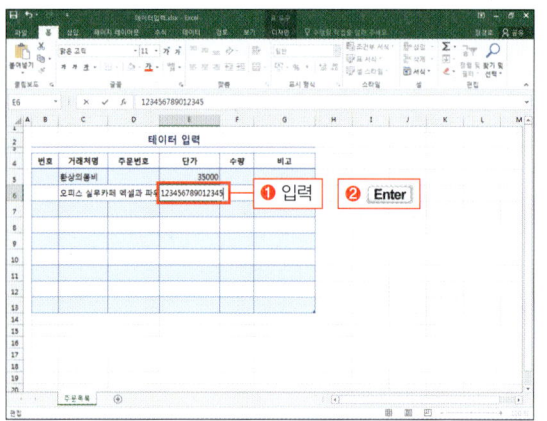 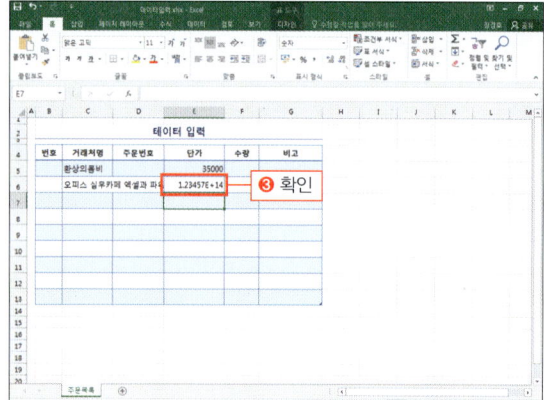

지수로 데이터가 입력됩니다.

05_ 이번에는 [E7] 셀을 선택하고 [E6] 셀과 동일하게 『123456789012345』를 입력한 후 <u>Enter</u> 를 누릅니다.

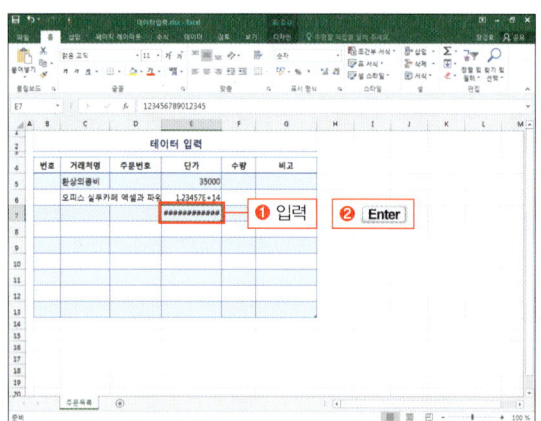 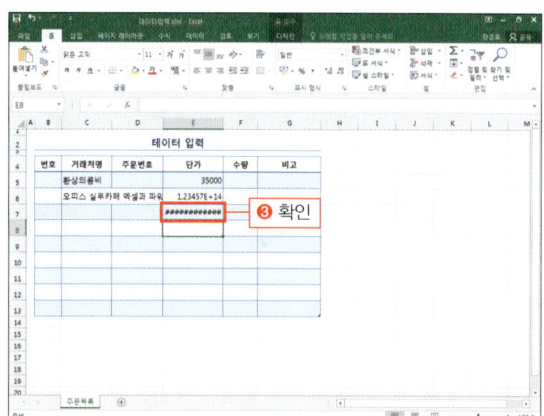

지수가 아닌 '####'으로 데이터가 입력됩니다. 지수 형식이나 '####'의 경우 데이터의 오류가 아니기에 작업에 아무런 영향을 주지는 않습니다. 이런 데이터는 열 너비를 늘려주면 정상적으로 나타납니다.

엑셀은 기본적으로 11자리까지를 인식하기 때문에 긴 숫자를 입력했을 경우 열 너비가 좁다면 지수 형식이나 '####'으로 나타납니다. 셀에 아무런 표시 형식이 없을 경우에는 지수로 표시되며, 표시 형식이 있을 경우 '####'으로 데이터가 나타납니다. [E6] 셀의 표시 형식은 '일반'이며, [E7] 셀의 표시 형식은 '숫자'로 설정되어 있습니다. 표시 형식은 45페이지에서 설명하고 있습니다.

날짜와 시간 데이터 입력하기

:: 준비파일 Part01₩Chapter01₩Section02₩날짜와시간.xlsx | 완성파일 Part01₩Chapter01₩Section02₩날짜와시간_완성.xlsx

날짜 데이터는 슬래시(−)나 하이픈(/) 기호를 사용하여 입력하며, 시간 데이터는 콜론(:) 기호를 사용하여 입력합니다.

01_ [C4] 셀을 선택하고 『2015-10-20』을 입력한 후 Enter 를 누릅니다. 날짜 데이터가 입력됩니다.

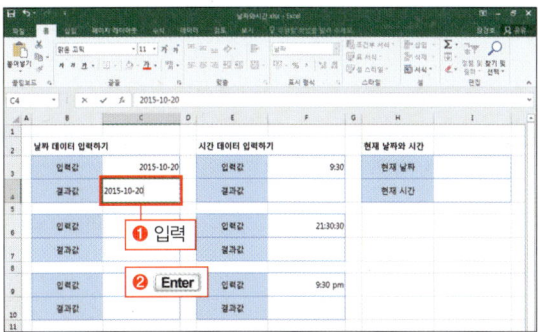 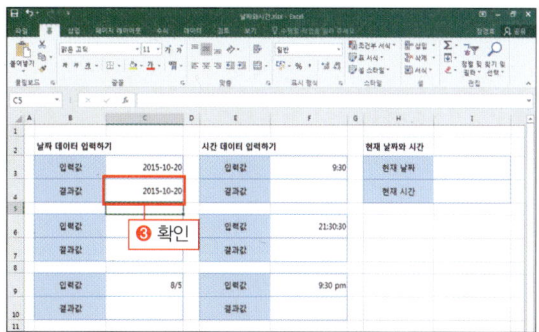

TIP

‘−’나 ‘/’ 기호를 사용하면 엑셀은 날짜 데이터로 인식을 하게 됩니다.

02_ [C7] 셀을 선택하고 『7-1』을 입력한 후 Enter 를 누르면 날짜 데이터가 입력됩니다. 다시 [C10] 셀을 선택하고 『8/5』를 입력한 후 Enter 를 누릅니다.

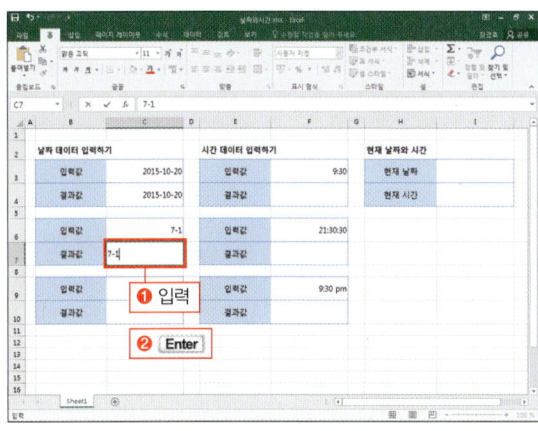 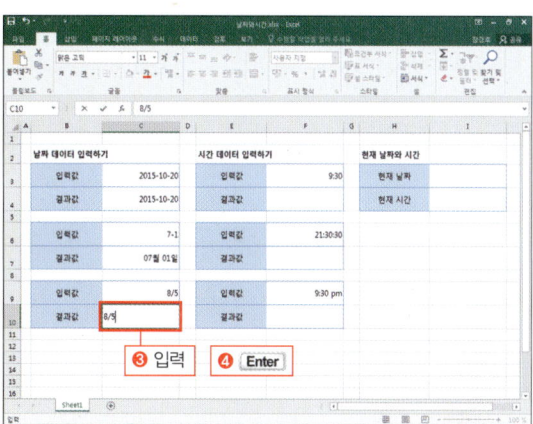

TIP

입력하는 방식은 모두 다르지만 날짜 데이터로 인식하는 점은 같습니다.

TIP

연도를 입력하지 않으면 입력한 날짜에 해당하는 연도로 인식합니다. 그렇기에 올해 날짜를 입력하는 것이 아니라면 연도를 입력해야 정확한 날짜를 표시할 수 있습니다.

03_ [F4] 셀을 선택하고 『9:30』을 입력한 후 Enter 를 누릅니다. [F7] 셀을 선택하고 『21:30:30』을 입력한 후 Enter 를 누릅니다. 다시 [F10] 셀을 선택하고 『9:30 pm』을 입력한 후 Enter 를 누릅니다.

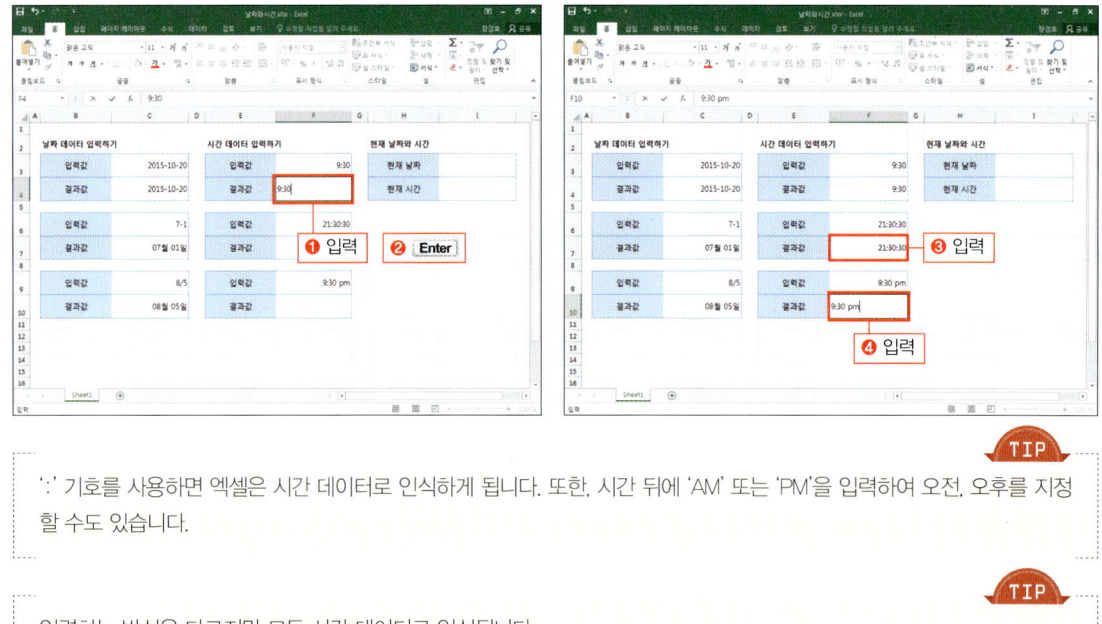

':' 기호를 사용하면 엑셀은 시간 데이터로 인식하게 됩니다. 또한, 시간 뒤에 'AM' 또는 'PM'을 입력하여 오전, 오후를 지정할 수도 있습니다.

입력하는 방식은 다르지만 모두 시간 데이터로 인식됩니다.

04_ 이번에는 문서를 작성하는 현재의 날짜와 시간을 입력해 보겠습니다. [I3] 셀을 선택하고 Ctrl + : 을 누릅니다. 다시 [I4] 셀을 선택하고 Ctrl + Shift + : 을 누릅니다.

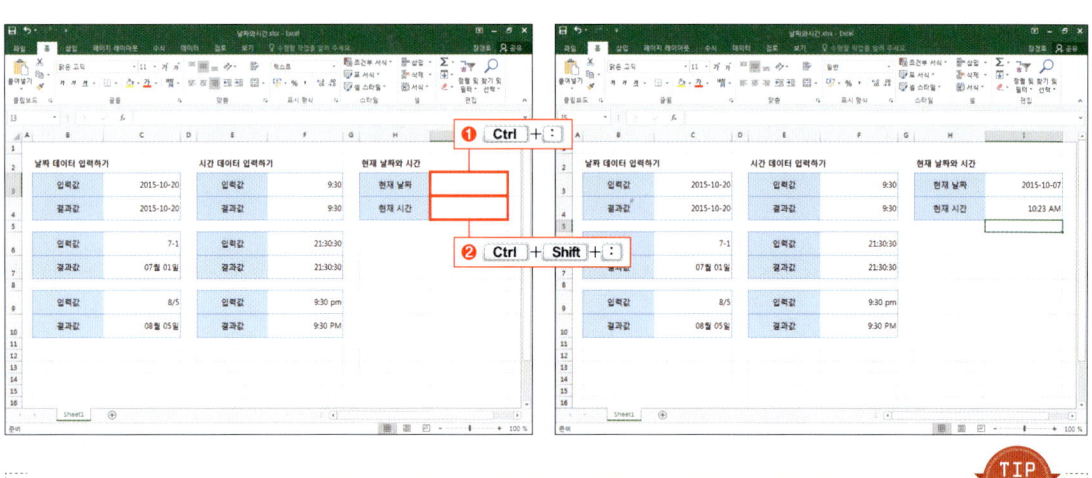

Ctrl + : 을 누르면 현재 날짜가 입력되며, Ctrl + Shift + : 을 누르면 현재 시간이 입력됩니다.

텍스트 방향을 자유롭게 변경하기

:: **준비파일** Part01₩Chapter01₩Section02₩업무분장표.xlsx | **완성파일** Part01₩Chapter01₩Section02₩업무분장표_완성.xlsx

텍스트 방향을 가로에서 세로로 변경하고 싶은 경우에는 [홈] 탭–[맞춤] 그룹에서 원하는 방향을 선택하면 됩니다.

01_ [B6] 셀을 선택하고 [홈] 탭–[맞춤] 그룹에서 [방향]–[세로 쓰기]를 클릭합니다.

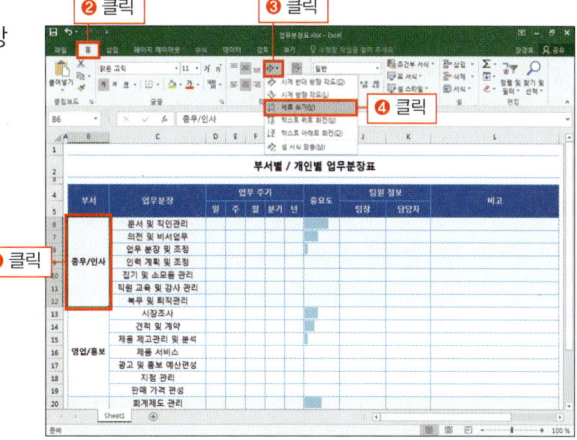

02_ [B6] 셀의 방향이 세로로 변경됩니다. [셀 서식] 대화상자에서도 텍스트 방향을 변경할 수 있습니다. [B6] 셀을 선택하고 [홈] 탭–[맞춤] 그룹에서 [방향]–[셀 서식 맞춤]을 클릭합니다.

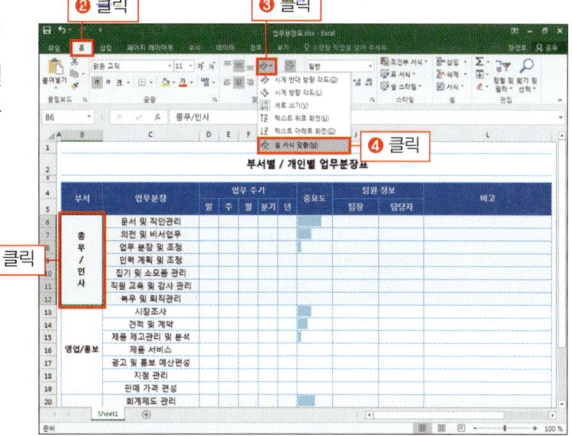

03_ [셀 서식] 대화상자가 나타나면 [방향]의 '텍스트'라고 적힌 영역에서 마우스 포인터를 자유롭게 움직여 각도를 조절합니다.

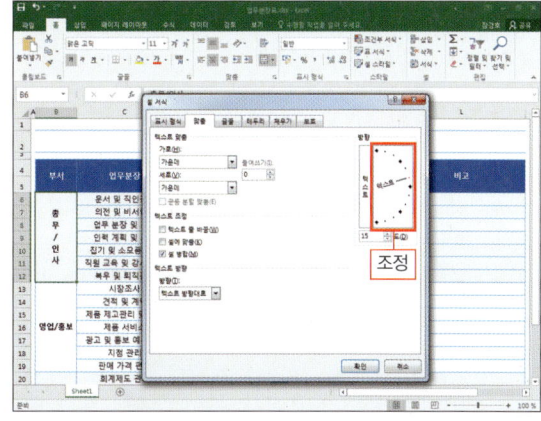

> **TIP**
>
> [셀 서식] 대화상자의 [맞춤] 탭–[방향]에서 [각도] 입력란에 원하는 각도를 직접 입력할 수도 있습니다.

한 셀에 두 줄 텍스트 입력하기

::: 준비파일 Part01₩Chapter01₩Section02₩업무분장표(2).xlsx | 완성파일 Part01₩Chapter01₩Section02₩업무분장표(2)_완성.xlsx

한 셀에 두 줄 이상의 텍스트를 입력해야 할 경우에는 두 번째 줄로 변경할 곳에 커서를 위치시키고 [Alt]+[Enter]를 누르면 됩니다.

01_ [B13] 셀을 선택하고 '영업' 이라는 글자 다음에 커서를 위치시킨 후 [Alt]+[Enter]를 누릅니다.

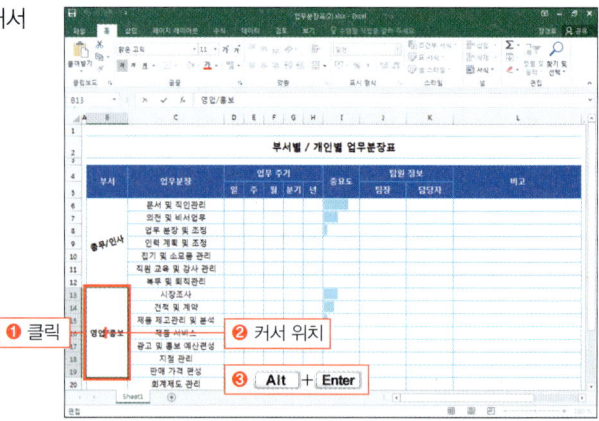

02_ 동일한 방법으로 '/'라는 기호 다음에 커서를 위치시키고 [Alt]+[Enter]를 누릅니다.

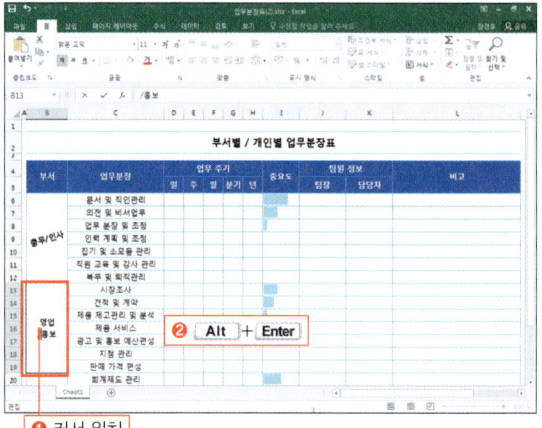

> **TIP**
>
> 한 셀에 두 줄 이상의 텍스트를 입력할 경우 수식 입력 줄에는 첫 번째 줄의 텍스트만 나타납니다. 수식 입력 줄에서 [수식 입력줄 확장] 단추를 클릭하면 나머지 텍스트도 확인할 수 있습니다.

소수와 백분율 표시 형식 변경하기

::: **준비파일** Part01₩Chapter01₩Section02₩만족도조사.xlsx | **완성파일** Part01₩Chapter01₩Section02₩만족도조사_완성.xlsx

엑셀에 소수점이 포함된 데이터를 입력할 경우 [백분율 스타일]을 통해 표시 형식을 간단하게 백분율로 변경할 수 있습니다. 소수나 백분율은 표시 형식만 다를 뿐 실제 값은 동일합니다.

01_ [F5] 셀에 『80%』를 입력한 다음 **Enter**를 누릅니다.

> **TIP**
> 셀에 '%'를 입력하면 [홈] 탭-[표시 형식] 그룹의 [표시 형식]이 '일반'에서 '백분율'로 자동 변경됩니다.

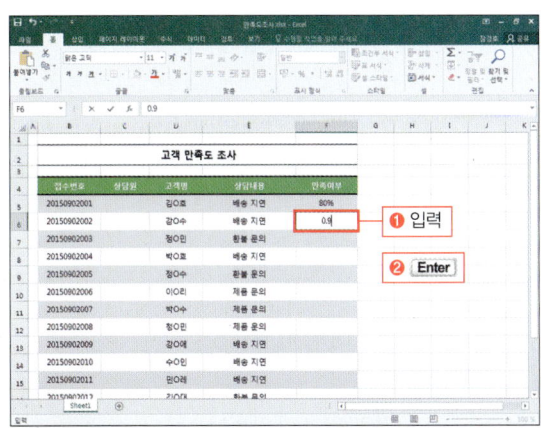

02_ [F6] 셀에 『0.9』를 입력한 다음 **Enter**를 누릅니다.

> **TIP**
> [자릿수 늘림]( )을 클릭하면 '0.90' 또는, '90.0%'처럼 소수점 자릿수가 늘어나고, [자릿수 줄임]( )을 클릭하면 '0.9' 또는, '90%'처럼 소수점 자릿수가 줄어듭니다. 소수점 자릿수가 더 이상 줄어들 수 없다면 반올림 또는, 반내림되어 정수가 나타납니다.

03_ 소수를 백분율로 변경하기 위해 [F6] 셀이 선택된 상태로 [홈] 탭-[표시 형식] 그룹에서 [백분율]을 클릭합니다.

> **TIP**
> 소수점으로 표시된 데이터가 백분율로 변경됩니다.

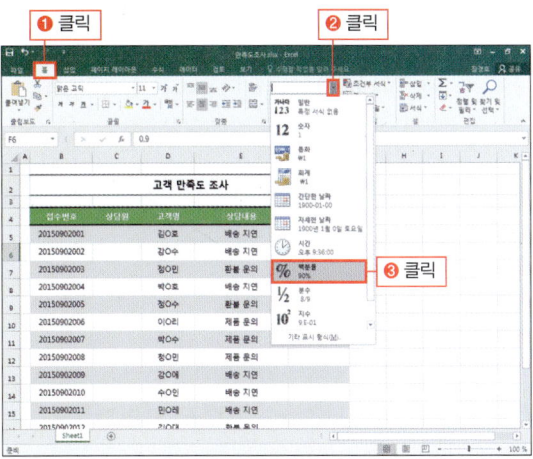

한자와 기호 입력하기

:: **준비파일** Part01₩Chapter01₩Section02₩계획표.xlsx | **완성파일** Part01₩Chapter01₩Section02₩계획표_완성.xlsx

한자는 한글을 입력한 후 한자를 누르거나 [검토] 탭에서 [한글/한자 변환]을 통해 삽입할 수 있습니다. 기호는 [삽입] 탭에서 [기호]를 클릭하거나 ㅁ+한자, ㅈ+한자 등을 눌러 삽입할 수 있습니다.

01_ [B2] 셀에 입력되어 있는 '업무'라는 글자를 드래그하여 선택하고 한자를 누릅니다. [한글/한자 변환] 대화상자가 나타나면 [한자 선택]에서 해당하는 한자를 선택하고 [변환]을 클릭합니다.

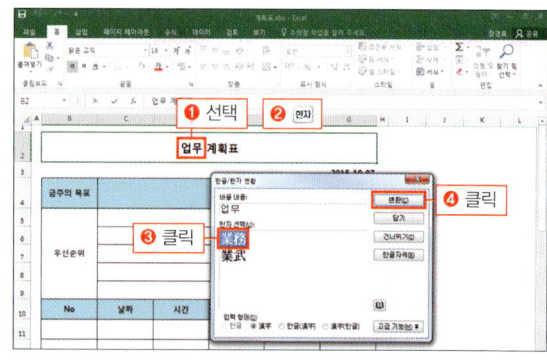

02_ 한글이 한자로 변환됩니다. 이번에는 한글과 한자를 함께 표시해 보겠습니다. [B2] 셀의 '계획표'를 드래그하여 선택하고 [검토] 탭-[언어] 그룹에서 [한글/한자 변환]을 클릭합니다. 변환할 한자를 선택한 후 [입력 형태]에서 원하는 형식을 선택합니다. [한자 사전](📖)을 클릭합니다. [한자 사전] 대화상자가 나타나면 한자를 확인하고 [확인]과 [변환]을 차례대로 클릭합니다.

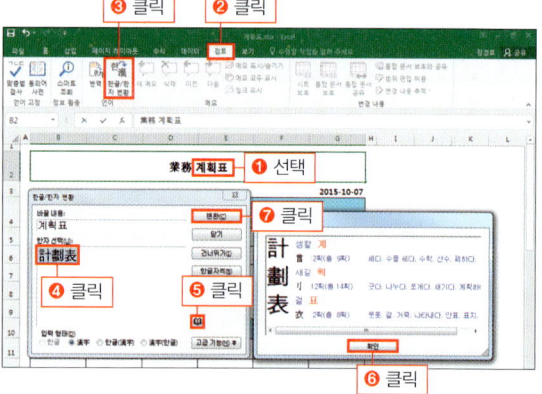

03_ 이번에는 기호를 입력해 보겠습니다. [C4] 셀을 선택하고 [삽입] 탭-[기호] 그룹에서 [기호]-[기호]를 클릭합니다. [기호] 대화상자가 나타나면 [기호] 탭에서 [글꼴]의 화살표를 클릭한 후 [Wingdings 2]를 선택합니다. 원하는 기호를 선택하고 [삽입]을 클릭한 후 대화상자를 닫습니다.

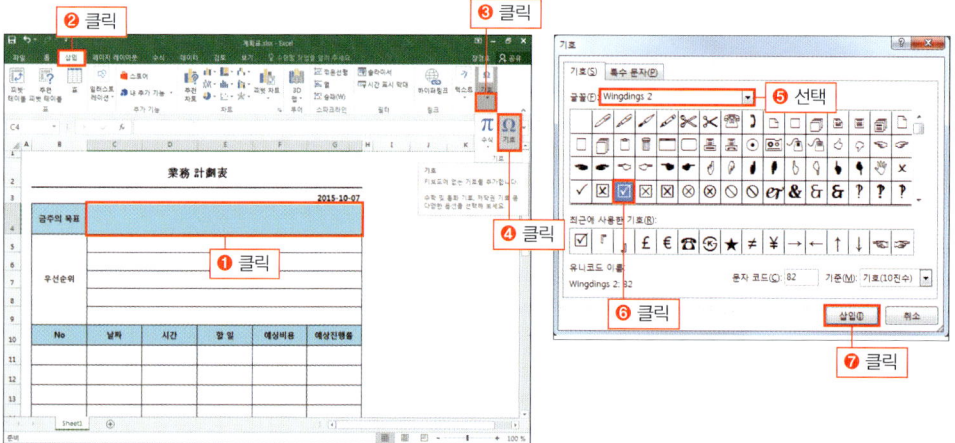

04_ □+[한자], [ㅈ]+[한자] 등을 눌러 기호를 삽입할 수 있습니다. [C5] 셀을 선택하고 [ㅇ]+[한자]를 누른 후 원하는 기호를 선택합니다. 원하는 기호가 없다면 확장 아이콘([»])을 클릭합니다.

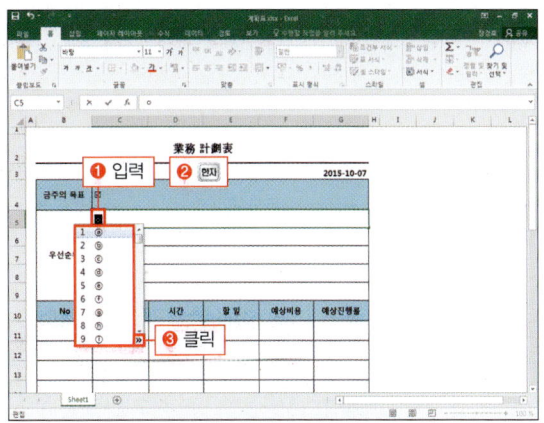

05_ 여기서는 ①을 선택합니다. [C6], [C7], [C8], [C9] 셀에도 같은 방법으로 기호를 삽입합니다.

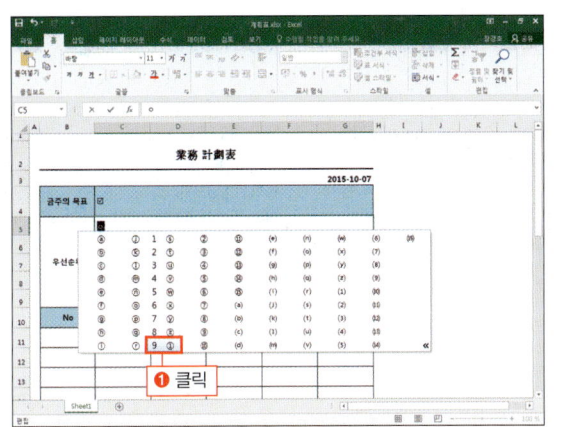
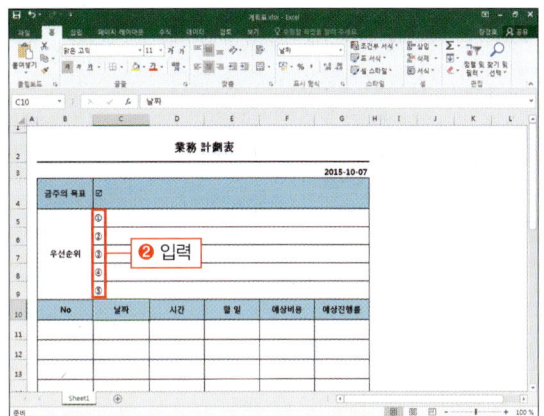

기호 목록은 한 번에 9개가 나타나며 확장 아이콘([»])을 클릭하면 확장된 기호 목록이 나타납니다.

QR 코드로 더 자세히

자음별 특수 문자 살펴보기

한글 자음(ㄱ~ㅎ)을 입력하고 키보드의 [한자]를 함께 누르면 자음별 특수 문자를 만날 수 있습니다. 자음 목록에서 확장 아이콘([»])을 클릭하면 확장된 기호 목록이 나타납니다. 자음별 특수 문자가 궁금한 독자는 저자의 블로그(http://blog21.kr/40194338737)에서 알아보기 바랍니다. QR 코드를 스마트폰으로 찍으면 바로 확인할 수 있습니다.

메모 삽입하고 색, 글꼴 변경하기

:: 준비파일 Part01₩Chapter01₩Section02₩출석부.xlsx | 완성파일 Part01₩Chapter01₩Section02₩출석부_완성.xlsx

워크시트에 셀 내용에 대한 보충 설명이 필요하다면 메모를 입력할 수 있습니다. 메모는 셀에 표시하거나 숨길 수 있어 내용을 보충하는 보조 장치로 편리하게 활용할 수 있습니다.

01_ 메모를 삽입하고 싶은 셀을 선택합니다. 여기서는 [B1] 셀을 선택하고 [검토] 탭–[메모] 그룹에서 [새 메모]를 클릭합니다. 메모 입력 상자가 나타나면 내용을 입력합니다. 메모를 입력한 후 다른 셀을 클릭합니다.

TIP 메모를 삽입하고 싶은 셀을 선택하고 마우스 오른쪽 버튼을 클릭한 후 [메모 삽입]을 선택하거나, Shift + F2 를 눌러도 됩니다.

02_ 메모 입력 상자가 사라지면서 셀의 우측 상단 모서리에 빨간색 표식이 나타납니다. 메모를 확인하고 싶다면 빨간색 표식에 마우스 포인터를 위치시킵니다. 사라졌던 메모가 다시 나타납니다.

TIP 빨간색 표식에 마우스 포인터를 위치시키면 사라졌던 메모가 다시 나타납니다.

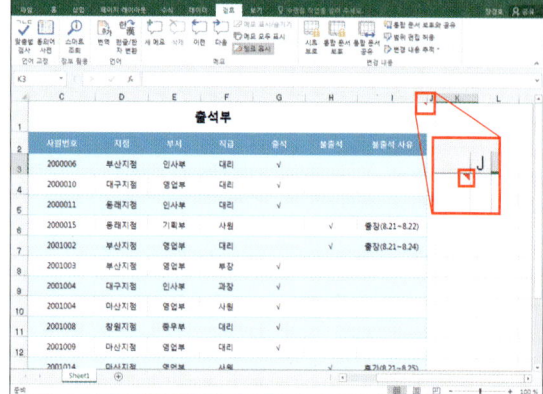

03_ 메모 창을 화면에 항상 표시하고 싶다면 [검토] 탭–[메모] 그룹에서 [메모 모두 표시]를 클릭합니다. 메모의 테두리를 마우스 오른쪽 버튼으로 클릭하고 [메모 서식]을 선택합니다. [메모 서식] 대화상자가 나타나면 다양한 탭을 통해 색이나 글꼴 등을 변경할 수 있습니다.

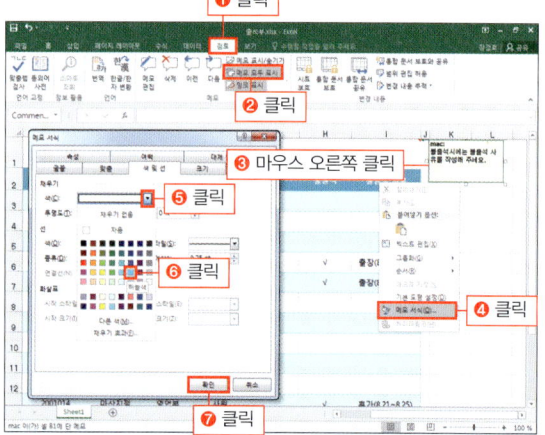

채우기 핸들로 데이터 자동 채우기

:: **준비파일** Part01₩Chapter01₩Section02₩실적표.xlsx | **완성파일** Part01₩Chapter01₩Section02₩실적표_완성.xlsx

'1, 2, 3,…'과 같이 연속적인 데이터는 채우기 핸들을 이용하여 쉽게 입력할 수 있습니다.

01_ [상반기실적] 시트의 [B4] 셀을 선택하고 『1』을 입력한 후 Enter를 누릅니다. 다시 [B4] 셀을 선택하고 채우기 핸들(⊞)을 [B15] 셀까지 드래그합니다.

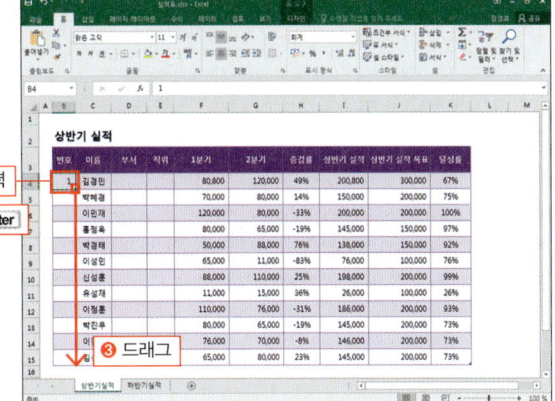

TIP

[자동 채우기 옵션]을 통해 셀 복사나 연속 데이터 등 채우기 속성을 변경할 수도 있습니다.

02_ '1'이 복사되어 나타납니다. [자동 채우기 옵션](⊞)을 클릭한 다음 [연속 데이터 채우기]를 선택합니다. 숫자가 연속으로 증가되어 나타납니다.

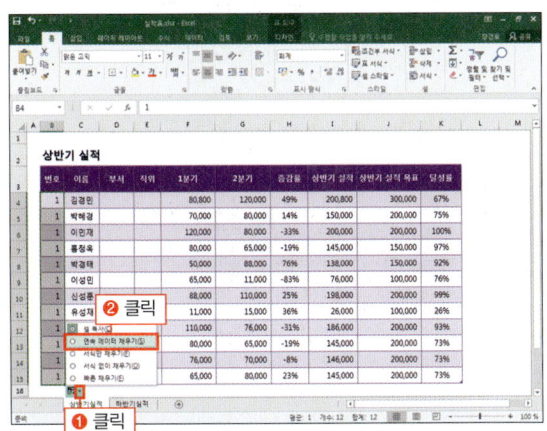

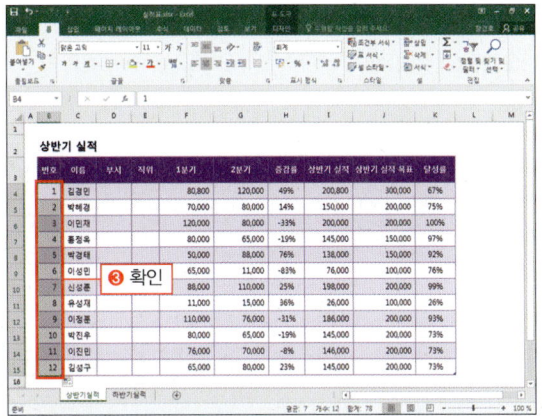

03_ 이번에는 [하반기실적] 시트를 클릭합니다. [B4] 셀을 선택하고 『1』을 입력한 후 **Enter** 를 누릅니다. 다시 [B4] 셀을 선택하고 **Ctrl** 을 누른 상태에서 채우기 핸들(⊞)을 [B15] 셀까지 드래그합니다. 숫자가 자동으로 증가되어 나타납니다.

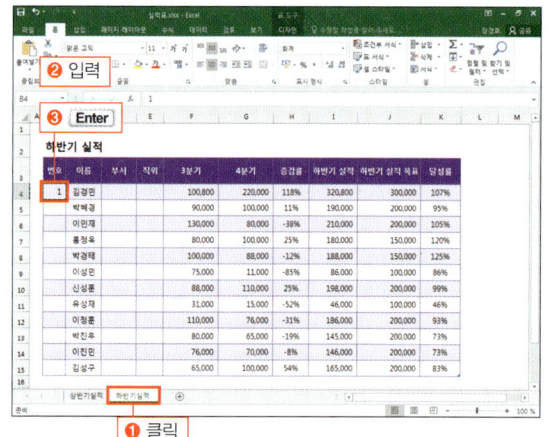
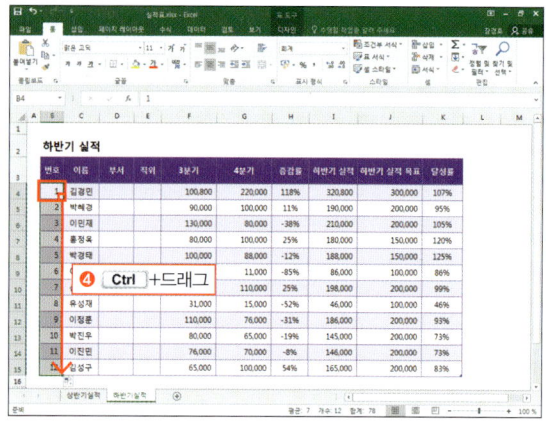

TIP

Ctrl 을 누른 상태에서 채우기 핸들(⊞)을 드래그하면 [자동 채우기 옵션](⊞)으로 속성을 지정하지 않더라도 연속 데이터를 입력할 수 있습니다.

04_ 이번에는 문자와 숫자가 같이 있는 데이터를 입력한 후 자동 채우기를 해보겠습니다. [상반기실적] 시트를 클릭합니다. [D4] 셀을 선택하고 『총무1팀』, [D5] 셀을 선택하고 『인사1팀』, [D6] 셀을 선택하고 『기획1팀』을 각각 입력합니다. [D4] 셀에서 [D6] 셀까지를 드래그하여 선택한 다음 채우기 핸들(⊞)을 [D15] 셀까지 드래그합니다.

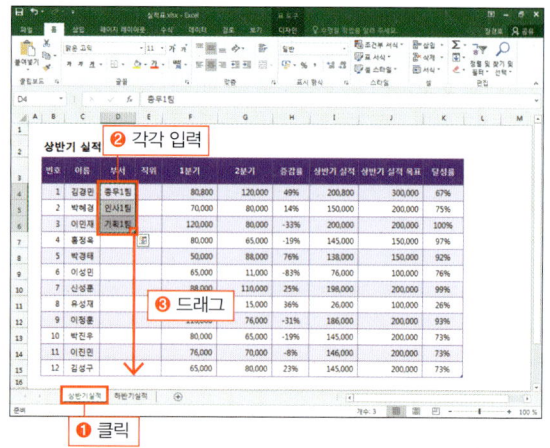

05_ 문자와 숫자가 자동으로 반복 및 증가되어 입력됩니다. 다만, 문자는 반복해서 입력되지만 숫자는 자동 증가되어 입력됩니다. 숫자도 반복해서 입력하기 위해 [자동 채우기 옵션](⊞)을 클릭하고 [셀 복사]를 선택합니다. 숫자가 증가되지 않고 반복해서 입력됩니다.

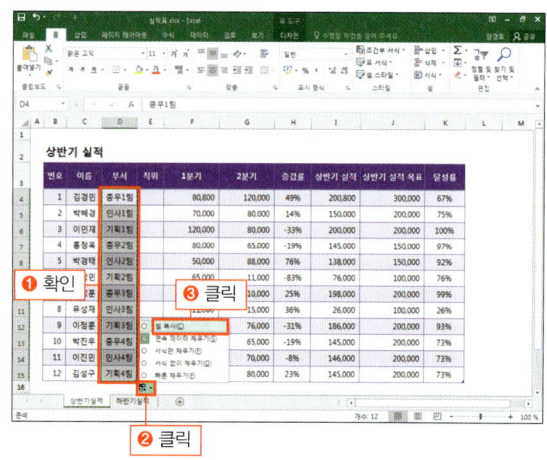

사용자 지정 목록 만들어 자동 채우기

:: **준비파일** Part01₩Chapter01₩Section02₩실적표(2).xlsx | **완성파일** Part01₩Chapter01₩Section02₩실적표(2)_완성.xlsx

1월부터 12월, 또는 월요일부터 일요일 같은 데이터는 엑셀이 자동으로 인식하여 연속 데이터로 자동 채우기를 해줍니다. 하지만 부장, 과장, 대리, 사원 등 직위나 부서명, 지점명 등을 자동 채우기로 입력하고 싶다면 사용자 지정 목록을 만들어 사용해야 합니다.

01_ [파일] 탭을 클릭한 다음 [옵션]을 선택합니다.

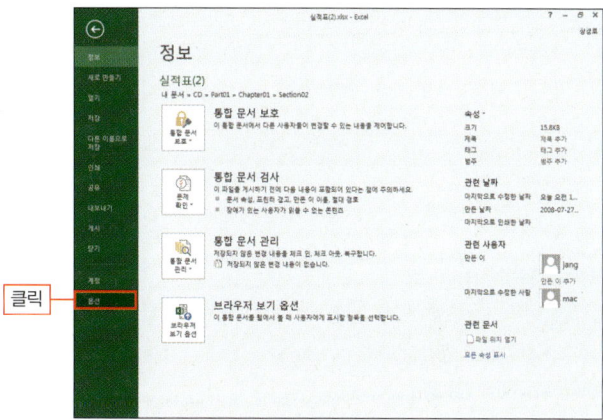

02_ [Excel 옵션] 대화상자가 나타나면 [고급]-[사용자 지정 목록 편집]을 클릭합니다.

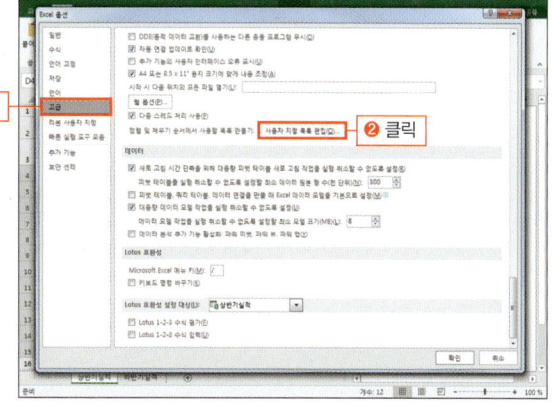

03_ [사용자 지정 목록] 대화상자가 나타나면 [목록 항목]에 『부장』, 『차장』, 『과장』, 『대리』, 『주임』, 『사원』을 입력한 다음 [추가]를 클릭하여 [사용자 지정 목록]에 입력합니다. [확인]을 클릭한 후 [Excel 옵션] 대화상자에서도 [확인]을 클릭합니다.

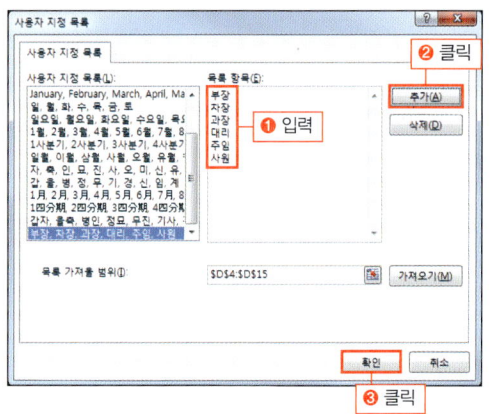
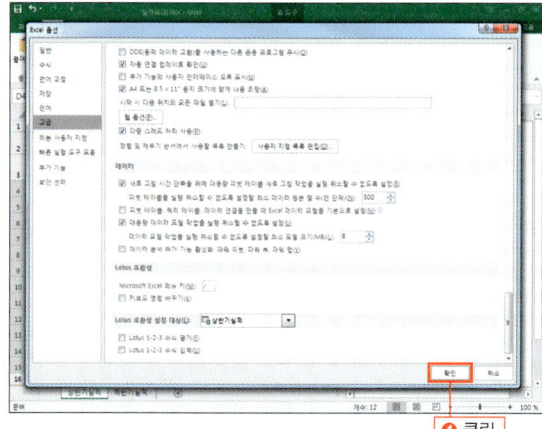

04_ 사용자 지정 목록이 제대로 입력되었는지 확인해 보겠습니다. [E4] 셀에 『부장』을 입력하고 Enter 를 누릅니다. 다시 [E4] 셀을 선택하고 채우기 핸들(⊞)을 [E15] 셀까지 드래그합니다.

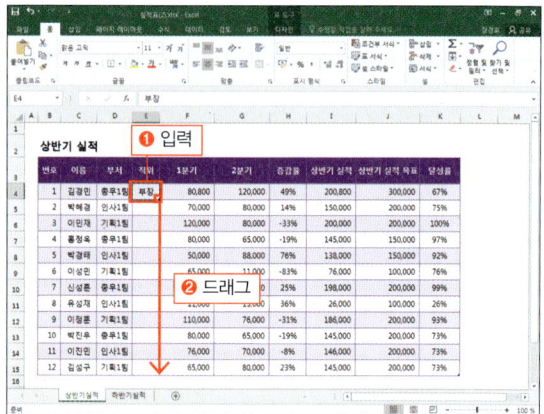

05_ 사용자 지정 목록에 추가한 데이터가 차례대로 입력되는지 확인합니다.

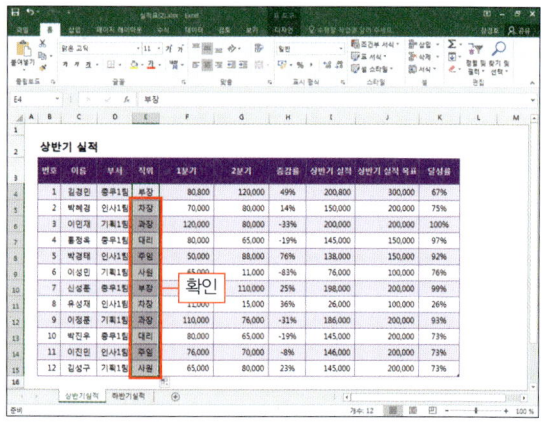

TIP

[사용자 지정 목록]의 [목록 항목]에 『부장』, 『차장』, 『과장』, 『대리』, 『주임』, 『사원』을 추가하지 않은 상태에서 [E4] 셀에 『부장』을 입력한 후 채우기 핸들(⊞)을 드래그하면 '부장'이라는 문자만 연속해서 채워집니다.

1 사용자 지정 목록을 이용하여 [B5:B9] 영역에 『콘서트』, 『연극』, 『영화』, 『뮤지컬』, 『오페라』를 차례대로 입력해 보세요. 그리고, [E14] 셀에 [E5:E9] 영역의 합계를 표시해 보세요.

◎ 준비파일 : Part01₩Chapter01₩Check₩지출비용.xlsx　　◎ 완성파일 : Part01₩Chapter01₩Check₩지출비용_완성.xlsx

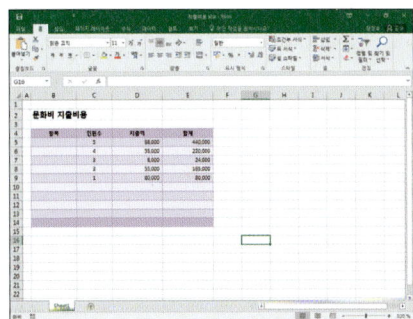 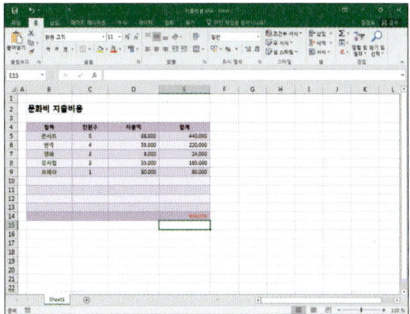

힌트

❶ [파일] 탭–[옵션]–[고급]–[사용자 지정 목록 편집] 클릭하여 사용자 지정 목록을 추가합니다.

❷ 합계를 구하는 수식으로 합계를 구함 『=SUM(E5:E9)』

2 채우기 핸들을 이용하면 반복되는 텍스트나 '1, 2, 3'과 같은 연속 숫자를 빠르게 삽입할 수 있습니다. 여기서는 제품코드에 '1, 3, 5'순으로 홀수 숫자를 빠르게 삽입해 봅니다.

◎ 준비파일 : Part01₩Chapter01₩Check₩재고관리.xlsx　　◎ 완성파일 : Part01₩Chapter01₩Check₩재고관리_완성.xlsx

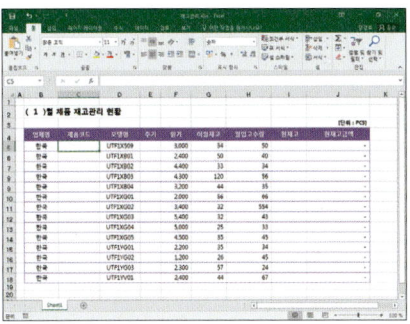 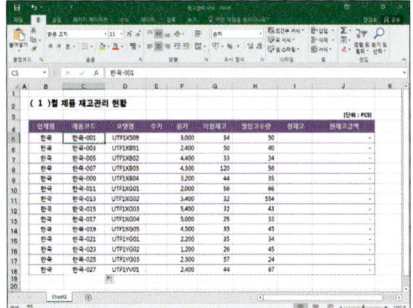

힌트

❶ [C5] 셀에 『한국–001』을 입력한 후 [C6] 셀에 『한국–003』을 입력합니다.

❷ [C5:C6] 영역을 선택한 후 자동 채우기 핸들을 드래그합니다.

Section#
03
셀과 워크시트 다루기

엑셀 2016의 작업이 이루어지는 워크시트는 행 머리글과 행(Row), 열 머리글과 열(Column)로 구성됩니다. 하나의 통합 문서는 하나 이상의 워크시트를 포함하고 있습니다. 워크시트를 편집하면서 셀을 복사하거나 이동하는 경우, 행과 열을 삽입하거나 이동, 또는 크기를 조절하는 경우도 빈번하게 발생합니다. 이번 섹션에서는 셀과 워크시트를 다루는 다양한 작업에 대해서 배워보겠습니다.

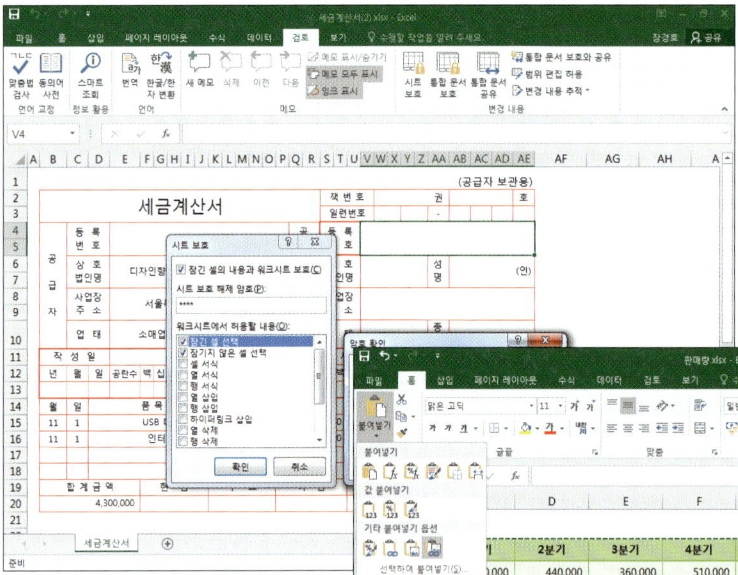

▲ 워크시트 보호하기

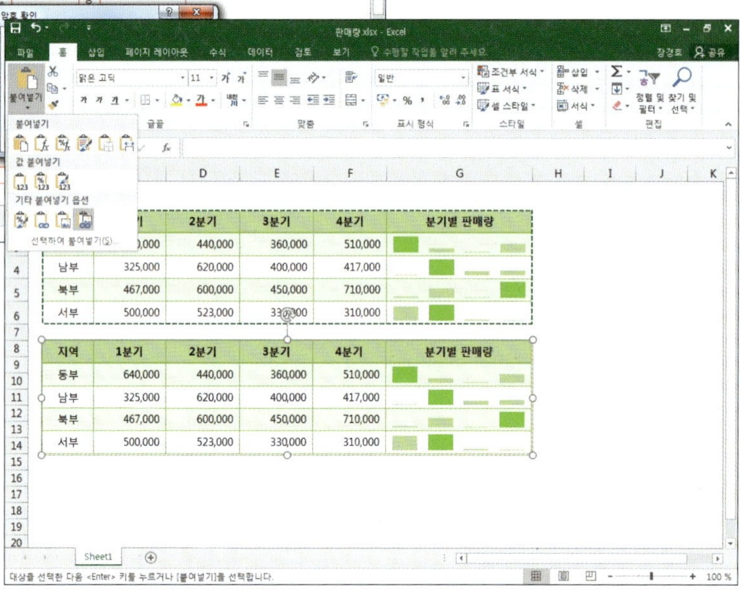

연결된 그림 붙여넣기 ▶

이번 섹션에서 배울 주요 내용

- 행 높이와 열 너비 조절하기
- 워크시트 보호하기
- 붙여넣기와 선택하여 붙여넣기
- 행과 열 숨기기와 취소하기
- 워크시트 이동하고 복사하기

- 시트 이름과 색상 변경하기
- 틀 고정하고 창 나누기
- 워크시트를 그림으로 붙여넣기
- 연결된 그림 붙여넣기
- **스페셜** 빠른 채우기로 셀 분리하기

행의 높이와 열의 너비 조절하기

:: **준비파일** Part01₩Chapter01₩Section03₩세금계산서.xlsx | **완성파일** Part01₩Chapter01₩Section03₩세금계산서_완성.xlsx

행 높이나 열 너비 등 셀 간격은 머리글 사이의 경계선(✛)을 드래그하거나 머리글 사이를 두 번 클릭하여 조절할 수 있습니다.

01_ [B] 열과 [C] 열 머리글 사이의 경계선(✛)을 왼쪽으로 드래그하여 간격을 조절합니다.

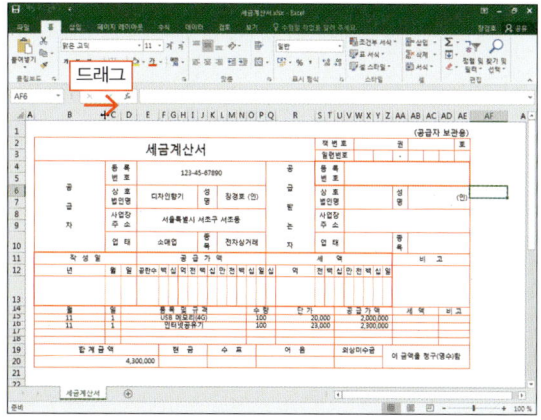

02_ 머리글 사이를 두 번 클릭하여 간격을 조절할 수도 있습니다. [R] 열과 [S] 열 머리글 사이를 두 번 클릭합니다.

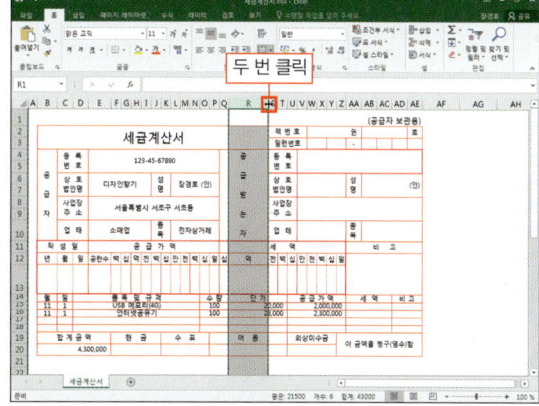

> **TIP**
> 열 너비는 열 머리글에서 마우스 오른쪽 버튼을 클릭하고 [열 너비]를 선택하여 조절할 수 있습니다.

03_ 이번에는 [행 높이] 대화상자를 통해 간격을 조절해 보겠습니다. [13] 행 머리글을 마우스 오른쪽 버튼으로 클릭하고 [행 높이]를 선택합니다.

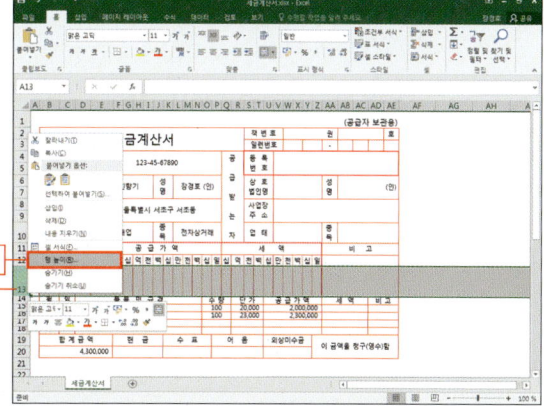

① 마우스 오른쪽 클릭
② 클릭

04_ [행 높이] 대화상자가 나타나면 [행 높이]에 『17.25』를 입력하고 [확인]을 클릭합니다.

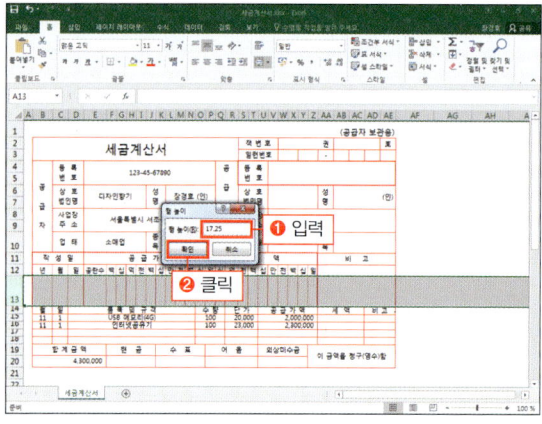

05_ 이번에는 여러 개의 행 머리글을 선택해 높이를 한 번에 조절해 보겠습니다. [14] 행 머리글에서 [18] 행 머리글을 Shift 를 누른 채 선택합니다.

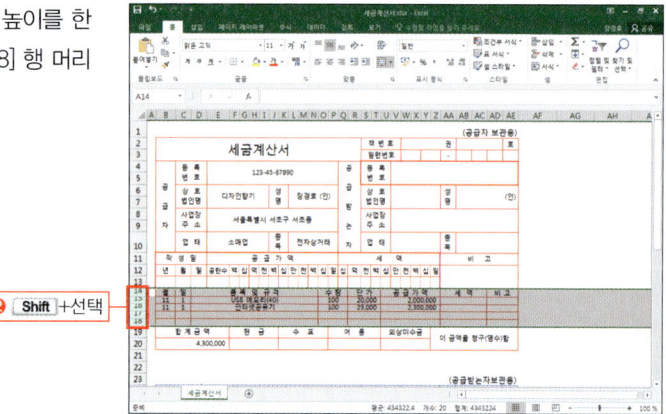

06_ 마우스 오른쪽 버튼을 클릭하고 [행 높이]를 선택합니다. [행 높이] 대화상자가 나타나면 [행 높이]에 『16.5』를 입력하고 [확인]을 클릭합니다.

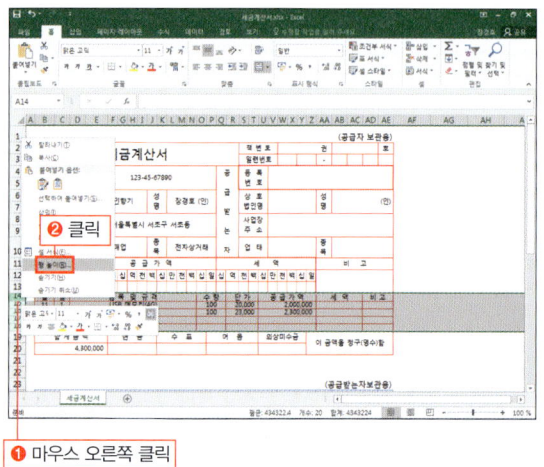

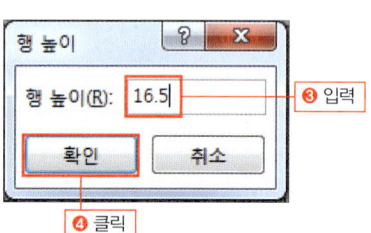

워크시트 보호하기

:: **준비파일** Part01\Chapter01\Section03\세금계산서(2).xlsx | **완성파일** Part01\Chapter01\Section03\세금계산서(2)_완성.xlsx

시트 보호를 통해 다른 사람들이 문서의 내용을 수정하지 못하도록 설정할 수 있습니다. 수정해야 하는 부분과 수정하면 안 되는 부분을 선택하여 편집 범위를 변경해 보겠습니다.

01_ 편집 범위를 변경하기 위해 공급자 영역을 제외한 부분을 **Ctrl** 을 누른 상태로 선택합니다. [검토] 탭-[변경 내용] 그룹에서 [범위 편집 허용]을 클릭합니다.

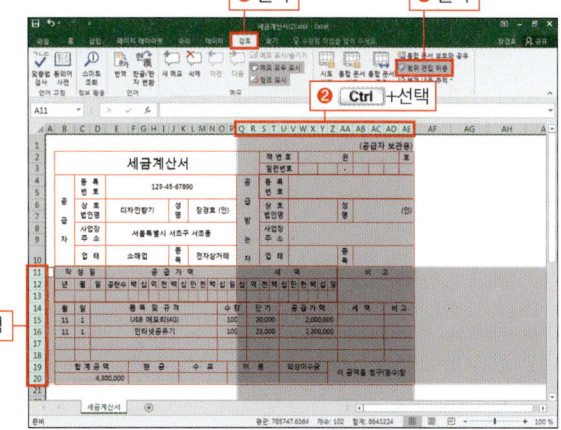

02_ [범위 편집 허용] 대화상자가 나타나면 [새로 만들기]를 클릭합니다.

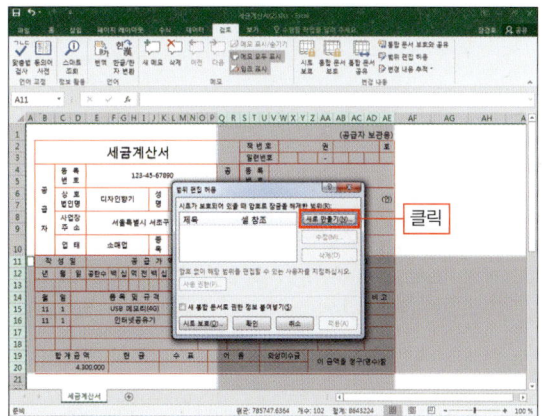

03_ [새 범위] 대화상자가 나타나면 [제목]에 『공급받는자』를 입력하고 [확인]을 클릭합니다. [범위 편집 허용] 대화상자에서도 [확인]을 클릭합니다.

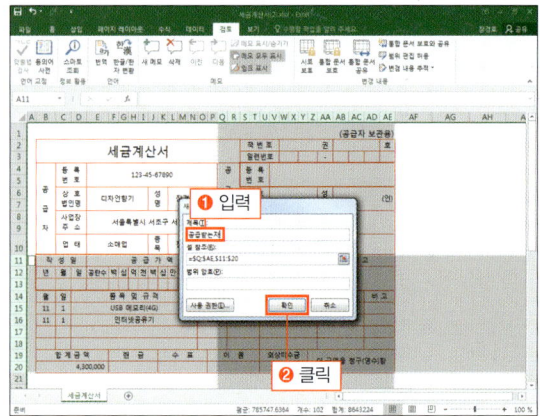
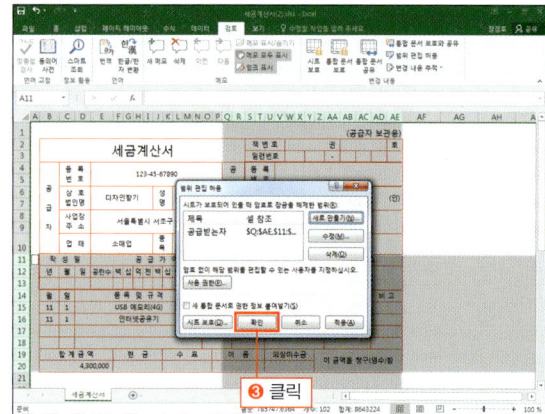

04_ 셀을 하나 선택합니다. [검토] 탭-[변경 내용] 그룹에서 [시트 보호]를 클릭합니다. [시트 보호] 대화상자가 나타나면 [시트 보호 해제 암호]에 『1234』를 입력하고 [확인]을 클릭합니다. [암호 확인] 대화상자가 나타나면 『1234』를 입력하고 [확인]을 클릭합니다.

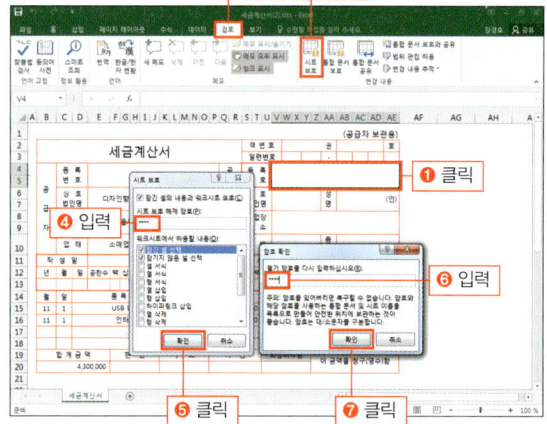

TIP
[시트 보호] 대화상자의 [시트 보호 해제 암호]는 선택 사항입니다. 암호를 지정하지 않으면 누구든지 시트 보호를 해제하고 보호된 요소를 변경할 수 있습니다.

05_ 공급자 부분의 셀을 클릭해서 수정이 가능한지 확인해 보겠습니다. [E4] 셀을 클릭합니다. 경고 창이 나타나면서 내용을 수정할 수 없습니다. 공급자 부분 이외의 셀을 클릭하면 내용을 수정할 수 있습니다.

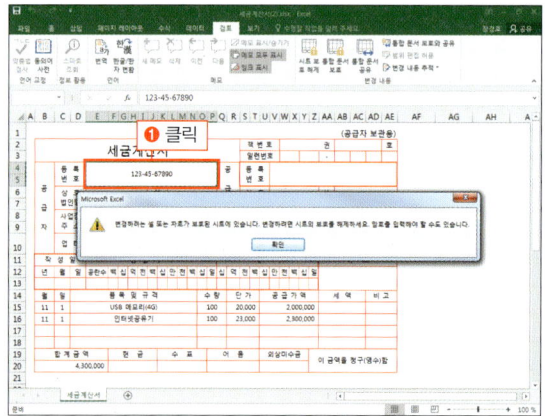

TIP
[검토] 탭-[변경 내용] 그룹에서 [시트 보호 해제]를 클릭하면 시트의 보안을 해제할 수 있습니다.

붙여넣기와 선택하여 붙여넣기

:: 준비파일 Part01₩Chapter01₩Section03₩면접점수.xlsx | 완성파일 Part01₩Chapter01₩Section03₩면접점수_완성.xlsx

선택하여 붙여넣기를 통해 수식이나 값, 서식 등을 붙여넣기 할 수 있으며, 수식을 제거하고 붙여넣기 하거나 붙여넣는 값에 데이터를 더하거나 곱할 수도 있습니다.

01_ 먼저, 열 머리글을 복사하여 붙여넣기해 보겠습니다. [H] 열 머리글을 선택하고 마우스 오른쪽 버튼을 클릭한 후 [복사]를 선택합니다.

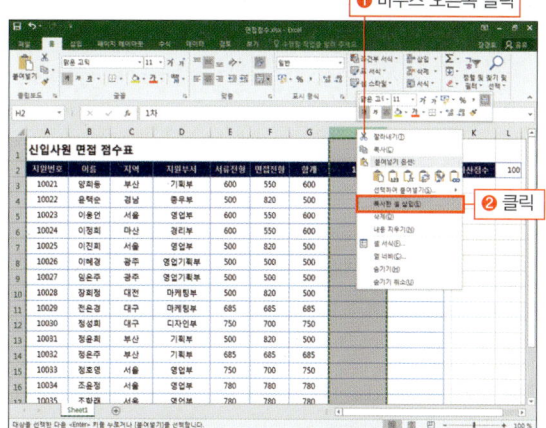

02_ [H] 열 머리글을 다시 선택하고 마우스 오른쪽 버튼을 클릭한 후 [복사한 셀 삽입]을 선택합니다.

TIP

[복사한 셀 삽입]을 선택하면 선택한 셀의 왼쪽에 복사한 셀이 삽입됩니다.

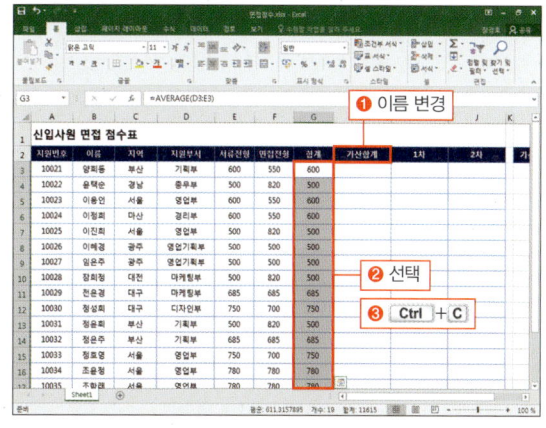

03_ [H2] 셀의 이름을 『가산합계』로 변경합니다. [G3:G21] 영역을 드래그하여 선택하고 **Ctrl** + **C** 를 눌러 복사합니다.

04_ [G3:G21] 영역에는 수식이 입력되어 있습니다. 수식을 포함하지 않고 합계 점수만 붙여넣기 위해 [H4] 셀을 선택하고 [홈] 탭-[클립보드] 그룹에서 [붙여넣기]-[값 붙여넣기]-[값]을 클릭합니다.

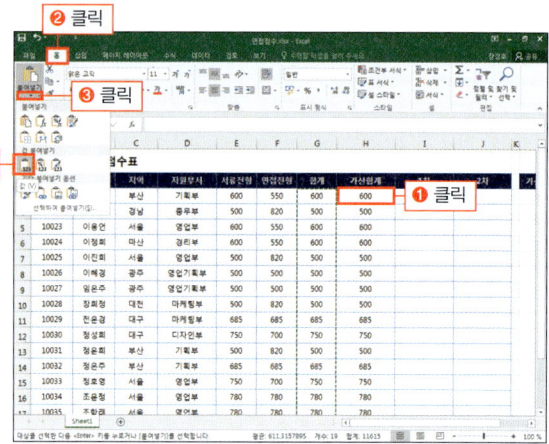

TIP

수식이 지정되어 있는 셀을 복사한 후 [값 붙여넣기]-[값]을 선택하면 수식이 제거된 값만 붙여넣기할 수 있습니다.

05_ 합계 점수가 가산합계 점수에 붙여넣기가 됩니다. 이번에는 가산합계 점수에 가산점수인 '100점'을 포함해 붙여넣기 해보겠습니다. [M2] 셀을 선택하고 Ctrl + C 를 눌러 복사합니다. [H3:H21] 영역을 드래그하여 선택하고 [홈] 탭-[클립보드] 그룹에서 [붙여넣기]-[선택하여 붙여넣기]를 클릭합니다.

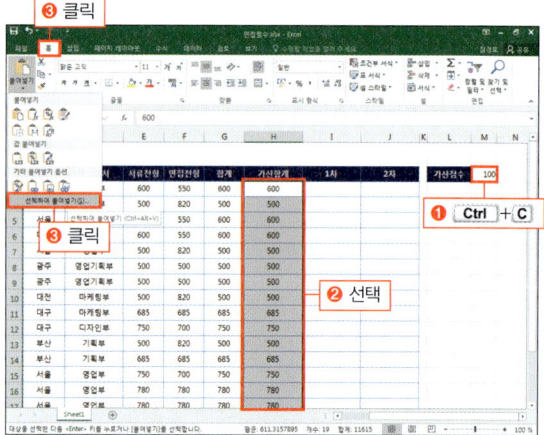

TIP

Ctrl + Alt + V 를 눌러도 선택하여 붙여넣기를 할 수 있습니다.

06_ [선택하여 붙여넣기] 대화상자가 나타납니다. [붙여넣기]-[값]을 체크합니다. 그리고 [연산]-[더하기]를 체크한 후 [확인]을 클릭합니다. [홈] 탭-[맞춤] 그룹에서 [가운데 맞춤]을 클릭하면 가운데로 정렬할 수 있습니다.

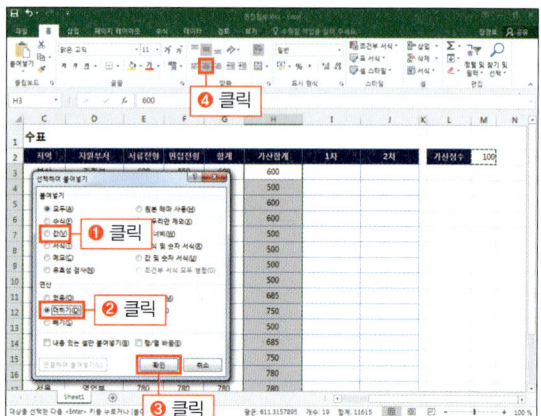

TIP

[연산]-[더하기]를 체크하면 가산점수가 가산합계 열에 추가되어 붙여넣기가 됩니다.

꼭!! 알고가기

엑셀 2016의 붙여넣기는 다음과 같이 다양한 옵션이 존재합니다. 수식만 붙여넣기나, 원본 서식을 유지한 채 붙여넣기 등을 선택할 수 있습니다.

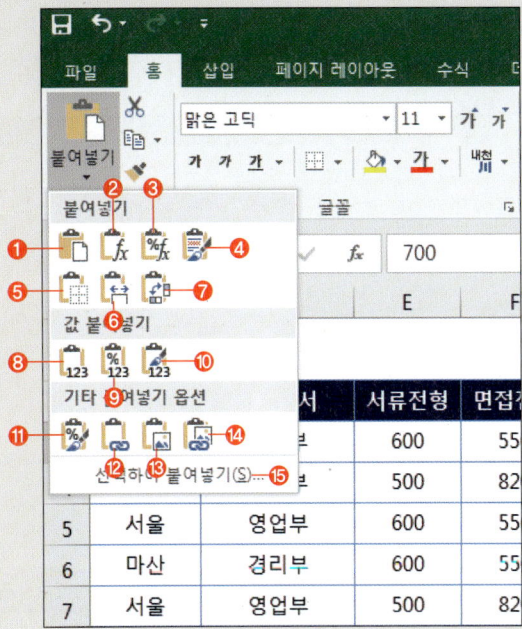

· 붙여넣기

❶ 붙여넣기 : 데이터 값 및 숫자, 셀 서식 등 모든 내용을 붙여넣습니다.

❷ 수식 : 복사한 데이터의 수식만 붙여넣습니다.

❸ 수식 및 숫자 서식 : 복사한 데이터의 수식과 숫자 서식만 붙여넣습니다.

❹ 원본 서식 유지 : 원본의 서식을 유지한 채 붙여넣습니다.

❺ 테두리 없음 : 테두리를 제외하고 붙여넣습니다.

❻ 원본 열 너비 유지 : 열 너비를 그대로 유지한 채 붙여넣습니다.

❼ 바꾸기 : 행과 열을 서로 바꾸어 붙여넣습니다.

· 값 붙여넣기

❽ 값 : 복사한 데이터의 값만 붙여넣습니다.

❾ 값 및 숫자 서식 : 복사한 데이터의 값과 숫자 서식만 붙여넣습니다.

❿ 값 및 원본 서식 : 복사한 데이터의 값과 셀 서식만 붙여넣습니다.

· 기타 붙여넣기 옵션

⓫ 서식 : 복사한 데이터에 포함된 서식을 모두 붙여넣습니다.

⓬ 연결하여 붙여넣기 : 원본 데이터가 수정되면 붙여넣기 한 데이터도 수정되도록 연결하여 붙여넣습니다.

⓭ 그림 : 복사한 데이터를 그림으로 붙여넣습니다.

⓮ 연결된 그림 : 복사한 데이터를 그림으로 붙여넣거나, 데이터도 수정되도록 연결하여 붙여넣습니다.

· 선택하여 붙여넣기

⓯ 선택하여 붙여넣기 : [선택하여 붙여넣기] 대화상자를 실행시켜 다양한 옵션을 설정할 수 있습니다.

행과 열 숨기기와 취소하기

::: **준비파일** Part01₩Chapter01₩Section03₩면접점수(2).xlsx | **완성파일** Part01₩Chapter01₩Section03₩면접점수(2)_완성.xlsx

행과 열 숨기기를 통해 행이나 열을 워크시트에 표시하지 않을 수 있습니다. 행이나 열을 숨기더라도 연산 작업이나 수식에는 전혀 지장이 없습니다.

01_ [H] 열 머리글을 선택하고 **Ctrl** 을 누른 상태로 [L], [M] 열 머리글을 드래그하여 선택합니다. 마우스 오른쪽 버튼을 클릭하여 [숨기기]를 선택합니다.

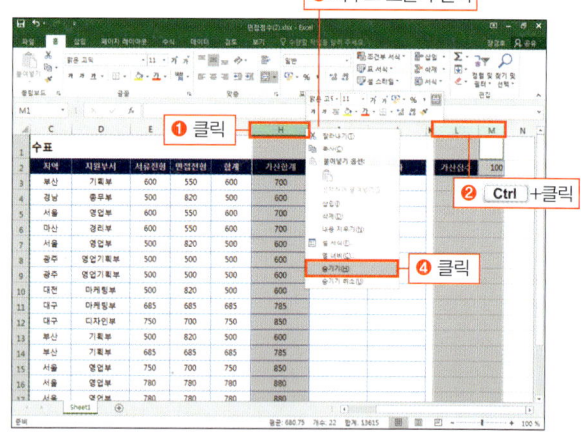

02_ 선택한 열이 모두 숨기기가 적용됩니다. 숨기기 명령을 사용하여 행이나 열을 숨길 수 있지만 행 높이나 열너비를 '0'으로 변경하여 숨길 수도 있습니다.

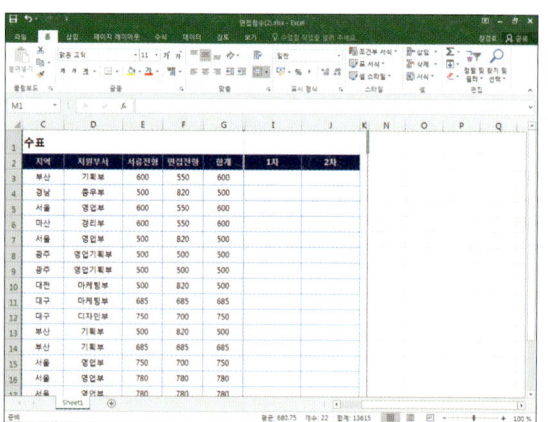

03_ 숨기기를 취소하기 위해 [G] 열 머리글에서 [N] 열머리글을 드래그하여 선택한 다음 마우스 오른쪽 버튼을 클릭하고 [숨기기 취소]를 선택합니다.

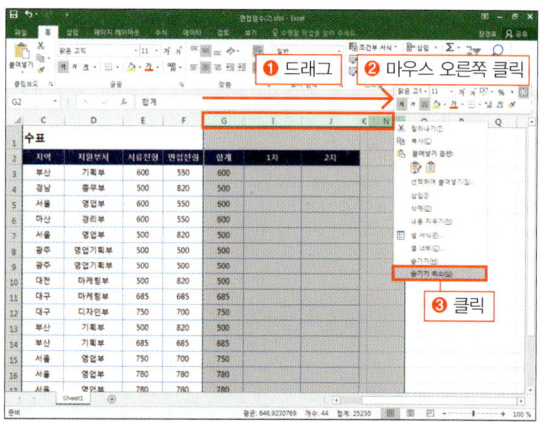

워크시트 이동하고 복사하기

::: 준비파일 Part01₩Chapter01₩Section03₩면접점수(3).xlsx | 완성파일 Part01₩Chapter01₩Section03₩면접점수(3)_완성.xlsx

작업한 워크시트는 복사본을 만들어 복사할 수 있습니다. 여러 워크시트가 존재할 경우 워크시트의 순서를 마음대로 변경할 수도 있습니다.

01_ [Sheet1] 시트를 선택한 다음 마우스 오른쪽 버튼을 클릭하고 [이동/복사]를 선택합니다. [이동/복사] 대화상자가 나타나면 [다음 시트의 앞에]에서 [(끝으로 이동)]을 선택하고, [복사본 만들기]에 체크한 후 [확인]을 클릭합니다.

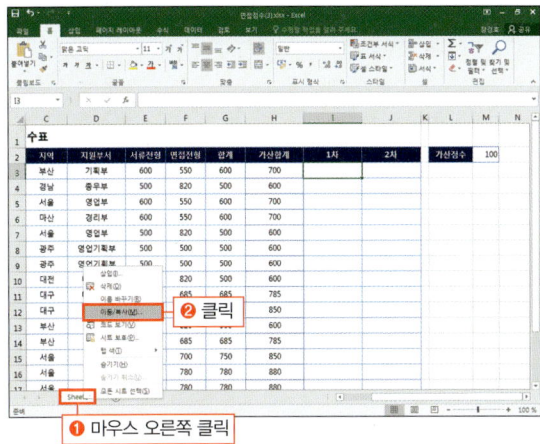

❶ 마우스 오른쪽 클릭

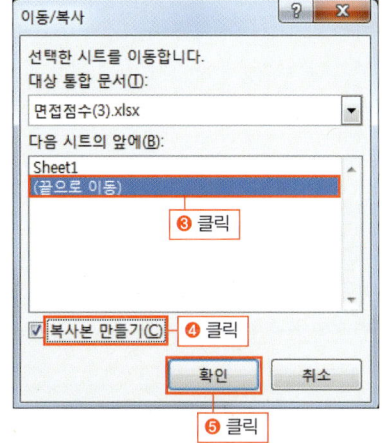

⑤ 클릭

02_ [Sheet1] 시트가 복사되어 [Sheet1 (2)] 시트가 나타납니다. [이동/복사] 대화상자를 이용하지 않더라도 Ctrl 을 누른 상태로 원하는 위치로 이동시켜도 워크시트가 복사됩니다. [Sheet1] 시트를 선택하고 Ctrl 을 누른 상태로 [Sheet1 (2)] 시트 뒤로 드래그합니다.

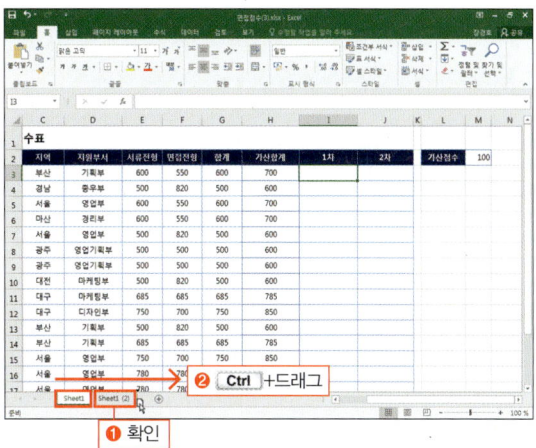

❶ 확인

03_ [Sheet1] 시트가 복사되어 [Sheet1 (3)]이라는 이름의
시트가 만들어집니다.

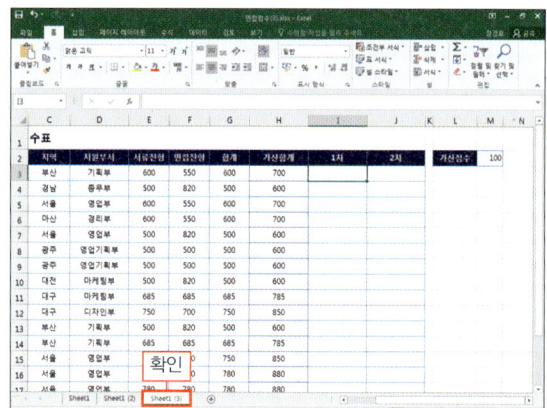

TIP

시트를 이동하려면 시트를 선택한 후 원하는 부분으로
드래그합니다.

TIP

시트를 삭제하고 싶다면 시트를 마우스 오른쪽 버튼으로 클릭하고 [삭제]를 선택합니다. 경고 창이 나타나면 [삭제]를 클릭
합니다.

04_ 워크시트는 다른 문서로 이동하거나 복사할 수도 있습니다. 여기서는 새로운 엑셀 문서에 워크시트를 복사해 보겠습
니다. [Sheet1 (3)] 시트를 마우스 오른쪽 버튼으로 클릭하고 [이동/복사]를 선택합니다. [이동/복사] 대화상자가 나타나면
[대상 통합 문서] 화살표를 클릭한 후 [(새 통합 문서)]를 선택합니다. [복사본 만들기]에 체크하고 [확인]을 클릭합니다.

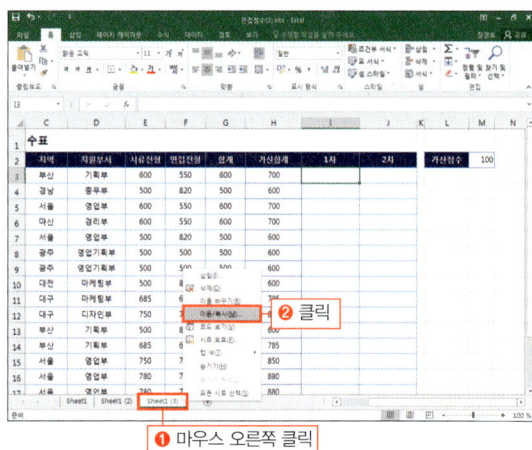

05_ 새로운 엑셀 문서가 나타나면서 [Sheet1 (3)] 시트가
복사됩니다. 제목 표시줄을 확인하면 '통합 문서1'이라는
새로운 문서가 생성된 것을 확인할 수 있습니다.

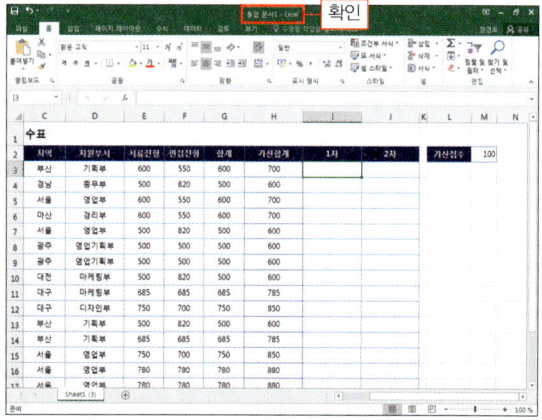

시트 이름과 색상 변경하기

:: **준비파일** Part01₩Chapter01₩Section03₩면접점수(4).xlsx | **완성파일** Part01₩Chapter01₩Section03₩면접점수(4)_완성.xlsx

여러 개의 워크시트가 통합 문서에 존재할 경우 시트 이름을 변경하거나 색상을 변경하여 보다 편하게 관리할 수 있습니다.

01_ 워크시트의 이름을 변경하기 위해 [Sheet1 (3)] 시트의 이름을 더블클릭합니다. 시트명이 블록으로 설정되면 『면접점수표』를 입력한 다음 **Enter** 를 누릅니다.

> **TIP**
> 시트 이름을 마우스 오른쪽 버튼으로 클릭하고 목록 중에 [이름 바꾸기]를 선택해도 됩니다.

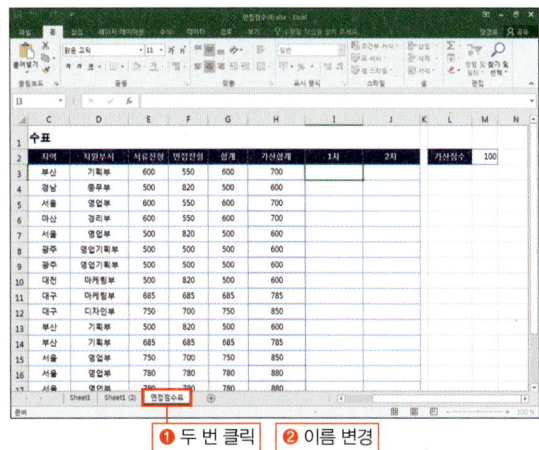

❶ 두 번 클릭 ❷ 이름 변경

02_ 시트 탭의 색상을 변경해 보겠습니다. [면접점수표] 시트를 마우스 오른쪽 버튼으로 클릭하고 [탭 색]-[연한 녹색]을 선택합니다.

> **TIP**
> 시트 탭에 적용한 색상을 없애려면 시트 탭을 마우스 오른쪽 버튼으로 클릭하고 [탭 색]-[색 없음]을 선택합니다.

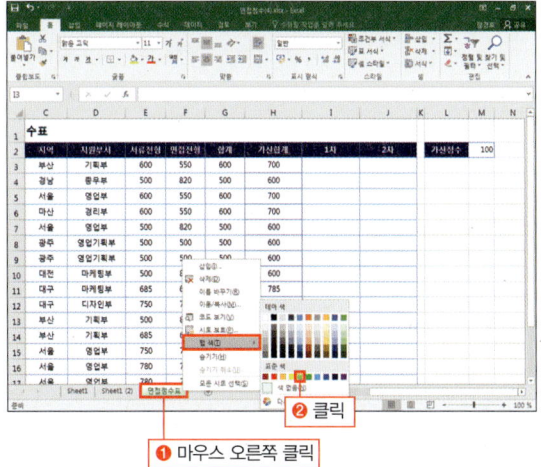

❷ 클릭

❶ 마우스 오른쪽 클릭

틀 고정하고 창 나누기

::: 준비파일 Part01₩Chapter01₩Section03₩부서별성적.xlsx | **완성파일** Part01₩Chapter01₩Section03₩부서별성적_완성.xlsx

데이터의 양이 많다면 한 화면에 전체 내용을 표시할 수 없기 때문에 기준 셀은 '틀 고정'을 통해 고정해 놓는 것이 좋습니다. '창 나누기'는 틀 고정과 비슷하나 워크시트를 여러 창으로 분리하는 기능으로 여러 데이터를 비교, 분석할 때 유용합니다.

01_ 틀 고정을 하기 위해서는 기준 셀을 지정해야 합니다. 틀 고정을 원하는 [B4] 셀을 선택하고 [보기] 탭-[창] 그룹에서 [틀 고정]-[틀 고정]을 클릭합니다.

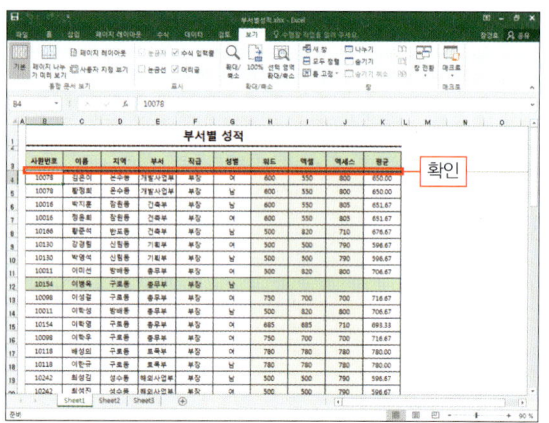

> **TIP**
> 틀 고정을 위해서는 먼저 기준 셀을 선택해야 합니다. 기준 셀을 지정하면 시트가 움직이더라도 화면에 그대로 고정되어 있습니다.

02_ [B4] 셀을 기준으로 고정선이 생깁니다. 스크롤 바를 이동해 보면 기준 셀을 기준으로 셀들이 고정됩니다.

03_ [보기] 탭-[창] 그룹에서 [틀 고정]-[틀 고정]-[틀 고정 취소]를 클릭하면 기준 셀 고정을 취소할 수 있습니다.

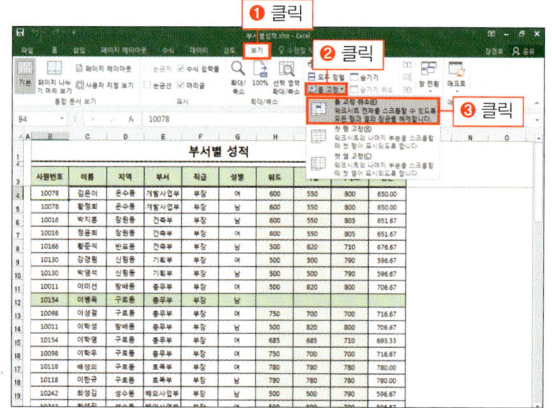

04_ 이번에는 창 나누기를 해보겠습니다. [G7] 셀을 선택하고 [보기] 탭-[창] 그룹에서 [나누기]를 클릭합니다.

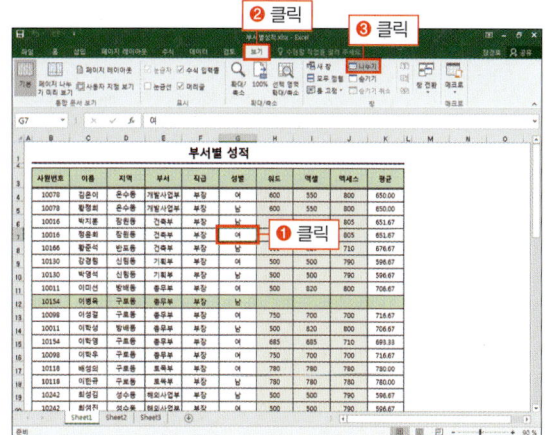

05_ 워크시트가 4개의 영역으로 분할됩니다. 각 영역별로 창이 나누어졌으며 경계선을 드래그하면 창 영역의 크기를 조절할 수 있습니다.

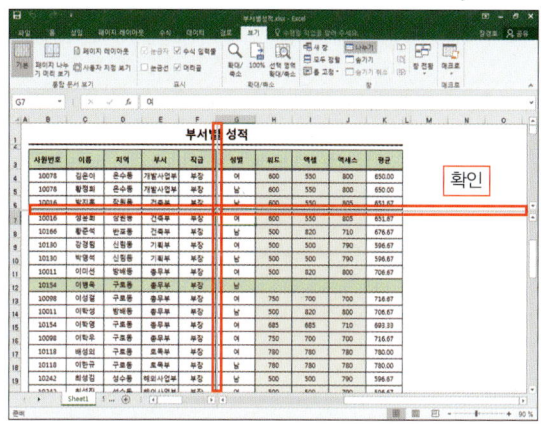

> **TIP**
> 창 나누기는 워크시트에서 데이터를 서로 비교할 때 유용하게 사용되며, 나누려는 위치는 작업하기 적당한 위치에서 나눠주는 것이 좋습니다.

06_ 네 번째 창에서 원하는 영역을 선택하거나 드래그해 봅니다. 다른 창과의 셀 값을 서로 비교해 볼 수 있습니다.

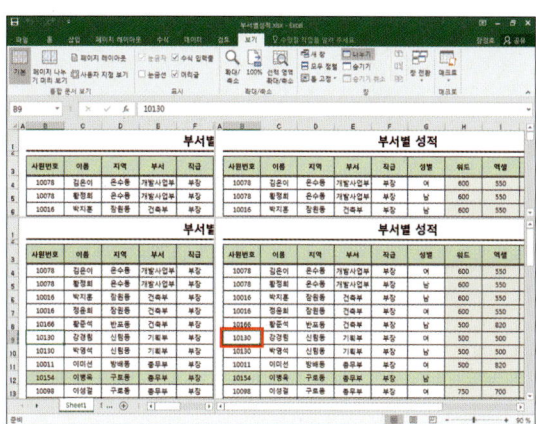

> **TIP**
> 창 나누기를 취소하려면 창을 나누고 있는 분할줄을 아무 곳이나 두 번 클릭하거나, [보기] 탭-[창] 그룹에서 [나누기]를 클릭합니다.

워크시트를 그림으로 붙여넣기

:: 준비파일 Part01₩Chapter01₩Section03₩작업일지.xlsx | **완성파일** Part01₩Chapter01₩Section03₩작업일지_완성.xlsx

워크시트의 표나 데이터를 그림 형식으로 지정할 수 있습니다. 단순한 그림으로 붙여넣을 수 있으며 데이터를 연결하여 그림으로 붙여넣을 수도 있습니다.

01_ [확인란] 시트를 클릭한 후 [B2:D4] 영역을 드래그하여 선택합니다. [홈] 탭–[클립보드] 그룹에서 [복사]–[그림으로 복사]를 클릭합니다. [그림 복사] 대화상자가 나타나면 [화면에 표시된 대로]가 체크된 것을 확인하고 [확인]을 클릭합니다.

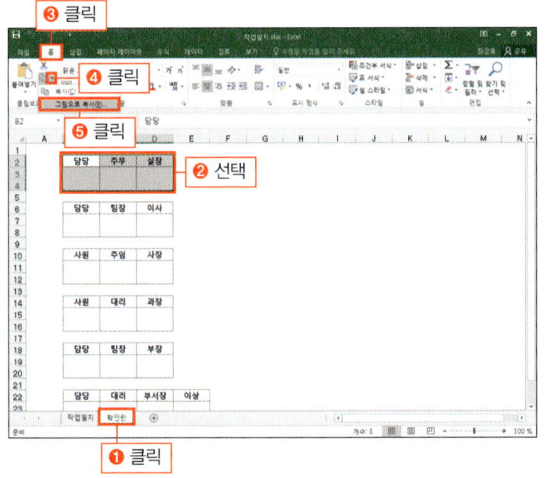

02_ [작업일지] 시트를 클릭한 후 [E2] 셀을 선택합니다. [홈] 탭–[클립보드] 그룹에서 [붙여넣기]–[붙여넣기]를 클릭합니다.

> **TIP**
> 그림으로 붙여넣기를 하면 붙여넣기할 셀 영역에 상관없이 원본 셀 크기와 동일한 크기로 붙여넣기가 됩니다.

연결된 그림 붙여넣기

:: **준비파일** Part01₩Chapter01₩Section03₩판매량.xlsx | **완성파일** Part01₩Chapter01₩Section03₩판매량_완성.xlsx₩

이번에는 연결된 그림 붙여넣기를 해보겠습니다. 연결된 그림 붙여넣기의 경우 원본 데이터의 내용이 변경되면 붙여넣은 그림의 데이터도 함께 연동되어 변경됩니다.

01_ [B2:G6] 영역을 드래그하여 선택하고 [홈] 탭-[클립보드] 그룹에서 [복사]-[복사]를 클릭하거나, Ctrl + C 를 누릅니다.

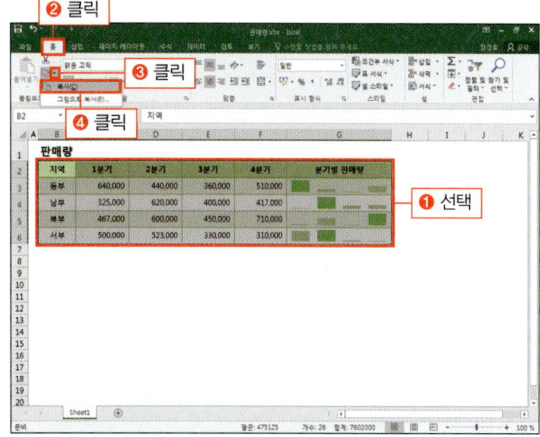

02_ [B8] 셀을 선택하고 [홈] 탭-[클립보드] 그룹에서 [붙여넣기]-[기타 붙여넣기 옵션]-[연결된 그림]을 클릭합니다. 그리고 Esc 를 눌러 선택 영역을 해제합니다.

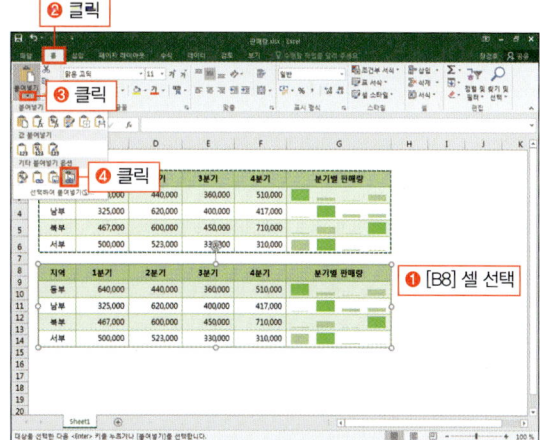

03_ 원본 데이터의 값을 변경해 보겠습니다. [C4] 셀의 값을 선택하고 『800000』을 입력한 후 Enter 를 누릅니다.

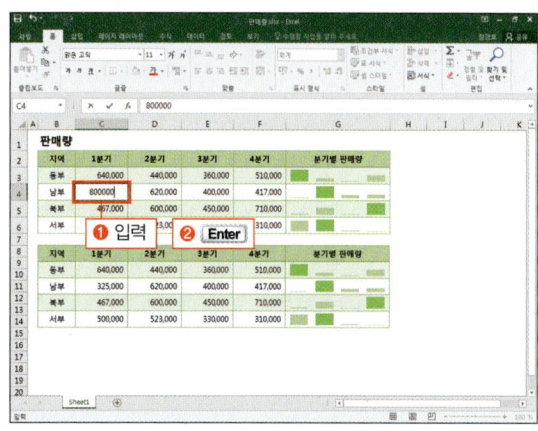

04_ [연결된 그림]으로 붙여넣은 그림에도 '800,000'으로 값이 변경되어 나타납니다.

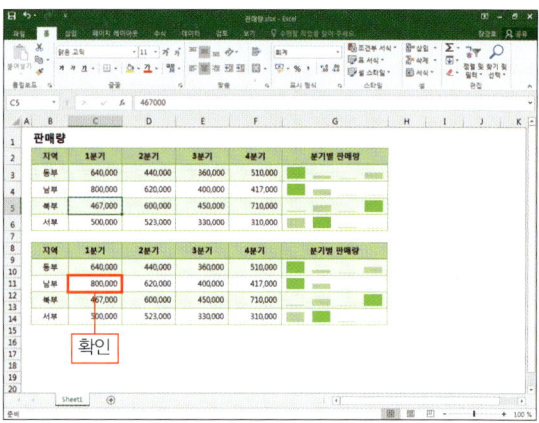

05_ 연결된 그림의 경우 그림으로 인식하기 때문에 드래그하여 쉽게 위치를 이동할 수도 있습니다.

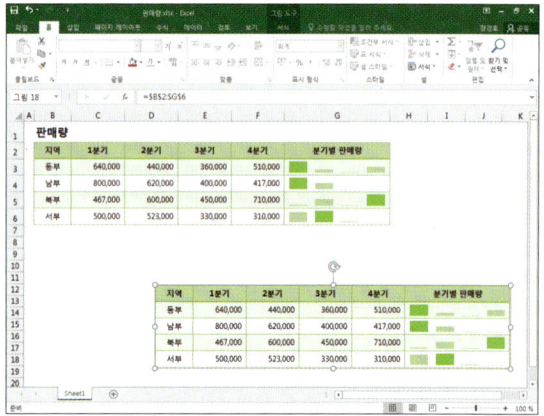

Special page

빠른 채우기로 셀 분리하기

빠른 채우기는 일정한 패턴이 있는 데이터를 여러 개의 열로 나눌 수 있는 기능입니다. 예전에는 LEFT, MID, RIGHT 등의 함수를 이용해 데이터를 분리할 수 있었다면 이제는 빠른 채우기를 통해 손쉽게 데이터를 분리할 수 있습니다.

 **준비 파일** Part01₩Chapter01₩Section03₩주소록.xlsx

 **완성 파일** Part01₩Chapter01₩Section03₩주소록_완성.xlsx

01 주소에서 시, 군을 구분해 보겠습니다. [F3] 셀을 선택하고 『부산광역시』를 입력한 후 Enter 를 누릅니다.

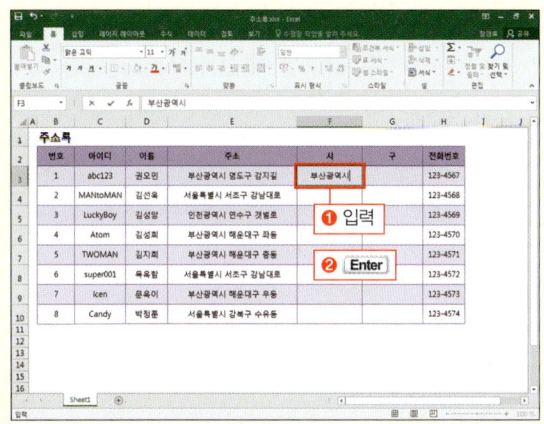

02 [F4] 셀을 선택하고 『서』를 입력하면, 자동으로 데이터 채우기가 실행됩니다. Enter 를 누릅니다.

TIP

선택한 데이터가 동일한 패턴으로 구성되었다면 데이터를 모두 입력하지 않아도 데이터가 자동으로 채워집니다.

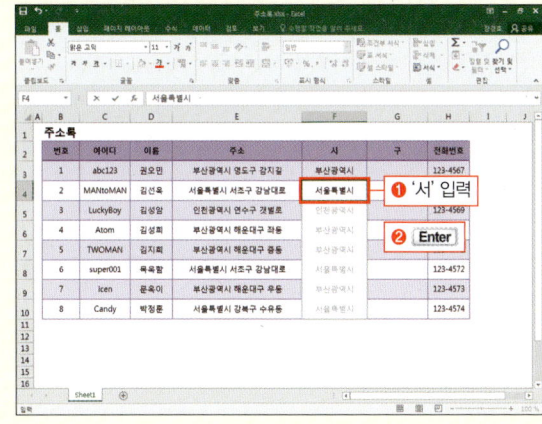

03 이번에는 [G3] 셀을 선택하고 『영도구』를 입력한 후 Enter 를 누릅니다.

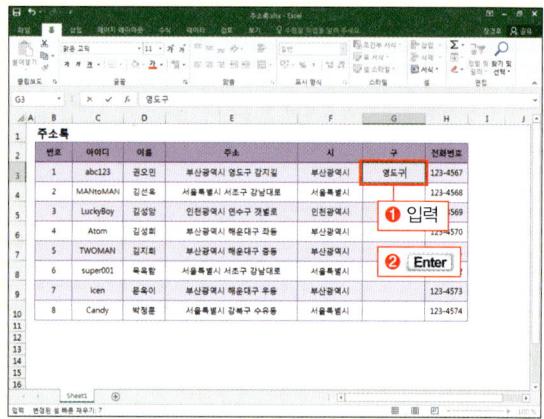

04 [데이터] 탭–[데이터 도구] 그룹에서 [빠른 채우기] 를 클릭합니다.

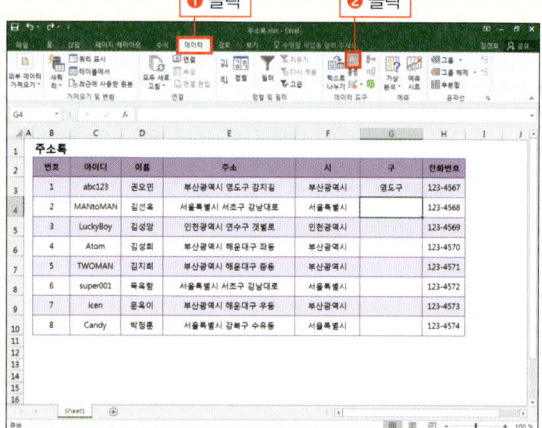

> **TIP**
> 빠른 채우기는 값을 자동으로 채우는 기능입니다.

05 자동으로 나머지 셀에도 데이터가 채워집니다.

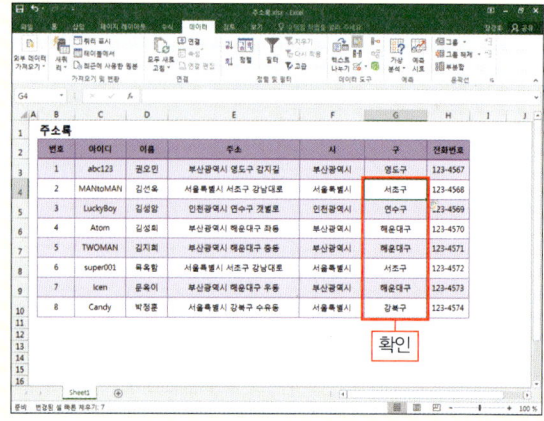

> **TIP**
> 빠른 채우기는 [홈] 탭–[편집] 그룹에서 [채우기]를 클릭하여 채울 수도 있습니다.

체크 해 봐 요

1 'Sheet1' 시트의 복사본을 'Sheet1' 시트 바로 뒤에 만들어 보세요.

◎ 준비파일 : Part01₩Chapter01₩Check₩제품별판매현황.xlsx

◎ 완성파일 : Part01₩Chapter01₩Check₩제품별판매현황_완성.xlsx

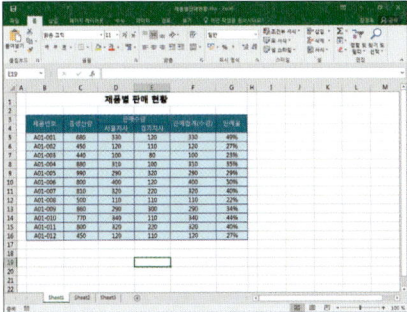 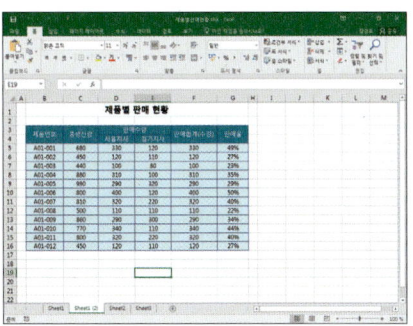

힌트

❶ 'Sheet1' 시트를 선택한 후 마우스 오른쪽 버튼을 클릭하고 [이동/복사]를 선택합니다.

❷ 원하는 시트를 선택한 후 [복사본 만들기]에 체크합니다.

2 셀이나 표를 복사하면 다양한 붙여넣기 옵션을 설정할 수 있습니다. 여기서는 '공급자' 시트에 있는 공급자란을 복사하여 '견적서' 시트에 그림으로 붙여넣어 봅니다.

◎ 준비파일 : Part01₩Chapter01₩Check₩견적서.xlsx   ◎ 완성파일 : Part01₩Chapter01₩Check₩견적서_완성.xlsx

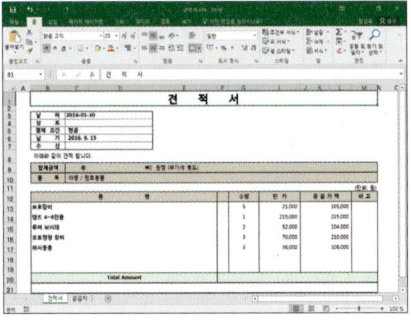 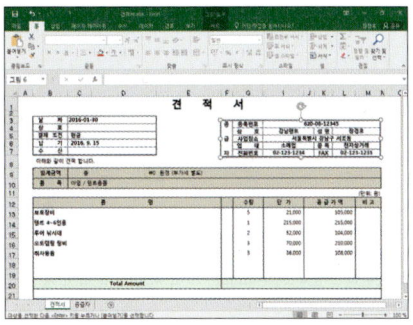

힌트

❶ 그림으로 붙여넣기하고 싶은 셀 영역을 선택한 후 복사합니다.

❷ [홈] 탭-[클립보드] 그룹에서 [붙여넣기]의 아랫부분을 클릭한 후 [그림으로 붙여넣기]를 선택합니다.

Chapter 2

워크시트 디자인!
서식 디자인과
인쇄 기술 다루기

엑셀은 셀을 기준으로 데이터를 입력하며, 셀이 모여 표가 완성됩니다. 표를 분석하여 그 결과물로 차트를 만들기도 합니다. 셀을 꾸미기 위해 셀 서식이 존재하며, 한 번에 스타일을 변경하기 위해 표 스타일과 테마 스타일이 존재 합니다. 또한, 나양한 차트 형식을 제공하여 최적의 분석이 가능하도록 도와 줍니다. 뿐만 아니라 조건부 서식 등 다양한 기능을 통해 특정 부분을 강조하거나 규칙을 지정할 수도 있으며 워크시트 전체를 인쇄하거나 원하는 부분만 보기 좋게 인쇄할 수도 있습니다. 여기서는 다양한 서식 디자인을 비롯해 인쇄 기술에 대해서 배워보겠습니다.

Section 1. 셀 서식 디자인하기

Section 2. 차트 서식 디자인하기

▼ **Section 3.** 인쇄 기술 다루기

Section 01

셀 서식 디자인하기

셀 서식을 통해 데이터의 표시 형식을 변경할 수 있을 뿐만 아니라 테두리나 색 또는 음영, 셀 크기 등 스타일을 변경할 수도 있습니다. 엑셀에서 대부분의 서식은 [셀 서식] 대화상자를 이용하여 지정할 수 있지만 [셀 서식] 대화상자를 통해 지정하지 않더라도 표 서식이나 테마 갤러리, 조건부 서식 등을 이용해도 다양한 서식을 지정할 수 있습니다.

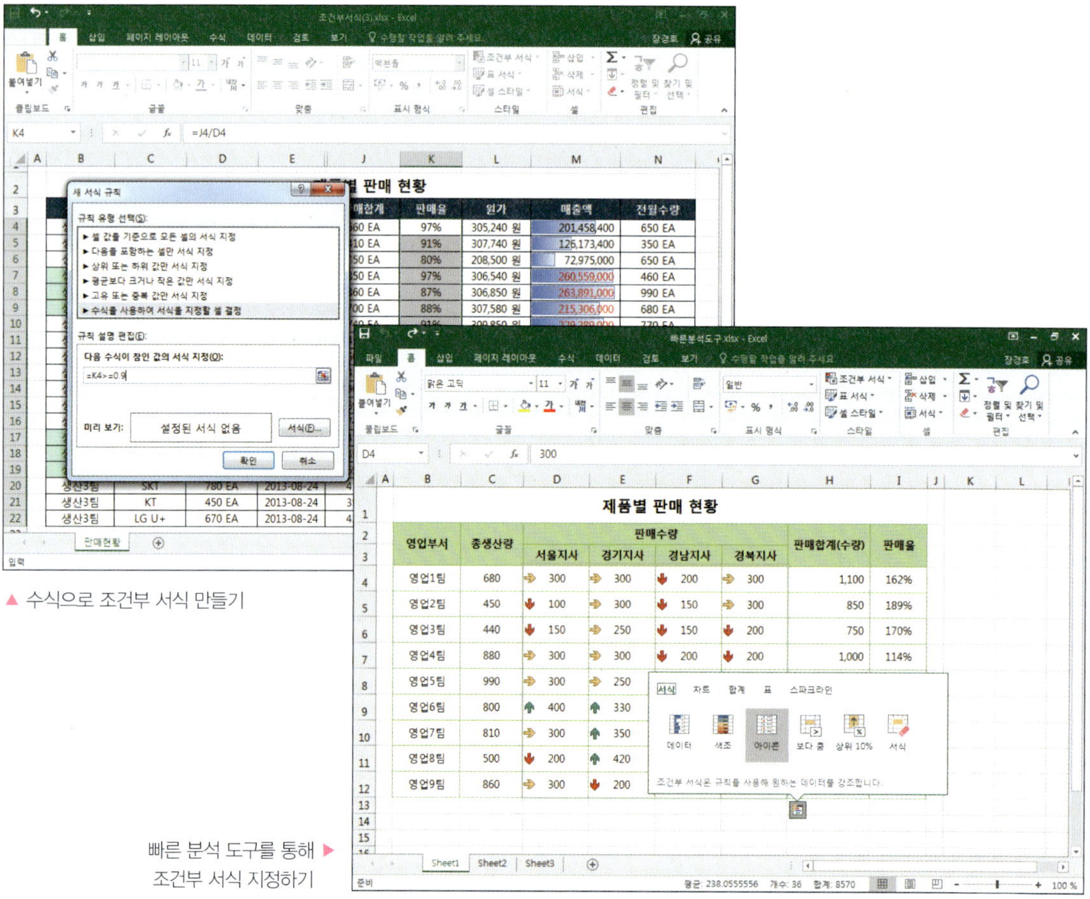

▲ 수식으로 조건부 서식 만들기

빠른 분석 도구를 통해 ▶
조건부 서식 지정하기

이번 섹션에서 배울 주요 내용

- 셀 병합하고 제목 텍스트 꾸미기
- 표시 형식 변경하기
- 표 만들고 스타일 변경하기
- 셀 스타일과 테마 적용하기
- 표 서식을 범위로 변환하기

- 조건부 서식을 이용하여 데이터 강조하기
- 원하는 텍스트에 조건부 서식 지정하기
- 수식으로 조건부 서식 만들기
- 조건부 서식이 지정된 모든 셀 찾기
- **스페셜** 빠른 분석 도구를 이용하여 조건부 서식 지정하기

셀 병합하고 제목 텍스트 꾸미기

:: **준비파일** Part01₩Chapter02₩Section01₩급여대장.xlsx | **완성파일** Part01₩Chapter02₩Section01₩급여대장_완성.xlsx

셀 스타일을 통해 중요한 데이터를 효과적으로 강조할 수 있습니다. [병합하고 가운데 맞춤]을 클릭하면 여러 셀을 병합하여 하나의 셀로 만들 수 있습니다.

01_ 제목 셀을 병합하기 위해 [B2:M2] 영역을 선택하고 [홈] 탭-[맞춤] 그룹에서 [병합하고 가운데 맞춤]을 클릭합니다.

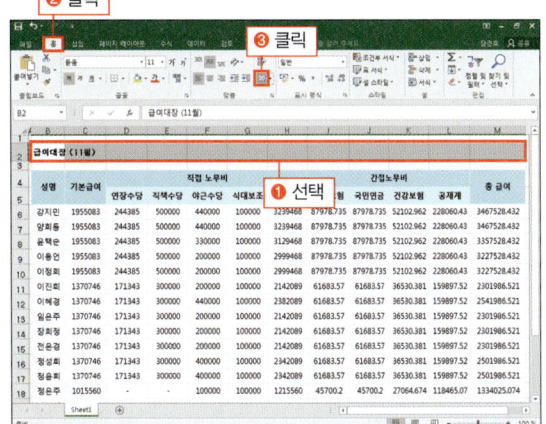

> **TIP**
> 병합한 셀을 다시 분할하려면 병합한 셀을 선택한 상태에서 [병합하고 가운데 맞춤]을 다시 클릭하거나, [병합하고 가운데 맞춤] 화살표를 클릭한 후 [셀 분할]을 선택합니다.

02_ 제목 셀의 스타일을 변경하기 위해 [홈] 탭-[스타일] 그룹에서 [셀 스타일]-[제목 및 머리글]-[제목 1]을 클릭합니다.

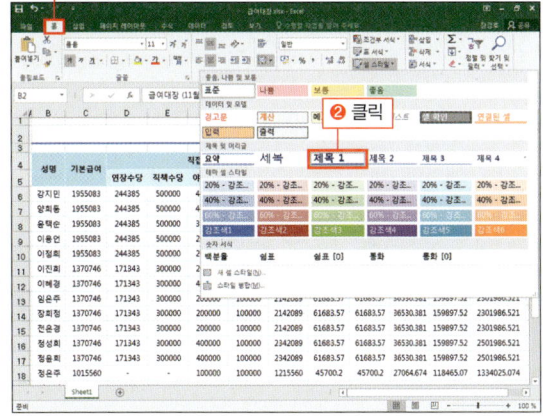

표시 형식 변경하기

:: **준비파일** Part01₩Chapter02₩Section01₩급여대장(2).xlsx | **완성파일** Part01₩Chapter02₩Section01₩급여대장(2)_완성.xlsx

입력한 데이터는 백분율, 통화, 날짜나 회계 형식으로 변경할 수 있습니다. [표시 형식] 그룹이나 [셀 서식] 대화상자를 이용하면 다양한 형태의 표시 형식을 선택할 수도 있습니다.

01_ 천 단위 마다 콤마(,)를 넣기 위해 [C6:M22] 영역을 선택합니다. [홈] 탭-[표시 형식] 그룹에서 [쉼표 스타일]을 클릭합니다.

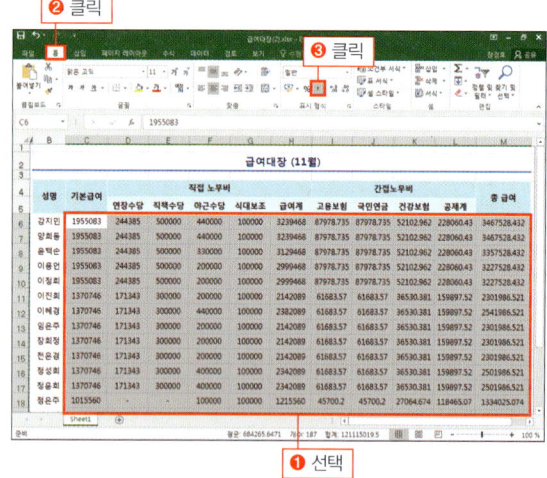

꼭!! 알고가기

[표시 형식] 그룹 살펴보기

❶ **표시 형식** : 일반, 숫자, 통화 등 표시 형식을 선택할 수 있습니다.

❷ **회계 표시 형식** : 각 나라의 화폐 단위를 표시합니다. 원화 이외에 다른 나라의 통화 기호를 선택할 수 있습니다.

❸ **백분율 스타일** : 백분율을 표시합니다.

❹ **쉼표 스타일** : 1000 단위마다 구분 기호를 적용합니다.

❺ **자릿수 늘림** : 소숫점을 한 자리씩 늘려 표시합니다.

❻ **자릿수 줄임** : 소숫점을 한 자리씩 줄여 표시합니다.

❼ **대화상자 표시 아이콘** : [셀 서식] 대화상자를 불러와 표시 형식을 변경합니다.

02_ 이번에는 급여 뒤에 '원'을 표시해 보겠습니다. [홈] 탭–[표시 형식] 그룹에서 대화상자 표시 아이콘(⬚)을 클릭합니다. [셀 서식] 대화상자가 나타나면 [표시 형식] 탭을 클릭합니다. [범주]에서 '사용자 지정'을 선택하고 [형식]에 『#,##0원』을 입력한 후 [확인]을 클릭합니다.

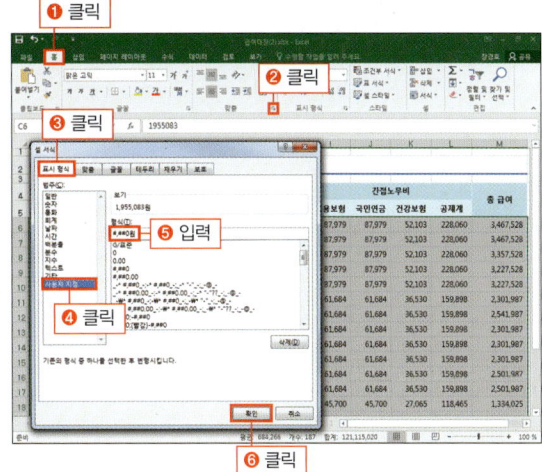

03_ 급여 뒤에 '원'이라는 단어가 추가되어 나타납니다.

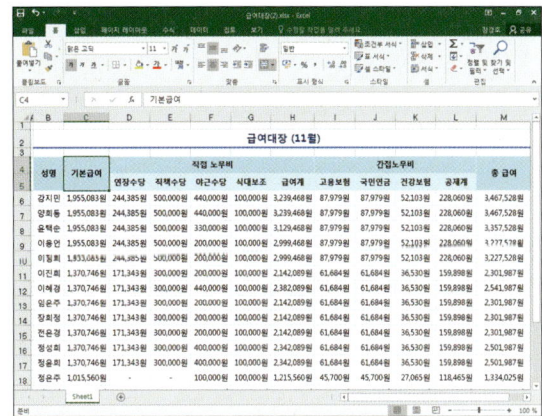

서식 코드 사용 예 살펴보기

• 숫자 표시 형식

코드	입력	표시	비고
#	1000	1000	있는 그대로 표시
#,###	1000	1,000	세 자리마다 콤마를 적용해 표시
#, ###원	1000	1,000원	세 자리마다 콤마, 뒤에 '원' 표시
#,###.	1000000	1,000	세 자리마다 콤마, 뒤에 세 자리 표시 안 함
#,###,,	1000000	1	세 자리마다 콤마, 뒤에 여섯 자리 표시 안 함

• 문자 표시 형식

코드	입력	표시	비고
@	홍길동	홍길동	있는 그대로 표시
@님	홍길동	홍길동님	뒤에 '님' 표시
@@	홍길동	홍길동홍길동	입력 글자를 두 번 표시

표 만들고 스타일 변경하기

:: **준비파일** Part01₩Chapter02₩Section01₩성적표.xlsx | **완성파일** Part01₩Chapter02₩Section01₩성적표_완성.xlsx

표를 만든 후 스타일을 지정하면 [표 도구]의 상황별 탭인 [디자인] 탭이 나타납니다. [디자인] 탭에서
는 보다 다양한 표 서식을 지정할 수 있습니다.

01_ 데이터가 입력된 셀 하나를 선택한 후 [삽입]
탭-[표] 그룹에서 [표]를 클릭합니다. [표 만들기] 대화상
자가 나타나면 셀 범위가 제대로 지정되어 있는지 확인하
고 [확인]을 클릭합니다.

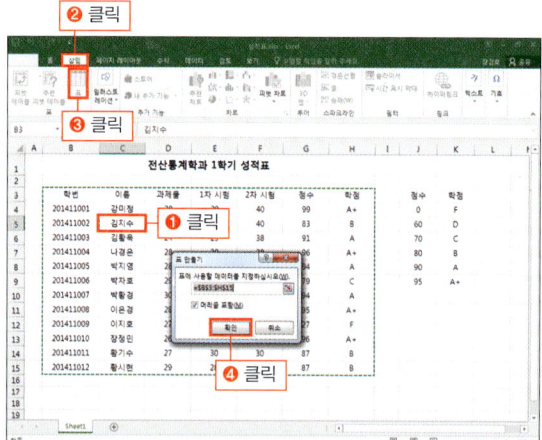

> **TIP**
> [표 만들기] 대화상자에서 [머리글 포함]의 체크를 해
> 제하면 머리글도 데이터로 인식하여 스타일이 지정됩
> 니다.

02_ 표로 전환되면 표의 마지막 열에 데이터를 입력할
경우 표 스타일이 자동으로 적용됩니다. [B16] 셀을 선택
하고 『201411013』을 입력한 후 **Enter** 를 누릅니다.

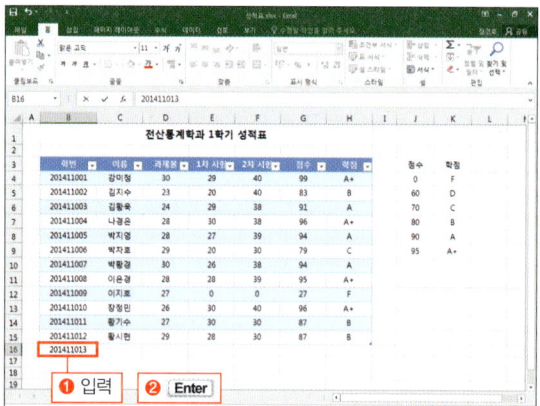

> **TIP**
> 표 스타일은 [홈] 탭-[스타일] 그룹에서 [표 서식]을 클
> 릭해도 지정할 수 있습니다.

03_ 자동으로 입력한 데이터가 표 영역에 포함되며, 셀 서식이 적용되는 것을 확인할 수 있습니다. [자동 고침 옵션]( )을 클릭하면 입력할 때 자동 서식의 설정 유무를 선택할 수 있습니다. [표 자동 확장 취소]나 [표 자동 확장 중지]를 클릭하면 데이터를 추가할 때 자동으로 셀 서식이 적용되지 않습니다. [자동 고침 옵션]( )을 확인했으면 확장된 표 영역에 내용을 입력합니다.

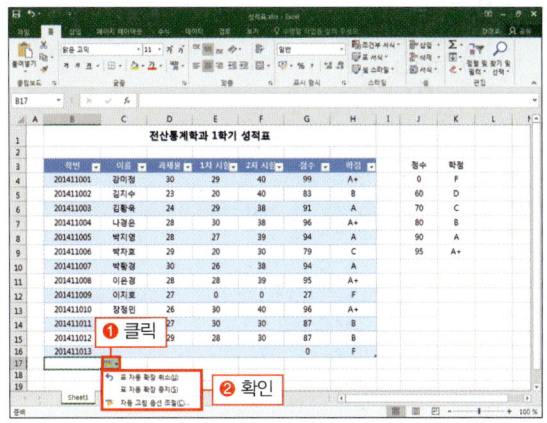
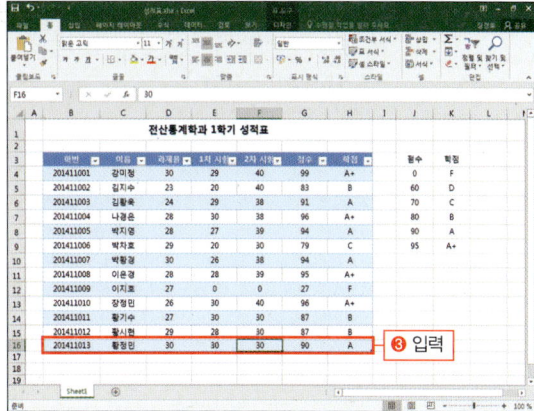

꼭!! 알고가기

[자동 고침 옵션]( )이 나타나지 않을 경우

[자동 고침 옵션]( )에서 [표 자동 확장 중지]를 클릭했다면 [자동 고침 옵션]( )은 앞으로 나타나지 않습니다. 다시 표시하고 싶다면, [파일] 탭-[옵션]을 클릭하여 [Excel 옵션] 대화상자를 불러옵니다. [언어 교정]을 클릭하고 [자동 고침 옵션]을 클릭하여 [자동 고침] 대화상자를 불러옵니다. [입력할 때 자동 서식] 탭에서 [표에 새 탭 및 열 포함]에 체크하고 [확인]을 클릭합니다.

04_ 표 안에 셀을 하나 선택한 후 [표 도구]-[디자인] 탭-[표 스타일] 그룹에서 [자세히]( )를 클릭하고 원하는 스타일을 선택합니다. 여기서는 [표 스타일 보통 14]를 클릭합니다.

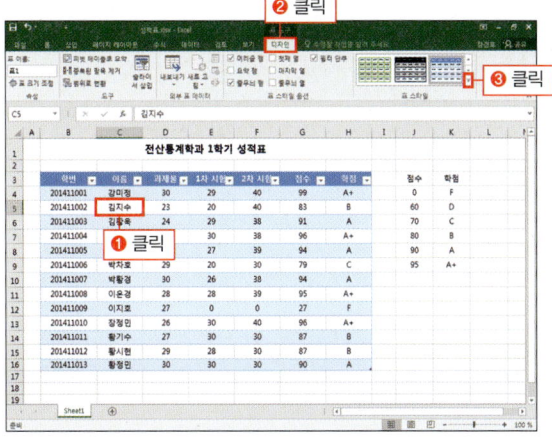
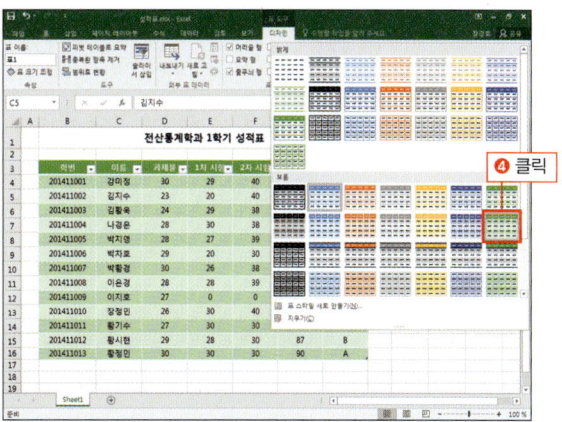

셀 스타일과 테마 적용하기

::: **준비파일** Part01₩Chapter02₩Section01₩성적표(2).xlsx | **완성파일** Part01₩Chapter02₩Section01₩성적표(2)_완성.xlsx

표 스타일과 마찬가지로 셀에도 스타일을 지정할 수 있으며, 테마를 통해 전체 스타일을 한 번에 변경할 수도 있습니다.

01_ [B1] 셀을 선택하고 [홈] 탭-[글꼴] 그룹에서 [밑줄]-[이중 밑줄]을 클릭합니다. [기울임꼴]을 클릭한 후 [글꼴 크기 크게]를 두 번 클릭합니다.

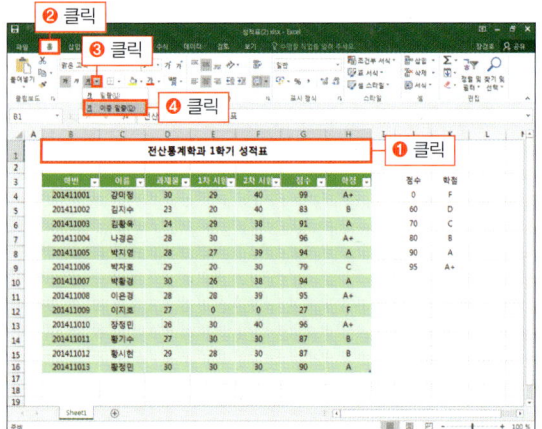

02_ 테마를 적용하기 위해 표 안에 셀을 선택한 후 [페이지 레이아웃] 탭-[테마] 그룹에서 [테마]-[깊이]를 클릭합니다. 글꼴이나 색상 등 표의 모든 서식이 한 번에 변경됩니다.

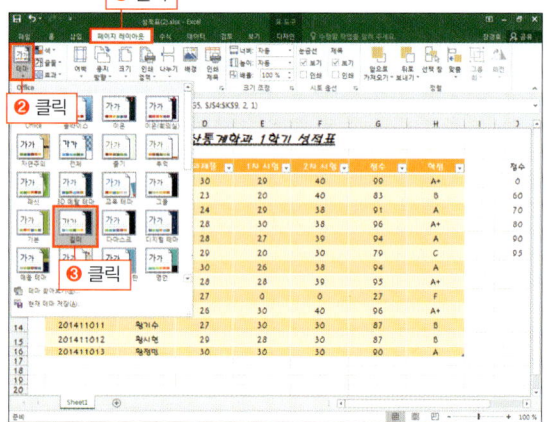

TIP

[테마] 그룹에는 [테마] 이외에도 [색]과 [글꼴], [효과]를 선택할 수가 있습니다. [테마]를 적용하면 한 번에 전체 스타일을 변경할 수 있지만 [색], [글꼴], [효과]를 선택하면 각각의 서식을 개별적으로 지정할 수 있습니다.

표 서식을 범위로 변환하기

:: **준비파일** Part01₩Chapter02₩Section01₩성적집계.xlsx | **완성파일** Part01₩Chapter02₩Section01₩성적집계_완성.xlsx

표 서식을 적용하면 자동으로 서식이 적용되기에 무척 편리합니다. 하지만, 표 서식이 적용되지 않은 일반 서식이 때로는 편하기도 합니다. 일반 서식으로 변경하면 [표 도구] 상황별 탭을 비롯해 필터 기능, 표 자동 확장 등은 더 이상 사용할 수 없지만 기존에 적용했던 서식과 데이터 등은 그대로 유지됩니다.

01_ 표 서식이 지정된 임의의 셀을 선택한 다음 [표 도구]-[디자인] 탭-[도구] 그룹에서 [범위로 변환]을 클릭합니다. '표를 정상 범위로 변환하시겠습니까?'라는 경고 창이 나타나면 [예]를 클릭합니다.

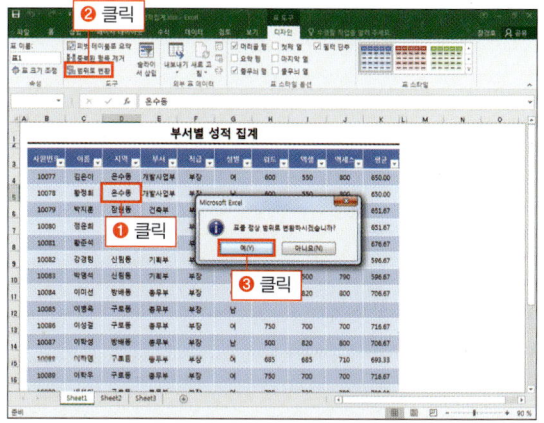

02_ 필터를 비롯해 자동 확장 기능이 삭제된 범위로 표가 변환됩니다.

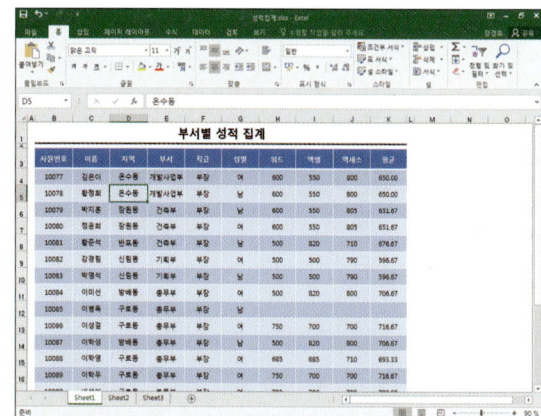

> **TIP**
>
> 표 서식의 경우 [표 도구]-[디자인] 상황별 탭이 표시되어 다양한 표 관련 서식을 지정할 수 있지만 일반 서식은 상황별 탭이 표시되지 않습니다.

조건부 서식을 이용하여 데이터 강조하기

:: **준비파일** Part01₩Chapter02₩Section01₩조건부서식.xlsx | **완성파일** Part01₩Chapter02₩Section01₩조건부서식_완성.xlsx

조건부 서식을 적용하면 특정 조건에 해당하는 셀이나 셀 범위가 시각적으로 표시되어 패턴을 분석하기 좋으며, 원하는 데이터를 쉽게 확인할 수도 있습니다.

01_ [M4:M22] 영역을 선택하고 [홈] 탭–[스타일] 그룹에서 [조건부 서식]–[데이터 막대]–[그라데이션 채우기]–[파랑 데이터 막대]를 클릭합니다.

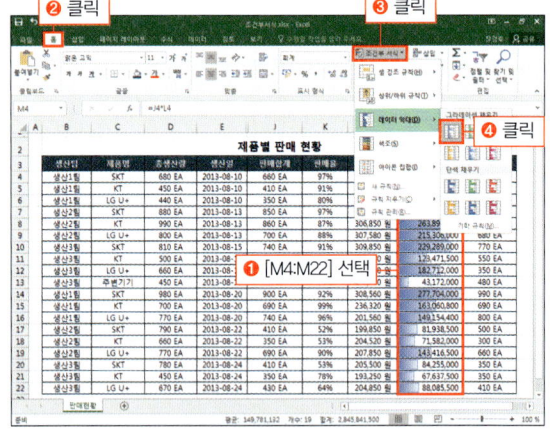

02_ 새 규칙을 적용하여 특정 값에 다른 조건부 서식을 적용해 보겠습니다. [홈] 탭–[스타일] 그룹에서 [조건부 서식]–[새 규칙]을 클릭합니다.

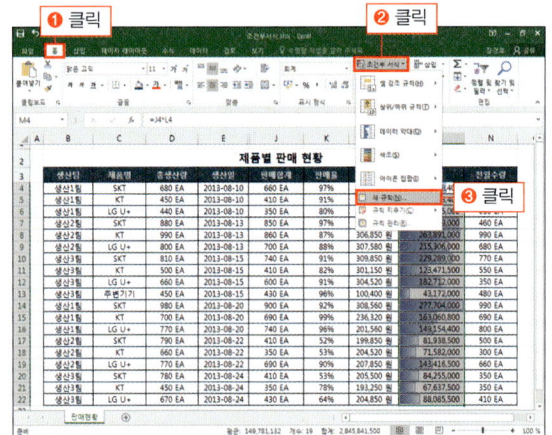

03_ [새 서식 규칙] 대화상자가 나타나면 [규칙 유형 선택]에서 [상위 또는 하위 값만 서식 지정]을 선택한 다음 [규칙 설명 편집]에서 [상위]를 선택하고 『30』을 입력한 후 [% 이내]에 체크합니다. 그리고 [서식]을 클릭한 후 [셀 서식] 대화상자가 나타나면 [글꼴] 탭에서 [색]–[빨강]을 선택하고 [확인]을 클릭합니다.

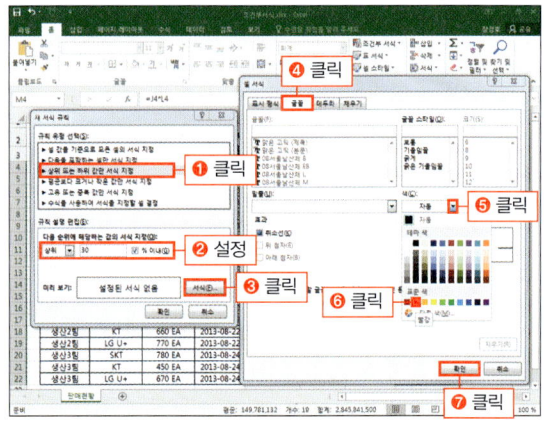

04_ [새 규칙 서식] 대화상자의 미리 보기 항목에 서식이
지정된 것을 확인한 다음 [확인]을 클릭합니다.

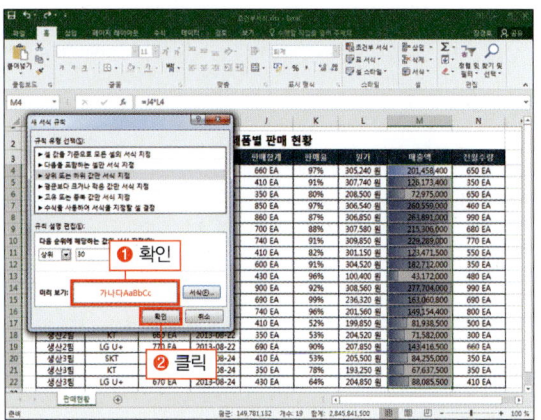

05_ 상위 30% 안에 드는 매출액에 서식이 적용되는 것
을 확인할 수 있습니다.

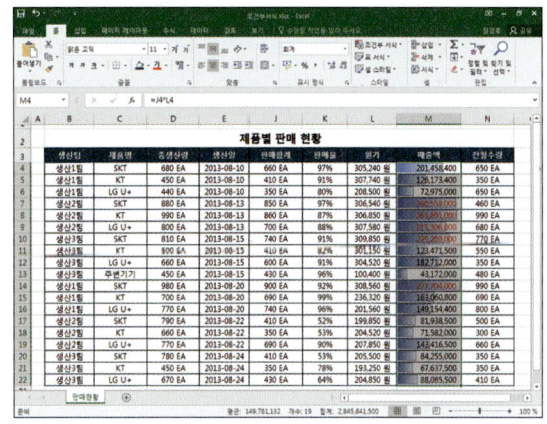

원하는 텍스트에 조건부 서식 지정하기

:: **준비파일** Part01₩Chapter02₩Section01₩조건부서식(2).xlsx | **완성파일** Part01₩Chapter02₩Section01₩조건부서식(2)_완성.xlsx

셀 강조 규칙의 텍스트 포함 항목을 통해 셀에 포함된 텍스트에 조건부 서식을 지정할 수 있습니다.

01_ [B4:B22] 영역을 드래그하여 선택하고 [홈] 탭-[스타일] 그룹에서 [조건부 서식]-[셀 강조 규칙]-[텍스트 포함]을 차례대로 클릭합니다.

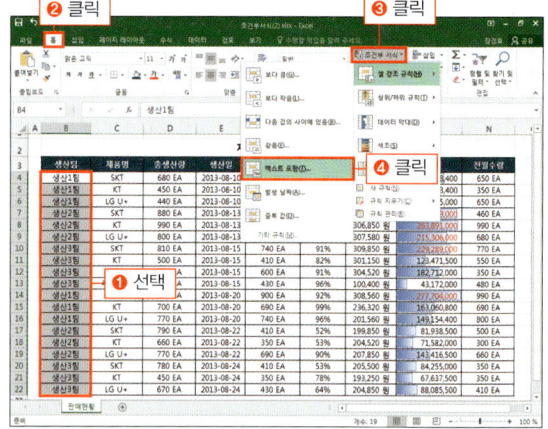

02_ [텍스트 포함] 대화상자가 나타나면 [셀 항목]에 『생산2팀』을 입력합니다. [적용할 서식]에서 '진한 녹색 텍스트가 있는 녹색 채우기'를 선택합니다. '생산2팀'이라는 텍스트에 조건부 서식이 지정됩니다. [확인]을 클릭합니다.

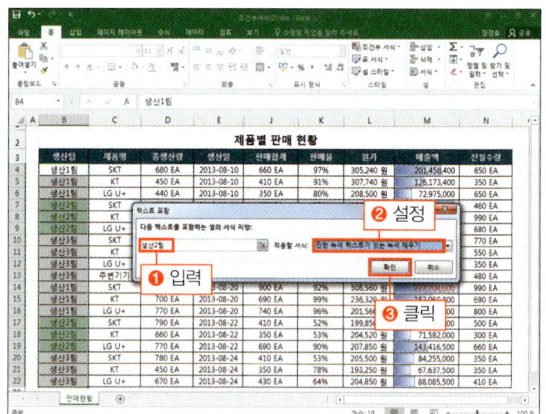

수식으로 조건부 서식 만들기

:: **준비파일** Part01₩Chapter02₩Section01₩조건부서식(3).xlsx | **완성파일** Part01₩Chapter02₩Section01₩조건부서식(3)_완성.xlsx

수식을 이용하여 조건부 서식을 만들면 해당하는 값이 특정 조건을 넘는 경우에 자동으로 서식을 지정되게 만들 수 있습니다. 예를 들어, 판매율이 90% 이상인 항목에만 조건부 서식을 지정할 수 있습니다.

01_ [K4] 셀을 선택하고 Ctrl + Shift + ↓을 눌러 범위를 지정합니다. [홈] 탭−[스타일] 그룹에서 [조건부 서식]−[새 규칙]을 클릭합니다.

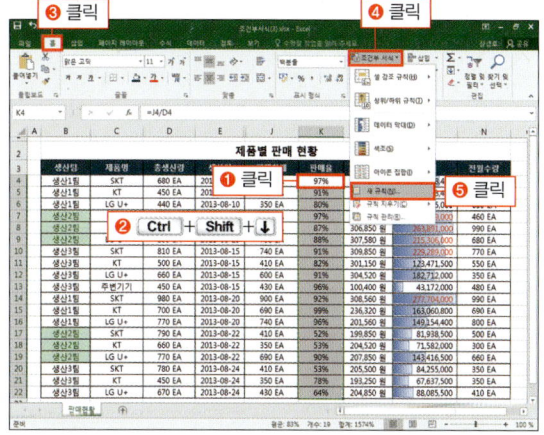

02_ [새 서식 규칙] 대화상자가 나타나면 [규칙 유형 선택]에서 [수식을 사용하여 서식을 지정할 셀 결정]을 선택합니다. [다음 수식이 참인 값의 서식 지정]에 『=K4>=0.9』를 입력하고 [서식]을 클릭합니다.

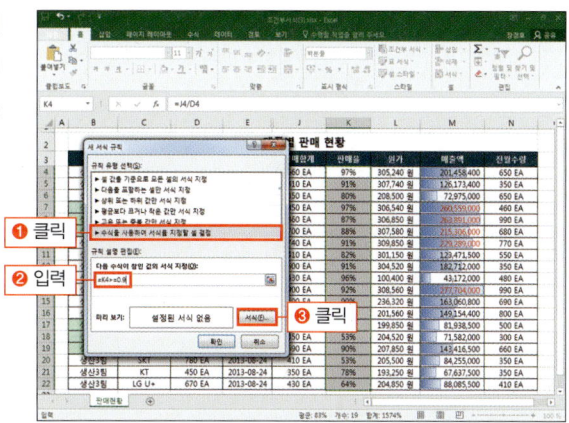

03_ [셀 서식] 대화상자가 나타나면 [채우기] 탭에서 원하는 색상을 선택하고 [확인]을 클릭합니다. [새 서식 규칙] 대화상자에서도 [확인]을 클릭합니다.

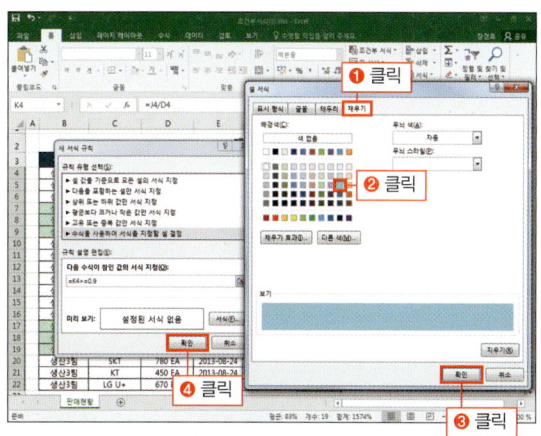

조건부 서식이 지정된 모든 셀 찾기

::: **준비파일** Part01₩Chapter02₩Section01₩조건부서식(4).xlsx | **완성파일** Part01₩Chapter02₩Section01₩조건부서식(4)_완성.xlsx

데이터가 많은 문서의 경우 조건부 서식이 지정된 셀을 찾기가 힘든 경우가 있습니다. 이러한 경우에 [찾기 및 선택]을 이용하여 조건부 서식이 지정된 모든 셀을 찾을 수 있습니다.

01_ 표 안에 셀을 그림과 같이 선택하고 [홈] 탭-[편집] 그룹에서 [찾기 및 선택]-[조건부 서식]을 클릭합니다.

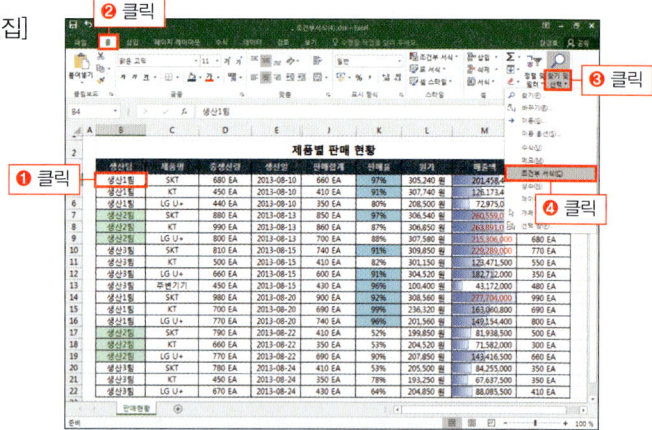

02_ 조건부 서식이 지정된 모든 셀이 검색됩니다.

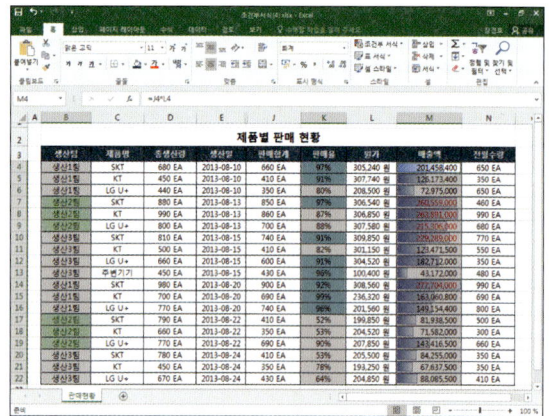

빠른 분석 도구를 이용하여 조건부 서식 지정하기

엑셀 2013부터 새롭게 등장한 빠른 분석 도구를 이용하면 조건부 서식, 스파크라인, 차트 등을 빠르게 적용할 수 있습니다. 데이터 범위를 선택하면 자동으로 빠른 분석 도구가 선택한 범위 하단 오른쪽에 표시되며, 미리 보기 화면을 통해 선택 항목을 한번에 적용할 수 있습니다.

| 준비파일 | Part01₩Chapter02₩Section01₩빠른분석도구.xlsx | 완성파일 | Part01₩Chapter02₩Section01₩빠른분석도구_완성.xlsx₩ |

01 [D4:G12] 영역을 드래그하여 선택하면 데이터 하단에 나타나는 [빠른 분석](📊) 아이콘을 클릭합니다.

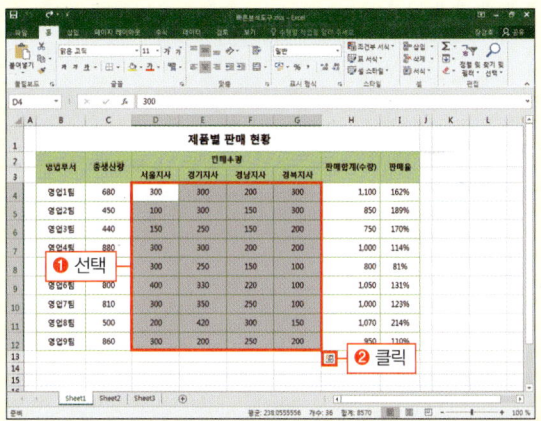

02 다양한 분석 도구가 나타나면 [서식] 탭의 [아이콘 집합]을 클릭합니다. 선택한 영역에 아이콘 집합 서식이 적용됩니다.

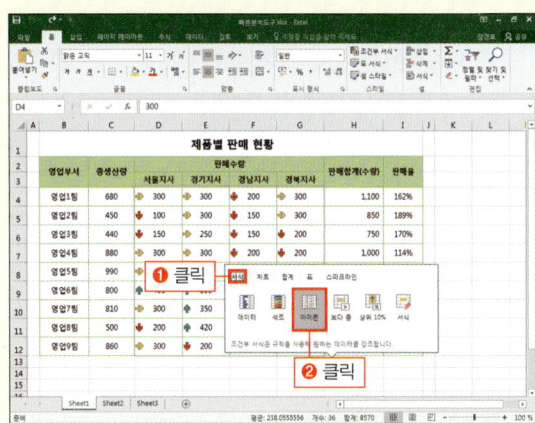

1 표 서식을 지정하여 스타일을 변경하고, 머리글 행의 필터 단추를 해제해 보세요.

◎ 준비파일 : Part01\Chapter02\Check\비상연락망.xlsx　　◎ 완성파일 : Part01\Chapter02\Check\비상연락망_완성.xlsx

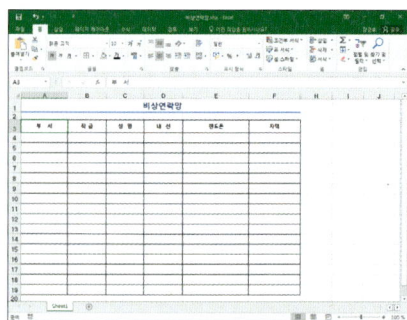 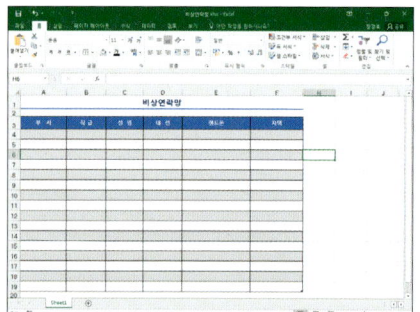

힌트

❶ [A3:F19] 영역을 선택한 다음 [홈] 탭-[스타일] 그룹에서 [표 서식]을 클릭하여 원하는 스타일 선택합니다.

❷ [표 도구]-[디자인] 탭-[표 스타일 옵션] 그룹에서 [필터 단추]의 체크를 해제합니다.

---

2 1차 합격자 명단 중에서 특정 셀에 조건부 서식을 지정하여 다른 색상이나 표식을 지정할 수 있습니다. 여기서는 평균 점수가 90점 이상인 셀에 조건부 서식을 지정해 보세요.

◎ 준비파일 : Part01\Chapter02\Check\합격자명단.xlsx　　◎ 완성파일 : Part01\Chapter02\Check\합격자명단_완성.xlsx

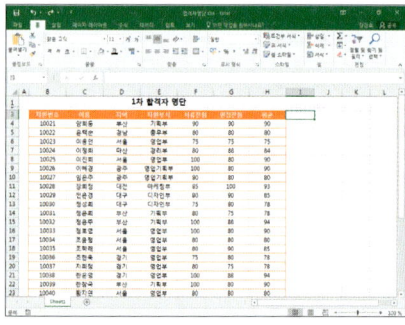 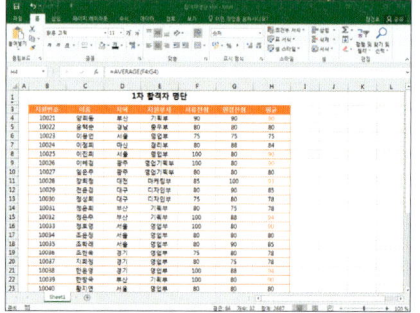

힌트

❶ 조건부 서식을 지정할 셀 영역을 선택하고 [홈] 탭-[스타일] 그룹에서 [조건부 서식]을 클릭한 후 원하는 조건부 서식 형식을 선택합니다.

Section # 02 차트 서식 디자인하기

차트는 여러 수치 데이터를 비교하거나 분석하는 데 가장 효과적인 도구입니다. 데이터 값이나 추세를 비교하여 가장 적합한 차트를 사용해야 하는데 엑셀은 막대 그래프, 꺾은선 그래프, 원 그래프 등 다양한 차트를 제공하고 있으며, 데이터를 분석하여 추천 차트를 통해 초보자도 쉽게 차트를 만들고, 적합한 차트를 선택할 수 있습니다.

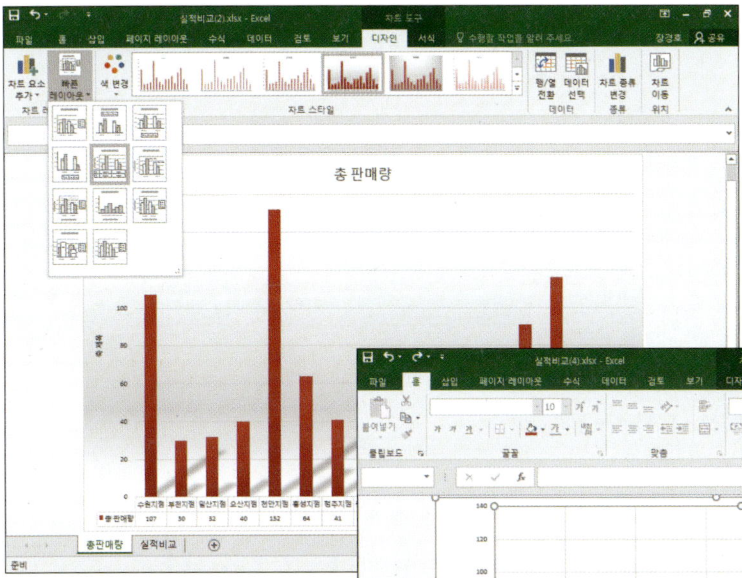

▲ 레이아웃 변경하고 차트 요소 추가하기

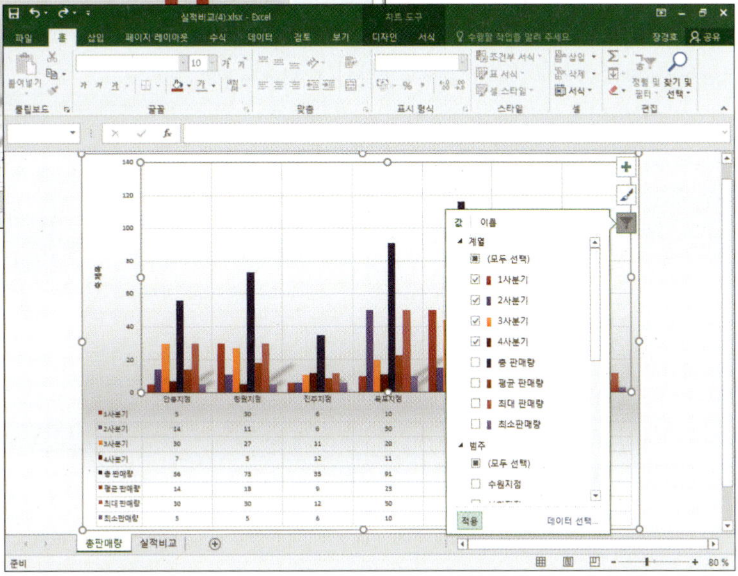

빠른 실행 단추로 차트 변경하기 ▶

이번 섹션에서 배울 주요 내용

- 차트 삽입하고 스타일 변경하기
- 차트의 구성 요소 살펴보기
- 레이아웃 변경하고 차트 요소 추가하기
- 데이터 선택으로 차트 데이터 추가하기
- 빠른 실행 단추로 차트 변경하기

- 혼합(콤보) 차트 만들기
- 추천 차트로 만들고 차트 변경하기
- 스파크라인으로 셀 안에 차트 만들기
- 스파크라인 차트 종류 변경하기
- **스페셜** 선버스트 차트와 트리맵 차트 작성하기

차트 삽입하고 스타일 변경하기

:: **준비파일** Part01₩Chapter02₩Section02₩실적비교.xlsx | **완성파일** Part01₩Chapter02₩Section02₩실적비교_완성.xlsx

차트를 만들기 전에 먼저 데이터 영역을 지정해야 합니다. 데이터 영역을 지정하면 클릭 몇 번으로 세련된 디자인의 차트를 만들 수 있습니다.

01_ 차트로 만들고 싶은 데이터 영역을 먼저 선택합니다. 여기서는 [A2:A18] 영역을 선택하고 Ctrl 을 누른 상태에서 [F2:F18] 영역을 드래그하여 선택합니다. [삽입] 탭-[차트] 그룹에서 [세로 또는 가로 막대형 차트 삽입]-[묶은 세로 막대형]을 클릭합니다.

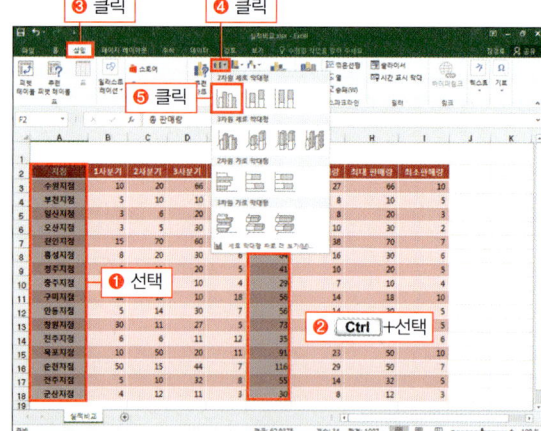

> **TIP**
> 데이터 영역을 선택한 상태에서 F11을 누르면 'Chart1' 이라는 새로운 시트에 차트가 삽입됩니다.

02_ 워크시트에 차트가 삽입됩니다. 차트가 삽입되면 [차트 도구] 상황별 탭이 생성됩니다. 차트를 이동한 후 크기 조절 핸들을 드래그하여 크기를 조절합니다. 이번에는 생성한 차트를 새로운 시트에 옮겨보겠습니다. 차트가 선택된 상태로 [차트 도구]-[디자인] 탭-[위치] 그룹에서 [차트 이동]을 클릭합니다.

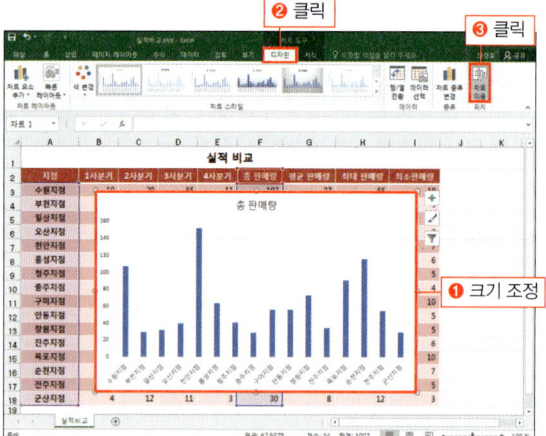

03_ [차트 이동] 대화상자가 나타나면 [새 시트]를 체크합니다. 『총판매량』을 입력하고 [확인]을 클릭합니다.

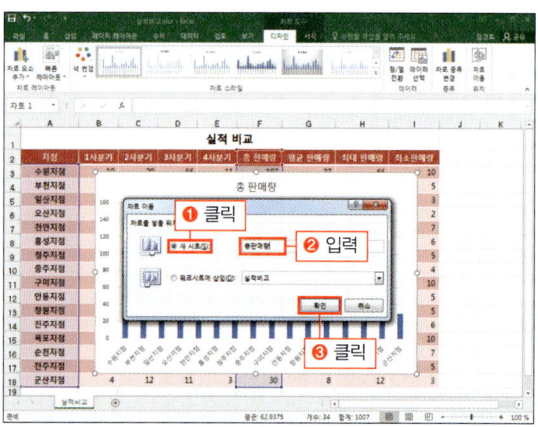

04_ '총판매량'이라는 시트가 삽입됩니다. 차트의 색상을 변경하기 위해 [차트 도구]–[디자인] 탭–[차트 스타일] 그룹에서 [색 변경]을 클릭한 후 원하는 색상을 선택합니다. 여기서는 [색 3]을 클릭합니다.

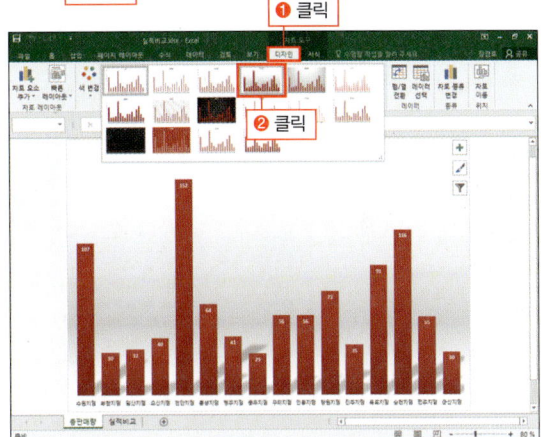

05_ [차트 도구]–[디자인] 탭–[차트 스타일] 그룹에서 [자세히]를 클릭한 후 원하는 차트 스타일을 선택합니다. 여기서는 [스타일 4]를 클릭합니다.

엑셀은 다양한 종류의 차트를 제공하고 있습니다. 모든 차트를 알고 있을 필요는 없지만 분석할 데이터에 맞는 적절한 차트를 선택하는 것은 중요합니다. 여기서는 차트의 구성 요소를 살펴보겠습니다.

차트의 구성 요소

차트 영역이나 그림 영역, 데이터 영역, 데이터 레이블 등 각각의 차트 구성 요소를 알고 있으면 차트 기능을 다룰 때 많은 도움이 됩니다.

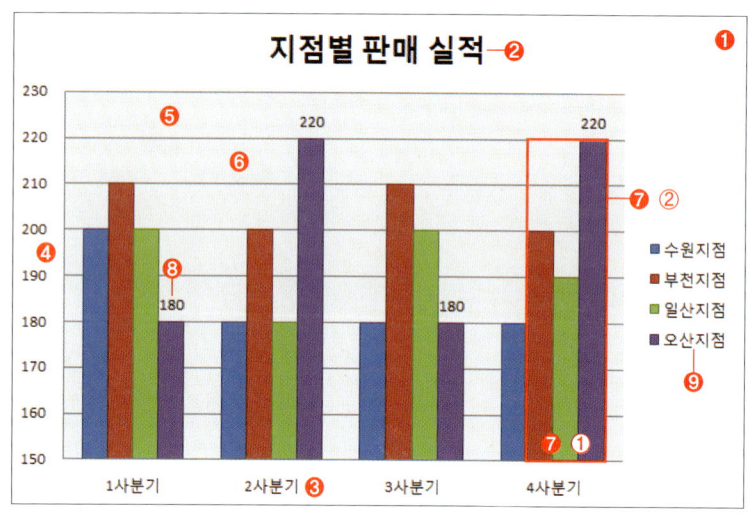

❶ **차트 영역** : 차트의 전체 부분을 말합니다.

❷ **차트 제목** : 차트의 제목을 말합니다.

❸ **가로(항목) 축** : X축의 항목이 표시되는 부분입니다.

❹ **세로(값) 축** : Y축의 값이 표시되는 부분입니다.

❺ **그림 영역** : 차트가 직접 그려진 그래프 그림을 말합니다.

❻ **눈금 영역** : 각 데이터의 측정 단위를 말합니다.

❼ **데이터 영역** : 데이터가 표현되는 모든 데이터 영역을 말합니다.

　① **데이터 계열** : 데이터 영역 중 한 가지 종류를 데이터 계열이라고 합니다.

　② **데이터 요소** : 데이터 계열 중 하나를 데이터 요소라고 합니다.

❽ **데이터 레이블** : 데이터 계열 또는, 요소의 값이나 이름을 표시합니다.

❾ **범례 영역** : 각 차트를 구별해주는 참조 영역을 말합니다.

레이아웃 변경하고 차트 요소 추가하기

:: **준비파일** Part01₩Chapter02₩Section02₩실적비교(2).xlsx | **완성파일** Part01₩Chapter02₩Section02₩실적비교(2)_완성.xlsx

엑셀에서 제공하는 차트 스타일과 차트 레이아웃뿐만 아니라 빠른 레이아웃을 선택하여 차트의 레이아웃을 변경하고, 차트 요소 추가를 통해 차트 구성 요소를 변경할 수 있습니다.

01_ 차트가 선택된 상태로 [차트 도구]–[디자인] 탭–[차트 레이아웃] 그룹에서 [빠른 레이아웃]을 클릭하고 원하는 차트 레이아웃을 선택합니다. 여기서는 [레이아웃 5]를 클릭합니다.

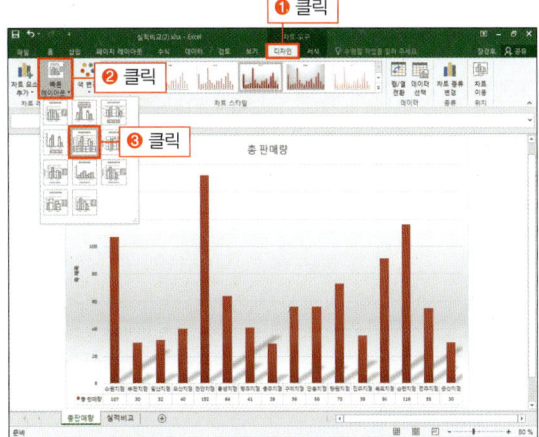

> **TIP**
> [빠른 레이아웃]은 차트 제목, 축이나 범례 등을 각기 다른 모양으로 제공합니다. [레이아웃 5]의 경우 차트의 수치 데이터를 표시하는 데이터 표를 차트에 표시해 줍니다.

02_ 보다 다양한 차트 구성 요소를 추가하거나 삭제하기 위해 [차트 도구]–[디자인] 탭–[차트 레이아웃] 그룹에서 [차트 요소 추가]를 클릭합니다. 다양한 차트 구성 요소가 나타나는 데 여기서는 [눈금선]–[기본 주 세로]를 클릭합니다.

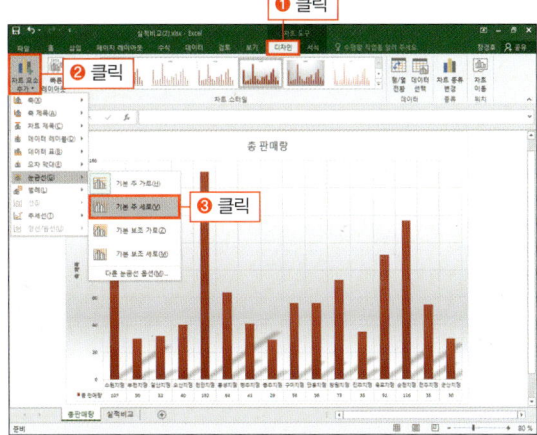

> **TIP**
> [차트 요소 추가]를 통해 다양한 차트 요소를 추가할 수 있습니다.

꼭!! 알고가기

차트 종류와 용도

엑셀이 제공하는 다양한 차트를 살펴보고, 각 차트별로 제공하는 하위 차트도 살펴보겠습니다.

차트 종류	설명	예
세로 막대형	시간의 경과에 따른 데이터 변동을 표시하거나 항목별 비교	
꺾은선형	연속적인 데이터를 표시하거나 일정 간격에 따라 데이터의 추세를 표시	
원형	열이나 행에 있는 데이터를 원형으로 나타내며, 데이터 요소는 원형 전체에 대한 백분율로 표시	
가로 막대형	여러 열이나 행에 있는 데이터를 가로 막대형 차트로 표시	
영역형	여러 열이나 행에 있는 데이터 표시, 시간에 따른 변동의 크기나 합계 값을 추세에 표시	
분산형	여러 데이터 계열에 있는 숫자 값 사이의 관계를 표시	
주식형	주가 변동을 나타내는 데 주로 사용	
표면형	두 데이터 집합간의 최적 조합을 표시	
방사형	여러 데이터 계열의 집계 값을 비교	
트리맵	데이터를 계층 구조 보기로 제공	
선버스트	하나의 고리나 원으로 계층 구조의 각 수준을 표시	
히스토그램	분포 내의 빈도수를 표시	
상자 수염 그림	데이터 분포를 사분위수로 표시, 평균과 이상 값을 강조	
폭포	값을 더하거나 빼는 재무 데이터의 누계를 표시	
콤보	계열이 두 개 이상일 경우 두 개의 차트를 하나의 차트에 표시	

데이터 선택으로 차트 데이터 추가하기

:: **준비파일** Part01₩Chapter02₩Section02₩실적비교(3).xlsx | **완성파일** Part01₩Chapter02₩Section02₩실적비교(3)_완성.xlsx

차트를 만들기 위해 지정한 셀 영역이라고 하더라도 [데이터 선택]을 통해 지정한 셀 영역을 변경할 수 있습니다.

01_ 차트를 선택하고 [차트 도구]-[디자인] 탭-[차트 스타일] 그룹에서 [데이터]-[데이터 선택]을 클릭합니다.

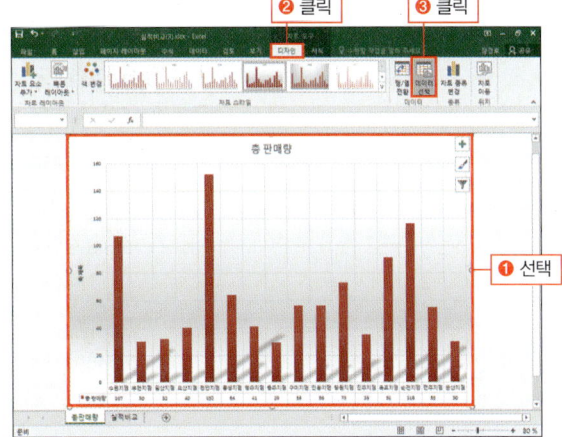

02_ [데이터 원본 선택] 대화상자가 나타나면서 차트를 지정한 워크시트가 열립니다. [A2:I18] 영역을 선택하고 [확인]을 클릭합니다.

> **TIP**
>
> [데이터 원본 선택] 대화상자를 통해 데이터 범위를 다시 지정하거나 범례 항목(계열)의 순서를 변경하거나 가로(항목) 축 레이블의 값을 편집할 수 있습니다. 또한, 행/열 전환을 통해 가로와 세로 축 항목을 전환할 수 있습니다.

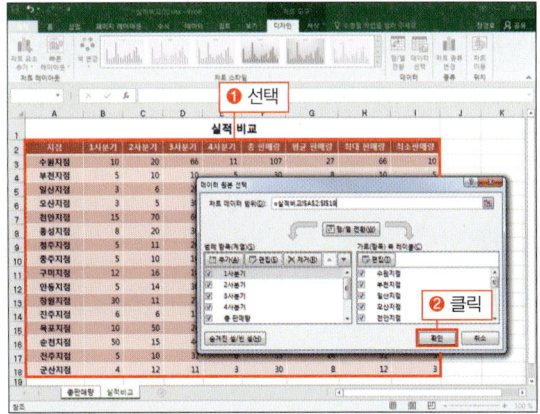

03_ 차트에 표시되는 데이터 범위가 변경됩니다.

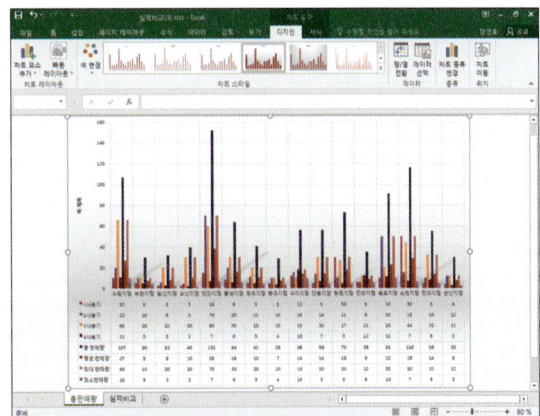

빠른 실행 단추로 차트 변경하기

:: 준비파일 Part01₩Chapter02₩Section02₩실적비교(4).xlsx | 완성파일 Part01₩Chapter02₩Section02₩실적비교(4)_완성.xlsx

엑셀 2016에서는 차트 오른쪽 상단에 빠른 실행 단추라는 새로운 기능을 통해 원하는 차트 요소나 스타일, 색 등을 보다 빠르게 수정할 수 있습니다.

01_ 현재 차트에는 1사분기, 2사분기, 3사분기, 4사분기 뿐만 아니라 총 판매량과 평균 판매량 등 차트에 표시할 필요가 없는 영역까지 지정되어 있습니다. 먼저, [필터]를 통해 필요한 부분만 남겨두고 나머지 부분은 숨겨보겠습니다. 세 번째 단추인 [필터]를 클릭하고 [값]−[범주]에서 [수원지점]의 체크를 해제합니다.

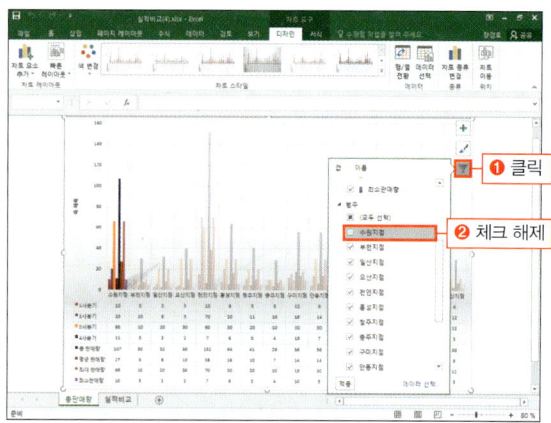

TIP
계열이나 범주 중에서 원하는 항목을 선택하면 해당하는 계열이나 범주만 활성화되어 차트에 나타납니다.

02_ 나머지 범주 중에서도 필요 없는 범주는 체크를 해제합니다. 여기서는 [부전지점]부터 [구미지점]까지의 체크를 해제하고 [적용]을 클릭합니다.

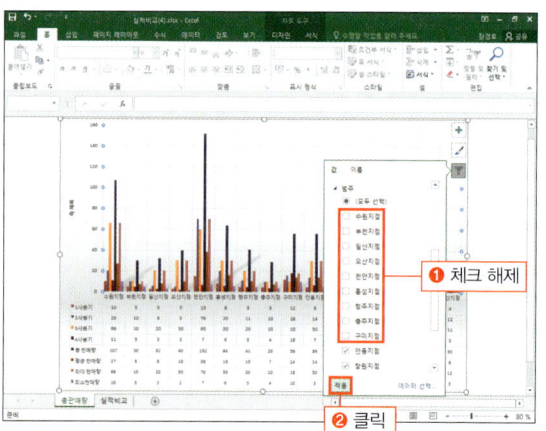

TIP
차트에 표시할 데이터 요소 및 항목은 [차트 필터] 기능을 통해 원하는 부분만 표시하거나 수정할 수 있습니다. [필터] 단추를 통한 [값]−[계열]이나 [값]−[범주]의 체크 표시를 해제한다고 해서 차트에 범주가 삭제되는 것은 아닙니다. 다시 체크하면 차트에 나타납니다.

03_ 차트에 선택한 범주가 사라집니다. [필터]를 클릭한 후 [값]−[계열]에서 [총 판매량], [평균 판매량], [최대 판매량], [최소 판매량]에 체크 표시를 해제한 후 [적용]을 클릭합니다.

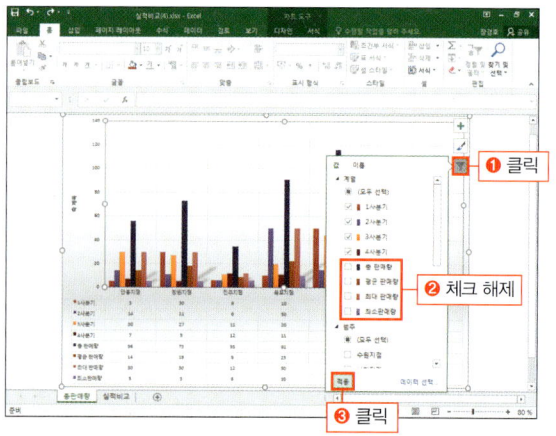

04_ 이번에는 차트의 요소를 추가하거나 삭제해 보겠습니다. [차트 요소]를 클릭하고 [데이터 표]에 체크를 해제합니다. 그리고 [범례]에 체크합니다.

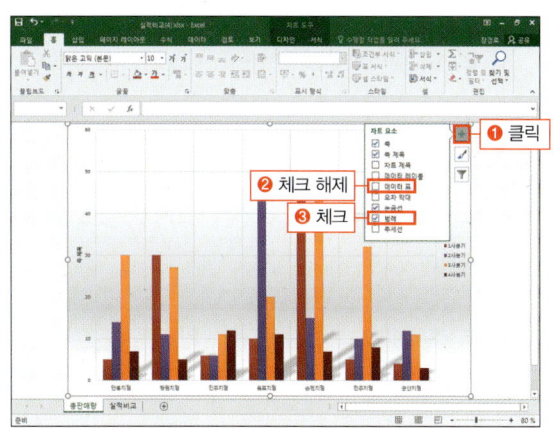

05_ 차트에 데이터 표, 오차막대가 사라지고, 범례가 나타납니다. 이번에는 차트 스타일을 변경하기 위해 두 번째 단추인 [차트 스타일]을 클릭합니다. [스타일] 탭에서 [스타일 13]을 클릭합니다.

[스타일 13]을 선택하면 차트 색상을 비롯해 오른쪽에 표시되던 범례가 차트의 하단에 나타납니다.

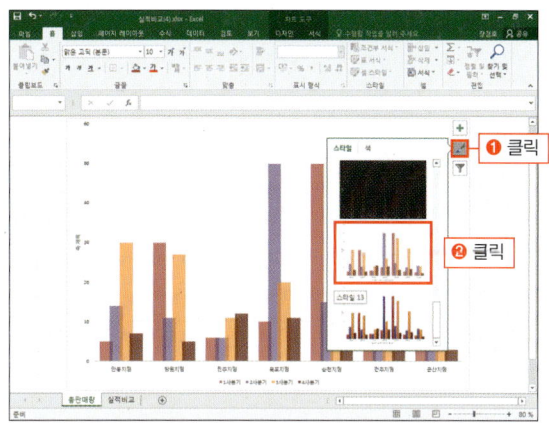

06_ 이번에는 [차트 스타일]-[색]을 클릭하고, [색상형]-[색 2]를 클릭합니다. 이처럼 빠른 실행 단추를 통해 차트의 요소를 비롯해 스타일, 색상 등을 보다 빠르게 수정할 수 있습니다.

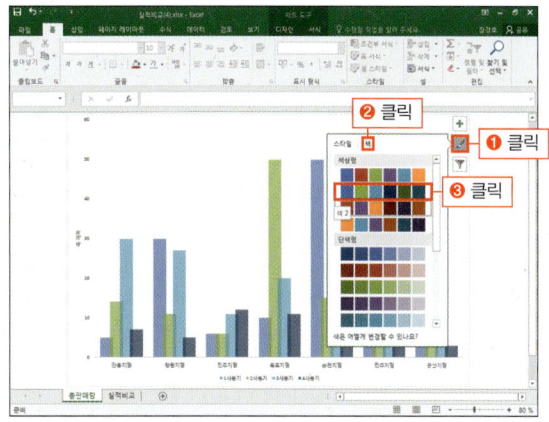

혼합(콤보) 차트 만들기

:: **준비파일** Part01\Chapter02\Section02\혼합차트.xlsx | **완성파일** Part01\Chapter02\Section02\혼합차트_완성.xlsx

데이터 값의 차이가 큰 계열을 하나의 차트로 표현할 때 세로 축을 기본 축과 보조 축으로 분리한 혼합(콤보) 차트를 이용하면 효과적으로 표현할 수 있습니다.

01_ 차트를 선택한 상태에서 [차트 도구]-[디자인] 탭-[차트 스타일] 그룹에서 [종류]-[차트 종류 변경]을 클릭합니다. [차트 종류 변경] 대화상자가 나타나면 [콤보]-[묶은 세로 막대형 – 꺾은선형]을 클릭합니다.

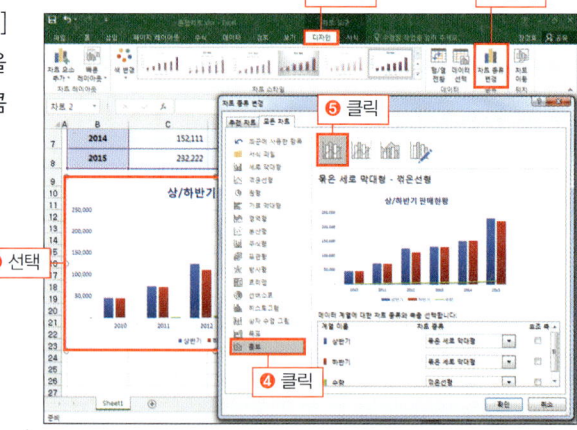

02_ 상반기, 하반기의 차트 종류는 [묶은 세로 막대형]을, 수량은 [표식이 있는 누적 꺾은 선형]을 선택합니다. [보조 축]을 체크하고 [확인]을 클릭합니다.

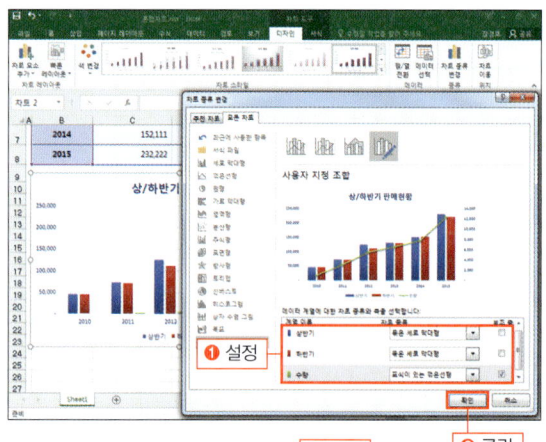

03_ 총 판매량 계열이 표식이 있는 누적 꺾은 선형으로 변경됩니다. 꺾은 선형의 서식 및 스타일을 변경하기 위해 꺾은 선형을 선택합니다. [차트 도구]-[서식] 탭-[도형 스타일] 그룹에서 [도형 윤곽선]을 클릭합니다. [표준색]-[주황]을 선택한 후 [두께]-[3pt]를 선택합니다.

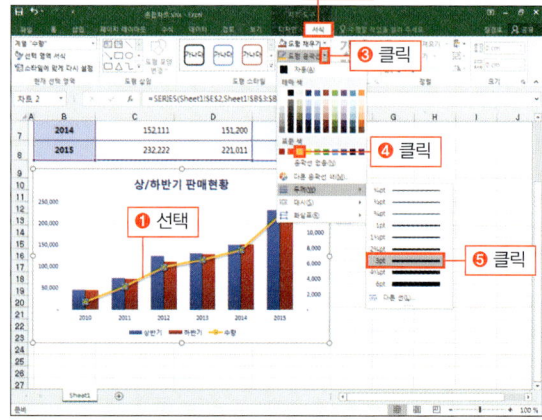

추천 차트로 만들고 차트 변경하기

:: **준비파일** Part01₩Chapter02₩Section02₩매출추이.xlsx | **완성파일** Part01₩Chapter02₩Section02₩매출추이_완성.xlsx

선택한 데이터에 적합한 차트를 찾기 어려울 경우 추천 차트를 통해 손쉽게 차트를 표시할 수 있습니다.

01_ 추천 차트로 만들 영역을 드래그하여 선택합니다. [삽입] 탭-[차트] 그룹에서 [추천 차트]를 클릭합니다. [차트 삽입] 대화상자가 나타나면 [추천 차트] 탭에서 표에 적합한 추천 차트를 표시해 줍니다. 적합한 차트를 선택하고 [확인]을 클릭합니다.

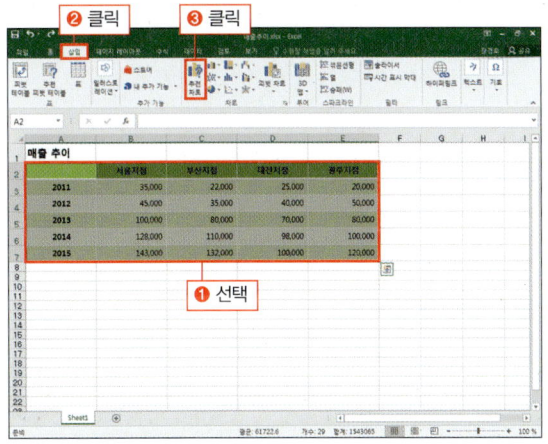
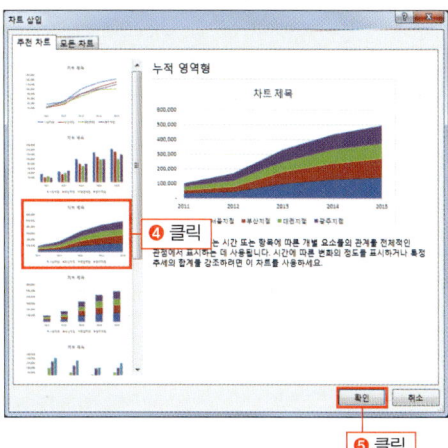

02_ 선택한 차트가 삽입됩니다. 추천 차트를 통해 손쉽게 차트를 완성할 수 있습니다. 이번에는 다른 차트로 변경해 보겠습니다. [차트 도구]-[디자인] 탭-[종류] 그룹에서 [차트 종류 변경]을 클릭합니다. [차트 종류 변경] 대화상자가 나타나면 변경할 차트를 선택합니다. 여기서는 [세로 막대형]-[3차원 묶은 세로 막대형]을 클릭하고 두 번째 차트를 선택한 후 [확인]을 클릭합니다.

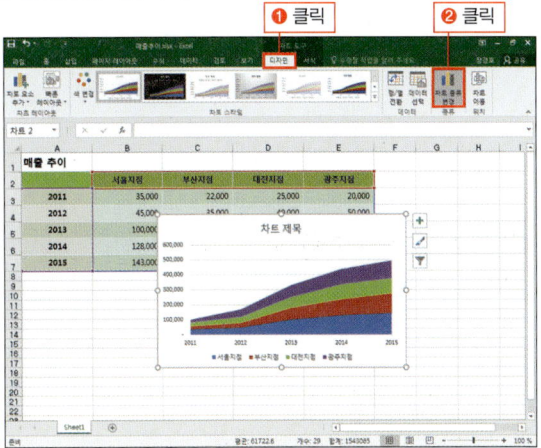
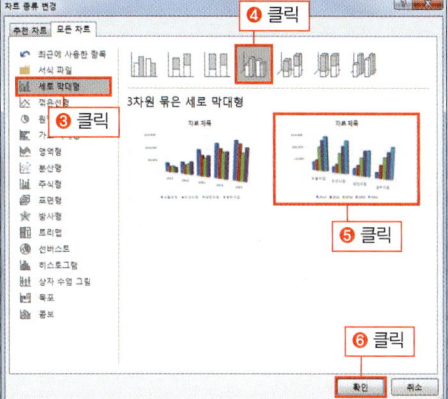

TIP

첫 번째 차트와 두 번째 차트는 가로(항목) 축과 범례 영역에 차이가 있습니다.

스파크라인으로 셀 안에 차트 만들기

:: **준비파일** Part01\Chapter02\Section02\컴퓨터부품.xlsx | **완성파일** Part01\Chapter02\Section02\컴퓨터부품_완성.xlsx

스파크라인은 데이터를 시각적으로 표시하는 셀 안에 삽입하는 작은 차트입니다.

01_ [B3:F10] 영역을 드래그하여 선택합니다. [삽입] 탭-[스파크라인] 그룹에서 [열]을 클릭합니다. [스파크라인 만들기] 대화상자가 열리면 [위치 범위]를 선택한 상태에서 [G3:G10] 영역을 드래그한 후 [확인]을 클릭합니다.

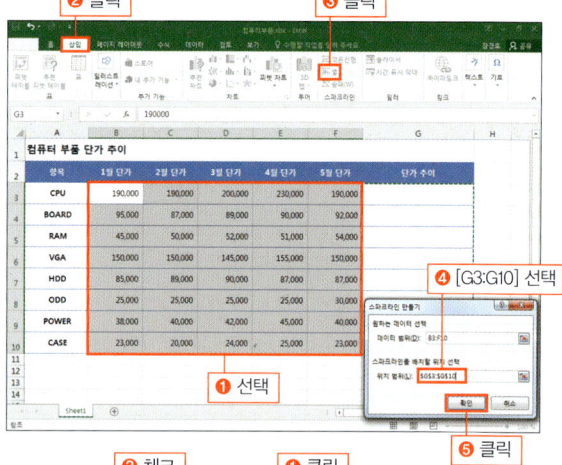

02_ 스파크라인이 셀에 삽입됩니다. 단가가 가장 높았던 월에 다른 색상을 지정하기 위해 [스파크라인 도구]-[디자인] 탭-[표시] 그룹에서 [높은 점]에 체크합니다. 그러면 가장 높은 점의 색상이 변경됩니다.

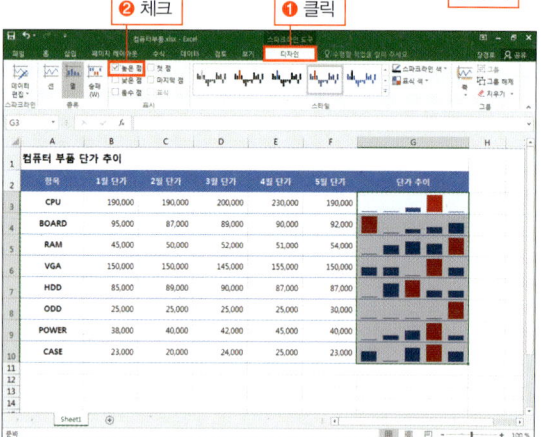

03_ 스파크라인의 디자인을 변경하기 위해 [스파크라인 도구]-[디자인] 탭-[스타일] 그룹에서 [자세히]를 클릭한 후 원하는 스타일을 선택합니다. 여기서는 [스파크라인 스타일 강조5, 40% 더 밝게]를 클릭합니다.

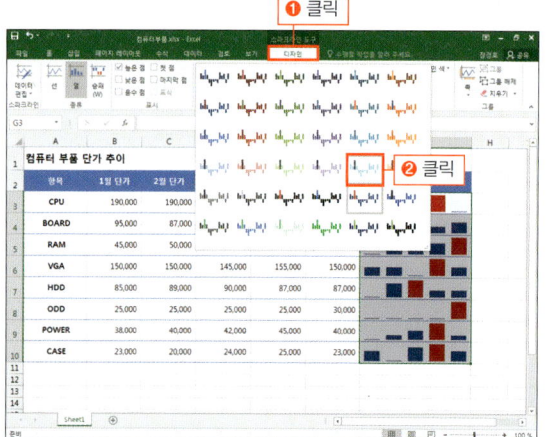

스파크라인 차트 종류 변경하기

:: **준비파일** Part01₩Chapter02₩Section02₩컴퓨터부품(2).xlsx | **완성파일** Part01₩Chapter02₩Section02₩컴퓨터부품(2)_완성.xlsx

스파크라인으로 생성한 차트도 일반적인 차트와 마찬가지로 종류를 쉽게 변경할 수 있습니다. 차트 종류를 변경해 보고, 스파크라인 색과 두께도 변경해 보겠습니다.

01_ 스파크라인이 그려진 [G3:G10] 영역을 선택한 후 [스파크라인 도구]-[디자인] 탭-[종류] 그룹에서 [선]을 클릭합니다.

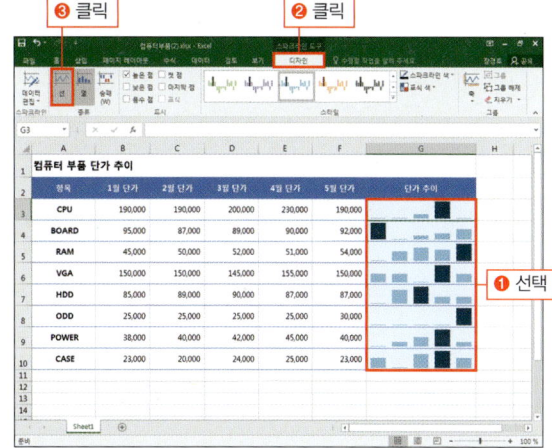

02_ 스파크라인의 종류가 '열'에서 '선'으로 변경됩니다. 스파크라인의 색상을 변경하기 위해 [스타일] 그룹에서 [스파크라인 색]-[표준 색]-[파랑]을 클릭합니다. 두께를 변경하기 위해 [두께]-[3pt]를 클릭합니다.

> **TIP**
> [디자인] 탭-[스타일] 그룹에서 [표식 색]을 클릭하면 높은 점을 비롯해 낮은 점이나 첫 번째 점, 또는 마지막 점의 색상을 변경할 수 있습니다.

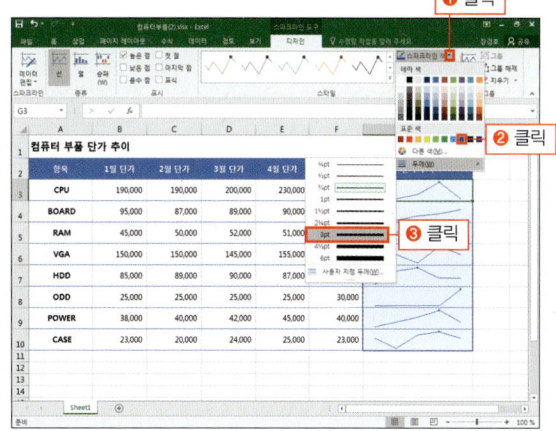

선버스트 차트와 트리맵 차트 작성하기

선버스트와 트리맵 차트는 엑셀 2016에 새롭게 등장한 차트로써 개별 항목과 전체를 비교하거나 여러 열로 구성된 범주가 계층 구조를 형성하는 경우 선버스트와 트리맵 차트를 선택하여 효과적인 분석을 할 수 있습니다

준비파일 Part01₩Chapter02₩Section02₩매출액.xlsx

완성파일 Part01₩Chapter02₩Section02₩매출액_완성.xlsx

01 표를 선택하고 [삽입] 탭-[차트] 그룹에서 [계층 구조 차트 삽입]-[선버스트]를 클릭합니다.

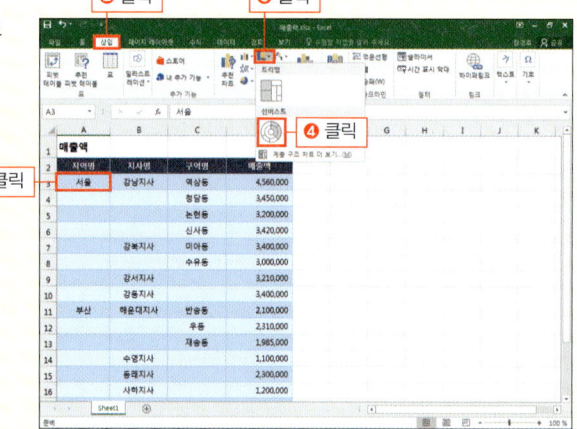

02 계층 수준 내의 비율을 고리형으로 표시하는 선버스트 차트가 나타납니다. 차트 위치 및 크기를 조절하고 '차트 제목'을 선택한 후 Delete 를 눌러 삭제합니다.

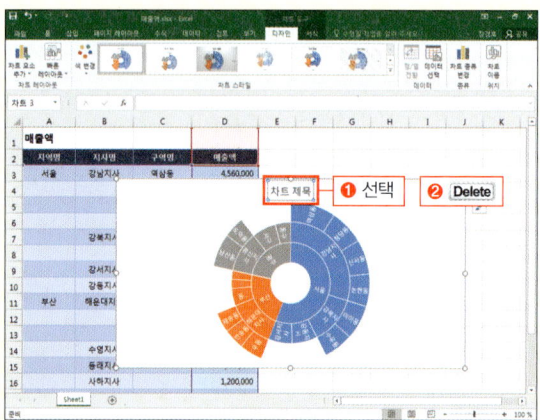

03 데이터 레이블을 선버스트 차트에 표시하기 위해 [빠른 실행 단추]에서 [차트 요소]를 클릭합니다. 그리고 [데이터 레이블]-[기타 레이블 데이터 옵션]을 클릭합니다.

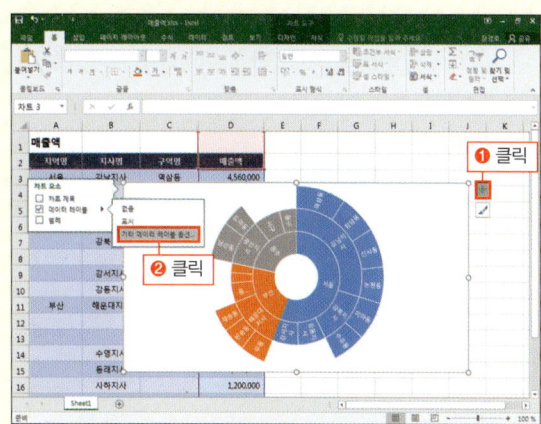

04 [데이터 레이블 서식] 창이 나타나면 [레이블 옵션]을 클릭합니다. [레이블 내용]에서 [항목 이름]과 [값]에 체크한 후 [닫기]를 클릭합니다.

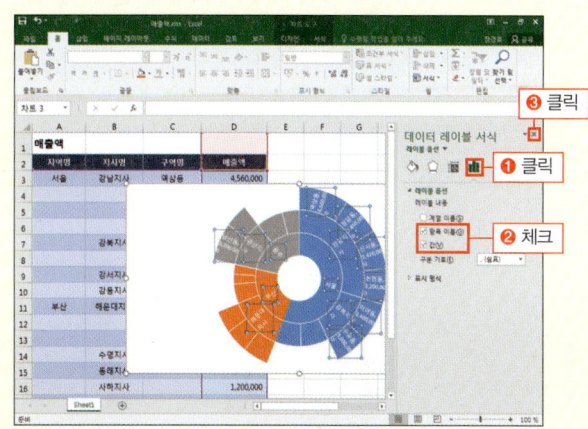

05 선버스트 차트에 항목과 값이 모두 표시되지 않는다면 차트 시트를 열어 표시하는 것이 좋습니다. 차트를 선택한 상태로 [차트 도구]-[디자인] 탭-[위치] 그룹에서 [차트 이동]을 클릭합니다. [차트 이동] 대화상자가 나타나면 [새 시트]를 체크하고 [확인]을 클릭합니다.

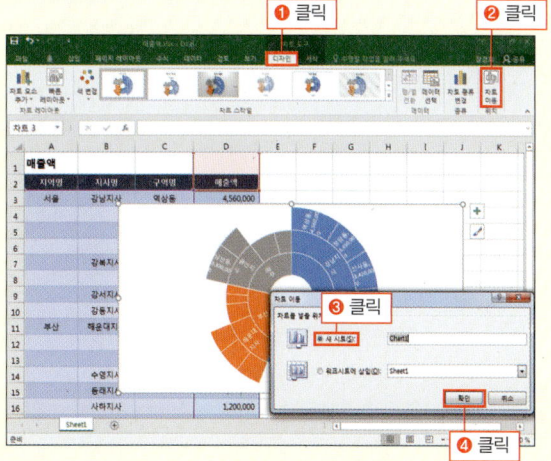

06 선버스트 차트가 새 시트로 나타납니다. 이번에는
트리맵 차트를 표시해 보겠습니다. [Sheet1] 시트를
선택합니다.

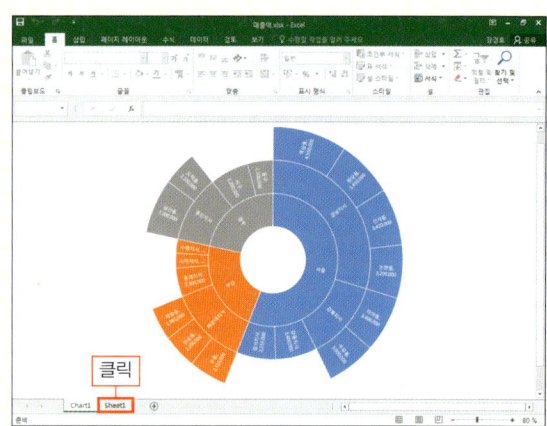

07 [삽입] 탭–[차트] 그룹에서 [계층 구조 차트 삽
입]–[트리맵]을 클릭합니다.

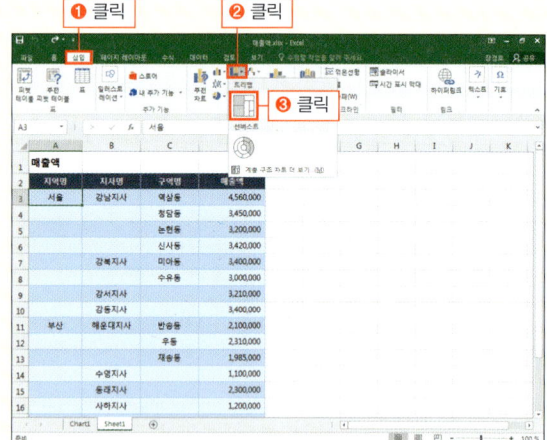

08 트리맵 차트가 삽입되면 [차트 도구]–[디자인]
탭–[차트 스타일] 그룹에서 차트 스타일을 선택한
후 차트 위치와 크기를 조절합니다. [차트 제목]을
선택하고 Delete 를 눌러 삭제합니다.

> **TIP**
> 트리맵은 매출액을 분할해서 사각형으로 차트로 표현
> 합니다. 가장 많은 매출이 이루어진 지점은 '역삼동'이
> 며, 가장 적은 매출이 이루어진 지점은 '수영지사'라는
> 것을 확인할 수 있습니다.

1 삽입된 표의 '합계' 데이터 영역을 삭제한 다음 차트의 행/열을 변경해 보세요.

◎ 준비파일 : Part01₩Chapter02₩Check₩년도별매출액현황.xlsx
◎ 완성파일 : Part01₩Chapter02₩Check₩년도별매출액현황_완성.xlsx

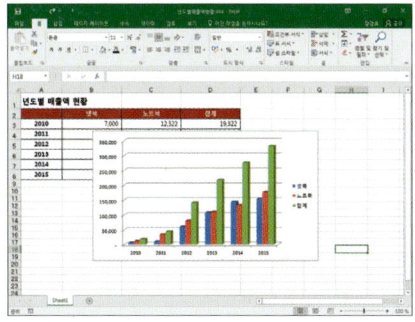 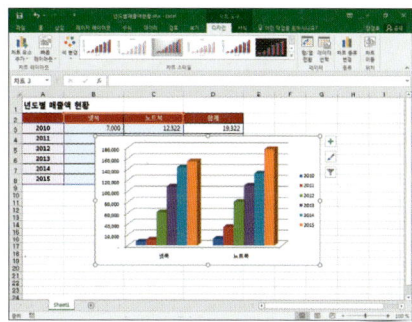

힌트

❶ '합계' 데이터 영역을 선택한 다음 **Delete**를 눌러서 삭제합니다.
❷ [차트 도구]–[디자인] 탭–[데이터] 그룹에서 [행/열 전환]을 클릭합니다.

---

2 넷북과 노트북으로 막대형 차트를 만들고 합계를 꺾은 선형 차트로 만들어 보세요.

◎ 준비파일 : Part01₩Chapter02₩Check₩년도별매출액현황(2).xlsx
◎ 완성파일 : Part01₩Chapter02₩Check₩년도별매출액현황(2)_완성.xlsx

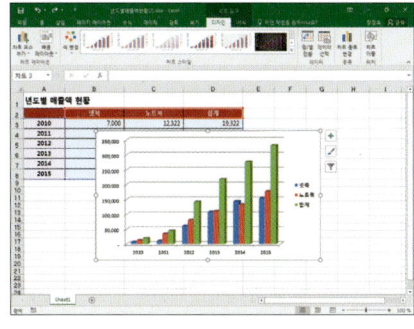 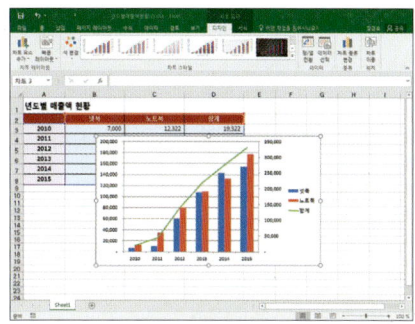

힌트

❶ 차트를 마우스 오른쪽 버튼으로 클릭한 후 [차트 종류 변경]을 선택합니다.
❷ [차트 종류 변경] 대화상자가 나타나면 [콤보] 차트를 선택합니다.

인쇄 기술 다루기

워크시트는 매우 방대한 데이터를 표시하기 때문에 인쇄를 할 때 한 장의 용지에 내용이 모두 표시되지 않거나, 원하는 형식으로 인쇄가 되지 않는 경우도 많습니다. 그렇기에 인쇄를 하기 전에 미리 보기를 통해 어떻게 인쇄가 되는지 확인하는 것이 좋습니다. 엑셀에서는 문서 일부 인쇄나 용지의 방향, 여백 그리고, 인쇄 배율을 조정하는 등 다양한 방법으로 통합 문서를 인쇄할 수 있습니다.

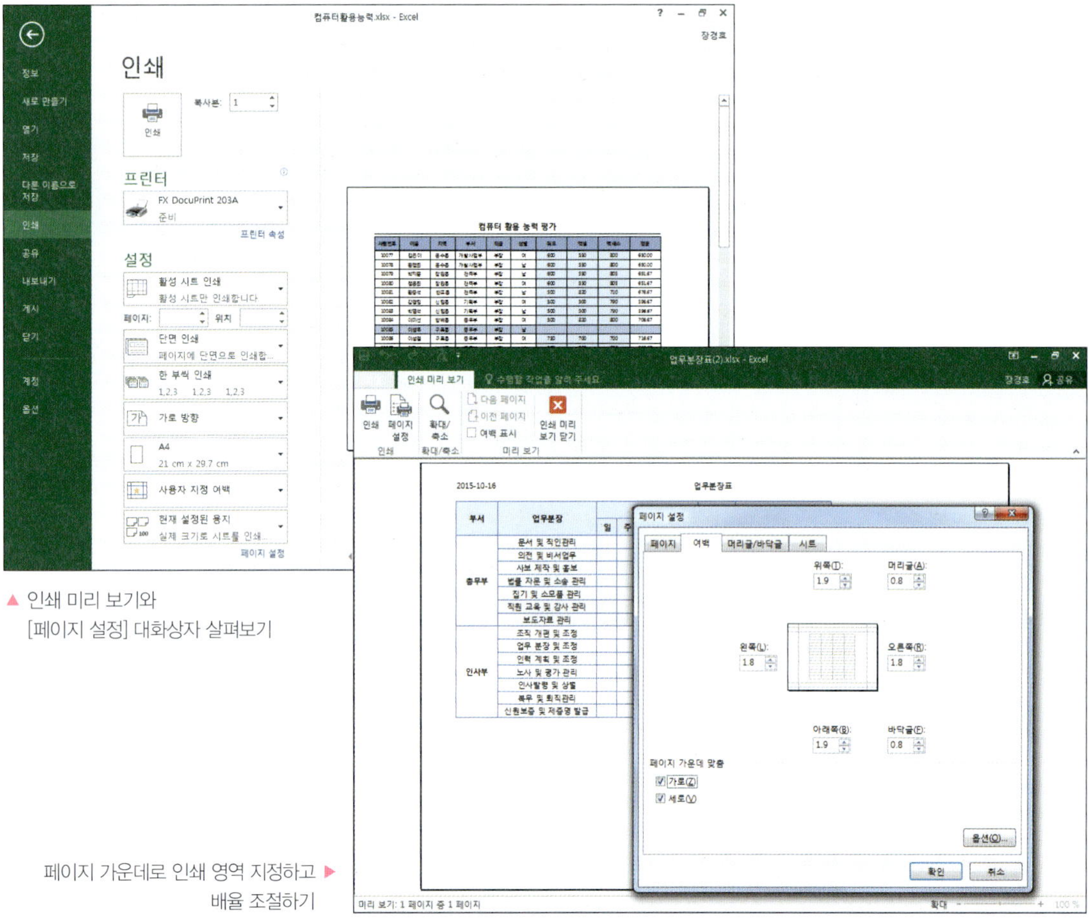

▲ 인쇄 미리 보기와
   [페이지 설정] 대화상자 살펴보기

페이지 가운데로 인쇄 영역 지정하고 ▶
배율 조절하기

이번 섹션에서 배울 주요 내용

- 인쇄 미리 보기와 [페이지 설정] 대화상자 살펴보기
- 전체 화면 인쇄 미리 보기 추가하기
- 페이지마다 같은 행 반복 인쇄하기
- 머리글과 바닥글 설정하기

- 전체가 아닌 문서의 일부만 인쇄하기
- 페이지 가운데로 인쇄 영역 지정하고 배율 조절하기
- **스페셜** PDF 문서나 인터넷 문서로 출판하기

인쇄 미리 보기와 [페이지 설정] 대화상자 살펴보기

:: **준비파일** Part01₩Chapter02₩Section03₩컴퓨터활용능력.xlsx | **완성파일** Part01₩Chapter02₩Section03₩컴퓨터활용능력_완성.xlsx

[파일] 탭–[인쇄]를 클릭하면 문서를 간단히 인쇄할 수 있습니다. 인쇄 미리 보기 화면을 통해 인쇄 옵션을 지정하는 방법을 비롯해 [페이지 설정] 대화상자에 대해서 살펴보겠습니다.

01_ [파일] 탭–[인쇄]를 클릭하면 인쇄 미리 보기 화면이 나타납니다. [프린터]를 클릭한 후 프린터를 선택합니다. 여기서는 방향을 변경해 보겠습니다. [세로 방향]을 클릭해 '가로 방향'을 선택합니다.

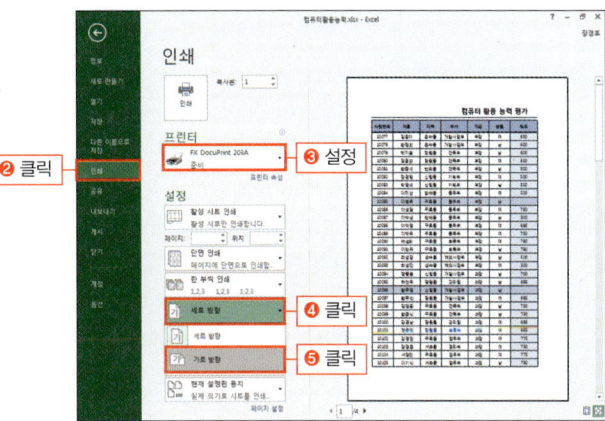

> **TIP**
> [프린터 속성]을 클릭하면 내 컴퓨터에 연결된 프린터의 속성을 설정할 수 있습니다.

> **TIP**
> [복사본] 항목에서 인쇄할 부수를 지정할 수 있습니다. '2'를 입력하면 총 2부가 인쇄됩니다. [설정] 항목에서는 인쇄 방향을 비롯해, 페이지 여백을 지정할 수 있습니다.

02_ 미리 보기 화면을 확대 또는, 축소해 보겠습니다. 오른쪽 하단에 위치하고 있는 [페이지 확대/축소]를 클릭합니다.

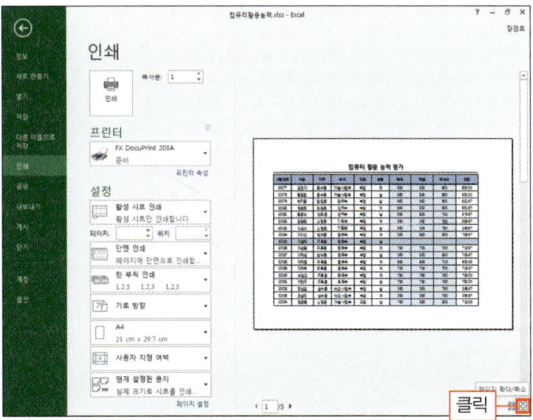

> **TIP**
> [페이지 확대/축소]를 한 번 더 클릭하면 미리 보기 화면이 축소되어 나타납니다.

03_ 미리 보기 화면이 확대되어 나타납니다. [페이지 확대/축소]를 한 번 더 클릭하여 미리 보기 화면을 축소합니다. 이번에는 [여백 표시]를 클릭합니다. 미리 보기 화면에 여백이 나타납니다. 실선을 마우스로 드래그하면 인쇄 위치를 조절할 수 있습니다. 여기서는 왼쪽 여백을 조절하기 위해 왼쪽 여백 조절선을 드래그합니다.

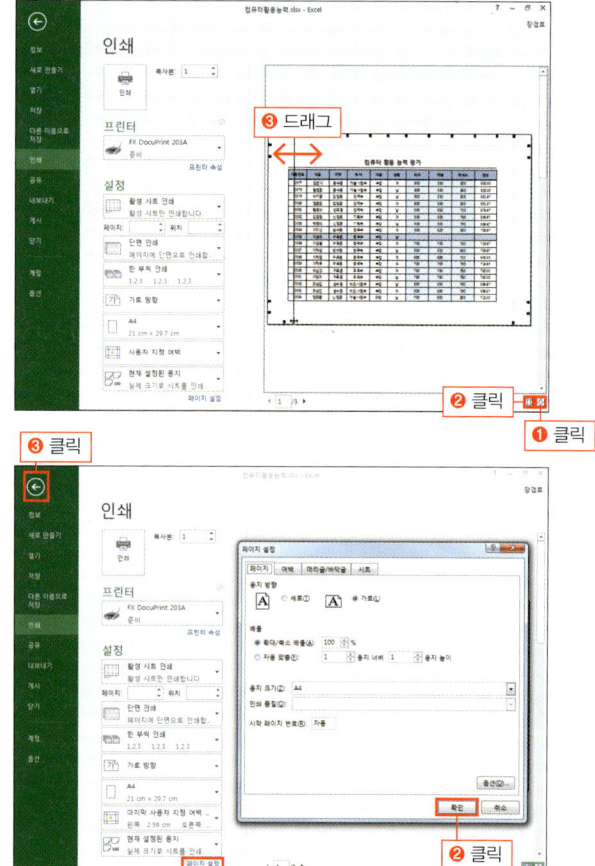

04_ 이번에는 [페이지 설정]을 클릭합니다. [페이지 설정] 대화상자가 나타나면 [페이지] 탭을 비롯해 [여백], [머리글/바닥글], [시트] 탭을 통해 페이지를 설정할 수 있습니다. 참고로, [페이지] 탭에서는 01번 따라하기에서 설정한 용지 방향을 비롯해 인쇄할 때의 배율이나 용지 크기 등을 설정할 수 있습니다. 설정된 사항을 확인한 후 [확인]을 클릭합니다. 워크시트로 되돌아가기 위해 [뒤로]를 클릭합니다.

꼭!! 알고가기

[페이지 설정] 대화상자 살펴보기

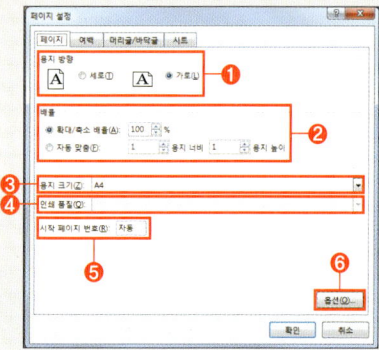

❶ 용지 방향 : 인쇄 용지의 방향을 세로 또는, 가로로 지정할 수 있습니다.

❷ 배율 : 10~400%의 범위 안에서 확대/축소 배율을 직접 지정할 수 있습니다. [자동 맞춤]을 체크하면 자동으로 배율을 조정할 수 있습니다.

❸ 용지 크기 : A4, A5 등 다양한 인쇄 용지를 지정할 수 있습니다.

❹ 인쇄 품질 : 인쇄 해상도를 지정합니다.

❺ 시작 페이지 번호 : 시작 페이지의 번호를 지정할 수 있습니다.

❻ 옵션 : 프린트의 인쇄 옵션을 설정할 수 있습니다.

전체 화면 인쇄 미리 보기 추가하기

:: **준비파일** Part01₩Chapter02₩Section03₩컴퓨터활용능력(2).xlsx

엑셀 2016의 인쇄 미리 보기 화면은 [파일] 탭-[인쇄]에서 확인할 수 있습니다. 하지만 예전 버전의 엑셀 미리 보기 화면이 익숙하다면 [전체 화면 인쇄 미리 보기] 단추를 빠른 실행 도구 모음에 추가하여 불러올 수 있습니다.

01_ [파일] 탭-[옵션]을 클릭하여 [Excel 옵션] 대화상자를 불러옵니다. [빠른 실행 도구 모음]-[리본 메뉴에 없는 명령]-[전체 화면 인쇄 미리 보기]를 선택한 후 [추가]와 [확인]을 각각 클릭합니다.

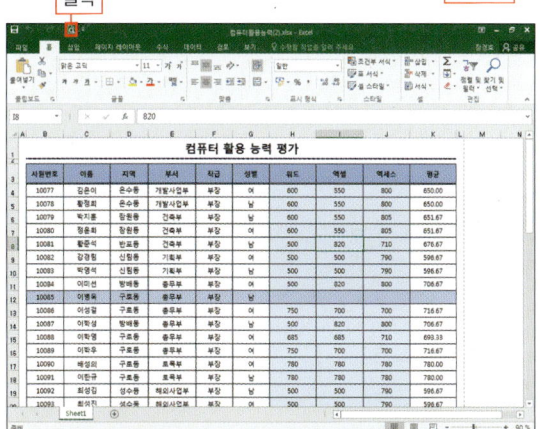

02_ 빠른 실행 도구 모음에 [전체 화면 인쇄 미리 보기]( )가 추가됩니다. [전체 화면 인쇄 미리 보기]( )를 클릭합니다.

03_ [인쇄 미리 보기] 탭이 나타나면서 워크시트가 미리 보기 화면에 나타납니다. [미리 보기] 그룹에서 [다음 페이지]를 클릭하여 페이지를 확인한 후 [인쇄 미리 보기 닫기]를 클릭하여 워크시트로 되돌아옵니다.

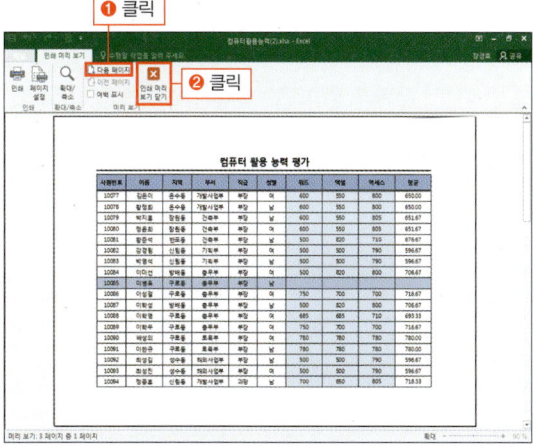

> **TIP**
>
> [전체 화면 인쇄 미리 보기]( )를 클릭하면 [인쇄 미리 보기] 탭이 나타납니다. [인쇄 미리 보기] 탭에서 인쇄를 비롯해 페이지 설정, 확대/축소 등 인쇄 관련 기능을 선택할 수 있습니다.

페이지마다 같은 행 반복 인쇄하기

∷ 준비파일 Part01₩Chapter02₩Section03₩컴퓨터활용능력(2).xlsx | **완성파일** Part01₩Chapter02₩Section03₩컴퓨터활용능력(2)_완성.xlsx

하나의 워크시트에 많은 양의 데이터가 있을 경우 제목이나 필드 영역은 첫 번째 페이지에만 인쇄되고 두 번째 페이지부터는 인쇄되지 않습니다. 두 번째, 세 번째 페이지에도 제목이나 필드 영역을 반복하여 인쇄할 수 있습니다.

01_ [페이지 레이아웃] 탭-[페이지 설정] 그룹에서 [인쇄 제목]을 클릭합니다.

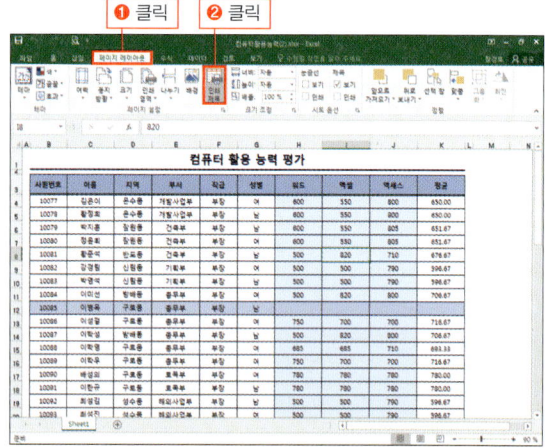

02_ [페이지 설정] 대화상자의 [시트] 탭이 나타나면 [반복할 행]의 오른쪽 끝에 있는 대화상자 축소 아이콘(🔲)을 클릭합니다.

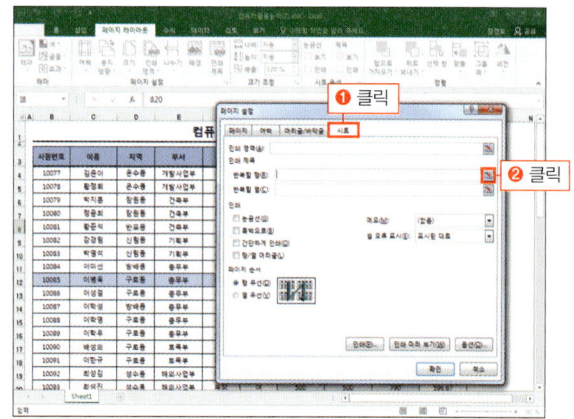

03_ 반복 인쇄할 영역을 드래그하여 선택합니다. 여기서는 1~3행만 반복할 것이므로 1행에서 3행까지 드래그합니다. 다시 대화상자 축소 아이콘(🔲)을 클릭하여 [페이지 설정] 대화상자로 되돌아갑니다.

04_ [인쇄 제목]-[반복할 행]에 『$1:$3』이 입력되어 있는 것을 확인한 후 [인쇄 미리 보기]를 클릭합니다.

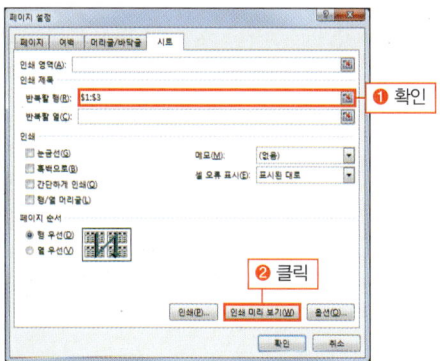

05_ 인쇄 페이지가 미리 보기됩니다. [다음 페이지]를 클릭합니다.

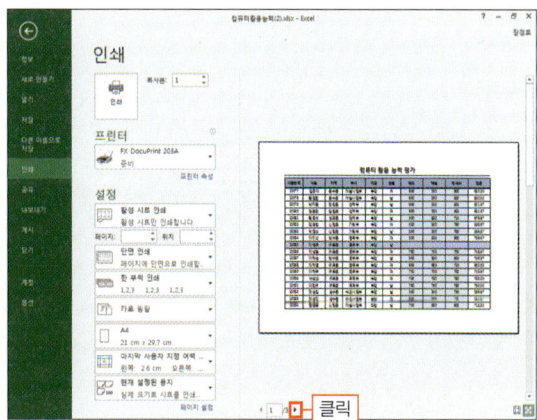

06_ 설정한 영역이 다음 페이지에도 반복되어 표시되는 것을 확인할 수 있습니다.

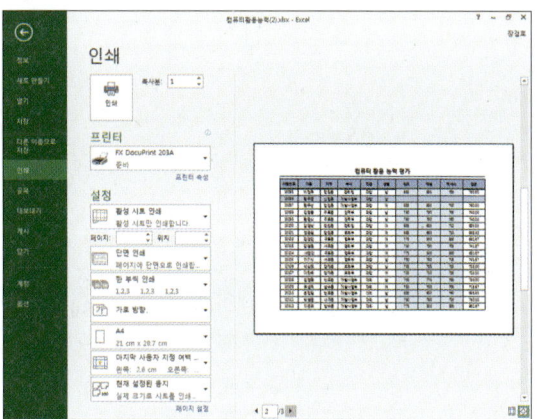

머리글과 바닥글 설정하기

:: 준비파일 Part01₩Chapter02₩Section03₩컴퓨터활용능력(3).xlsx | 완성파일 Part01₩Chapter02₩Section03₩컴퓨터활용능력(3)_완성.xlsx

머리글이나 바닥글을 설정하여 문서의 제목이나 페이지 번호, 날짜와 시간 등을 표시할 수 있습니다.

01_ 머리글이나 바닥글을 삽입하기 위해 [삽입] 탭−[텍스트] 그룹에서 [머리글/바닥글]을 클릭합니다.

> **TIP**
> [보기] 탭−[통합 문서 보기] 그룹에서 [페이지 레이아웃]을 클릭해도 머리글이나 바닥글을 지정할 수 있습니다.

02_ 페이지 레이아웃 보기 모드로 전환되면서 머리글이나 바닥글을 삽입할 수 있는 공간이 나타납니다. 머리글의 중간 영역을 클릭한 후 『평가표』라고 입력합니다.

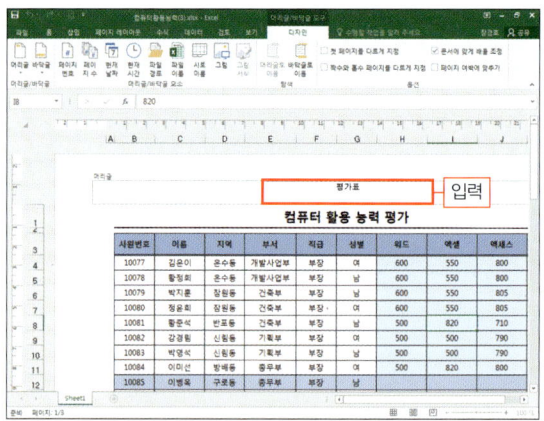

> **TIP**
> 페이지 레이아웃 보기 모드를 통해 워크시트의 여백을 확인하거나 인쇄 영역, 머리글이나 바닥글을 쉽게 작성할 수 있습니다.

03_ 머리글의 왼쪽 영역을 클릭한 후 [머리글/바닥글 도구]−[디자인] 탭−[머리글/바닥글 요소] 그룹에서 [현재 날짜]를 클릭합니다. 다시 [머리글/바닥글 도구]−[디자인] 탭−[탐색] 그룹에서 [바닥글로 이동]을 클릭합니다.

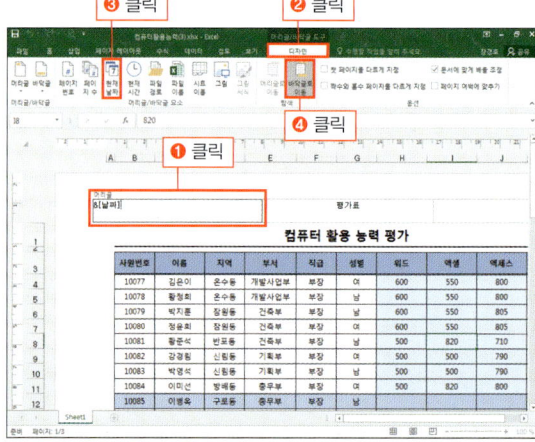

> **TIP**
> [탐색] 그룹의 [머리글로 이동]이나 [바닥글로 이동]을 클릭하면 머리글이나 바닥글로 빠르게 이동할 수 있습니다.

04_ 바닥글로 이동하면 바닥글의 중간 영역을 클릭한 후 [머리글/바닥글 요소] 그룹에서 [페이지 번호]를 클릭하고 『/』를 입력합니다. 다시 [페이지 수]를 클릭합니다. 머리글과 바닥글 이외의 부분을 클릭하여 머리글, 바닥글 지정을 종료합니다.

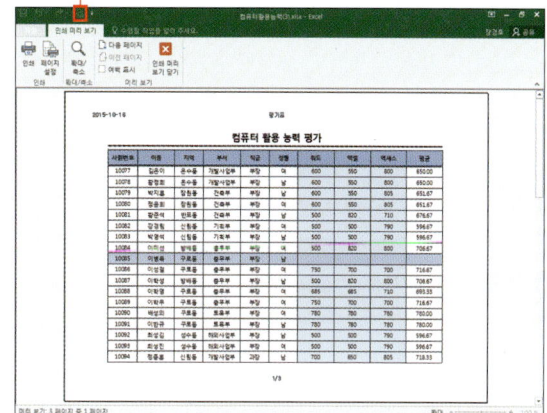

05_ 빠른 실행 도구 모음의 [전체 화면 인쇄 미리 보기] (🔍)를 클릭해 머리글과 바닥글이 제대로 삽입되었는지 확인합니다.

> **TIP**
> 빠른 실행 도구 모음에서 [전체 화면 인쇄 미리 보기](🔍)가 나타나지 않으면 111페이지를 참고하여 [전체 화면 인쇄 미리 보기]를 빠른 실행 도구 모음에 추가합니다.

> **TIP**
> [파일] 탭-[인쇄]를 클릭하면 나타나는 인쇄 미리 보기 화면에서도 머리글, 바닥글이 제대로 표시되는지 확인할 수 있습니다.

전체가 아닌 문서의 일부만 인쇄하기

:: **준비파일** Part01₩Chapter02₩Section03₩업무분장표.xlsx | **완성파일** Part01₩Chapter02₩Section03₩업무분장표_완성.xlsx

인쇄 영역을 설정하면 워크시트의 전체 페이지가 아닌 일부만을 선택하여 인쇄할 수 있습니다.

01_ 인쇄하고 싶은 영역을 드래그하여 지정합니다. 여기서는 [B4:K19] 영역을 선택합니다. [페이지 레이아웃] 탭-[페이지 설정] 그룹에서 [인쇄 영역]-[인쇄 영역 설정]을 클릭합니다.

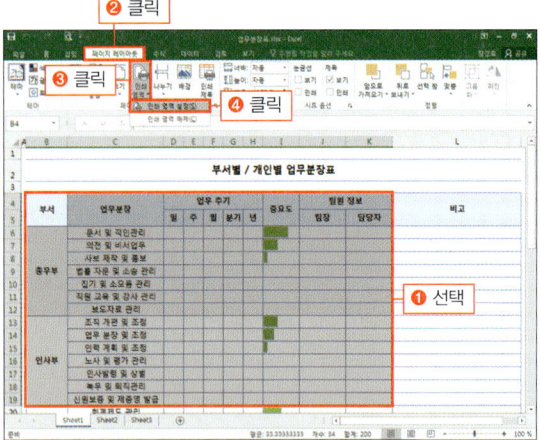

> **TIP**
>
> 인쇄 영역을 해제하고 싶다면 [페이지 레이아웃] 탭-[페이지 설정] 그룹에서 [인쇄 영역]-[인쇄 영역 해제]를 클릭합니다.

02_ 빠른 실행 도구 모음에서 [전체 화면 인쇄 미리 보기](🔍)를 클릭한 후 인쇄되는 화면을 확인합니다. 그리고 [미리 보기] 탭에서 [인쇄 미리 보기 닫기]를 클릭합니다.

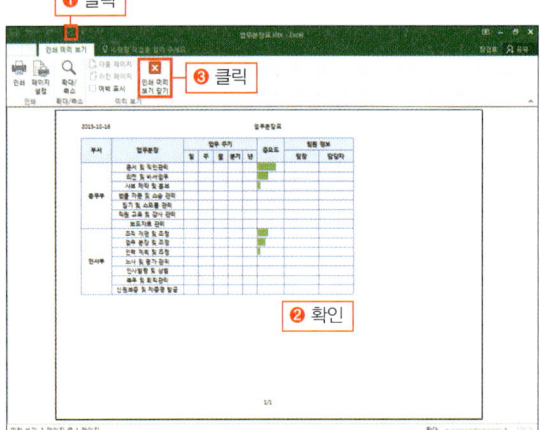

페이지 가운데로 인쇄 영역 지정하고 배율 조절하기

:: **준비파일** Part01₩Chapter02₩Section03₩업무분장표(2).xlsx | **완성파일** Part01₩Chapter02₩Section03₩업무분장표(2)_완성.xlsx

인쇄할 내용이 페이지의 가운데에 표시되도록 지정할 수 있습니다. 또한, 확대/축소 배율을 통해 인쇄 비율을 조절할 수도 있습니다.

01_ 문서 내용을 페이지 중앙에 표시해 보겠습니다. 빠른 실행 도구 모음의 [전체 화면 인쇄 미리 보기]( )를 클릭합니다. [인쇄] 그룹에서 [페이지 설정]을 클릭합니다.

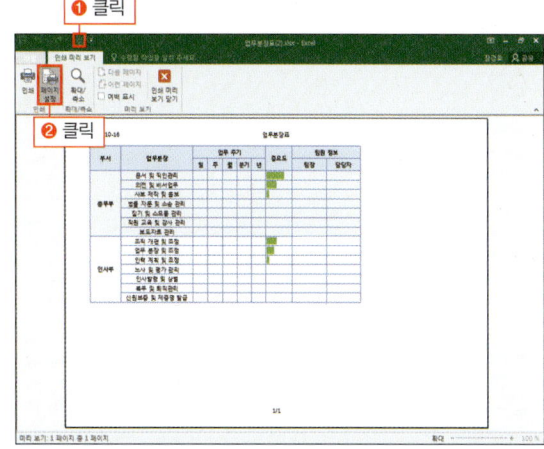

02_ [페이지 설정] 대화상자가 나타나면 [여백] 탭을 클릭합니다. [여백] 탭을 통해 위쪽, 아래쪽, 왼쪽, 오른쪽 등의 여백을 조절할 수 있습니다. 여기서는 [페이지 가운데 맞춤]에서 [가로]와 [세로]에 체크하고 [확인]을 클릭합니다.

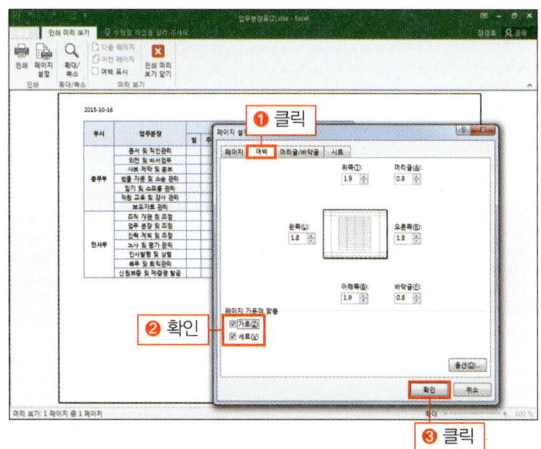

03_ 인쇄 미리 보기를 통해 가로, 세로 가운데로 정렬된 인쇄 화면을 확인합니다. 이번에는 배율을 조절하기 위해 [인쇄 미리 보기] 탭-[인쇄] 그룹에서 [페이지 설정]을 다시 클릭합니다.

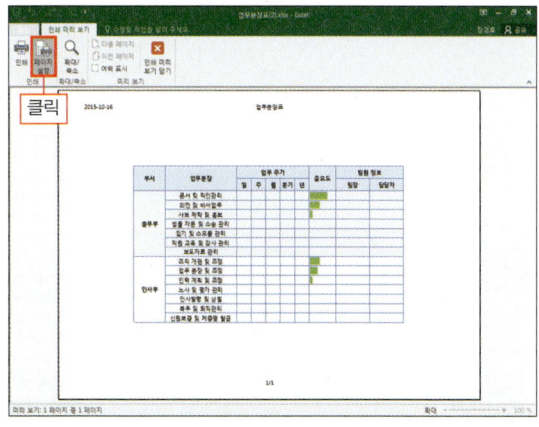

04_ [페이지 설정] 대화상자가 나타나면 [페이지] 탭을 클릭하고 [배율]-[확대/축소 배율]에 원하는 배율을 입력합니다. 여기서는 한 화면에 인쇄되는 배율보다 보다 크게 인쇄하기 위해 『130』을 입력하고 [확인]을 클릭합니다.

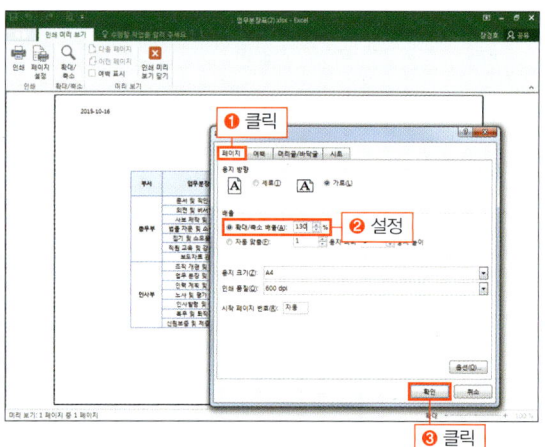

05_ 화면의 배율이 '130%'로 확대되어 나타납니다. [인쇄] 그룹에서 [인쇄]를 클릭하여 한 페이지에 꽉찬 워크시트 내용을 인쇄할 수 있습니다.

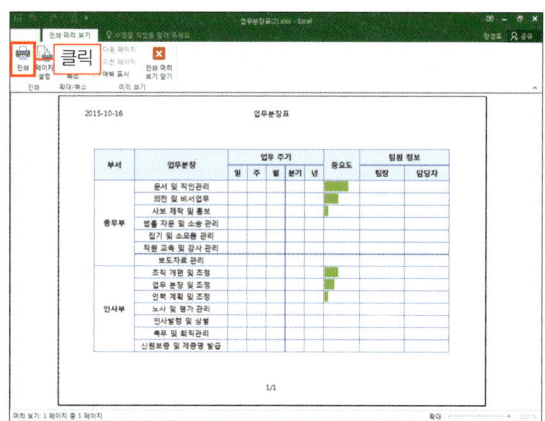

[페이지 레이아웃] 탭 살펴보기

[페이지 레이아웃] 탭-[페이지 설정] 그룹에서 다양한 인쇄 관련 설정을 할 수 있습니다.

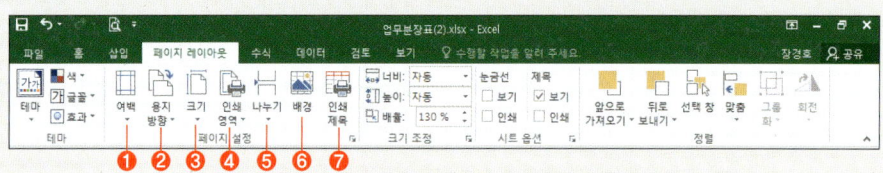

❶ **여백** : 페이지의 여백을 기본, 넓게, 좁게, 사용자 지정 여백으로 설정할 수 있습니다.

❷ **용지 방향** : 세로로 설정되어 있는 용지 방향을 가로 방향으로 변경할 수 있습니다.

❸ **크기** : A4 용지로 설정되어 있는 현재 구역의 용지 크기를 변경할 수 있습니다. 기타 용지 크기를 통해 특정 용지 크기를 설정할 수도 있습니다.

❹ **인쇄 영역** : 문서의 일부만 인쇄 영역으로 설정할 수 있습니다.

❺ **나누기** : 인쇄 시 새 페이지가 시작되는 부분을 설정할 수 있습니다.

❻ **배경** : 워크시트 배경에 그림을 지정할 수 있습니다.

❼ **인쇄 제목** : 인쇄 제목을 지정하여 특정 제목 행이나 제목 열을 전체 페이지에 반복 설정할 수 있습니다.

PDF 문서나 인터넷 문서로 출판하기

엑셀 파일을 수정할 수 없는 문서로 배포하고 싶거나 쉽게 인터넷에 공유하고 싶다면 PDF 문서나 인터넷 문서로 변환한 후 인쇄하면 됩니다.

 Part01₩Chapter02₩Section03₩프로필.xlsx

 Part01₩Chapter02₩Section03₩프로필.pdf, excel.files, excel.htm

01 [파일] 탭을 클릭하고 [내보내기]-[PDF/XPS 문서 만들기]-[PDF/XPS 만들기]를 클릭합니다.

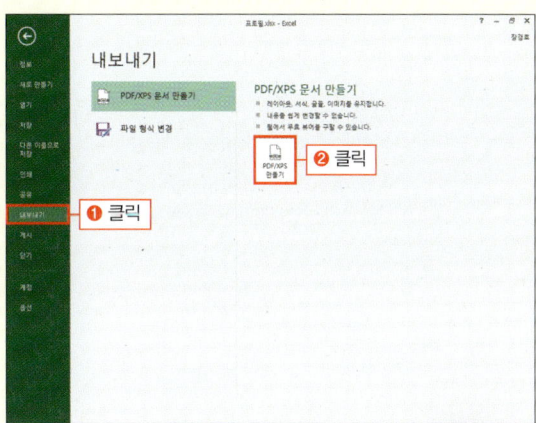

> **TIP**
>
> PDF 파일을 보려면 내 컴퓨터에 PDF Reader를 설치해야 합니다. 대표적인 PDF 프로그램으로는 어도비(Adobe)사의 Acrobat Reader가 있습니다. 참고로, 엑셀 2016에서는 소프트웨어나 플러그인 추가 없이도 파일을 PDF 또는, XPS 형식으로 쉽게 변환할 수 있습니다

> **TIP**
>
> PDF(Portable Document Format) 파일은 전자문서 파일 형태를 말하는데 어떤 운영체제에서도 전송과 읽기가 가능해 문서를 출판할 때 주로 사용하는 형태입니다. 특히, 변환 전의 파일보다 용량을 많이 줄여주고 뷰어 프로그램만 있어도 내용을 볼 수 있어 많이 사용하고 있습니다.

02 [PDF 또는 XPS로 게시] 대화상자가 나타나면 [파일 경로]와 [파일 이름]을 확인한 다음 [게시]를 클릭합니다.

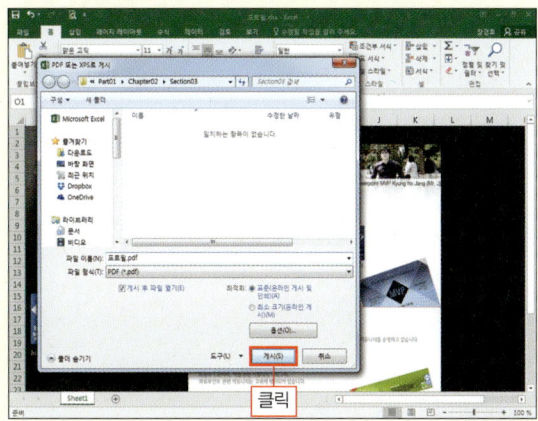

03 PDF 파일이 생성되며, PDF Reader가 실행됩니다.

04 이번에는 인터넷 문서로 저장한 후 웹상에서 내용을 확인해 보겠습니다. [파일] 탭을 클릭한 후 [내보내기]–[파일 형식 변경]–[다른 파일 형식으로 저장]을 두 번 클릭합니다.

05 [다른 이름으로 저장] 대화상자가 나타나면 [파일 형식]–[웹 페이지(*.htm,*.html)]를 선택합니다. [파일 이름]에 『excel』을 입력하고 [저장]을 클릭합니다. 경고 창이 나타나면 [예]를 클릭합니다.

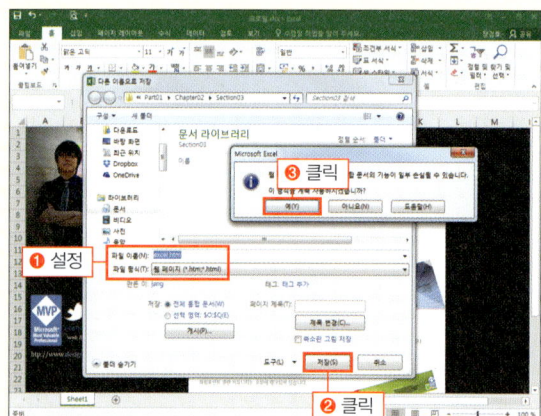

06 저장한 폴더를 열면 'excel.htm' 문서와 'excel.files' 폴더가 생성된 것을 확인할 수 있습니다. 이를 FTP 등을 통해 인터넷 서버에 업로드하여 다른 사람들과 공유할 수 있습니다.

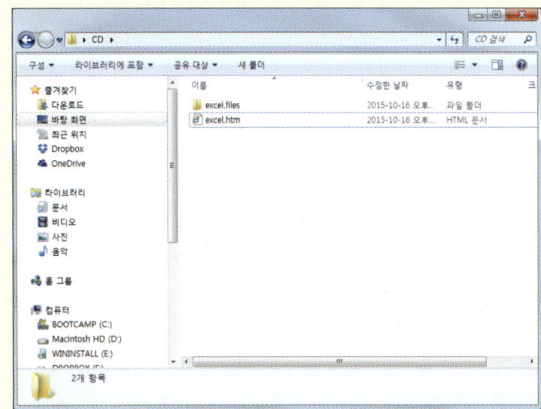

07 인터넷 문서를 만들어 외부에 공유하기 위해서는 호스팅 서버가 필요합니다. 호스팅 서버는 카페24, 후이즈, 호스팅케이알 등 국내 도메인, 호스팅 제공 업체에서 월, 연 단위로 계약하여 구입할 수 있습니다. 호스팅 서버가 구축되면 FTP 프로그램 등을 통해 본인의 서버 계정에 해당 파일을 업로드하여 외부에 쉽게 공유할 수 있습니다.

인터넷 서버 업로드 예 : http://www.vic21.com/excel. htm

1 워크시트를 인쇄할 때 원하는 열이나 행을 반복해서 모든 페이지에 인쇄할 수 있습니다. 여기서는 [B] 열 전체를 모든 페이지에 반복 인쇄해 보세요.

◎ 준비파일 : Part01₩Chapter02₩Check₩방문객출입현황.xlsx

◎ 완성파일 : Part01₩Chapter02₩Check₩방문객출입현황_완성.xlsx

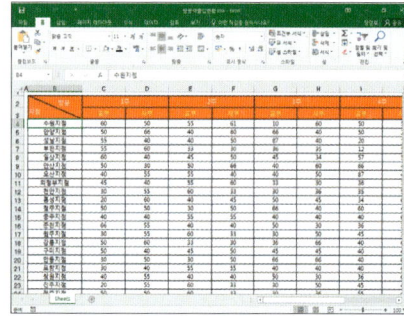 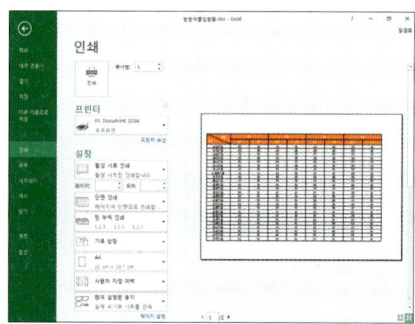

힌트

❶ [페이지 레이아웃] 탭-[페이지 설정] 그룹에서 [인쇄 제목]을 클릭한 후 [반복할 열]을 지정합니다.

---

2 페이지 설정을 이용하여 페이지 가운데 맞춤으로 설정해 보세요.

◎ 준비파일 : Part01₩Chapter02₩Check₩방문객출입현황(2).xlsx

◎ 완성파일 : Part01₩Chapter02₩Check₩방문객출입현황(2)_완성.xlsx

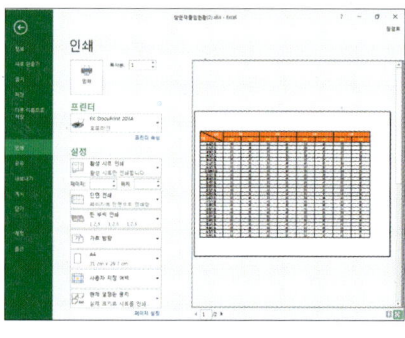 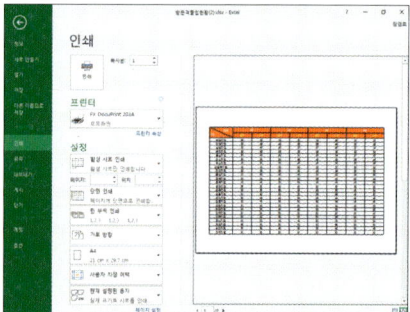

힌트

❶ [파일] 탭-[인쇄]-[페이지 설정]을 클릭합니다.

❷ [페이지 설정] 대화상자에서 [여백] 탭-[페이지 가운데 맞춤]의 [가로], [세로]를 체크합니다.

memo

Chapter 3

복잡한 계산을 효율적으로!
수식과 함수
활용하기

엑셀에서는 더하기, 빼기, 곱하기, 나누기 등 보통의 사칙 연산을 비롯해 다양한 연산자를 이용하여 데이터를 작성하며, 수식 계산을 비롯해 반복적이고 복잡한 계산을 위해 함수를 활용합니다. 함수는 복잡한 계산을 편하게 해결하기 위해 미리 만들어 놓은 수식이라고 할 수 있습니다. 엑셀을 사용하는 이유는 이렇게 반복적이고 복잡한 계산을 보다 빠르고 편하게 하기 위한 것이 아닐까 싶습니다. 여기서는 수식을 입력하는 방법과 더불어 함수의 종류와 활용 방법에 대해서 살펴보겠습니다.

Section 1. 수식과 자동 함수 활용하기

Section 2. 기초 함수 익히기

Section 3. 필수 함수 익히기

▼ **Section 4.** 실무 함수 익히기

수식과 자동 함수 활용하기

엑셀에서 수식을 사용하기 위해서는 기본적인 수식 규칙과 형식에 맞게 작성해야 합니다. 수식이란, 등호(=)로 시작하여 숫자나 셀 주소를 참조하는 계산식을 만드는 과정을 말합니다. 또한, 수식은 등호와 피연산자 그리고 연산자의 조합으로 구성되는 데 여기서는 수식 구조를 비롯해 상대 참조, 절대 참조, 그리고 자동 합계 등에 대해서 살펴보겠습니다.

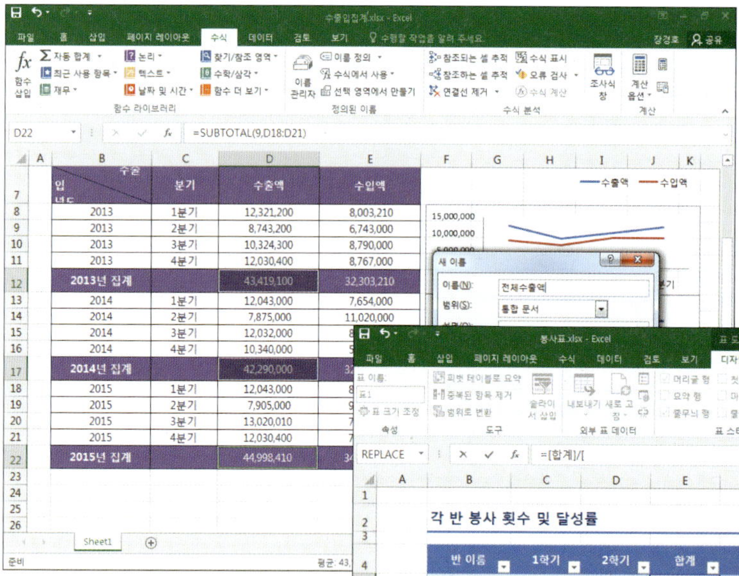

▲ 셀 주소를 이름 정의하기

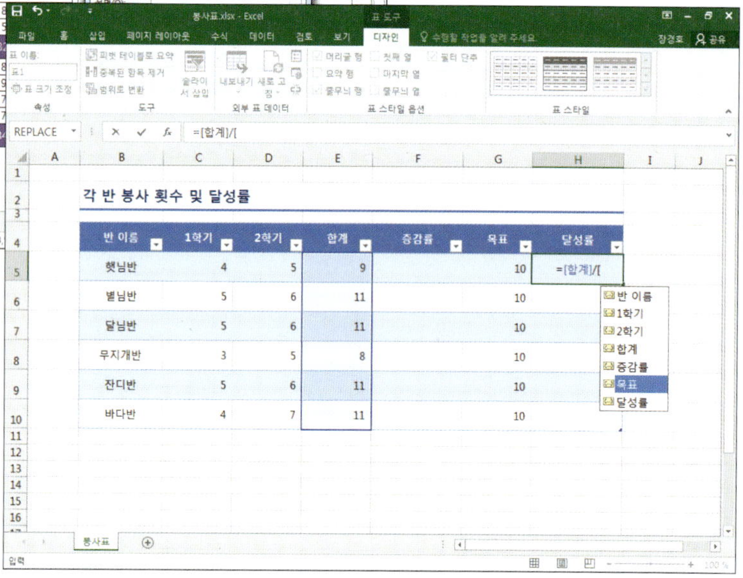

구조적 참조를 이용하여 ▶
한 번에 계산하기

✤ 이번 섹션에서 배울 **주요 내용**

- 엑셀의 수식 구조 이해하기
- 상대 참조와 절대 참조로 수식 계산하기
- 혼합 참조로 셀 주소 일부만 고정하기
- 다른 워크시트의 셀 참조하기
- 다른 파일의 셀 참조하기
- 셀 주소를 이름으로 정의하기

- 정의한 이름으로 수식 계산하기
- 구조적 참조를 이용하여 한 번에 계산하기
- 표 서식에 요약 행 설정하기
- 자동 합계를 이용하여 수식 계산하기
- 함수 라이브러리에서 함수 시작하기
- 함수 마법사를 통해 함수 검색하기

엑셀의 수식 구조 이해하기

엑셀은 계산기를 이용하는 것보다 더 쉽고 빠르게 수식을 계산할 수 있습니다. 수식을 입력할 때 몇 가지 규칙이 있는데 수식을 입력하기 위해서는 꼭 등호(=)를 사용해야 한다는 점과 더불어 엑셀 수식을 위한 몇 가지 규칙을 살펴보겠습니다.

수식의 조합

엑셀의 수식은 등호와 함께 피연산자 그리고, 연산자의 조합으로 구성됩니다.

= ❶	피연산자 ❷	연산자 ❸	피연산자 ❷
등호	피연산자	연산자	피연산자
=	10	+	20
=	A1	+	B1
=	F4	−	150

❶ **등호** : 수식을 입력할 때 앞에 꼭 등호(=)를 입력해야 합니다.
❷ **피연산자** : 피연산자는 10과 같은 숫자나 A1 이나 F4 와 같은 셀 주소를 말합니다.
❸ **연산자** : 곱하기(*), 나누기(/), 더하기(+), 빼기(−) 등의 부호를 사용할 수 있습니다.

워크시트에서 입력하는 수식은 보통 아래와 같은 형식으로 작성됩니다. 더하기, 빼기, 곱하기, 나누기 등의 산술 연산자를 비롯해 다양한 함수로도 수식을 작성할 수 있습니다.

수식	비교
=10+5*3	5와 3의 곱에 10을 더합니다.
=A1+A2+A3	A1, A2, A3 셀의 값을 더합니다.
=TODAY()	오늘 날짜를 구합니다.
=RANK.EQ(A1, $A$1:$A$10)	A1에서 A10 셀의 순위를 구합니다.

연산자의 종류

엑셀에서 사용하는 연산자에는 산술 연산자와 비교 연산자, 참조 연산자, 결합 연산자 등이 있습니다. 산술 연산자는 더하기, 빼기, 곱하기, 나누기와 같이 계산식에서 사용하는 연산자를 말합니다.

연산자	의미	예
+	더하기	=3+2
−	빼기	=3−2
*	곱하기	=3*2
/	나누기	=3/2
%	백분율	=3%
^	제곱	=3^2

엑셀에서 제곱(^) 연산자는 '3^2' 식으로 계산합니다. 즉 '3X3'과 같은 의미로 연산됩니다.

비교 연산자는 두 값을 비교할 때 사용합니다. 비교 연산자는 보통 함수들과 사용하는데 비교 연산자를 이용하여 두 값을 비교할 경우 결과는 TRUE나 FALSE로 나타냅니다.

연산자	의미	예
=	같다	A1=A2
〉	크다	A1〉A2
〈	작다	A1〈A2
〈〉	같지 않다	A1〈〉A2
〉=	크거나 같다	A1〉=A2
〈=	크거나 같다	A1〉=A2

비교 연산자를 이용하여 두 값을 비교할 경우 결과값은 참(TRUE)과 거짓(FALSE)으로 나타냅니다.

결합 연산자는 여러 문자열을 연결하고 싶을 때 자주 사용합니다. 결합 연산자는 &를 사용합니다.

연산자	의미	예
& (앰퍼샌드)	두 개 이상의 문자열을 연결하여 하나로 만듭니다.	="엑셀" & "2016"

참조 연산자는 연산자를 사용하여 계산에 필요한 셀 범위를 결정합니다. 즉, 참조 연산자는 셀 주소를 참조할 때 사용되는 연산자입니다.

연산자	의미	예
:(콜론)	두 참조와 그 사이의 모든 셀을 연속적인 범위로 지정합니다.	A1:A3
.(콤마)	떨어져 있는 여러 참조를 하나의 셀 범위로 지정합니다.	SUM(A1, A3) SUM(A1:A3, B1:B3)
(공백)	두 개의 셀 범위가 교차되는 범위를 지정합니다.	A1:A3 B1:B3

연산자 우선순위

하나의 수식에서 여러 개의 연산자를 사용하면 아래 표에 표시된 순서대로 연산이 수행됩니다. 즉, 곱하기와 더하기 연산자가 함께 포함되어 있다면 우선순위대로 곱하기부터 연산됩니다.

순위	연산자	설명
1	()	괄호
2	:	참조 연산자
3	,	참조 연산자
4	−	음수
5	%	백분율
6	^	거듭제곱
7	× 및 /	곱하기와 나누기
8	+ 및 −	더하기와 빼기
9	&	결합 연산자
10	= 〈〉 <= >= 〈〉	비교 연산자

셀 참조 방법 살펴보기

수식 작성 시 값이 입력된 셀 주소를 이용하여 계산하는 방법을 '셀 참조'라고 합니다. 셀 참조에는 상대 참조, 절대 참조, 혼합 참조가 있습니다. 보통, 수식을 복사하여 다른 셀에 붙여넣기를 하면 셀을 참조하는 위치에 따라 셀 주소가 자동으로 변경됩니다. 하지만, 경우에 따라 셀 주소를 고정하거나, 행이나 열만 고정하여 셀을 참조할 수도 있습니다.

셀 참조 방법	형식	설명
상대 참조	A1	셀을 참조하는 위치에 따라 셀 주소가 자동으로 변경됩니다.
절대 참조	$A$1	셀을 참조하는 위치에 상관없이 셀 주소가 변경되지 않고 고정됩니다.
혼합 참조	A$1, $A1	상대 참조와 절대 참조를 혼합하여 사용됩니다. − A$1 : 행이 고정되는 혼합 참조 − $A1 : 열이 고정되는 혼합 참조

처음 셀을 선택하면 'A1'과 같이 상대 참조로 표시되지만 F4를 누르면 '$A$1'과 같이 절대 참조로, 다시 F4를 누르면 'A$1'과 같이 행 고정 혼합 참조, 다시 F4를 누르면 '$A1'과 같이 열 고정 혼합 참조로 변경됩니다.

A1 → $A$1 → A$1 → $A1 → A1

상대 참조와 절대 참조로 수식 계산하기

:: **준비파일** Part01₩Chapter03₩Section01₩실적집계.xlsx | **완성파일** Part01₩Chapter03₩Section01₩실적집계_완성.xlsx

셀을 참조하는 위치에 따라 셀 주소가 자동으로 변경되는 참조를 '상대 참조'라고 하며, 셀을 참조하는 위치에 상관없이 셀 주소가 변경되지 않고 고정되는 참조를 '절대 참조'라고 합니다. '절대 참조'는 행 머리글이나 열 머리글 앞에 '$' 기호가 붙습니다.

01_ 상대 참조로 상반기와 하반기 매출액 합계를 구해 보겠습니다. [F4] 셀을 선택하고 『=D4+E4』를 입력한 후 Enter 를 누릅니다.

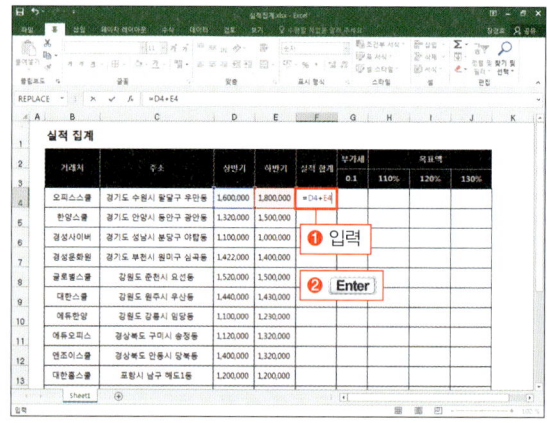

02_ [F4] 셀을 선택하고 [채우기 핸들]( )을 [F19] 셀까지 드래그합니다.

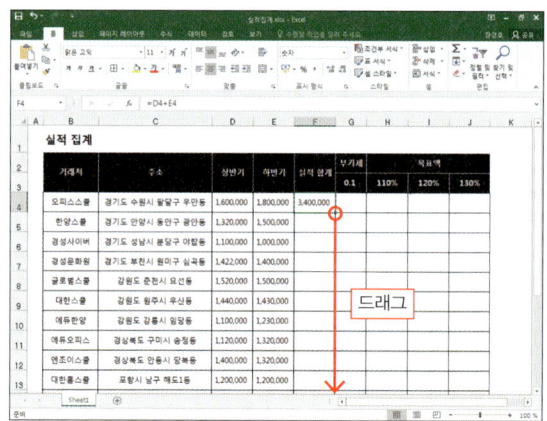

03_ 수식이 자동으로 채워집니다. [F19] 셀을 선택해 보면 수식이 '=D19+E19'으로 변경되어 있는 것을 확인할 수 있습니다. 즉, 셀 위치에 따라 참조한 셀 주소도 함께 변경되는 것을 확인할 수 있습니다. 이를 상대 참조라고 합니다.

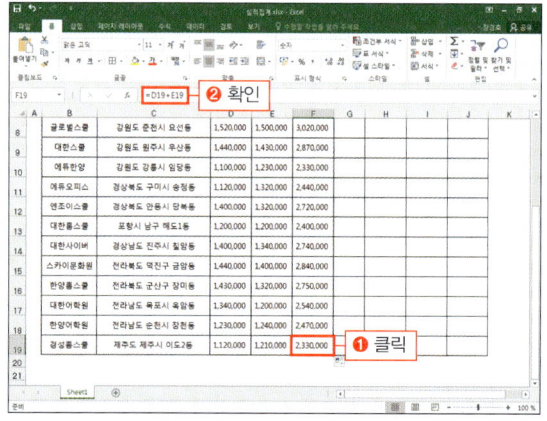

04_ 이번에는 절대 참조 방식으로 수식을 입력해 보겠습니다. [G4] 셀을 선택한 다음 『=SUM(F4*G3)』을 입력하고 Enter 를 누릅니다.

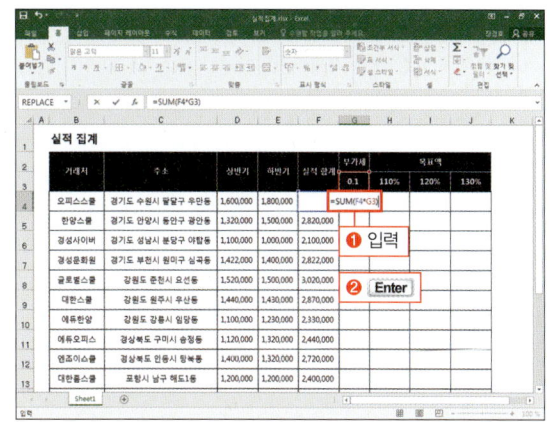

05_ 절대 참조 방식으로 변경하기 위해 [G4] 셀을 선택합니다. 수식 입력줄의 'G3'을 선택한 후 F4 를 누릅니다.

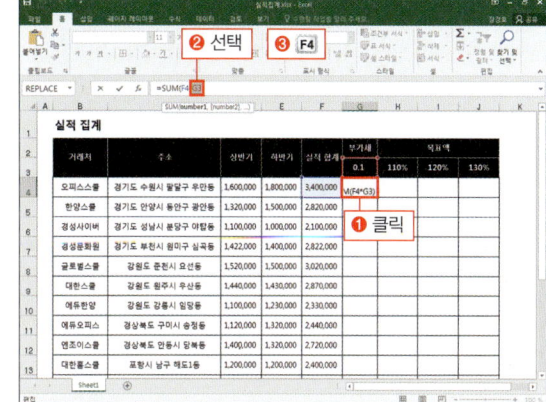

> **TIP**
> F4 를 누르지 않고 열이나 행 번호 앞에 '$' 표시를 직접 입력할 수도 있습니다.

06_ 수식 입력줄의 수식이 절대 참조로 변경되는 것을 확인할 수 있습니다. Enter 를 누릅니다.

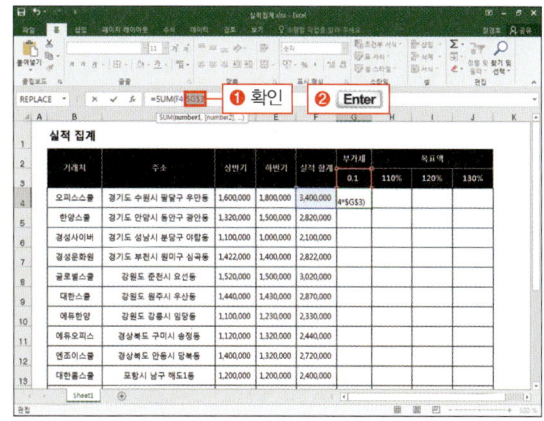

> **TIP**
> '$G$3'과 같이 절대 참조를 지정하면 [G3] 셀이 변경되지 않고 수식이 적용됩니다.

07_ [G4] 셀을 선택한 후 [채우기 핸들(▣)]을 [G19] 셀 까지 드래그하면 수식이 채워집니다.

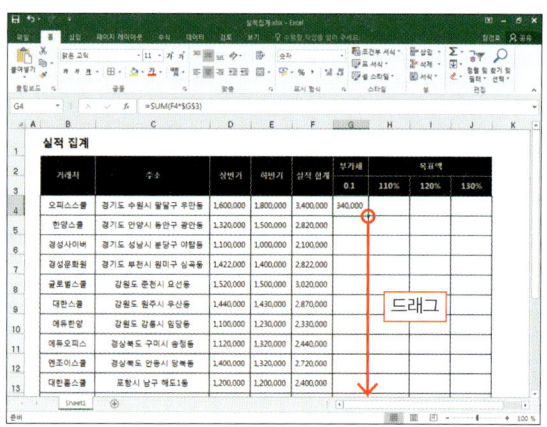

08_ [G19] 셀을 선택해 보면 수식이 '=SUM(F19*$G$3)' 으로 변경되어 있는 것을 확인할 수 있습니다. 즉, 절대 참조로 변경한 셀 주소는 변경되지 않고 그대로 고정되어 있는 것을 확인할 수 있습니다. 이를 절대 참조라고 합니다.

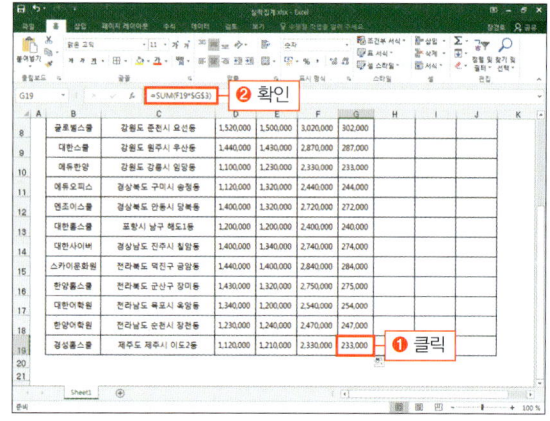

혼합 참조로 셀 주소 일부만 고정하기

:: **준비파일** Part01₩Chapter03₩Section01₩실적집계(2).xlsx | **완성파일** Part01₩Chapter03₩Section01₩실적집계(2)_완성.xlsx

혼합 참조는 열 번호나 행 번호 중에서 하나만 '$' 기호를 붙여 하나는 상대 참조, 하나는 절대 참조로
만드는 방법입니다. '$' 기호가 붙은 열이나 행만 고정됩니다.

01_ [H4] 셀을 선택하고 『=F4*H3』을 입력합니다. 수식 입력줄에서 'F4'를 선택하고 F4 를 세 번 누르면, 'F4'가 '$F4'로
변경된 것을 확인합니다.

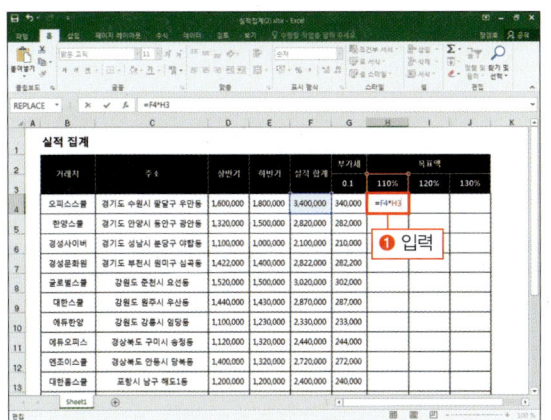
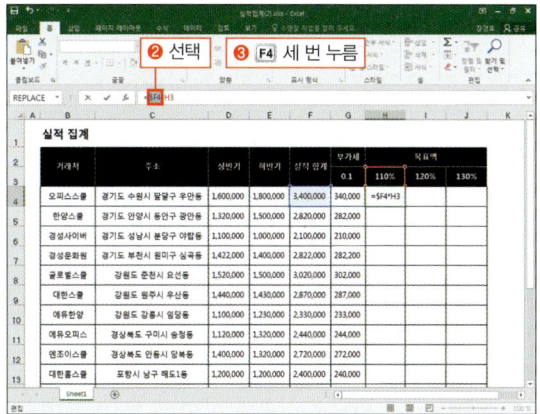

> TIP
> F4 를 세 번 누르면 '$F$4'→'F$4'→'$F4'로 참조 형식이 변경됩니다.

02_ 이번에는 'H3'을 선택하고 F4 를 두 번 누릅니다.
'H3'이 'H$3'으로 변경된 것을 확인한 후 **Enter** 를 누릅
니다.

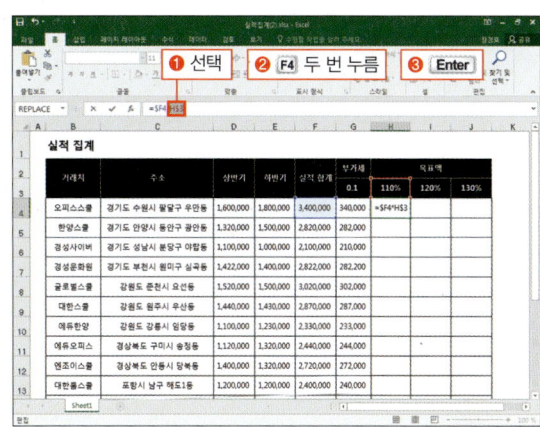

> TIP
> F4 를 두 번 누르면 '$H$3'→'H$3'으로 참조 형식이 변
> 경됩니다.

> TIP
> 최종적으로 [H4] 셀에는 '=$F4*H$3'이 입력됩니다.

03_ [H4] 셀의 채우기 핸들(⊞)을 [J4] 셀까지 드래그합니다. 채우기 핸들(⊞)을 오른쪽으로 드래그하면 F열은 고정된 채 H열만 참조 형식이 변경되면서 수식이 채워집니다.

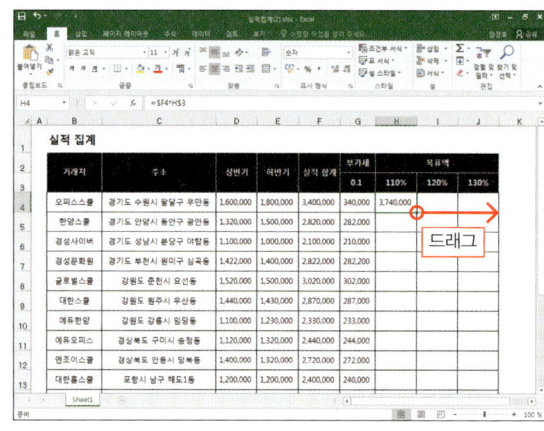

H4 셀 : =$F4*H$3
I4 셀 : =$F4*I$3
J4 셀 : =$F4*J$3

04_ 이어서 [J4] 셀의 채우기 핸들(⊞)을 [J19] 셀까지 드래그합니다. 채우기 핸들(⊞)을 아래로 드래그하면 $F4 셀의 4행은 상대 참조로, 행 번호가 변경되면서 수식이 채워지며, H$3 셀의 3행은 고정된 채 수식이 채워집니다.

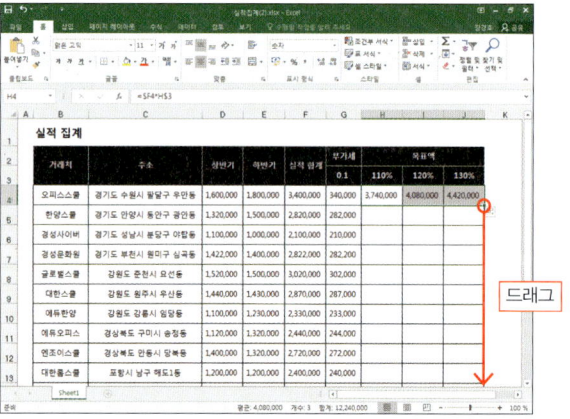

05_ 최종적으로 목표액 110%, 120%, 130%에 해당하는 실적합계가 구해집니다.

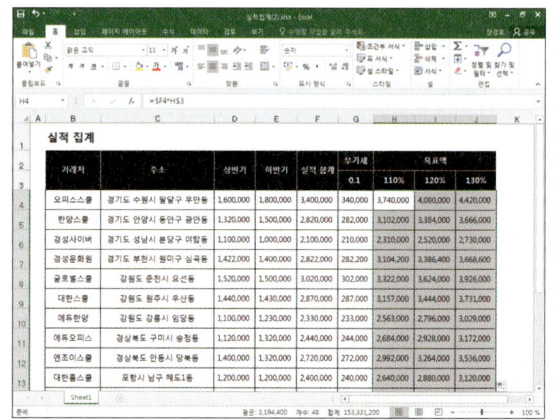

다른 워크시트의 셀 참조하기

:: **준비파일** Part01₩Chapter03₩Section01₩판매실적.xlsx | **완성파일** Part01₩Chapter03₩Section01₩판매실적_완성.xlsx

수식을 입력할 때 다른 워크시트의 셀을 참조하여 입력할 수 있습니다. 다른 워크시트의 셀을 참조하면 워크시트 이름과 셀 주소 사이에 느낌표(!)가 붙습니다.

01_ [하반기] 시트 탭을 클릭하고 [F5] 셀에 『=E5-』를 입력한 다음 [상반기] 시트 탭을 클릭합니다.

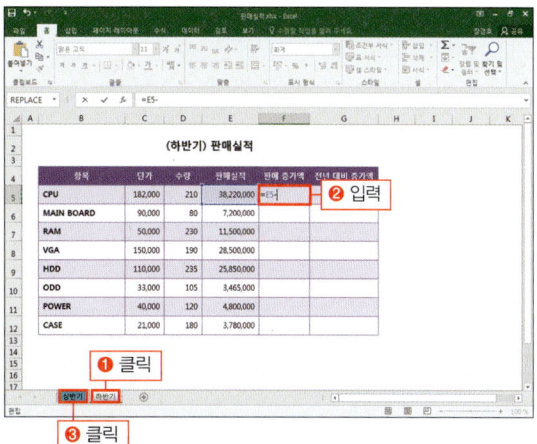

02_ [상반기] 시트 탭에서 [E5] 셀을 선택하고 **Enter**를 누릅니다.

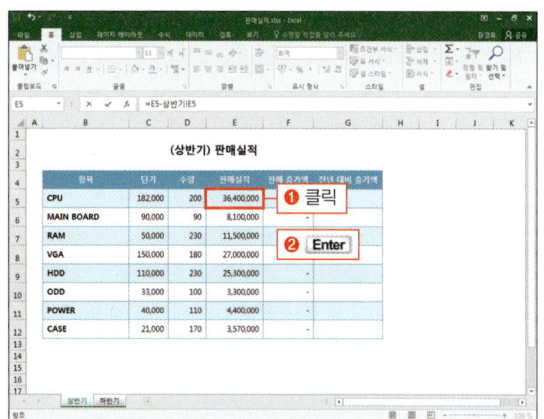

03_ [하반기] 시트에서 [F5] 셀을 선택합니다. 수식 입력줄에 '=E5-상반기!E5' 수식이 입력되어 있는 것을 확인합니다. [F5] 셀에서 채우기 핸들(⊞)을 [F12] 셀까지 드래그합니다. [자동 채우기 옵션](⊞)을 클릭하고 [서식 없이 채우기]를 선택합니다.

> **TIP**
>
> 수식 입력줄의 '=E5-상반기!E5'에서 '상반기!E5'는 [상반기] 시트의 [E5] 셀을 참조했다는 것을 의미합니다.

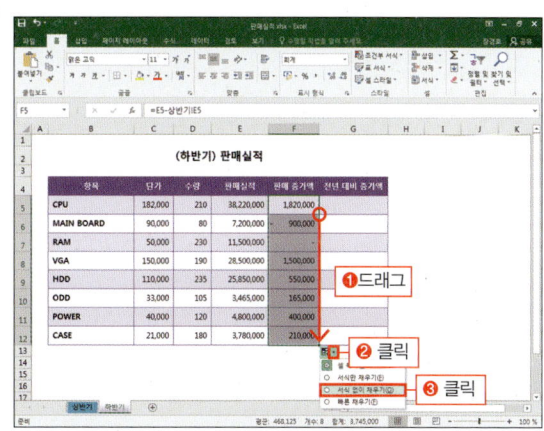

다른 파일의 셀 참조하기

:: 준비파일 Part01₩Chapter03₩Section01₩전년판매실적.xlsx, 올해판매설직.xlsx | 완성파일 Part01₩Chapter03₩Section01₩올해판매실적_완성.xlsx

이번에는 다른 파일의 셀을 참조해 보겠습니다. 다른 워크시트의 셀을 참조하는 방법과 비슷합니다.

01_ '전년판매실적.xlsx'와 '올해판매실적.xlsx' 파일을 함께 엽니다. '올해판매실적.xlsx' 파일에서 [2사분기] 시트 탭을 클릭합니다. [G5] 셀에 『=F5-』를 입력한 다음 [보기] 탭-[창] 그룹에서 [창 전환]을 클릭하고 '전년판매실적.xlsx'를 선택합니다.

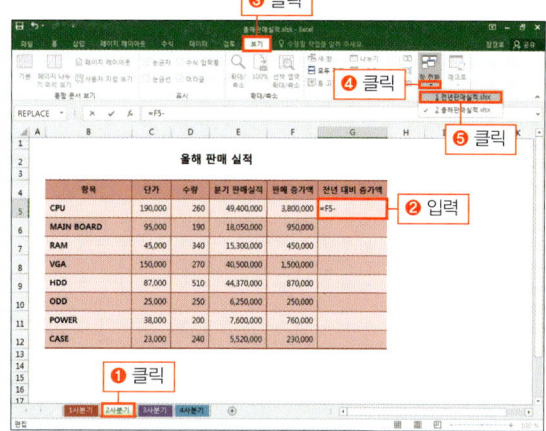

02_ '전년판매실적.xlsx' 파일이 나타나면 [2사분기] 시트 탭을 클릭하고 [F5] 셀을 선택한 다음 **Enter** 를 누릅니다.

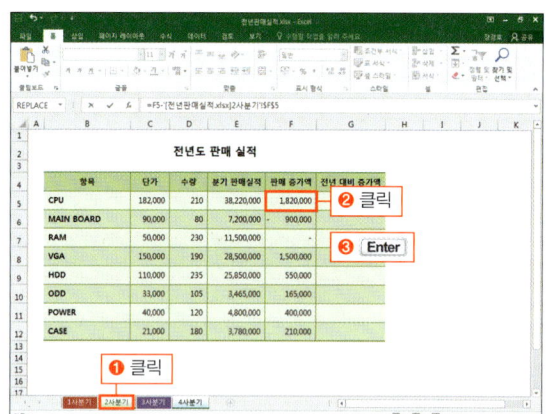

03_ 다른 파일의 셀을 참조하면 기본적으로 절대 참조 형식으로 참조됩니다. 다른 셀에도 해당 셀 주소를 참조해야 하므로 절대 참조를 상대 참조로 변경하겠습니다. [G5] 셀을 선택하고 수식 입력줄의 '$F$5'을 선택한 후 **F4** 를 3번 눌러 상대 참조로 수정하여 'F5'로 변경된 것을 확인합니다. **Enter** 를 누릅니다.

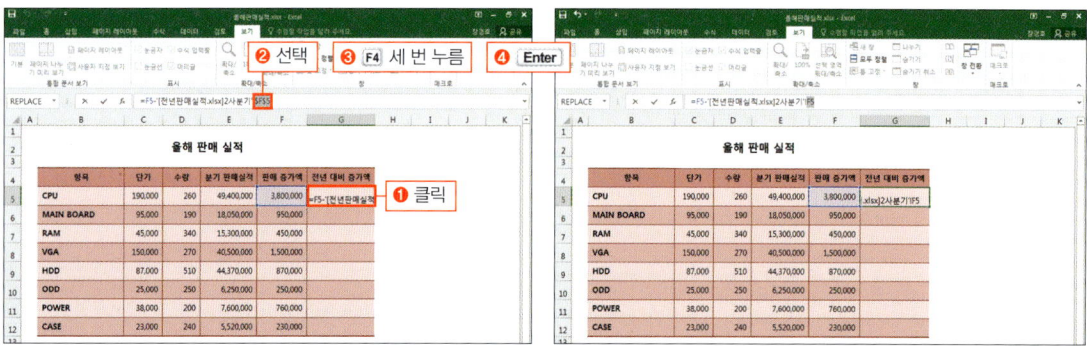

수식 입력줄의 수식이 '=F5-[판매실적_2013년.xlsx]2사분기'!F5'로 변경되었는지 확인합니다. 수식 입력줄에서 표시되는 대괄호([ ])는 다른 파일의 셀을 참조했다는 것을 알려줍니다.

04_ [G5] 셀을 선택한 다음 채우기 핸들(⊞)을 [G12] 셀까지 드래그합니다. [자동 채우기 옵션](⊞)을 클릭하여 [서식 없이 채우기]를 선택합니다.

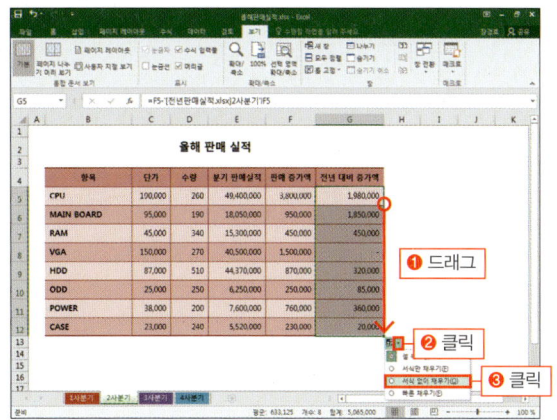

다른 통합 문서의 셀 범위에 대한 외부 참조 만들기

외부 파일의 셀을 참조하는 것을 외부 참조라고 합니다. 외부 참조는 셀 참조와 비슷하지만 다른 여러 통합 문서에 분산되어 있는 많은 양의 데이터를 병합하고 원본이 변경되면 외부 참조도 함께 변경되므로 편리하게 문서를 통합 관리할 수 있습니다.

참조할 엑셀 파일이 열려 있으면 외부 참조에는 대괄호([ ])로 묶은 통합 문서 이름, 느낌표(!)와 함께 워크시트 이름, 그리고 참조하는 셀이 순서대로 나타납니다.

=F5-[판매실적.xlsx]2사분기'!F5

원본이 열려 있지 않아도 외부 참조를 표현할 수 있는데 이때에는 외부 참조의 전체 경로가 나타납니다.

=F5-'C:\해당파일경로\[판매실적.xlsx]2사분기'!F5

셀 주소를 이름으로 정의하기

:: **준비파일** Part01₩Chapter03₩Section01₩수출입집계.xlsx | **완성파일** Part01₩Chapter03₩Section01₩수출입집계_완성.xlsx

수식을 입력할 때 셀 주소를 입력하기보다 이름을 정의하여 입력하면 어느 부분이 참조되는지 바로 알 수 있습니다. 이름을 정의할 때 첫 글자는 반드시 한글이나 영문 등의 문자로 시작해야 하며, 특수문자나 띄어쓰기를 사용할 수 없습니다.

01_ [D18] 셀을 선택하고 [D21] 셀까지 드래그하여 선택한 후 [이름 상자]에 『수출액』이라고 입력합니다. 그리고 Enter 를 누릅니다.

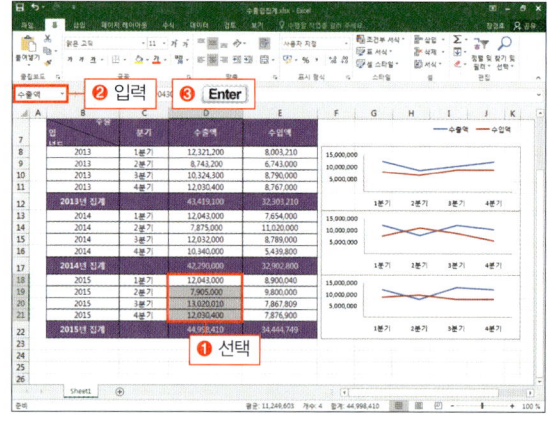

02_ 이번에는 떨어져 있는 셀들을 하나의 이름으로 정의하겠습니다. [D12] 셀을 선택한 다음 Ctrl 을 누른 상태에서 [D17] 셀과 [D22] 셀을 선택합니다. [수식] 탭-[정의된 이름] 그룹에서 [이름 정의]를 클릭합니다. [새 이름] 대화상자가 나타나면 [이름]에 『전체수출액』이라고 입력한 다음 [확인]을 클릭합니다.

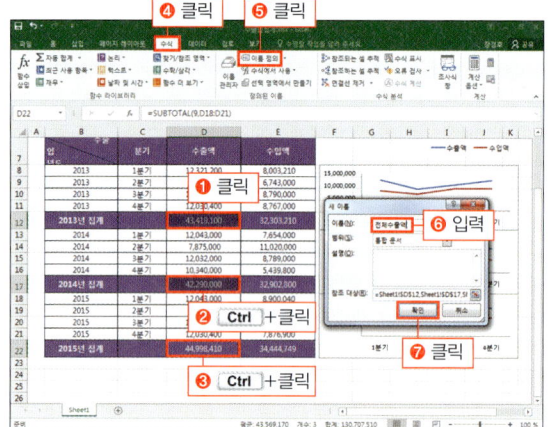

정의한 이름으로 수식 계산하기

∷ 준비파일 Part01₩Chapter03₩Section01₩수출입집계(2).xlsx | 완성파일 Part01₩Chapter03₩Section01₩수출입집계(2)_완성.xlsx

이름을 정의했다면 이번에는 정의한 이름으로 수식을 계산해 보겠습니다. 정의한 이름으로 수식을 작성하면 절대 참조 형식으로 수식이 계산됩니다.

01_ 정의한 이름으로 수식을 계산해 보겠습니다. [E4] 셀을 선택하고 수식 입력줄에 『=SUM(수출액)』이라고 입력한 후 Enter를 누릅니다.

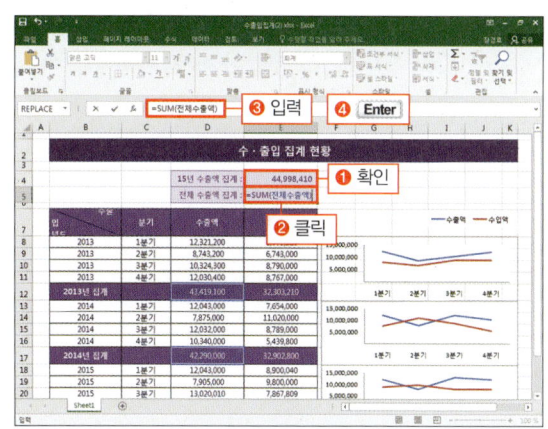

> **TIP**
> '수출액'이라는 이름을 정의하지 않았을 경우 '=SUM(D18:D21)'과 같이 셀 범위를 지정해야 합니다.

02_ 2015년도 수출액이 집계됩니다. 이번에는 전체 수출액을 집계하기 위해 [E5] 셀을 선택하고 『=SUM(전체수출액)』을 입력한 후 Enter를 누릅니다.

꼭!! 알고가기 | 정의한 이름 목록 확인하기

정의한 이름을 간단히 확인하고 싶다면 [이름 상자]의 화살표를 클릭합니다. [이름 상자]의 화살표를 클릭하면 정의한 이름 목록을 확인할 수 있습니다.

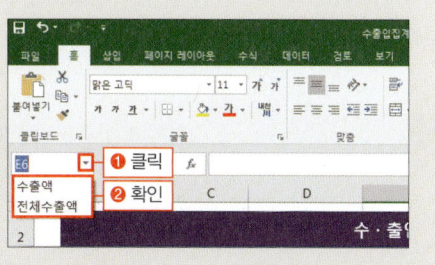

구조적 참조를 이용하여 한 번에 계산하기

:: 준비파일 Part01₩Chapter03₩Section01₩봉사표.xlsx | **완성파일** Part01₩Chapter03₩Section01₩봉사표_완성.xlsx

'구조적 참조'란 표의 이름과 표의 열 머리글 등을 활용하여 수식을 작성하는 것으로 합계나 평균 등의 수식을 쉽게 작성할 수 있습니다.

01_ 데이터 범위를 표로 지정하기 위해 임의의 셀을 선택하고 [삽입] 탭-[표] 그룹에서 [표]를 클릭합니다. [표 만들기] 대화상자가 나타나면 [머리글 포함]에 체크가 되어 있는지 확인한 후 [확인]을 클릭합니다.

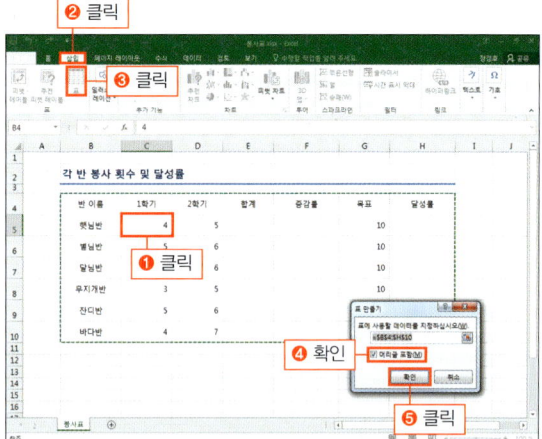

> **TIP**
> [머리글 포함]에 체크를 할 경우 첫째 행을 제목 행으로 인식하게 됩니다. 체크를 하지 않을 경우 열1, 열2, 열3과 같은 제목 행이 자동으로 삽입됩니다.

02_ 표가 만들어지면 구조적 참조 표현식을 작성해 보겠습니다. [E5] 셀을 선택한 다음 『=』을 입력합니다. 그리고 [C5] 셀을 선택한 후 『+』를 입력합니다. 다시 [D5] 셀을 선택하고 Enter 를 누릅니다.

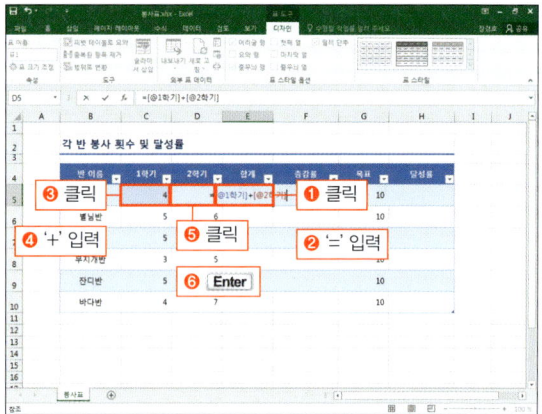

03_ 상반기 성과가 자동으로 계산됩니다. 이번에는 표의 구성 요소를 이용하여 구조적 참조를 표현해 보겠습니다. [H5] 셀을 선택한 다음 『=[』를 입력합니다. 자동으로 열 머리글 목록이 나타납니다. '합계'를 선택하고 Tab 을 누르거나 더블클릭합니다.

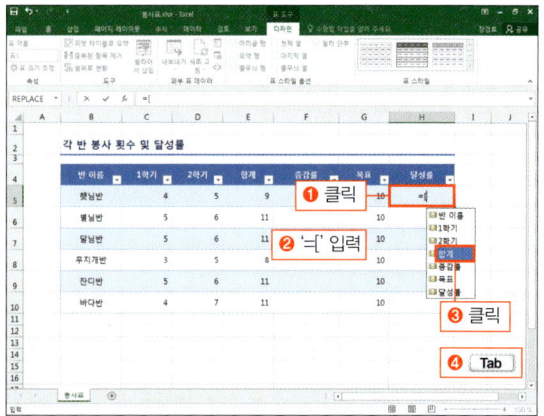

04_ 이어서 『]/[』를 입력한 다음 나타나는 열 머리글 목록에서 '목표'를 선택하고 [Tab]을 누르거나 더블클릭합니다.

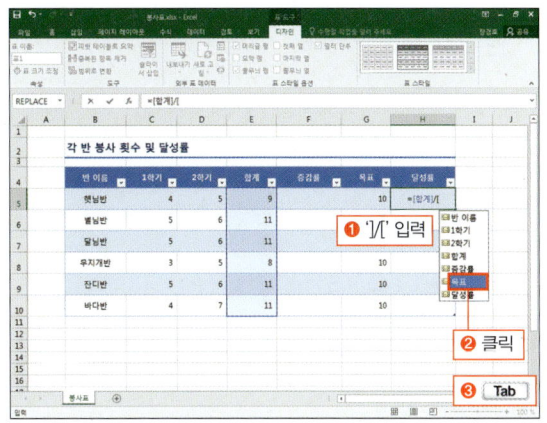

05_ 『]』을 입력한 다음 [Enter]를 누릅니다.

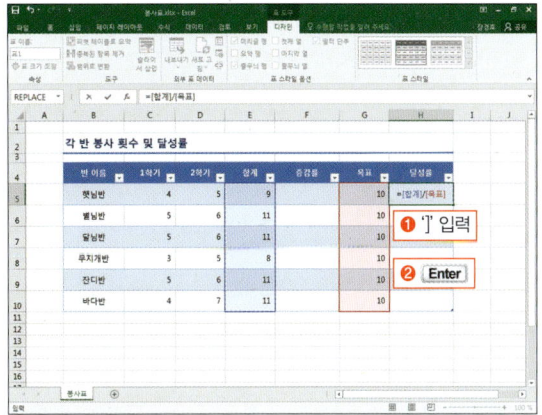

06_ 상반기 성과 달성률이 자동으로 계산되어 표현됩니다.

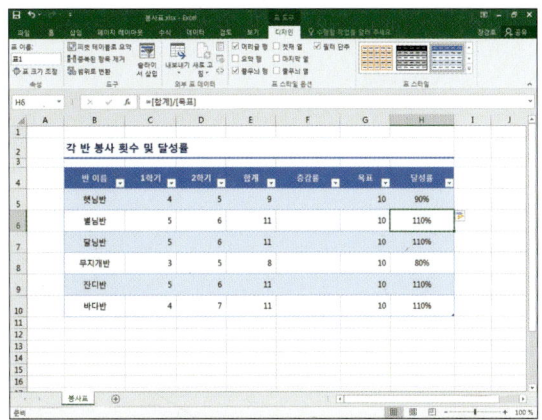

TIP

표의 일부 또는, 전체를 참조하는 수식을 사용할 때 구조적 참조를 사용하면 간편하게 작업할 수 있습니다. 특히 표의 데이터 범위가 자주 변경되고 표에서 행과 열을 추가 및 삭제할 때나 외부 데이터를 새로 고칠 때 수식을 다시 작성할 필요가 없어 편리합니다.

표 서식에 요약 행 설정하기

:: **준비파일** Part01₩Chapter03₩Section01₩봉사표(2).xlsx | **완성파일** Part01₩Chapter03₩Section01₩봉사표(2)_완성.xlsx

요약 행을 추가하면 별도로 합계나 평균 등의 수식을 지정하지 않아도 평균, 최대값, 최소값, 합계 등 표의 요약한 결과값을 표시할 수 있습니다.

01_ 먼저 행을 하나 추가해 보겠습니다. [B11] 셀을 선택하고 『하늘반』을 입력한 후 Tab 을 누릅니다. 자동으로 표가 확장되면서 행이 추가됩니다.

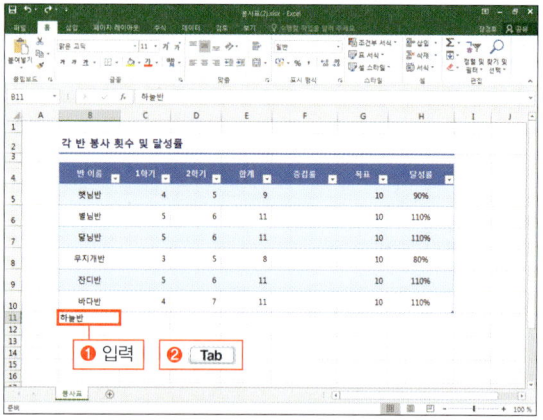

02_ 행 높이를 적절하게 조절한 후 셀 내용을 입력합니다.

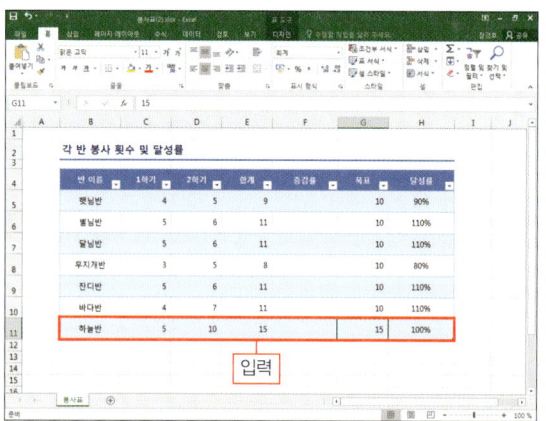

03_ 요약 행을 설정하기 위해 표 안에 임의의 셀을 선택하고 [표 도구]-[디자인] 탭-[표 스타일 옵션] 그룹에서 [요약 행]을 클릭하여 체크합니다. 요약 행이 표의 맨 끝에 삽입됩니다.

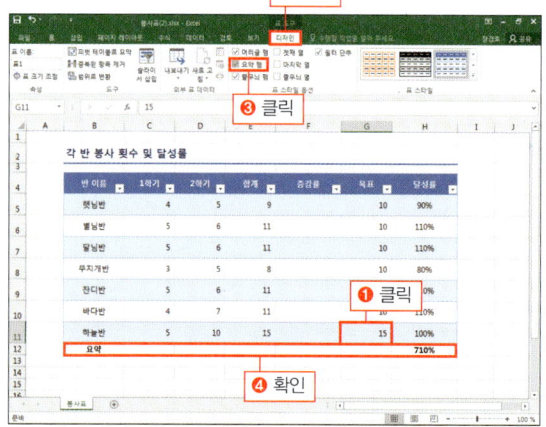

04_ 행 높이를 적절하게 조절한 후 [C12] 셀의 화살표를 클릭하고 [평균]을 선택합니다.

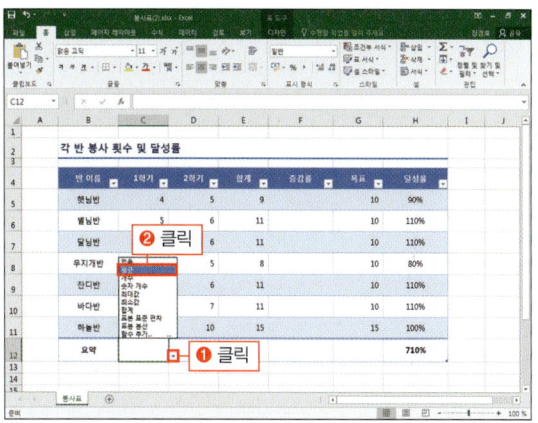

05_ 나머지 요약 행에도 [평균]이나 [합계] 등을 선택해 요약 행을 완성합니다.

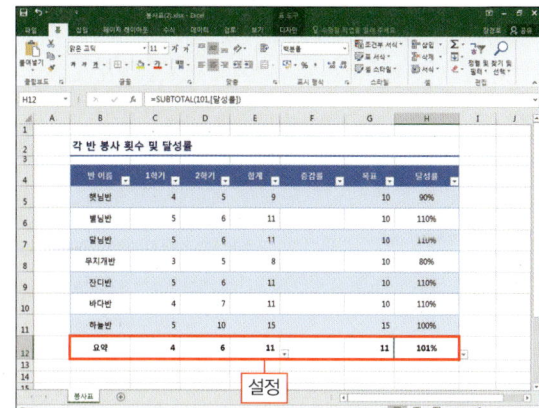

> **TIP**
> 표 서식에 [요약 행]을 추가하면 현재 표에서 해당하는
> 수식을 자동으로 계산하여 표시해 줍니다.

> **TIP**
> 요약 행을 선택하면 나타나는 화살표를 클릭한 후 [함수 추가]를 선택하면 평균이나 합계 등 목록으로 나타나는 함수 이외
> 에도 다양한 함수를 사용할 수 있습니다.

자동 합계를 이용하여 수식 계산하기

:: 준비파일 Part01₩Chapter03₩Section01₩거래처판매.xlsx | 완성파일 Part01₩Chapter03₩Section01₩거래처판매_완성.xlsx

[수식] 탭-[함수 라이브러리] 그룹에서 [자동 합계]를 클릭하거나, [홈] 탭의 [합계]를 클릭하여 합계, 평균, 숫자 개수, 최대값, 최소값 등의 함수식을 삽입할 수 있습니다.

01_ 합계를 구하기 위해 [B11] 셀을 선택하고 [홈] 탭-[편집] 그룹에서 [자동 합계]-[합계]를 클릭합니다.

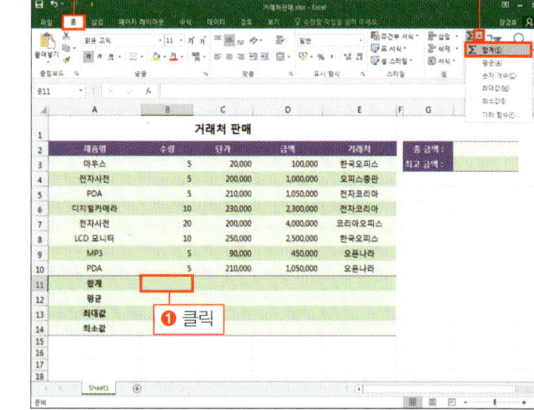

> **TIP**
> - 합계 : 선택한 셀 범위의 합계를 계산합니다.
> - 평균 : 선택한 셀 범위의 평균을 계산합니다.
> - 숫자 개수 : 선택한 셀 범위의 개수를 계산합니다.
> - 최대값 : 선택한 셀 범위 중 최대값을 구합니다.
> - 최소값 : 선택한 셀 범위 중 최소값을 구합니다.

02_ 자동으로 '=SUM(B3:B10)'가 입력되면서 합계가 구해집니다. Enter 를 누른 후 채우기 핸들(┤)을 [D11] 셀까지 드래그합니다.

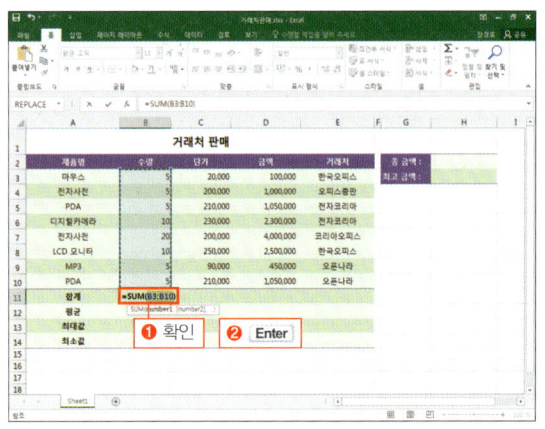 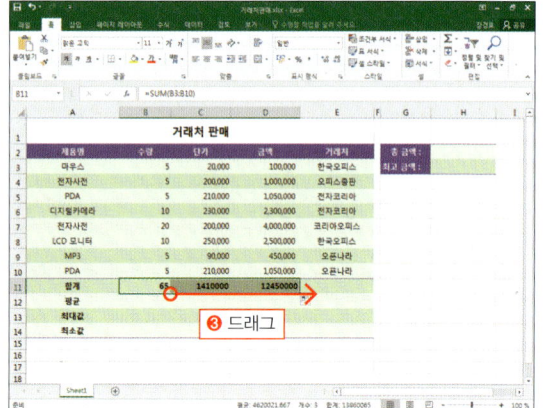

03_ 이번에는 [B12] 셀을 선택하고 [홈] 탭-[편집] 그룹에서 [자동 합계]-[평균]을 클릭합니다.

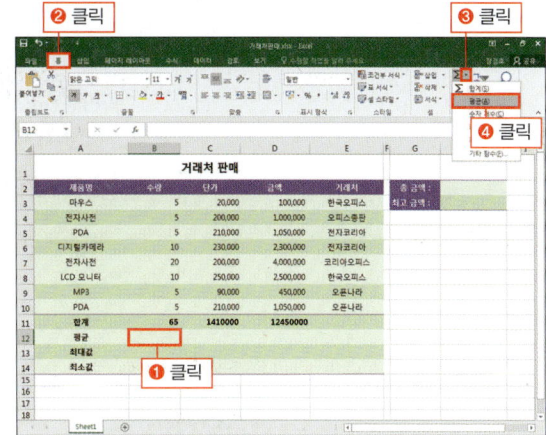

TIP

평균이나 최대값, 최소값 역시 [홈] 탭-[편집] 그룹에서 [합계] 화살표를 클릭하여 구할 수 있습니다.

04_ 자동으로 '=AVERAGE(B3:B11)'가 입력되면서 평균이 구해집니다. 자동 합계의 경우 인접한 범위가 자동으로 선택되기에 이러한 경우 셀 범위를 다시 지정해야 합니다. 셀 범위로 [B3:B10] 영역을 다시 드래그하고 **Enter** 를 누릅니다.

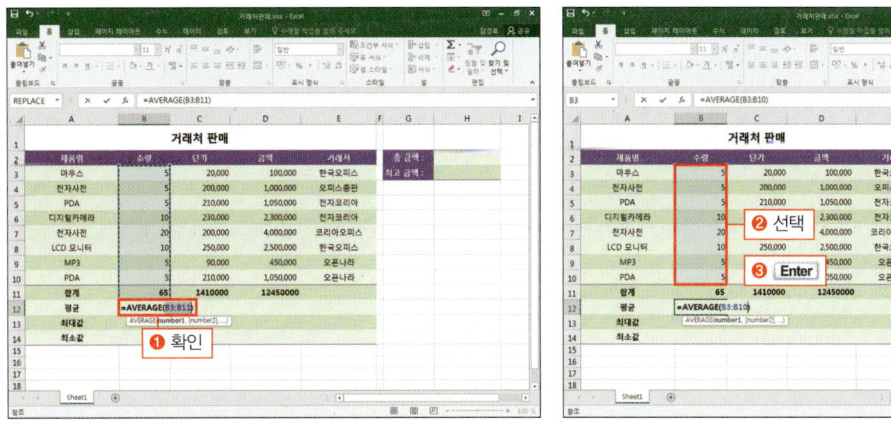

05_ 채우기 핸들(⊞)을 [D12] 셀까지 드래그합니다. 최대값과 최소값도 동일한 방법으로 구해 봅니다.

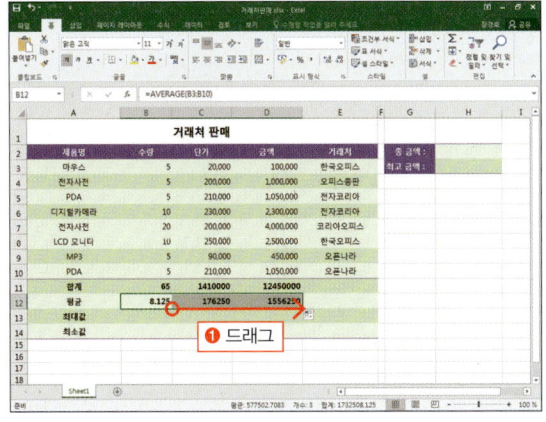 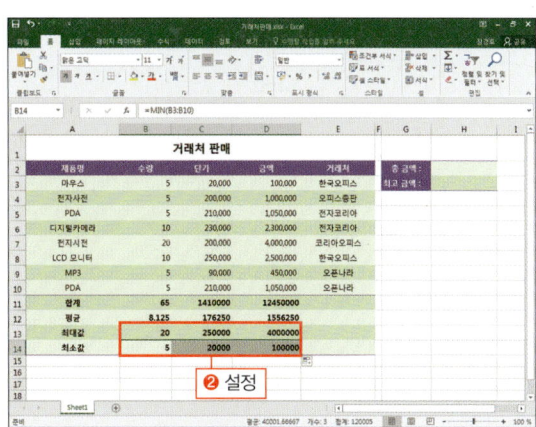

함수 라이브러리에서 함수 시작하기

∷ 준비파일 Part01₩Chapter03₩Section01₩거래처판매(2).xlsx | **완성파일** Part01₩Chapter03₩Section01₩거래처판매(2)_완성.xlsx

[수식] 탭─[함수 라이브러리] 그룹의 명령 단추를 통해 함수식을 삽입할 수 있습니다. 각각의 범주마다 사용하는 함수가 다르기 때문에 함수 라이브러리를 활용하면 보다 손쉽게 함수를 사용할 수 있습니다.

01_ 함수 라이브러리를 이용하여 총 금액을 구하기 위해 [H2] 셀을 선택하고 [수식] 탭─[함수 라이브러리] 그룹에서 [수학/삼각]─[SUM]을 클릭합니다.

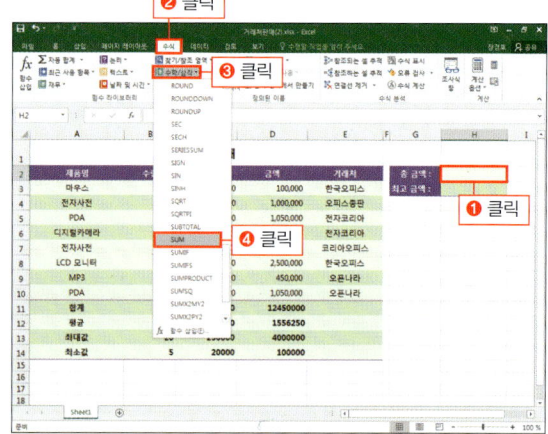

02_ [함수 인수] 대화상자가 나타납니다. [Number1]에 『D3:D10』을 입력하고 [확인]을 클릭합니다.

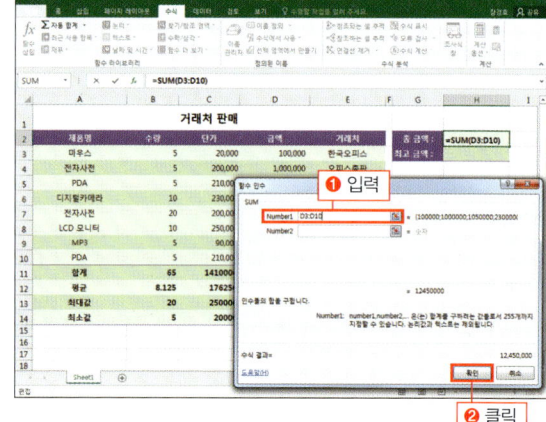

> **TIP**
>
> [함수 인수] 대화상자에는 수식 결과를 포함해 함수 인수에 대한 설명이 표시되어 쉽게 함수의 유형과 사용 방법을 확인할 수 있습니다.

함수 마법사를 통해 함수 검색하기

:: **준비파일** Part01₩Chapter03₩Section01₩거래처판매(3).xlsx | **완성파일** Part01₩Chapter03₩Section01₩거래처판매(3)_완성.xlsx

함수 마법사를 활용하면 함수명을 정확히 알지 못해도 함수를 쉽게 검색하여 활용할 수 있습니다.

01_ 최고 금액을 계산해 보겠습니다. [H3] 셀을 선택하고 [함수 삽입](f_x)을 클릭하면 [함수 마법사] 대화상자가 나타납니다. [함수 검색]에 『최대값』을 입력한 후 [검색]을 클릭합니다.

> **TIP**
> 'MAX'라는 함수명을 정확히 알지 못해도 '최대값'이라는 단어를 통해 'MAX' 함수를 선택할 수 있습니다.

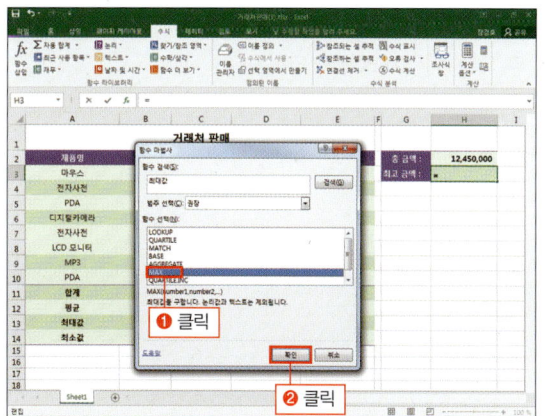

02_ '최대값'과 관련된 함수 목록이 나타납니다. 함수 목록 하나에 함수 설명을 통해 원하는 함수를 유추할 수 있습니다. 여기서는 'MAX'를 선택하고 [확인]을 클릭합니다.

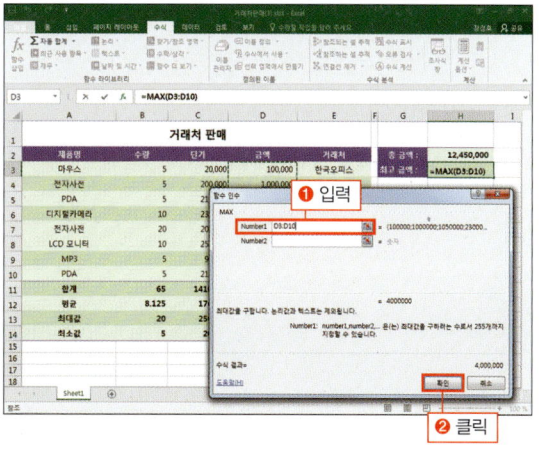

03_ [함수 인수] 대화상자가 나타나면 [Number1]에 『D3:D10』을 입력하고 [확인]을 클릭합니다.

🐭 체크해 봐요

1 지점별 공급액 통계를 자동 합계 기능을 이용하여 간단하게 합계해 보세요.

◎ 준비파일 : Part01₩Chapter03₩Check₩지점별공급액.xlsx

◎ 완성파일 : Part01₩Chapter03₩Check₩지점별공급액_완성.xlsx

 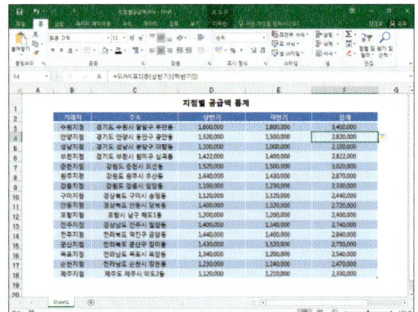

힌트

❶ [F3] 셀을 선택한 후 [홈] 탭-[편집] 그룹에서 [합계]를 클릭합니다.

---

2 요약 행을 추가하면 평균이나 최대값, 최소값, 합계 등을 표시할 수 있습니다. 여기서는 표의 마지막 행에 요약 행을 추가해 봅니다.

◎ 준비파일 : Part01₩Chapter03₩Check₩성적평가표.xlsx　　◎ 완성파일 : Part01₩Chapter03₩Check₩성적평가표_완성.xlsx

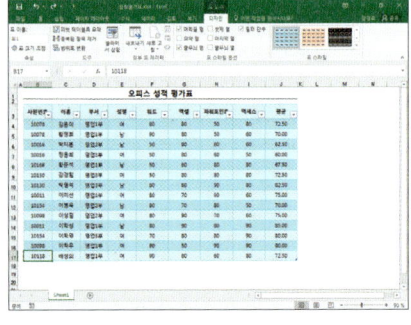 

힌트

❶ [표 도구]-[디자인] 탭-[표 스타일 옵션] 그룹에서 [요약 행]에 체크합니다.

기초 함수 익히기

엑셀 2016에서 제공하는 함수를 이용하면 아무리 복잡하고 어려운 수식도 한 번에 빠르고 편리하게 처리할 수 있습니다. 함수에는 논리 함수, 통계 함수, 텍스트 함수, 날짜/시간 함수 등 범주별로 다양한 함수가 존재하는데 여기서는 함수의 기본 형식을 비롯해 가장 기본이 되는 기초 함수를 익혀보겠습니다.

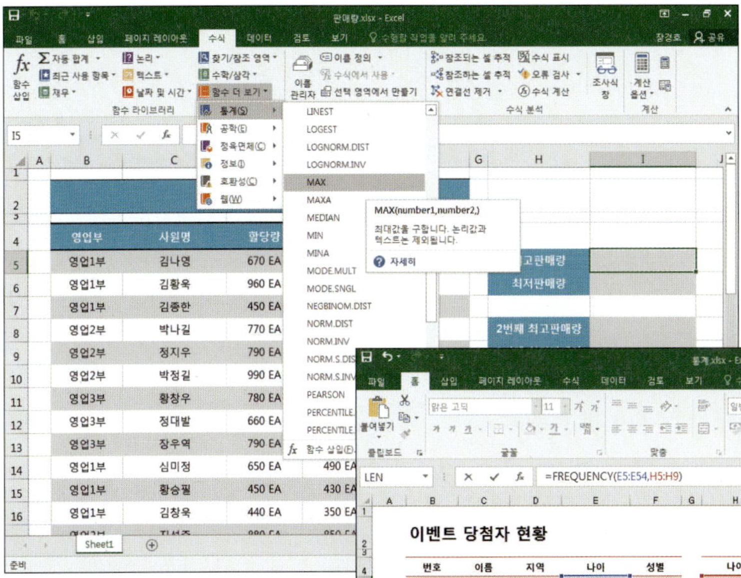

▲ MAX, MIN 함수로
   최고, 최저 판매량 구하기

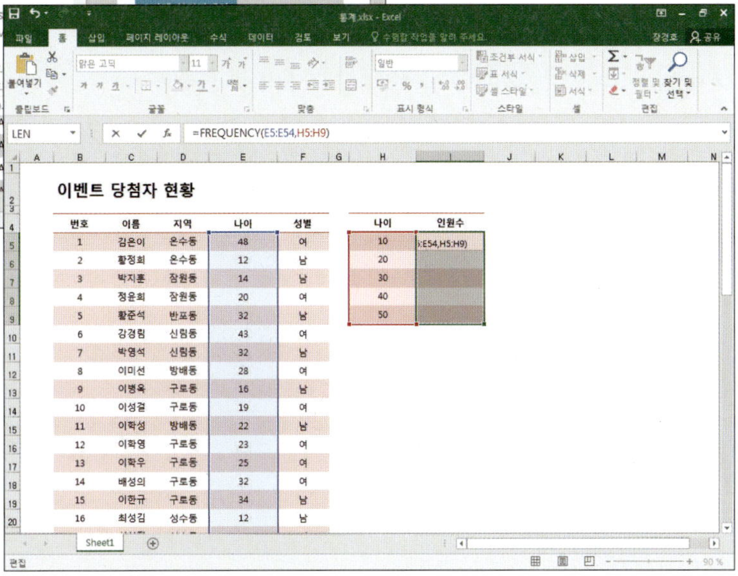

FREQUENCY 함수로 빈도수 구하기 ▶

이번 섹션에서 배울 주요 내용

- 함수의 기본 형식과 구성 요소
- MAX, MIN 함수로 최고, 최저 판매량 구하기
- LARGE, SMALL 함수로 두 번째 최고, 최저점 구하기
- ROUND, ROUNDUP, ROUNDDOWN 함수로 자릿수 조절하기

- INT 함수로 부가세 구하기
- LEN 함수로 문자 개수 알아보기
- FREQUENCY 함수로 빈도수 구하기
- REPLACE 함수로 주민등록번호 뒷자리 감추기

함수의 기본 형식과 구성 요소

아무리 복잡한 데이터라 하더라도 쉽고, 효율적으로 처리할 수 있는 것이 바로 엑셀의 함수 기능입니다. 엑셀에서 제공하는 함수를 이용하면 복잡한 데이터도 쉽게 풀어낼 수 있습니다.

함수의 기본 형식

함수란 반복적이고 복잡한 계산을 정해진 수식에 따라 풀 수 있도록 만들어진 기능입니다. 셀의 양이 많아지거나 사칙연산 외에 복잡한 계산의 경우 함수를 이용하면 쉽고 편리하게 작업을 수행할 수가 있습니다.

예를 들어 대학교 중간고사 3과목의 평균 점수를 구하기 위해서는 A과목, B과목, C과목 점수를 합산하여 평균을 구해야 합니다. 이때, 평균을 구하는 AVERAGE 함수를 이용하면 간편하게 계산을 할 수 있습니다. 즉 '=AVERAGE(A1:C1)' 또는, '=AVERAGE(A1, B1, C1)'로 나타낼 수 있습니다.

❶ **등호(=)** : 수식을 입력할 때와 마찬가지로 함수를 입력할 때에도 함수 왼쪽 앞에 등호를 입력합니다.
❷ **함수명** : 엑셀에서 제공하는 함수명을 입력합니다. 함수명에 따라 사용하는 함수식이 달라집니다.
❸ **괄호** : 사용된 함수의 인수를 괄호를 통해서 묶어주게 됩니다.
❹ **인수** : 함수 계산에 필요한 데이터로 함수에 따라 달라집니다.
❺ **콤마(,)** : 함수에서 인수와 인수를 구분할 때 사용하는 기호입니다.

수식의 오류

엑셀에서 함수를 작성하다 보면 가끔 의도와는 다르게 '#DIV/0!, #N/A, #NAME?, #NULL!, #NUM!, #REF!, #VALUE!'와 같이 알 수 없는 오류 메시지가 나타나는 경우가 있습니다. 엑셀이 표시하는 오류 메시지를 잘 파악하면 쉽게 수식을 수정할 수가 있습니다.

오류	설명
#####	열 너비가 좁아 셀의 일부 문자를 표시할 수 없거나 셀에 음수로 된 날짜 또는, 시간 값이 포함된 경우 이 오류가 나타납니다.
#DIV/0!	값이 포함되지 않은 셀이나 어떤 값을 '0'으로 나눌 때 이 오류가 나타납니다.
#N/A	사용할 수 없는 함수나 수식에 값을 참조했을 때 이 오류가 나타납니다.
#NAME?	수식의 텍스트를 인식할 수 없는 경우 이 오류가 나타납니다. 즉, 범위 이름이나 함수 이름을 잘못 입력한 경우에 나타납니다.
#NULL!	존재하지 않는 값을 사용했을 때 이 오류가 나타납니다.
#NUM!	수식이나 함수에 잘못된 숫자 값이 포함되어 있을 경우 이 오류가 나타납니다.
#REF!	셀 참조가 유효하지 않으면 이 오류가 나타납니다. 즉, 수식에 참조된 셀이 없어졌을 때 나타납니다.
#VALUE!	수식에 여러 데이터 형식이 포함된 셀이 있는 경우 이 오류가 표시될 수 있습니다. 즉, 값이 잘못되었을 때 나타납니다.

MAX, MIN 함수로 최고, 최저 판매량 구하기

:: 준비파일 Part01₩Chapter03₩Section02₩판매량.xlsx | **완성파일** Part01₩Chapter03₩Section02₩판매량_완성.xlsx

데이터 값 중에서 최고 판매량이나 최저 판매량을 구하기 위해서는 MAX 함수와 MIN 함수를 이용합니다.

MAX 함수 : MAX(number1, number2, …)

설명	인수 중에서 최대값을 구합니다.
인수	number1, number2, … : 최대값을 구할 숫자로, 1개에서 255개까지 지정할 수 있습니다.

MIN 함수 : MIN(number1, number2, …)

설명	인수 중에서 최소값을 구합니다.
인수	number1, number2, … : 최소값을 구할 숫자로, 1개에서 255개까지 지정할 수 있습니다.

01_ 최고 판매량을 구하기 위해 [I5] 셀을 선택합니다. [수식] 탭-[함수 라이브러리] 그룹에서 [함수 더 보기]-[통계]-[MAX]를 클릭합니다. [함수 인수] 대화상자가 나타나면 [Number1]에 『E5:E44』를 입력하고 [확인]을 클릭합니다.

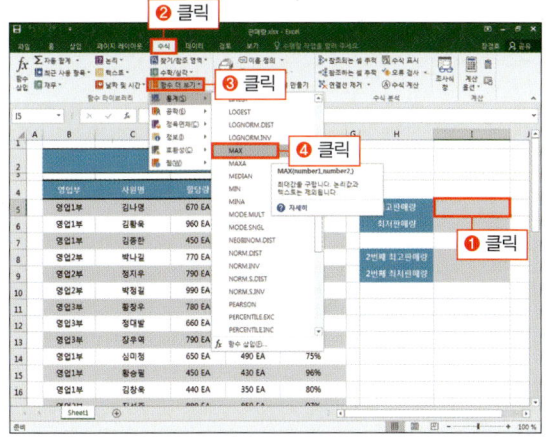

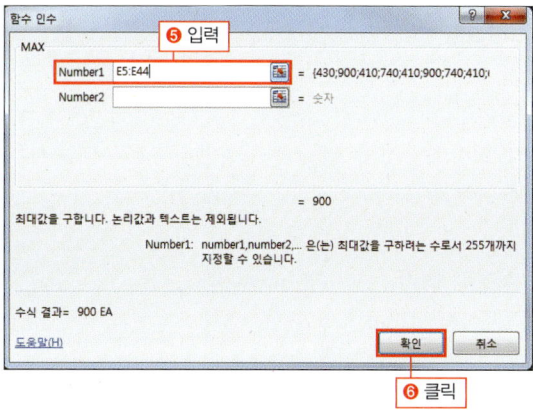

02_ 이번에는 최저 판매량을 구하기 위해 [I6] 셀을 선택합니다. [수식] 탭-[함수 라이브러리] 그룹에서 [함수 더 보기]-[통계]-[MIN]을 클릭합니다. [함수 인수] 대화상자가 나타나면 [Number1]에 『E5:E44』를 입력하고 [확인]을 클릭합니다.

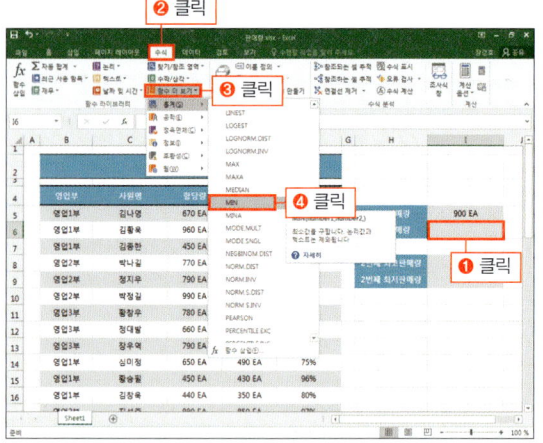
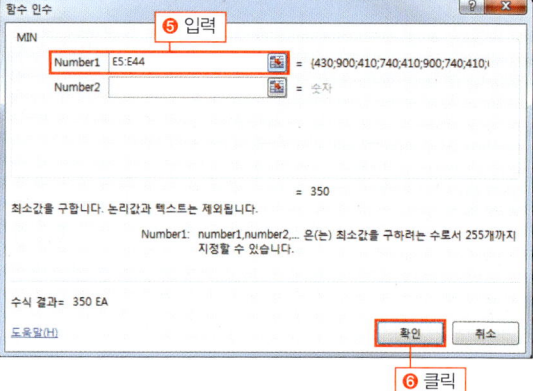

[I6] 셀에 들어가는 완성 수식 : =MIN(E5:E44)

LARGE, SMALL 함수로 두 번째 최고, 최저점 구하기

∷ **준비파일** Part01₩Chapter03₩Section02₩판매량(2).xlsx | **완성파일** Part01₩Chapter03₩Section02₩판매량(2)_완성.xlsx

최고 판매량이나 최저 판매량을 구하기 위해서는 MAX 함수와 MIN 함수를 이용하지만 K번째로 큰 판매량이나 K번째로 작은 판매량을 구하기 위해서는 LARGE 함수와 SMALL 함수를 이용합니다.

LARGE 함수 : LARGE(array,k)

설명	인수 중에서 k번째로 큰 값을 구합니다.
인수	array : 필수 요소로써 k번째로 큰 값을 확인할 셀 범위를 입력합니다. k : 필수 요소로써 몇 번째로 큰 값을 구할지 입력합니다.

SMALL 함수 : SMALL(array,k)

설명	인수 중에서 k번째로 작은 값을 구합니다.
인수	array : 필수 요소로써 k번째로 작은 값을 확인할 셀 범위를 입력합니다. k : 필수 요소로써 몇 번째로 작은 값을 구할지 입력합니다.

01_ [I8] 셀을 선택하고 [수식] 탭─[함수 라이브러리] 그룹에서 [함수 더 보기]─[통계]─[LARGE]를 클릭합니다.

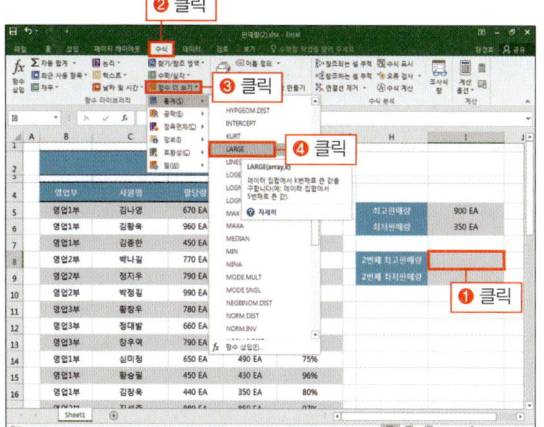

02_ [함수 인수] 대화상자가 나타나면 [Array]에 『E5:E44』, [K]에 『2』를 각각 입력합니다.

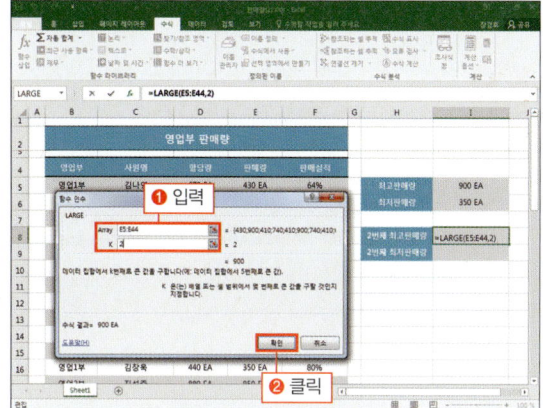

TIP

[K]에 『2』를 입력하면 두 번째로 큰 값을 구할 수 있습니다.

03_ [I9] 셀을 선택하고 [수식] 탭─[함수 라이브러리] 그룹에서 [함수 더 보기]─[통계]─[SMALL]을 클릭합니다.

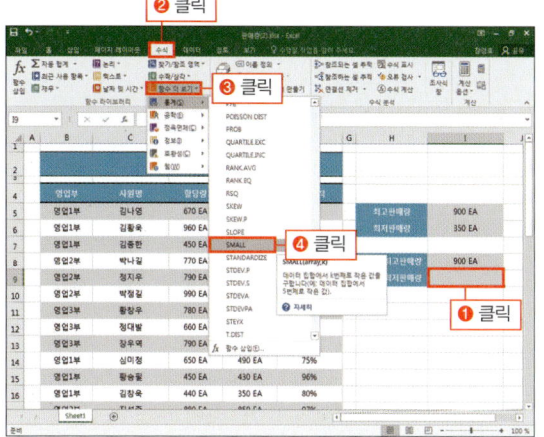

04_ [함수 인수] 대화상자가 나타나면 [Array]에 『E5:E44』, [K]에 『2』를 각각 입력합니다.

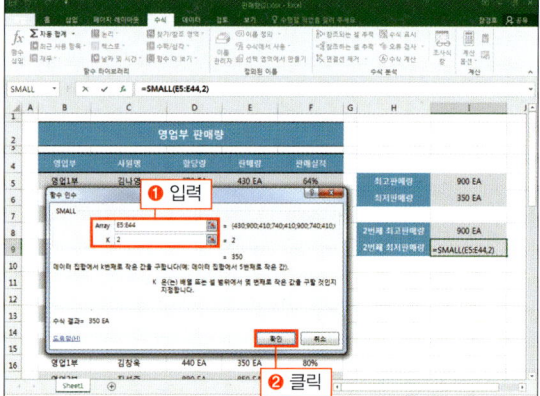

[K]에 『2』를 입력하면 두 번째로 작은 값을 구할 수 있습니다.

꼭!! 알고가기

MEDIAN 함수로 중간 점수 알아보기

MAX 함수와 MIN 함수로 최대값과 최소값을 구하고, LARGE 함수와 SMALL 함수로 상위 K번째와 하위 K번째 점수를 구했다면, MEDIAN 함수를 이용하여 중간값을 구할 수 있습니다.

함수 구문	=MEDIAN(number1, number2, ...)
인수	number : 중간값을 구하려는 셀 범위 또는, 값을 입력합니다.

예를 들어, '=MEDIAN(1,2,3,4,5)'라고 입력되어 있다면 1~5의 중간값인 '3'을 구합니다.

ROUND, ROUNDUP, ROUNDDOWN 함수로 자릿수 조절하기

:: **준비파일** Part01₩Chapter03₩Section02₩반올림.xlsx | **완성파일** Part01₩Chapter03₩Section02₩반올림_완성.xlsx

셀에 입력된 데이터를 반올림을 할 때에는 ROUND, 올림을 할 때에는 ROUNDUP, 내림을 할 때에는 ROUNDDOWN 함수를 사용합니다.

ROUND 함수 : ROUND(number, num_digits)

설명	숫자를 지정한 자릿수로 반올림합니다.
인수	number : 반올림할 숫자입니다. num_digits : 반올림할 자릿수입니다.

ROUNDUP 함수 : ROUNDUP(number, num_digits)

설명	숫자를 지정한 자릿수로 올림합니다.
인수	**number** : 올림할 숫자입니다. **num_digits** : 올림할 자릿수입니다.

ROUNDDOWN 함수 : ROUNDDOWN(number, num_digits)

설명	숫자를 지정한 자릿수로 내림합니다.
인수	**number** : 내림할 숫자입니다. **num_digits** : 내림할 자릿수입니다.

01_ 자릿수를 반올림하기 위해 [I3] 셀을 선택합니다. [수식] 탭–[함수 라이브러리] 그룹에서 [수학/삼각]–[ROUND]를 클릭합니다.

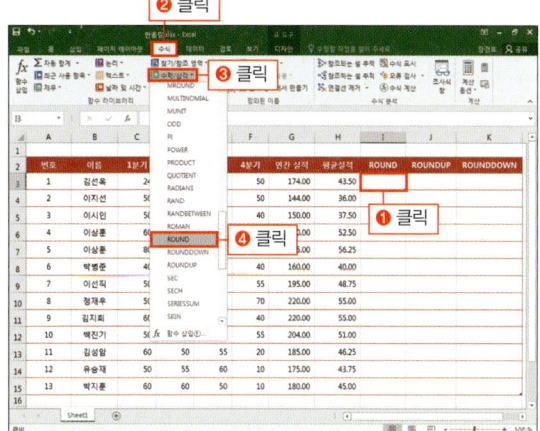

02_ [함수 인수] 대화상자가 나타나면 [Number]에 『H3』을 입력하고, [Num_digits]에 『0』을 입력한 후 [확인]을 클릭합니다.

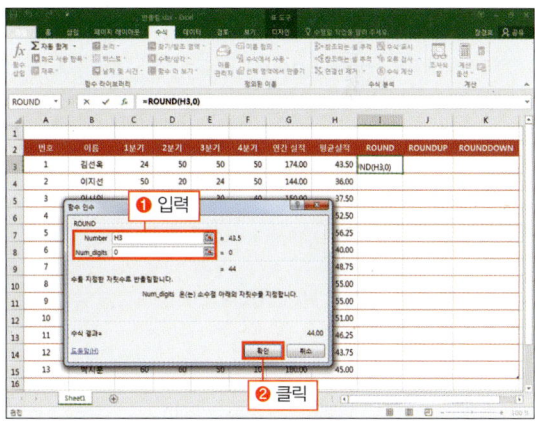

03_ 이번에는 자릿수를 올림하기 위해 [J3] 셀을 선택
합니다. [수식] 탭-[함수 라이브러리] 그룹에서 [수학/삼
각]-[ROUNDUP]을 클릭합니다.

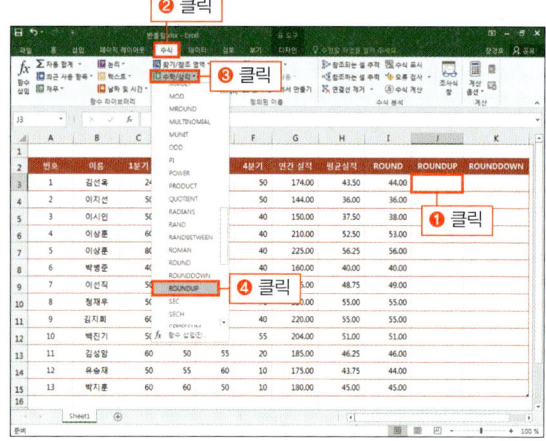

04_ [함수 인수] 대화상자가 나타나면 [Number]에 『H3』
을 입력하고, [Num_digits]에 『0』을 입력한 후 [확인]을 클
릭합니다.

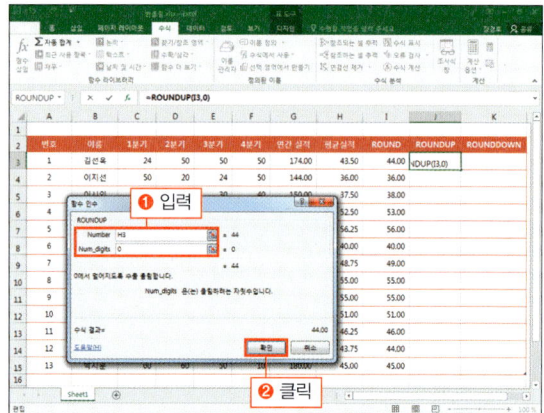

05_ 마지막으로 자릿수를 내림하기 위해 [K3] 셀을 선택합니다. [수식] 탭-[함수 라이브러리] 그룹에서 [수학/삼각]-
[ROUNDDOWN]을 클릭합니다. [함수 인수] 대화상자가 나타나면 [Number]에 『H3』, [Num_digits]에 『0』을 각각 입력한
후 [확인]을 클릭합니다.

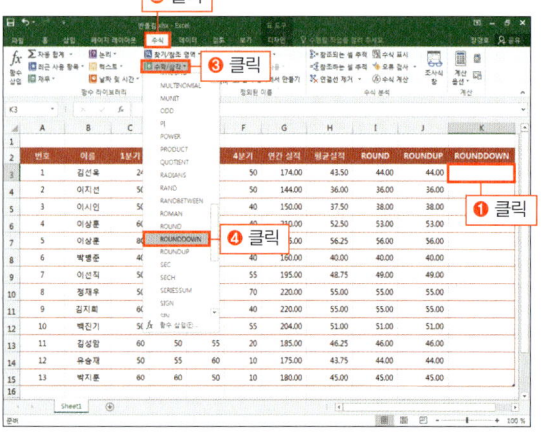
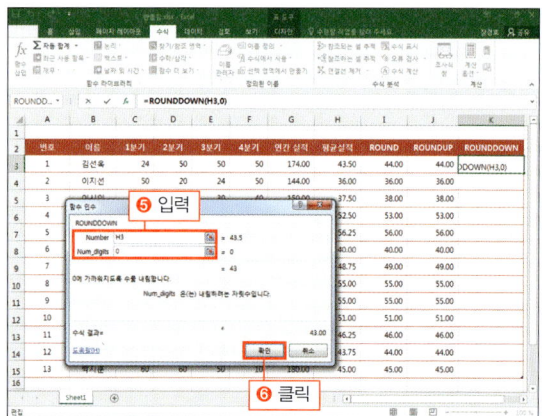

INT 함수로 부가세 구하기

:: **준비파일** Part01₩Chapter03₩Section02₩세금계산서.xlsx | **완성파일** Part01₩Chapter03₩Section02₩세금계산서_완성.xlsx

INT 함수는 숫자의 소수 부분 값을 기준으로 하여 숫자를 가장 가까운 정수로 내림합니다. 예를 들어, '=INT(-4.3)'의 경우 '-5'가 더 하위의 수이므로 '-5'를 반환하게 됩니다. 또한, '=INT(2.5)'의 경우 '2'가 더 하위의 수이므로 '2'를 반환하게 됩니다.

INT 함수 : INT(number)

설명	가장 가까운 정수로 내림합니다.
인수	number : 정수로 내림할 실수입니다.

01_ 부가세를 구하기 위해 [Z15] 셀을 선택합니다. [수식] 탭–[함수 라이브러리] 그룹에서 [수학/삼각]–[INT]를 클릭합니다. [함수 인수] 대화상자가 나타나면 [Number]에 『T15*0.1』을 입력한 후 [확인]을 클릭합니다.

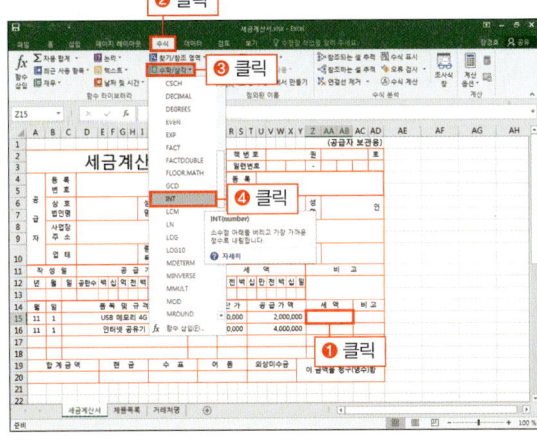

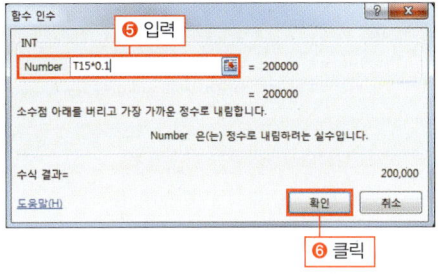

> TIP
>
> [Z15] 셀에 들어가는 완성 수식 : =INT(T15*0.1)

02_ [Z15] 셀의 채우기 핸들(⊞)을 [Z16] 셀까지 드래그하여 세액을 완성합니다.

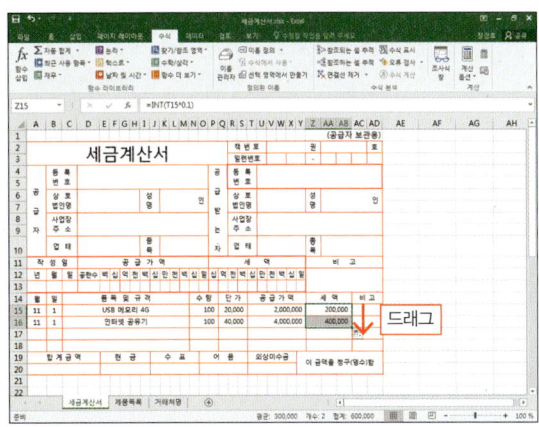

LEN 함수로 문자 개수 알아보기

:: **준비파일** Part01₩Chapter03₩Section02₩상담문자수.xlsx | **완성파일** Part01₩Chapter03₩Section02₩상담문자수_완성.xlsx

글자 수의 제한이 있을 때나 글자 수가 몇 개 인지 알고 싶을 때 사용하는 함수가 LEN 함수입니다. LEN 함수는 문자 수와 공백 수를 모두 더하여 글자 수를 계산합니다.

LEN 함수 : LEN(text)

설명	셀에 입력되어 있는 문자 수와 공백 수를 모두 더해 글자 수를 표시합니다. 예를 들어, =LEN("울산시 울주군")을 입력하면 '울산시 울주군'이라는 문자와 공백을 포함하여 글자 수 '7'을 표시합니다.
인수	text : 글자 수를 확인하려는 문자 또는, 셀을 지정합니다.

01_ [H3] 셀을 선택하고 [수식] 탭–[함수 라이브러리] 그룹에서 [함수 삽입](f_x)을 클릭합니다. [함수 마법사] 대화상자의 [범주 선택]에서 '텍스트'를, [함수 선택]에서 'LEN'을 선택한 후 [확인]을 클릭합니다. [함수 인수] 대화상자가 나타나면 [Text]에 『F3』을 입력하고 [확인]을 클릭합니다.

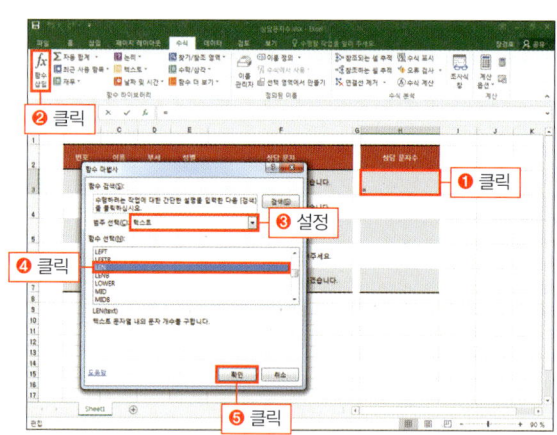

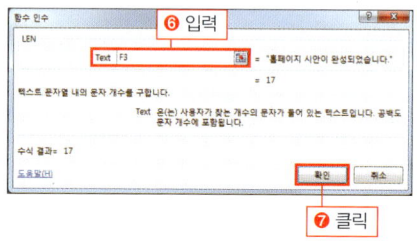

02_ [H3] 셀에 [F3] 셀에 해당하는 문자 수가 구해집니다. [H3] 셀의 채우기 핸들( )을 [H7] 셀까지 드래그합니다.

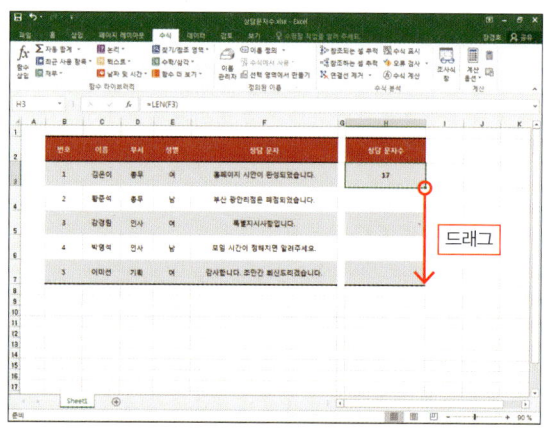

FREQUENCY 함수로 빈도수 구하기

∷ **준비파일** Part01₩Chapter03₩Section02₩통계.xlsx | **완성파일** Part01₩Chapter03₩Section02₩통계_완성.xlsx

FREQUENCY 함수는 값의 범위에서 해당 값의 발생 빈도를 계산하여 세로 배열 형태로 반환하는 함수입니다.

FREQUENCY 함수 : FREQUENCY(data_array, bins_array)

설명	데이터 범위에서 값의 빈도를 계산하여 세로 배열 형태로 반환합니다.
인수	data_array : 데이터 범위로써 빈도를 계산할 값 집합의 참조 또는, 배열입니다. bins_array : 구간 범위로써 data_array에서 값을 분류할 간격의 참조 또는, 배열입니다

01_ [I5:I9] 영역을 선택하고 수식 입력줄에 『=FREQUENCY(E5:E54,H5:H9)』를 입력한 후 **Ctrl** + **Shift** + **Enter** 를 누릅니다.

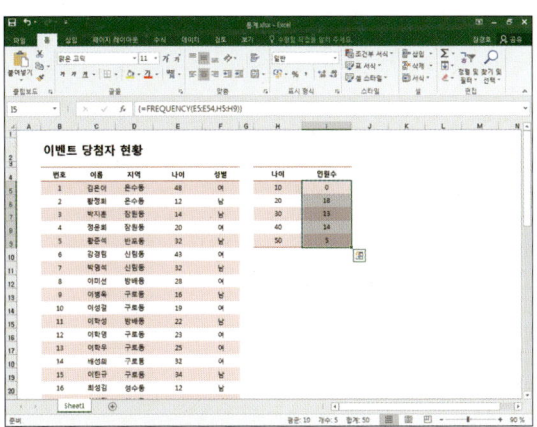

> **TIP**
>
> [I5:I9] 영역에 들어가는 완성 수식 : {=FREQUENCY(E5:E54,H5:H9)}

02_ 수식에 자동으로 중괄호({})가 삽입되어 배열 수식으로 변경되고, 데이터 범위에서 값의 발생 빈도가 산출됩니다.

> **TIP**
>
> 배열 수식이란, 배열에 있는 하나 이상의 항목에서 여러 계산을 수행할 수 있는 수식을 말합니다. 배열 수식을 이용하면 셀 범위에 포함된 문자 수 계산이나 특정 조건을 만족하는 숫자의 합계, 또는 값 범위에서 n번째 값의 합계 등 보다 정교한 연산을 수행할 수 있습니다.

REPLACE 함수로 주민등록번호 뒷자리 감추기

:: **준비파일** Part01₩Chapter03₩Section02₩주민등록번호.xlsx | **완성파일** Part01₩Chapter03₩Section02₩주민등록번호_완성.xlsx

REPLACE 함수는 지정한 문자 수에 따라 텍스트 문자열의 일부를 다른 텍스트 문자열로 바꾸는 함수입니다. 실무에서는 주민등록번호를 다른 문자로 변경하거나 비밀번호를 다른 문자로 보이게 하는 용도로 사용합니다.

REPLACE 함수 : REPLACE(old_text, start_num, num_chars, new_text)

설명	텍스트의 일부를 다른 텍스트로 바꿉니다.
인수	Old_text : 바꿀 문자열을 입력합니다. Start_num : 시작할 자릿수를 지정합니다. Num_chars : 글자 수를 지정합니다. New_text : old_text에 바꿔서 넣을 글자를 입력합니다.

01_ [G2] 셀을 선택합니다. [수식] 탭–[함수 라이브러리] 그룹에서 [텍스트]–[REPLACE]를 클릭합니다.

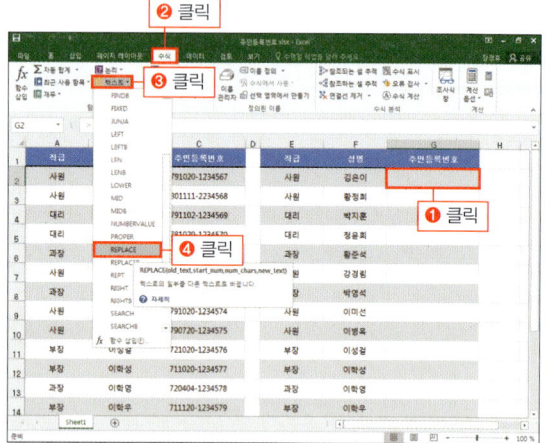

02_ [함수 인수] 대화상자가 나타나면 [Old_text]에서 [C2] 셀을 선택합니다. [Start_num]에 『8』, [Num_chars]에 『7』, 마지막으로 [New_text]에 『*******』을 입력하고 [확인]을 클릭합니다.

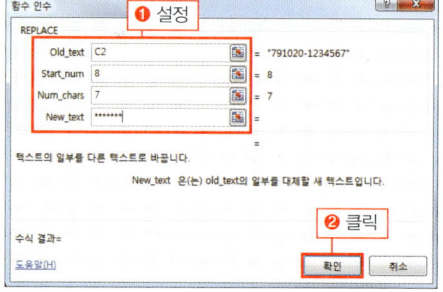

> **TIP**
> 주민등록번호와 같은 개인정보나 간단히 정보를 감출 필요가 있을 경우 REPLACE 함수를 사용합니다.

03_ [G2] 셀의 채우기 핸들( )을 [G19] 셀까지 드래그
합니다.

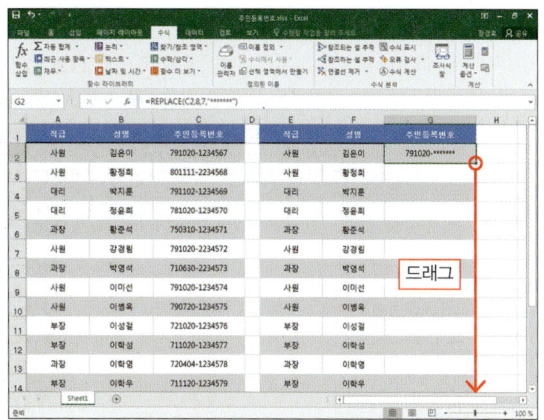

04_ [자동 채우기 옵션]( )에서 [서식 없이 채우기]를
선택합니다.

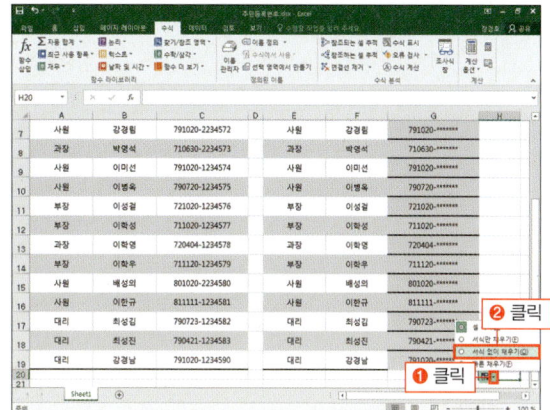

[G2] 셀에 들어가는 완성 수식 : =REPLACE(C2,8,7,"*******")

1 응시생을 비롯해 미응시생, 총인원을 함수를 활용해 구할 수 있습니다. 여기서는 COUNTA 함수와 COUNT 함수를 이용해 총인원과 응시생을 구해봅니다.

◎ 준비파일 : Part01₩Chapter03₩Check₩인원수.xlsx　　◎ 완성파일 : Part01₩Chapter03₩Check₩인원수_완성.xlsx

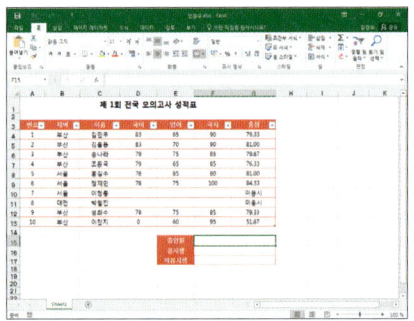 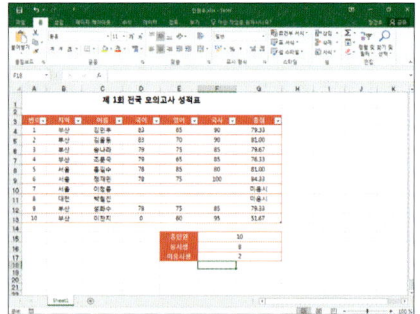

힌트

❶ 총인원은 COUNTA 함수를 통해 구할 수 있으며, 응시생은 COUNT 함수를 통해 구할 수 있습니다.

---

2 작성된 수식이 잘못되었거나 오류가 있을 때 #DIV/0! 혹은 #VALUE! 등의 오류값이 나타납니다. 이럴 때 IFERROR 함수를 이용하여 오류를 표시하지 않을 수 있습니다. IFERROR 함수를 활용해 오류값을 제거해 보세요.

◎ 준비파일 : Part01₩Chapter03₩Check₩오류값제거.xlsx　　◎ 완성파일 : Part01₩Chapter03₩Check₩오류값제거_완성.xlsx

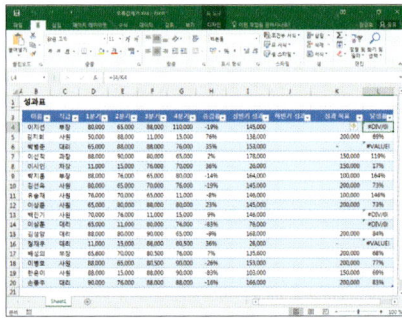 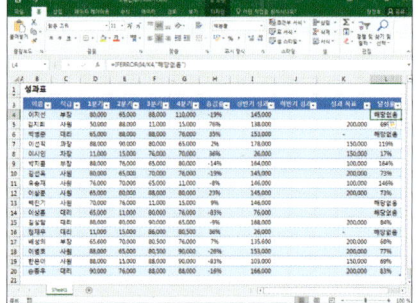

힌트

❶ [함수 마법사] 대화상자를 불러와서 [범주 선택]–[논리], [함수 선택]–[IFERROR]를 선택합니다.

❷ [Value]에 『I4/K4』, [Value_if_error]에 『해당없음』을 각각 입력합니다.

필수 함수 익히기

함수는 반복적이고 복잡한 계산을 정해진 수식에 따라 계산되도록 만들어진 기능으로, 계산해야 할 셀의 양이 많거나, 사칙연산 외에 복잡한 계산을 해야 하는 경우 쉽고 편리하게 작업을 수행할 수 있습니다. 필수 함수는 기초 함수와 함께 실무에서 가장 자주 사용하는 함수로써 반드시 익혀야 하는 중요도가 높은 함수입니다.

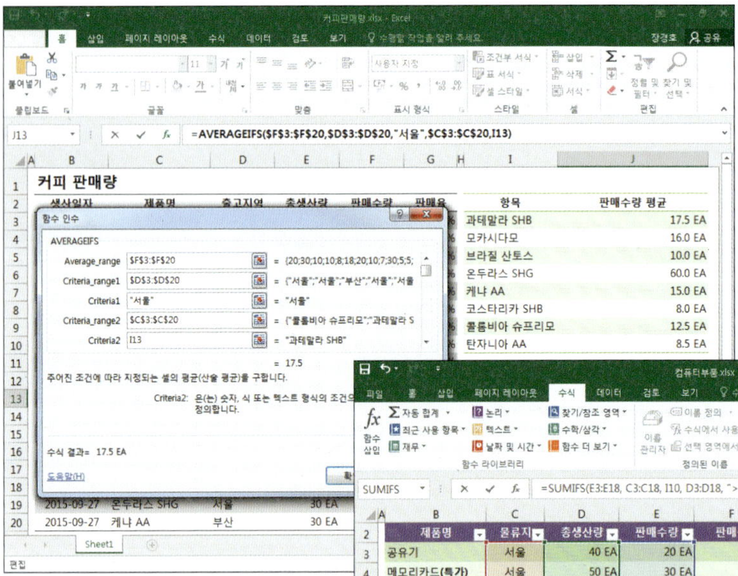

▲ AVERAGEIF, AVERAGEIFS 함수로 지역별 커피 평균 구하기

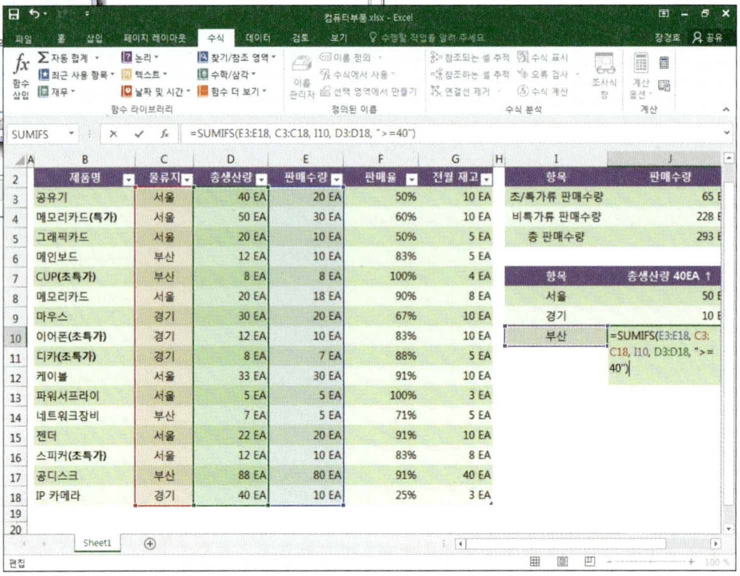

▲ SUMIF, SUMIFS 함수로 판매 수량 구하기

이번 섹션에서 배울 주요 내용

- AVERAGE, AVERAGEA 함수로 진급 시험 평균 구하기
- AVERAGEIF, AVERAGEIFS 함수로 지역별 커피 평균 구하기
- IF, LEFT, MID, RIGHT 함수로 지역 구분하고 성별 구별하기
- 중첩 IF 함수로 회원 등급 나누기

- SUMIF, SUMIFS 함수로 판매 수량 구하기
- COUNT, COUNTBLANK 함수로 응시자, 미응시자 구하기
- COUNTIF, COUNTIFS 함수로 조건에 맞는 개수 구하기
- TODAY, YEAR, MONTH 함수로 초과 근무 시간 구하기

AVERAGE, AVERAGEA 함수로 진급 시험 평균 구하기

:: **준비파일** Part01₩Chapter03₩Section03₩진급시험.xlsx | **완성파일** Part01₩Chapter03₩Section03₩진급시험_완성.xlsx

AVERAGE 함수와 AVERAGEA 함수로 평균을 구하는 방법은 동일하지만 AVERAGE 함수는 누락 값을 포함하지 않으며, AVERAGEA 함수는 문자나 누락 값까지 모두 포함하여 평균을 구합니다.

AVERAGE 함수 : AVERAGE(number1, number2, ...)

설명	셀 범위에 있는 숫자를 모두 더하여 평균을 구합니다.
인수	Number1, Number2, ... : 평균을 구하려는 숫자나 셀 범위로써 평균을 구할 대상을 최대 255까지 지정할 수 있습니다.

AVERAGEA 함수 : AVERAGEA(value1, value2, ...)

설명	수치뿐만 아니라 문자열이나 논리 값 등의 인수 목록에서 산술 평균 값을 계산합니다. 즉 숫자 외에 텍스트 등도 계산에 포함됩니다.
인수	value1, value2, ... : 평균을 구하려는 셀, 셀 범위 또는 값으로, 1개에서 255개까지 지정할 수 있습니다.

01_ [I5] 셀을 선택하고 수식 입력줄에 있는 [함수 삽입](𝑓𝑥)을 클릭합니다. [함수 마법사] 대화상자가 나타 나면 [범주 선택]에서 '통계'를 선택하고 [함수 선택]에서 'AVERAGE'를 선택한 후 [확인]을 클릭합니다.

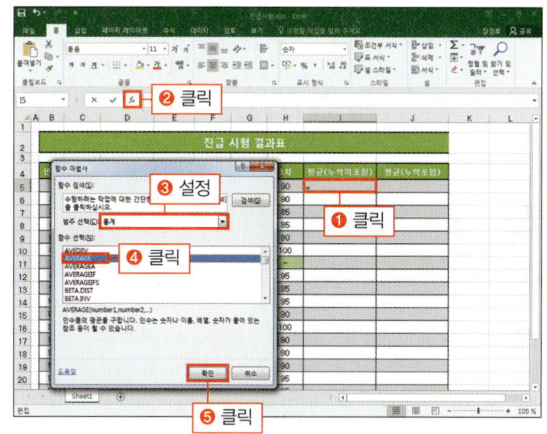

02_ [함수 인수] 대화상자가 나타나면 [Number1]에 『F5:H5』를 입력하고 [확인]을 클릭합니다.

> **TIP**
> [I5] 셀에 들어가는 완성 수식 : =AVERAGE(F5:H5)

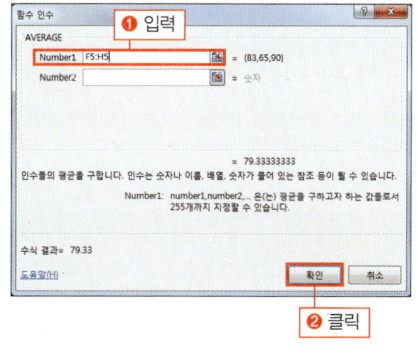

03_ 이번에는 [J5] 셀을 선택하고 수식 입력줄에서 [함수 삽입](f_x)을 클릭합니다. [함수 마법사] 대화상자가 나타나면 [범주 선택]에서 '통계'를 선택하고 [함수 선택]에서 'AVERAGEA'를 선택한 다음 [확인]을 클릭합니다.

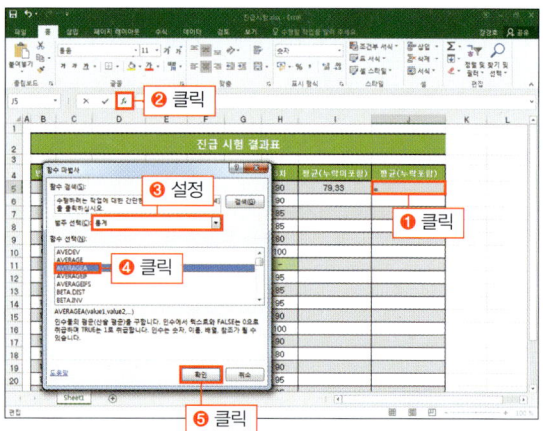

04_ [함수 인수] 대화상자가 나타나면 [Value1]에 『F5:H5』를 입력하고 [확인]을 클릭합니다.

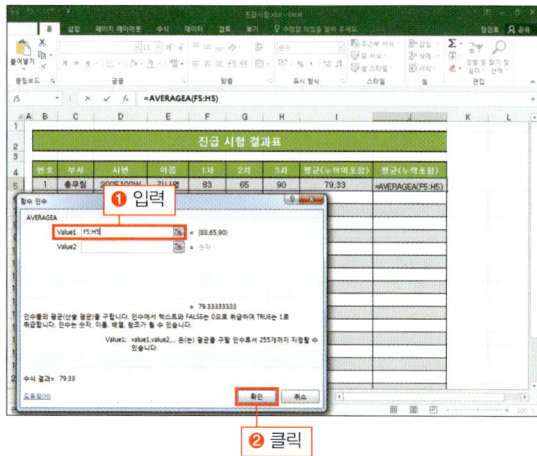

TIP

[J5] 셀에 들어가는 완성 수식 : =AVERAGEA(F5:H5)

05_ [I5:J5] 영역을 선택한 다음 채우기 핸들(⊞)을 [J24] 셀까지 드래그합니다. [자동 채우기 옵션](⊞)에서 [서식 없이 채우기]를 선택합니다.

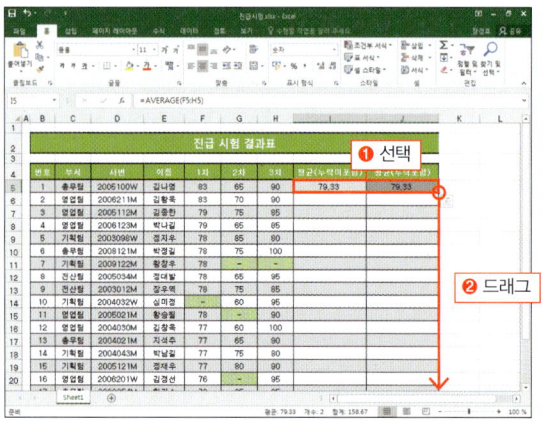

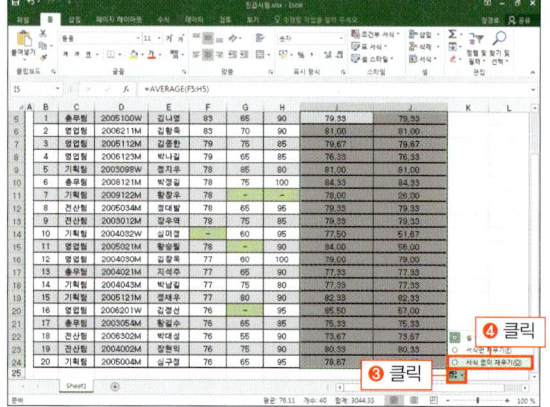

TIP

동일한 영역의 평균을 구했지만 [11] 행의 경우 AVERAGE 함수의 값은 '78점'이지만 AVERAGEA 함수의 값은 '26점'입니다.

AVERAGEIF, AVERAGEIFS 함수로 지역별 커피 평균 구하기

:: **준비파일** Part01₩Chapter03₩Section03₩커피판매량.xlsx | **완성파일** Part01₩Chapter03₩Section03₩커피판매량_완성.xlsx

평균을 구할 때 조건이 한 가지라면 AVERAGEIF 함수를, 조건이 여러 가지 일 때에는 AVERAGEIFS 함수를 이용할 수 있습니다.

AVERAGEIF 함수 : AVERAGEIF(range, criteria)

설명	범위에서 지정한 조건을 만족하는 모든 셀의 평균(산술 평균)을 반환합니다.
인수	range : 조건을 적용할 셀 범위를 지정합니다. criteria : 조건 값의 셀을 지정하거나 조건 값을 입력합니다.

AVERAGEIFS 함수 : AVERAGEIFS(average_range, criteria_range1, criteria1, ...)

설명	여러 조건에 맞는 모든 셀의 평균을 반환합니다. criteria_range1의 조건은 127개 사이에서 지정할 수 있습니다.
인수	average_range : 조건을 적용할 셀 계산 범위를 지정합니다. criteria_range1 : 조건 값의 셀을 지정하거나 조건 값을 입력합니다. criteria1 : 평균을 구할 셀을 정의합니다.

01_ 먼저 AVERAGEIF 함수를 통해 제품명에 따른 판매 수량 평균을 구하겠습니다. [J3] 셀을 선택하고 수식 입력 줄의 [함수 삽입](f_x)을 클릭합니다. [함수 마법사] 대화 상자가 나타나면 [범주 선택]에서 '통계', [함수 선택]에서 'AVERAGEIF'를 선택한 후 [확인]을 클릭합니다.

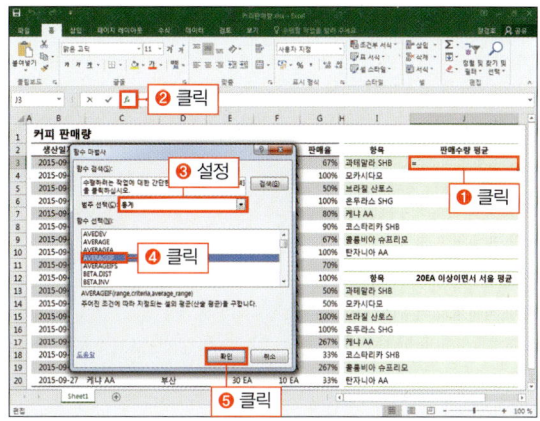

02_ [함수 인수] 대화상자가 나타나면 [Range]에 『$C$3:$C$20』, [Criteria]에 『I3』, [Average_range]에 『$F$3:$F$20』을 각각 입력하고 [확인]을 클릭합니다.

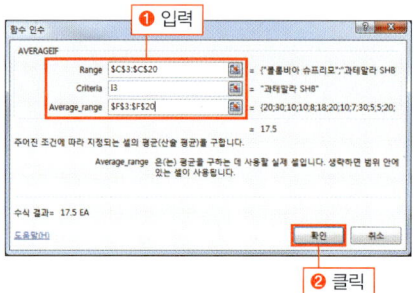

03_ [J3] 셀에 값이 구해집니다. [J3] 셀의 채우기 핸들(➕)을 [J10] 셀까지 드래그합니다. [자동 채우기 옵션](📋)을 클릭하고 [서식 없이 채우기]를 선택합니다.

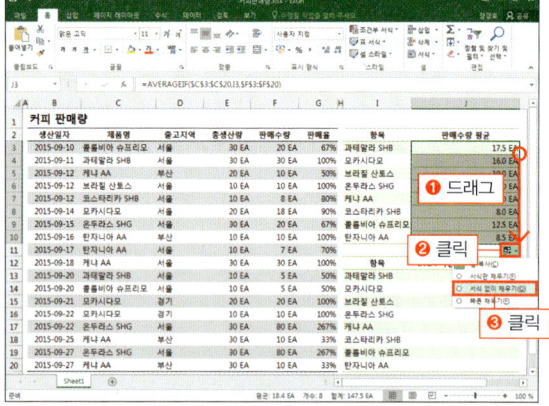

> **TIP**
> [J3] 셀에 들어가는 완성 수식 : =AVERAGEIF($C$3:$C$20,I3,$F$3:$F$20)

04_ 이번에는 AVERAGEIFS 함수를 통해 20EA 이상이면서 출고 지역이 서울인 판매 수량의 평균을 구해보겠습니다. [J13] 셀에 『=AVERAGEIFS(』를 입력하고 Ctrl +A 를 누릅니다.

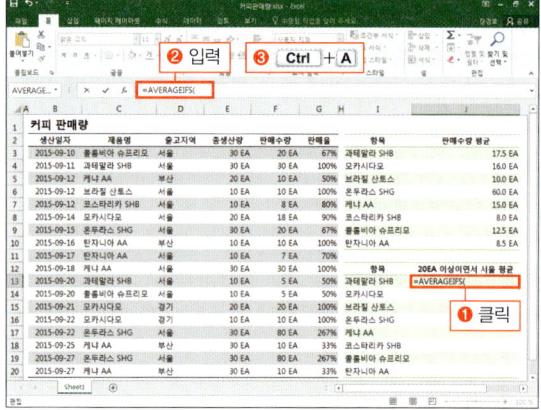

> **TIP**
> 함수를 입력한 후 Ctrl + A 를 누르면 [함수 인수] 대화상자가 표시되어 인수를 빠르게 입력할 수 있습니다.

05_ [함수 인수] 대화상자가 나타나면 [Average_range]에 『$F$3:$F$20』, [Criteria_range1]에 『$D$3:$D$20』, [Criteria1]에 『서울』, [Criteria_range2]에 『$C$3:$C$20』, [Criteria2]에 『I13』을 각각 입력하고 [확인]을 클릭합니다.

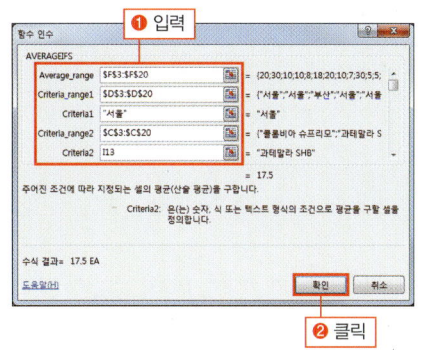

> **TIP**
> [J13] 셀에 들어가는 완성 수식 : =AVERAGEIFS($F$3:$F$20,$D$3:$D$20,"서울",$C$3:$C$20,I13)

06_ [J13] 셀에 값이 구해집니다. [J13] 셀의 채우기 핸들(▣)을 [J20] 셀까지 드래그합니다. [자동 채우기 옵션](▣)을 클릭하고 [서식 없이 채우기]를 선택합니다.

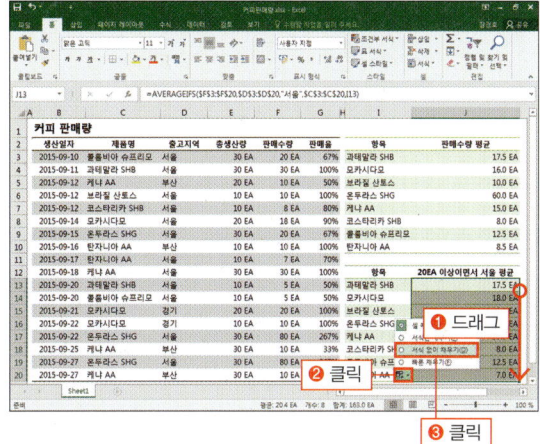

IF, LEFT, MID, RIGHT 함수로 지역 구분하고 성별 구별하기

:: 준비파일 Part01₩Chapter03₩Section03₩사원연명부.xlsx | **완성파일** Part01₩Chapter03₩Section03₩사원연명부_완성.xlsx

IF 함수는 지정한 조건이 참인지 거짓인지를 판단하여 결과 값을 반환하는 함수이며, MID 함수는 지정한 위치로부터 지정한 개수의 문자를 표시하는 함수입니다.

IF 함수 : IF(logical_test, value_if_true, value_if_false)

설명	지정된 조건이 참 또는, 거짓에 따라 각각 다른 값을 반환합니다.
인수	logical_test : 결과를 나타내기 위해서 필요한 조건식을 입력합니다. value_if_true : 조건식의 결과가 참일 경우 나타나는 내용입니다. value_if_false : 조건식의 결과가 거짓일 경우 나타나는 내용입니다.

예를 들어, '=IF(A2〉=80, "합격", "불합격")'이라고 입력한다면 A2의 숫자가 80보다 크거나 같으면 '합격'이 표시되고, 80보다 적으면 '불합격'이 표시됩니다.

LEFT 함수 : LEFT(text, num_chars)/RIGHT 함수 : RIGHT(text, num_chars)

설명	LEFT 함수는 문자열의 왼쪽부터 지정한 개수만큼의 글자를 표시하는 기능을 하며, RIGHT 함수는 문자열의 오른쪽부터 지정한 개수만큼의 글자를 표시하는 기능을 합니다.
인수	text : 추출할 문자가 들어있는 텍스트 문자열입니다. num_chars : 추출할 문자 수입니다.

MID 함수 : MID(text, start_num, num_chars)

설명	문자열의 지정한 위치를 기준으로 지정한 개수만큼의 글자를 표시하는 기능을 합니다.
인수	text : 추출할 문자가 들어있는 텍스트 문자열입니다. Start_num : 추출할 첫 문자의 위치입니다. Num_chars : 문자의 개수를 지정합니다.

01_ 주소를 활용하여 지역을 추출하기 위해 [G4] 셀을 선택합니다. [수식] 탭-[함수 라이브러리] 그룹에서 [텍스트]-[LEFT]를 클릭합니다. [함수 인수] 대화상자가 나타나면 [Text]에서 주소 셀이 있는 [F4]를 선택합니다. [Num_chars]에서 3자리의 문자를 추출하기 위해 『3』을 입력한 후 [확인]을 클릭합니다.

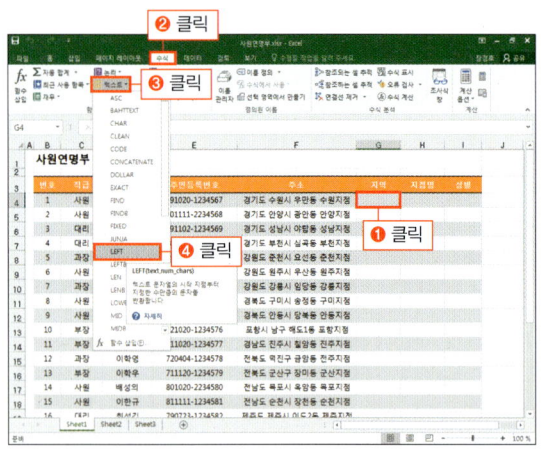
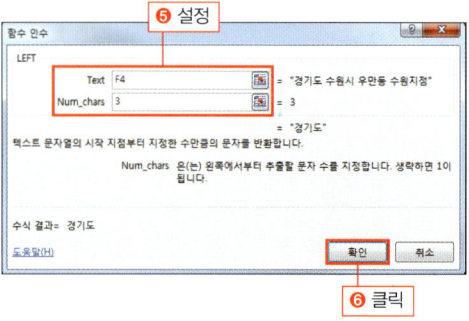

> **TIP**
>
> 텍스트 함수에는 LEFT, RIGHT, MID, REPLACE, REPT, TEXT 등이 있습니다. 그 중에 대표적인 텍스트 함수인 LEFT 함수는 문자열의 왼쪽부터 지정한 개수만큼의 글자를 표시하는 기능을 합니다. 예를 들어 『=LEFT(A1, 2)』라고 입력하면 [A1] 셀에 입력된 문자열의 처음 두 자리를, 『=LEFT(A1, 10)』이라고 입력하면 [A1] 셀에 입력된 문자열의 처음 열 자리까지를 출력하는 명령이 됩니다.

02_ 이번에는 지점명을 추출하기 위해 [H4] 셀을 선택하고, [수식] 탭-[함수 라이브러리] 그룹에서 [텍스트]-[RIGHT]를 클릭합니다. [함수 인수] 대화상자가 나타나면 [Text]에서 주소 셀이 있는 [F4]를 선택합니다. [Num_chars]에서는 4자리의 문자를 추출하기 위해 『4』를 입력하고 [확인]을 클릭합니다.

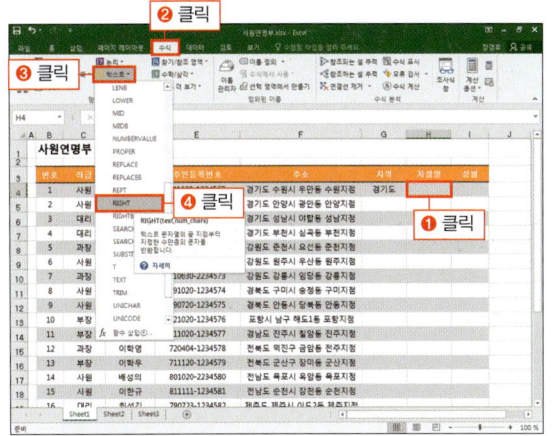

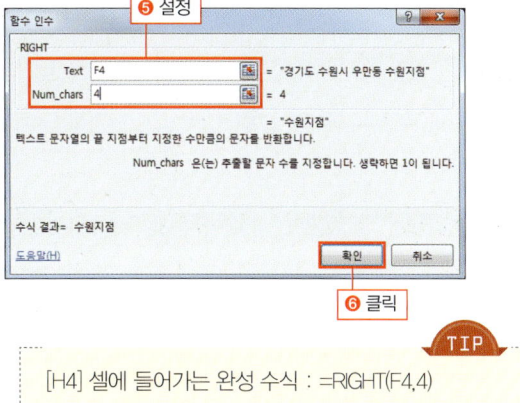

[H4] 셀에 들어가는 완성 수식 : =RIGHT(F4,4)

03_ 이번에는 주민등록번호를 이용하여 성별을 추출하기 위해 [I4] 셀을 선택합니다. [수식] 탭-[함수 라이브러리] 그룹에서 [논리]-[IF]를 클릭합니다.

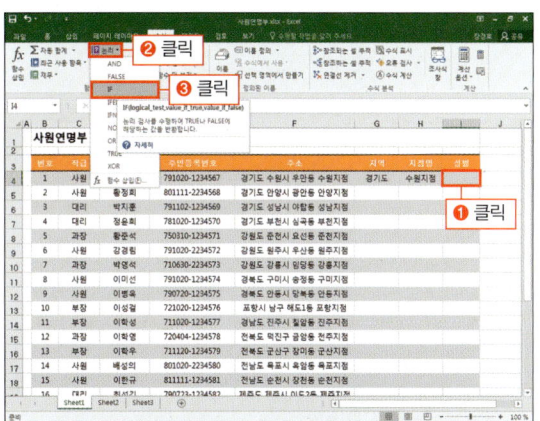

04_ 주민등록번호 뒷자리의 첫 번째 숫자가 '1'이면 '남자', '2'이면 '여자'로 표시하기 위해 [함수 인수] 대화상자가 나타나면 [Logical_test]에 『MID(E4, 8, 1)=1』을 입력합니다. [Value_if_true]에는 『남자』를 입력하고, [Value_if_false]에 『여자』를 입력한 후 [확인]을 클릭합니다.

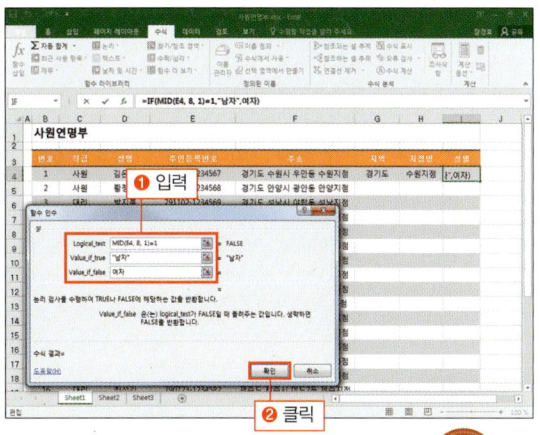

[I4] 셀에 들어가는 완성 수식 : =IF(MID(E4,8,1)=1,"남자","여자")

MID 함수는 문자열의 지정한 위치를 기준으로 지정한 개수만큼의 글자를 표시하는 기능을 합니다. 예를 들어 '=MID(A1, 2, 4)'라고 한다면 [A1] 셀에 입력되어 있는 텍스트의 두 번째부터 시작하여 4자를 표시합니다. [A1] 셀에 'ABCDEF'가 입력되어 있다면 두 번째인 'B'부터 4자리까지인 'BCDE'가 표시됩니다.

IF 함수는 지정된 조건이 참 또는, 거짓에 따라 각각 다른 값을 반환합니다. 예를 들어, '=IF(A2)=80,"합격","불합격")'이라고 한다면 A2의 숫자가 80보다 크거나 같으면 수식에서 '합격'이 표시되고, 80보다 적으면 '불합격'이 표시됩니다. '=IF(A2)89,"A",IF(A2)79,"B", IF(A2)69,"C",IF(A2)59,"D","F"))))'와 같이 IF 함수 속에 IF 함수를 중첩해서 사용하면 보다 많은 조건식을 만들 수 있습니다.

05_ [G4:I4] 영역의 채우기 핸들(┤)을 [I27] 셀까지 드래그합니다. [자동 채우기 옵션](🔲)에서 [서식 없이 채우기]를 선택합니다.

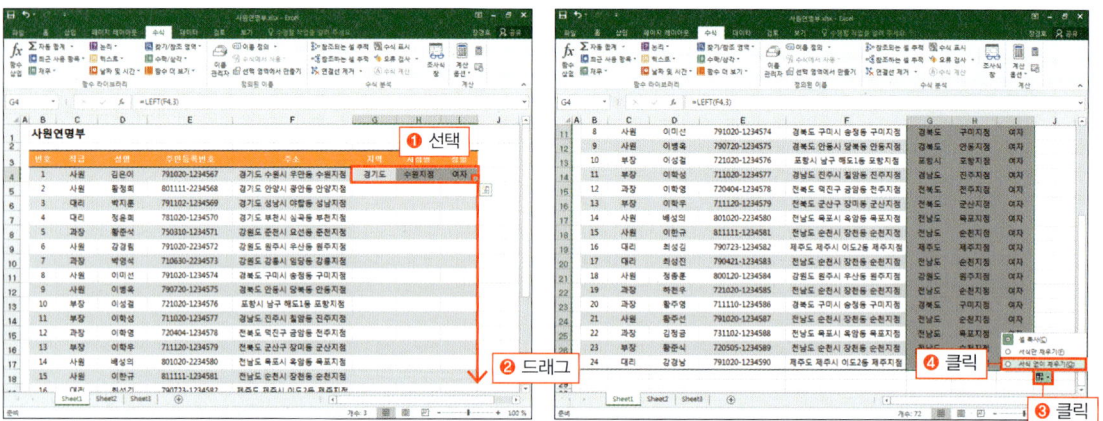

나머지를 구하는 MOD 함수로 성별 구분하기

주민등록번호는 앞에 6자리, 뒤에 7자리로 구성되어 있습니다. 여기서 뒤에 있는 7자리 중 첫 번째는 성별을 나타내는데 1900년도에 태어났을 경우 1은 남자, 2는 여자입니다. 하지만 1800년도에 태어났을 경우 남자는 9, 여자는 00이며, 2000년도에 태어났을 경우 남자는 3, 여자는 4로 구성되어 있습니다. 주민등록번호의 일곱 번째 숫자가 9, 1, 3이면 남자, 0, 2, 4이면 여자로 주문등록번호에서 남과 여를 구분하기 위해서는 MOD 함수를 이용할 수 있습니다.

```
=IF(MOD(VALUE(MID(A1, 8, 1)), 2)=1, "남", "여")
```

IF 함수를 사용하되, MID 함수로 남, 여에 따른 필요한 숫자를 추출하고 MOD 함수를 이용하여 2로 나눈 나머지가 1이면 "남", 1이 아니면 "여"가 입력되도록 만들 수 있습니다. MOD 함수는 나머지를 구하는 함수인데 주민등록번호에서 8번째 자리의 숫자를 가져와 이를 2로 나눠서 나머지가 홀수이면 1, 짝수이면 0으로 나오게 됩니다. 이럴 때 1이면 "남", 1이 아니면 "여"라고 생각할 수 있습니다. VALUE 함수는 문자, 날짜, 상수 등을 숫자로 변환하는 함수입니다.

중첩 IF 함수로 회원 등급 나누기

:: **준비파일** Part01₩Chapter03₩Section03₩회원등급.xlsx | **완성파일** Part01₩Chapter03₩Section03₩회원등급_완성.xlsx

중첩 IF 함수는 여러 조건을 함께 비교하여 64개까지 중첩하여 사용할 수 있습니다. 여기서는 회원 등급을 우수, 일반, 초보 등급으로 구분해 보겠습니다.

01_ [I4] 셀을 선택하고 [수식] 탭–[함수 라이브러리] 그룹에서 [논리]–[IF]를 클릭합니다.

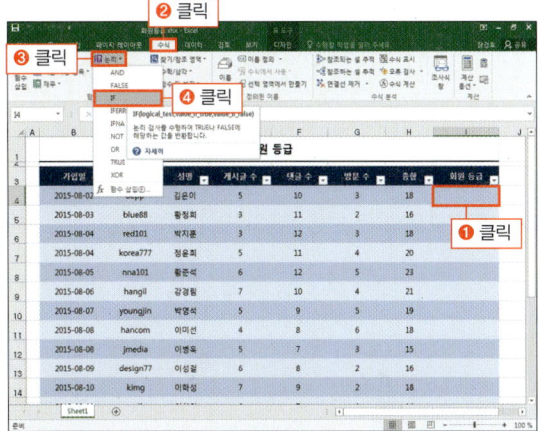

02_ [함수 인수] 대화상자가 나타나면 [Logical_test]에 『H4>=20』을 입력하고, [Value_if_true]에 『우수』를 입력합니다.

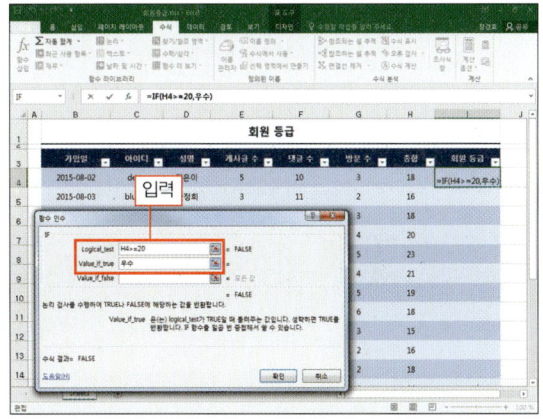

03_ [Value_if_false]에서 중첩 함수를 사용하기 위해 [이름 상자]의 화살표를 클릭하고 [IF]를 선택합니다.

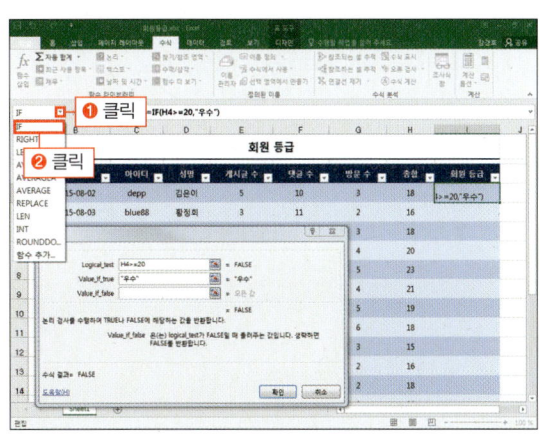

04_ [함수 인수] 대화상자가 다시 나타나면 [Logical_test]에 『H4>=10』, [Value_if_true]에 『일반』, [Value_if_false]에 『초보』를 입력하고 [확인]을 클릭합니다.

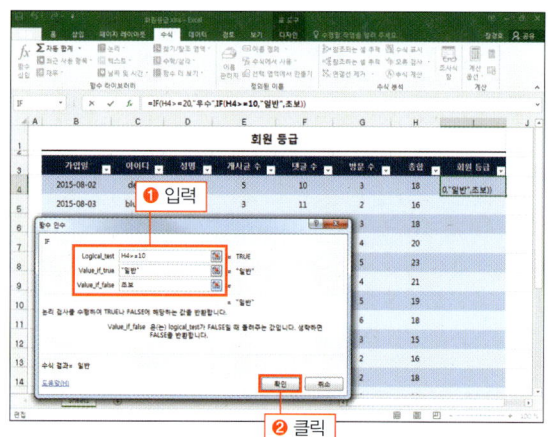

05_ 자동으로 표 구조가 확장되어 삽입됩니다.

> **TIP**
>
> [I4] 셀에 들어가는 완성 수식 : =IF(H4)=20,"우수",IF(H4)=10,"일반","초보"))

SUMIF, SUMIFS 함수로 판매 수량 구하기

:: **준비파일** Part01₩Chapter03₩Section03₩컴퓨터부품.xlsx | **완성파일** Part01₩Chapter03₩Section03₩컴퓨터부품_완성.xlsx

SUMIF 함수는 특정 조건에 해당하는 숫자를 더할 때 사용하는 함수이며, SUMIFS 함수는 여러 조건을 만족하는 경우에 사용할 수 있는 함수입니다.

SUM 함수 : SUM(number1, number2, …)

설명	셀 범위에 있는 숫자를 모두 더합니다.
인수	number1, number2, … : 합계 값이나 합을 구할 인수입니다. 1개부터 255개까지 지정할 수 있습니다.

SUMIF 함수 : SUMIF(range, criteria, sum_range)

설명	지정한 조건에 맞는 범위의 합계를 더합니다.
인수	range : 조건을 적용할 셀 범위를 지정합니다. criteria : 숫자, 수식 또는 텍스트 형태로 된 찾을 조건을 지정합니다. sum_range : 합을 구하려는 실제 셀이나 셀 범위입니다.

SUMIFS 함수 : SUMIFS(sum_range, criteria_range1, criteria1, criteria_range2, criteria2, ...)

설명	여러 조건을 충족하는 범위의 셀을 더합니다.
인수	sum_range : 합을 구하려는 실제 셀이나 셀 범위입니다. 빈 값이나 텍스트 값은 무시됩니다. criteria_range1, criteria_range2 : 지정할 범위 및 관련 조건으로써 최대 127개까지 지정할 수 있습니다. criteria1, criteria2, ... : 숫자, 식, 셀 참조 또는, 텍스트 형식의 조건입니다.

01_ '특가'라는 단어가 포함된 모든 제품의 판매 수량을 구하기 위해 [J3] 셀을 선택합니다. [수식] 탭–[함수 라이브러리] 그룹에서 [함수 삽입](f_x)을 클릭합니다. [함수 마법사] 대화상자가 나타나면 [범주 선택]에서 '수학/삼각', [함수 선택]에서 'SUMIF'를 각각 선택하고 [확인]을 클릭합니다.

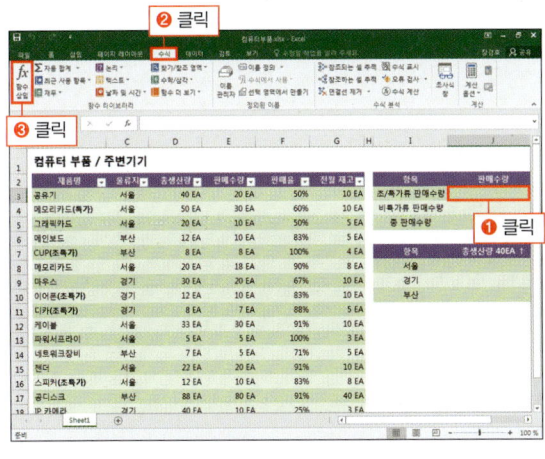
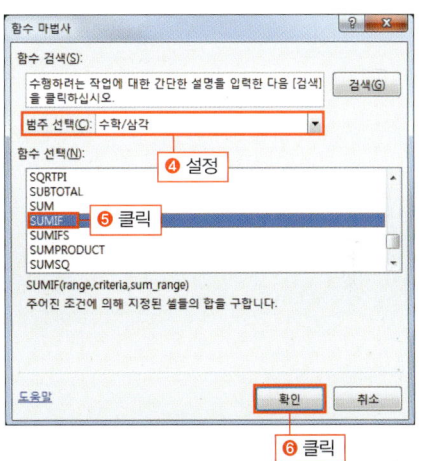

02_ [함수 인수] 대화상자가 나타나면 [Range]에서 [B3] 셀과 [B18] 셀을 드래그하여 선택합니다. [Criteria]에 『*특가*』를 입력하고, [Sum_range]에서 [E3] 셀과 [E18] 셀을 드래그하여 선택한 다음 [확인]을 클릭합니다.

> **TIP**
> 수식에 사용되는 셀 범위를 입력란에 직접 입력하는 것보다 셀 범위를 드래그하여 지정하는 것이 더 효율적입니다.

> **TIP**
> [J3] 셀에 들어가는 완성 수식 : =SUMIF(표1[제품명],"*특가*",표1[판매수량])

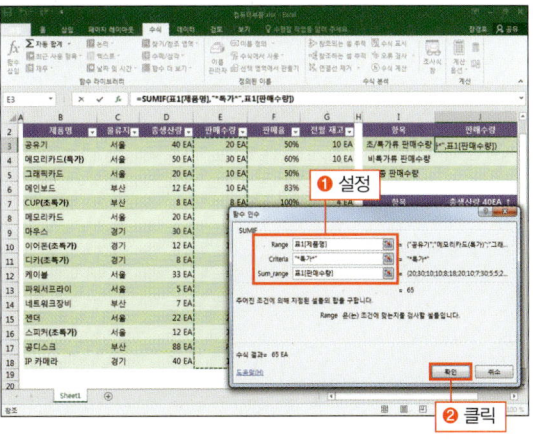

03_ [J3] 셀에 '특가'가 포함된 모든 제품명의 판매 수량이 집계됩니다. 이번에는 특가가 포함되지 않은 제품의 판매 수량을 구해보겠습니다. [J4] 셀을 선택하고 『=SUMIF(B3:B18,"<>*특가*",E3:E18)』을 입력한 후 **Enter** 를 누릅니다.

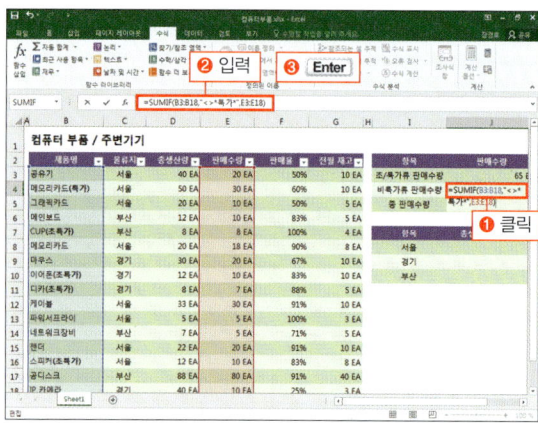

TIP

[J4] 셀에 들어가는 완성 수식 : =SUMIF(B3:B18,"<>*특가*",E3:E18)

04_ 특가류와 비특가류 제품의 모든 판매 수량을 합산하기 위해 [J5] 셀을 선택하고 [수식] 탭–[함수 라이브러리] 그룹에서 [자동 합계]–[합계]를 클릭합니다.

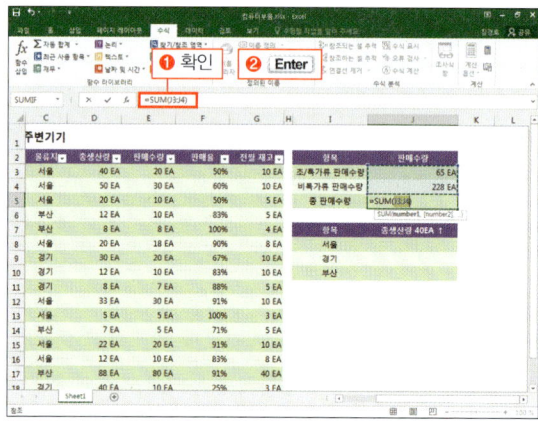

05_ 자동으로 영역이 지정되면 **Enter** 를 누릅니다.

TIP

[J5] 셀에 들어가는 완성 수식 : =SUM(J3:J4)

06_ 이번에는 SUMIFS 함수를 이용해 물류지가 서울이면서 총생산량이 40EA 이상인 제품의 판매 수량을 구해 보겠습니다. [J8] 셀을 선택하고 [수식] 탭-[함수 라이브러리] 그룹에서 [수학/삼각]-[SUMIFS]를 클릭합니다.

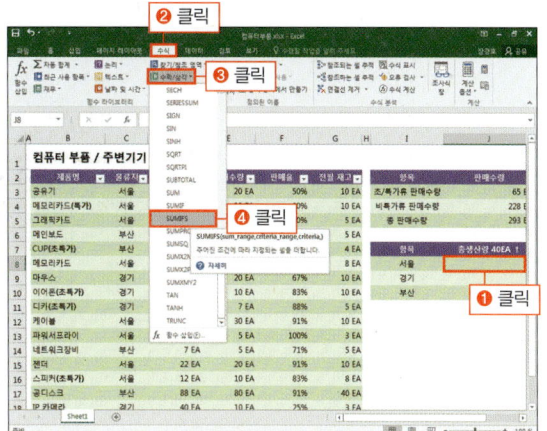

07_ [함수 인수] 대화상자가 나타나면 다음과 같이 인수를 입력하고 [확인]을 클릭합니다.

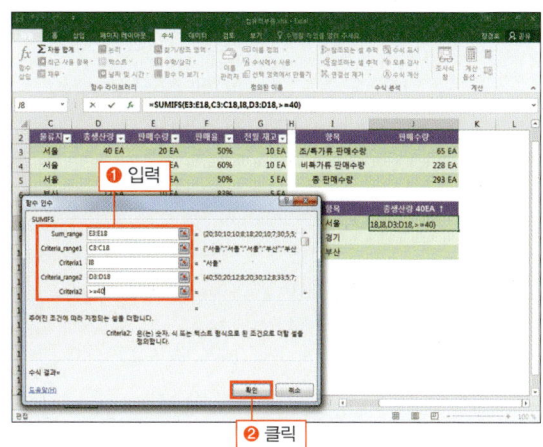

TIP

[J8] 셀에 들어가는 완성 수식 : =SUMIFS(E3:E18, C3:C18, I8, D3:D18, ")=40")

TIP

SUMIF 함수와 SUMIFS 함수는 인수 순서가 서로 다릅니다. 특히, sum_range 인수는 SUMIFS 함수의 첫 번째 인수이지만 SUMIF 함수에서는 세 번째 인수입니다.

08_ 물류지가 경기이면서 총생산량이 40EA 이상인 제품의 판매 수량과 물류지가 부산이면서 총생산량이 40EA 이상인 제품의 판매 수량도 구합니다.

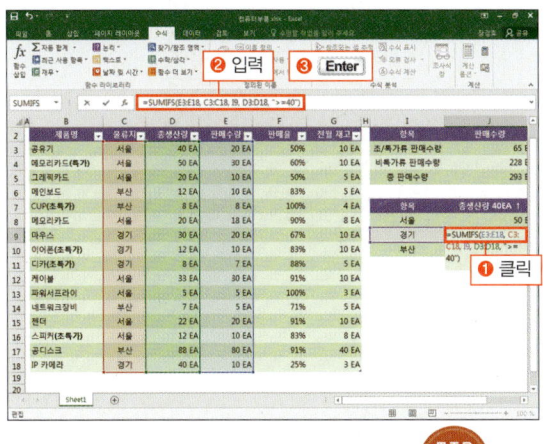

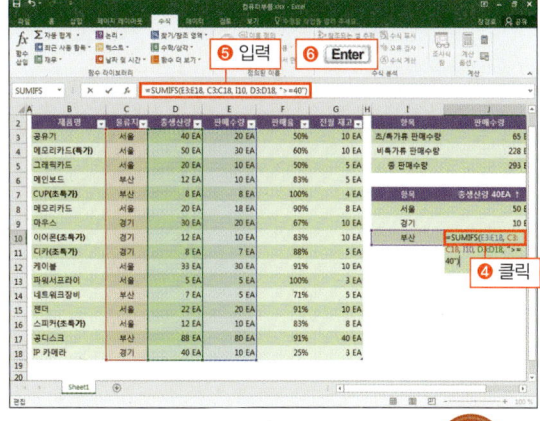

TIP

[J9] 셀에 들어가는 완성 수식 : =SUMIFS(E3:E18, C3:C18, I9, D3:D18, ")=40")

TIP

[J10] 셀에 들어가는 완성 수식 : =SUMIFS(E3:E18, C3:C18, I10, D3:D18, ")=40")

TIP

SUMIFS 함수는 엑셀 2007부터 추가된 함수이므로 엑셀 2003 이하에서는 'NAME?' 오류가 발생합니다.

COUNT, COUNTBLANK 함수로 응시자, 미응시자 구하기

:: 준비파일 Part01₩Chapter03₩Section03₩성적집계.xlsx | 완성파일 Part01₩Chapter03₩Section03₩성적집계_완성.xlsx

COUNT 함수는 숫자로 구성된 셀의 개수를 구하는 함수이며, COUNTA 함수는 문자든 숫자든 상관 없이 빈 셀을 제외한 셀의 개수를, COUNTBLANK 함수는 빈 셀의 개수를 구하는 함수입니다.

COUNT 함수 : COUNT(value1, value2, ...)

설명	인수 목록에서 숫자가 포함된 셀과 숫자의 개수를 계산합니다.
인수	value1, value2, ... : 개수를 세려는 항목이나 셀 참조 또는, 범위입니다. 최대 255개까지 추가할 수 있습니다.

COUNTBLANK 함수 : COUNTBLANK(range)

설명	지정한 범위에 있는 빈 셀의 개수를 계산합니다.
인수	range : 빈 셀의 개수를 계산할 범위입니다.

01_ COUNT 함수로 부서별 응시자 수를 구해보겠습니다. [M8] 셀을 선택한 후 수식 입력줄에 『=COUNT(F7:F59)』를 입력하고 **Enter** 를 누릅니다. [M8] 셀에 결과 값이 '0'으로 나타납니다.

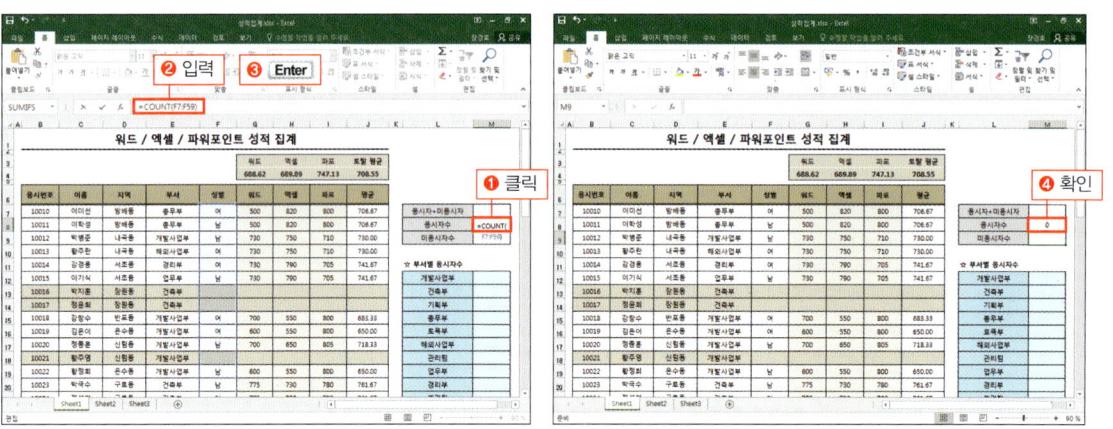

02_ 응시자 수가 구해지지 않는 이유는 지정한 셀 범위가 숫자가 아닌 문자이기 때문입니다. COUNT 함수는 숫자로 구성된 셀의 범위를 구하는 함수이므로 [M8] 셀에 『=COUNT(J7:J59)』를 다시 입력하고 Enter 를 누르면 응시자 수가 구해집니다.

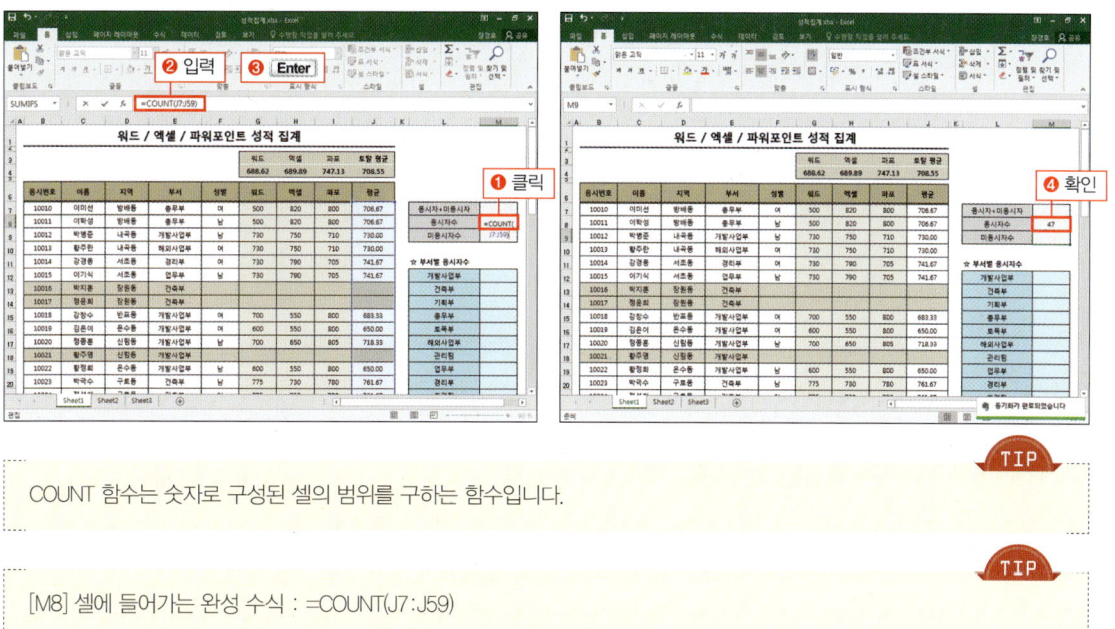

> **TIP**
>
> COUNT 함수는 숫자로 구성된 셀의 범위를 구하는 함수입니다.

> **TIP**
>
> [M8] 셀에 들어가는 완성 수식 : =COUNT(J7:J59)

03_ COUNTA 함수를 통해서도 응시자 수를 구할 수 있습니다. [M8] 셀을 다시 선택하고 수식 입력줄에 『=COUNTA (F7:F59)』를 입력한 후 Enter 를 누르면 응시자 수가 구해집니다.

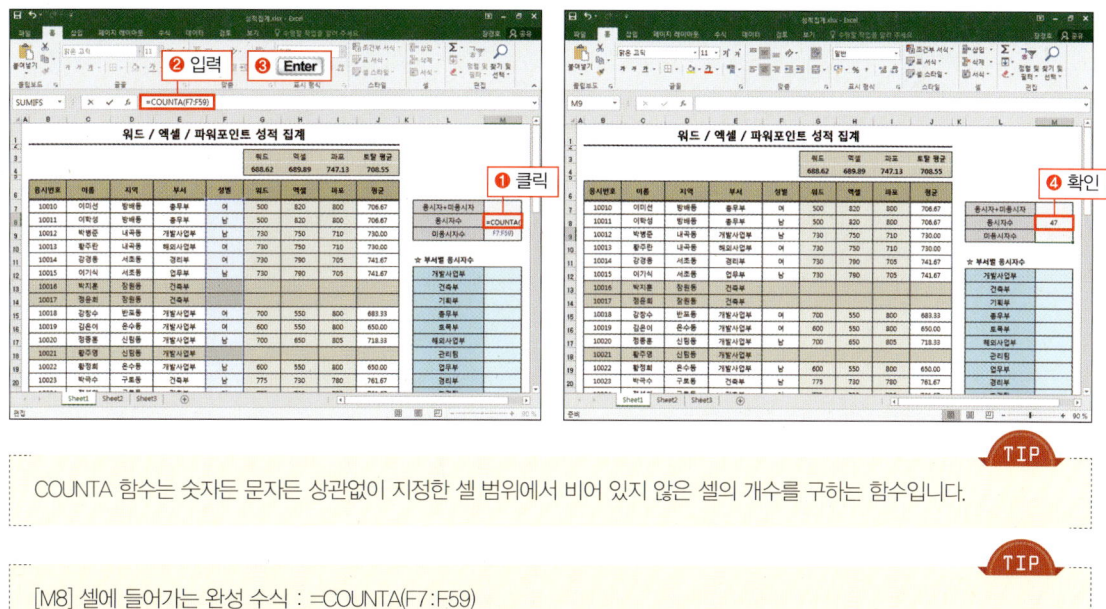

> **TIP**
>
> COUNTA 함수는 숫자든 문자든 상관없이 지정한 셀 범위에서 비어 있지 않은 셀의 개수를 구하는 함수입니다.

> **TIP**
>
> [M8] 셀에 들어가는 완성 수식 : =COUNTA(F7:F59)

04_ 이번에는 값이 입력되어 있지 않은 미응시자 수를 구해보겠습니다. [M9] 셀을 선택하고 수식 입력줄에 『=COUNTBLANK(J7:J59)』를 입력한 후 Enter 를 누릅니다.

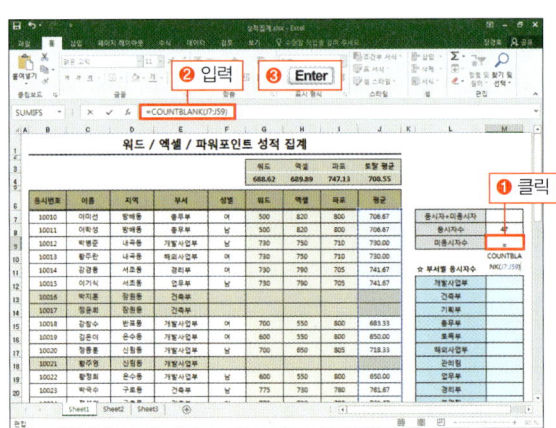

TIP

COUNTBLANK 함수는 빈 셀의 개수를 구하는 함수입니다.

TIP

[M9] 셀에 들어가는 완성 수식 : =COUNTBLANK(J7:J59)

05_ 이번에는 COUNT 함수와 COUNTBLANK 함수를 함께 사용하여 응시자 수와 미응시자 수 모두를 구해보겠습니다. [M7] 셀을 선택하고 수식 입력줄에 『=COUNT(J7:J59)+COUNTBLANK(J7:J59)』를 입력한 후 Enter 를 누릅니다.

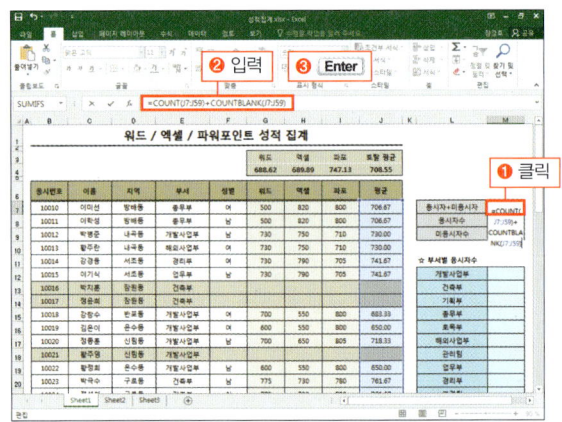

TIP

[M9] 셀에 들어가는 완성 수식 : =COUNT(J7:J59)+COUNTBLANK(J7:J59)

06_ 응시자 수와 미응시자 수가 구해집니다.

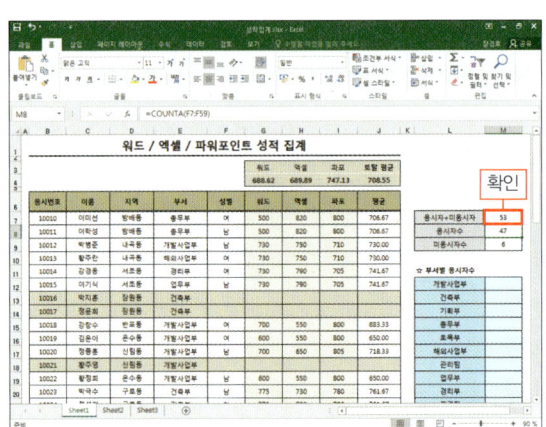

COUNTIF, COUNTIFS 함수로 조건에 맞는 개수 구하기

:: **준비파일** Part01₩Chapter03₩Section03₩성적집계(2).xlsx | **완성파일** Part01₩Chapter03₩Section03₩성적집계(2)_완성.xlsx

COUNTIF 함수는 한 개의 조건에 맞는 셀의 개수를 구하는 함수이며, COUNTIFS 함수는 지정한 범위에서 여러 조건에 맞는 셀의 개수를 구하는 함수입니다.

COUNTIF 함수 : COUNTIF(range, criteria)

설명	지정한 범위에서 조건에 맞는 셀의 개수를 구할 때 사용합니다.
인수	range : 조건에 맞는 셀 범위를 지정합니다. criteria : 개수를 구할 조건을 입력합니다.

COUNTIFS 함수 : COUNTIFS(criteria_range1, criteria1, ...)

설명	지정한 범위에서 여러 조건에 맞는 셀의 개수를 구할 때 사용합니다.
인수	criteria_range : 조건을 찾을 첫 번째 범위를 지정합니다. criteria : 개수를 구할 조건을 입력합니다.

01_ 부서별 응시자 수를 구하기 위해 [M12] 셀을 선택합니다. 수식 입력줄의 [함수 삽입](f_x)을 클릭하고 [함수 마법사] 대화상자가 나타나면 이번에는 [함수 검색]에 『COUNTIF』를 입력한 후 [검색]을 클릭합니다. [함수 선택]에 다양한 함수가 검색되면 'COUNTIF'를 선택하고 [확인]을 클릭합니다.

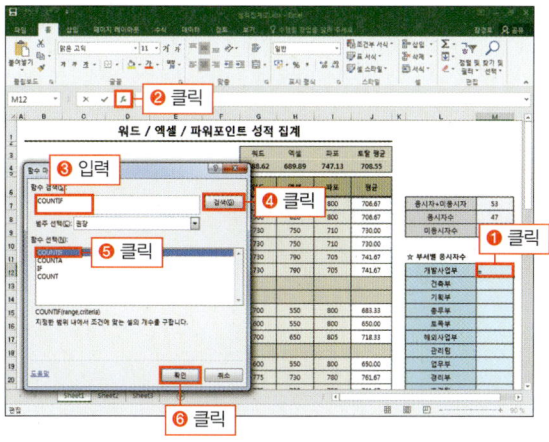

> **TIP**
> COUNTIF 함수는 한 개의 조건에 맞는 셀의 개수를 구하는 함수로써 여기서는 부서별로 응시자 수를 구합니다.

02_ [함수 인수] 대화상자가 나타나면 [Range]에 『E7:E59』를 입력하여 부서가 입력되어 있는 영역을 지정합니다. [Criteria]에는 『L12』를 입력하고 [확인]을 클릭합니다.

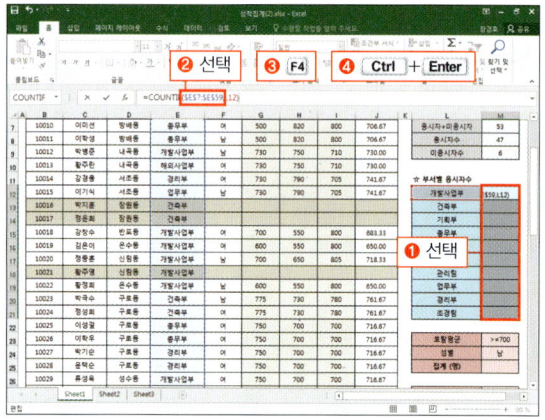

TIP

[M12] 셀에 들어가는 완성 수식 : =COUNTIF(E7:E59,L12)

03_ 부서별 응시자 수를 구하기 위해 [M12] 셀에서 [M21] 셀을 드래그하여 선택합니다. 수식 입력줄에 입력되어 있는 수식 중에 'E7:E59'를 드래그하여 선택하고 F4를 눌러 절대 참조로 변경합니다. 즉, 『=COUNTIF($E$7:$E$59,L12)』 절대 참조로 변경한 후 Ctrl + Enter 를 누릅니다.

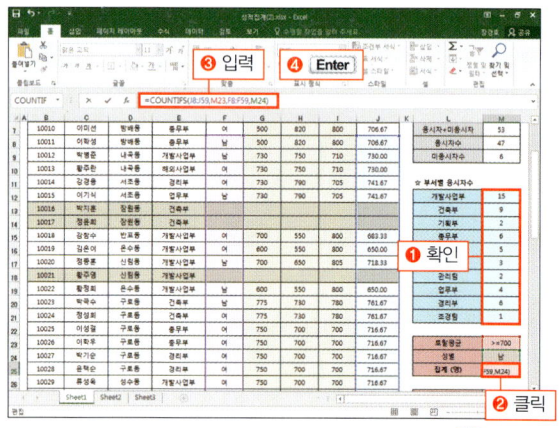

TIP

영역을 지정하여 수식을 입력한 다음 Ctrl + Enter 를 누르면 지정한 영역에 한 번에 수식이 채워집니다.

04_ [M12] 셀에서 [M21] 셀까지 응시자 수가 집계됩니다. 이번에는 평균이 700점 이상인 남성 응시자를 구하기 위해 [M25] 셀을 선택합니다. 수식 입력줄에 『=COUNTIFS(J8:J59,M23,F8:F59,M24)』를 입력하고 Enter 를 누릅니다.

TIP

COUNTIFS 함수는 COUNTIF 함수와 비슷하나 여러 개의 조건에 맞는 셀의 개수를 구할 때 사용합니다. 여기서는 평균 700점 이상과 성별에 따른 집계를 구합니다.

TIP

[M25] 셀에 들어가는 완성 수식 : =COUNTIFS(J8:J59,M23,F8:F59,M24)

01_ 금일 날짜를 입력하기 위해 [F2] 셀을 선택합니다. [수식] 탭-[함수 라이브러리] 그룹에서 [날짜 및 시간]-[TODAY]를 클릭합니다. [함수 인수] 대화상자가 나타나면 [확인]을 클릭합니다.

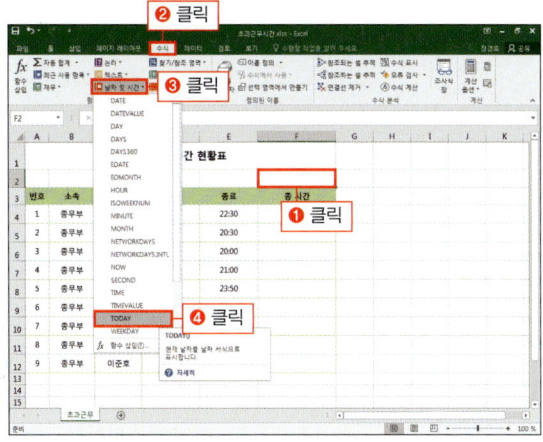 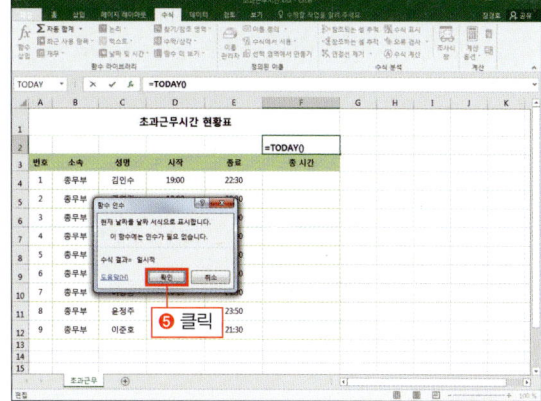

TIP

[F2] 셀을 선택한 다음 『=TODAY()』를 입력하고 **Enter** 를 눌러도 됩니다.

TIP

[F2] 셀에 들어가는 완성 수식 : =TODAY()

02_ 초과 근무 시간을 구하기 위해 [F4] 셀을 선택합니다. [수식] 탭-[함수 라이브러리] 그룹에서 [날짜 및 시간]-[HOUR]를 클릭합니다.

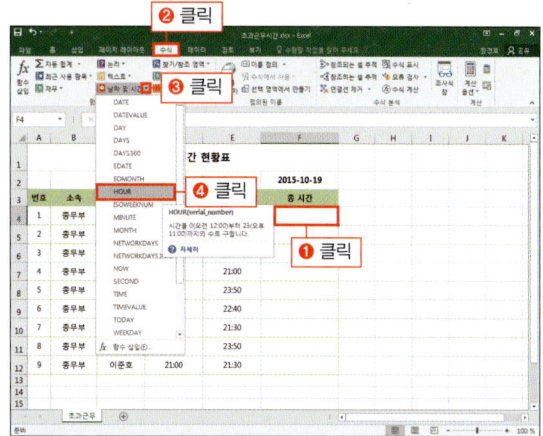

03_ [함수 인수] 대화상자의 [Serial_number]에 『E4-D4』를 입력하고 [확인]을 클릭합니다.

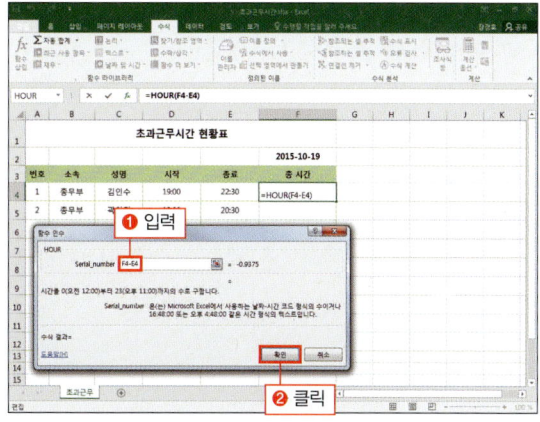

01_ 금일 날짜를 입력하기 위해 [F2] 셀을 선택합니다. [수식] 탭–[함수 라이브러리] 그룹에서 [날짜 및 시간]–[TODAY]를 클릭합니다. [함수 인수] 대화상자가 나타나면 [확인]을 클릭합니다.

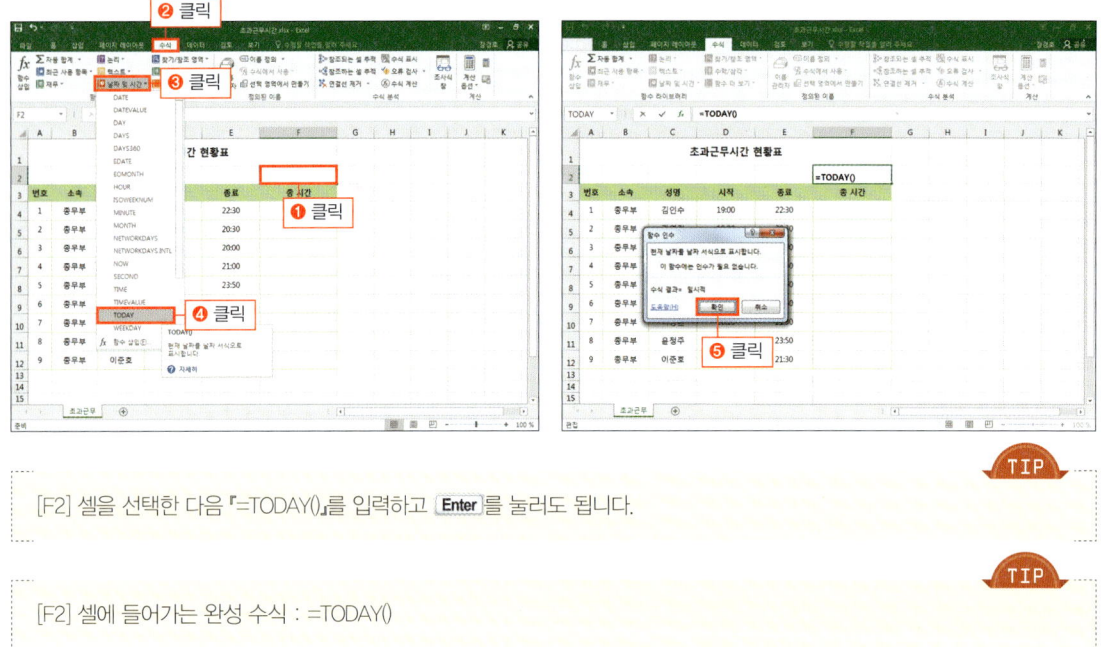

TIP

[F2] 셀을 선택한 다음 『=TODAY()』를 입력하고 Enter 를 눌러도 됩니다.

TIP

[F2] 셀에 들어가는 완성 수식 : =TODAY()

02_ 초과 근무 시간을 구하기 위해 [F4] 셀을 선택합니다. [수식] 탭–[함수 라이브러리] 그룹에서 [날짜 및 시간]–[HOUR]를 클릭합니다.

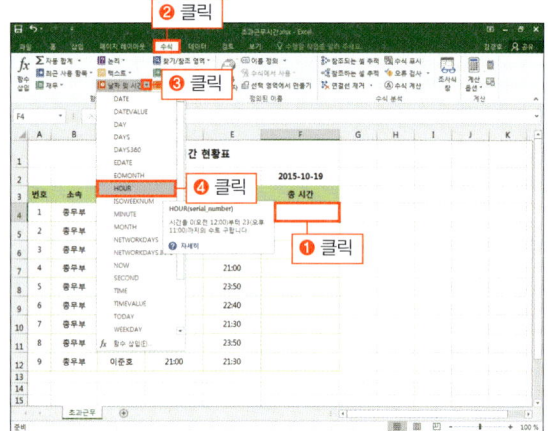

03_ [함수 인수] 대화상자의 [Serial_number]에 『F4–E4』를 입력하고 [확인]을 클릭합니다.

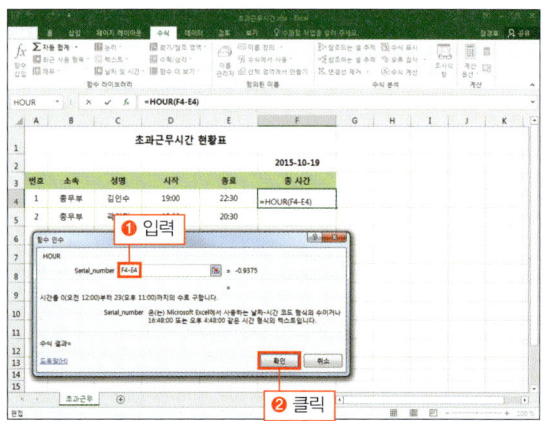

04_ 수식 입력줄에서 '=HOUR(E4-D4)' 뒤에 『&"시간"&MINUTE(E4-D4)&"분"』을 입력하고 **Enter** 를 누릅니다.

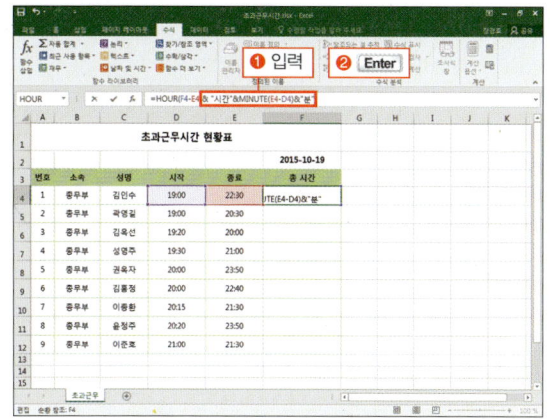

05_ [F4] 셀의 채우기 핸들( )을 [F12] 셀까지 드래그하여 완성합니다.

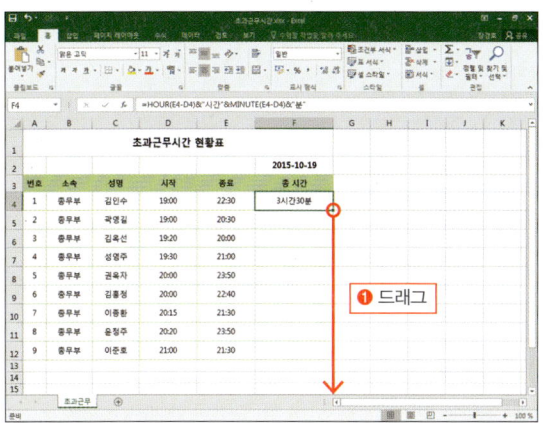 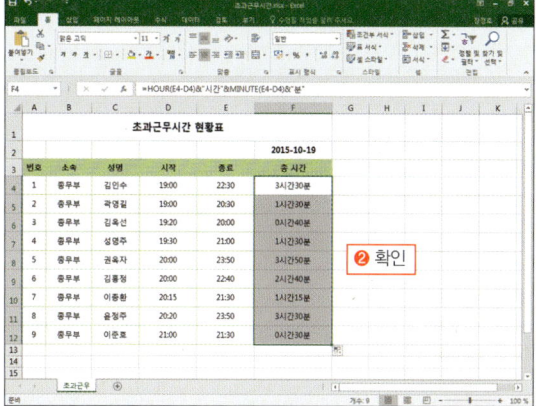

TIP

[F4] 셀에 들어가는 완성 수식 : =HOUR(E4-D4)&"시간"&MINUTE(E4-D4)&"분"

1 TRIM 함수는 문자의 앞, 뒤에 불필요한 공백이 발생했을 경우 공백 하나만 남긴 채 나머지 공백은 제거하는 함수입니다. 준비파일을 불러온 후 TRIM 함수를 활용해 공백을 제거해 보세요.

◎ 준비파일 : Part01₩Chapter03₩Check₩주소록.xlsx　　◎ 완성파일 : Part01₩Chapter03₩Check₩주소록_완성.xlsx

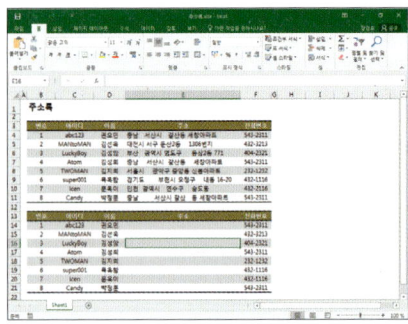 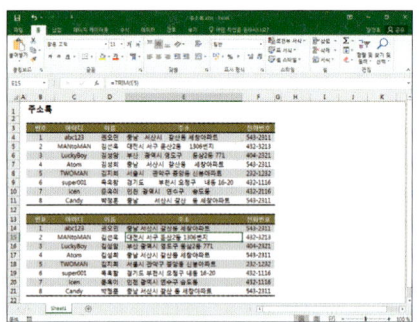

힌트

❶ [E14:E21] 영역을 드래그하여 선택하고 수식 입력줄에 『=TRIM(E4)』를 입력합니다.

❷ 영역을 먼저 지정한 후 수식을 입력한다면 Enter 가 아닌 Ctrl + Enter 를 누릅니다.

---

2 아이디나 영문 이름의 경우 모든 문자를 대문자로 변경하거나 소문자로 변경하는 등 통일해야 하는 경우가 발생합니다. 이럴 때 사용할 수 있는 함수가 바로 LOWER, UPPER, PROPER 함수입니다. 이런 함수들을 이용하여 대문자, 소문자, 대소문자로 문자를 변경해 보세요.

◎ 준비파일 : Part01₩Chapter03₩Check₩닉네임.xlsx　　◎ 완성파일 : Part01₩Chapter03₩Check₩닉네임_완성.xlsx

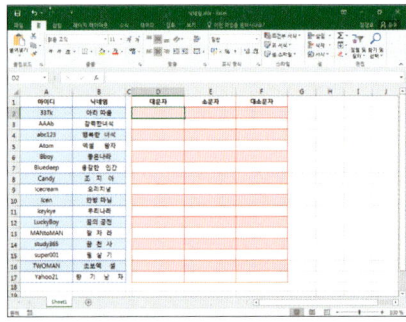 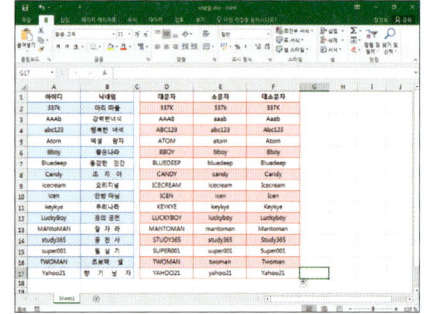

힌트

❶ 영문을 대문자로 변경하기 위해 [D2] 셀을 선택하고 수식 입력줄에 『=UPPER(A2)』를 입력합니다.

❷ 영문을 소문자와 대소문자로 변경하기 위해 'LOWER', 'PROPER' 함수를 활용해 문자를 변경합니다.

Section 04

실무 함수 익히기

다양한 형식으로 구성된 데이터의 경우 실무 함수를 적절히 활용할 수 있어야 합니다. 여기서는 자주 사용하지는 않지만 유용하게 사용되는 함수를 비롯해 실무 함수를 통해 업무 능률을 향상시킬 수 있는 방법을 살펴보겠습니다.

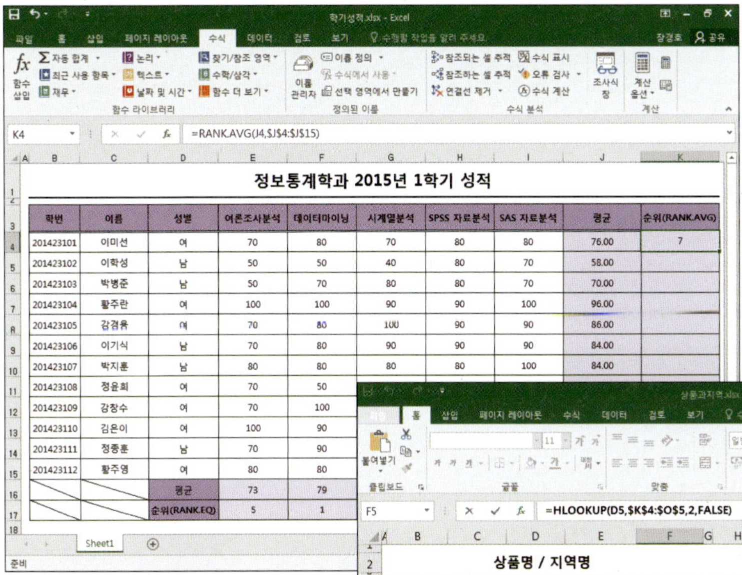

▲ RANK.EQ, RANK.AVG 함수로
　1학기 성적 순위 구하기

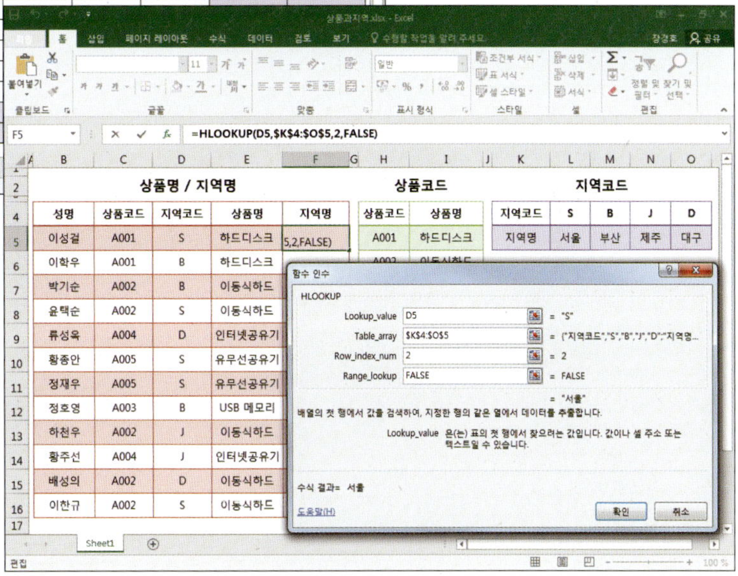

▲ VLOOKUP, HLOOKUP 함수로 상품명과 지역명 입력하기

이번 섹션에서 배울 주요 내용

- RANK.EQ, RANK.AVG 함수로 1학기 성적 순위 구하기
- LOOKUP 함수로 제품코드로 제품명 나타내기
- VLOOKUP, HLOOKUP 함수로 상품명과 지역명 입력하기
- INDEX 함수로 근무연수에 따른 연봉 구하기
- SUMPRODUCT 함수로 배열 값 구하기
- DSUM, DAVERAGE 함수로 부서 합계, 평균 구하기
- DCOUNT 함수로 조건에 맞는 응시인원, 합격인원 구하기
- FV 함수를 이용해 정기적금 만기 시 받을 금액 산출하기

RANK.EQ, RANK.AVG 함수로 1학기 성적 순위 구하기

∷ 준비파일 Part01₩Chapter03₩Section04₩학기성적.xlsx | **완성파일** Part01₩Chapter03₩Section04₩학기성적_완성.xlsx

RANK.EQ 함수는 기존 RANK 함수와 마찬가지로 둘 이상이 순위가 동일하면 동일한 순위를 구하며, RANK.AVG 함수는 평균 순위를 구하는 함수입니다.

RANK 함수 : RANK(number,ref,order)

설명	지정한 목록들의 순위를 구합니다. 엑셀 2010 이전 버전에서 사용했던 순위 함수로써 엑셀 2010부터 RANK.EQ, RANK.AVG로 변경되었습니다.
인수	**number** : 순위를 구하려는 셀을 입력합니다. **ref** : 숫자 목록의 범위입니다. 숫자 이외의 값은 무시됩니다. **order** : 순위 결정 방법을 지정하는 수입니다. 0이거나 생략하면 내림차순으로, 0이 아니면 오름차순으로 정렬됩니다.

RANK.EQ 함수 : RANK.EQ(number,ref,order)

설명	지정한 목록들의 순위를 구합니다. 동일한 순위가 여러 개이면 가장 높은 순위를 반환합니다.
인수	**number** : 순위를 구하려는 셀을 입력합니다. **ref** : 숫자 목록의 범위입니다. 숫자 이외의 값은 무시됩니다. **order** : 순위 결정 방법을 지정하는 수입니다.

RANK.AVG 함수 : RANK.AVG(number,ref,order)

설명	지정한 목록들의 순위를 구합니다. 동일한 순위가 여러 개이면 평균 순위를 반환합니다.
인수	**number** : 순위를 구하려는 셀을 입력합니다. **ref** : 숫자 목록의 범위입니다. 숫자 이외의 값은 무시됩니다. **order** : 순위 결정 방법을 지정하는 수입니다.

01_ RANK.EQ 함수를 이용하여 순위를 구해보겠습니다. [E17] 셀을 선택하고 [수식] 탭-[함수 라이브러리] 그룹에서 [함수 더 보기]-[통계]-[RANK.EQ]를 클릭합니다. [함수 인수] 대화상자가 나타나면 [Number]에 『E16』, [Ref]에 『$E$16:$I$16』을 입력하고 [확인]을 클릭합니다.

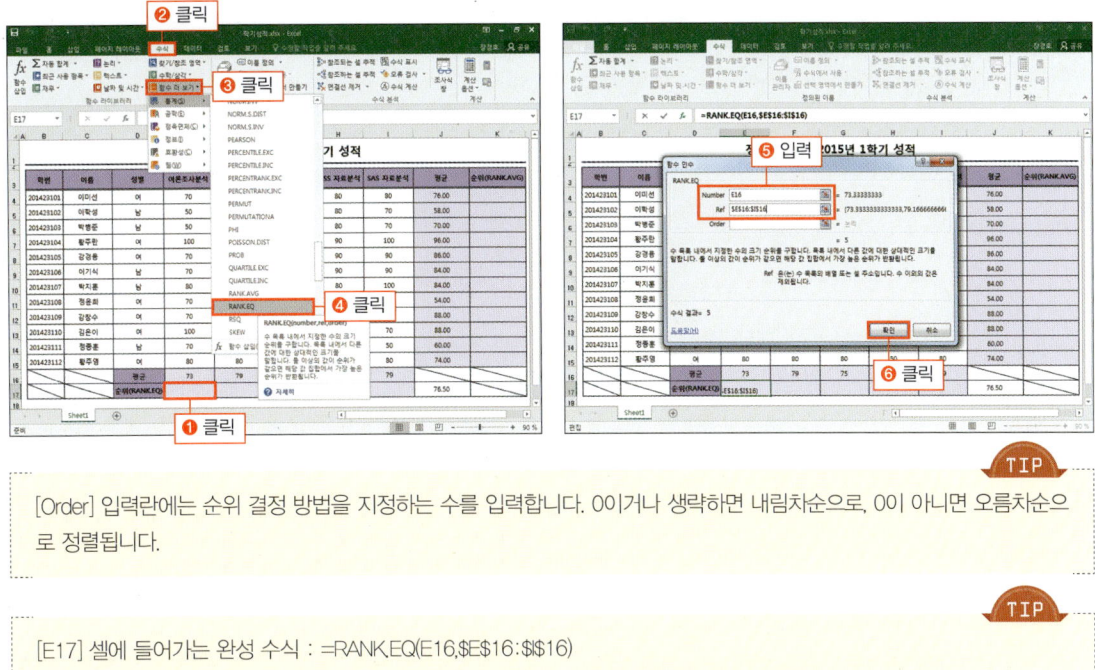

TIP

[Order] 입력란에는 순위 결정 방법을 지정하는 수를 입력합니다. 0이거나 생략하면 내림차순으로, 0이 아니면 오름차순으로 정렬됩니다.

TIP

[E17] 셀에 들어가는 완성 수식 : =RANK.EQ(E16,$E$16:$I$16)

02_ [E17] 셀에 과목별 순위가 구해집니다. 채우기 핸들을 [I17] 셀까지 드래그하여 과목별 순위를 구합니다.

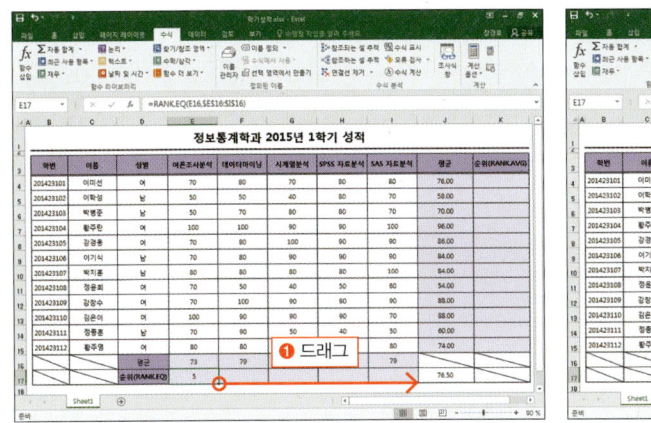

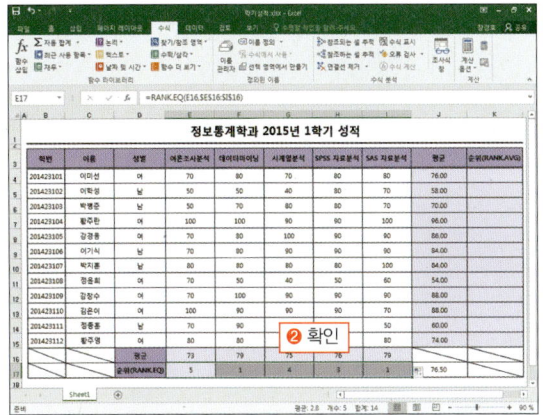

03_ 이번에는 RANK.AVG 함수를 이용하여 순위를 구해보겠습니다. [K4] 셀을 선택하고 [수식] 탭-[함수 라이브러리] 그룹에서 [함수 더 보기]-[통계]-[RANK.AVG]를 클릭합니다. [함수 인수] 대화상자가 나타나면 [Number]에 『J4』, [Ref]에 『$J$4:$J$15』를 입력하고 [확인]을 클릭합니다.

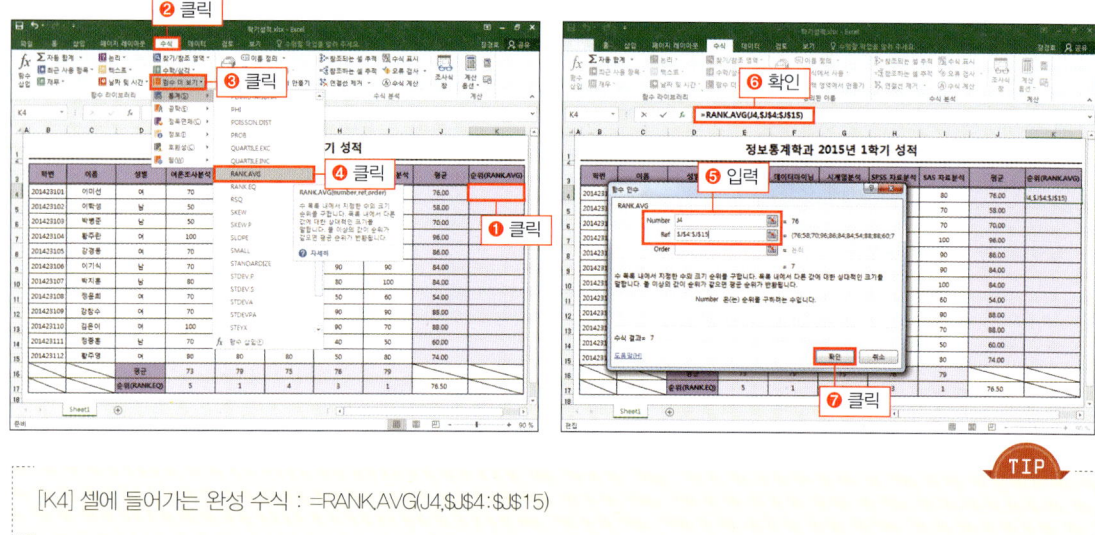

[K4] 셀에 들어가는 완성 수식 : =RANK.AVG(J4,$J$4:$J$15)

04_ [K4] 셀에 학생별 순위가 구해집니다. 채우기 핸들을 [K15] 셀까지 드래그하여 학생별 순위를 구합니다.

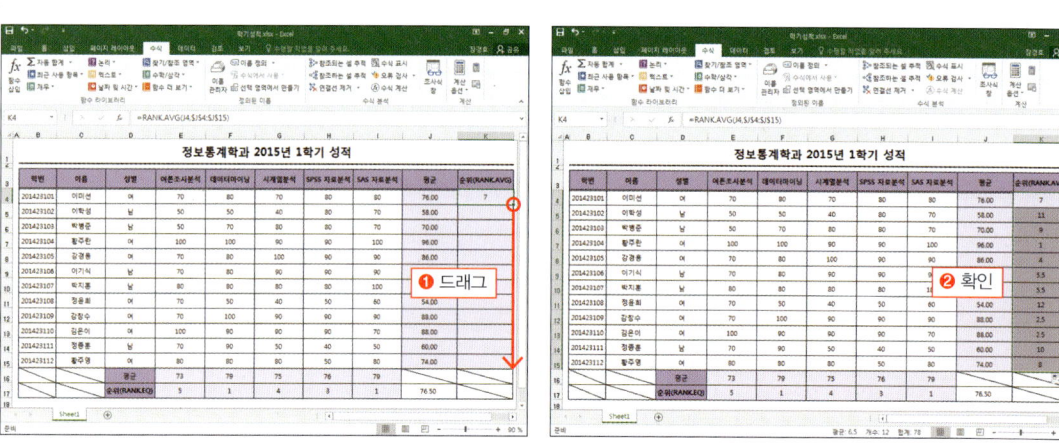

[수식] 탭-[함수 라이브러리] 그룹에서 [함수 더 보기]-[통계]를 클릭하면 이전 버전에 존재했던 RANK 함수를 찾을 수 없고, RANK.EQ 함수와 RANK.AVG 함수만 찾을 수 있습니다. 만일 기존에 사용하던 RANK 함수를 사용하고 싶다면 [수식] 탭-[함수 라이브러리] 그룹에서 [함수 더 보기]-[통계]-[호환성]을 클릭한 후 RANK 함수를 선택합니다.

개선된 함수

개선된 함수는 새롭게 정의된 함수이거나 추가된 함수로, 함수 뒤에 '.'이 붙어 있습니다. 예를 들어, RANK.EQ 함수와 RANK.AVG 함수의 경우 이전 버전에서 제공되던 RANK 함수를 새롭게 개선하여 추가된 함수입니다.

함수	용도
RANK 함수	순위를 구하는 함수로 엑셀 2007 이전에 사용하던 함수입니다.
RANK.AVG 함수	순위를 구하는 함수로 순위가 같은 수가 여러 개이면 평균 순위를 반환합니다.
RANK.EQ 함수	이전 버전에서 사용하던 RANK 함수와 마찬가지로 순위가 같은 수가 여러 개이면 가장 높은 순위를 반환합니다.

LOOKUP 함수를 이용하여 제품코드로 제품명 나타내기

:: 준비파일 Part01₩Chapter03₩Section04₩배송상품.xlsx | 완성파일 Part01₩Chapter03₩Section04₩배송상품_완성.xlsx

제품코드는 알고 있지만 정확한 제품명을 모른다고 가정했을 경우 제품코드에 해당하는 제품명을 찾아 화면에 표시할 수 있습니다. 이런 값을 찾아야 한다면 조회 및 참조 함수 중 하나인 LOOKUP 함수를 사용합니다.

LOOKUP 함수

벡터형 : LOOKUP(lookup_value, lookup_vector, result_vector)

설명	한 개의 행이나 한 개의 열로 이루어진 범위 또는, 배열에서 값을 반환합니다. 찾으려는 값의 목록이 길거나 시간이 흐름에 따라 값이 변할 수 있는 경우 벡터형을 사용합니다.
인수	lookup_value : LOOKUP 함수를 사용하여 첫 번째 벡터에서 검색하려는 값입니다. lookup_vector : 행이나 열을 한 개만 포함합니다. result_vector : 인수는 lookup_vector와 크기가 같아야 합니다.

배열형 : LOOKUP(lookup_value, array)

설명	값의 목록이 길지 않거나 시간이 지나도 값이 변하지 않는 경우 배열형을 사용합니다.
인수	lookup_value : LOOKUP 함수를 사용하여 배열에서 찾으려는 값입니다. array : lookup_value와 비교할 셀 범위입니다.

01_ 제품코드를 이용하여 상품명을 나타내기 위해 [F3] 셀을 선택합니다. [수식] 탭–[함수 라이브러리] 그룹에서 [찾기/참조 영역]–[LOOKUP]을 클릭합니다.

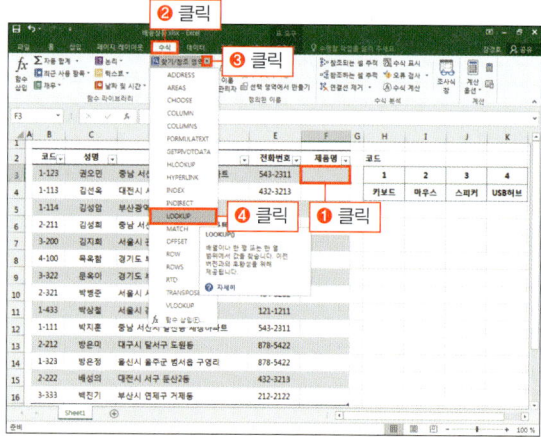

02_ [인수 선택] 대화상자에서 'Lookup_value, array'를 선택한 다음 [확인]을 클릭합니다.

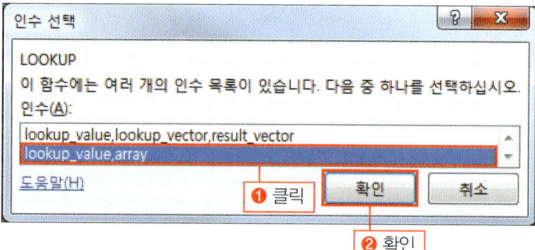

03_ [함수 인수] 대화상자가 나타나면 [Lookup_value]에 『LEFT(B3, 1)』, [Array]에 『$H$3:$K$4』를 입력하고 [확인]을 클릭합니다.

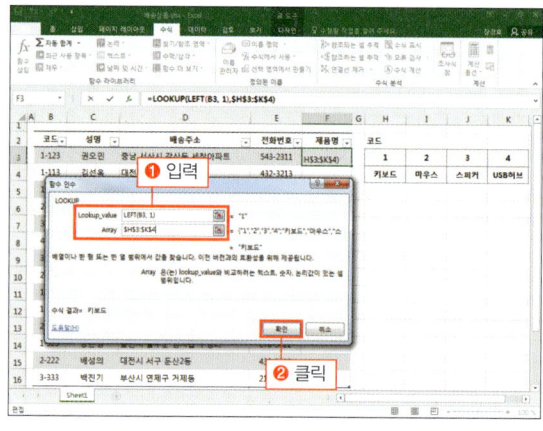

> **TIP**
> [F3] 셀에 들어가는 완성 수식 : =LOOKUP(LEFT(B3, 1),$H$3:$K$4)

VLOOKUP, HLOOKUP 함수로 상품명과 지역명 입력하기

∷ **준비파일** Part01₩Chapter03₩Section04₩상품과지역.xlsx | **완성파일** Part01₩Chapter03₩Section04₩상품과지역_완성.xlsx

참조하는 표의 머리글이 열 순서대로 나열되어 있으면 VLOOKUP 함수를 사용하고, 행 순서대로 나열되어 있으면 HLOOKUP 함수를 사용합니다.

VLOOKUP 함수 : VLOOKUP(lookup_value, table_array, col_index_num, range_lookup)

설명	표의 첫 열에서 값을 찾아서 같은 행의 데이터를 반환합니다.
인수	**lookup_value :** 테이블의 첫 열에서 찾을 값입니다. **table_array :** 데이터를 찾을 표입니다. **col_index_num :** 같은 행에서 반환할 열 번호입니다. **range_lookup :** VLOOKUP이 정확하게 일치하는 값을 찾을 것인지 근사 값을 찾을 것인지를 지정하는 논리 값으로써 FALSE를 입력하면 정확한 값을, TRUE이거나 생략하면 비슷한 범위 값을 산출합니다.

HLOOKUP 함수 : HLOOKUP(lookup_value, table_array, row_index_num, range_lookup)

설명	표의 첫 행에서 값을 찾아서 같은 열의 데이터를 반환합니다.
인수	**lookup_value :** 테이블의 첫 행에서 찾을 값입니다. **table_array :** 데이터를 찾을 표입니다. **col_index_num :** 같은 열에서 반환할 행 번호입니다. **range_lookup :** HLOOKUP이 정확하게 일치하는 값을 찾을 것인지 근사 값을 찾을 것인지를 지정하는 논리 값으로써 FALSE를 입력하면 정확한 값을, TRUE이거나 생략하면 비슷한 범위 값을 산출합니다.

01_ 상품코드를 보면 표의 머리글이 열 순서대로 나열되어 있습니다. VLOOKUP 함수를 이용하기 위해 [E5] 셀을 선택하고 수식 입력줄의 [함수 삽입](f_x)을 클릭합니다. [함수 인수] 대화상자가 나타나면 [범주 선택]에서 '찾기/참조 영역', [함수 선택]에서 'VLOOKUP'을 선택하고 [확인]을 클릭합니다.

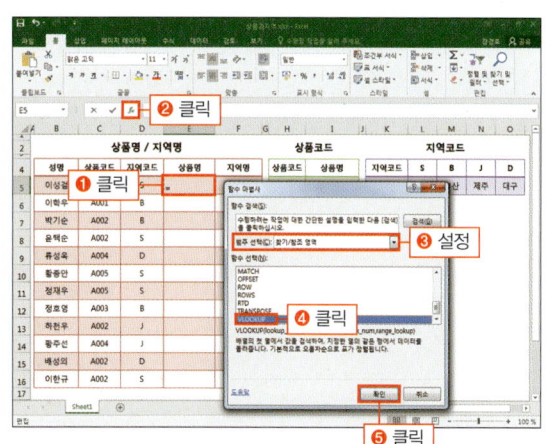

> **TIP**
>
> VLOOKUP 함수는 가로로 입력된 데이터를 추출할 때 사용하며, HLOOKUP 함수는 세로로 입력된 데이터를 추출할 때 사용합니다. 하지만 두 개의 함수 모두 사용 형식이 동일합니다.

02_ [함수 인수] 대화상자가 나타나면 [Lookup_value]에 『C5』, [Table_array]에 『$H$5:$I$9』, [Col_index_num]에 『2』, [Range_lookup]에 『FALSE』를 입력하고 [확인]을 클릭합니다.

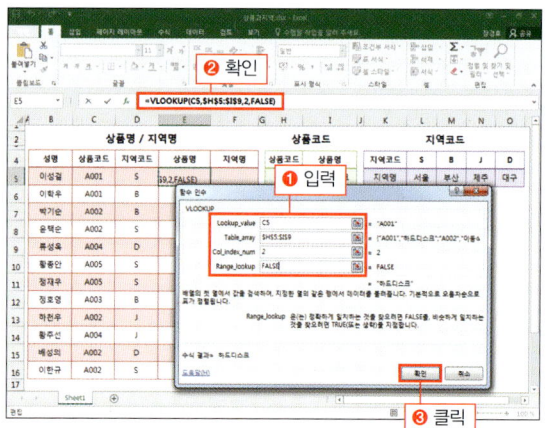

03_ [E5] 셀의 자동 채우기 핸들(┴)을 [E16] 셀까지 드래그하여 자동 채우기 합니다. [자동 채우기 옵션](┅)을 클릭하고 [서식 없이 채우기]를 선택합니다.

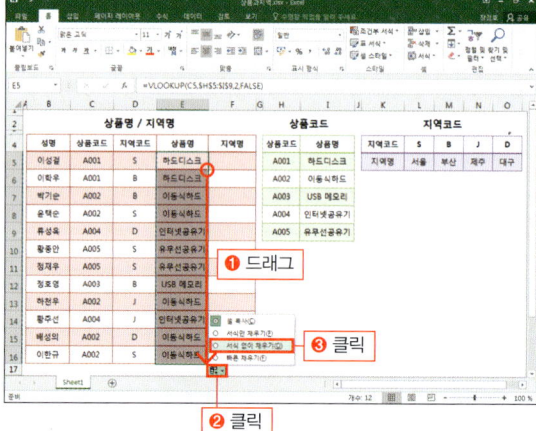

TIP

[E5] 셀에 들어가는 완성 수식 : =VLOOKUP(C5,$H$5:$I$9,2,FALSE)

04_ 지역코드를 보면 표의 머리글이 행 순서대로 나열되어 있습니다. 이럴 때에는 HLOOKUP 함수를 사용할 수 있습니다. [F5] 셀을 선택하고 수식 입력줄의 [함수 삽입](fx)을 클릭합니다. [함수 인수] 대화상자가 나타나면 [범주 선택]에서 '찾기/참조 영역', [함수 선택]에서 'HLOOKUP'을 선택하고 [확인]을 클릭합니다.

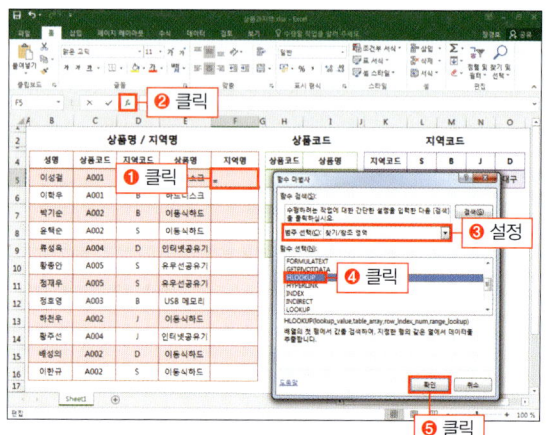

05_ [함수 인수] 대화상자가 나타나면 [Lookup_value]에 『D5』, [Table_array]에 『$K$4:$O$5』, [Col_index_num]에 『2』, [Range_lookup]에 『FALSE』를 입력하고 [확인]을 클릭합니다.

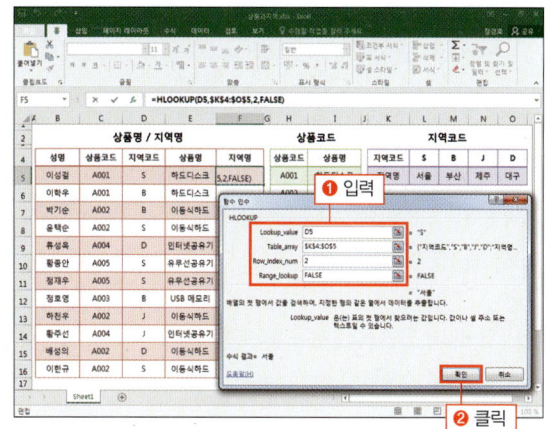

06_ [F5] 셀에 값이 입력됩니다. 자동 채우기 핸들(├┤)을 [F16] 셀까지 드래그하여 자동 채우기 합니다. [자동 채우기 옵션](├┤)을 클릭한 후 [서식 없이 채우기]를 선택합니다.

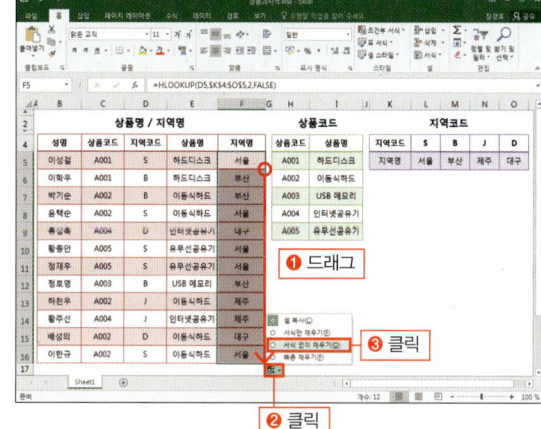

> **TIP**
>
> [F5] 셀에 들어가는 완성 수식 : =HLOOKUP(D5,$K$4:$O$5,2,FALSE)

대표적인 함수

함수는 필요한 인수를 지정하기만 해도 복잡한 계산을 쉽게 풀어낼 수가 있습니다. 이러한 함수는 각종 계산을 위해 홀로 사용할 수도 있고, 함수의 인수로 숫자나 셀 주소 이외에 다른 함수를 입력하는 등 중첩 형식으로 사용할 수도 있습니다.

엑셀에서 사용하는 함수 중 특히 사용 빈도가 높은 함수는 다음에 나오는 표와 같습니다. 계산식이 간단할 경우 수식을 입력하는 것이 편리하지만 복잡한 계산식이라면 함수를 이용하는 것이 편리합니다.

NO	범주	대표 함수	대표적인 용도
1	수학 함수	SUM, SUMIF, ...	수학적인 계산을 할 때 사용
2	날짜/시간 함수	DAY, YEAR, ...	날짜와 시간이 필요할 때 사용
3	통계 함수	AVERAGE, COUNT, ...	통계를 사용할 때 사용
4	텍스트 함수	LEFT, RIGHT, MID, ...	문자열과 관련된 역할
5	논리 함수	IF, ...	값을 비교하여 참 거짓 판정
6	찾기/참조 함수	INDEX, HLOOKUP, ...	특정한 값을 추출
7	재무 함수	FV, PMT, ...	재무 관련 계산을 할 때 사용

INDEX 함수로 근무연수에 따른 연봉 구하기

:: **준비파일** Part01₩Chapter03₩Section04₩연봉표.xlsx | **완성파일** Part01₩Chapter03₩Section04₩연봉표_완성.xlsx

INDEX 함수는 표나 선택 범위 안에서 값이나 참조 영역을 구하는 함수입니다. 선택한 범위나 영역을 행렬로 인식하기 때문에 필요한 내용을 찾을 때 행의 순서나 열의 순서를 입력하면 원하는 값을 쉽게 찾을 수 있습니다.

01_ 봉급 및 연봉표의 계급 및 호봉에 따른 연봉을 구하기 위해 [I4] 셀을 선택하고, [수식] 탭–[함수 라이브러리] 그룹에서 [찾기/참조 영역]–[INDEX]를 클릭합니다. [함수 선택] 대화상자에서 'array,row_num,column_num'을 선택하고 [확인]을 클릭합니다.

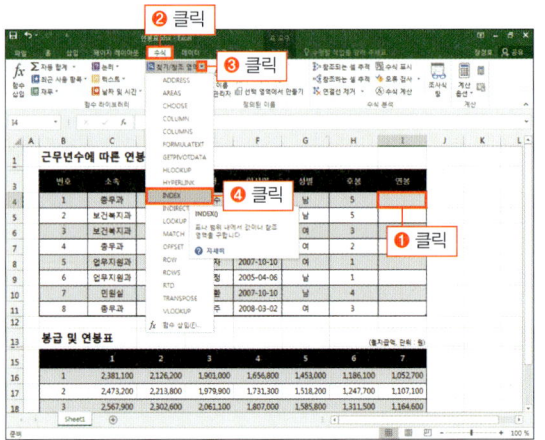
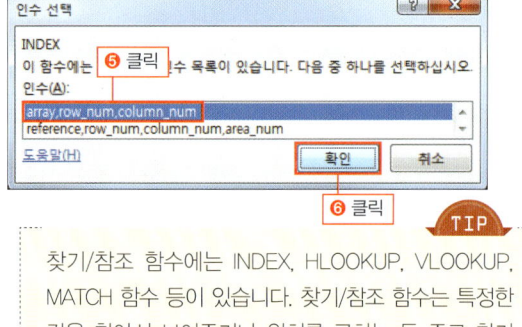

TIP

찾기/참조 함수에는 INDEX, HLOOKUP, VLOOKUP, MATCH 함수 등이 있습니다. 찾기/참조 함수는 특정한 값을 찾아서 보여주거나 위치를 구하는 등 주로 찾기 기능에 적합한 함수입니다.

TIP

INDEX 함수에는 배열형과 참조형이라는 두 가지 형식이 있습니다. 배열형은 지정된 셀이나 셀 배열의 값을 반환하며, 참조형은 지정된 셀에 대한 참조를 반환합니다.

02_ [함수 인수] 대화상자가 나타나면 [Array]에 『$C$16:$I$20』, [Row_num]에 『H4』, [Column]에 『D4』를 입력하고 [확인]을 클릭합니다.

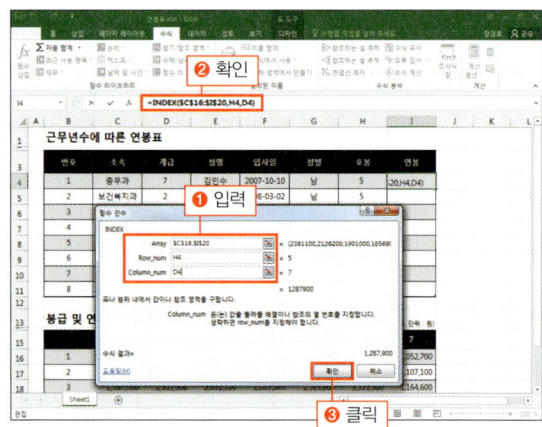

TIP

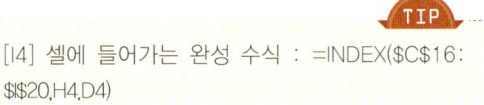

[I4] 셀에 들어가는 완성 수식 : =INDEX($C$16:$I$20,H4,D4)

SUMPRODUCT 함수로 배열 값 구하기

: : **준비파일** Part01₩Chapter03₩Section04₩판매집계.xlsx | **완성파일** Part01₩Chapter03₩Section04₩판매집계_완성.xlsx

SUMPRODCUT 함수를 활용하면 지정한 행과 행 또는 열과 열에 대한 곱한 값을 더한 총 합계를 구할 수 있습니다. 예를 들어, C1*D1, C2*D2, C3*D3 등으로 곱한 값의 합계를 구할 때 사용합니다.

SUMPRODUCT 함수 : SUMPRODUCT(array1, array2, array3, ...)

설명	배열 또는, 범위에 대응하는 값끼리 곱해서 합계를 구합니다.
인수	**array1** : 필수 요소입니다. 계산하려는 배열의 첫 번째 인수입니다. **array2, array3** : 선택 요소입니다. 계산하려는 배열의 인수로써 2개에서 255개까지 지정할 수 있습니다.

01_ [G2] 셀을 선택하고 [수식] 탭-[함수 라이브러리] 그룹에서 [수학/삼각]-[SUMPRODUCT]를 클릭합니다.

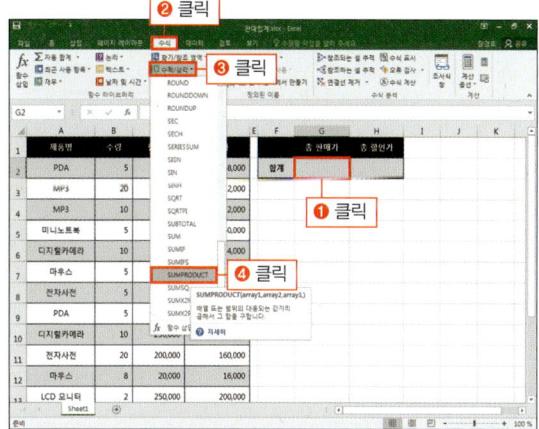

02_ [함수 인수] 대화상자가 나타나면 [Array1]에 『C2:C15』를 입력하고, [Array2]에 『D2:D15』를 입력한 후 [확인]을 클릭합니다.

> **TIP**
>
> [G2] 셀에 들어가는 완성 수식 : =SUMPRODUCT(C2:C15,D2:D15)

03_ 수량과 판매가가 곱해진 상태에서 총 합계가 계산
됩니다. 같은 방법으로 총 할인가도 구해봅니다.

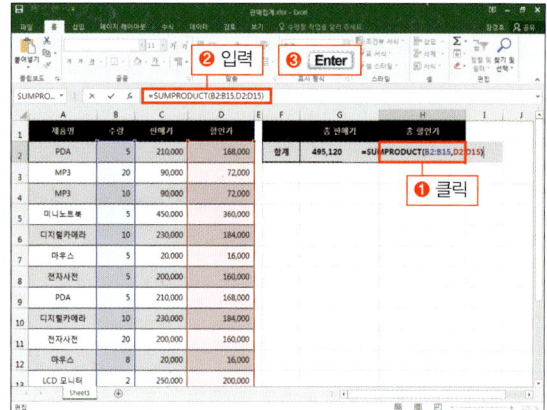

> **TIP**
> [H2] 셀에 들어가는 완성 수식 : =SUMPRODUCT(B2
> :B15,D2:D15)

DSUM, DAVERAGE 함수로 부서 합계, 평균 구하기

:: 준비파일 Part01₩Chapter03₩Section04₩부서집계.xlsx | **완성파일** Part01₩Chapter03₩Section04₩부서집계_완성.xlsx

DSUM 함수는 범위를 데이터베이스로 지정하고 조건에 맞는 필드의 값을 찾아서 합계를 구하는 함
수이며, DAVERAGE 함수는 평균을 구하는 함수입니다.

DSUM 함수 : DSUM(database, field, criteria)

설명	목록이나 데이터베이스의 레코드 필드(열)에서 지정한 조건에 맞는 값들의 합계를 구합니다.
인수	database : 데이터베이스나 목록으로 지정할 셀 범위입니다. field : 합계를 구할 열의 번호입니다. criteria : 지정한 조건이 있는 셀 범위입니다.

DAVERAGE 함수 : DAVERAGE(database, field, criteria)

설명	목록이나 데이터베이스의 레코드 필드(열)에서 지정한 조건에 맞는 값들의 평균을 구합니다.
인수	database : 데이터베이스나 목록으로 지정할 셀 범위입니다. field : 평균을 구할 열의 번호입니다. criteria : 지정한 조건이 있는 셀 범위입니다.

01_ '총무팀'의 점수 합계를 구하기 위해 [M3] 셀을 선택하고 『=DSUM(』를 입력한 후 **Ctrl** + **A** 를 누릅니다.

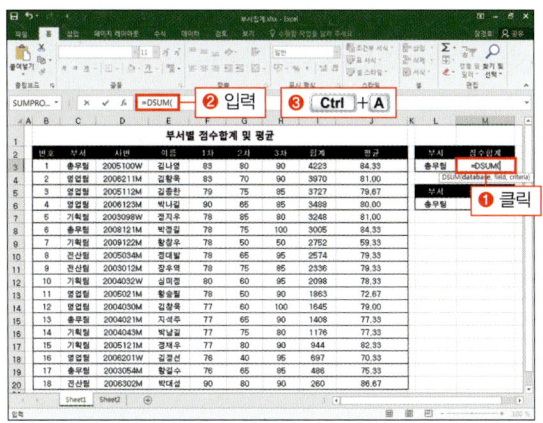

02_ [함수 인수] 대화상자가 나타나면 [Database]에 『B2:J20』, [Field]에 『7』, [Criteria]에 『L2:L3』을 입력한 후 [확인]을 클릭합니다.

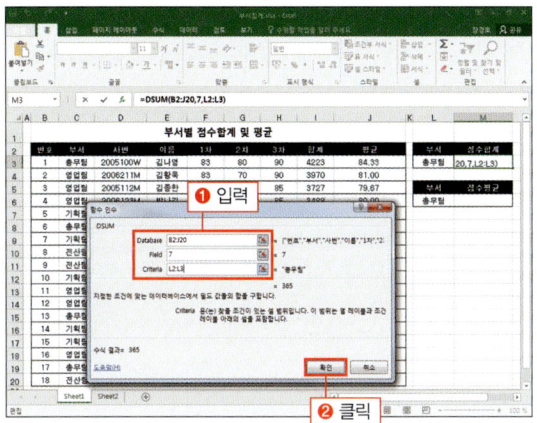

> **TIP**
> DSUM 함수는 목록이나 데이터베이스의 레코드 필드(열)에서 지정한 조건에 맞는 값들의 합계를 구하는 함수로써 Database 인수는 데이터베이스나 목록으로 지정할 셀 범위, Field 인수는 합계를 구할 열의 번호를, Criteria 인수는 지정한 조건이 있는 셀 범위입니다.

03_ [M3] 셀에 '총무팀'의 점수 합계가 구해집니다. [L3] 셀에서 목록 단추를 클릭하여 '영영팀'을 선택합니다. '영업팀' 점수 합계를 확인합니다.

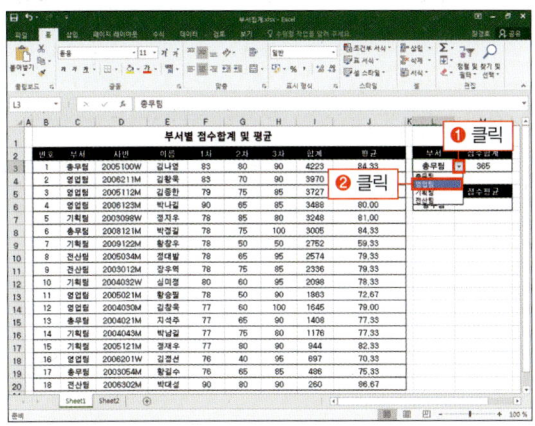 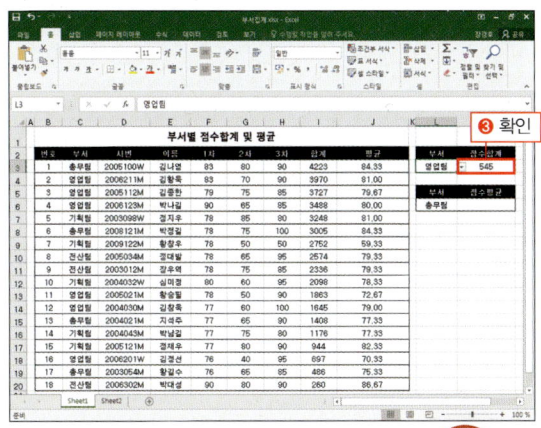

> **TIP**
> 데이터베이스 함수는 보통 전체 범위에서 원하는 조건에 대한 결과 값을 구하는 함수로써 함수 앞 글자에 'D'가 붙어 데이터베이스 함수인지를 쉽게 확인할 수 있습니다.

> **TIP**
> [M3] 셀에 들어가는 완성 수식 : =DSUM(B2:J20,7,L2:L3)

04_ 이번에는 '총무팀'의 점수 평균을 구하기 위해 [M6] 셀을 선택하고 『=DAVERAGE(』를 입력한 후 Ctrl + A 를 누릅니다.

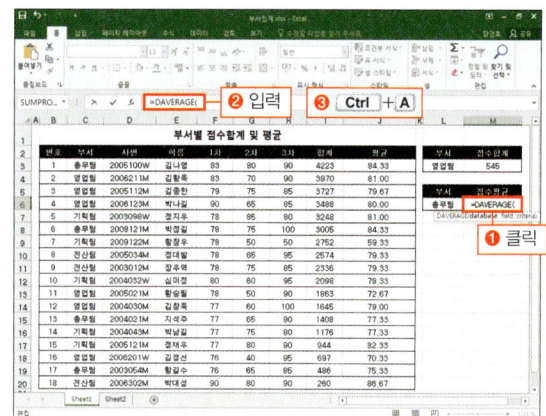

05_ [함수 인수] 대화상자가 나타나면 [Database]에 『B2:J20』, [Field]에 『7』, [Criteria]에 『L5:L6』을 입력한 다음 [확인]을 클릭합니다.

> **TIP**
>
> DAVERAGE 함수는 목록이나 데이터베이스의 레코드 필드(열)에서 지정한 조건에 맞는 값들의 평균을 구하는 함수로써 Database 인수는 데이터베이스나 목록으로 지정할 셀 범위, Field 인수는 합계를 구할 열의 번호를, Criteria 인수는 지정한 조건이 있는 셀 범위입니다.

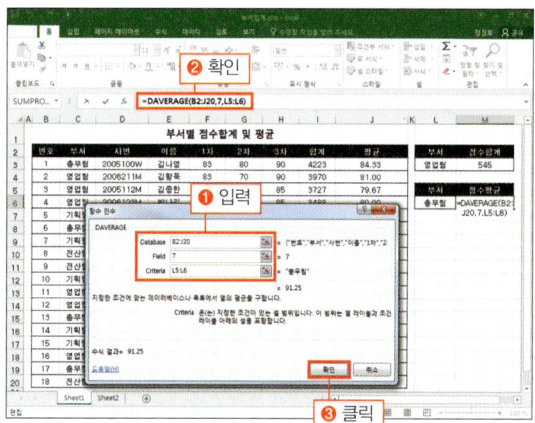

06_ [M6] 셀에 총무팀의 점수 평균이 구해집니다. [L6] 셀의 목록 단추를 클릭해 다른 부서의 평균도 확인합니다.

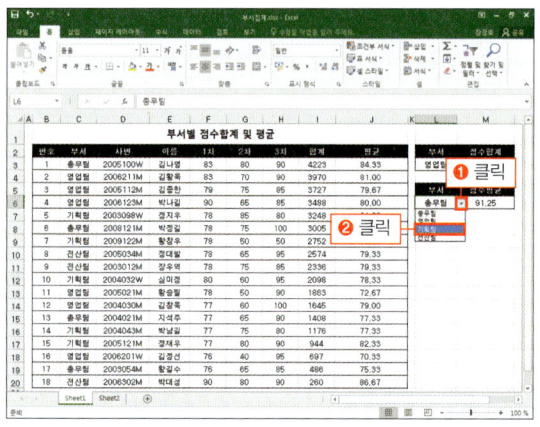

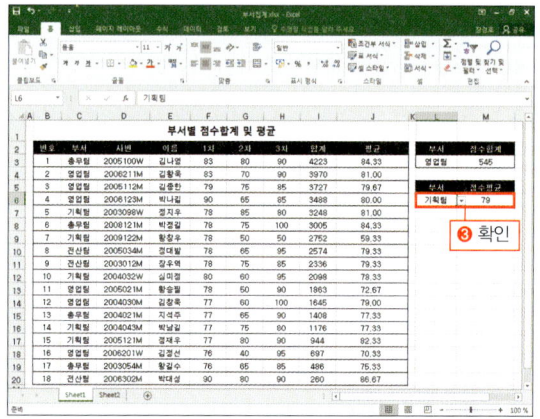

> **TIP**
>
> [M6] 셀에 들어가는 완성 수식 : =DAVERAGE(B2:J20,7,L5:L6)

DCOUNT 함수로 조건에 맞는 응시인원, 합격인원 구하기

:: **준비파일** Part01₩Chapter03₩Section04₩합격통계.xlsx | **완성파일** Part01₩Chapter03₩Section04₩합격통계_완성.xlsx

DCOUNT 함수는 데이터베이스에서 숫자가 있는 셀의 개수를 구할 때 사용하는 함수입니다.

DCOUNT 함수 : DCOUNT(database, field, criteria)

설명	목록이나 데이터베이스의 레코드 필드(열)에서 지정한 조건에 맞는 숫자가 들어 있는 셀의 개수를 구합니다.
인수	**database** : 데이터베이스나 목록으로 지정할 셀 범위입니다. **field** : 합계를 구할 열의 번호입니다. field 인수를 생략하면 데이터베이스에서 조건에 맞는 모든 레코드 개수가 구해집니다. **criteria** : 지정한 조건이 있는 셀 범위입니다.

01_ 지원부서별로 응시인원과 합격인원을 구해보겠습니다. 먼저, 응시인원을 구하기 위해 [L4] 셀을 선택하고 수식 입력줄의 [함수 삽입](f_x)을 클릭합니다. [함수 마법사] 대화상자가 나타나면 [범주 선택]에서 '데이터베이스', [함수 선택]에서 'DCOUNT'를 선택한 후 [확인]을 클릭합니다.

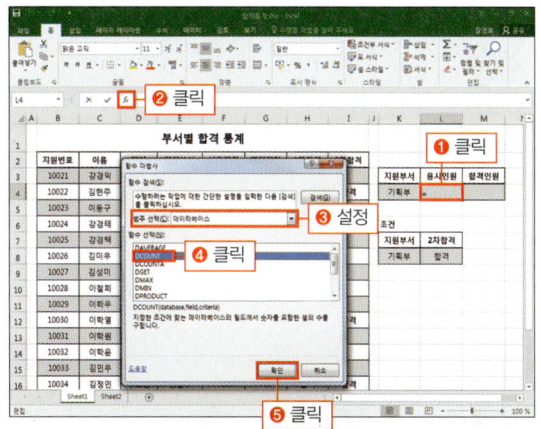

02_ [함수 인수] 대화상자가 나타나면 [Database]에 『B2:I19』, [Field]에 『B2』, [Criteria]에 『K3:K4』를 입력한 다음 [확인]을 클릭합니다.

TIP

[L4] 셀에 들어가는 완성 수식 : =DCOUNT(B2:I19, B2,K3:K4)

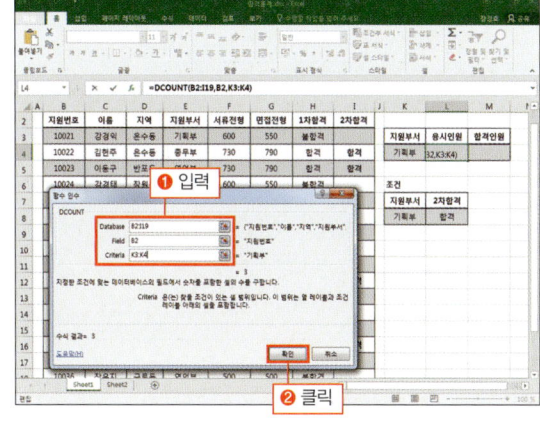

03_ 이번에는 합격인원을 구해보겠습니다. [M4] 셀을 선택한 다음 수식 입력줄의 [함수 삽입](f_x)을 클릭합니다. [함수 마법사] 대화상자가 나타나면 [범주 선택]에서 '최근에 사용한 함수', [함수 선택]에서 'DCOUNT'를 선택한 후 [확인]을 클릭합니다.

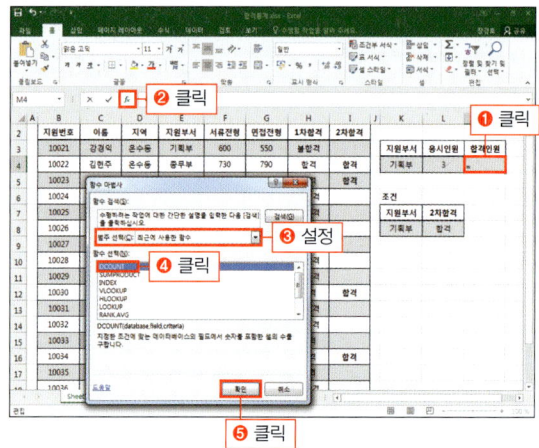

04_ [함수 인수] 대화상자가 나타나면 [Database]에 『B2:I19』, [Field]에 『B2』, [Criteria]에 『K7:L8』을 입력하고 [확인]을 클릭합니다.

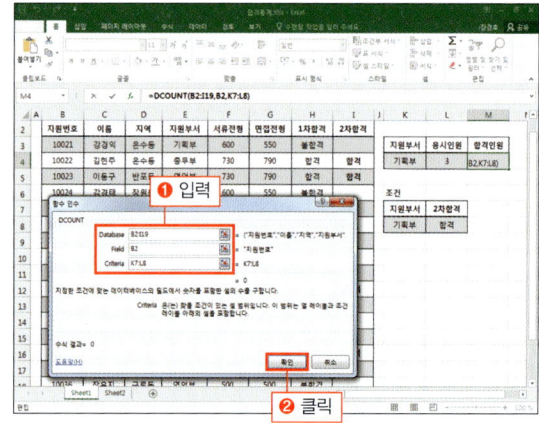

TIP

[M4] 셀에 들어가는 완성 수식 : =DCOUNT(B2:I19, B2,K7:L8)

05_ [K4] 셀의 화살표를 클릭하여 다른 지원부서를 선택해 응시인원과 합격인원이 제대로 구해지는지 확인합니다.

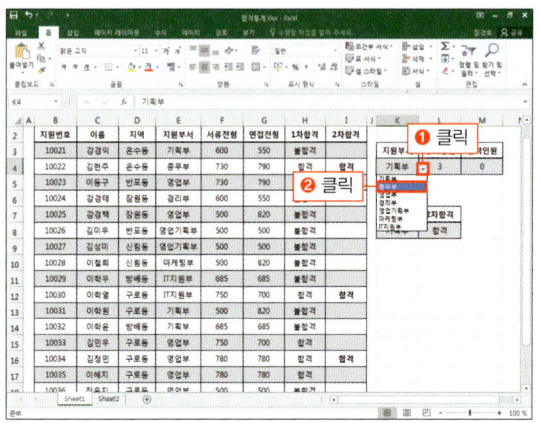

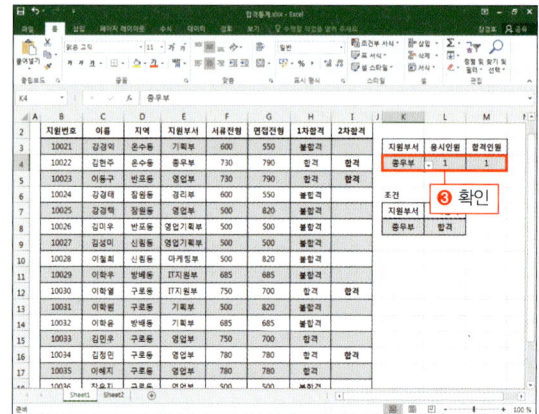

FV 함수를 이용해 정기적금 만기 시 받을 금액 산출하기

:: **준비파일** Part01₩Chapter03₩Section04₩정기적금.xlsx | **완성파일** Part01₩Chapter03₩Section04₩정기적금_완성.xlsx

FV 함수는 일정 금액을 정기적으로 불입하고 일정한 이율을 적용하는 투자의 미래 가치를 계산할 수 있는 함수입니다.

FV 함수 : FV(rate,nper,pmt,pv,type)

설명	일정 금액을 정기적으로 불입하고 일정한 이율을 적용하여 미래 가치를 계산할 수 있습니다.
인수	rate : 기간당 이율입니다. 이율은 적립기간동안 일정해야 합니다. nper : 연간 총 납입 횟수입니다. pmt : 정기적으로 적립하는 금액입니다. '–'를 붙여야 합니다. pv : 현재 가치 또는, 앞으로 지불할 납입금의 현재 가치를 나타내는 총액을 표시합니다. 생략하면 0으로 간주합니다. type : 0 또는 1로 납입 시점을 나타냅니다. type을 생략하면 0으로 간주합니다.

01_ 만기지급액을 구하기 위해 [G3] 셀을 선택합니다. [수식] 탭–[함수 라이브러리] 그룹에서 [재무]–[FV]를 클릭합니다. [함수 인수] 대화상자가 나타나면 [Rate]에 『F3/12』, [Nper]에 『D3』, [Pmt]에 『–E3』, [Type]에 『1』을 입력하고 [확인]을 클릭합니다. [Pv] 입력란은 비워둡니다.

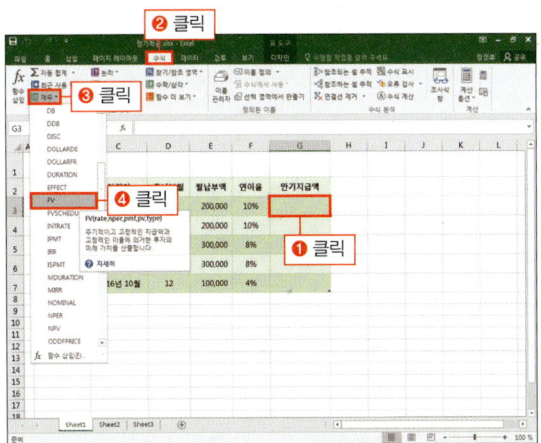
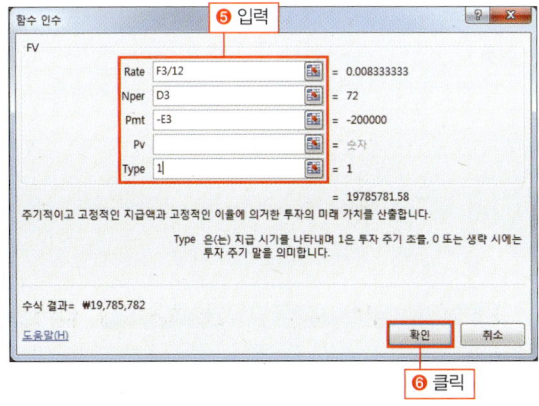

02_ 결과 값을 확인합니다. 재무 함수에는 FV, PMT, PV, NPER, RATE 함수 등이 있습니다. 재무 함수로 감가상각액이라든지 미래 가치, 상환액 등을 구할 수 있습니다.

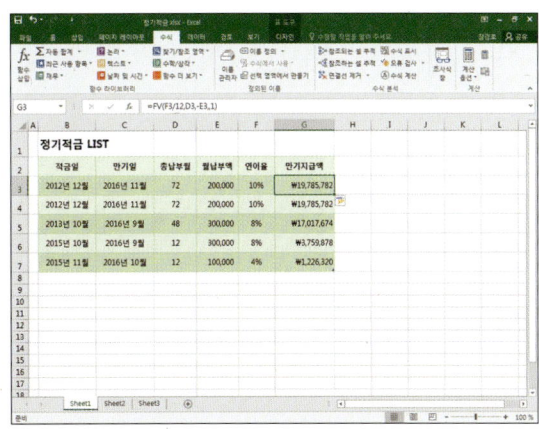

> **TIP**
> [G3] 셀에 들어가는 완성 수식 : =FV(F3/12,D3,–E3,,1)

1 점수에 따라서 A, B, C, D, E, F 학점을 구하기 위해서는 IF 함수를 활용할 수 있지만 VLOOKUP 함수를 이용하여 구할 수도 있습니다. 여기서는 VLOOKUP 함수를 이용해 1학기 학점을 구해 보세요.

◎ 준비파일 : Part01\Chapter03\Check\1학기성적표.xlsx　◎ 완성파일 : Part01\Chapter03\Check\1학기성적표_완성.xlsx

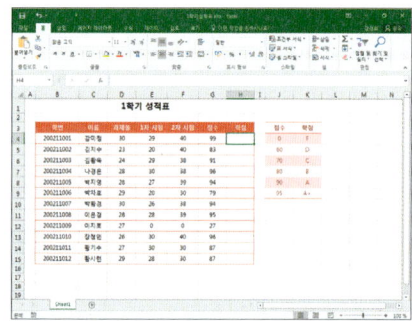 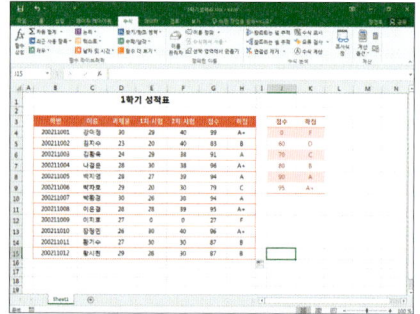

힌트

❶ [H4] 셀을 선택하고 [수식] 탭–[함수 라이브러리] 그룹에서 [찾기/참조 영역]–[VLOOKUP]을 클릭합니다.

❷ [함수 인수] 대화상자에서 [Lookup_value]에 『G4』, [Table_array]에 『$J$4:$K$9』, [Col_index_num]에 『2』, [Range_lookup]에 『1』을 각각 입력합니다.

---

2 DSUM 함수를 이용하여 A팀의 판매금액을 산출해 보세요.

◎ 준비파일 : Part01\Chapter03\Check\판매내역.xlsx　◎ 완성파일 : Part01\Chapter03\Check\판매내역_완성.xlsx

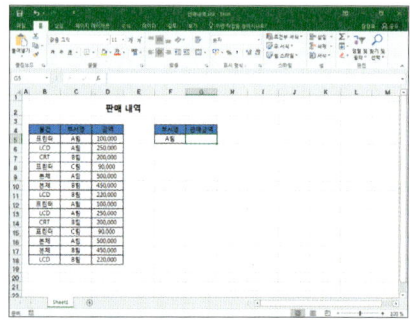 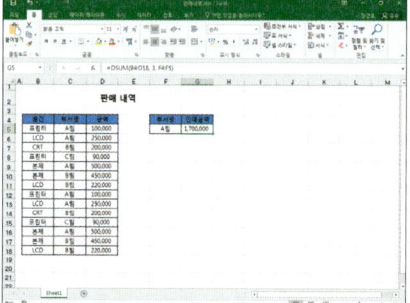

힌트

❶ [G5] 셀을 선택하고 수식 입력줄의 [함수 삽입]을 클릭합니다.

❷ [함수 마법사] 대화상자가 나타나면 [함수 선택]에서 [DSUM]을 선택한 후 수식을 입력합니다.

Chapter 4

데이터 관리하고 분석하기

워크시트에 작성한 데이터는 자동 필터, 고급 필터, 피벗 테이블이나 피벗 차트, 부분합 등을 이용하여 다양한 방법으로 관리하고 분석할 수 있습니다. 수천 개로 이루어진 데이터를 바탕으로 사용자가 원하는 기준을 설정하면 원하는 내용만 정리하여 표시할 수 있는 다양한 데이터 관리 기법에 대해서 살펴보겠습니다.

Section 1. 데이터 관리하기
Section 2. 데이터 요약하기
Section 3. 가상 분석과 매크로

데이터 관리하기

복잡한 데이터를 관리해야 한다면 먼저, 문자나 숫자, 날짜 등의 기준으로 정렬해야 합니다. 정렬을 할 때에도 다중 조건을 통해 보다 면밀하게 정렬할 수 있습니다. 또한, 사용자 지정 필터나 고급 필터를 통해 원하는 항목만 선택하거나 가져올 수 있습니다. 여기서는 복잡한 데이터를 관리하는 방법에 대해서 살펴보겠습니다.

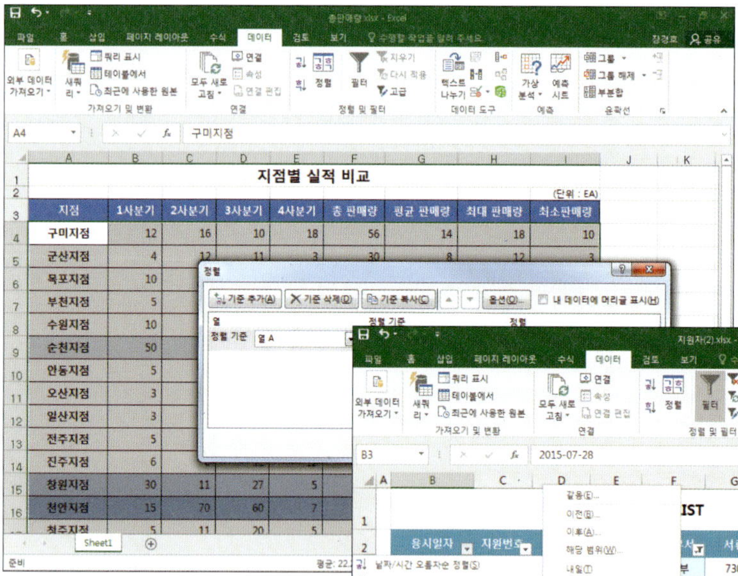

▲ 셀 색, 글꼴 색을 기준으로
데이터 정렬하기

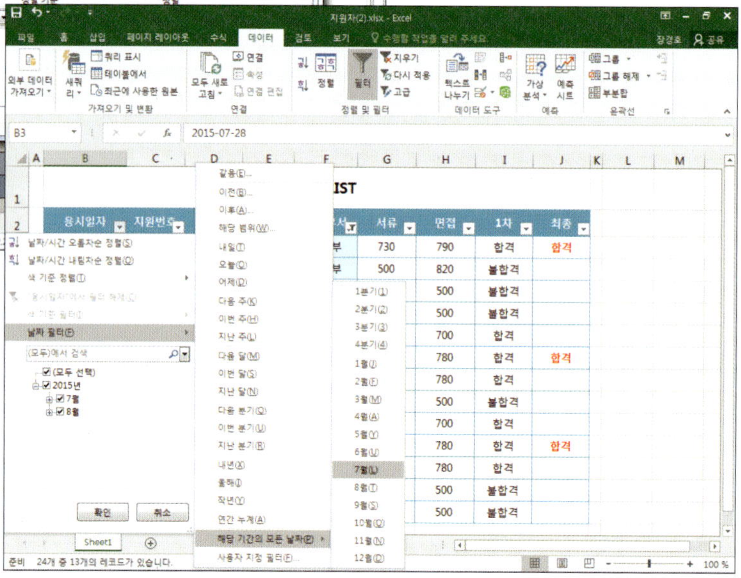

숫자나 날짜 데이터로 데이터 추출하기 ▶

이번 섹션에서 배울 주요 내용

- 오름차순과 내림차순으로 데이터 정렬하기
- 여러 가지 기준으로 데이터 정렬하기
- 사용자가 원하는 임의의 순서대로 정렬하기
- 셀 색, 글꼴 색을 기준으로 데이터 정렬하기
- 자동 필터에서 데이터 추출하기
- 숫자나 날짜 데이터로 데이터 추출하기

- 사용자 지정으로 데이터 추출하기
- 셀 서식을 기준으로 데이터 추출하기
- 고급 필터에서 다중 데이터 추출하기
- 여러 조건으로 데이터 추출하기
- AND 조건과 OR 조건으로 혼합 데이터 추출하기
- **스페셜** 고급 필터 지정 조건 살펴보기

오름차순과 내림차순으로 데이터 정렬하기

:: **준비파일** Part01₩Chapter04₩Section01₩판매현황.xlsx | **완성파일** Part01₩Chapter04₩Section01₩판매현황_완성.xlsx

많은 양의 데이터를 한눈에 파악하기 위해서는 일정한 기준에 따라 원하는 순서에 맞게 데이터를 구성하여 효과적으로 관리하는 게 좋습니다.

01_ 생산팀을 기준으로 오름차순으로 정렬해 보겠습니다. '생산팀' 필드명을 선택하고 [홈] 탭–[정렬 및 필터] 그룹에서 [텍스트 오름차순 정렬]을 클릭합니다.

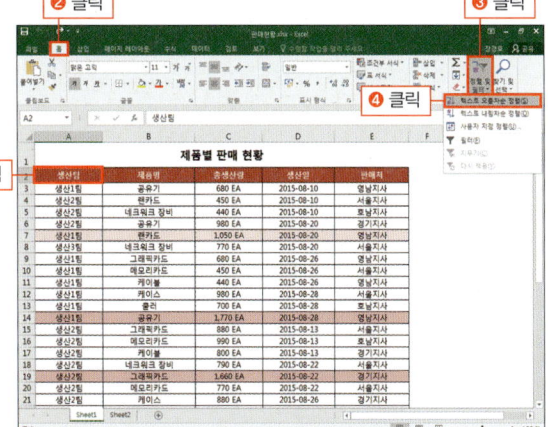

> **TIP**
> [홈] 탭–[편집] 그룹에서 [정렬 및 필터]를 선택하여 [텍스트 오름차순 정렬] 또는, [텍스트 내림차순 정렬]을 할 수도 있습니다.

02_ '생산팀'을 오름차순 정렬했습니다. '생산팀'을 기준으로 같은 행의 데이터도 함께 정렬됩니다. 이번에는 다른 필드는 그대로 두고 선택 영역만 정렬해 보겠습니다. [B2:B40] 영역을 선택하고 [홈] 탭–[정렬 및 필터] 그룹에서 [텍스트 오름차순 정렬]을 클릭합니다.

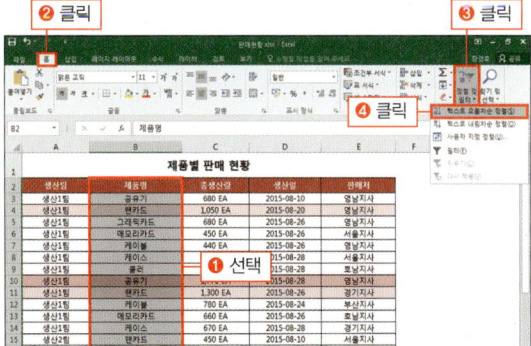

03_ [정렬 경고] 창이 나타납니다. [현재 선택 영역으로 정렬]을 체크하고 [정렬]을 클릭합니다. 같은 행의 데이터는 변경되는 것 없이 현재 선택한 영역만 오름차순 정렬됩니다.

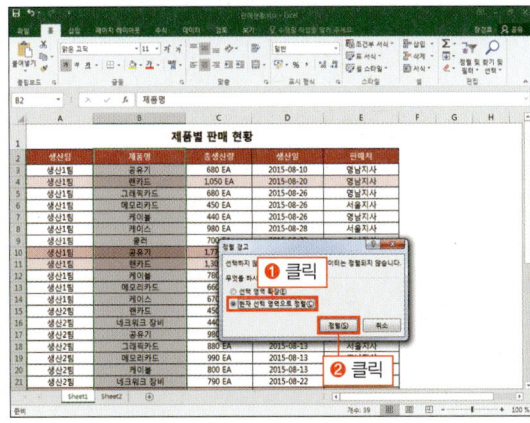

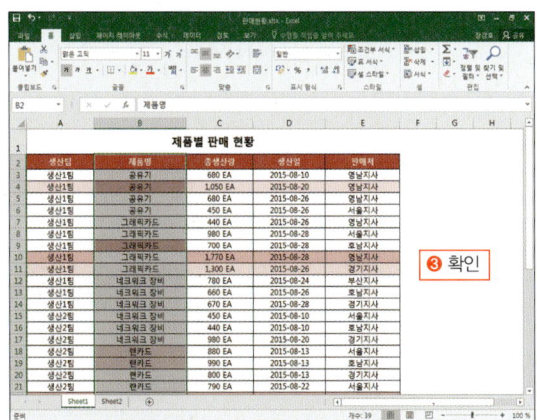

여러 가지 기준으로 데이터 정렬하기

::: **준비파일** Part01₩Chapter04₩Section01₩판매현황(2).xlsx | **완성파일** Part01₩Chapter04₩Section01₩판매현황(2)_완성.xlsx

여러 가지 조건으로 데이터를 정렬할 수 있습니다. 이럴 때는 [정렬] 대화상자를 이용하여야 하며, 정렬 기준에 따라 오름차순과 내림차순을 선택하여 다중 정렬합니다.

01_ [Sheet2] 시트를 선택하고 표 안에 임의의 셀을 하나 선택합니다. 여러 조건으로 데이터 범위를 정렬하기 위해 [데이터] 탭─[정렬 및 필터] 그룹에서 [정렬]을 클릭합니다.

02_ [정렬] 대화상자가 나타납니다. [열]의 [정렬 기준]에서 화살표를 클릭하고 '생산팀'을 선택한 후 [기준 추가]를 클릭합니다.

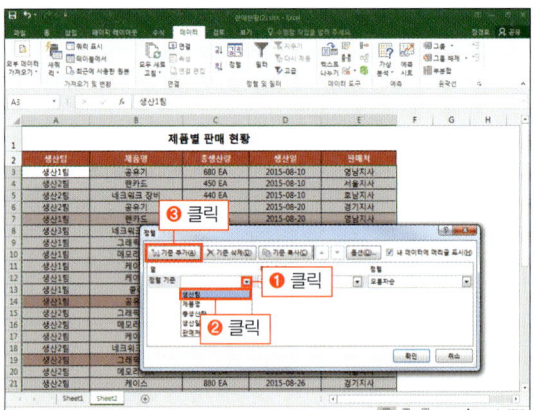

03_ 기준이 추가되면 [다음 기준]의 화살표를 클릭하고 '제품명'을 선택합니다. 다시 기준을 추가하기 위해 [기준 추가]를 클릭합니다.

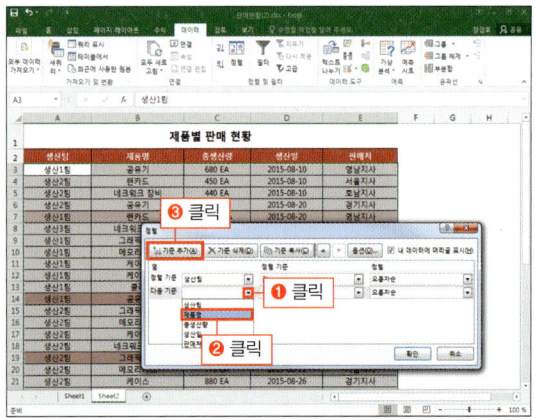

04_ [다음 기준]의 화살표를 클릭하고 '판매처'를 선택한 후 [확인]을 클릭합니다.

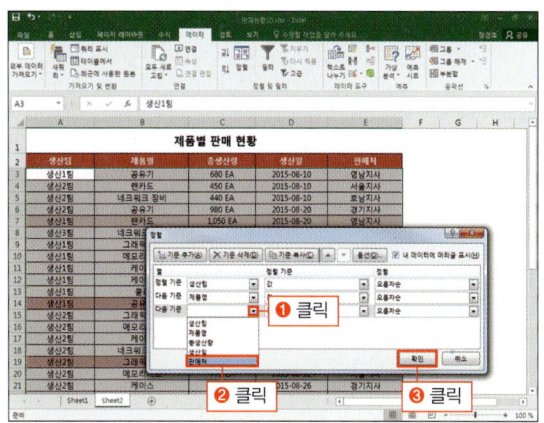

05_ 생산팀, 제품명, 판매처 순서대로 데이터가 정렬됩니다. '생산팀'이 같을 경우 '제품명'을 기준으로 오름차순 정렬되며, '생산팀'과 '제품명'이 같을 경우 '판매처'를 기준으로 오름차순 정렬됩니다.

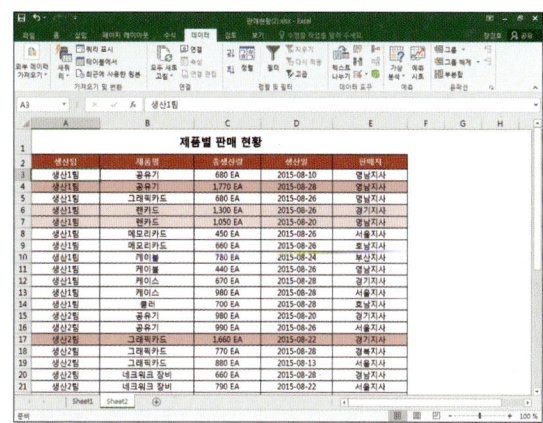

시작 옵션 지정하기

[정렬] 대화상자를 이용하면 정렬할 기준을 추가하거나 정렬 순서를 지정할 수 있습니다.

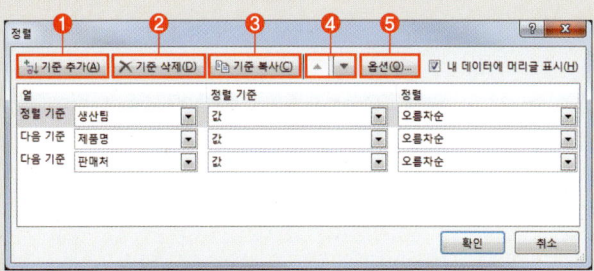

❶ **기준 추가** : 정렬할 기준을 추가할 수 있습니다.
❷ **기준 삭제** : 정렬에 있는 기준을 삭제합니다.
❸ **기준 복사** : 기존 기준을 복사하여 동일하게 추가할 수 있습니다.
❹ **올리기/내리기** : 정렬할 열의 순서를 변경할 수 있습니다.
❺ **옵션** : 정렬하는 방향을 설정합니다.

사용자가 원하는 임의의 순서대로 정렬하기

::: 준비파일 Part01\Chapter04\Section01\판매현황(3).xlsx | **완성파일** Part01\Chapter04\Section01\판매현황(3)_완성.xlsx

가, 나, 다 순으로 정렬하는 일반적인 정렬뿐만 아니라 사용자가 원하는 임의의 순서대로 데이터를 정렬할 수도 있습니다.

01_ [Sheet2] 시트에서 제품명을 사용자가 원하는 순서대로 선택하여 정렬해 보겠습니다. 셀을 하나 선택하고 [데이터] 탭-[정렬 및 필터] 그룹에서 [정렬]을 클릭합니다. [정렬] 대화상자가 나타나면 [제품명] 필드의 [정렬] 화살표를 클릭하고 '사용자 지정 목록'을 선택합니다.

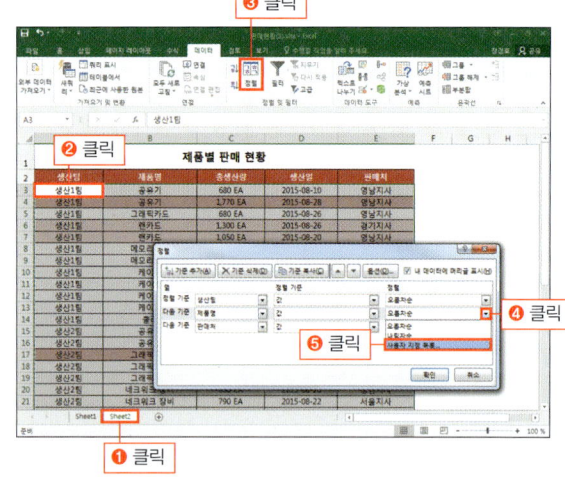

02_ [사용자 지정 목록] 대화상자가 나타나면 [목록 항목]에 『네트워크 장비』, 『케이블』, 『케이스』, 『쿨러』, 『공유기』, 『랜카드』, 『그래픽카드』, 『메모리카드』를 차례대로 입력하고 [추가]와 [확인]을 각각 클릭합니다. [정렬] 대화상자가 다시 나타나면 [확인]을 클릭합니다.

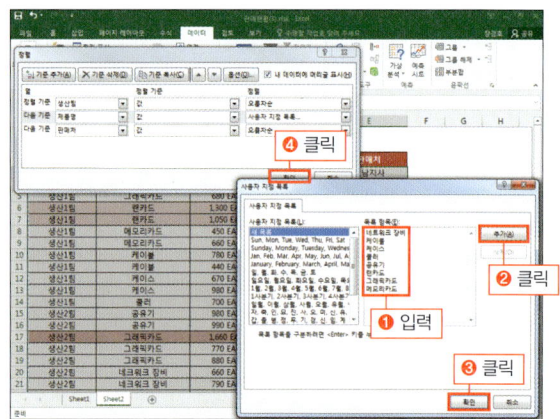

03_ 사용자가 지정한 목록에 맞게 데이터가 정렬됩니다. 이번에는 가로 방향으로 정렬해 보겠습니다. 가로 방향으로 정렬하고 싶은 데이터 범위를 선택합니다. 제목 열을 기준으로 정렬해야 하기에 제목 열까지 모두 데이터 범위로 지정해야 합니다. [데이터] 탭-[정렬 및 필터] 그룹에서 [정렬]을 클릭합니다. [정렬] 대화상자가 나타나면 '제품명'에 해당하는 [다음 기준] 열을 선택하고 [기준 삭제]를 클릭합니다.

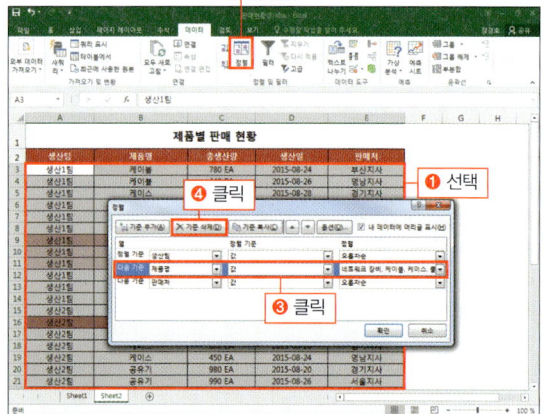

데이터는 보통 세로로 작성되기에 정렬도 세로 방향으로 오름차순, 내림차순하는 것이 대부분입니다. 하지만 제목 필드명과 같이 가로 방향으로 되어 있는 데이터 같은 경우에는 [정렬 옵션]을 통해 가로로 정렬할 수 있습니다.

04_ 다시 '판매처'에 해당하는 [다음 기준] 열을 선택하고 [기준 삭제]를 클릭합니다.

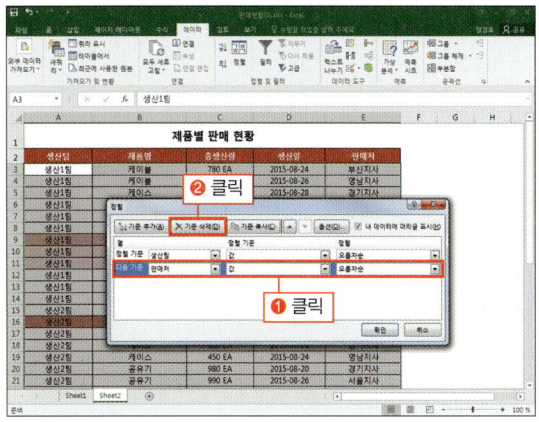

05_ [옵션]을 클릭합니다. [정렬 옵션] 대화상자가 나타나면 [방향]-[왼쪽에서 오른쪽]을 선택하고 [확인]을 클릭합니다.

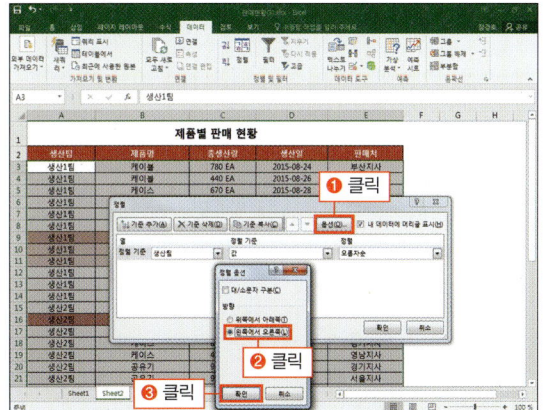

06_ [정렬 기준] 화살표를 클릭하고 '행 2'를 선택한 후 [확인]을 클릭합니다.

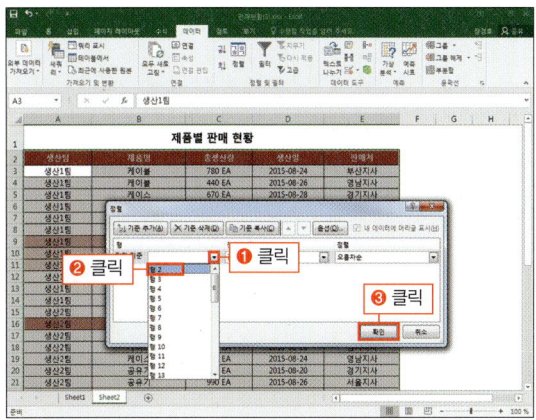

셀 색, 글꼴 색을 기준으로 데이터 정렬하기

:: **준비파일** Part01₩Chapter04₩Section01₩총판매량.xlsx | **완성파일** Part01₩Chapter04₩Section01₩총판매량_완성.xlsx

정렬 기준은 오름차순, 내림차순도 있지만 셀 색상이나 글꼴 색을 기준으로도 정렬할 수 있습니다.

01_ [A4:I19] 영역을 선택하고 [데이터] 탭–[정렬 및 필터] 그룹에서 [정렬]을 클릭합니다. [정렬] 대화상자가 나타나면 색상을 기준으로 정렬하기 위해 [정렬 기준]의 화살표를 클릭하고 '셀 색'을 선택합니다.

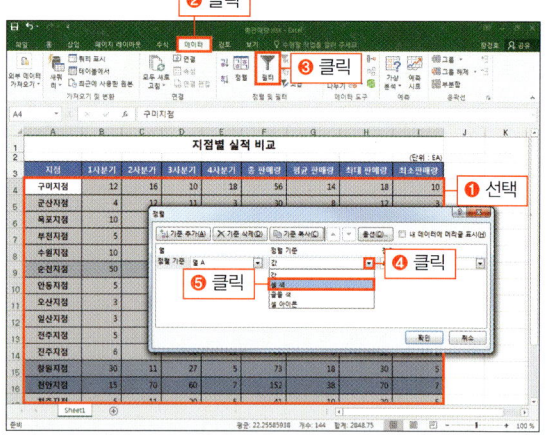

02_ 새로운 정렬 조건이 하나 나타납니다. [셀 색 없음]의 화살표를 클릭한 후 먼저 표시할 색을 선택합니다. 여기서는 가장 진한 파란색 계열의 색상을 선택합니다.

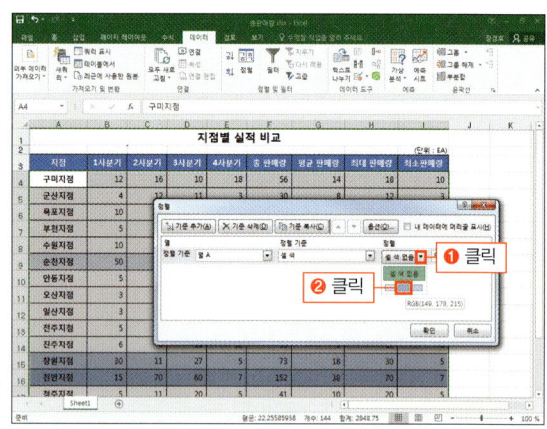

03_ [기준 추가]를 클릭합니다. 기준이 추가되면 [다음 기준]의 화살표를 클릭하고 '열 A'를 선택합니다. [정렬 기준]의 화살표를 클릭하고 '셀 색'을 선택한 후 [셀 색 없음]의 화살표를 클릭하고 두 번째로 진한 파란색 계열의 색상을 선택합니다.

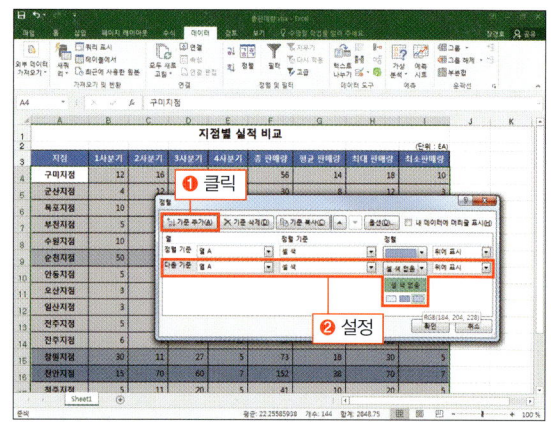

04_ [기준 추가]를 다시 클릭합니다. 기준이 추가되면 [다음 기준]의 화살표를 클릭하고 '열 A'를 선택합니다. [정렬 기준]의 화살표를 클릭하고 '셀 색'을 선택한 후 [셀 색 없음]의 화살표를 클릭하고 가장 연한 파란색 계열의 색상을 선택합니다. 그리고 [확인]을 클릭합니다.

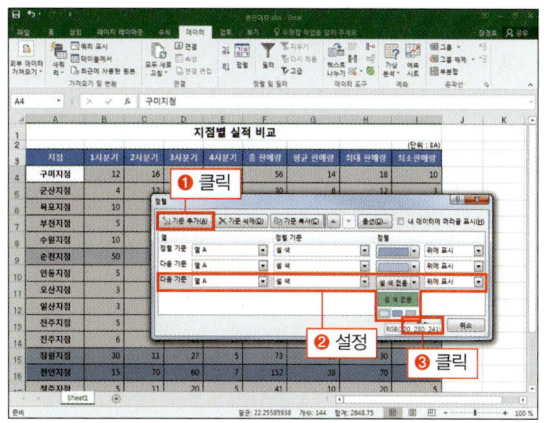

05_ 선택한 색상에 따라 데이터가 정렬되어 나타납니다.

자동 필터로 데이터 추출하기

:: **준비파일** Part01₩Chapter04₩Section01₩지원자.xlsx | **완성파일** Part01₩Chapter04₩Section01₩지원자_완성.xlsx

필터를 통해 사용자가 원하는 데이터만을 추출할 수 있습니다. 자동 필터는 필드에 생성되는 필터 단추를 통해 원하는 필터를 쉽게 추출할 수 있습니다. 필터 종류에 따라 값으로 추출하거나 날짜 단위로 추출, 숫자 범위로 추출 또는, 사용자 지정을 통하여 원하는 형태로 필터가 가능합니다.

01_ 필터를 적용하기 위해 셀 하나를 선택하고 [데이터] 탭─[정렬 및 필터] 그룹에서 [필터]를 클릭합니다.

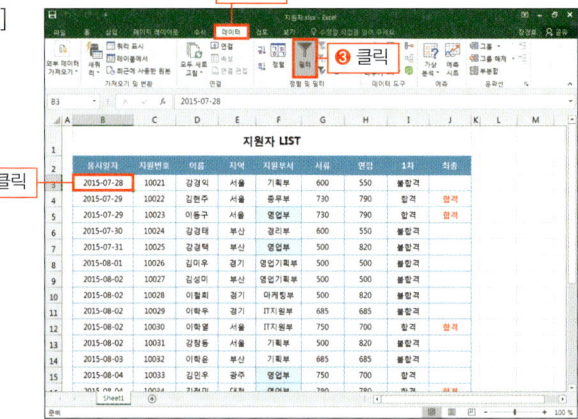

02_ 자동 필터가 적용되면 [지원부서] 필드에서 [영업기획부]와 [영업부]만 추출하기 위해 [지원부서] 필드의 필터 단추를 클릭합니다. [(모두 선택)]을 클릭하여 체크 표시를 모두 없앤 다음 [영업기획부], [영업부]만 체크하고 [확인]을 클릭합니다.

> **TIP**
> [지원부서] 필드에 '영업'이 들어간 부서는 영업기획부와 영업부 밖에는 없기 때문에 [지원부서] 필드의 필터 단추를 클릭하고 『영업』을 입력해도 영업기획부와 영업부를 필터링할 수 있습니다.

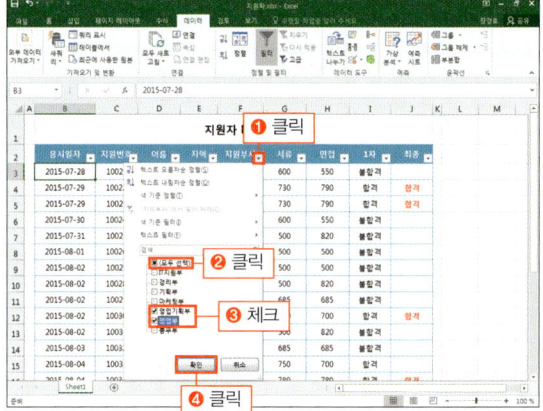

숫자나 날짜 데이터로 데이터 추출하기

:: **준비파일** Part01₩Chapter04₩Section01₩지원자(2).xlsx | **완성파일** Part01₩Chapter04₩Section01₩지원자(2)_완성.xlsx

데이터에 숫자가 입력되어 있거나 날짜가 입력되어 있을 경우 상위나 하위에서 지정한 영역만큼 데이터를 추출할 수 있습니다.

01_ [서류] 필드에서 점수가 700점 이상인 레코드만 추출해 보겠습니다. [서류] 필드의 필터 단추를 클릭하고 [숫자 필터]-[크거나 같음]을 클릭합니다.

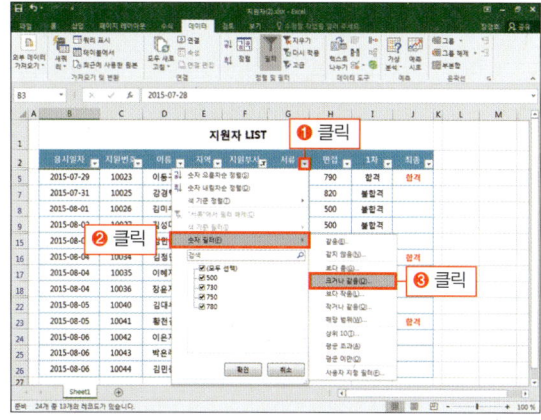

02_ [사용자 지정 자동 필터] 대화상자가 나타나면 [서류]에 『700』을 입력하고 [확인]을 클릭합니다.

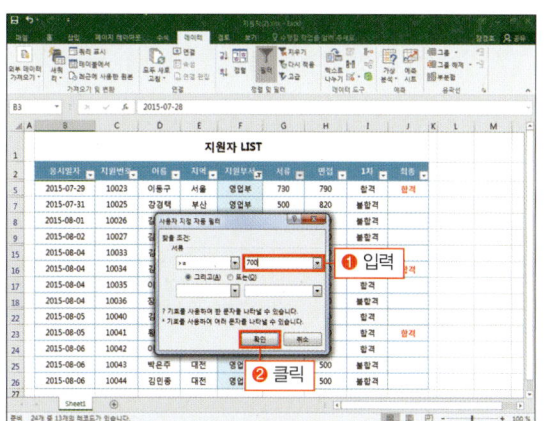

03_ [서류] 필드에서 700점 이상인 값이 필터됩니다. 필터를 해제하기 위해 [서류] 필드를 클릭하고 ['서류'에서 필터 해제]를 선택합니다.

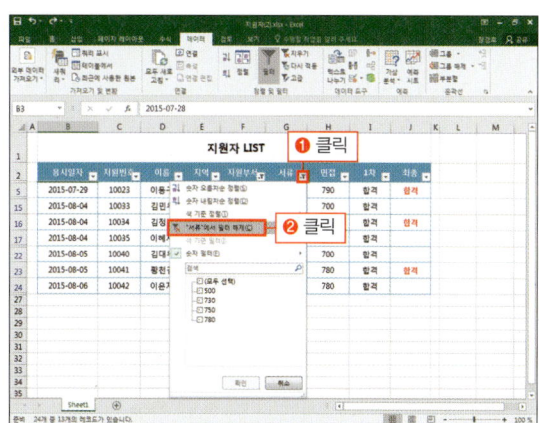

04_ 이번에는 [응시일자]가 2015년 7월인 레코드를 추출하기 위해 [응시일자] 필드의 필터 단추를 클릭합니다. [날짜 필터]-[해당 기간의 모든 날짜]-[7월]을 선택합니다.

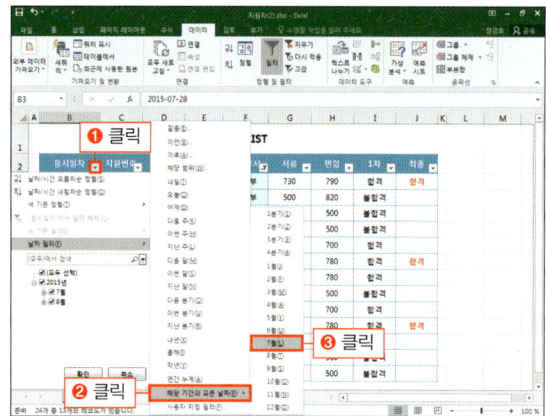

05_ '응시일자'가 '7월'인 데이터가 추출됩니다.

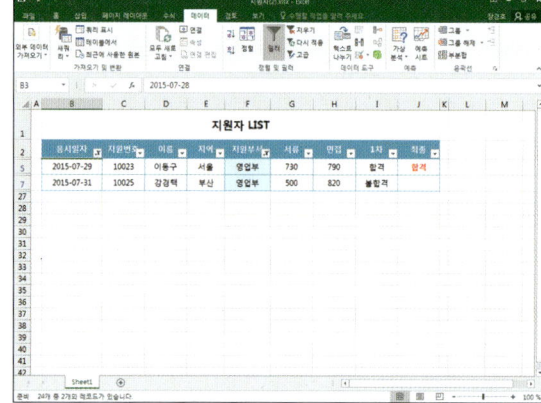

> **TIP**
> 필터 단추를 삭제하려면 [정렬 및 필터] 그룹의 [필터]를 다시 한 번 클릭합니다.

사용자 지정으로 데이터 추출하기

:: **준비파일** Part01₩Chapter04₩Section01₩판매율.xlsx | **완성파일** Part01₩Chapter04₩Section01₩판매율_완성.xlsx

사용자 지정 자동 필터를 통해 두 가지 조건으로 데이터를 추출해 보겠습니다.

01_ 판매율이 80% ~ 90%인 레코드만 추출해 보겠습니다. [Sheet1] 시트에서 [판매율] 필드의 필터 단추를 클릭한 다음 [숫자 필터]-[사용자 지정 필터]를 선택합니다.

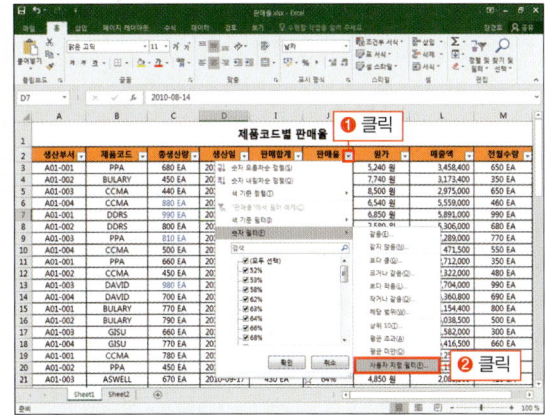

02_ [사용자 지정 자동 필터] 대화상자가 나타나면 [판매율]에서 화살표를 클릭하고 [>]를 선택합니다. 화살표를 클릭한 후 [80%]을 선택합니다. [그리고]를 체크한 상태에서 화살표를 클릭하고 [<]를 선택합니다. 화살표를 클릭하고 [90%]를 선택한 후 [확인]을 클릭합니다.

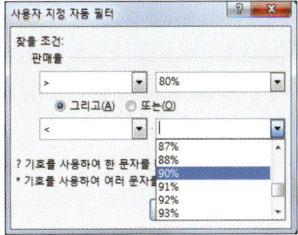

셀 서식을 기준으로 데이터 추출하기

:: **준비파일** Part01₩Chapter04₩Section01₩판매율(2).xlsx | **완성파일** Part01₩Chapter04₩Section01₩판매율(2)_완성.xlsx

오름차순이나 내림차순뿐만 아니라 셀 색상이나 글꼴, 아이콘 등을 이용하여 정렬할 수도 있습니다.

01_ [Sheet2] 시트를 선택합니다. [판매율] 필드의 필터 단추를 클릭하고 [색 기준 필터]–[셀 아이콘 기준 필터]–[별](⭐)을 선택합니다.

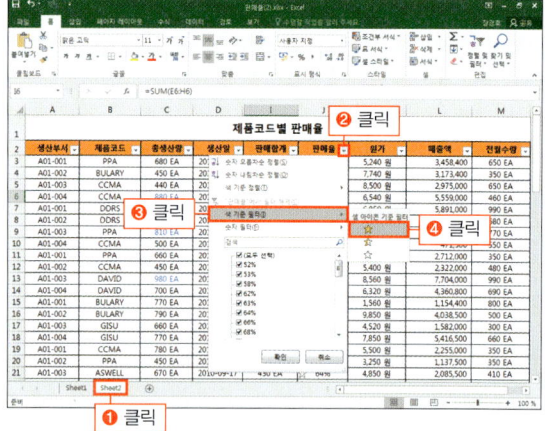

02_ 셀 아이콘 중 별 아이콘(⭐)을 가진 레코드만 필터링됩니다. 이번에는 색상으로 데이터를 추출해 보겠습니다. [총생산량] 필드의 필터 단추를 클릭하고 [색 기준 필터]–[파란색]을 선택합니다.

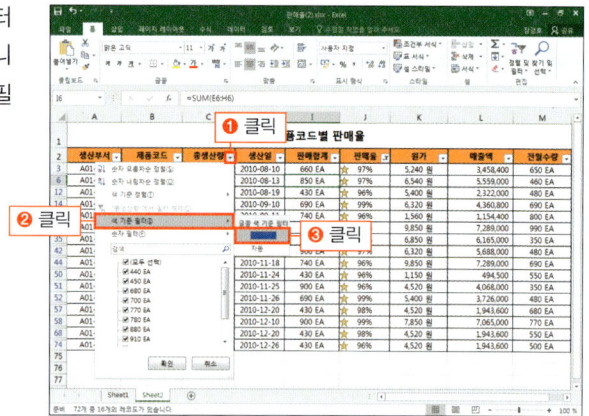

고급 필터에서 다중 데이터 추출하기

:: **준비파일** Part01₩Chapter04₩Section01₩직원리스트.xlsx | **완성파일** Part01₩Chapter04₩Section01₩직원리스트_완성.xlsx

자동 필터를 활용하면 쉽고 간단하게 데이터를 추출할 수 있지만, 좀 더 다양한 조건으로 데이터를 추출하고 싶다면 고급 필터를 활용해야 합니다. 고급 필터를 활용하면 다양한 조건과 여러 가지 중복 조건으로 데이터를 추출할 수 있습니다.

01_ '부서'가 '기획과'이면서, '성별'이 '여'인 경우를 고급 필터로 추출해 보겠습니다. 임의의 셀을 선택하고 [데이터] 탭–[정렬 및 필터] 그룹에서 [고급]을 클릭합니다.

02_ 자동으로 표 영역이 선택되면서 [고급 필터] 대화상자가 나타납니다. [결과]–[현재 위치에 필터]를 선택합니다. [조건 범위]를 클릭한 다음 AND 조건이 포함되어 있는 [J5:K6] 영역을 선택한 다음 [확인]을 클릭합니다.

> **TIP**
> 자동 필터는 하나의 필드에 2개 이상의 조건을 설정할 수 없지만 고급 필터를 사용하면 AND, OR, 혼합 조건을 이용하여 보다 복잡하고 다양한 조건으로 데이터를 검색할 수 있습니다.

03_ '부서'가 '기획과'이면서 '성별'이 '여'인 조건에 만족하는 필드가 추출됩니다.

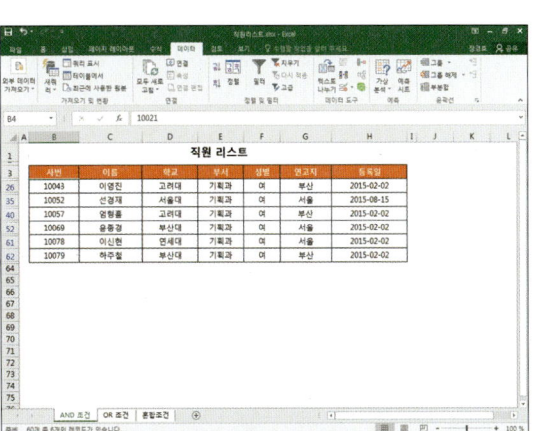

> **TIP**
> 모든 조건을 만족하는 레코드를 추출하기 위해서는 AND 조건으로 고급 필터를 지정합니다. AND 조건을 설정하려면 첫 행에는 데이터베이스의 필드명, 그리고 아래에는 조건 값을 입력합니다.

여러 조건으로 데이터 추출하기

:: **준비파일** Part01₩Chapter04₩Section02₩직원리스트(2).xlsx | **완성파일** Part01₩Chapter04₩Section02₩직원리스트(2)_완성.xlsx

자동 필터는 하나의 필드에 2개 이상의 조건을 설정할 수 없지만 고급 필터를 사용하면 AND, OR, 또는 혼합 조건을 이용하여 보다 복잡하고 다양한 조건으로 데이터를 검색할 수 있습니다.

01_ [OR 조건] 탭을 클릭합니다. 임의의 셀을 선택하고 [데이터] 탭–[정렬 및 필터] 그룹에서 [고급]을 클릭합니다. [고급 필터] 대화상자가 나타나면 [결과]–[다른 장소에 복사]를 선택합니다. [조건 범위]에서 [J9:K12] 영역을 드래그하여 선택하고, [복사 위치]에 『B65』를 입력한 후 [확인]을 클릭합니다.

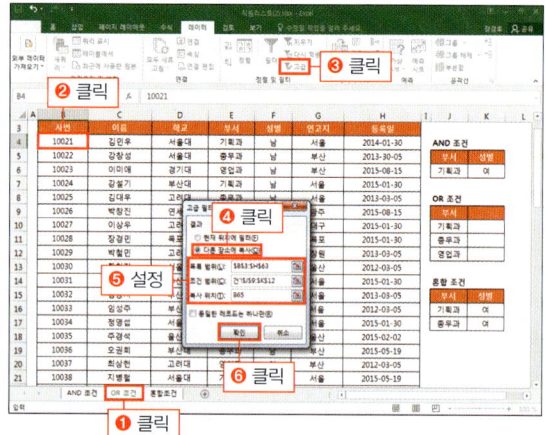

> **TIP**
>
> 여러 개의 조건 중 하나의 조건이라도 만족하는 레코드를 추출할 때에는 OR 조건을 이용합니다.

02_ [B65] 셀에 직원 명부의 부서가 기획과, 총무과, 영업과에 해당하는 필터 결과가 나타납니다.

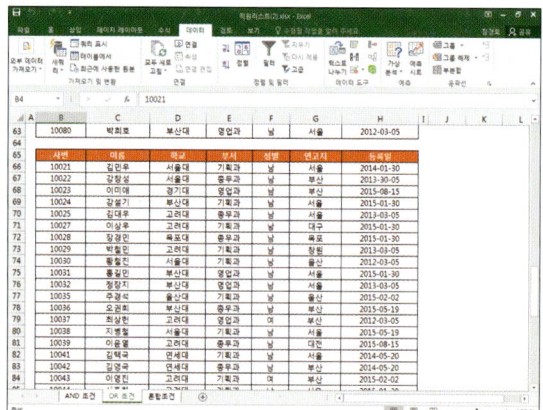

AND 조건과 OR 조건으로 혼합 데이터 추출하기

:: **준비파일** Part01₩Chapter04₩Section01₩직원리스트(3).xlsx | **완성파일** Part01₩Chapter04₩Section01₩직원리스트(3)_완성.xlsx

혼합 조건의 경우 AND 조건과 OR 조건을 혼합하여 원하는 데이터를 추출할 수 있습니다.

01_ 이번에는 AND 조건과 OR 조건을 혼합한 데이터를 추출해 보겠습니다. [혼합조건] 탭을 클릭합니다. 임의의 셀을 선택하고 [데이터] 탭-[정렬 및 필터] 그룹에서 [고급]을 클릭합니다. [고급 필터] 대화상자가 나타나면 [결과]-[다른 장소에 복사]를 선택합니다. [조건 범위]에서 [J15:K17] 영역을 드래그하여 선택하고 [복사 위치]를 선택한 후 『B65』를 입력합니다. 그리고 [확인]을 클릭합니다.

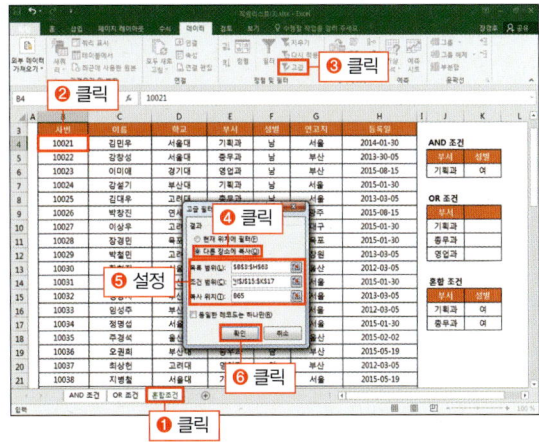

02_ [B65] 셀에 부서가 '기획과'이거나 '총무과'인 성별이 '여'인 필터 결과가 나타납니다.

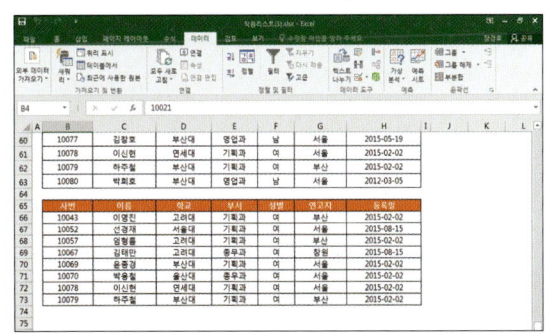

꼭!! 알고가기

[고급 필터] 대화상자 살펴보기

고급 필터의 경우 [고급 필터] 대화상자를 통해 위치나 조건 범위 등을 지정할 수 있습니다.

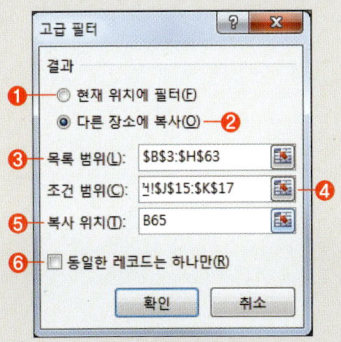

❶ **현재 위치에 필터** : 자동 필터처럼 추출된 결과를 현재의 위치에 표시합니다.

❷ **다른 장소에 복사** : 추출된 결과를 다른 장소에 복사하여 표시합니다.

❸ **목록 범위** : 추출한 데이터의 범위를 지정하며 반드시 항목 이름을 포함합니다.

❹ **조건 범위** : 조건이 입력된 범위를 지정하는 것으로 항목 이름을 포함합니다.

❺ **복사 위치** : '다른 장소에 복사'를 선택했을 시 복사 위치를 지정합니다.

❻ **동일한 레코드는 하나만** : 체크할 경우 중복된 내용을 제거한 후 데이터를 나타낼 수 있습니다.

고급 필터 지정 조건 살펴보기

'자동 필터'가 필드의 필터 단추를 클릭한 다음 원하는 항목을 추출하는 방식이라면 '고급 필터'는 여러 가지 복잡한 조건을 지정해 현재 위치나 다른 장소에 결과를 추출하는 방식입니다.

고급 필터를 통해 조건을 입력할 때에는 같은 행에 입력하는지, 다른 행에 입력하는지에 따라 필터되는 내용이 달라집니다. 즉, AND, OR, 혼합 조건으로 구성된 고급 필터의 지정 조건은 아래의 설명을 참조하기 바랍니다.

AND(그리고)

조건을 입력할 때 동일한 행 방향으로 입력된 조건들은 AND 조건으로 추출이 됩니다. 같은 행에 조건이 나란히 입력되어야 하며, 다음의 조건을 모두 만족해야 합니다.

부서	성별
총무부	남

▲ 부서가 '총무부' 이고, 성별이 '남'으로 두 조건을 모두 만족하는 조건

OR(또는)

열 방향 또는, 다른 열 방향으로 입력된 조건들은 OR 조건이 됩니다. 필드명을 제외하고 다른 행에 조건이 입력되어야 하며, 하나만 만족해도 됩니다.

부서	부서	부서
총무부	남	
	기획부	
		인사부

▲ 부서가 '총무부'이거나 부서가 '기획부'이거나 부서가 '인사부'인 조건

AND(그리고)와 OR(또는) 혼합

행과 열 방향에 모두 조건을 입력하면 AND와 OR 조건이 혼합된 조건으로 추출할 수 있습니다. 즉, 조건이 서로 같은 행과 다른 열 방향으로 붙어 있으면 AND와 OR 혼합 조건입니다.

지역	부서
서울	총무부
부산	기획부

▲ 지역이 '서울'이고, 부서가 '총무부'이거나, 지역이 '부산'이고, 부서가 '기획부'인 조건

체크 해 봐 요

1 [판매율] 필드에서 판매율이 60% 이하인 제품만 추출해 보세요.

◎ 준비파일 : Part01₩Chapter04₩Check₩판매율.xlsx ◎ 완성파일 : Part01₩Chapter04₩Check₩판매율_완성.xlsx

 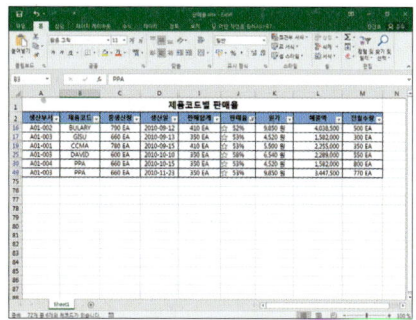

힌트

❶ [판매율] 필드의 필터 단추를 클릭한 다음 [숫자 필터]–[보다 작음]을 선택합니다.

❷ [사용자 지정 자동 필터] 대화상자가 나타나면 [판매율]에 『60%』를 입력합니다.

---

2 고급 필터를 통해 조건에 맞는 데이터를 추출할 수 있습니다. 여기서는 부서가 인사부이면서 직급이 대리인 목록을 고급 필터를 통해 구해 보세요.

◎ 준비파일 : Part01₩Chapter04₩Check₩출석부.xlsx ◎ 완성파일 : Part01₩Chapter04₩Check₩출석부_완성.xlsx

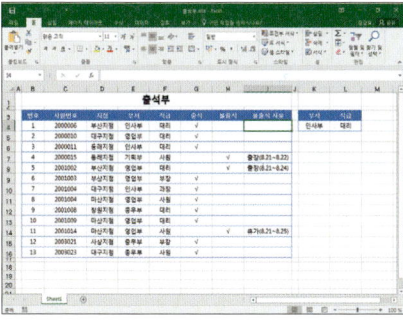 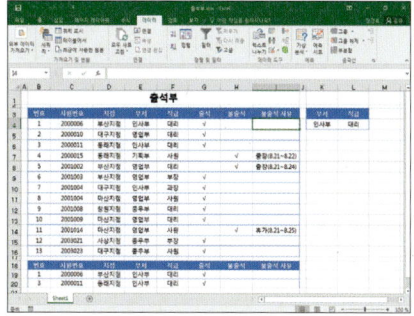

힌트

❶ [데이터] 탭–[정렬 및 필터] 그룹에서 [고급]을 클릭합니다.

❷ [고급 필터] 대화상자에서 목록 범위를 비롯해 조건 범위, 복사 위치를 지정합니다.

데이터 요약하기

데이터를 다루다 보면 데이터에 적합한 보고서를 작성해야 할 경우가 발생합니다. 부분합을 이용하면 데이터를 특성에 맞게 분석할 수 있으며, 피벗 테이블이나 피벗 차트를 이용하면 요약 보고서를 작성할 수 있습니다.

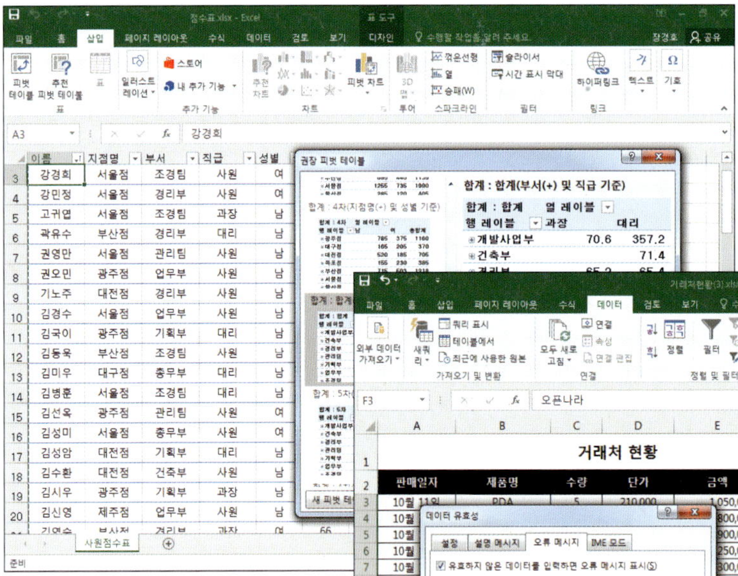

▲ 추천 피벗 테이블 작성하기

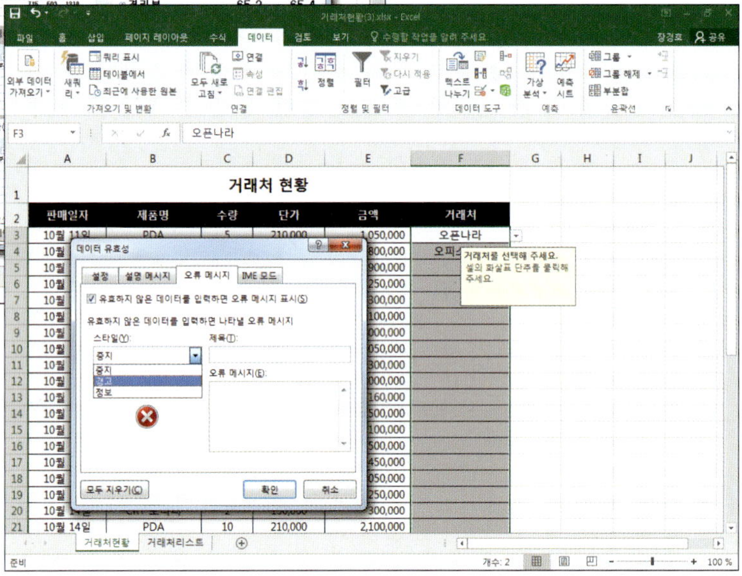

데이터 유효성 검사로 ▶
오류 메시지 표시하기

※ 이번 섹션에서 배울 주요 내용

- 부분합으로 요약 보고서 작성하기
- 부분합을 그룹으로 묶어서 윤곽 조정하기
- 여러 그룹으로 구성된 다중 부분합 작성하기
- 부분합 요약 보고서 결과 복사하기
- 원하는 필드만으로 피벗 테이블 만들기
- 필드를 그룹으로 설정하기
- 피벗 테이블 스타일 지정하기
- 피벗 테이블 시간 표시 막대 삽입하기
- 피벗 차트로 보고서 작성하기

- 슬라이서로 필터 만들기
- 하나의 셀에 있는 텍스트 나누기
- 중복된 항목 제거하기
- 데이터 유효성 검사로 항목 입력하기
- 데이터 유효성 검사로 설명 메시지 입력하기
- 데이터 유효성 검사로 오류 메시지 표시하기
- **스페셜** 원하는 기능이나 궁금증을 한 번에 해결하기
- **스페셜** 플래시 필 기능으로 항목 수정하고 합산하기

부분합으로 요약 보고서 작성하기

:: **준비파일** Part01₩Chapter04₩Section02₩거래처.xlsx | **완성파일** Part01₩Chapter04₩Section02₩거래처_완성.xlsx

부분합은 데이터 범위 중에서 열 방향의 특정 필드로 분류하고 부문별로 합계, 평균, 개수, 최대값, 최소값, 표준 편차, 분산 등을 자동 계산한 후 요약해 주는 기능입니다.

01_ 부분합 정렬을 위해 필드를 정렬해야 합니다. 제품명을 기준으로 요약 보고서를 작성할 것이기 때문에 [B3] 셀을 선택하고 [데이터] 탭-[정렬 및 필터] 그룹에서 [텍스트 오름차순 정렬]을 클릭합니다.

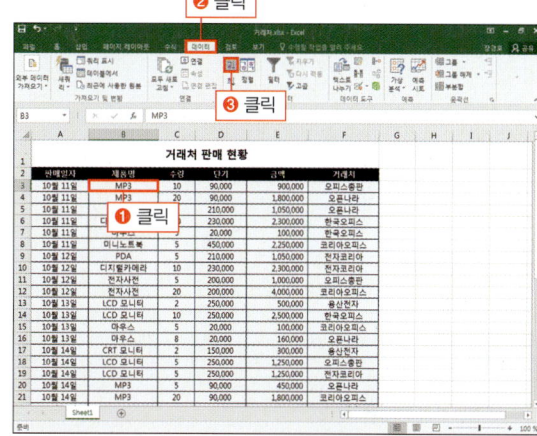

> **TIP**
>
> 부분합은 특정 필드를 기준으로 합계나 평균 등의 소계를 자동으로 계산되어 워크시트에 요약하여 표시해 줍니다. 부분합을 구하기 위해서는 먼저 필드가 정렬되어 있어야 합니다.

02_ [데이터] 탭-[윤곽선] 그룹에서 [부분합]을 클릭합니다. [부분합] 대화상자가 나타나면 [그룹화할 항목]에 '제품명'을 선택하고, [사용할 함수]는 '합계', [부분합 계산 항목]에는 [금액]에만 체크한 후 [확인]을 클릭합니다.

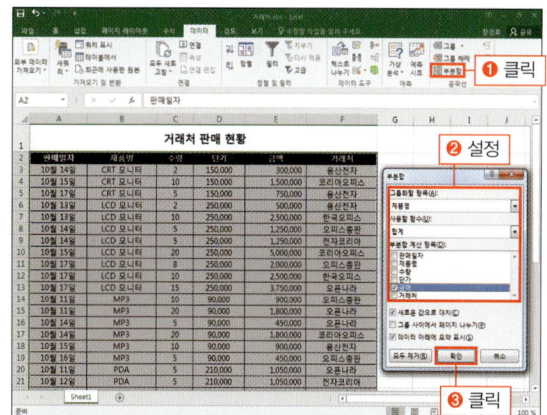

03_ 제품명별로 금액 합계가 구해집니다. 만일, 부분합을 제거하려면 [부분합] 대화상자에서 [모두 제거]를 클릭합니다.

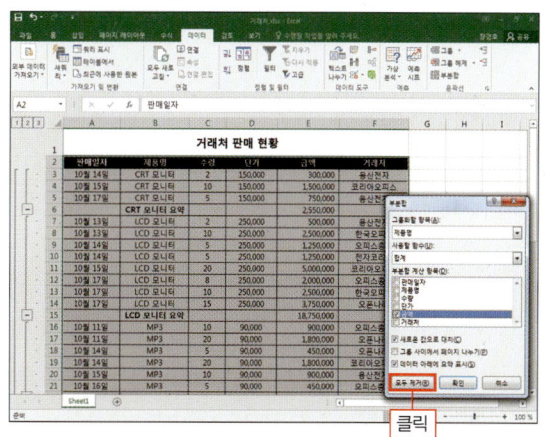

부분합을 그룹으로 묶어서 윤곽 조정하기

:: **준비파일** Part01₩Chapter04₩Section02₩거래처(2).xlsx ㅣ **완성파일** Part01₩Chapter04₩Section02₩거래처(2)_완성.xlsx

윤곽 조절 단추 중 ⟨ 1 ⟩을 클릭하면 총합계만 표시되며, ⟨ 2 ⟩를 클릭하면 요약 데이터만 표시되며, ⟨ 3 ⟩을 클릭하면 모든 레코드가 나타납니다.

01_ 윤곽 조절 단추 중에서 ⟨ 2 ⟩를 클릭합니다. 요약 데이터만 나타납니다.

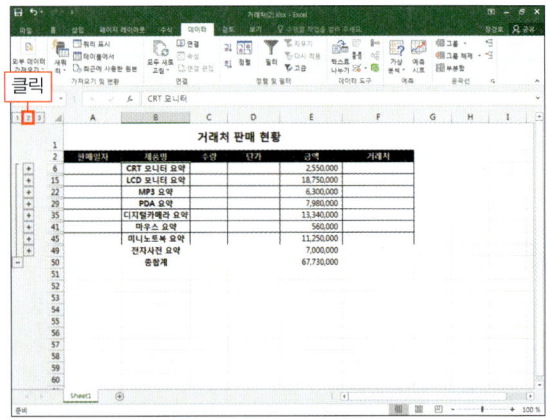

> **TIP**
>
> 윤곽 조절 단추를 통해 총합계, 부분 합계, 그리고 전체 레코드를 표시하여 데이터를 좀 더 쉽게 요약 및 분석할 수 있습니다. 부분합 데이터를 확장 또는, 축소하려면 ⟨ + ⟩ 및 ⟨ - ⟩를 클릭합니다.

02_ 'MP3 요약'의 ⟨ + ⟩를 클릭합니다. 동일한 방식으로 각각의 제품명별로 데이터를 요약 및 정리할 수 있습니다.

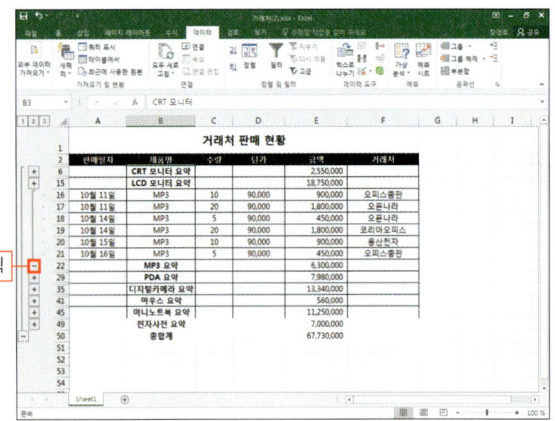

여러 그룹으로 구성된 다중 부분합 작성하기

:: **준비파일** Part01₩Chapter04₩Section02₩거래처(3).xlsx | **완성파일** Part01₩Chapter04₩Section02₩거래처(3)_완성.xlsx

요약 부분합이 구해진 상태에서 평균 함수를 추가하여 다중 부분합을 작성해 보겠습니다.

01_ 윤곽 조절 단추 중 〈 3 〉을 클릭하여 부분합과 관련된 모든 레코드를 표시하고 [데이터] 탭–[윤곽선] 그룹에서 [부분합]을 클릭합니다. [부분합] 대화상자가 나타나면 [그룹화할 항목]에 '제품명'을 선택하고, [사용할 함수]는 '평균', [부분합 계산 항목]에는 [금액]에 체크합니다. [새로운 값으로 대치]에 체크 표시를 해제한 다음 [확인]을 클릭합니다.

> **TIP**
> 다중 부분합은 합계를 구한 상태에서 다른 함수를 추가로 구하고 싶을 때 사용할 수 있습니다.

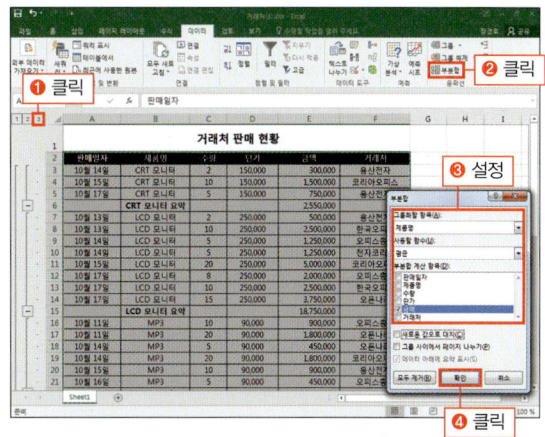

02_ 제품명별로 평균과 요약 부분합이 동시에 구해집니다.

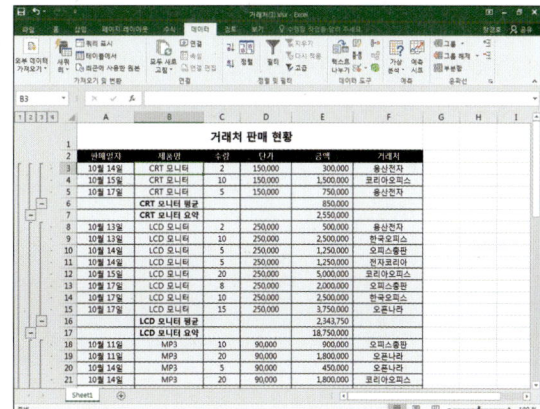

부분합 요약 보고서 결과 복사하기

::: **준비파일** Part01₩Chapter04₩Section02₩거래처(4).xlsx | **완성파일** Part01₩Chapter04₩Section02₩거래처(4)_완성.xlsx

부분합 결과로 산출된 요약 보고서를 그대로 복사하면 요약되기 전에 숨겨진 행이나 열까지 모두 복사되어 나타납니다. 숨겨진 셀을 제외한 요약 보고서 결과만 복사해 보겠습니다.

01_ 〈 2 〉를 클릭한 후 요약 보고서 결과를 복사할 범위를 지정합니다. [홈] 탭-[편집] 그룹에서 [찾기 및 선택]을 클릭하고 [이동 옵션]을 선택합니다. [이동 옵션] 대화상자가 나타나면 [화면에 보이는 셀만]을 체크하고 [확인]을 클릭합니다.

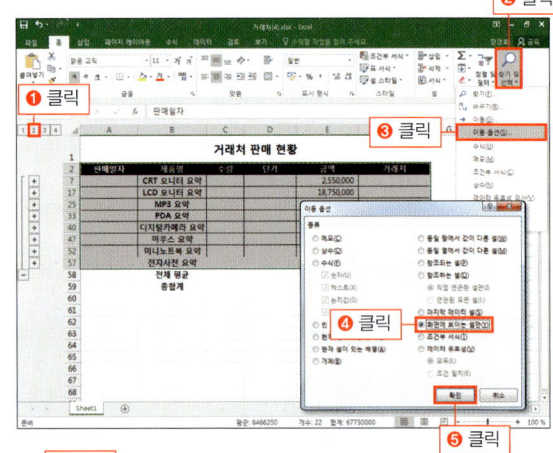

02_ [홈] 탭-[클립보드] 그룹에서 [복사]-[복사]를 클릭합니다. [새 시트] 단추를 클릭하여 새 시트를 엽니다.

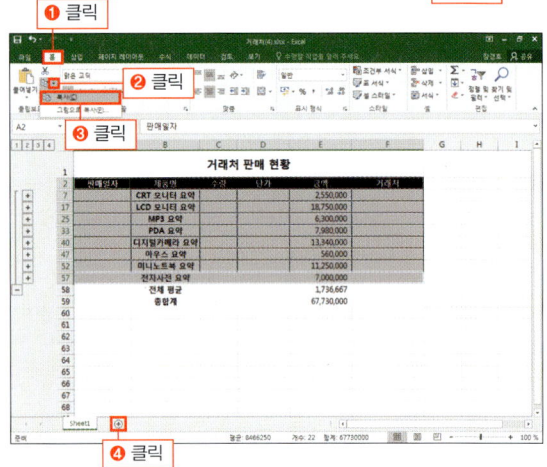

03_ [A1] 셀을 선택하고 **Ctrl** + **V** 를 눌러 붙여넣기 합니다. 그리고 표를 편집하여 완성합니다.

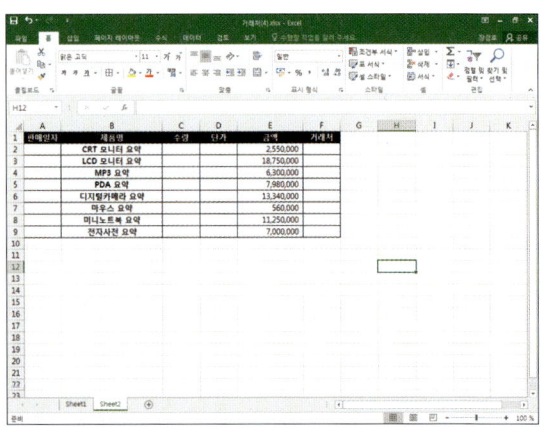

원하는 필드만으로 피벗 테이블 만들기

∷ 준비파일 Part01₩Chapter04₩Section02₩설치현황표.xlsx | **완성파일** Part01₩Chapter04₩Section02₩설치현황표_완성.xlsx

피벗 테이블(Pivot Table)은 방대하고 복잡한 데이터를 간단하게 요약, 정리하여 표로 표시하는 기능입니다. 행과 열 방향으로 그룹화된 항목을 정렬하거나 요약하여 데이터를 빠르게 분석할 수 있는데 예를 들어, 이름과 가입지점, 처리부서, 성별, 설치지역 등 다양한 정보가 섞여 있다면 이 표에서 원하는 정보만 추려 새로운 기준으로 요약할 수 있습니다.

01_ 임의의 셀을 선택합니다. 피벗 테이블을 작성하기 위해 [삽입] 탭-[표] 그룹에서 [피벗 테이블]을 클릭합니다. [피벗 테이블 만들기] 대화상자가 나타나면 [표 또는 범위 선택]에서 [표1], [피벗 테이블 보고서를 넣을 위치를 선택하십시오.]에 [새 워크시트]가 선택되어 있는 것을 확인한 다음 [확인]을 클릭합니다.

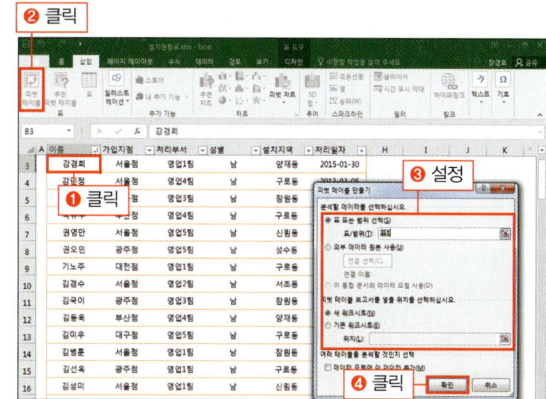

피벗 테이블은 데이터를 요약하고 분석하고 탐색하며 요약 데이터를 제공하는 데 유용한 도구입니다. 피벗 테이블은 [피벗 테이블 만들기] 대화상자를 통해 데이터 범위와 테이블 보고서가 나타날 위치를 지정할 수 있습니다.

02_ [Sheet1] 시트가 추가됩니다. [피벗 테이블 필드] 창의 [보고서에 추가할 필드 선택]에서 [성별] 필드에 체크합니다. [행] 영역에 [성별] 필드가 포함되면 [필터] 영역으로 드래그합니다.

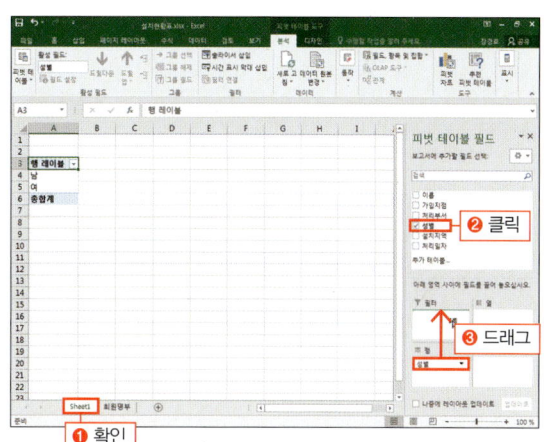

03_ [처리일자] 필드에 체크 표시를 한 후 [행] 영역으로, [설치지역] 필드에 체크하고 [열] 영역으로 드래그합니다.

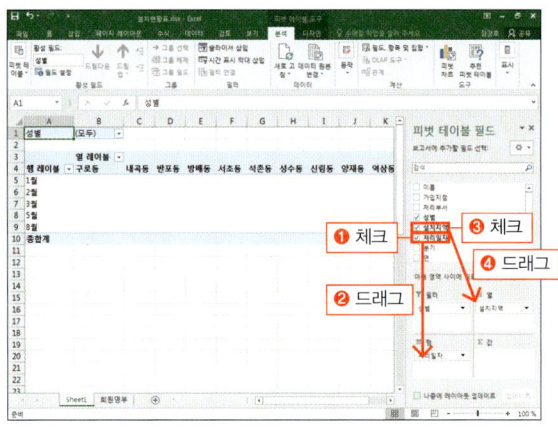

TIP

[피벗 테이블 필드] 창을 통해 보고서에 추가할 필드를 보고서 필터, 열 레이블, 행 레이블, 값 목록 상자로 드래그하여 피벗 테이블 레이아웃을 작성할 수 있습니다.

04_ 동일한 방법으로 [성별] 필드를 [값] 영역으로 드래그하여 [값] 영역에 추가합니다.

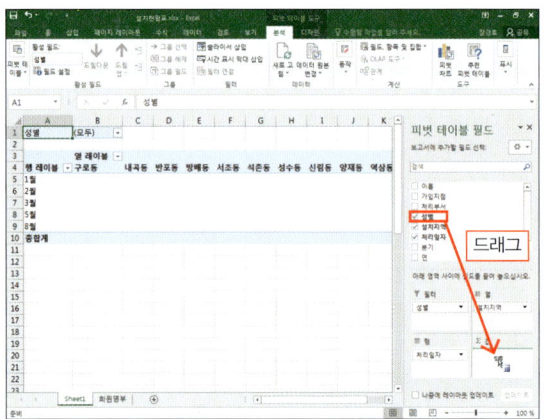

05_ '성별' 필터를 비롯해, '설치 지역'으로 구성된 열과 '처리일자'로 구성된 행, 그리고 '성별'에 해당하는 값으로 구성된 피벗 테이블이 완성됩니다.

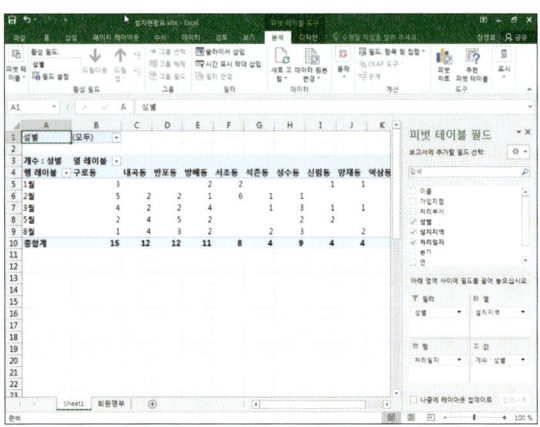

필드를 그룹으로 설정하기

:: **준비파일** Part01\Chapter04\Section02\설치현황표(2).xlsx | **완성파일** Part01\Chapter04\Section02\설치현황표(2)_완성.xlsx

필드가 많으면 데이터를 요약해서 확인하기가 쉽지 않습니다. 피벗 테이블에서는 행이나 열에 대해
그룹을 지정하여 표시할 수 있습니다.

01_ [A5] 셀을 선택하고 [피벗 테이블 도구]–[분석]
탭–[그룹] 그룹에서 [그룹 필드]를 클릭합니다. [그룹화]
대화상자가 나타나면 [단위]에서 [분기]를 선택하고 [확
인]을 클릭합니다.

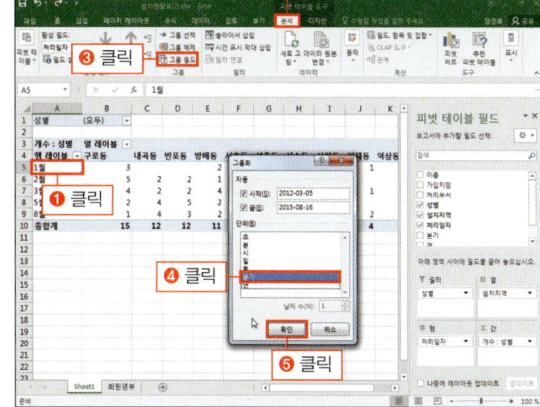

> **TIP**
> 마우스 오른쪽 버튼을 클릭하고 [그룹]을 선택해도 그
> 룹을 설정할 수 있습니다.

02_ 행 레이블의 가입일이 '분기' 단위로 변경된 것을 확
인할 수 있습니다.

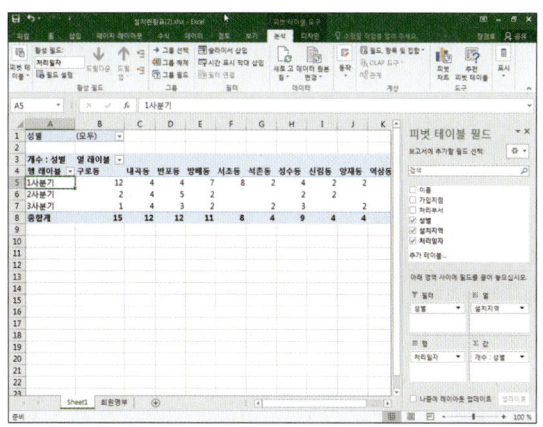

피벗 테이블 스타일 지정하기

: : **준비파일** Part01₩Chapter04₩Section02₩설치현황표(3).xlsx | **완성파일** Part01₩Chapter04₩Section02₩설치현황표(3)_완성.xlsx

피벗 테이블을 이용하면 스타일과 필터를 지정하여 시각적으로 보기 좋은 문서로 만들 수 있습니다.

01_ 피벗 테이블의 셀이 선택된 상태로 [피벗 테이블
도구]–[디자인] 탭–[레이아웃] 그룹에서 [보고서 레이아
웃]–[테이블 형식으로 표시]를 클릭합니다.

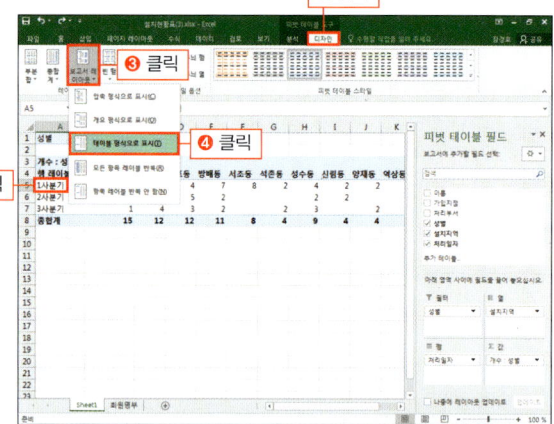

02_ [피벗 테이블 도구]–[디자인] 탭–[피벗 테이블 스타
일] 그룹에서 [자세히](▼)를 클릭한 후 원하는 스타일을
선택합니다. 여기서는 [피벗 스타일 보통 3]을 선택합니다.

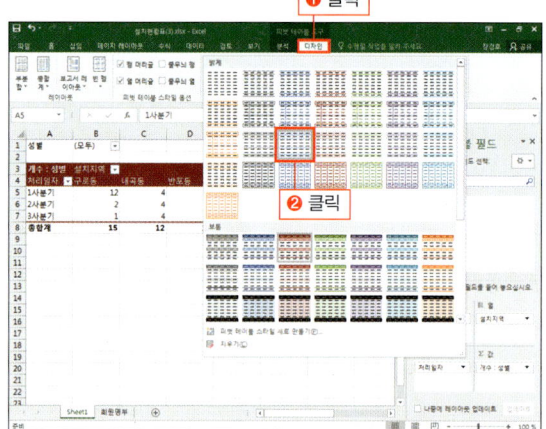

피벗 테이블에 시간 표시 막대 삽입하기

:: **준비파일** Part01₩Chapter04₩Section02₩설치현황표(4).xlsx | **완성파일** Part01₩Chapter04₩Section02₩설치현황표(4)_완성.xlsx

피벗 테이블에 시간 표시 막대를 삽입하면 날짜나 시간대별로 다양한 분석을 할 수 있습니다.

01_ 피벗 테이블에 시간 표시 막대를 추가해 보겠습니다. 피벗 테이블을 선택하고 [피벗 테이블 도구]-[분석] 탭-[필터] 그룹에서 [시간 표시 막대 삽입]을 클릭합니다. [시간 표시 막대 삽입] 대화상자가 나타나면 [처리일자]에 체크하고 [확인]을 클릭합니다.

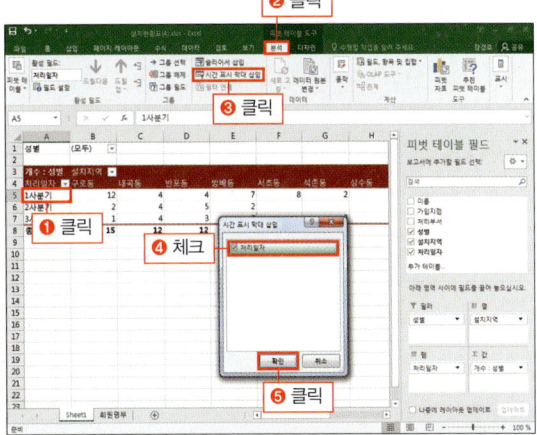

02_ [시간 표시 막대] 창이 나타납니다. [월] 화살표를 클릭한 후 '년'으로 변경합니다.

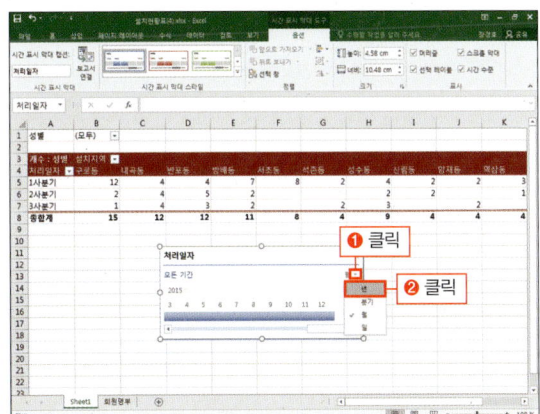

03_ 원하는 기간을 클릭합니다. 여기서는 '2014'와 '2015'를 선택합니다. 2014년~2015년에 처리한 내역이 피벗 테이블 보고서에 나타납니다.

TIP

시간 표시 막대에 표시되는 영역 조절 핸들을 이용해 기간을 지정할 수도 있으며 `Shift` 를 누른 채 영역을 선택할 수도 있습니다.

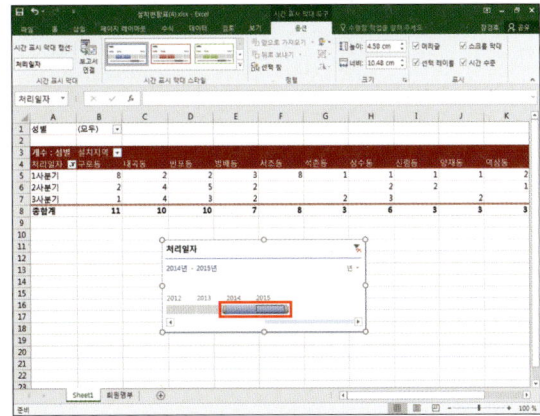

피벗 차트로 보고서 작성하기

: : 준비파일 Part01₩Chapter04₩Section02₩설치현황표(5).xlsx | **완성파일** Part01₩Chapter04₩Section02₩설치현황표(5)_완성.xlsx

피벗 차트를 사용하면 피벗 테이블의 요약 데이터를 시각화하여 데이터를 간편하게 비교할 수 있으며 데이터의 패턴과 추세를 쉽게 파악할 수 있습니다.

01_ 피벗 테이블의 데이터를 차트로 만들기 위해 피벗 테이블에서 임의의 셀을 선택하고 [피벗 테이블 도구]-[분석] 탭-[도구] 그룹에서 [피벗 차트]를 클릭합니다. [차트 삽입] 대화상자가 나타나면 [세로 막대형]-[묶은 세로 막대형]을 선택하고 [확인]을 클릭합니다.

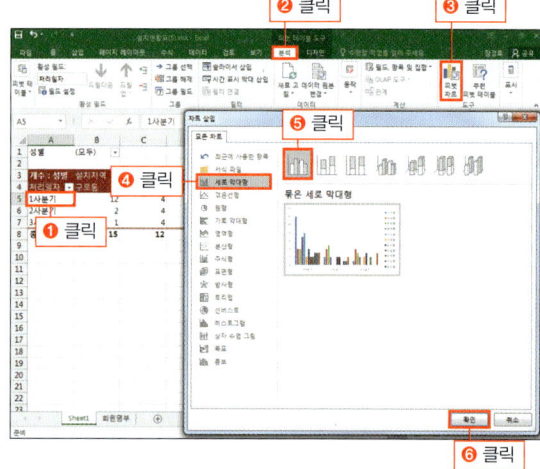

02_ 차트가 삽입됩니다. 차트가 삽입되면 필요 없는 레이블을 삭제할 수 있습니다. [설치지역]의 화살표를 클릭한 후 필요 없는 레이블의 체크 표시를 해제하여 완성합니다.

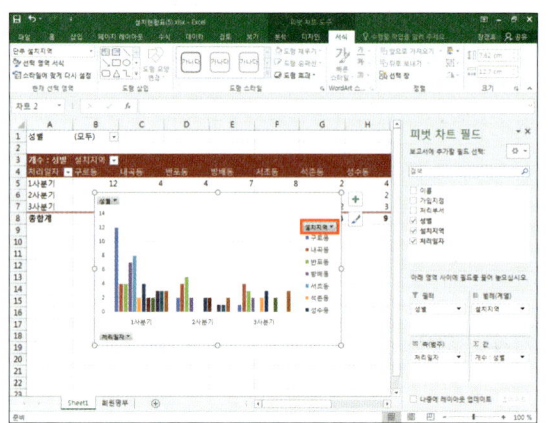

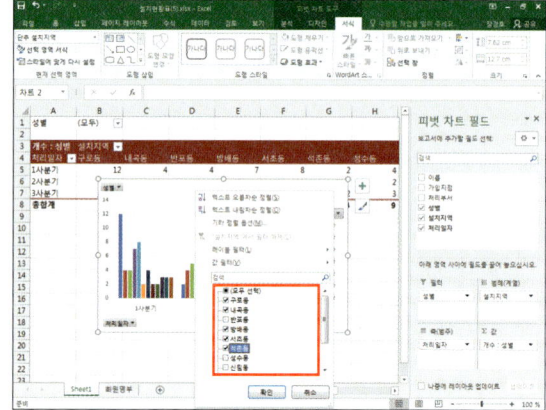

슬라이서로 필터 만들기

:: **준비파일** Part01₩Chapter04₩Section02₩슬라이서.xlsx | **완성파일** Part01₩Chapter04₩Section02₩슬라이서_완성.xlsx

슬라이서는 피벗 테이블 필드 목록에서 필드별 데이터를 선택하는 것만으로 표시된 데이터를 변경할 수 있습니다.

01_ 슬라이서로 필터를 적용하기 위해 [Sheet1] 시트 탭을 클릭합니다. [피벗 테이블 도구]-[분석] 탭-[필터] 그룹에서 [슬라이서 삽입]을 클릭합니다. [슬라이서 삽입] 대화상자가 나타나면 [지점명], [성별]에 체크하고 [확인]을 클릭합니다.

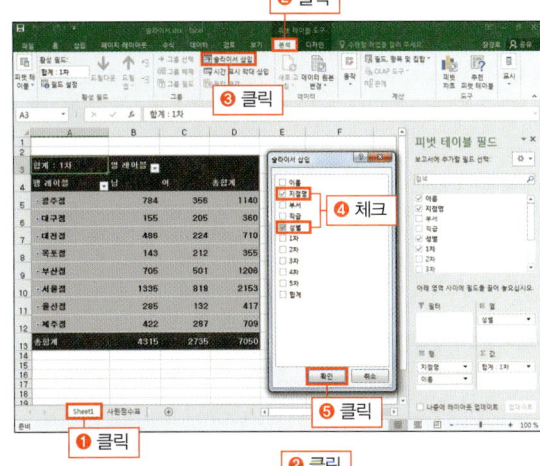

02_ 슬라이서를 드래그하여 위치를 이동합니다. [성별] 슬라이서가 선택된 상태에서 [슬라이서 도구]-[옵션] 탭-[슬라이서 스타일] 그룹의 [자세히]( )를 클릭하여 원하는 스타일을 선택합니다.

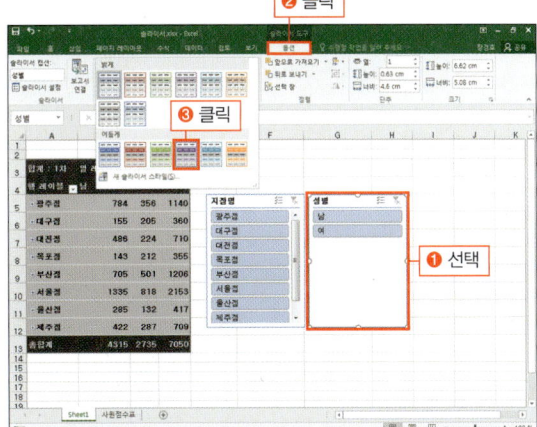

03_ 슬라이서를 통해 데이터를 필터링해 보겠습니다. [지점명] 슬라이서에서 [광주점]을 클릭합니다.

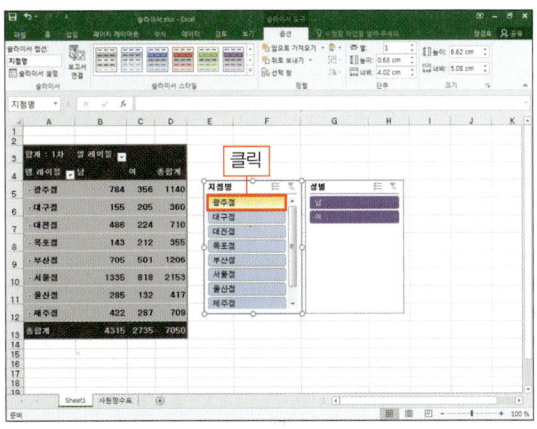

04_ '광주점'이 필터링되어 화면에 나타납니다. [지점명] 슬라이서에서 Ctrl 을 누른 상태로 [부산점], [서울점]을 선택합니다.

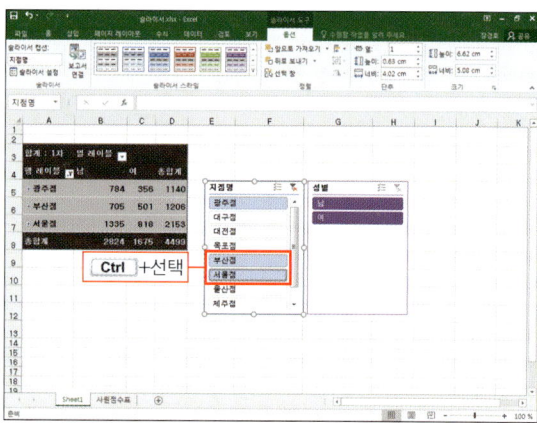

05_ 슬라이서의 이름과 정렬 순서를 변경해 보겠습니다. [지점명] 슬라이서를 선택하고 [슬라이서 도구]–[옵션] 탭–[슬라이서] 그룹에서 [슬라이서 설정]을 클릭합니다. [슬라이서 설정] 대화상자가 나타나면 [머리글]–[캡션]에 『전국지점』이라고 입력하고 [항목 정렬 및 필터링]의 [내림차순(사전 역순)]을 체크한 후 [확인]을 클릭합니다.

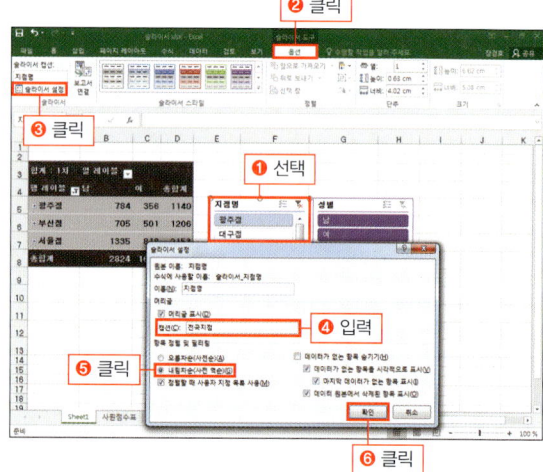

06_ 슬라이서의 이름이 '전국지점'으로 변경되며, 슬라이서의 순서가 가나다 역순으로 표기됩니다.

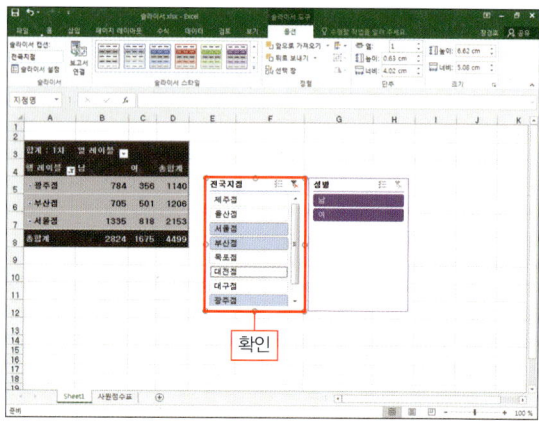

하나의 셀에 있는 텍스트 나누기

::: **준비파일** Part01₩Chapter04₩Section02₩주소록.xlsx　|　**완성파일** Part01₩Chapter04₩Section02₩주소록_완성.xlsx

셀 하나에 다양한 항목의 데이터가 존재할 경우 텍스트 나누기를 통해 여러 개의 셀에 나누어 넣을 수 있습니다.

01_ 텍스트 나누기를 할 데이터를 모두 선택합니다. 여기서는 [A1] 셀에서 [A19] 셀을 드래그하여 선택합니다. [데이터] 탭–[데이터 도구] 그룹에서 [텍스트 나누기]를 클릭합니다. [텍스트 마법사] 대화상자가 나타나면 [구분 기호로 분리됨]을 체크하고 [다음]을 클릭합니다.

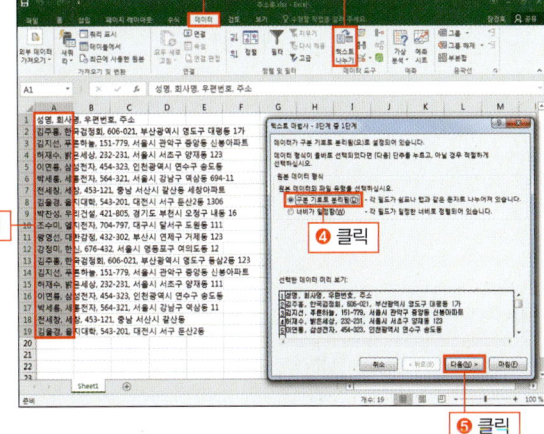

02_ [구분 기호]에서 [쉼표]에 체크하고 [다음]을 클릭합니다.

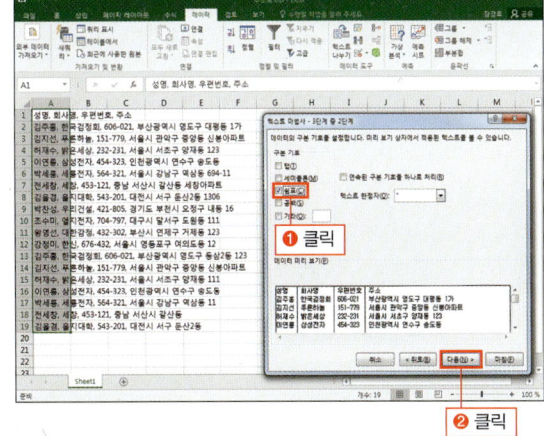

> **TIP**
> 텍스트가 구분되어 있는 기준에 따라 탭이나, 세미콜론, 쉼표, 공백 등을 선택할 수 있습니다.

03_ 텍스트를 확인하고 [마침]을 클릭합니다.

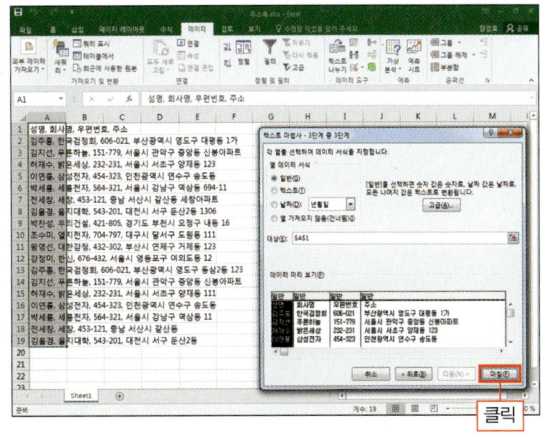

중복된 항목 제거하기

::: **준비파일** Part01₩Chapter04₩Section02₩주소목록.xlsx | **완성파일** Part01₩Chapter04₩Section02₩주소목록_완성.xlsx

데이터를 입력하다 보면 중복되는 경우가 있습니다. 이럴 때에는 [중복된 항목 제거]를 통해 중복된
데이터를 제거해 주는 것이 좋습니다.

01_ 데이터를 작성하다 보면 중복 값이 발생할 수 있습
니다. 이를 제거하기 위해 [데이터] 탭-[데이터 도구] 그룹
에서 [중복된 항목 제거]를 클릭합니다. [중복된 항목 제
거] 대화상자가 나타나면 [열]을 모두 선택하고 [확인]을
클릭합니다.

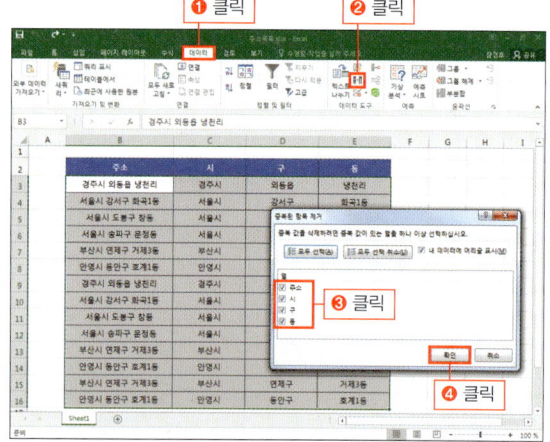

02_ 중복된 값이 검색되어 제거되었다는 창이 나타나면
[확인]을 클릭합니다.

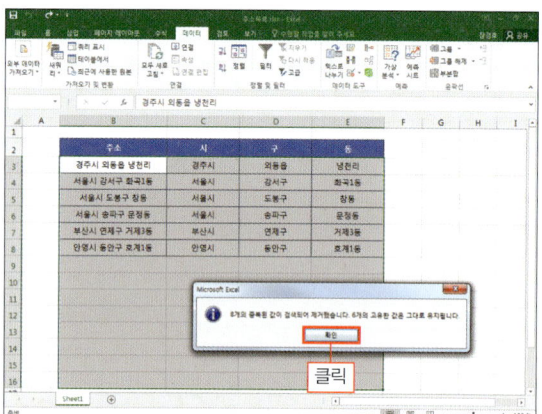

데이터 유효성 검사로 항목 입력하기

:: **준비파일** Part01₩Chapter04₩Section02₩거래처현황.xlsx | **완성파일** Part01₩Chapter04₩Section02₩거래처현황_완성.xlsx

데이터 유효성 검사를 통해 사용자가 셀에 입력하는 데이터 또는, 값의 유형을 정하거나 특정 셀에 숫자만 입력하거나 텍스트 길이 등을 제어할 수 있습니다.

01_ [F3:F41] 영역을 선택하고 [데이터] 탭−[데이터 도구] 그룹에서 [데이터 유효성 검사]를 클릭합니다.

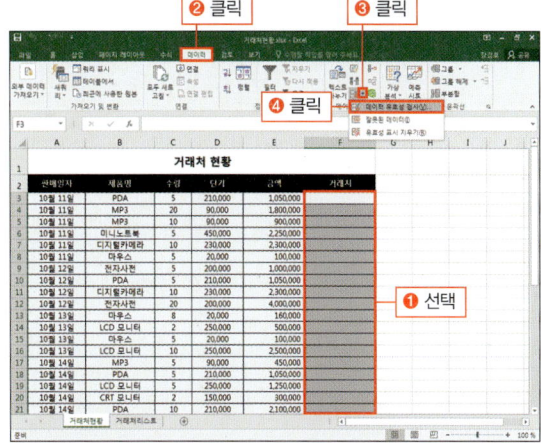

02_ [데이터 유효성] 대화상자가 나타나면 [설정] 탭에서 [제한 대상]의 화살표를 클릭한 후 '목록'을 선택합니다.

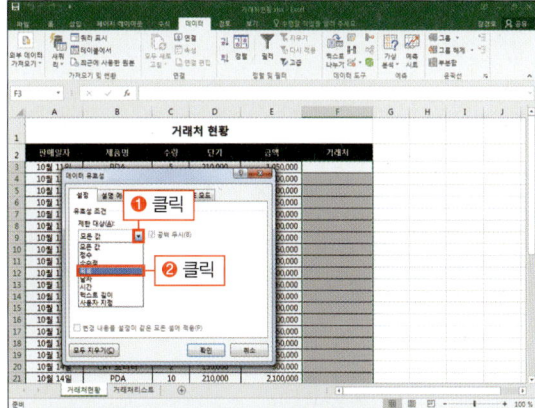

> **TIP**
> 제한 대상에 '목록'뿐만 아니라 '소수점, 날짜, 시간, 텍스트 길이' 등을 선택할 수 있습니다.

03_ [원본]에서 [거래처리스트] 시트 탭을 선택합니다. [A1:A6] 영역을 드래그하여 셀 범위를 지정하고 [확인]을 클릭합니다.

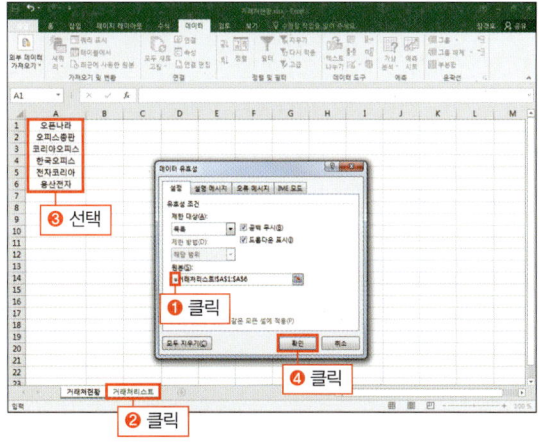

04_ 선택한 영역에 화살표 단추가 나타납니다. 화살표 단추를 클릭하면 직위 목록이 표시되어 원하는 항목을 쉽게 선택할 수 있습니다. [F5] 셀을 선택하고 [화살표]를 클릭한 후 원하는 거래처를 선택합니다.

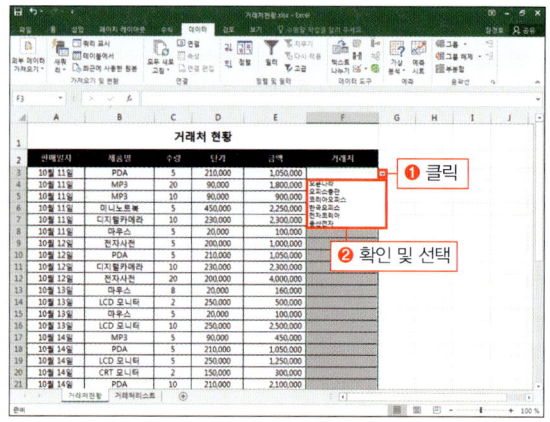

05_ 거래처 이름이 입력되면 동일한 방법으로 나머지 항목에도 화살표 단추를 클릭해 거래처 이름을 입력할 수 있습니다.

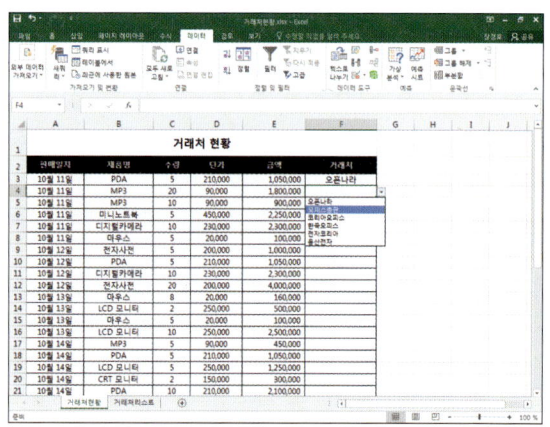

데이터 유효성 검사로 설명 메시지 입력하기

:: **준비파일** Part01₩Chapter04₩Section02₩거래처현황(2).xlsx | **완성파일** Part01₩Chapter04₩Section02₩거래처현황(2)_완성.xlsx

데이터 유효성 검사를 지정했을 경우 설명 메시지를 표기해 알려주면 보다 효과적으로 문서를 만들 수 있습니다.

01_ [F3:F41] 영역을 선택하고 [데이터] 탭-[데이터 도구] 그룹에서 [데이터 유효성 검사]를 클릭합니다. [데이터 유효성] 대화상자가 나타나면 [설명 메시지] 탭의 [제목]에 『거래처를 선택해 주세요.』를 입력합니다. [설명 메시지]를 클릭하고, 『셀의 화살표 단추를 클릭해 주세요.』를 입력한 후 [확인]을 클릭합니다.

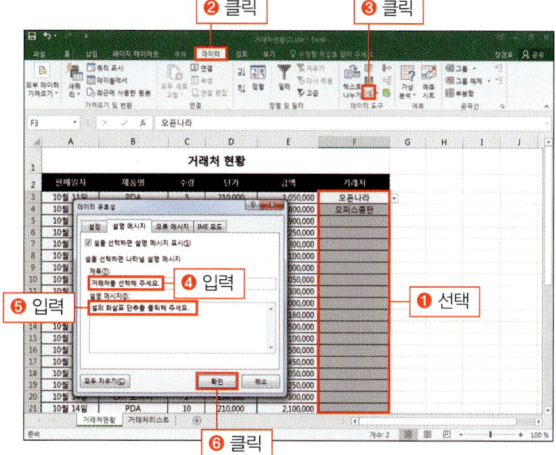

02_ 선택한 영역에 설명 메시지가 나타나는 것을 확인할 수 있습니다.

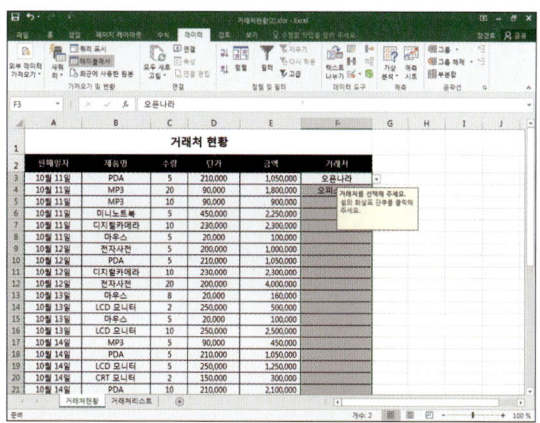

데이터 유효성 검사로 오류 메시지 표시하기

: : **준비파일** Part01₩Chapter04₩Section02₩거래처현황(3).xlsx | **완성파일** Part01₩Chapter04₩Section02₩거래처현황(3)_완성.xlsx

데이터 유효성 검사가 설정된 항목에 다른 데이터를 입력하면 경고 창이 나타나면서 오류 메시지를
나타낼 수 있습니다.

01_ [F3:F41] 영역을 드래그하여 선택한 후 [데이터]
탭-[데이터 도구] 그룹에서 [데이터 유효성 검사]를 클릭
합니다. [데이터 유효성] 대화상자가 나타나면 [오류 메
시지] 탭의 [스타일] 화살표를 클릭한 후 '경고'를 선택합
니다.

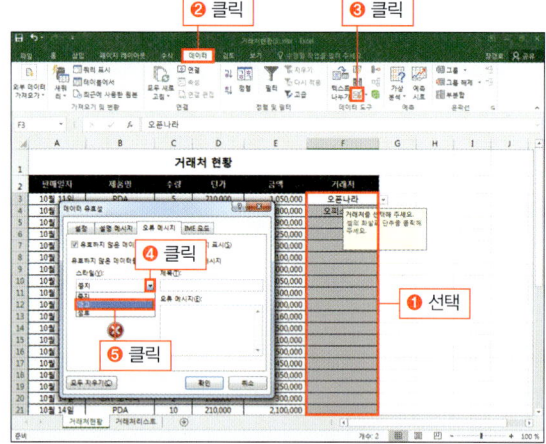

02_ [제목]에 『거래처 오류』를 입력하고 [오류 메시지]에
『목록에 없는 거래처입니다.』를 입력한 후 [확인]을 클릭
합니다.

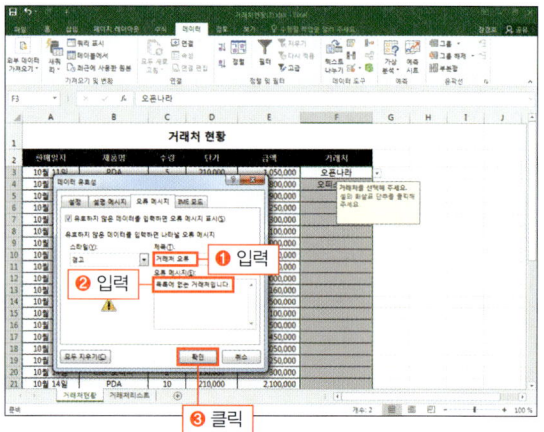

03_ [F5] 셀을 선택하고 『디자인향기』라는 상호를 입력
한 후 **Enter**를 누릅니다. [거래처 오류] 경고 창에 오류
메시지가 나타납니다.

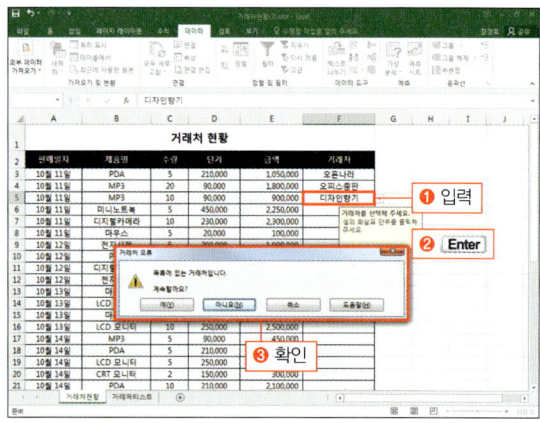

Special page

원하는 기능이나 궁금증을 한 번에 해결하기

엑셀 2016에 새롭게 추가된 기능으로 리본 메뉴 오른쪽에 위치하고 있는 '수행할 작업을 알려 주세요'라는 텍스트 입력란에 내용을 입력하여 원하는 기능이나 궁금증을 한 번에 해결할 수 있습니다.

> 준비
> 파일 : Part01₩Chapter04₩Section02₩주소목록.xlsx

01 [수행할 작업을 알려 주세요.]에 원하는 명령을 입력합니다. 여기서는 『중복된 항목 제거』를 입력합니다. 목록이 나타나면 [중복된 항목 제거]를 클릭합니다.

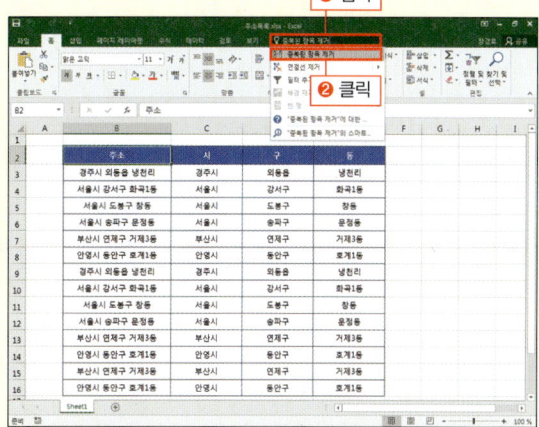

02 [중복된 항목 제거] 대화상자가 나타나면서 중복된 항목을 제거할 수 있습니다.

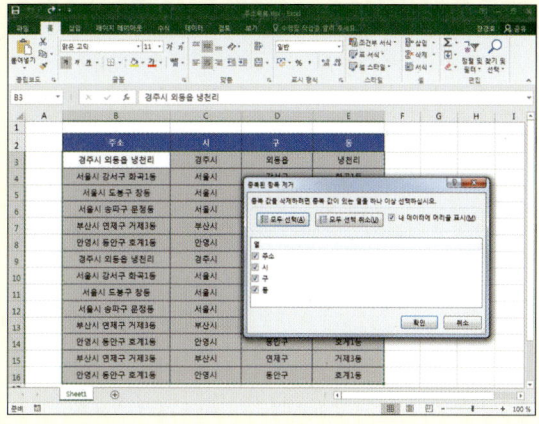

03 [수행할 작업을 알려 주세요.]에 원하는 단어나 명령어를 입력하면 관련된 유사 명령에 대한 검색과 함께 도움말도 나타납니다. **01**번 따라하기에서처럼 '중복된 항목 제거'라는 명령어를 이 위치에서 바로 실행할 수 있으며, '중복된 항목 제거'에 대한 도움말 등도 바로 확인할 수 있습니다. 아래에서 두 번째 위치한 '도움말' 항목을 클릭합니다.

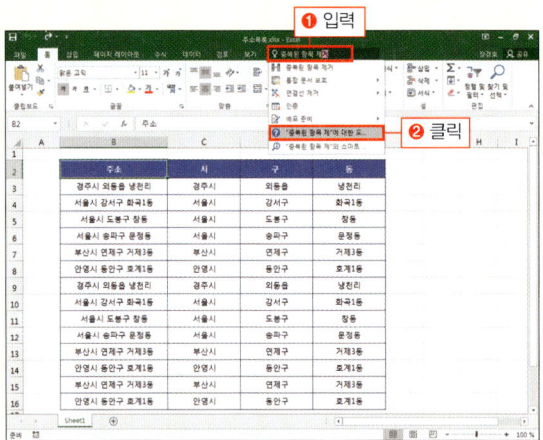

04 [Excel 2016 도움말] 창이 나타나면서 검색했던 '중복된 항목 제거'와 관련된 도움말을 확인할 수 있습니다.

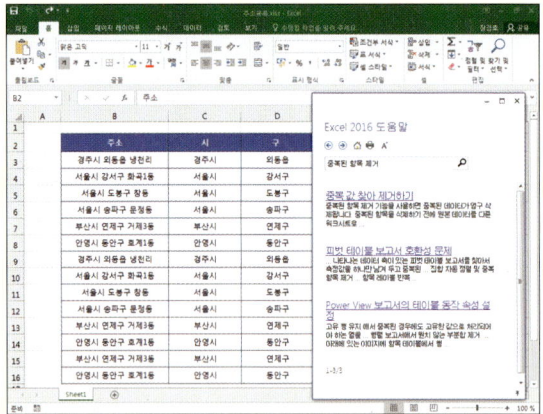

플래시 필 기능으로 항목 수정하고 합산하기

플래시 필은 입력한 데이터의 패턴을 분석하여 나머지 빈칸을 자동으로 채워주는 기능에서 더 나아가 데이터의 조합을 통해 새로운 패턴을 만들 수 있는 기능입니다. 예를 들어, 전화번호 사이사이에 하이픈(-)을 넣고 싶거나 사원의 이름과 지점명, 부서 등을 조합하여 특별한 사원번호를 만들 수 있습니다.

 준비파일 Part01₩Chapter04₩Section02₩사원번호조합.xlsx   완성파일 Part01₩Chapter04₩Section02₩사원번호조합_완성.xlsx

01 [H3] 셀을 선택하고 [G3] 셀에 입력되어 있는 전화번호를 입력하되 사이사이에 하이픈(-)을 삽입합니다. 즉, 『010-1111-2222』를 입력하고 **Enter** 를 누릅니다.

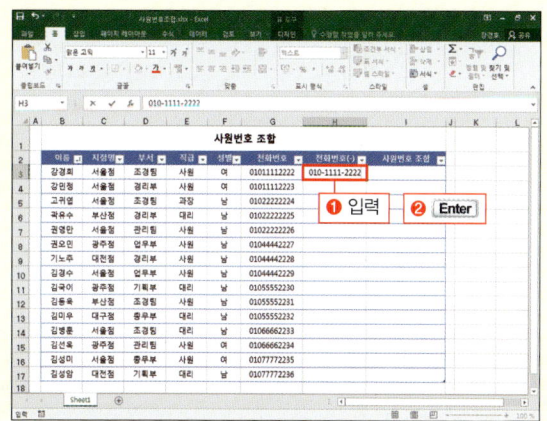

02 다시 [H3] 셀을 선택하고 **Ctrl** + **E** 를 누릅니다. 자동으로 나머지 항목도 동일한 패턴이 채워집니다.

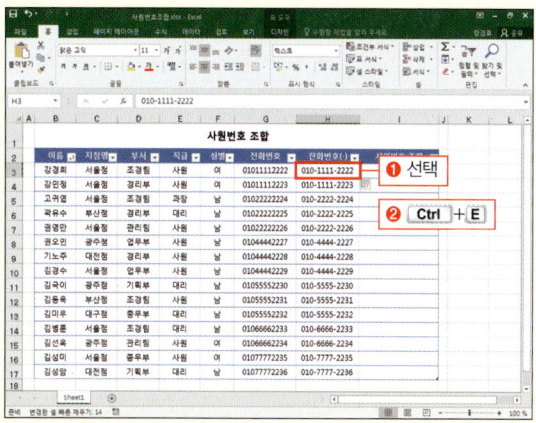

03 이번에는 이름과 지점명, 부서, 그리고 전화번호를 조합하여 새로운 사원번호를 만들어 보겠습니다. [I3] 셀을 선택하고 『강 서울 조경 2222』를 입력한 후 Enter 를 누릅니다.

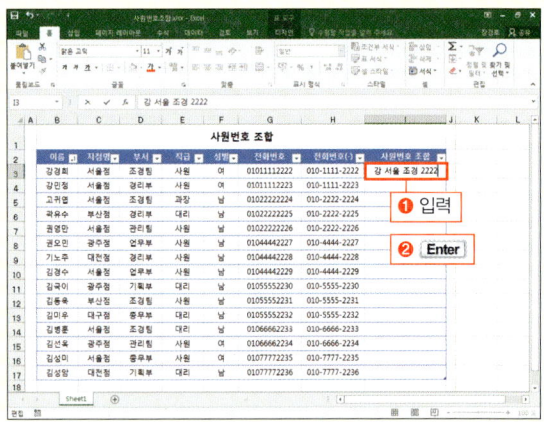

04 다시 [I3] 셀을 선택하고 Ctrl + E 를 누릅니다. 자동으로 나머지 항목도 동일한 패턴이 채워집니다.

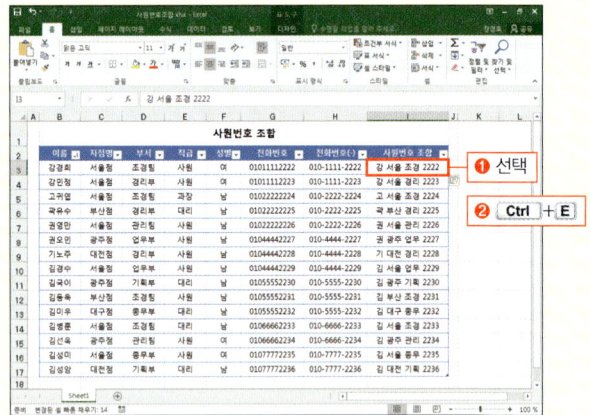

1️⃣ 추천 피벗 테이블은 지정한 데이터를 바탕으로 피벗 테이블 보고서 유형을 미리 보여주고 원하는 형식을
직접 선택할 수 있습니다. 해당하는 예제에 적합한 추천 피벗 테이블을 만들어 보세요.

◎ 준비파일 : Part01₩Chapter04₩Check₩점수표.xlsx   ◎ 완성파일 : Part01₩Chapter04₩Check₩점수표_완성.xlsx

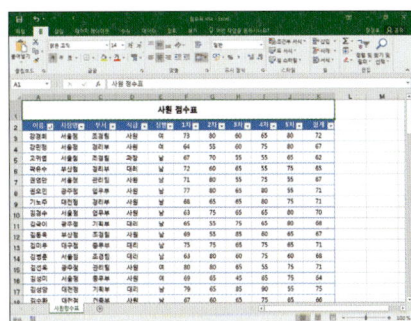 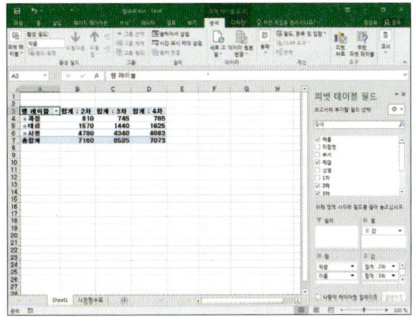

힌트

❶ 임의의 셀을 선택하고 [삽입] 탭–[표] 그룹에서 [추천 피벗 테이블]을 클릭합니다.

❷ [권장 피벗 테이블] 대화상자가 나타나면 원하는 피벗 테이블을 선택하고 [확인]을 클릭합니다.

2️⃣ 슬라이서는 피벗 테이블 필드 목록에서 필드별 데이터를 선택하는 것만으로 표시된 데이터를 변경할 수 있
습니다. 피벗 테이블을 선택한 후 슬라이서를 삽입하여 데이터를 필터링해 보세요.

◎ 준비파일 : Part01₩Chapter04₩Check₩점수표(2).xlsx   ◎ 완성파일 : Part01₩Chapter04₩Check₩점수표(2)_완성.xlsx

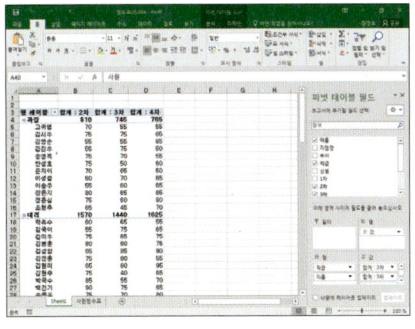 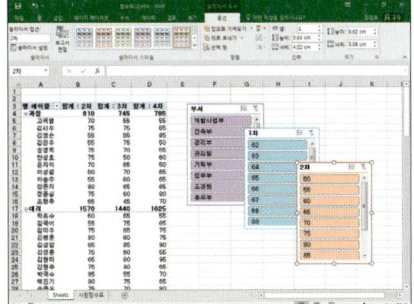

힌트

❶ [피벗 테이블 도구]–[분석] 탭–[필터] 그룹에서 [슬라이서 삽입]을 클릭합니다.

❷ 원하는 스타일을 지정한 후 데이터를 필터링합니다.

가상 분석과 매크로

엑셀에서 반복적으로 일어나는 작업은 매크로를 통해 한 번에 처리할 수 있습니다. 반복되는 작업을 기록으로 남겨 이를 자동으로 반복해서 실행해 주는 기능이 바로 '매크로'입니다. 이번 섹션에서는 목표 값을 찾거나 시나리오 작성 등 가상 분석 기능을 비롯해 매크로, VBA(Visual Basic for Applications)에 대해서 살펴보겠습니다.

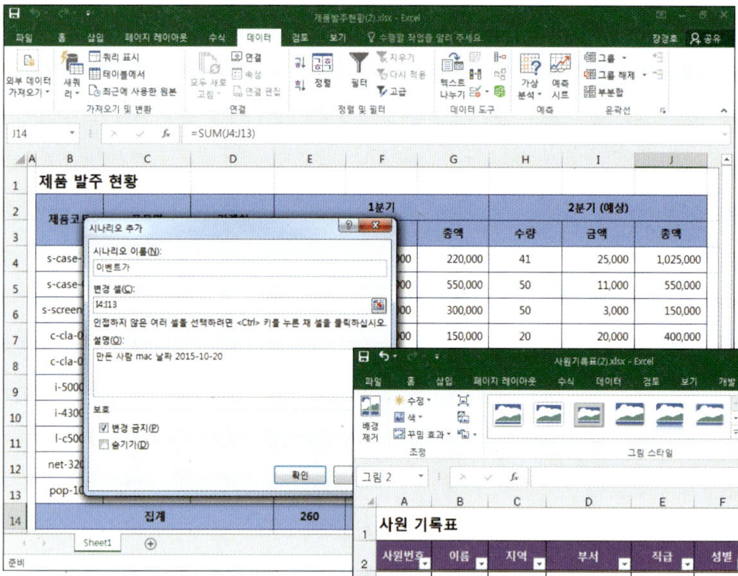

▲ 할인가에 따른 변동 수익률
 시나리오 작성하기

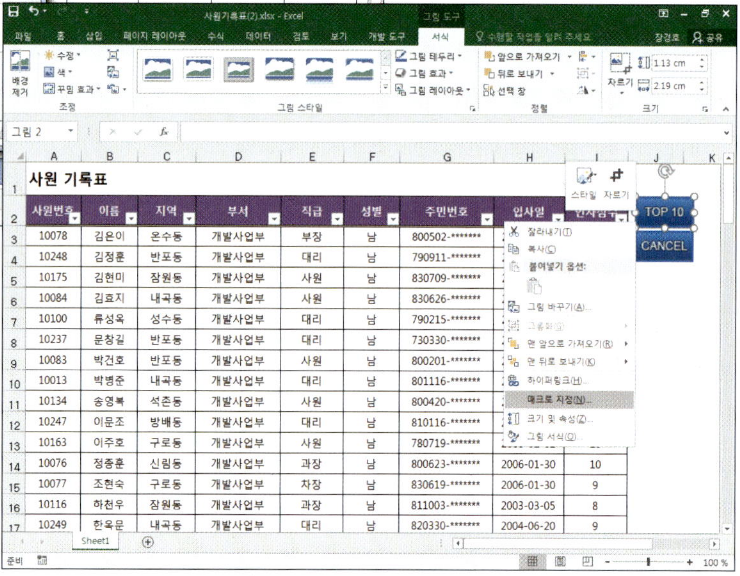

도형에 매크로 실행 단추 만들기 ▶

이번 섹션에서 배울 주요 내용

- 가상 분석을 이용하여 목표 값 찾기
- 할인가에 따른 변동 수익률 시나리오 작성하기
- 숨겨진 [개발 도구] 탭 표시하기
- 매크로가 포함된 파일 열기
- 매크로 보안 설정하기

- 매크로 바로 가기 키 설정하고 저장하기
- 도형에 매크로 실행 단추 만들기
- 기록한 매크로 삭제하기
- **스페셜** VBA 편집기 실행하고 매크로 수정하기

가상 분석을 이용하여 목표 값 찾기

:: **준비파일** Part01₩Chapter04₩Section03₩제품발주현황.xlsx | **완성파일** Part01₩Chapter04₩Section03₩제품발주현황_완성.xlsx

목표 값 찾기는 하나의 값을 기준으로 셀의 특정 값을 찾는 기능입니다. 2분기에 발주해야 하는 총액이 3,000,000원이 되려면 '가죽케이스'를 얼마나 판매해야 하는지 목표 값 찾기를 통해 알아보겠습니다.

01_ [J14] 셀을 선택하고 [데이터] 탭–[예측] 그룹에서 [가상 분석]–[목표 값 찾기]를 클릭합니다. [목표 값 찾기] 대화상자가 나타나면 [수식 셀]은 [J14] 셀, [찾는 값]은 『3000000』, [값을 바꿀 셀]은 [H4] 셀로 설정한 후 [확인]을 클릭합니다.

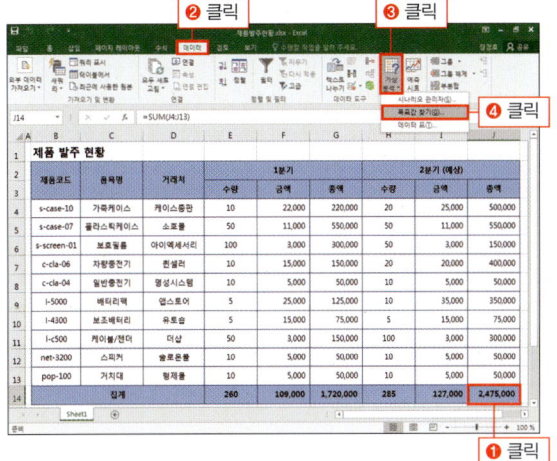
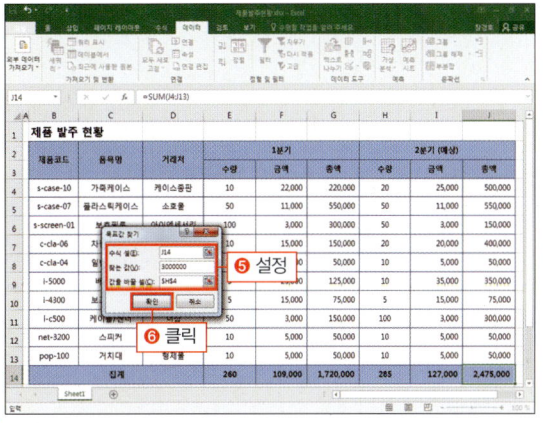

02_ [목표 값 찾기 상태] 대화상자가 나타나면 [확인]을 클릭합니다. 목표 값 결과가 워크시트에 반영됩니다.

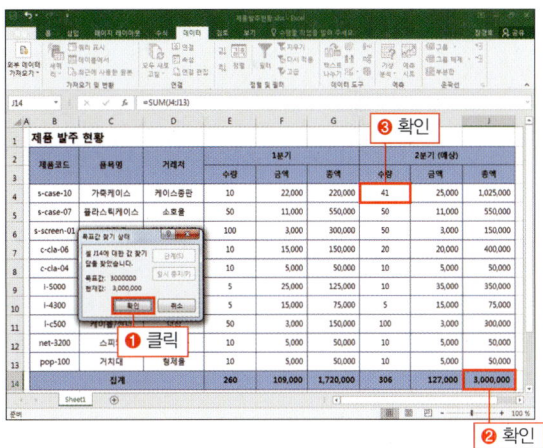

> **TIP**
> 2분기에 예상하는 발주 총액을 3,000,000원으로 조정하기 위해서 가죽케이스를 41개 판매해야 함을 알 수 있습니다.

할인가에 따른 변동 수익률 시나리오 작성하기

: : **준비파일** Part01₩Chapter04₩Section03₩제품발주현황(2).xlsx | **완성파일** Part01₩Chapter04₩Section03₩제품발주현황(2)_완성.xlsx

시나리오는 입력한 데이터를 바탕으로 여러 가지 상황을 가상으로 설정해 보고 다양한 결과를 예측해 보는 기능입니다.

01_ 2분기에 예상하는 제품 판매 금액을 여러 각도에서 다르게 분석하기 위해 [데이터] 탭-[예측] 그룹에서 [가상 분석]-[시나리오 관리자]를 클릭합니다.

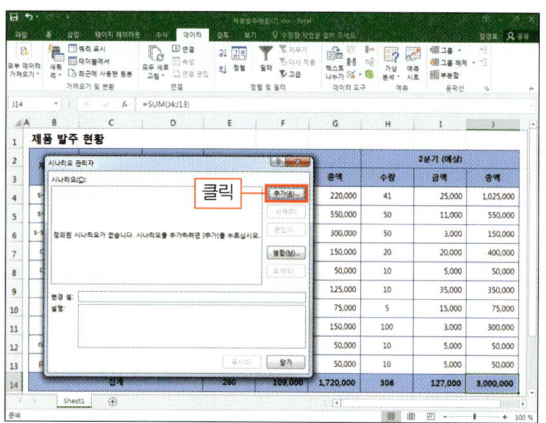

TIP

시나리오는 입력한 데이터를 바탕으로 여러 변수에 대해 다양한 결과를 미리 예측해 보는 기능입니다.

02_ [시나리오 관리자] 대화상자가 나타나면 [추가]를 클릭합니다.

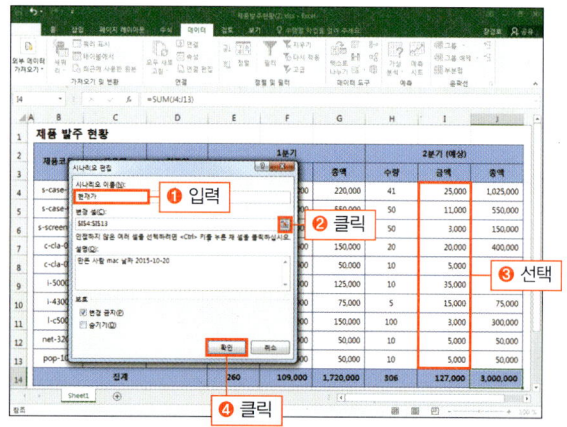

03_ [시나리오 편집] 대화상자가 나타나면 [시나리오 이름]은 『현재가』를 입력하고, [변경 셀]에서 [I4:I13] 영역을 선택한 후 [확인]을 클릭합니다.

04_ [시나리오 값] 대화상자가 나타나면 각 셀에 해당하는 값을 확인할 수 있습니다. 원래 값을 그대로 사용하기 위해 [추가]를 클릭합니다.

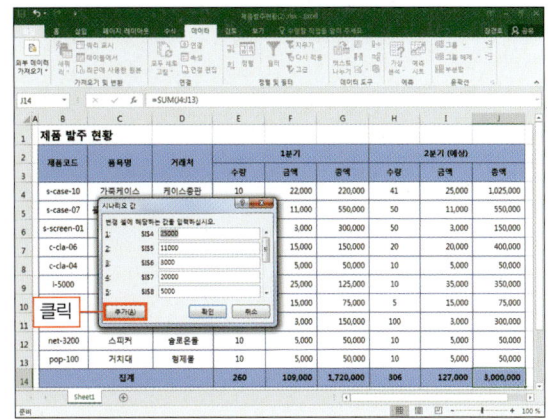

05_ [시나리오 추가] 대화상자가 나타나면 [시나리오 이름]은 『이벤트가』를 입력하고, [변경 셀]에는 [I4:I13] 영역이 설정되어 있는지 확인한 후 [확인]을 클릭합니다.

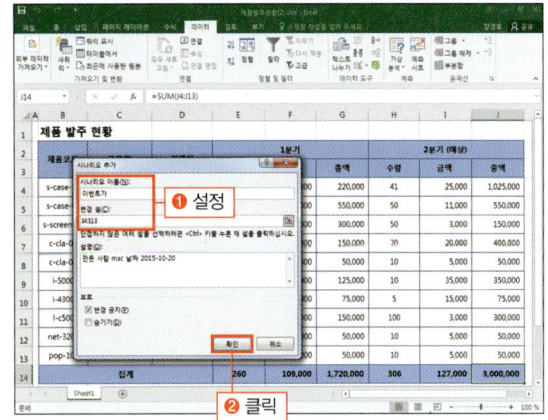

06_ [시나리오 값] 대화상자가 나타나면 각 셀에 해당하는 값을 아래와 같이 변경하고 [확인]을 클릭합니다.

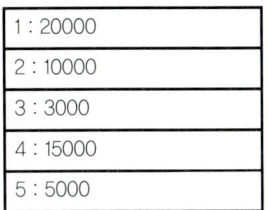

1 : 20000
2 : 10000
3 : 3000
4 : 15000
5 : 5000

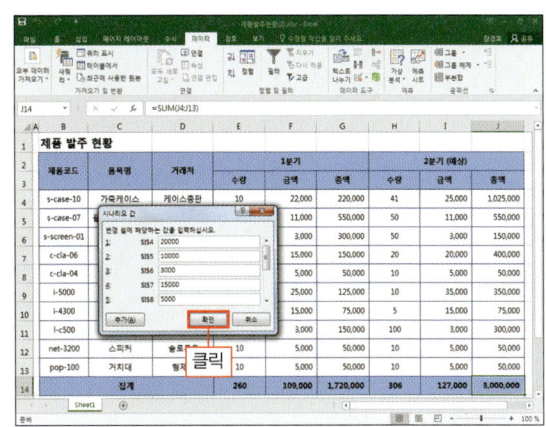

> **TIP**
> 시나리오를 더 추가하고 싶으면 [시나리오 값] 대화상자에서 [추가]를 클릭합니다.

07_ [시나리오 관리자] 대화상자가 나타나면 [요약]을 클릭합니다.

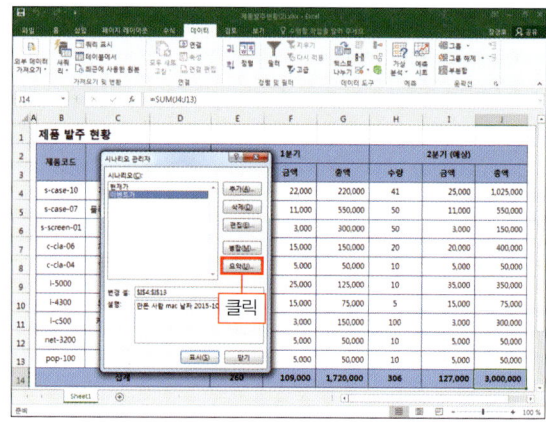

08_ [시나리오 요약] 대화상자가 나타나면 [보고서 종류]에 [시나리오 요약]을 체크합니다. [결과 셀]에는 [I14:J14] 영역을 선택하고 [확인]을 클릭합니다.

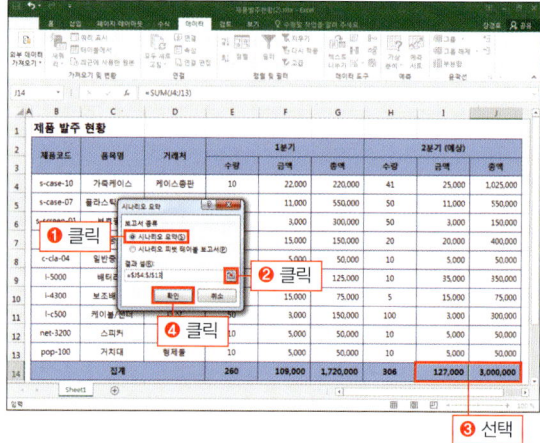

09_ [시나리오 요약] 시트가 추가되면서 시나리오 요약 보고서가 완성됩니다.

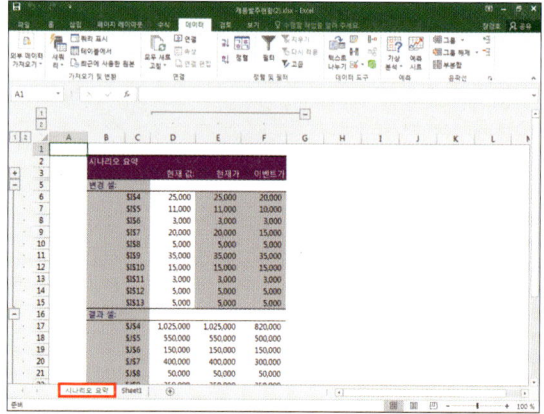

숨겨진 [개발 도구] 탭 표시하기

엑셀의 기본 설정에는 매크로 관련 도구가 표시되지 않습니다. 매크로와 VBA를 활용하기 위해서는 [개발 도구] 탭이 필요합니다. [개발 도구] 탭은 [Excel 옵션] 대화상자를 통해 불러올 수 있습니다.

01_ [파일] 탭을 클릭한 다음 [옵션]을 클릭합니다. [Excel 옵션] 대화상자가 나타나면 [리본 사용자 지정]–[리본 메뉴 사용자 지정]에서 [개발 도구]에 체크한 후 [확인]을 클릭합니다.

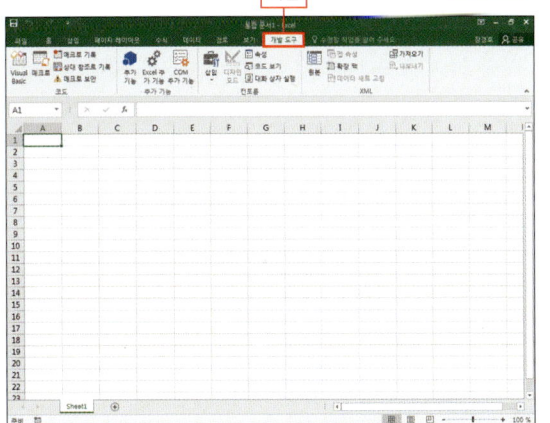

02_ 리본 메뉴에 [개발 도구] 탭이 추가된 것을 확인하고 [개발 도구] 탭을 클릭합니다. [개발 도구] 탭은 코드, 추가 기능, 컨트롤 등의 그룹으로 다시 나눠지며 개발 도구와 관련된 다양한 기능을 실행할 수 있습니다. 또한, 매크로 및 VBA를 만들고 편집할 수 있는 도구들이 제공됩니다.

꼭!! 알고가기

[개발 도구] 탭 살펴보기

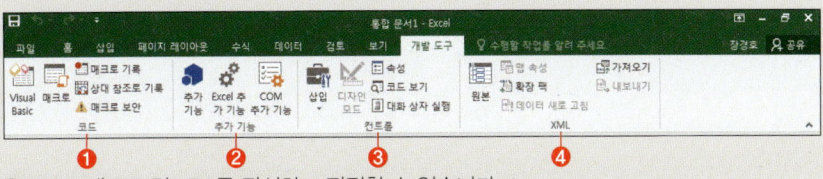

❶ **코드** : 매크로 및 VBA를 작성하고 편집할 수 있습니다.
❷ **추가 기능** : 레이블 인쇄 마법사나 분석 도구, 유로화 도구처럼 다양한 기능을 추가할 수 있습니다.
❸ **컨트롤** : 워크시트에 각종 컨트롤을 삽입하고 정렬하거나, 사용자 지정 대화상자를 실행할 수 있습니다.
❹ **XML** : XML 원본 작업 창을 열거나 XML 데이터를 가져올 수 있습니다.

매크로가 포함된 파일 열기

:: **준비파일** Part01\Chapter04\Section03\학생명부.xlsm | **완성파일** Part01\Chapter02\Section01\급여대장_완성.xlsx

매크로가 포함된 문서의 확장자는 'xlsx'가 아닌 'xlsm'으로 파일을 열면 [보안 경고] 창이 나타나는 것이 정상입니다. 매크로를 신뢰할 수 있다면 보안 경고를 해제하면 됩니다.

01_ 준비 파일을 불러오면 매크로가 포함되어 있기에 [보안 경고] 창이 나타납니다. '매크로를 사용할 수 없도록 설정했습니다.'라고 적힌 부분을 클릭합니다.

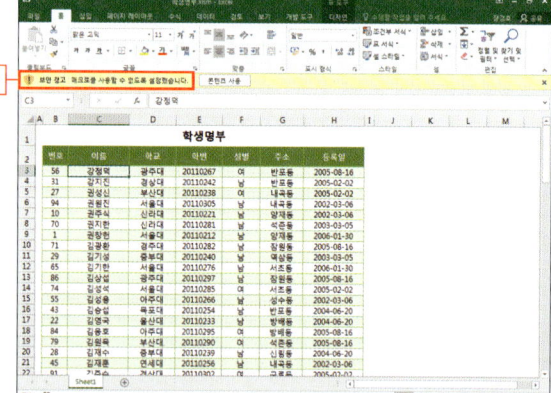

> **TIP**
>
> 매크로가 포함되어 있지만 [보안 경고] 창이 뜨지 않으면 [매크로 보안]에서 [모든 매크로 포함]이나 [모든 매크로 제외(알림 표시 없음)]으로 설정되어 있기 때문입니다.

> **TIP**
>
> [콘텐츠 사용]을 클릭해도 매크로가 포함된 파일을 열 수 있습니다.

02_ [모든 콘텐츠 사용]을 클릭하여 매크로가 포함된 파일을 엽니다.

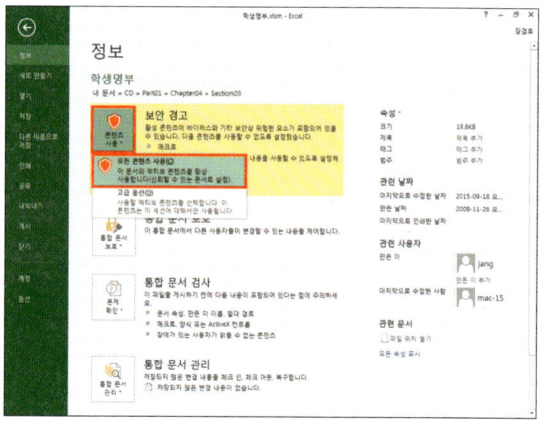

매크로 보안 설정하기

::: **준비파일** Part01₩Chapter04₩Section03₩학생명부.xlsm

매크로가 포함되어 있는 문서를 열면 기본적으로 [보안 경고] 창이 나타납니다. [보안 경고] 창 없이
문서를 바로 열고 싶다면 매크로 보안 설정을 변경하면 됩니다.

01_ [개발 도구] 탭-[코드] 그룹에서 [매크로 보안]을 클
릭합니다.

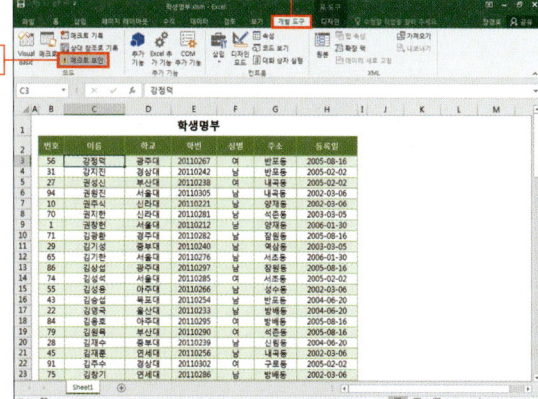

> **TIP**
>
> [개발 도구] 탭이 표시되지 않는다면 255페이지를 참조
> 하여 표시할 수 있습니다.

02_ [보안 센터] 대화상자가 나타나면 [매크로 설정]-[모
든 매크로 포함]을 체크하고 [확인]을 클릭합니다.

> **TIP**
>
> [모든 매크로 포함(위험성 있는 코드가 실행될 수 있으
> 므로 권장하지 않음)]은 악성코드가 포함될 수 있기에
> 권장하지 않습니다. 본 예제에서 적용해본 후 다시 [모
> 든 매크로 제외(알림 표시)]로 변경하기 바랍니다.

매크로 바로 가기 키 설정하고 저장하기

:: **준비파일** Part01₩Chapter04₩Section03₩사원기록표.xlsx | **완성파일** Part01₩Chapter04₩Section03₩사원기록표_매크로.xlsm

매크로는 반복되는 작업을 몇 번의 마우스 클릭만으로 빠르게 처리할 수 있는 편리한 기능입니다. 매크로를 바로 가기 키로 설정하여 간단히 실행해 보겠습니다.

01_ [개발 도구] 탭–[코드] 그룹에서 [매크로 기록]을 클릭합니다. [매크로 기록] 대화상자가 나타나면 [매크로 이름]에 『상위10』을 입력합니다. [바로 가기 키]에 『t』를 입력하고 [확인]을 클릭합니다.

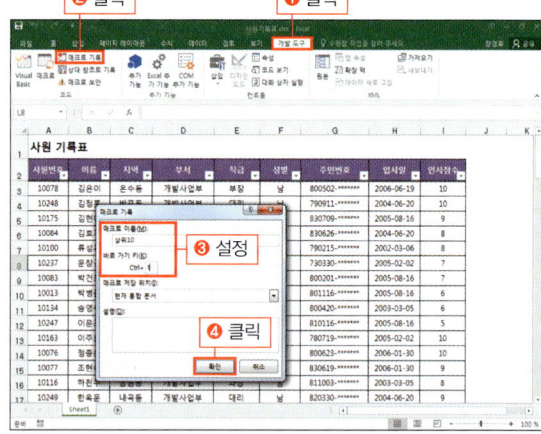

02_ 매크로 기록이 시작됩니다. [I3:I102] 영역을 드래그하여 선택하고 [홈] 탭–[스타일] 그룹에서 [조건부 서식]–[상위/하위 규칙]–[상위 10개 항목]을 클릭합니다.

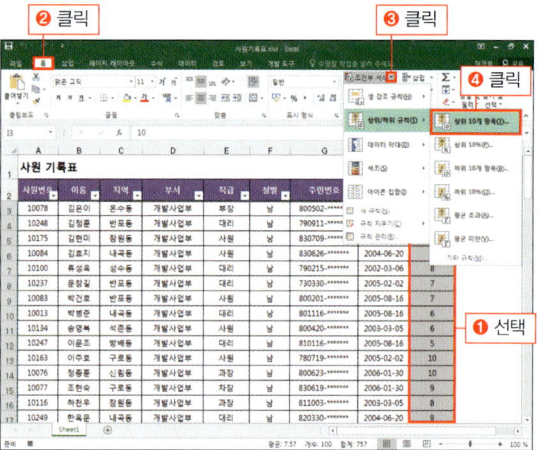

03_ [상위 10개 항목] 대화상자가 나타나면 [적용할 서식]에 '진한 녹색 텍스트가 있는 녹색 채우기'를 선택하고 [확인]을 클릭합니다.

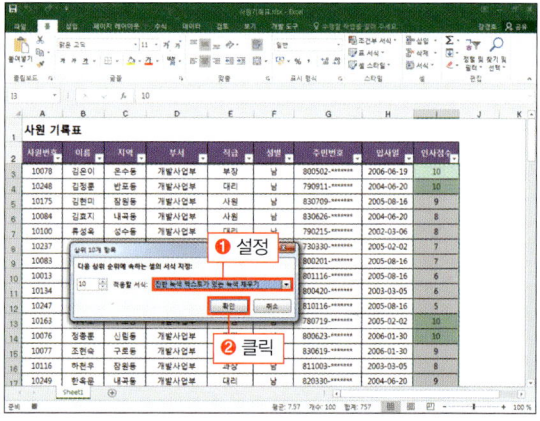

04_ [개발 도구] 탭-[코드] 그룹에서 [기록 중지]를 클릭하여 매크로 기록을 마칩니다.

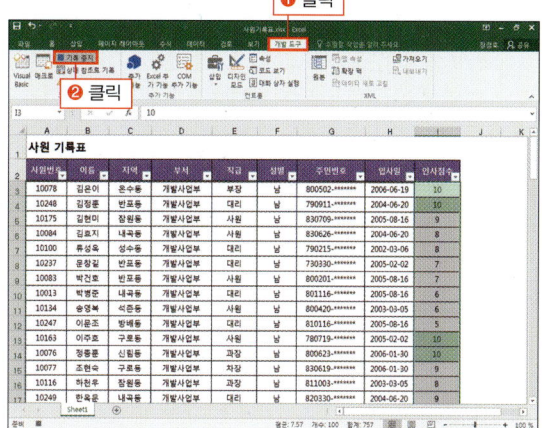

05_ 매크로가 제대로 기록되었는지 확인하기 위해 지정된 조건부 서식을 삭제합니다. [홈] 탭-[스타일] 그룹에서 [조건부 서식]-[규칙 지우기]-[선택한 셀의 규칙 지우기]를 클릭합니다.

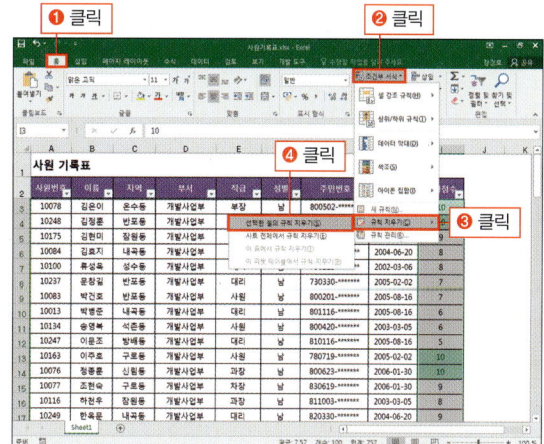

06_ 조건부 서식이 삭제되면 매크로를 위해 지정한 단축키인 Ctrl + T 를 누릅니다.

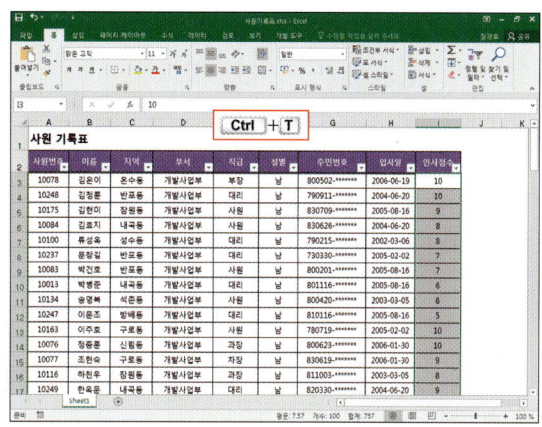

07_ 단축키를 통해 매크로를 자동으로 실행할 수 있습니다.

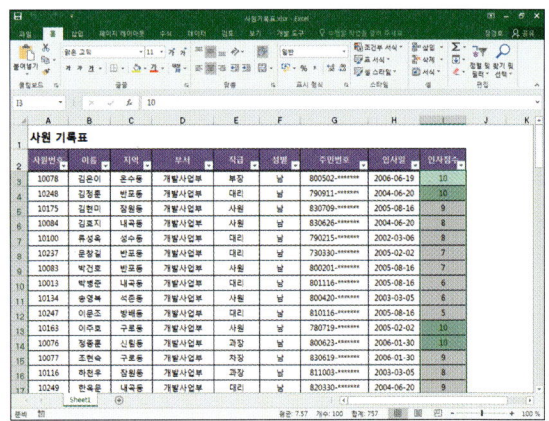

 상태 표시줄의 [기록 중지]

매크로 기록이 시작되면 [매크로 기록] 단추가 [기록 중지]로 변경됩니다. 기록을 중지할 때에는 [개발 도구] 탭–[코드] 그룹에서 [기록 중지]를 클릭해도 되며, 상태 표시줄의 [기록 중지]를 클릭해도 됩니다.

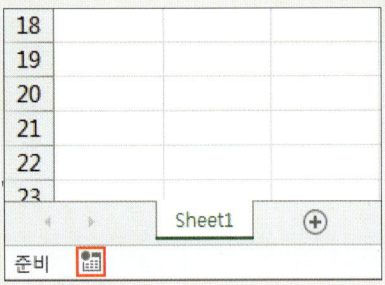

▲ 매크로 기록 전

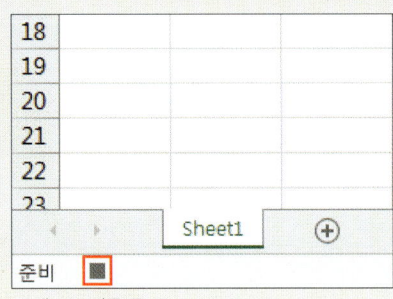

▲ 매크로 기록 중

08_ 매크로가 지정된 파일을 저장해 보겠습니다. [파일] 탭–[다른 이름으로 저장]–[이 PC]를 선택한 다음 [찾아보기]를 클릭합니다. [다른 이름으로 저장] 대화상자가 나타나면 [파일 이름]에 『사원기록표_매크로』를 입력하고 [파일 형식]에서 'Excel 매크로 사용 통합 문서(*.xlsm)'를 선택한 후 [저장]을 클릭합니다.

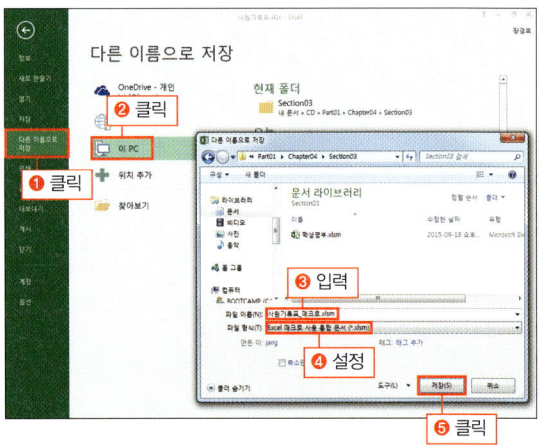

> **TIP**
> 매크로가 기록된 문서는 기본 엑셀 확장자인 '*.xlsx'가 아닌 '*.xlsm'으로 저장해야 합니다.

도형에 매크로 실행 단추 만들기

:: 준비파일 Part01₩Chapter04₩Section03₩사원기록표(2).xlsx, bar_01.png, bar_02.png
완성파일 Part01₩Chapter04₩Section03₩사원기록표(2)_매크로.xlsm

도형을 삽입하여 매크로를 연결하면 바로 가기 키를 통해 연결하는 것보다 깔끔하게 매크로 기능을 이용할 수 있습니다. 도형뿐만 아니라 양식 컨트롤을 통해 매크로를 연결할 수도 있습니다.

01_ [삽입] 탭-[일러스트레이션] 그룹에서 [그림]을 클릭합니다. [그림 삽입] 대화상자가 나타나면 'bar_01.png', 'bar_02.png' 파일을 선택하고 [삽입]을 클릭합니다.

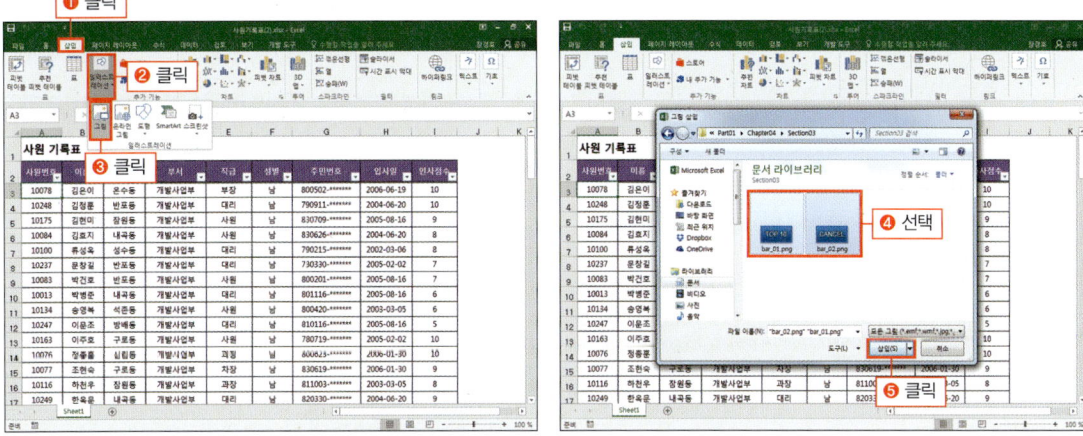

02_ 삽입한 도형의 위치와 크기를 조절한 다음 'TOP 10' 이라고 적힌 도형을 마우스 오른쪽 버튼으로 클릭하여 [매크로 지정]을 선택합니다. [매크로 지정] 대화상자가 나타나면 [매크로 이름]에 『인사점수』를 입력하고 [기록]을 클릭합니다.

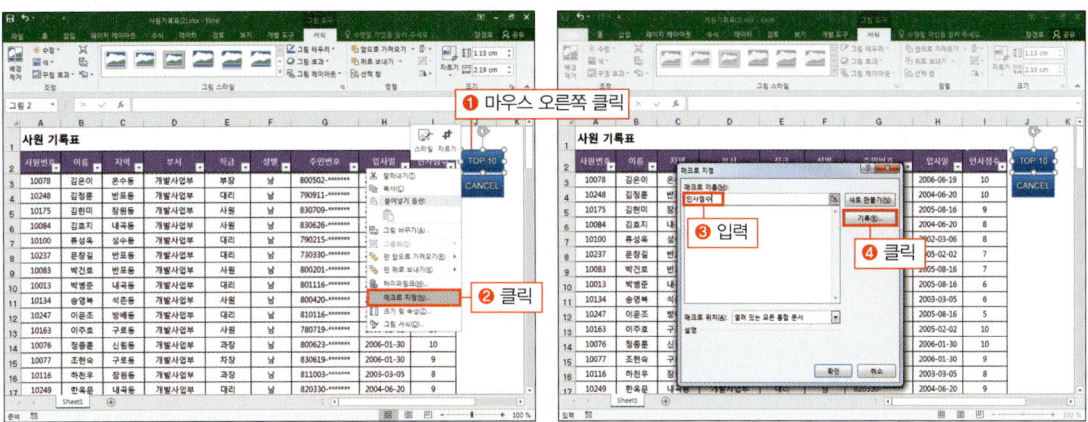

03_ [매크로 기록] 대화상자가 나타나면 [매크로 이름]에 '인사점수'가 입력되어 있는 것을 확인하고 [확인]을 클릭합니다.

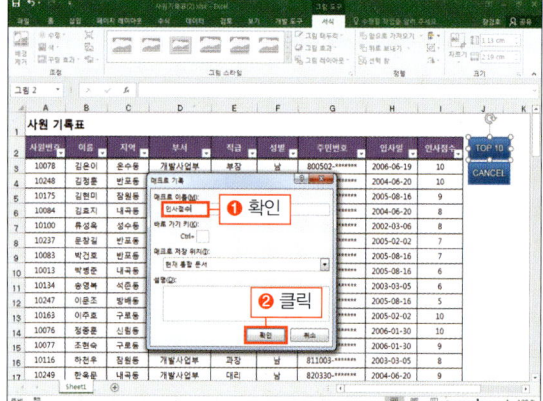

TIP

'바로 가기 키'를 지정할 수도 있지만 여기서는 도형에 매크로를 지정할 것이기에 '바로 가기 키'는 생략합니다.

04_ 매크로를 기록하기 위해 [인사점수]의 화살표를 클릭하고 [숫자 내림차순 정렬]을 선택합니다.

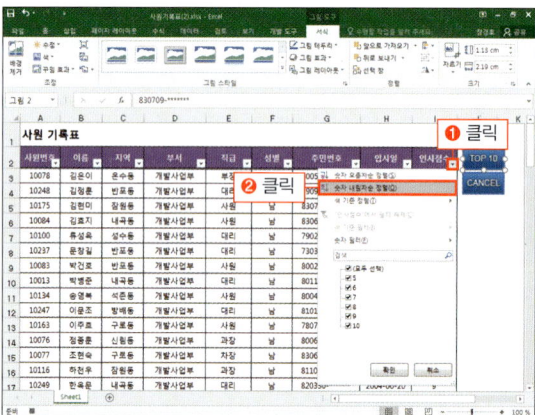

05_ 매크로 기록을 중지하기 위해 [개발 도구] 탭-[코드] 그룹에서 [기록 중지]를 클릭합니다.

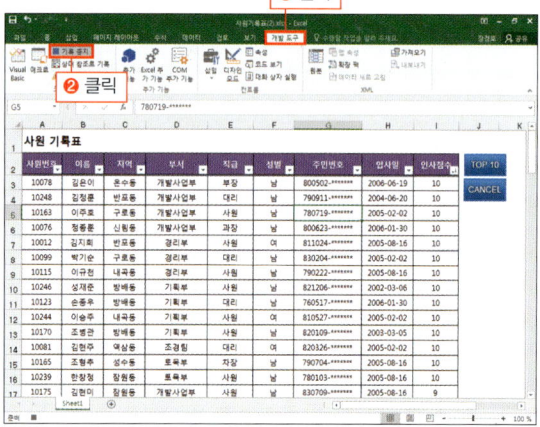

TIP

매크로 기록을 중지하기 위해 상태 표시줄에서 [정지]를 클릭해도 됩니다.

06_ 이번에는 'CANCEL'이라고 적힌 도형을 마우스 오른쪽 버튼으로 클릭하고 [매크로 지정]을 선택합니다.

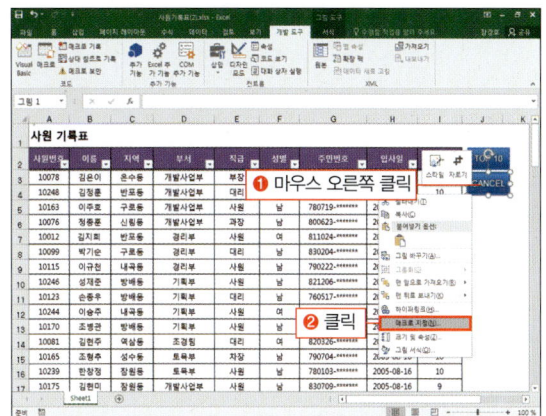

07_ [매크로 지정] 대화상자가 나타나면 [매크로 이름]에 『취소하기』를 입력하고 [기록]을 클릭합니다.

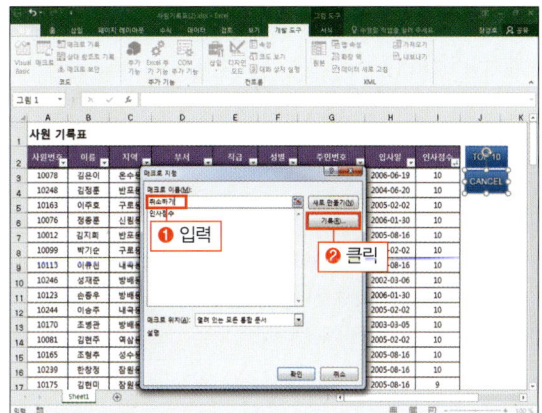

08_ [매크로 기록] 대화상자가 나타나면 [매크로 이름]에 『취소하기』가 입력되어 있는 것을 확인하고 [확인]을 클릭합니다.

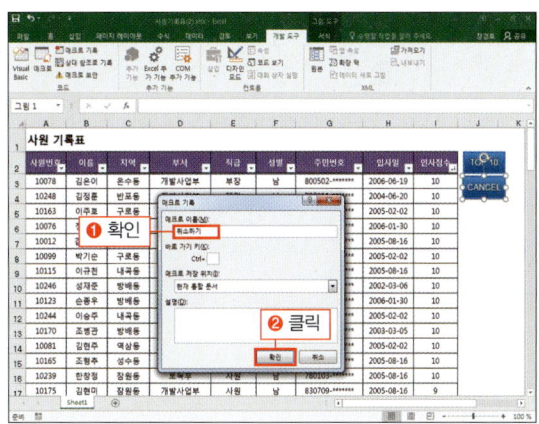

09_ 매크로를 기록하기 위해 [인사점수]의 화살표를 클릭하고 [숫자 오름차순 정렬]을 선택합니다.

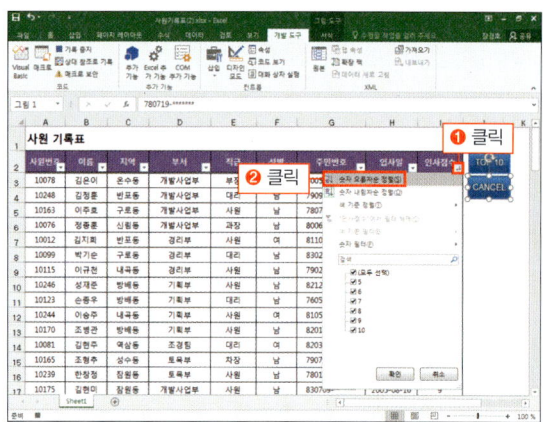

10_ 매크로 기록을 중지하기 위해 상태 표시줄에서 [정지]를 클릭합니다.

> **TIP**
>
> [개발 도구] 탭–[코드] 그룹에서 [기록 중지]를 클릭하여 매크로 기록을 종료할 수도 있습니다.

클릭

11_ 매크로가 제대로 기록되었는지 살펴보고, 'TOP 10'이라고 적힌 도형을 클릭합니다.

12_ [인사점수]가 내림차순으로 정렬됩니다. 'CANCEL'이라고 적힌 도형을 클릭합니다.

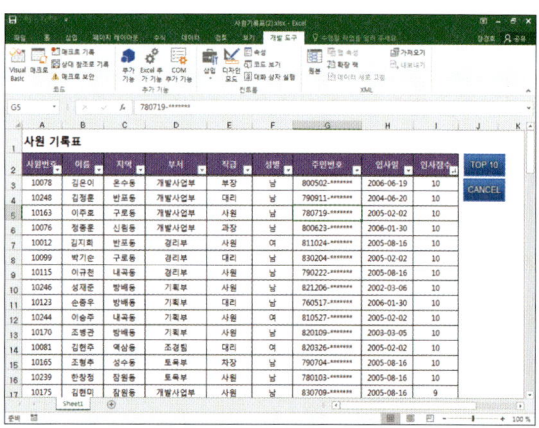

기록한 매크로 삭제하기

:: **준비파일** Part01₩Chapter04₩Section03₩사원기록표(3).xlsm | **완성파일** Part01₩Chapter04₩Section03₩사원기록표(3)_매크로.xlsm

기록된 매크로가 더 이상 필요하지 않다면 [개발 도구] 탭-[코드] 그룹에서 [매크로]를 클릭해 삭제할
수 있습니다.

01_ [개발 도구] 탭-[코드] 그룹에서 [매크로]를 클릭합
니다. [매크로] 대화상자가 나타나면 [매크로 이름]에서
'인사점수'를 선택하고 [삭제]를 클릭합니다.

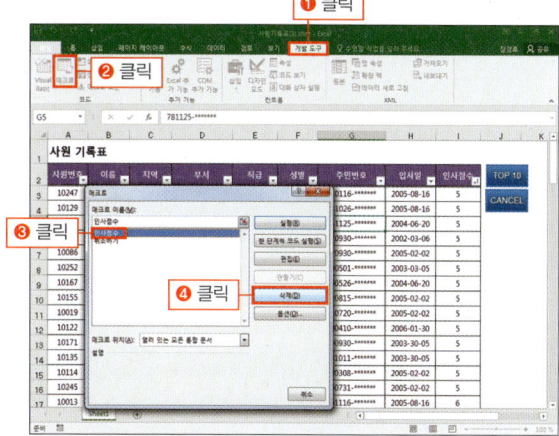

02_ 경고 창이 나타나면 [예]를 클릭합니다. 'TOP 10'을 클릭하면 '매크로를 실행할 수 없습니다.'라는 메시지가 나타나
면서 매크로가 실행되지 않습니다.

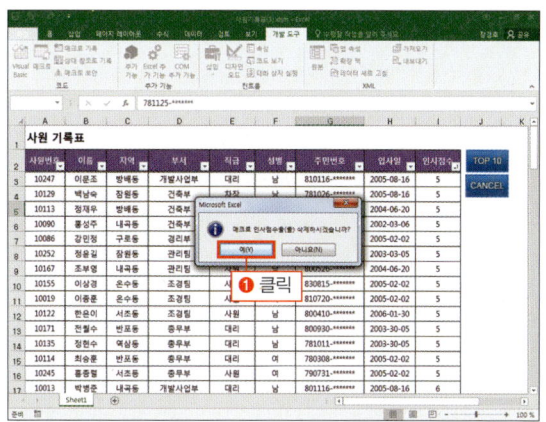

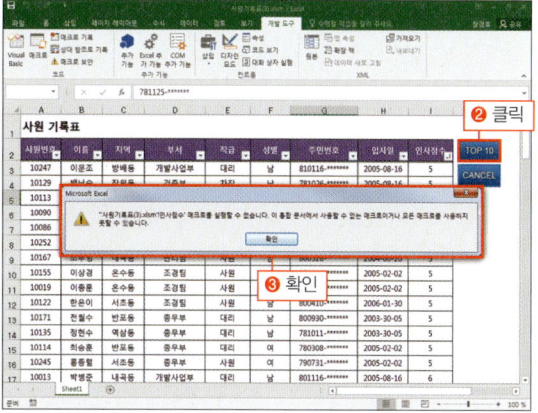

VBA 편집기 실행하고 매크로 수정하기

매크로를 기록하면 VBA 편집기를 통해 코드를 확인할 수 있습니다. VBA는 'Visual Basic for Application'의 약어로써 비주얼 베이직 프로그래밍 언어를 활용하여 엑셀에서 미처 다루지 못하는 다양한 프로그래밍이 가능하도록 도와줍니다. VBA 편집기를 이용하면 동일한 방식의 매크로를 복사하여 활용하거나 일부만 수정하여 다른 매크로를 생성할 수도 있습니다.

> **준비파일** Part01₩Chapter04₩Section03₩VBA편집기.xlsm

01 [개발 도구] 탭–[코드] 그룹에서 [Visual Basic]을 클릭하여 VBA 편집기를 실행합니다.

02 VBA 편집기는 별도의 프로그램이 실행되면서 엑셀 창이 아닌 새 창으로 나타납니다. 탐색기와 같은 [프로젝트] 창을 비롯해 [속성] 창, [코드] 창 등으로 구성됩니다. [모듈]–[Module1]을 클릭해 내용을 확인합니다.

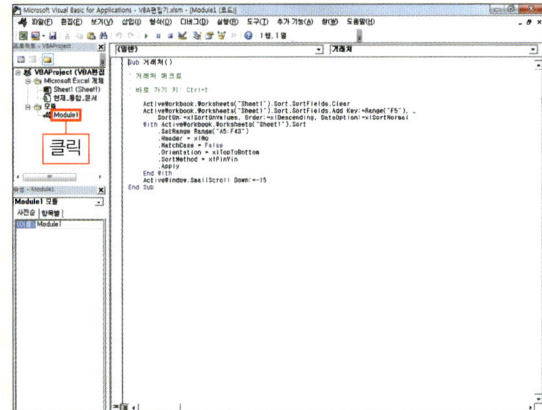

> **TIP**
> [파일]–[닫고 Microsoft Excel(으)로 돌아가기] 메뉴를 클릭하면 VBA 편집기를 종료하고 엑셀로 돌아갑니다.

03 '거래처' 프로시저 전체를 복사하고 **Ctrl** + **C** 를 눌러 복사합니다.

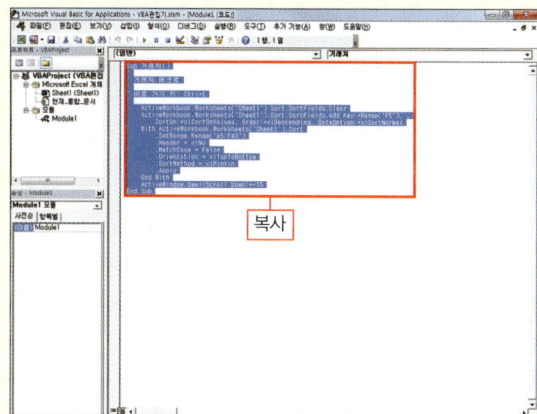

04 하단 부분에 **Ctrl** + **V** 를 눌러 붙여넣기 한 다음 프로시저명을 '거래처2'로 변경하고 '바로 가기 키: Ctrl+T'를 삭제합니다.

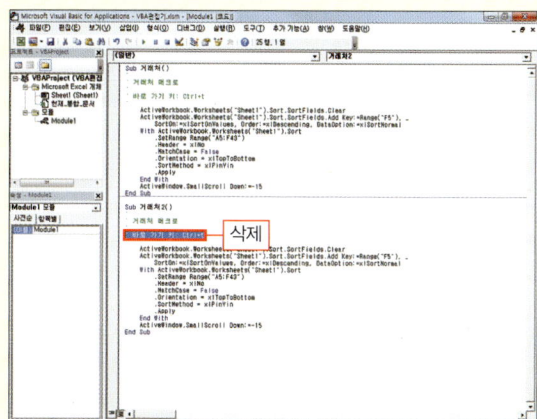

05 복사된 코드 중 '=Range("F5")'를 '=Range("E5")'로 변경합니다. [파일]-[닫고 Microsoft Excel(으)로 돌아가기] 메뉴를 클릭하여 VBA 편집기를 종료합니다.

> **TIP**
> 'F5'로 지정할 경우 거래처 항목에 대한 정렬을 하게 되며, 'E5'로 지정할 경우 금액 항목에 대한 정렬을 하게 됩니다.

> **TIP**
> 단축키 **Alt** + **Q** 를 눌러도 VBA 편집기를 종료할 수 있습니다.

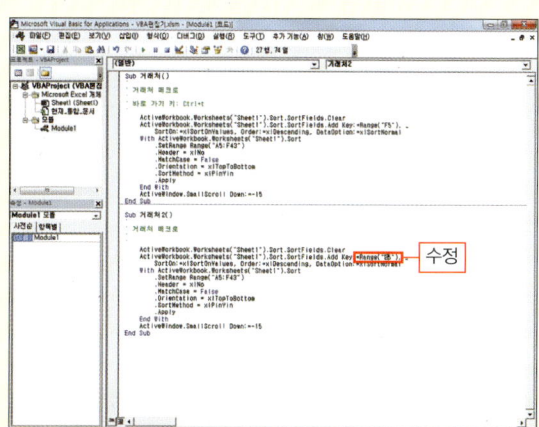

06 [개발 도구] 탭–[코드] 그룹에서 [매크로]를 클릭하고
[매크로] 대화상자가 나타나면 [매크로 이름] 목록에
'거래처2'가 추가된 것을 확인할 수 있습니다. '거래
처2'를 선택하고 [실행]을 클릭합니다.

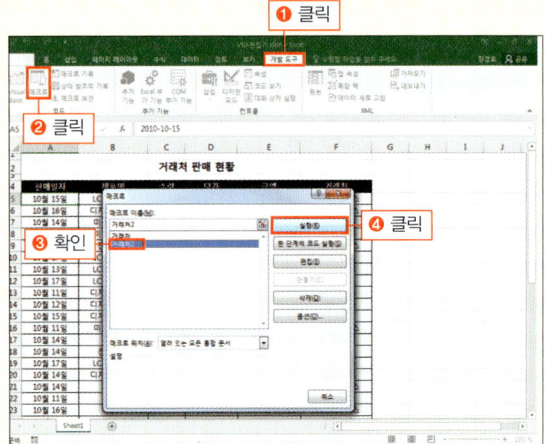

07 매크로가 실행되면서 금액이 오름차순으로 정렬되
는 것을 확인할 수 있습니다.

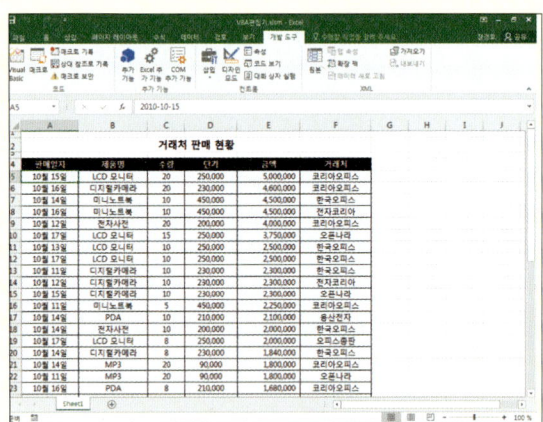

🐭 체크해봐요

1 매크로로 자주 사용하는 기능을 기록해 놓으면 편하게 적용할 수 있습니다. 여기서는 매크로를 통해 텍스트 오름차순 정렬을 기록하고 적용해 봅니다.

◎ 준비파일 : Part01₩Chapter04₩Check₩등록명부.xlsx   ◎ 완성파일 : Part01₩Chapter04₩Check₩등록명부_완성.xlsx

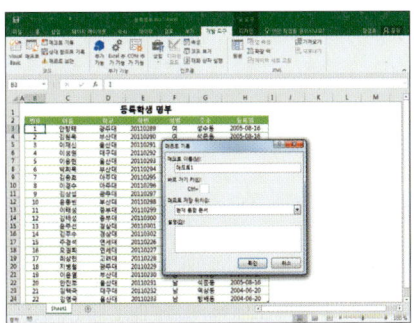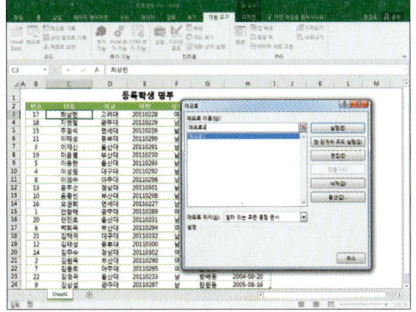

힌트

❶ [개발 도구] 탭–[코드] 그룹에서 [매크로 기록]을 클릭합니다.

❷ 텍스트 오름차순을 지정한 후 [개발 도구] 탭–[코드] 그룹에서 [기록 중지]를 클릭합니다.

---

2 [모든 매크로 포함(위험성 있는 코드가 실행될 수 있으므로 권장하지 않음)]은 악성코드가 포함될 수 있기에 권장하지 않습니다. 보안 센터를 통해 [모든 매크로 제외(알림 표시)]로 변경해 보세요.

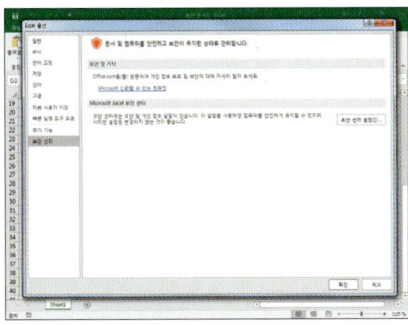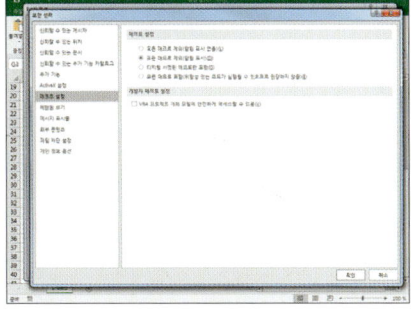

힌트

❶ [파일] 탭에서 [옵션]을 클릭합니다. 그리고 [보안 센터]–[보안 센터 설정]을 클릭합니다.

❷ [보안 센터] 대화상자가 나타나면 [매크로 설정]을 선택한 후 원하는 옵션을 선택합니다.

index

Symbols

[개발 도구] 탭 • 255

[검토] 탭 • 27

[데이터] 탭 • 26

[보기] 탭 • 27

[삽입] 탭 • 25

[수식] 탭 • 26

[차트 이동] 대화상자 • 92

[파일] 탭 • 24

[페이지 레이아웃] 탭 • 25

[페이지 설정] 대화상자 • 109

[홈] 탭 • 24

A

AND 조건 • 223

AVERAGE • 145, 165

AVERAGEA • 165

AVERAGEIF • 167

AVERAGEIFS • 167

C

COUNT • 178

COUNTBLANK • 178

COUNTIF • 181

COUNTIFS • 181

D

DAVERAGE • 198

DCOUNT • 201

DSUM • 198

E

Excel Online • 35

F

FREQUENCY • 159

FV • 203

H

HLOOKUP • 193

I

IF • 169

INDEX • 196

INT • 157

L

LARGE • 152

LEFT • 170

LEN • 158

LOOKUP • 191

M

MAX • 147

MID • 170

MIN • 151

MONTH • 183

O

OneDrive • 30

OR 조건 • 223

P

PDF/XPS 만들기 • 119

R

RANK • 188

RANK.AVG • 188

RANK.EQ • 188

REPLACE • 160

ROUND • 154

ROUNDDOWN • 155

ROUNDUP • 155

S

SMALL • 152

SUM • 144

SUMIF • 175

SUMIFS • 175

SUMPRODUCT • 197

T

TODAY • 183

V

VBA 편집기 • 266

VLOOKUP • 193

X

XML • 255

Y

YEAR • 183

ㄱ

가로 막대형 • 96
가상 분석 • 250
고급 필터 • 221
구조적 참조 • 140
그림 붙여넣기 • 69
그림 영역 • 94
기호 • 46
꺾은선형 • 96

ㄴ

내림차순 • 209
눈금 영역 • 94

ㄷ

다중 데이터 • 221
다중 부분합 • 229
데이터 관리 • 208
데이터 레이블 • 94
데이터 요약 • 226
데이터 유효성 검사 • 241
데이터 입력 • 38
데이터 자동 채우기 • 49
데이터 정렬 • 209
등호 • 127

ㄹ

로그인 • 19

ㅁ

매크로 • 250
머리글 • 114
메모 삽입 • 48
목표 값 찾기 • 251

ㅂ

바닥글 • 114
바로 가기 키 • 258
방사형 • 96
백분율 스타일 • 78
백분율 표시 • 45
범례 영역 • 94
보안 설정 • 257
부분합 • 227
분산형 • 96
붙여넣기 • 59
빠른 채우기 • 71

ㅅ

사용자 지정 목록 • 51
상대 참조 • 129
상자 수염 그림 • 96
새 통합 문서 • 19
색상 변경 • 65
서식 파일 • 19, 23
선버스트 • 96
선택하여 붙여넣기 • 59
설명 메시지 • 243

세로 막대형 • 96
셀 병합 • 77
셀 분리 • 71
셀 서식 • 76
셀 스타일 • 82
셀 참조 • 129
수식 • 126
수식의 오류 • 150
수식 입력줄 • 20
쉼표 스타일 • 78
스파크라인 • 102
슬라이서 • 237
시나리오 작성 • 252
시작 페이지 번호 • 110
실행 단추 • 261
쓰기 암호 • 29

ㅇ

암호 설정 • 28
연산자 • 127
열기 암호 • 29
열 머리글 • 20
열의 너비 • 55
영역형 • 96
오류 메시지 • 244
오름차순 • 209
온라인 서식 파일 검색 • 19
외부 참조 • 137
요약 행 • 142

용지 방향 • 110
용지 크기 • 110
워크시트 보호 • 57
원형 • 96
윤곽 조정 • 228
이름 상자 • 20
이름 정의 • 138
인쇄 미리 보기 • 109
인쇄 품질 • 110
인터넷 문서 • 119

ㅈ

자동 고침 옵션 • 81
자동 필터 • 216
자동 함수 • 126
자릿수 늘림 • 78
자릿수 줄임 • 78
절대 참조 • 129
제목 표시줄 • 20
조건부 서식 • 84
주소록 추가하기 • 33
주식형 • 96
중복된 항목 제거 • 240
중첩 IF • 173

ㅊ

차트 • 92
차트 데이터 • 97
차트 변경 • 98
차트 서식 • 91

차트 스타일 • 93
차트 영역 • 94
차트 제목 • 94
창 나누기 • 66
채우기 핸들 • 49
최근 항목 • 19
추가 기능 • 255
추천 차트 • 101

ㅋ

컨트롤 • 255
코드 • 255
콤보 • 96

ㅌ

텍스트 방향 • 43
트리맵 • 96
트리맵 차트 • 104
틀 고정 • 66

ㅍ

폭포 • 96
표면형 • 96
표 서식 • 83
표 스타일 • 81
표시 형식 • 78
플래시 필 • 247
피벗 차트 • 236
피벗 테이블 • 231
피연산자 • 127

ㅎ

한자 • 46
함수 라이브러리 • 146
함수 마법사 • 147
행 머리글 • 20
행의 높이 • 55
혼합 참조 • 129
회계 표시 형식 • 78
히스토그램 • 96

Part 02

파워포인트 2016

파워포인트는 프레젠테이션을 위한 최적의 프로그램입니다. 시중에 키노트, 프레지, 한쇼 등 많은 프레젠테이션 프로그램이 존재하지만 국내 환경에서 가장 쉽고, 빠르게 배워서 다룰 수 있는 프로그램은 단연 파워포인트입니다. 파워포인트 2016은 출시와 함께 온라인 오피스를 비롯해 협업과 공유 기능을 대폭 개선하였습니다. 더군다나 맥(Mac)에서도 사용이 가능한 오피스 2016을 출시하면서 아이폰, 안드로이드 등 윈도우가 아닌 다른 플랫폼에서도 동일한 인터페이스와 기능을 사용할 수 있게 되어 프레젠테이션 제작에 있어서 진일보한 발전을 이루게 되었습니다.

Contents

PART · 0 2   파워포인트 2016

Chapter 01. 파워포인트 2016, 슬라이드 디자인하기   6

Section 01 파워포인트 2016 시작하기   8

01 파워포인트 2016 화면 구성 살펴보기   9

02 9개의 리본 메뉴 살펴보기   12

03 서식 파일로 슬라이드 시작하기   14

04 새 파일 만들고 저장하기   16

05 슬라이드 레이아웃 추가하기   19

06 슬라이드 레이아웃 변경하기   21

07 개체 틀에 텍스트 입력하기   23

08 슬라이드 이동하고 복제하기   25

09 원하는 배율로 확대하고 축소하기   26

10 표준과 와이드 스크린으로 전환하기   27

11 슬라이드 보기 화면 변경하기   28

Special Page 빠른 실행 도구 모음 추가하기   30

Special Page 옵션을 통해 다양한 파워포인트 환경 설정하기   32

Section 02 내용 입력하고 편집하기   36

01 네이버 나눔체, 다음체 설치하기   37

02 메모장의 텍스트를 슬라이드에 불러오기   39

03 가독성 좋은 서체로 바꾸기   41

04 텍스트 서식 복사하기   42

05 글머리 기호 삽입하고 크기 조절하기   43

06 줄 간격과 텍스트 간격 조절하기   44

07 들여쓰기 내어쓰기 수준 조절하기   45

08 한자와 특수 문자 입력하기   47

09 선택한 텍스트 번역하기   49

10 글머리 기호를 그림으로 삽입하기   51

11 글머리 번호 매기기   52

12 텍스트를 워드아트로 변환하기 · 53
13 텍스트와 워드아트에 적용된 서식 지우기 · · · · · · · · · · · · · · 54
Special Page 슬라이드에 입력한 서체 한 번에 변경하기 · · · · · · · · · 55

Chapter 02. 도형과 그래픽 개체 활용하기 · · · · · · · · · · · · 58

Section 01 도형과 그라데이션 · 60
01 그룹 지정하고 그룹 해제하기 · 61
02 스마트 가이드로 도형을 빠르게 정렬하기 · · · · · · · · · · · · · · 63
03 동일한 선상에 개체 정렬하고, 사이 간격 맞추기 · · · · · · · · · 64
04 도형 삽입하고 조절 핸들을 통해 모양 변경하기 · · · · · · · · · 66
05 빠른 스타일과 도형 효과 적용하기 · · · · · · · · · · · · · · · · · · · 68
06 서식 복사하고 크기까지 동일하게 적용하기 · · · · · · · · · · · · 69
07 선 개체를 삽입하여 연결선 만들기 · · · · · · · · · · · · · · · · · · · 71
08 도형에 그라데이션 지정하기 · 73
Special Page 도형 병합 기능으로 파워포인트에 없는 새로운 도형 만들기 · · · 75

Section 02 그림 삽입과 서식 지정하기 · · · · · · · · · · · · · · · · · · 79
01 그림 개체 삽입하고 스타일 지정하기 · · · · · · · · · · · · · · · · · 80
02 밝기 및 대비, 색상 톤 조정하기 · 81
03 스포이트 기능으로 색상 추출하기 · · · · · · · · · · · · · · · · · · · 82
04 온라인 그림 삽입하기 · 83
05 그림의 배경 삭제하기 · 84
06 그림 자르고 도형 모양에 맞춰 넣기 · · · · · · · · · · · · · · · · · · 86
07 스크린 샷과 화면 캡처하기 · 88
08 사진 앨범으로 사진 불러오기 · 90
09 SmartArt 그래픽 삽입하기 · 92
10 SmartArt 그래픽 색상 및 스타일 변경하기 · · · · · · · · · · · · · · 94
11 SmartArt 그래픽을 다른 도형으로 변경하기 · · · · · · · · · · · · · 95
12 텍스트를 SmartArt 그래픽으로 변경하기 · · · · · · · · · · · · · · · 96
Special Page 페이스북 연결하고, 내 계정의 그림 가져오기 · · · · · · · · · · 99

Section 03 표와 차트 작성하기   103

01 표 삽입하고 셀 추가하기   104

02 표 디자인 변경하고 음영 지정하기   106

03 엑셀 워크시트를 통해 표 작업하기   108

04 엑셀 표를 파워포인트에 연동하기   109

05 차트 삽입하고 데이터 입력하기   111

06 차트 스타일과 색 변경하기   112

07 차트 레이아웃과 데이터 요소   113

Special Page 원형 차트로 변경하고 3차원 효과 적용하기   115

Chapter 03. 멀티미디어와 슬라이드 쇼   120

Section 01 오디오와 비디오 편집하기   122

01 오디오 파일 삽입하기   123

02 오디오 책갈피 추가하기   124

03 오디오 트리밍하기   125

04 연속으로 오디오 재생하기   126

05 비디오 파일 삽입하기   127

06 동영상 표지 만들기   128

07 비디오 서식 변경하기   129

08 페이드 인과 아웃 설정하기   130

Special Page 화면 녹화를 통해 작업 화면 녹화하기   131

Special Page 슬라이드를 비디오로 만들기   134

Section 02 애니메이션과 화면 전환, 슬라이드 쇼   137

01 사용자 지정 애니메이션 지정하기   138

02 애니메이션 복사하기   139

03 사용자 지정 경로 그리기   140

04 화면 전환 효과 지정하기   142

05 화면 전환 동작 변경하기   143

06 전체 슬라이드 자동 전환하기   144

07 슬라이드 쇼 진행하기 · 145

08 포인트 옵션 적용하기 · 147

09 특정 영역 확대하여 쇼하기 · 149

10 슬라이드 쇼 재구성하기 · 150

11 필요 없는 슬라이드 숨기기 · 152

Special Page 빠른 실행을 통해 전문가답게 작업하기 · · · · · 153

Special Page 발표자 도구 활용하기 · 154

Chapter 04. 테마 설정하고 인쇄 및 공유하기 · · · · · · · · · · 156

Section 01 테마와 슬라이드 마스터 · · · · · · · · · · · · · · · · · · · 158

01 테마 적용하기 · 159

02 사용자 테마 색 만들기 · 160

03 사용자 테마 글꼴 만들기 · 161

04 테마 및 서식 파일 저장하기 · 162

05 슬라이드 마스터 살펴보기 · 164

06 슬라이드 그림 배경 설정하기 · 165

Special Page 슬라이드 마스터 여러 개 적용하기 · · · · · · · · 168

Section 02 검토하고 인쇄하기 · 172

01 맞춤법 검사하기 · 173

02 메모 활용하기 · 174

03 슬라이드 보호 및 암호 설정하기 · · · · · · · · · · · · · · · · · · 175

04 하이퍼링크 지정하기 · 176

05 스마트 조회로 빠르게 탐색하기 · · · · · · · · · · · · · · · · · · · 177

06 슬라이드 인쇄하기 · 178

07 한 페이지에 여러 슬라이드 인쇄하기 · · · · · · · · · · · · · · 179

08 흑백이나 회색조로 인쇄하기 · 180

Special Page 클라우드에서 공동 작업하기 · · · · · · · · · · · · · 181

Chapter 1

파워포인트 2016,
슬라이드 디자인하기

새 슬라이드를 추가하고, 텍스트를 입력하는 과정 속에서 하나의 슬라이드를 완성할 수 있습니다. 파워포인트는 다른 프로그램과 다르게 텍스트를 입력하는 것만으로도 슬라이드 디자인이 가능합니다. 여기서는 텍스트를 디자인하는 방법을 비롯해 입력과 관련된 다양한 서식 기능에 대해서 알아보겠습니다.

Section 1. 파워포인트 2016 시작하기

▼ **Section 2.** 내용 입력하고 편집하기

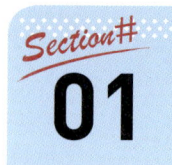

Section# 01 파워포인트 2016 시작하기

파워포인트를 처음 실행하면 나타나는 인트로 화면을 비롯해 슬라이드를 만드는 방법과 서식 디자인을 적용하는 방법, 그리고 저장에 관한 내용을 배워보겠습니다.

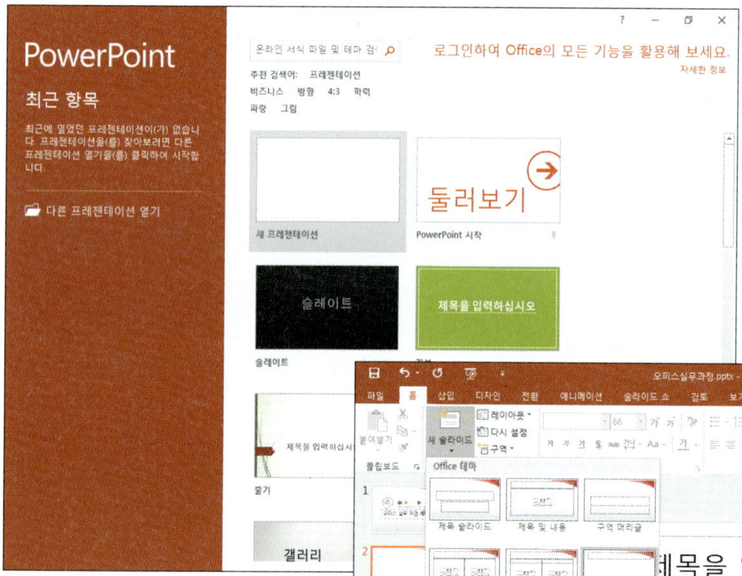

▲ 서식 파일로 슬라이드 시작하기

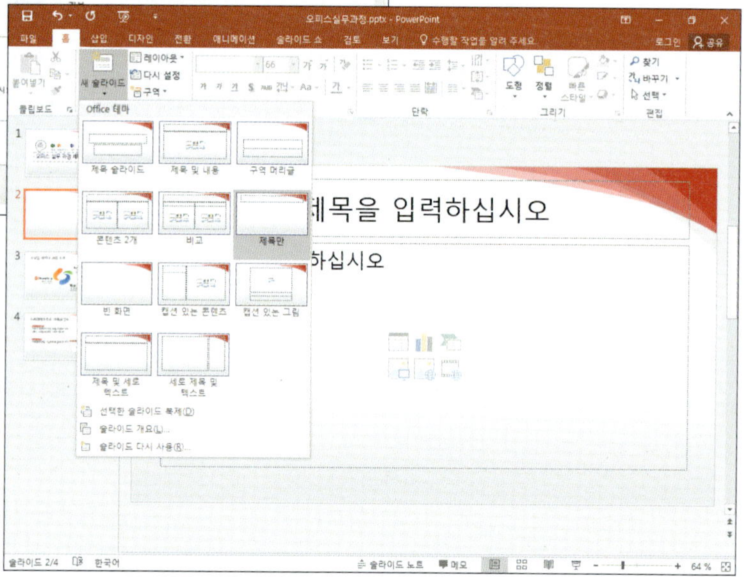

▲ 슬라이드 레이아웃 추가하기

이번 섹션에서 배울 주요 내용

- 파워포인트 2016 화면 구성 살펴보기
- 9개의 리본 메뉴 살펴보기
- 서식 파일로 슬라이드 시작하기
- 새 파일 만들고 저장하기
- 슬라이드 레이아웃 추가하기
- 슬라이드 레이아웃 변경하기
- 개체 틀에 텍스트 입력하기
- 슬라이드 이동하고 복제하기
- 원하는 배율로 확대하고 축소하기
- 표준과 와이드 스크린으로 전환하기
- 슬라이드 보기 화면 변경하기
- **스페셜** 빠른 실행 도구 모음 추가하기
- **스페셜** 옵션을 통해 다양한 파워포인트 환경 설정하기

파워포인트 2016의 화면 구성은 [파일] 탭을 비롯한 다양한 리본 메뉴, 미리 보기 창, 작업 창 등으로 나눌 수 있습니다.

파워포인트 시작 화면 살펴보기

파워포인트 2016을 실행하면 가장 먼저 만나는 화면입니다. 최근 항목을 비롯해 온라인 서식 파일 및 테마 검색 창, 그리고 사용자 정보 창을 만날 수 있습니다.

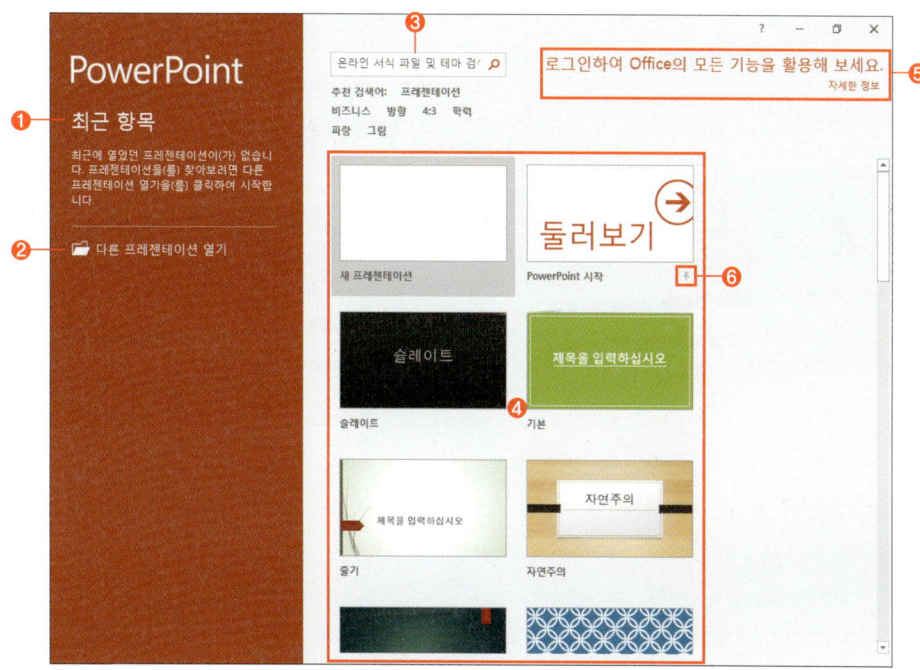

❶ **최근 항목** : 가장 최근에 열어본 슬라이드 파일부터 차례대로 사용했던 슬라이드 파일이 나타납니다.

❷ **다른 프레젠테이션 열기** : 내 컴퓨터나 OneDrive에 저장된 프레젠테이션 목록을 엽니다.

❸ **온라인 서식 파일 및 테마 검색** : Office.com의 다양한 온라인 서식 파일과 테마를 검색할 수 있습니다.

❹ **주요 서식 파일** : 파워포인트 2016에서 추천하는 주요 서식 파일이 나타납니다.

❺ **로그인 정보** : 오피스에 로그인했을 경우 로그인 사용자의 사진과 계정 정보가 나타납니다.

❻ **이 항목을 목록에 고정** : 마우스 오른쪽 버튼을 클릭하고 [목록에 고정]을 통해 최상단에 문서를 고정할 수 있습니다. 항목 리스트가 변경되어도 고정된 목록은 그대로 나타납니다.

파워포인트 2016 화면 구성

파워포인트 2016에서 실제 작업하는 화면입니다. 제목 표시줄을 비롯해 빠른 실행 도구 모음, 사용자 정보, 리본 메뉴, 옵션 창 등으로 나눌 수 있습니다.

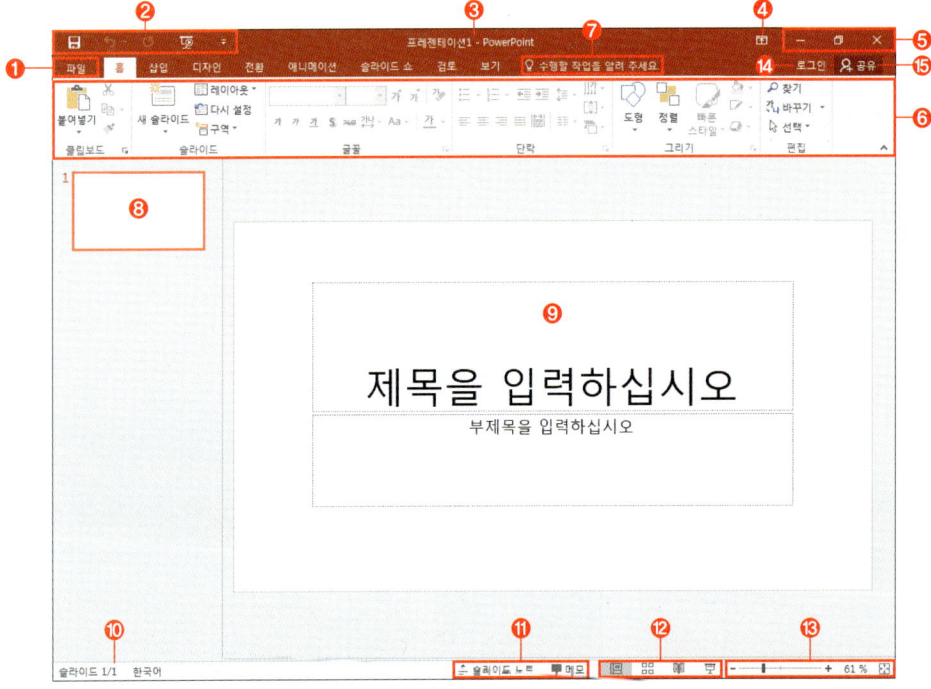

❶ **[파일] 탭 :** 클라우드 서비스를 비롯해 새로 만들기, 열기, 저장, 인쇄 등의 기본적인 메뉴와 파워포인트의 다양한 옵션을 지정할 수 있는 [PowerPoint 옵션]을 제공합니다.

❷ **빠른 실행 도구 모음 :** 자주 사용하는 기능을 아이콘 형식으로 표시하여 편하게 불러올 수 있습니다.

❸ **제목 표시줄 :** 작업 중인 프레젠테이션의 파일명을 표시합니다.

❹ **리본 메뉴 표시 옵션 :** 리본 메뉴를 자동으로 숨기거나, 탭만으로 표시할 수 있습니다.

❺ **화면 조절 단추 :** 화면의 크기 조정을 비롯해 파워포인트를 종료할 수 있습니다.

❻ **리본 메뉴 :** [홈], [삽입], [디자인] 등 유사한 기능이 탭으로 구분되어 있으며, 각각의 탭은 그룹이라는 이름으로 묶여있습니다.

❼ **빠른 실행 :** '수행할 작업을 알려주세요' 입력란에 원하는 기능을 입력하면 빠르게 기능을 사용할 수 있으며, 궁금한 기능을 검색할 수도 있습니다.

❽ **미리 보기 창 :** 미리 보기 창을 통해 슬라이드 화면을 섬네일로 표시합니다.

❾ **슬라이드 작업 창 :** 제목 개체 틀 등 다양한 개체 틀을 통해 슬라이드 작업이 이루어지는 공간입니다.

❿ **상태 표시줄 :** 슬라이드의 번호, 디자인 테마, 언어를 표시합니다.

⓫ **슬라이드 노트 및 메모 단추 :** 슬라이드에 대한 시나리오나 간단한 설명 등을 텍스트로 입력할 수 있는 슬라이드 노트 및 여러 사람들과 함께 의견을 나눌 수 있는 메모를 표시합니다.

⓬ **보기 단추 :** 기본, 여러 슬라이드, 읽기용 보기, 슬라이드 쇼로 슬라이드를 보는 방법을 선택합니다.

⓭ **확대/축소 단추 :** 슬라이드 작업 창을 확대하거나 축소할 수 있습니다.

⓮ **사용자 정보 :** 파워포인트를 사용하는 사용자 정보를 확인할 수 있습니다.

⓯ **공유 :** 다른 사용자와 공동 작업할 수 있으며, 원드라이브라는 클라우드에 파일을 저장할 수 있습니다.

슬라이드 화면의 4가지 작업 영역

슬라이드 화면은 [개요] 창을 비롯해 [슬라이드] 미리 보기 창, [슬라이드] 편집 창, [슬라이드 노트] 창으로 구분할 수 있습니다.

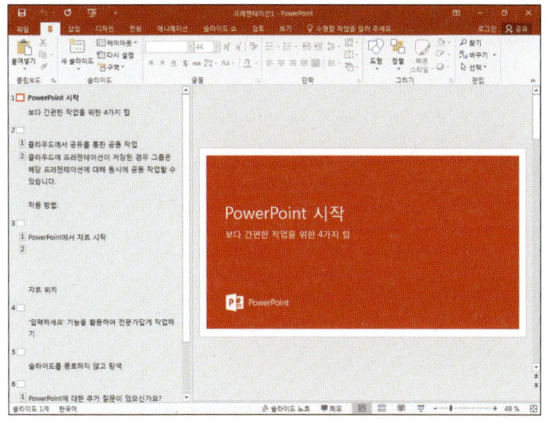

▲ [개요] 창

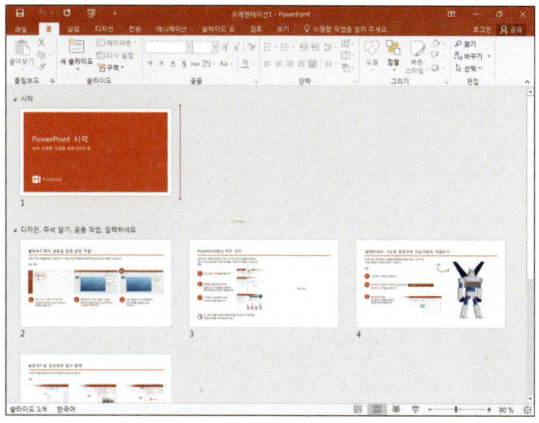

▲ [슬라이드] 미리 보기 창

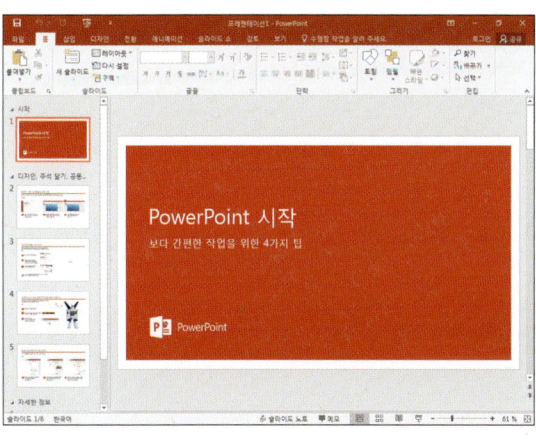

▲ [슬라이드] 편집 창

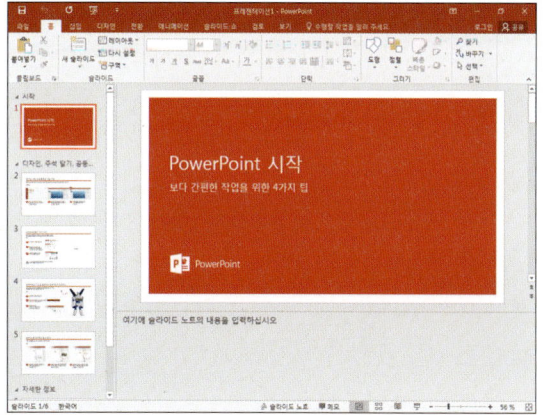

▲ [슬라이드 노트] 창

- **[개요] 창** : [개요] 창은 슬라이드 텍스트를 개요 형식으로 보여줍니다. [개요] 창은 상태 표시줄의 [슬라이드 노트] 단추 오른쪽에 있는 [기본] 단추를 클릭해서 열 수 있습니다.
- **[슬라이드] 미리 보기 창** : 슬라이드를 축소판 그림으로 표시합니다. 축소판 그림을 사용하면 쉽게 슬라이드의 구성을 확인할 수 있으며, 슬라이드를 정렬할 수 있습니다.
- **[슬라이드] 편집 창** : 슬라이드 작업이 실질적으로 이루어지는 공간으로 텍스트를 추가하고, 다양한 멀티미디어 기능 및 개체를 삽입할 수 있습니다.
- **[슬라이드 노트] 창** : [노트] 창에는 현재 슬라이드에 해당하는 내용을 입력할 수 있습니다. [노트] 창을 불러오기 위해서는 상태 표시줄에서 [슬라이드 노트] 단추를 클릭합니다.

9개의 리본 메뉴 살펴보기

리본 메뉴는 [홈], [삽입], [디자인], [전환], [애니메이션], [슬라이드 쇼], [검토], [보기] 등의 여러 가지 탭으로 구성되어 있습니다.

[파일] 탭

현재 열려있는 슬라이드 파일에 대한 정보를 비롯해 새로 만들기, 열기, 저장, 인쇄 등의 파워포인트 옵션을 지정할 수 있습니다.

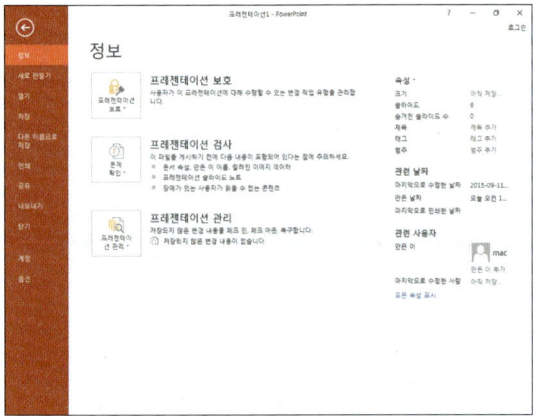

[홈] 탭

슬라이드 레이아웃을 추가하거나 변경할 수 있으며, 글꼴 서식을 비롯해 도형, 빠른 스타일 등을 선택할 수 있습니다.

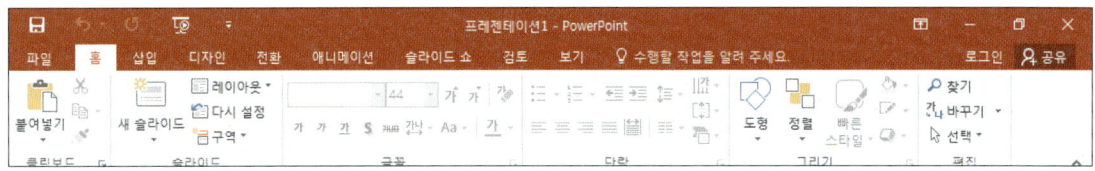

[삽입] 탭

슬라이드에 표나 차트를 삽입하거나, 그림이나 온라인 그림 등 다양한 개체를 삽입할 때 사용하는 탭입니다.

[디자인] 탭

[디자인] 탭에서는 테마를 비롯해 배경, 글꼴의 색 구성 등 전체 슬라이드 디자인을 변경할 수 있습니다.

[전환] 탭

슬라이드 화면 전환을 비롯해 화면 전환 시 소리, 타이밍 등을 설정할 수 있습니다.

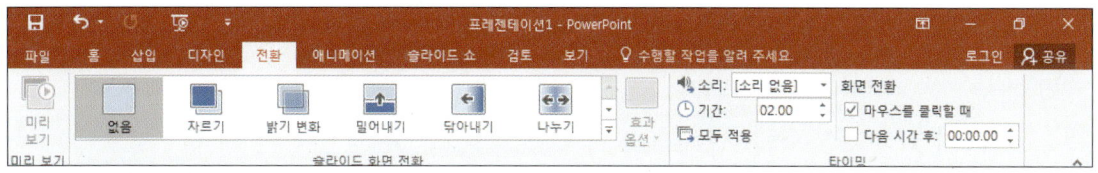

[애니메이션] 댑

사용자 지정 애니메이션 등을 지정하거나 부가적인 애니메이션 옵션을 지정하고 싶을 때 사용합니다.

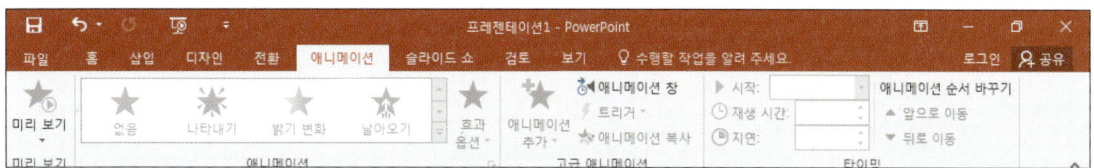

[슬라이드 쇼] 탭

설명을 녹화하거나 슬라이드 설정, 발표자 도구 등을 선택할 수 있으며 프레젠테이션을 진행하기 위해 슬라이드 쇼를 선택할 수 있습니다.

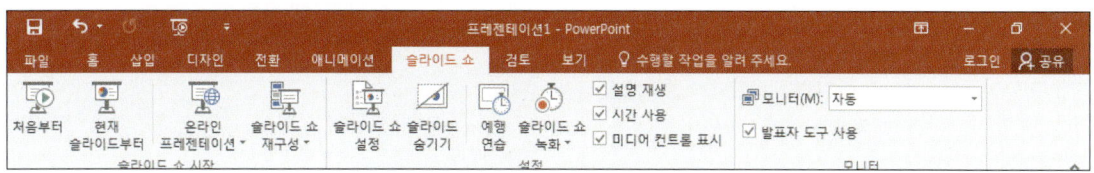

[검토] 탭

언어 교정이나 메모 또는, 프레젠테이션 파일의 보호를 위한 기능을 선택할 수 있습니다.

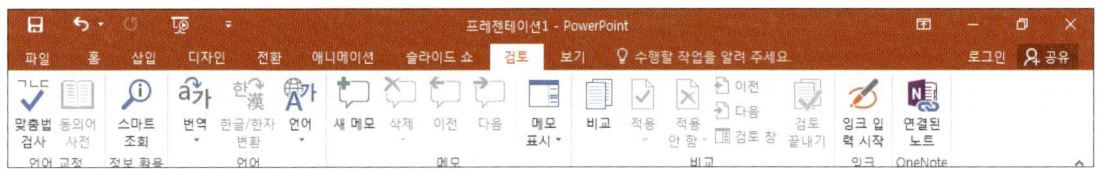

[보기] 탭

여러 슬라이드, 슬라이드 노트, 슬라이드 마스터 보기 등을 선택할 수 있으며, 매크로 기능이나 슬라이드 창의 확대/축소도 할 수 있습니다.

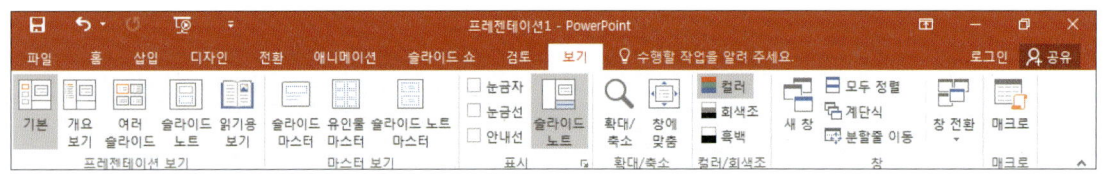

서식 파일로 슬라이드 시작하기

파워포인트는 Office.com을 통해 이미 만들어진 서식 파일을 불러와서 슬라이드 작업을 진행할 수 있습니다.

01_ 파워포인트 2016을 실행하면 처음 나타나는 인트로 화면에서 원하는 서식 파일을 선택합니다. 여기서는 [자연주의]를 선택합니다.

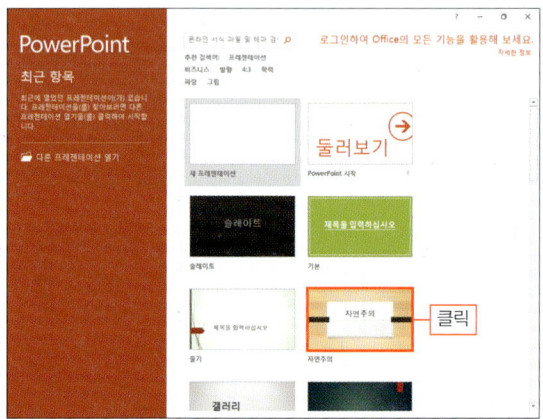

TIP
표시되는 서식 파일의 순서는 현재 화면과 다를 수 있습니다.

02_ 디자인을 비롯해 구성된 테마를 확인할 수 있습니다. 미리 보기 화면의 오른쪽에 있는 테마 중에서 두 번째 테마를 선택한 후 [만들기]를 선택합니다.

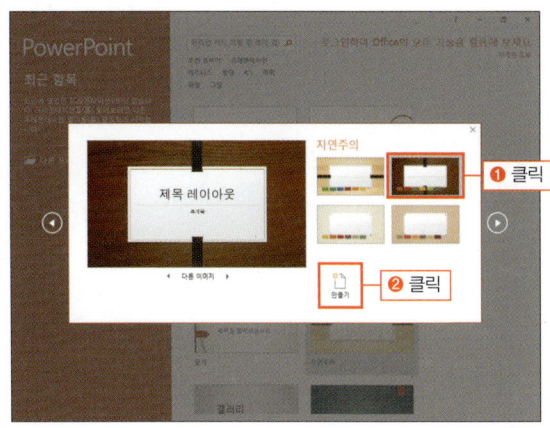

TIP

미리 보기 화면의 오른쪽에 있는 4장의 이미지는 서식 파일에 구성되어 있는 테마 이미지로, 같은 디자인으로 구성되어 있지만 색상과 서식 등을 다르게 적용한 테마로 선택할 수 있습니다.

03_ 슬라이드가 열립니다. 다른 서식 파일을 선택해 보겠습니다. [파일] 탭을 클릭합니다.

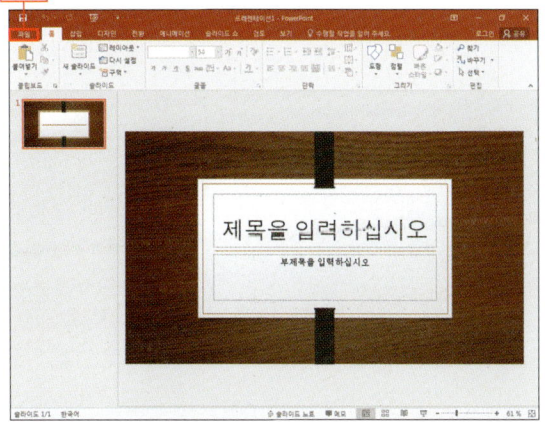

04_ [새로 만들기]를 클릭합니다. [새로 만들기] 페이지가 열리면 원하는 서식 파일을 클릭합니다. 여기서는 검색 창을 통해 서식 파일을 찾아보겠습니다. 검색 창에 『비즈니스』를 입력한 후 [검색]을 클릭합니다.

05_ 다양한 서식 파일이 검색됩니다. 검색된 서식 파일 중 원하는 서식 파일을 선택합니다.

TIP

오른쪽에는 서식 파일의 연관되는 범주가 나타납니다. 이곳에서 원하는 범주를 선택할 수 있습니다.

새 파일 만들고 저장하기

:: 완성파일 Part02₩Chapter01₩Section01₩환상의콤비.pptx

파워포인트 2016을 통해 새로운 프레젠테이션을 만들고 내 컴퓨터에 저장하는 방법에 대해서 살펴 보겠습니다.

01_ 이번에는 서식 파일이 아닌 새 프레젠테이션을 통해 직접 슬라이드를 만들어 보겠습니다. 인트로 화면에서 [새 프 레젠테이션]을 선택합니다. 혹은 [파일] 탭-[새로 만들기]를 클릭한 후 [새 프레젠테이션]을 선택합니다.

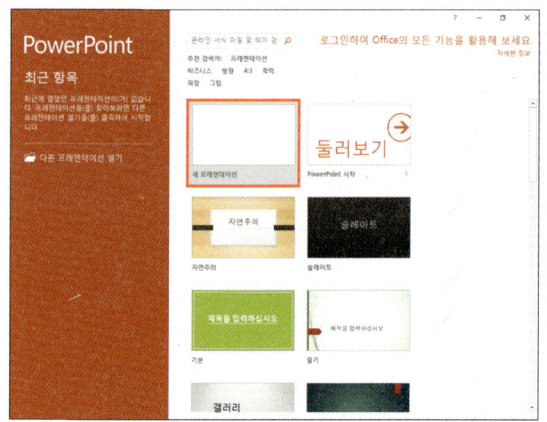
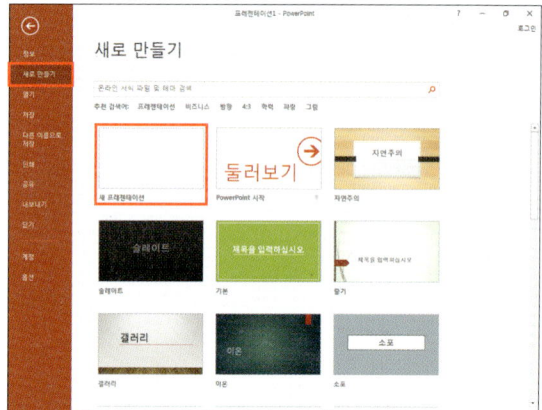

02_ 슬라이드 편집 화면이 나타나면 '제목을 입력하십시오'라고 적힌 제목 개체 틀을 선택하고, 『파워포인트 2016』을 입력한 후 제목 개체 틀을 제외한 부분을 클릭합니다.

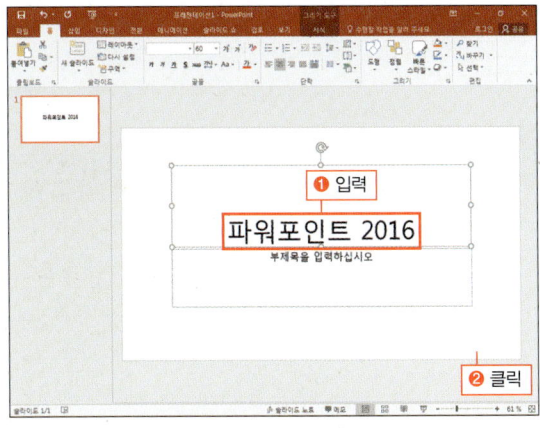

TIP

새 프레젠테이션을 열면 '제목 개체 틀'을 비롯해 '부제목 개체 틀'이라는 사각형의 입력란이 나타납니다.

03_ '부제목을 입력하십시오'라고 적힌 부제목 개체 틀을 선택하고 『환상의 콤비 엑셀, 파워포인트, 워드』를 입력한 후 부제목 개체 틀을 제외한 부분을 클릭합니다.

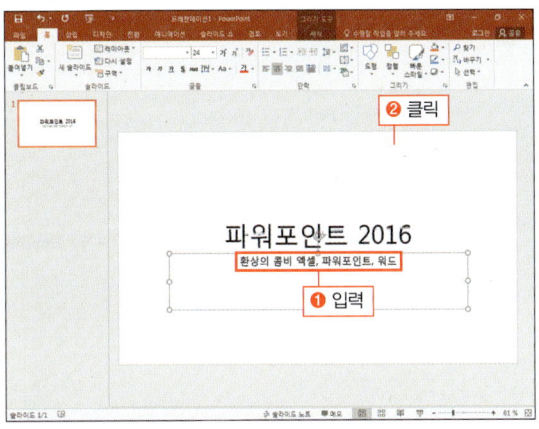

04_ 파워포인트 파일을 저장하기 위해 [파일] 탭을 클릭한 후 [다른 이름으로 저장]을 클릭합니다. [이 PC]-[내 문서]를 선택합니다.

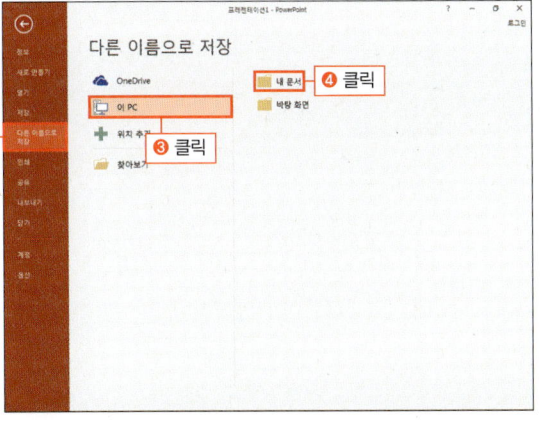

TIP

[이 PC]를 선택하면 기존에 작업한 슬라이드 문서를 비롯해 [내 문서]와 [바탕 화면] 폴더가 나타납니다. [찾아보기]를 클릭해 원하는 폴더에 저장할 수도 있습니다.

05_ [다른 이름으로 저장] 대화상자가 나타납니다. [파일 이름]에 『환상의콤비』를 입력하고 [저장]을 클릭합니다.

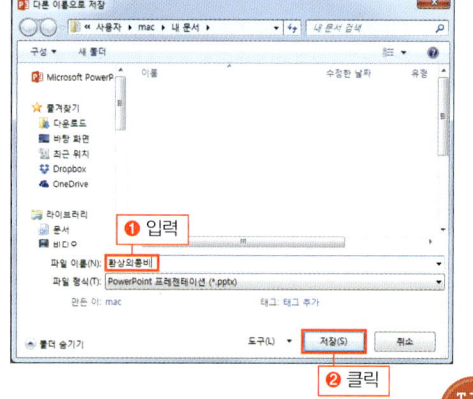

TIP

슬라이드를 처음 저장할 경우 [파일] 탭–[저장]을 클릭하거나 Ctrl + S 를 눌러 저장합니다. 물론, 지금처럼 [다른 이름으로 저장] 대화상자를 통해 저장할 수도 있습니다.

TIP

[파일] 탭–[다른 이름으로 저장]을 클릭하거나 F12 를 눌러 [다른 이름으로 저장] 대화상자를 불러올 수 있습니다.

꼭!! 알고가기

[다른 이름으로 저장] 대화상자의 [도구] 활용하기

[도구]를 클릭하면 저장 옵션 및 사용자 암호 등 다양한 옵션을 지정할 수 있습니다.

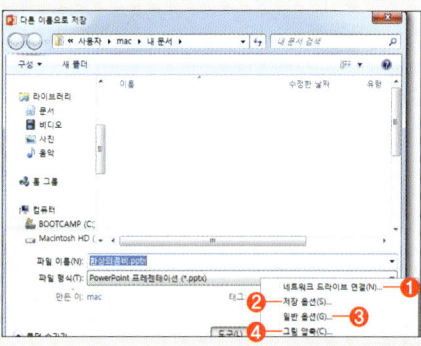

❶ **네트워크 드라이브 연결** : 연결할 네트워크 폴더를 선택해 네트워크에 슬라이드 파일을 저장할 수 있습니다.

❷ **저장 옵션** : [PowerPoint 옵션] 대화상자를 통해 여러 가지 저장 옵션을 선택할 수 있습니다.

❸ **일반 옵션** : 열기 암호 및 쓰기 암호를 비롯해 매크로 보안 등을 설정할 수 있습니다.

❹ **그림 압축** : 인쇄(220ppi), 화면(150ppi), 전자 메일(96ppi) 등 원하는 형식으로 그림을 압축할 수 있습니다.

슬라이드 레이아웃 추가하기

:: **준비파일** Part02₩Chapter01₩Section01₩오피스실무과정.pptx | **완성파일** Part02₩Chapter01₩Section01₩오피스실무과정_완성.pptx

새로 만든 슬라이드나 서식 파일로 불러온 슬라이드에서 슬라이드 레이아웃을 추가하여 내용을 작성할 수 있습니다.

01_ 준비 파일을 불러온 후 첫 번째 슬라이드를 선택한 상태에서 새 슬라이드를 삽입하기 위해 [홈] 탭-[슬라이드] 그룹에서 [새 슬라이드] 윗부분을 클릭합니다.

> **TIP**
> 준비 파일에서 사용한 서체는 네이버에서 무료 제공하는 '나눔바른고딕'입니다. '나눔바른고딕' 서체가 아닌 다른 서체로 표시된다면 37페이지에서 서체를 먼저 설치한 후 예제를 따라하세요.

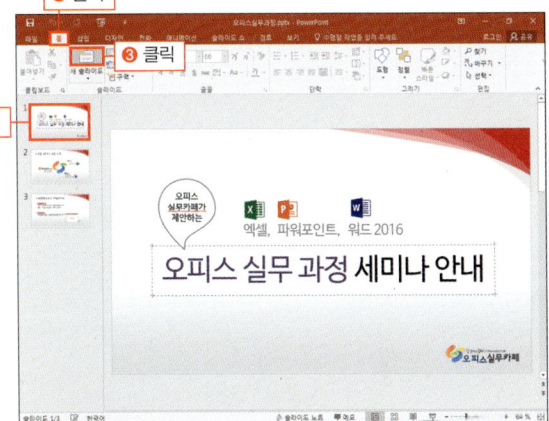

02_ 새 슬라이드가 추가됩니다. 이번에는 [홈] 탭-[슬라이드] 그룹에서 [새 슬라이드] 화살표를 클릭합니다. 레이아웃 갤러리가 열리며 원하는 슬라이드 레이아웃을 선택할 수 있습니다. 여기서는 [제목만] 슬라이드를 선택합니다.

> **TIP**
> Ctrl + M 을 눌러도 새로운 슬라이드를 추가할 수 있습니다. [새 슬라이드] 화살표를 클릭하면 슬라이드 레이아웃 갤러리를 통해 원하는 슬라이드 레이아웃을 선택할 수 있습니다

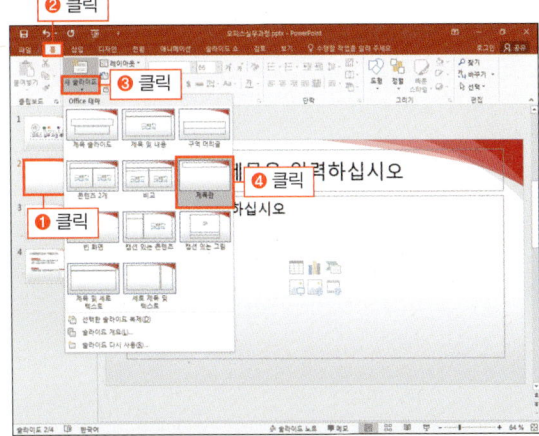

03_ [제목만] 슬라이드가 추가됩니다. 동일한 슬라이드 레이아웃을 계속 추가하고 싶다면 슬라이드 미리 보기 창에서 Enter 를 누릅니다.

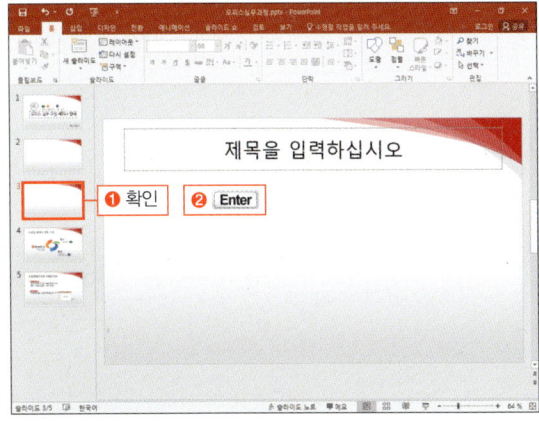

04_ 동일한 [제목만] 슬라이드가 추가됩니다. [홈] 탭–[슬라이드] 그룹에서 [새 슬라이드] 윗부분을 클릭해도 동일한 슬라이드를 계속 추가할 수 있습니다. [홈] 탭–[슬라이드] 그룹에서 [새 슬라이드] 윗부분을 클릭합니다.

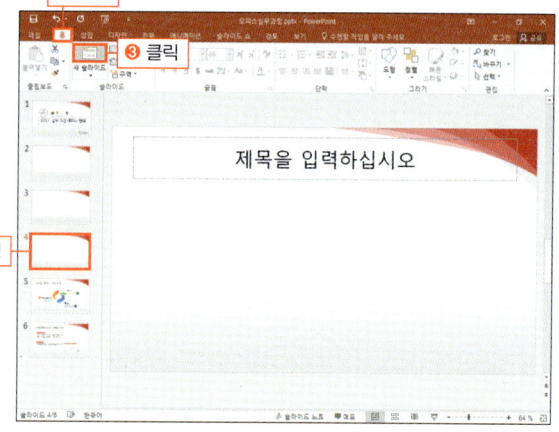

TIP

첫 번째 슬라이드인 [제목 슬라이드]를 선택한 상태에서 Enter 를 누르면 [제목 및 내용 슬라이드] 레이아웃이 추가됩니다. [제목 슬라이드]를 제외한 다른 슬라이드 레이아웃을 선택한 상태로 미리 보기 창에서 Enter 를 누르거나 [홈] 탭–[슬라이드] 그룹에서 [새 슬라이드] 윗부분을 클릭하고 선택한 슬라이드 레이아웃과 동일한 슬라이드 레이아웃을 빠르게 추가할 수 있습니다.

05_ [제목만] 슬라이드가 추가됩니다.

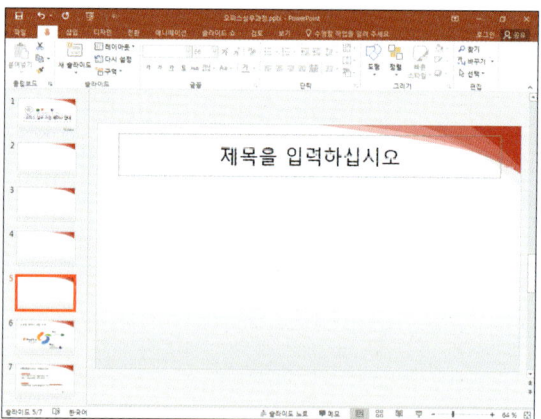

슬라이드 레이아웃 변경하기

:: **준비파일** Part02₩Chapter01₩Section01₩오피스실무과정(2).pptx | **완성파일** Part02₩Chapter01₩Section01₩오피스실무과정(2)_완성.pptx

슬라이드를 추가하거나 미리 완성된 슬라이드의 모양이 마음에 들지 않을 경우 슬라이드 레이아웃을 변경할 수 있습니다.

01_ 두 번째 슬라이드를 선택합니다. [홈] 탭–[슬라이드] 그룹에서 [레이아웃]을 클릭하고 [빈 화면] 슬라이드 레이아웃을 선택합니다.

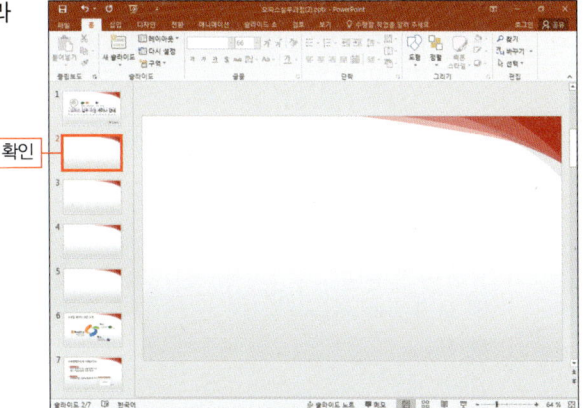

TIP [빈 화면] 슬라이드는 다양한 개체 틀에 상관없이 자유로운 형식으로 슬라이드를 작성할 때 주로 사용합니다.

02_ [제목 및 내용] 슬라이드 레이아웃이 [빈 화면] 슬라이드 레이아웃으로 변경됩니다.

03_ 내용이 작성된 슬라이드 레이아웃을 다른 레이아웃으로 변경하기 위해 마지막 슬라이드를 선택합니다. 마지막 슬라이드는 [콘텐츠 2개] 슬라이드로 이미 내용이 작성되어 있습니다. 이번에는 미리 보기 화면에서 레이아웃을 변경해 보겠습니다. 미리 보기 화면에서 마우스 오른쪽 버튼을 클릭한 후 [레이아웃]–[캡션 있는 그림] 슬라이드를 선택합니다.

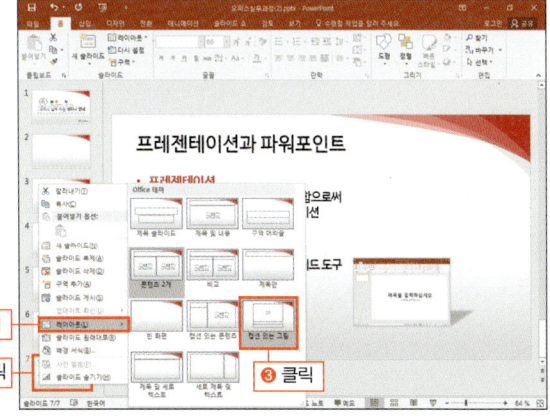

04_ 이미 작성되어 있는 슬라이드 레이아웃이 다른 형태의 슬라이드 레이아웃으로 변경됩니다.

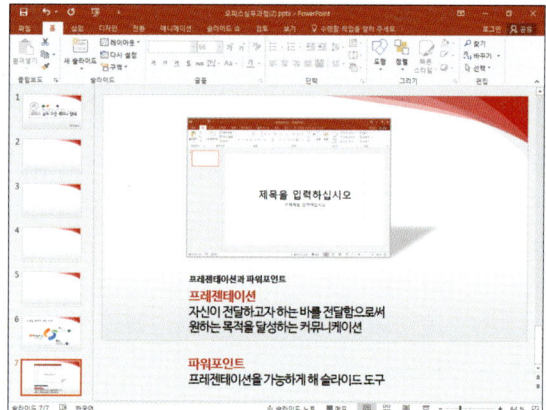

TIP

각각의 슬라이드 레이아웃은 [빈 화면] 슬라이드 레이아웃만을 제외하고 여러 가지 성격의 개체 틀로 구성되어 있습니다. 용도에 따라 적절한 레이아웃을 선택하여 사용하면 됩니다.

[새 슬라이드]와 [레이아웃]

[새 슬라이드]는 문서에 슬라이드를 추가하는 기능입니다. [홈] 탭-[슬라이드] 그룹에서 [새 슬라이드] 위쪽을 클릭하면 현재 화면과 동일한 레이아웃을 가진 슬라이드가 추가되며, [새 슬라이드] 아래쪽을 클릭하면 슬라이드 레이아웃 갤러리를 통해 원하는 슬라이드 레이아웃을 선택할 수 있습니다.

슬라이드를 추가하는 것이 아니라, 현재 선택한 슬라이드의 레이아웃을 변경하고 싶다면 [홈] 탭-[슬라이드] 그룹에서 [레이아웃]을 클릭합니다.

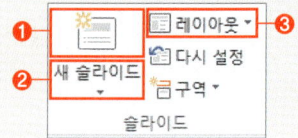

❶ **[새 슬라이드] 윗부분** : 현재 슬라이드 편집 화면과 동일한 레이아웃을 추가합니다.

❷ **[새 슬라이드] 아랫부분** : 레이아웃 갤러리를 통해 원하는 레이아웃을 추가합니다.

❸ **레이아웃** : 현재 슬라이드의 레이아웃을 다른 모양으로 변경합니다.

개체 틀에 텍스트 입력하기

:: **준비파일** Part02₩Chapter01₩Section01₩오피스실무과정(3).pptx | **완성파일** Part02₩Chapter01₩Section01₩오피스실무과정(3)_완성.pptx

슬라이드 레이아웃은 성격이 다른 다양한 개체 틀이 나타납니다. 개체 틀에는 텍스트를 비롯해 표, 차트, 그리고 이미지 등을 작성하고 삽입할 수 있습니다.

01_ 두 번째 슬라이드를 선택합니다. [빈 화면] 슬라이드를 다시 [제목 및 내용] 슬라이드로 변경하기 위해 [홈] 탭-[슬라이드] 그룹에서 [레이아웃]-[제목 및 내용]을 클릭합니다.

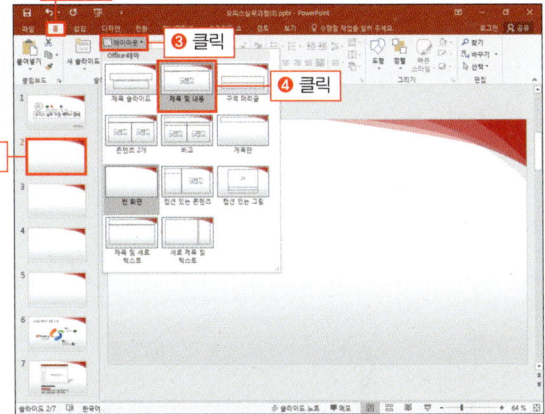

> **TIP**
> [빈 화면] 슬라이드의 경우 개체 틀을 추가하여 텍스트를 삽입할 수 있습니다. 39페이지를 참고하기 바랍니다.

02_ '제목을 입력하십시오'라고 적힌 제목 개체 틀에 『오피스 2016 실무 과정』을 입력합니다. 그리고 '텍스트를 입력하십시오'라고 적힌 내용 개체 틀을 클릭한 후 『엑셀』을 입력하고 **Enter** 를 누릅니다.

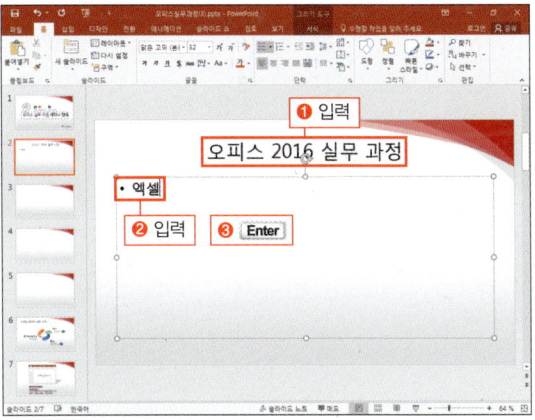

03_ 두 번째 단락으로 이동하면 이번에는 『파워포인트』를 입력한 후 Shift + Enter 를 눌러 줄 바꿈을 합니다.

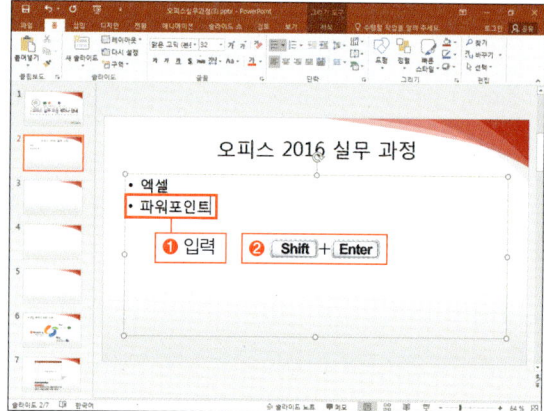

TIP

Enter 를 누르면 단락을 변경할 수 있으며, Shift + Enter 를 누르면 줄 바꿈을 할 수 있습니다.

04_ 줄 바꿈이 되면 『슬라이드 디자인 배우기』를 입력합니다. 입력 후 다시 Enter 를 눌러 단락을 변경합니다.

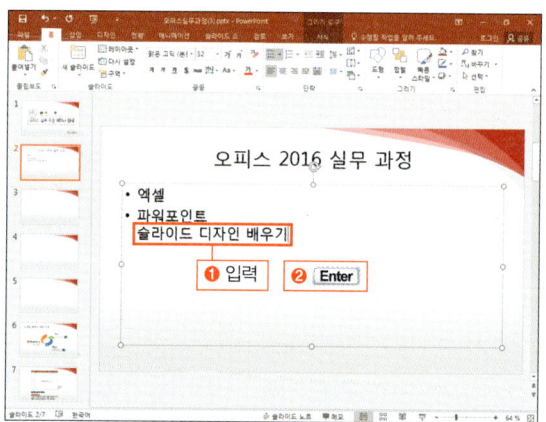

05_ 세 번째 단락으로 이동하면 『워드』를 입력한 후 Esc 를 두 번 눌러 텍스트 입력을 마무리합니다.

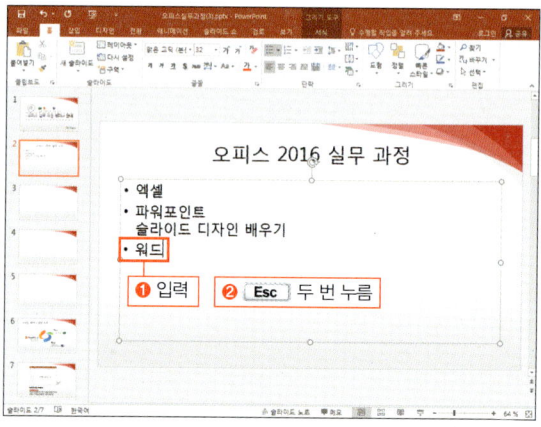

슬라이드 이동하고 복제하기

:: **준비파일** Part02₩Chapter01₩Section01₩오피스실무과정(4).pptx | **완성파일** Part02₩Chapter01₩Section01₩오피스실무과정(4)_완성.pptx

생성한 슬라이드는 슬라이드 편집 창 왼쪽에 있는 미리 보기 창에서 마우스 드래그만으로 간단하게 이동할 수 있습니다. 또한, 똑같은 모양의 슬라이드를 손쉽게 복제할 수도 있습니다.

01_ 슬라이드는 드래그하여 가볍게 이동할 수 있습니다. '소모임 세미나 과정 소개' 슬라이드를 두 번째로 이동하기 위해 6번 슬라이드를 선택하고 드래그하여 1번과 2번 슬라이드 사이로 이동합니다.

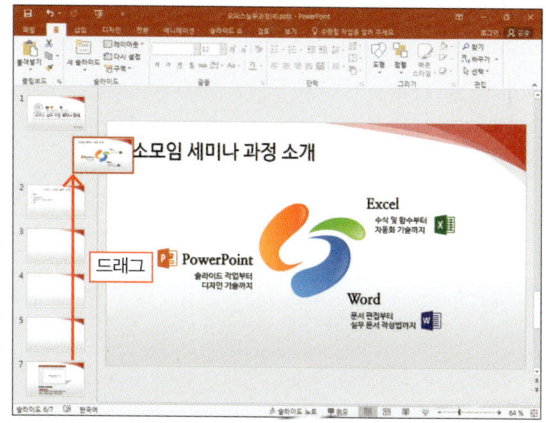

02_ 이번에는 슬라이드를 복제해 보겠습니다. '소모임 세미나 과정 소개' 슬라이드를 선택한 상태에서 마우스 오른쪽 버튼을 클릭하고 [슬라이드 복제]를 선택합니다.

> **TIP**
> 파워포인트 2013에서는 '중복 슬라이드'라는 기능으로 슬라이드 복제를 할 수 있었습니다. 파워포인트 2016 에서는 '슬라이드 복제'로 명령어가 변경되었습니다.

03_ 똑같은 모양의 슬라이드가 복제되는 것을 확인할 수 있습니다. 파워포인트는 '슬라이드 복제'를 통해 슬라이드를 생성한 후 내용만 변경하여 사용하는 경우가 많습니다. `Ctrl`+`D`를 눌러도 슬라이드를 복제할 수 있습니다. 세 번째 슬라이드를 선택한 상태에서 `Ctrl`+`D`를 누르면 슬라이드가 복제됩니다.

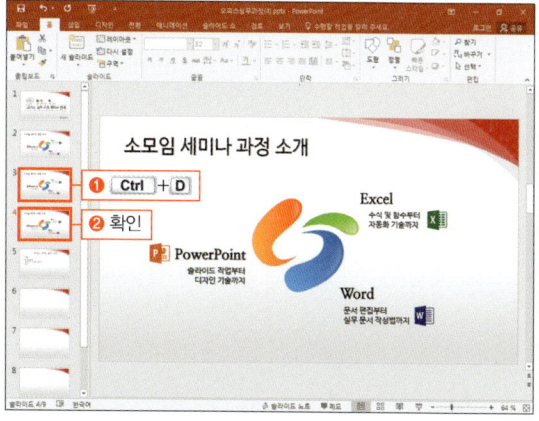

원하는 배율로 확대하고 축소하기

:: 준비파일 Part02₩Chapter01₩Section01₩오피스실무과정(5).pptx | 완성파일 Part02₩Chapter01₩Section01₩오피스실무과정(5)_완성.pptx

슬라이드 편집 창의 크기는 사용자가 원하는 크기로 확대하거나 축소할 수 있습니다.

01_ 2번 슬라이드에서 확대를 원하는 개체를 선택합니다. 여기서는 '슬라이드 작업부터 디자인 기술까지'라고 적힌 텍스트 개체 틀을 선택합니다. [보기] 탭-[확대/축소] 그룹에서 [확대/축소]를 클릭한 다음 [확대/축소] 대화상자에서 사용자 지정에 『150』을 입력하고 [확인]을 클릭합니다.

> **TIP**
> 하단의 상태 표시줄에 있는 [확대/축소]를 이용해도 슬라이드 편집 화면의 크기를 조절할 수 있습니다.

02_ 슬라이드 편집 창이 '150%'으로 확대되어 나타납니다. 슬라이드 편집 창에 맞게 다시 조절하기 위해 상태 표시줄의 [창에 맞춤]( )을 클릭합니다.

> **TIP**
> 상태 표시줄의 [창에 맞춤]( )을 클릭하면 슬라이드 편집 창에 맞게 자동 조절됩니다.

표준과 와이드 스크린으로 전환하기

:: **준비파일** Part02₩Chapter01₩Section01₩어학연수.pptx | **완성파일** Part02₩Chapter01₩Section01₩어학연수_완성.pptx

파워포인트 2016의 슬라이드 기본 크기는 16:9의 와이드 화면입니다. 하지만, 파워포인트 2007이나 2010처럼 4:3의 표준 화면으로 변경할 수 있습니다.

01_ [디자인] 탭-[사용자 지정] 그룹에서 [슬라이드 크기]를 클릭하고 [표준 (4:3)]을 선택합니다.

TIP

파워포인트 2007이나 2010 버전의 슬라이드 크기는 전형적인 4:3 비율을 가지고 있지만 파워포인트 2016에서는 와이드 스크린과 HD 형식을 채택하고 있습니다. 하지만 와이드 화면이 불편하거나 빔 프로젝터가 와이드 비율을 지원하지 않는다면 슬라이드 화면을 4:3 비율로 변경하여 사용하는 것이 좋습니다.

02_ 경고 창이 나타납니다. 콘텐츠를 최대 크기로 조정하거나 새 슬라이드에 맞게 크기를 줄일 수 있습니다. 여기서는 [맞춤 확인]을 클릭합니다.

TIP

와이드 슬라이드 크기를 표준 슬라이드 크기로 변경 시 [최대화], [맞춤 확인] 중에서 선택할 수 있습니다.
- **최대화** : 슬라이드 크기가 4:3 비율을 가진 표준 모드로 변경되면서 축소되지만 슬라이드에 포함되어 있는 개체는 원래의 크기를 유지합니다.
- **맞춤 확인** : 슬라이드 크기가 4:3 비율을 가진 표준 모드로 변경되면서 슬라이드에 포함되어 있는 개체도 함께 축소되어 나타납니다.

슬라이드 보기 화면 변경하기

:: **준비파일** Part02₩Chapter01₩Section01₩어학연수(2).pptx

파워포인트 2016을 실행했을 때 나타나는 기본 화면인 [기본 보기]는 슬라이드 미리 보기 창, 슬라이드 작업 화면, 그리고 슬라이드 노트 창으로 구성되어 있습니다. 여기서는 슬라이드 보기 화면을 변경하는 방법에 대해서 살펴보겠습니다.

01_ 슬라이드를 열면 처음 만나는 화면은 [기본 보기] 화면입니다. [보기] 탭-[프레젠테이션 보기] 그룹에서 [개요 보기]를 클릭합니다. 현재 슬라이드에는 미리 개요 탭을 통해 내용을 입력해 놓았습니다. 개요 보기를 통해 슬라이드에 포함된 개요를 확인할 수 있습니다.

02_ [기본 보기]로 다시 되돌리기 위해 [보기] 탭-[프레젠테이션 보기] 그룹에서 [기본]을 클릭합니다. [기본 보기]로 되돌아오면 이번에는 상태 표시줄을 통해 [개요 보기] 창을 열어보겠습니다. 상태 표시줄의 [기본](□)을 클릭합니다.

03_ [개요 보기] 창이 다시 열립니다. 이번에는 여러 슬라이드를 한 번에 보기 위해 [보기] 탭을 클릭한 후 [여러 슬라이드]를 선택합니다.

TIP

파워포인트 2010에는 [개요 보기] 창과 [슬라이드 노트] 창이 기본적으로 표시되지만 파워포인트 2016에는 [개요 보기] 창과 [슬라이드 노트] 창이 기본적으로 표시되지 않습니다. [보기] 탭-[프레젠테이션 보기] 그룹에서 [개요 보기]를 클릭하여 [개요 보기] 창을 표시하거나 [표시] 그룹에서 [슬라이드 노트]를 클릭해 [슬라이드 노트] 창을 표시할 수 있습니다.

04_ 여러 장의 슬라이드가 미리 보기됩니다. 상태 표시줄의 [확대]($+$)를 여러 번 클릭해 미리 보기 화면을 확대해 봅니다.

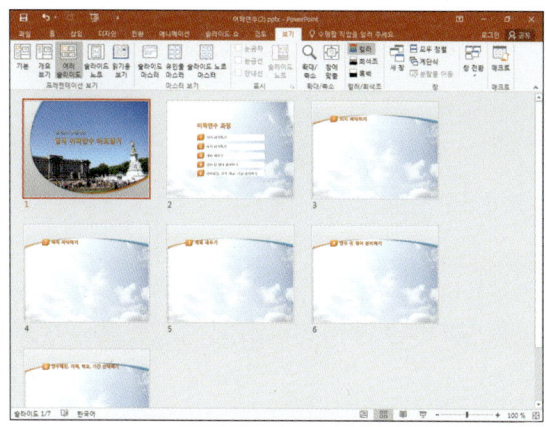 

TIP

[여러 슬라이드]는 여러 슬라이드가 존재하는 경우에 한 번에 모든 슬라이드를 보여주고자 할 때 사용하는 슬라이드 보기 방식으로, 전체적인 흐름이나 위치 변경, 슬라이드 쇼 설정 등을 할 때 주로 사용합니다.

TIP

상태 표시줄의 [여러 슬라이드](▦)를 클릭해도 여러 슬라이드 미리 보기 화면을 열 수 있습니다. 특히, 상태 표시줄의 [확대/축소](- + 150 %)를 통해 여러 슬라이드 미리 보기 화면을 확대하거나 축소할 수 있습니다.

05_ 이번에는 [보기] 탭-[프레젠테이션] 그룹에서 [슬라이드 노트]를 클릭합니다. 슬라이드 노트는 슬라이드 노트를 통해 입력한 텍스트나 유인물 등을 통해 발표자 노트를 함께 보고 싶을 때 선택할 수 있습니다.

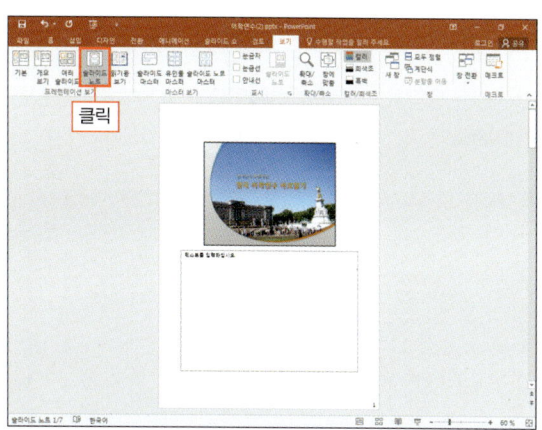

06_ 프레젠테이션을 진행하는 것이 아니라 내 컴퓨터에서 슬라이드를 간단히 확인하고 싶거나 슬라이드 쇼와 다른 슬라이드 편집 화면을 보면서 작업하고 싶을 때는 [읽기용 보기]를 선택합니다. 상태 표시줄의 [읽기용 보기](▤)를 클릭해도 [읽기용 보기] 창을 열 수 있습니다.

빠른 실행 도구 모음 추가하기

자주 사용하는 명령이나 단추를 제목 표시줄 왼쪽에 위치하고 있는 빠른 실행 도구 모음에 추가할 수 있습니다.

01 [빠른 실행 도구 모음 사용자 지정](▾) 단추를 클릭하면 나타나는 메뉴에서 [기타 명령]을 선택합니다.

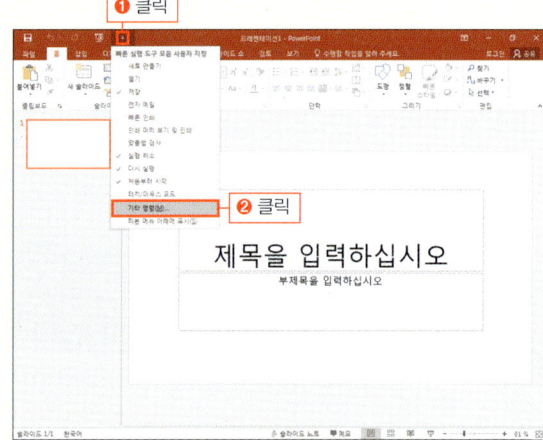

> **TIP**
> [파일] 탭–[옵션]을 클릭한 후 [빠른 실행 도구 모음]을 선택해도 됩니다.

02 [PowerPoint 옵션] 대화상자가 나타납니다. [명령 선택]–[모든 명령]을 선택하고 [빠른 실행 도구 모음]에 추가하고 싶은 명령을 선택한 후 [추가]를 클릭합니다. [빠른 실행 도구 모음 사용자 지정]에 명령을 추가한 후 [확인]을 클릭합니다.

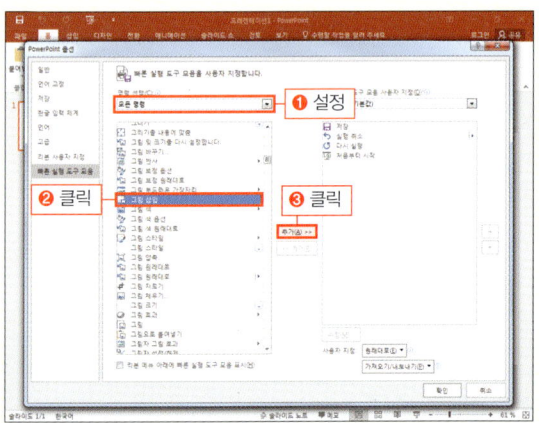

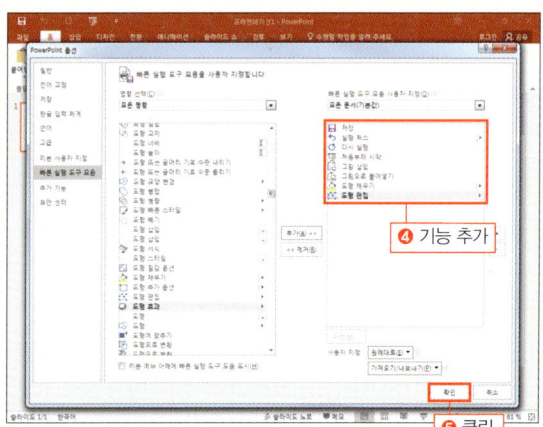

03 빠른 실행 도구 모음에 명령이 추가됩니다. 리본 메뉴에서도 바로 빠른 실행 도구 모음에 기능을 추가할 수 있습니다. 리본 메뉴에서 추가하고 싶은 기능을 선택하고 마우스 오른쪽 버튼을 클릭한 후 [빠른 실행 도구 모음에 추가]를 선택합니다.

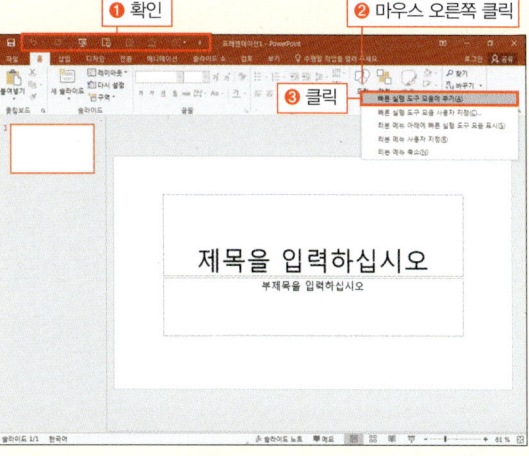

TIP

빠른 실행 도구 모음에 추가한 명령을 삭제하고 싶다면 삭제하고 싶은 단추를 마우스 오른쪽 버튼으로 클릭한 후 [빠른 실행 도구 모음에서 제거]를 선택하면 됩니다.

04 선택한 명령이 빠른 실행 도구 모음에 추가되는 것을 확인할 수 있습니다. 제목 표시줄의 [빠른 실행 도구 모음 사용자 지정](⬇) 단추를 클릭한 후 [리본 메뉴 아래에 표시하기]를 선택합니다.

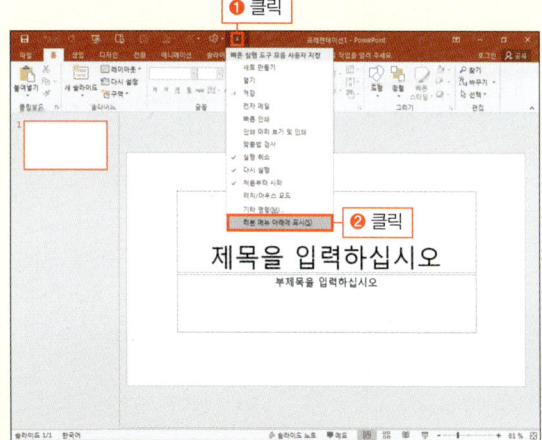

05 리본 메뉴 하단에 빠른 실행 도구 모음이 나타납니다. 다시 원래 자리로 되돌리고 싶다면 [빠른 실행 도구 모음 사용자 지정](⬇) 단추를 클릭한 후 [리본 메뉴 위에 표시하기]를 선택합니다.

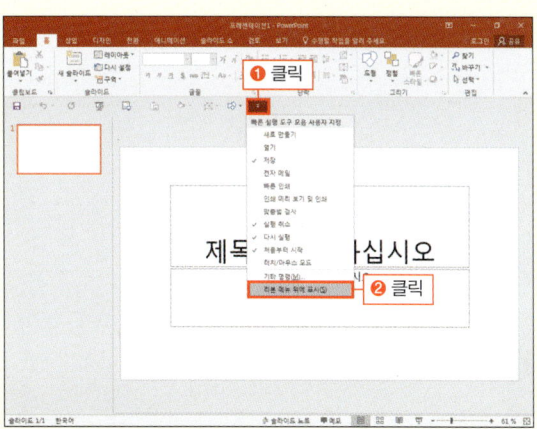

TIP

빠른 실행 도구 모음을 처음으로 되돌리기 위해서는 [PowerPoint 옵션] 대화상자의 [빠른 실행 도구 모음]에서 [원래대로]-[빠른 실행 도구 모음만 다시 설정]을 선택합니다.

옵션을 통해 다양한 파워포인트 환경 설정하기

파워포인트는 사용자 이름을 비롯해 파일이 저장되는 폴더도 원하는 대로 변경할 수 있습니다. 여기서는 옵션을 통해 다양한 환경 설정을 알아보겠습니다.

기본 보기 방법 변경하기

파워포인트는 [기본] 보기로 슬라이드가 열리거나 마지막 저장할 때 설정한 보기로 슬라이드가 열립니다. 이를 원하는 보기 방법으로 변경할 수 있습니다. [파일] 탭을 클릭한 후 [옵션]을 선택합니다. [PowerPoint 옵션] 대화상자가 나타나면 [고급]에서 [이 보기를 사용하여 모든 문서 열기]의 화살표를 클릭하여 보기 방법을 변경합니다.

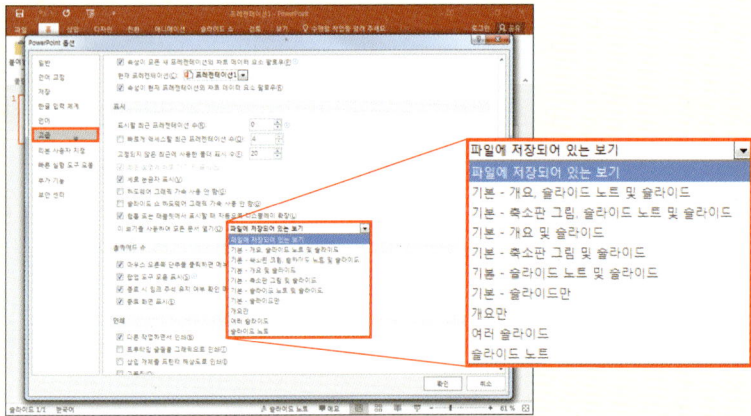

사용자 이름 변경하기

사용자 이름은 슬라이드를 저장할 때 만든 이가 누구인지 알 수 있는 중요한 요소입니다. [일반]에서 [사용자 이름]과 [이니셜]에 사용자 이름과 이니셜을 입력합니다.

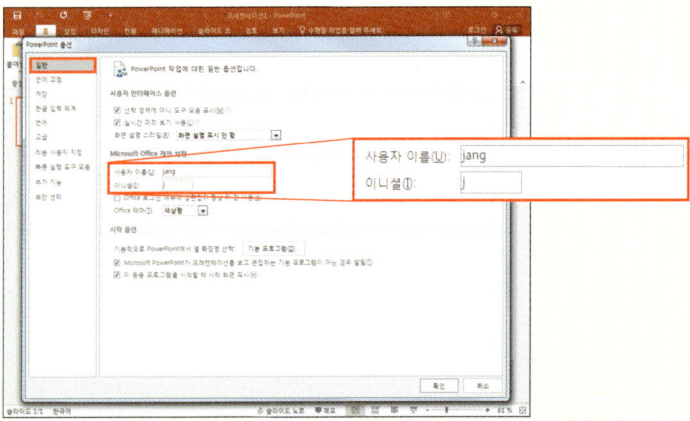

Office 테마 변경하기

파워포인트의 제목 표시줄과 리본 메뉴는 빨간색의 강렬한 인상을 주는 디자인으로 구성되어 있지만 어두운 회색이나 흰색으로 변경할 수 있습니다. [일반]에서 [Office 테마] 화살표를 클릭하여 원하는 테마를 선택합니다.

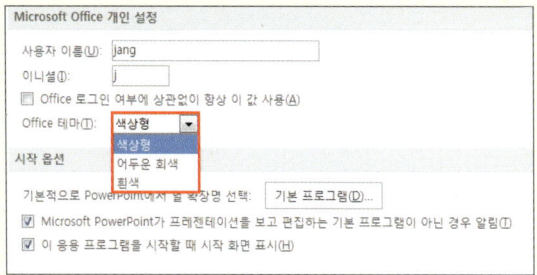

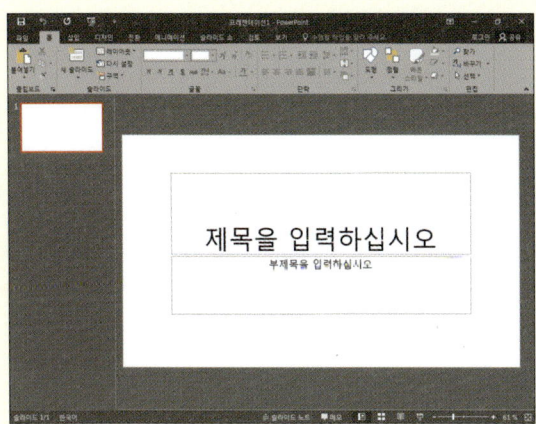

▲ 어두운 회색

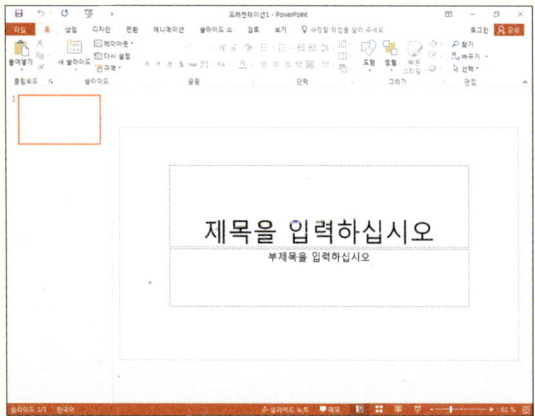

▲ 흰색

Office 배경 변경하기

파워포인트의 배경 이미지가 마음에 들지 않는다면 [Office 배경]을 통해 변경할 수 있습니다. [계정]에서 사용자 로그인 후 [Office 배경] 화살표를 클릭한 후 원하는 배경을 선택합니다. 여기서는 [회로도]를 선택하였습니다. 파워포인트의 오른쪽 상단에 배경 이미지가 삽입됩니다.

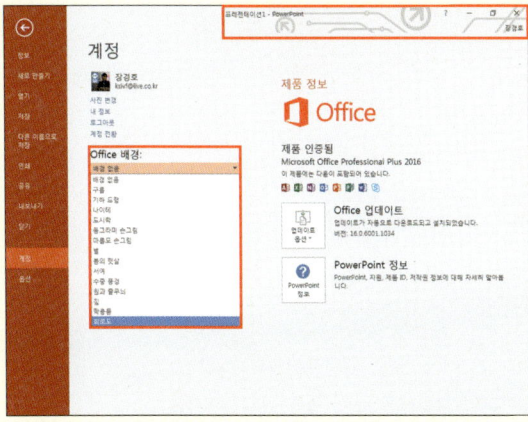

슬라이드 저장 위치 변경하기

파워포인트에 로그인되어 있다면 기본 저장 위치는 내 컴퓨터가 아닌 OneDrive입니다. 이를 내 컴퓨터의 [문서] 폴더 혹은 [Documents] 폴더로 기본 저장 위치를 변경하고 싶다면 [저장]에서 [기본적으로 컴퓨터에 저장]에 체크합니다. 기본 저장 위치를 원하는 폴더가 있다면 [기본 로컬 저장 위치]에 원하는 폴더를 지정합니다.

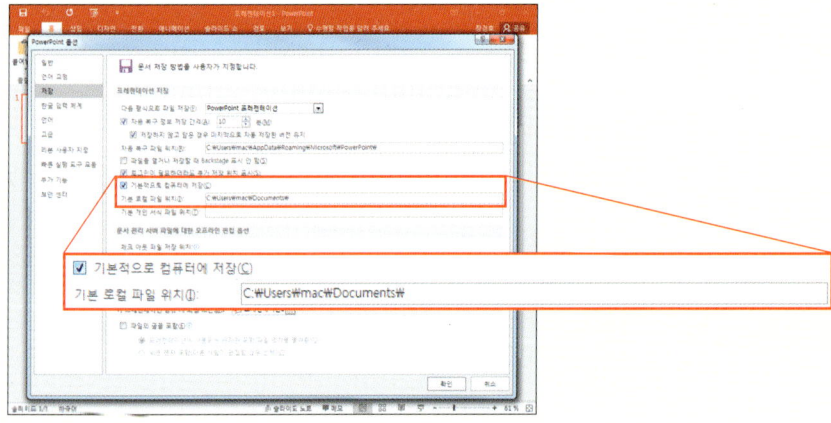

사용한 글꼴을 파일에 함께 저장하기

윈도우에서 제공하는 글꼴을 사용하지 않고 특정 글꼴을 사용했다면 상대방 컴퓨터에서는 글꼴이 제대로 표시되지 않을 수 있습니다. 이러한 경우 [저장]에서 [파일의 글꼴 포함]에 체크한 후 [프레젠테이션에 사용되는 문자만 포함]이나 [모든 문자 포함]을 선택하여 사용한 글꼴을 파일과 함께 저장할 수 있습니다.

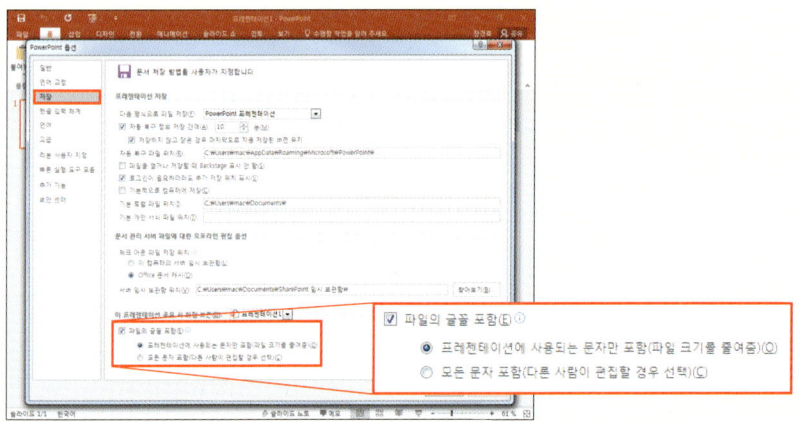

TIP

사용한 글꼴을 파일에 함께 저장할 경우 파일의 용량이 커질 수 있다는 단점과 함께 상업적인 글꼴의 경우 함께 저장되지 않거나 저장되더라도 저작권 문제가 발생할 수 있으니 주의가 필요합니다.

1 파워포인트는 다른 오피스 프로그램보다 서식 파일이나 이미지 파일을 검색할 경우가 많습니다. 여기서는 달력과 관련된 서식 파일을 파워포인트 2016으로 가져와 봅니다.

◎ 준비파일 : 없음　　◎ 완성파일 : 없음

 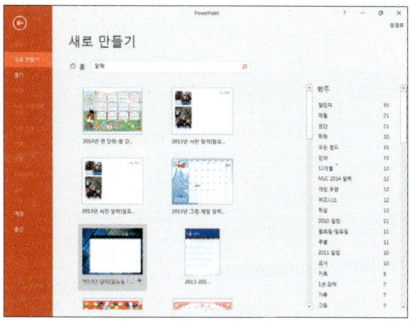

힌트

❶ 파워포인트 2016을 실행하고 [온라인 서식 파일 및 테마 검색]에 『달력』을 입력합니다.

---

2 [홈] 탭-[슬라이드] 그룹을 이용하여 슬라이드 레이아웃을 콘텐츠 2개 슬라이드 레이아웃으로 변경해 보세요.

◎ 준비파일 : Part02₩Chapter01₩Check₩회사소개서.pptx　　◎ 완성파일 : Part02₩Chapter01₩Check₩회사소개서_완성.pptx

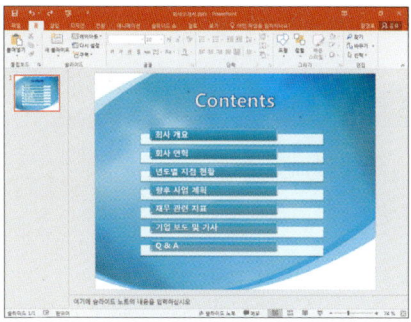 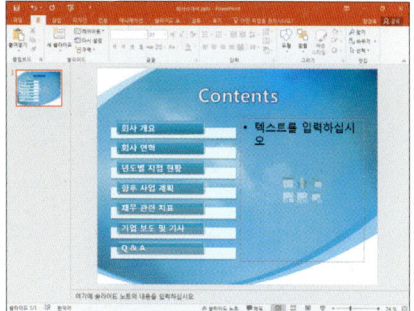

힌트

❶ [홈] 탭-[슬라이드] 그룹에서 [레이아웃]을 클릭합니다.
❷ [콘텐츠 2개] 레이아웃을 선택합니다.

내용 입력하고 편집하기

파워포인트는 오피스 2016이 제공하는 글꼴 이외에 다양한 글꼴을 사용할 수 있습니다. 또한, 글머리 기호를 비롯해 한자와 특수 문자를 입력할 수 있으며, 워드나 한글처럼 줄 간격이나 정렬 등 다양한 텍스트 기능도 사용할 수 있습니다.

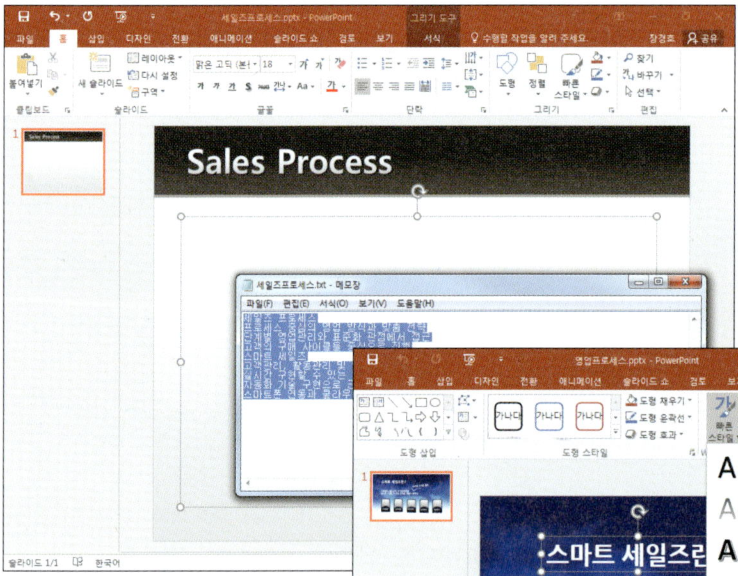

▲ 메모장의 텍스트를
   슬라이드에 불러오기

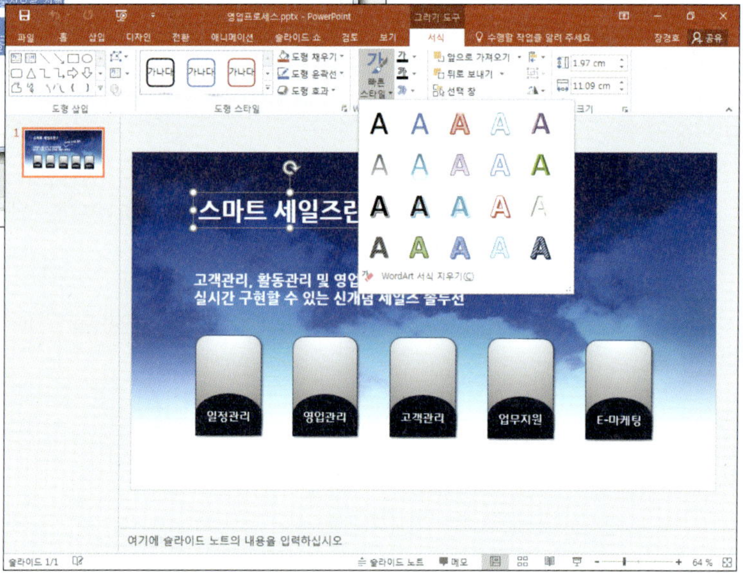

텍스트를 워드아트로 변환하기 ▶

이번 섹션에서 배울 **주요 내용**

- 네이버 나눔체, 다음체 설치하기
- 메모장의 텍스트를 슬라이드에 불러오기
- 가독성 좋은 서체로 바꾸기
- 텍스트 서식 복사하기
- 글머리 기호 삽입하고 크기 조절하기
- 줄 간격과 텍스트 간격 조절하기
- 들여쓰기 내어쓰기 수준 조절하기

- 한자와 특수 문자 입력하기
- 선택한 텍스트 번역하기
- 글머리 기호를 그림으로 삽입하기
- 글머리 번호 매기기
- 텍스트를 워드아트로 변환하기
- 텍스트와 워드아트에 적용된 서식 지우기
- **스페셜** 슬라이드에 입력한 서체 한번에 변경하기

네이버 나눔체, 다음체 설치하기

파워포인트 2016은 기본적으로 '맑은 고딕'이라는 글꼴이 기본 서체로 지정되어 있습니다. 맑은 고딕도 뛰어난 글꼴이지만 최근 많이 사용하는 '네이버 나눔체'나 혹은 '다음체' 등을 다운로드 받아 파워포인트의 기본 글꼴로 사용할 수 있습니다.

01_ 먼저 네이버 나눔체를 설치해 보겠습니다. 브라우저를 열어 'http://hangeul.naver.com'에 접속합니다. [나눔글꼴]-[나눔글꼴 모음]을 선택한 후 [나눔글꼴 모음 설치하기]-[TTF 나눔글꼴 모음 윈도우용]을 클릭합니다. [실행]을 클릭하여 서체를 설치합니다.

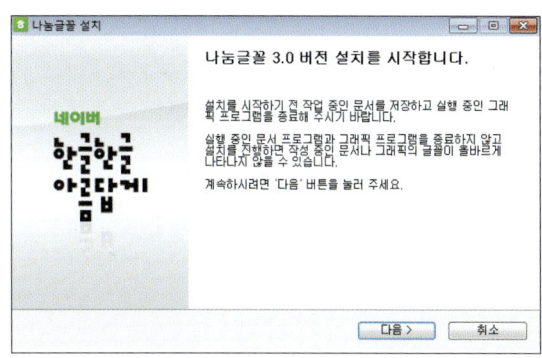

> **TIP**
> [OTF 나눔글꼴 모음 맥용]의 경우 매킨토시에서 사용할 수 있는 글꼴입니다.

02_ [나눔글꼴 설치] 설치 창이 나타나면 나눔글꼴을 설치합니다.

03_ 이번에는 다음카카오에서 제공하는 다음서체를 설치해 보겠습니다. 다음서체의 경우 네이버 검색 창에서 『다음체』를 검색하여 간편하게 다운로드 받을 수 있습니다. [다운로드]를 클릭합니다.

> **TIP**
> 다음서체는 네이버 나눔글꼴과 같이 설치 프로그램을 따로 제공하지 않습니다. 내 컴퓨터의 [Fonts] 폴더에 직접 설치해야 합니다.

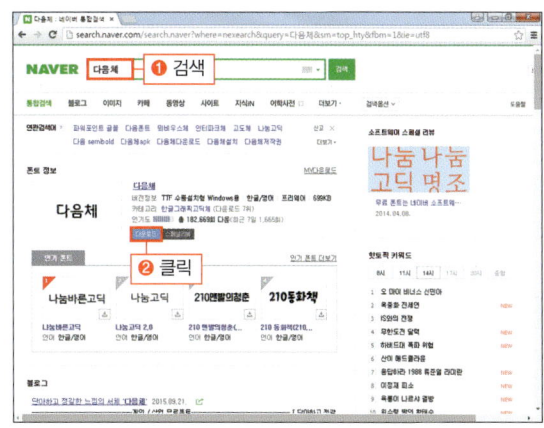

04_ 네이버에서 제공하는 폰트 페이지가 열리면 [다운로드]를 클릭합니다. 팝업 창이 나타나면 [다운로드]를 클릭하여 폰트를 다운로드 받습니다.

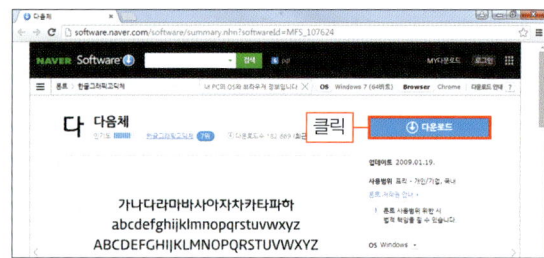

TIP

사용하는 브라우저나 사용자 환경에 따라 다운로드하는 방법이 다를 수 있습니다.

05_ 다운로드 받은 서체 파일을 선택해 압축을 푼 후 폴더를 엽니다. 두 개의 서체 파일이 나타나면 모두 선택한 후 마우스 오른쪽 버튼을 클릭하고 [설치]를 선택합니다. 내 컴퓨터에 서체가 자동으로 설치됩니다.

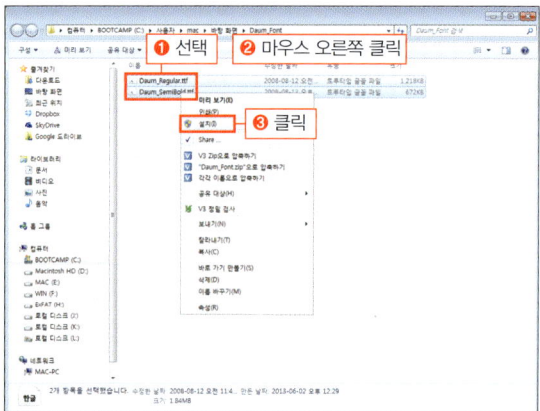

06_ 파워포인트 2016을 종료한 후 다시 실행합니다. [홈] 탭-[글꼴] 그룹의 [글꼴]에서 나눔체와 다음체가 제대로 설치되었는지 확인합니다.

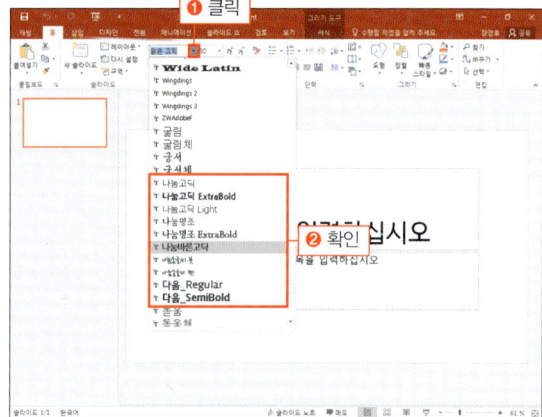

네이버 소프트웨어 사이트의 폰트 페이지

네이버 나눔글꼴이나 다음서체 이외에도 무료로 제공되는 서체는 생각보다 많습니다. 이런 서체를 인터넷에서 직접 찾아다니지 않더라도 네이버 소프트웨어 사이트의 [폰트] 페이지를 이용하면 한 번에 확인하고 설치할 수 있습니다.

메모장의 텍스트를 슬라이드에 불러오기

:: **준비파일** Part02₩Chapter01₩Section02₩세일즈프로세스.txt, 세일즈프로세스.pptx ｜ **완성파일** Part02₩Chapter01₩Section02₩세일즈프로세스_완성.pptx

이제 본격적으로 슬라이드 작업을 진행해 보겠습니다. 파워포인트를 통해 텍스트를 바로 입력할 수 있지만, 여기서는 메모장에 입력된 텍스트를 슬라이드로 불러오겠습니다.

01_ '세일즈프로세스.pptx' 파일을 불러온 후 [홈] 탭-[그리기] 그룹에서 [도형]-[가로 텍스트 상자]를 클릭합니다.

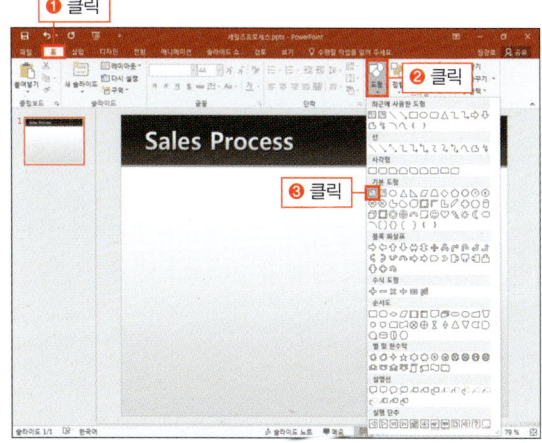

> **TIP**
>
> 리본 메뉴는 사용자의 컴퓨터 해상도에 따라서 약간씩 다르게 표시될 수 있습니다. 기능상 차이는 전혀 없으니 위치를 잘 찾도록 합시다.
>
>
>
> ▲ 낮은 해상도　　　　▲ 높은 해상도

02_ 슬라이드 편집 창에서 마우스를 드래그하여 텍스트 상자를 삽입합니다.

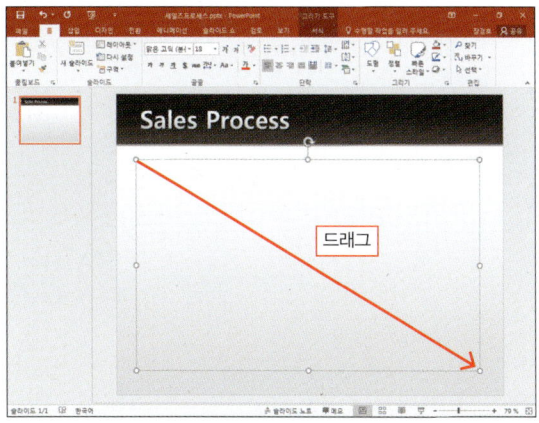

03_ '세일즈프로세스.txt' 파일을 열어 내용을 모두 드래 그하여 선택한 후 **Ctrl** + **C** 를 눌러 모두 복사합니다.

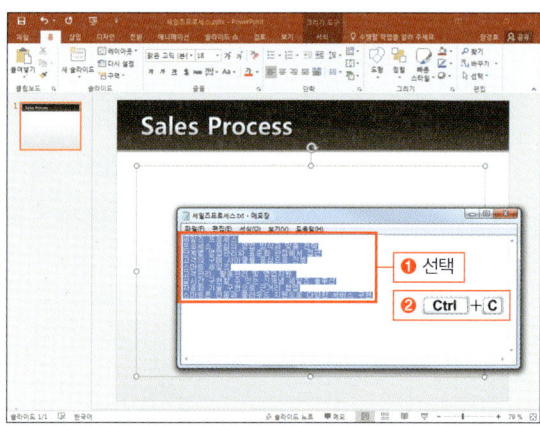

04_ 텍스트 상자를 클릭하여 텍스트 상자가 활성화되면 **Ctrl** + **V** 를 눌러 텍스트를 붙여 넣습니다.

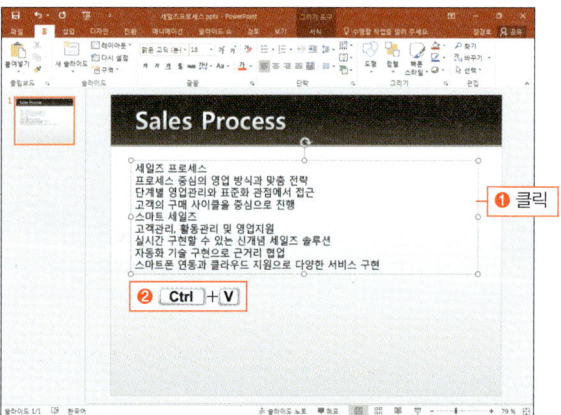

05_ 슬라이드에 텍스트를 붙여 넣으면 '스마트 세일즈' 단어 앞에 커서를 놓은 후 **Enter** 를 눌러 단락 간격을 나누어줍니다.

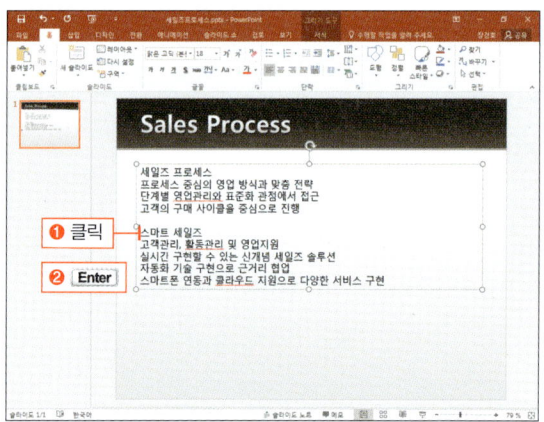

가독성 좋은 서체로 바꾸기

:: 준비파일 Part02₩Chapter01₩Section02₩세일즈프로세스(2).pptx | 완성파일 Part02₩Chapter01₩Section02₩세일즈프로세스(2)_완성.pptx

서체와 크기, 색상 변경만으로도 가독성 좋은 슬라이드를 완성할 수 있습니다.

01_ '세일즈 프로세스'를 드래그하여 선택하고 [홈] 탭-[글꼴] 그룹에서 [글꼴] 화살표를 클릭한 후 [HY견고딕], [글꼴 크기] 화살표를 클릭한 후 [30pt]를 선택합니다.

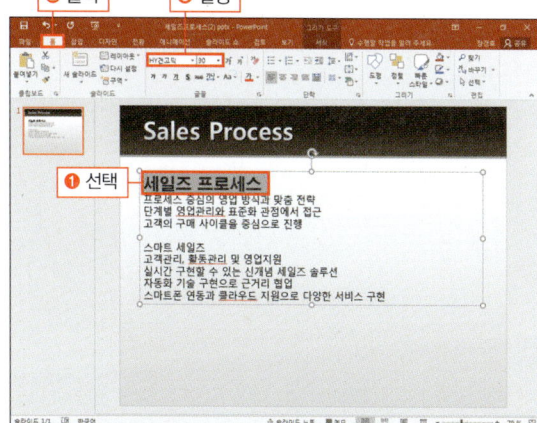

> **TIP**
> 37페이지에서 다룬 내용처럼 인터넷 서체를 설치했다면 '나눔체' 혹은 '다음체'를 선택해 서체를 변경할 수도 있습니다.

02_ [홈] 탭-[글꼴] 그룹에서 [글꼴 색] 화살표를 클릭한 후 [다른 색]을 선택합니다. [색] 대화상자가 나타나면 파란색 계열의 색상을 선택하고 [확인]을 클릭합니다.

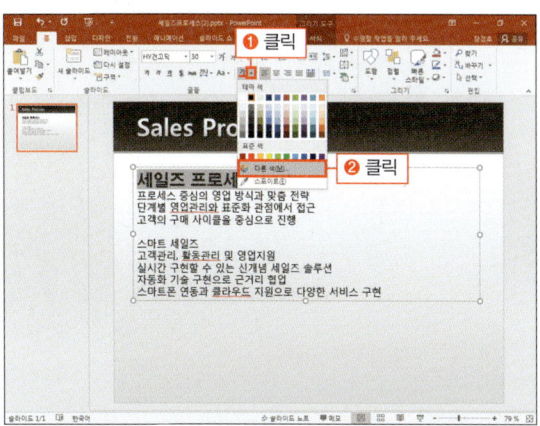
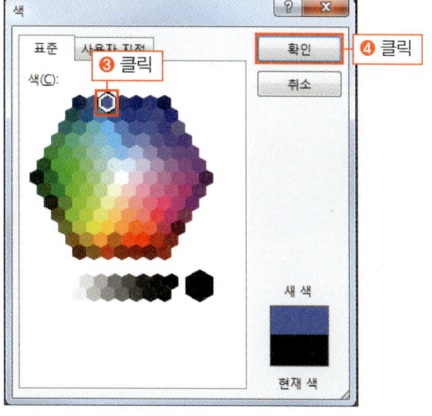

> **TIP**
> [글꼴 색] 화살표를 클릭하면 나타나는 '테마 색'과 '표준 색' 중에서도 색상을 선택할 수 있지만 [다른 색]을 통해 다양한 색상을 선택할 수도 있습니다.

텍스트 서식 복사하기

:: **준비파일** Part02₩Chapter01₩Section02₩세일즈프로세스(3).pptx | **완성파일** Part02₩Chapter01₩Section02₩세일즈프로세스(3)_완성.pptx

나머지 단락도 통일감을 주기 위해 동일한 서체와 크기, 색상으로 지정해야 합니다. 이럴 때에는 다시 지정할 필요 없이 '서식 복사'를 이용하면 손쉽게 동일하게 지정할 수 있습니다.

01_ '세일즈 프로세스'를 드래그하여 선택한 상태로 [홈] 탭-[클립보드] 그룹에서 [서식 복사]를 클릭합니다.

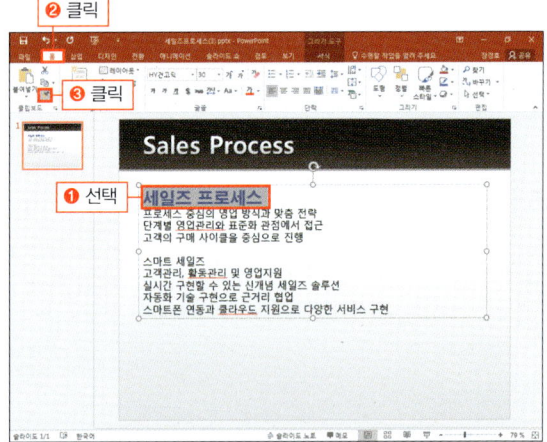

02_ 마우스 포인터가 서식 복사 아이콘( )으로 변경됩니다. '스마트세일즈'를 드래그하면 자동으로 서식이 복사됩니다.

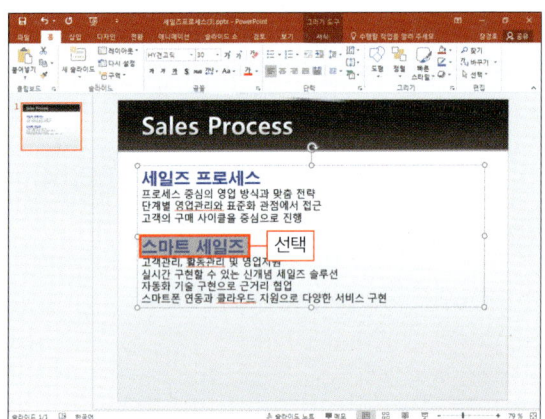

> **TIP**
>
> [홈] 탭-[클립보드] 그룹에서 [서식 복사]를 한 번 클릭하면 한 번만 서식이 복사됩니다. [서식 복사]를 연속으로 두 번 클릭하면 서식을 무한대로 복사할 수 있습니다.

글머리 기호 삽입하고 크기 조절하기

:: 준비파일 Part02\Chapter01\Section02\세일즈프로세스(4).pptx | **완성파일** Part02\Chapter01\Section02\세일즈프로세스(4)_완성.pptx

개체 틀에 텍스트를 입력하면 글머리 기호가 생성됩니다. 만일, 글머리 기호가 나타나지 않는다면 [홈] 탭-[단락] 그룹에서 글머리 기호를 생성할 수 있습니다.

01_ 텍스트 상자를 선택합니다. 글머리 기호를 지정하기 위해 [홈] 탭-[단락] 그룹에서 [글머리 기호]-[글머리 기호 및 번호 매기기]를 클릭합니다.

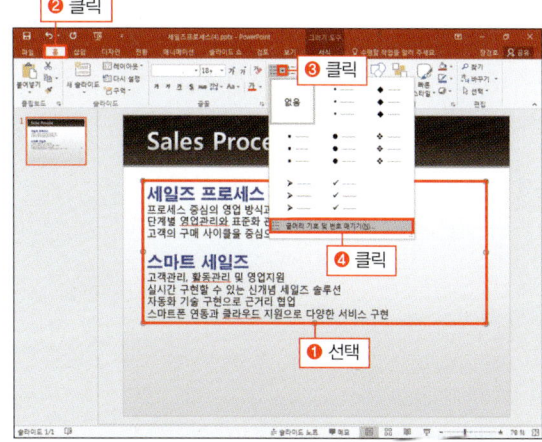

02_ [글머리 기호 및 번호 매기기] 대화상자가 나타나면 [글머리 기호] 탭에서 [속이 찬 큰 둥근 글머리 기호]를 선택하고 [텍스트 크기]를 '80%'로 설정한 후 [확인]을 클릭합니다. 텍스트 상자에 글머리 기호가 삽입됩니다.

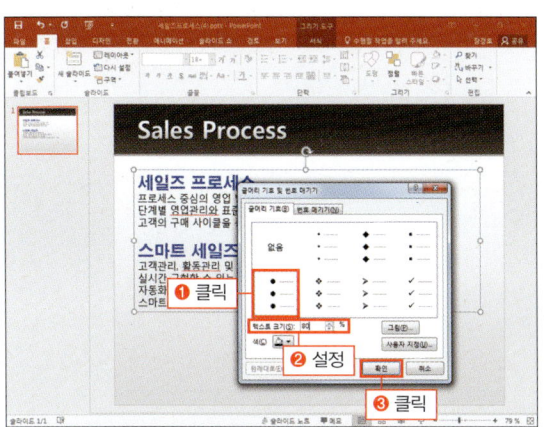
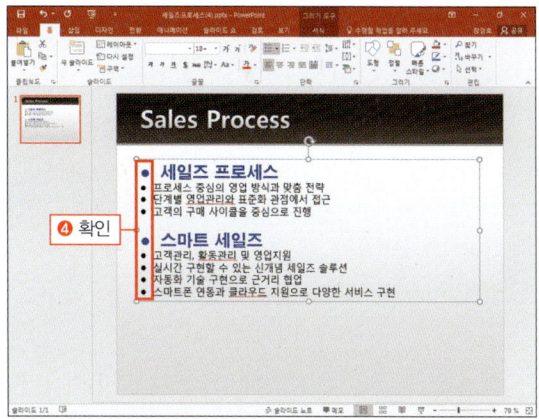

TIP

[텍스트 크기]에 수치를 입력하여 글머리 기호의 크기를 조정할 수 있습니다.

줄 간격과 텍스트 간격 조절하기

:: **준비파일** Part02₩Chapter01₩Section02₩세일즈프로세스(5).pptx | **완성파일** Part02₩Chapter01₩Section02₩세일즈프로세스(5)_완성.pptx

줄 간격을 통해 단락 사이의 간격을 조절할 수 있으며, 텍스트 간격을 통해 '매우 좁게, 좁게, 표준, 넓게, 매우 넓게' 중 하나를 선택하여 텍스트 간격을 조절할 수도 있습니다.

01_ 줄 간격을 조절하기 위해 텍스트 상자를 선택합니다. [홈] 탭-[단락] 그룹에서 [줄 간격]을 클릭한 후 목록에서 '1.5'를 선택합니다.

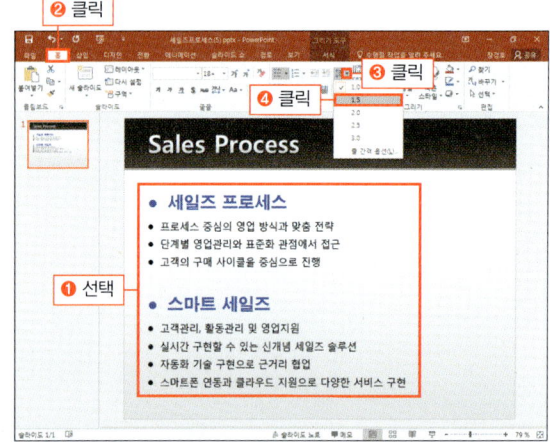

TIP

줄 간격을 통해 문단의 줄 간격을 자유롭게 조절할 수 있습니다. [줄 간격 옵션]을 선택하면 보다 정밀한 조정이 가능합니다.

02_ 이번에는 텍스트의 간격을 조절하기 위해 [홈] 탭-[글꼴]-[문자 간격]-[좁게]를 선택합니다.

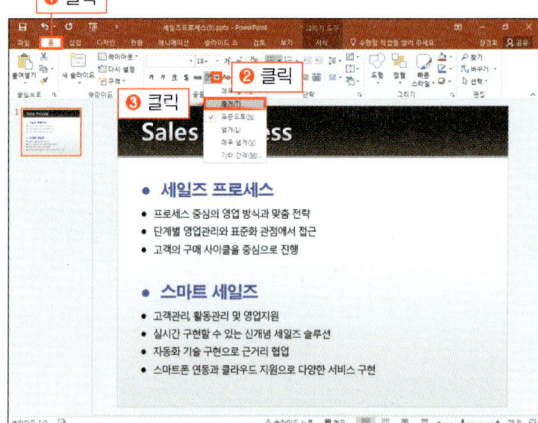

TIP

줄 간격뿐만 아니라 텍스트 간격도 조절할 수 있습니다. 텍스트 간격은 '매우 좁게, 좁게, 표준으로, 넓게, 매우 넓게'로 선택할 수 있으며, [기타 간격]을 통해 정밀한 조정이 가능합니다.

들여쓰기 내어쓰기 수준 조절하기

:: 준비파일 Part02₩Chapter01₩Section02₩세일즈프로세스(6).pptx | 완성파일 Part02₩Chapter01₩Section02₩세일즈프로세스(6)_완성.pptx

'목록 수준을 줄인다'는 말은 내어쓰기를 통해 상위 항목과 동일한 등급으로 내용을 표시한다는 말이고 '목록 수준을 늘린다'는 말은 들여쓰기를 통해 상위 항목의 하위 등급으로 내용을 표시한다는 말입니다. 말이 어렵다면 아래 예제를 통해 이해하기 바랍니다.

01_ '프로세스 중심의'라고 적힌 텍스트 앞에 마우스 포인터를 위치시킨 후 [홈] 탭-[단락] 그룹에서 [목록 수준 늘림]을 클릭합니다.

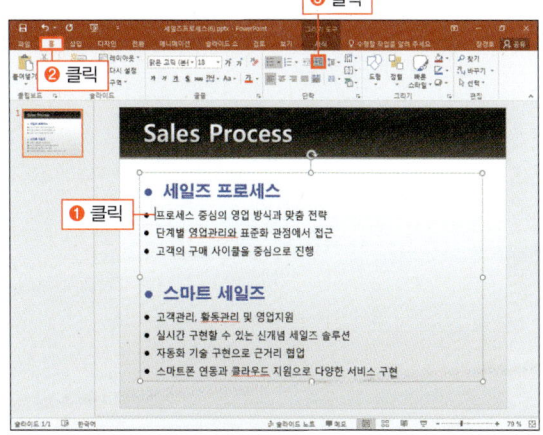

02_ 텍스트가 들여쓰기됩니다. Tab 을 눌러도 들여쓰기가 됩니다. Tab 을 누릅니다.

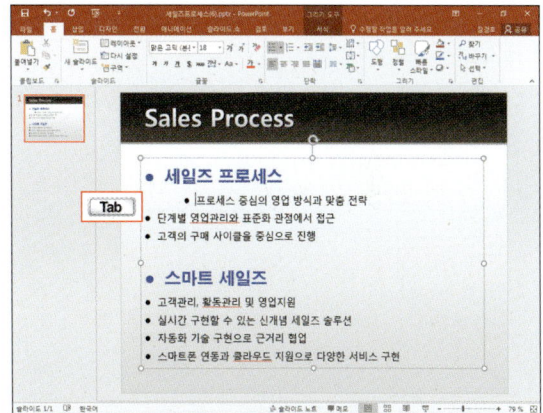

03_ 텍스트 들여쓰기가 한 단계 더 들여쓰기가 됩니다.

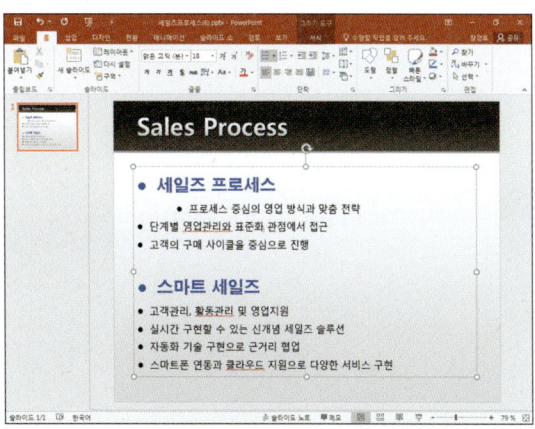

04_ [목록 수준 줄임]을 클릭하여 내어쓰기를 합니다.

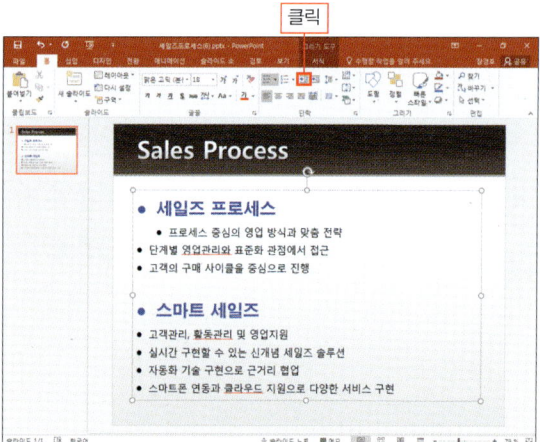

05_ 내어쓰기가 되면 나머지 단락에도 텍스트 앞에 마우스 포인터를 위치시킨 다음 [홈] 탭-[단락] 그룹에서 [목록 수준 늘림]을 클릭하여 문서를 완성합니다.

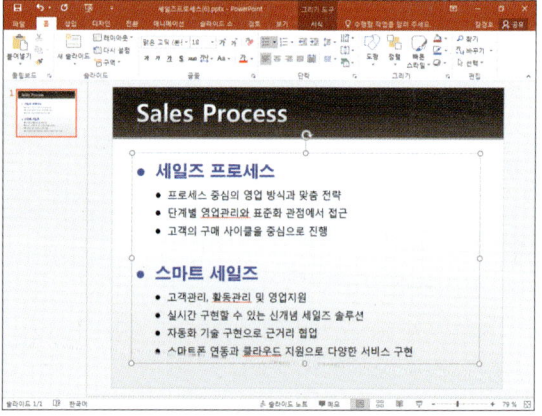

> **TIP**
>
> [홈] 탭-[단락] 그룹에 있는 [목록 수준 줄임]을 클릭하면 내어쓰기를 할 수 있습니다. 내어쓰기는 `Shift` + `Tab` 을 눌러도 됩니다.

한자와 특수 문자 입력하기

:: **준비파일** Part02₩Chapter01₩Section02₩목차.pptx | **완성파일** Part02₩Chapter01₩Section02₩목차_완성.pptx

입력한 한글을 한자로 변환하거나 기호 기능을 통해 특수 문자를 삽입할 수 있습니다.

01_ '목차'라고 적혀있는 텍스트를 드래그하여 선택한 후 [검토] 탭─[언어] 그룹에서 [한글/한자 변환]을 클릭합니다. [한글/한자 변환] 대화상자가 나타나면 변환할 한자를 선택한 다음 [입력 형태]에서 [漢子]에 체크하고 [변환]을 클릭합니다.

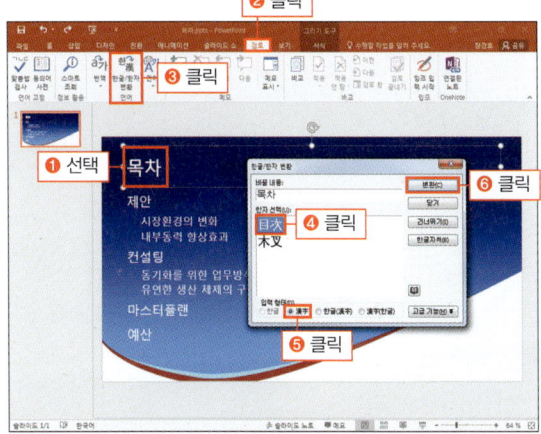

02_ '목차'라는 단어가 한자로 변환됩니다. 다시 [검토] 탭─[언어] 그룹에서 [한글/한자 변환]을 클릭합니다. 그리고 [한자 사전]을 클릭합니다. [한자 사전] 창이 나타나면 '목차'라는 단어의 한자 뜻과 음을 확인한 후 [확인]을 클릭합니다.

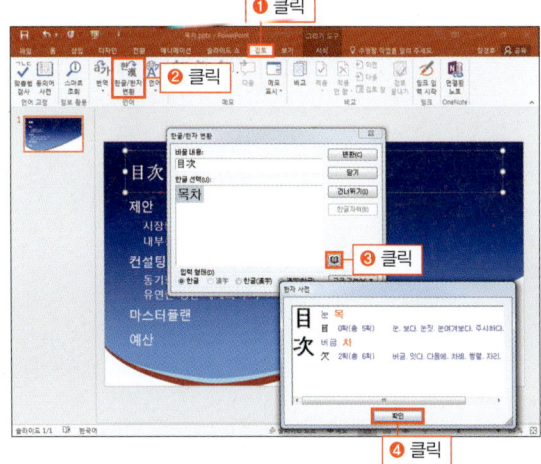

03_ [한글/한자 변환] 대화상자의 [입력 형태]에서 [한글(漢子)]을 체크한 다음 [변환]을 클릭합니다.

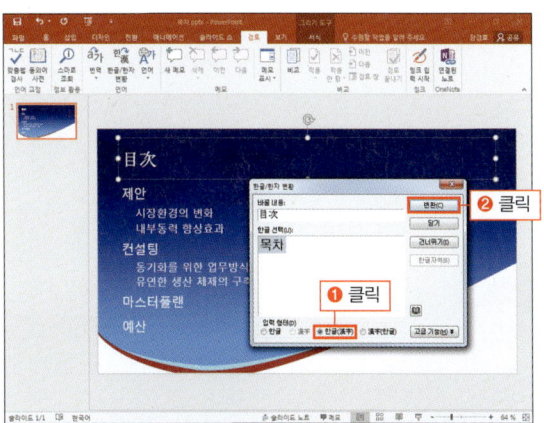

04_ 이번에는 '업무방식'이라고 적힌 텍스트 앞에 커서를 위치시킨 후 [삽입] 탭-[기호] 그룹에서 [기호]를 클릭합니다.

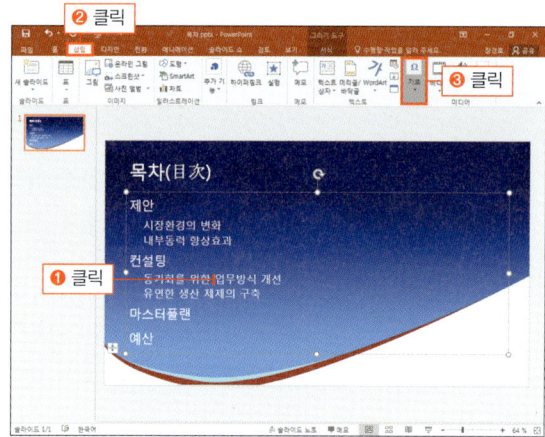

05_ [기호] 대화상자가 나타나면 [글꼴]은 '(현재 글꼴)', [하위 집합]은 '기타 기호'로 설정한 후 '★'을 선택하고 [삽입]/[닫기]를 차례대로 클릭합니다.

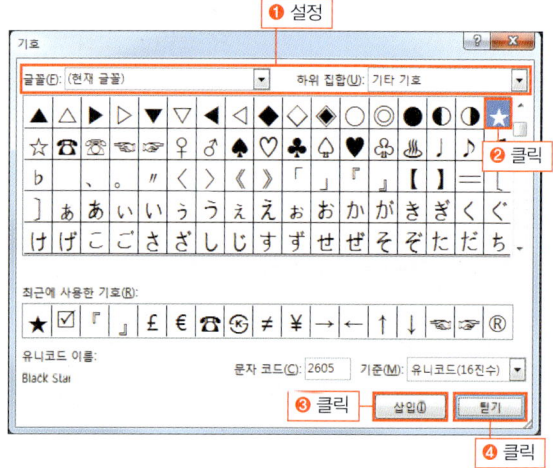

06_ 슬라이드에 '★' 기호가 삽입됩니다.

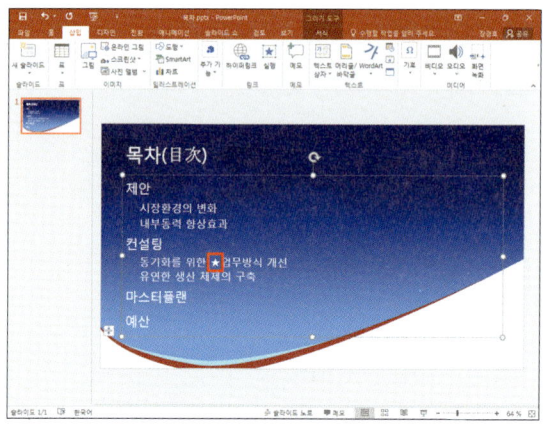

선택한 텍스트 번역하기

:: **준비파일** Part02₩Chapter01₩Section02₩목차(2).pptx | **완성파일** Part02₩Chapter01₩Section02₩목차(2)_완성.pptx

앞선 예제에서 한글을 한자로 변환하는 방법에 대해서 살펴보았습니다. 이번에는 선택한 한글을 영어나 일본어 등 다른 언어로 번역하는 방법에 대해서 알아보겠습니다.

01_ '제안'이라는 텍스트를 드래그하여 선택한 후 [검토] 탭-[언어] 그룹에서 [번역]-[선택한 텍스트 번역]을 클릭합니다.

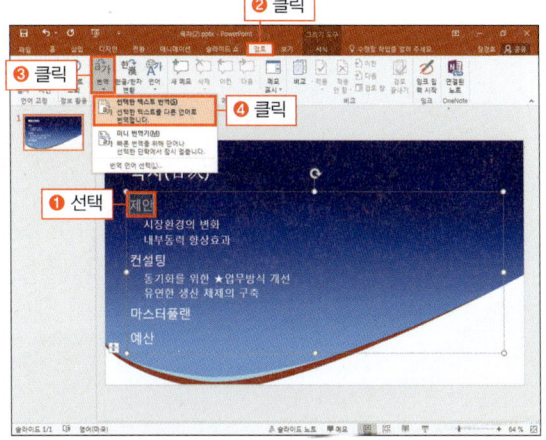

02_ [선택한 텍스트 번역] 창이 나타나면 [예]를 클릭합니다.

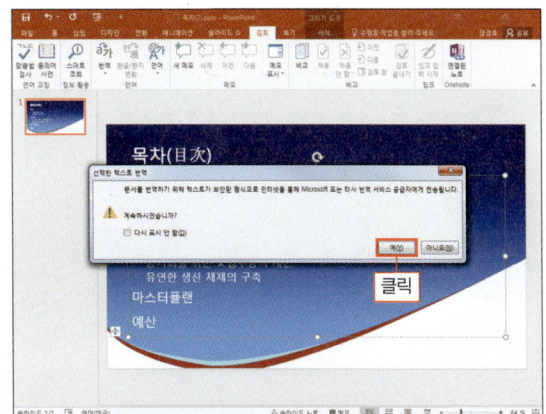

03_ [리서치] 옵션 창이 나타나면 [번역 전 언어]에서 '한국어'를 선택합니다. [번역 후 언어]는 '영어(미국)'으로 설정한 후 [검색을 시작합니다]를 클릭합니다.

> **TIP**
>
> 번역은 영어뿐만 아니라 일본어, 중국어, 이란어, 포르투칼어 등 다양한 언어로 번역할 수 있습니다. 번역을 위해서는 인터넷이 연결되어 있어야 하며, Microsoft 또는 번역 서비스 제공자에게 번역할 내용이 제공됩니다.

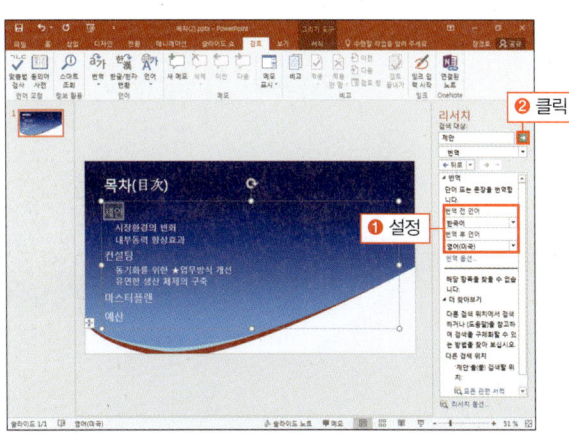

04_ 번역한 단어가 나타나면 드래그하여 복사한 후 슬라이드 편집 창에 붙여 넣거나, 원하는 형식으로 활용할 수 있습니다. 여기서는 **Ctrl**+**C**를 눌러 단어를 복사한 후 '제안' 단어 뒤에 **Ctrl**+**V**를 눌러 붙여 넣습니다.

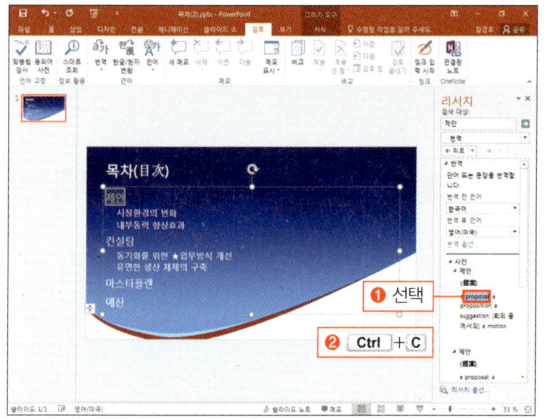 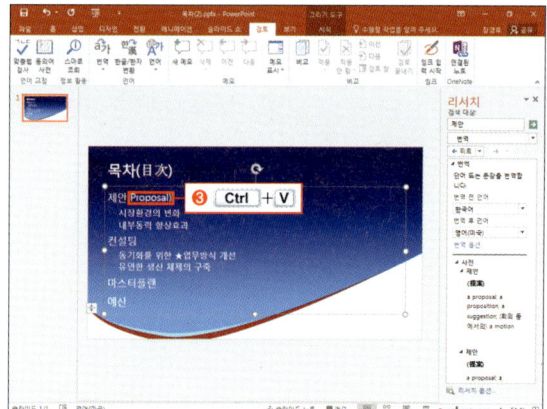

 미니 번역기

텍스트 번역 이외에도 슬라이드 편집 창에 미니 번역기를 표시할 수 있습니다. [검토] 탭-[언어] 그룹에서 [번역]-[미니 번역기]를 클릭한 후 번역할 언어를 지정하면 선택한 단어에 해당하는 번역 단어가 화면에 나타납니다.

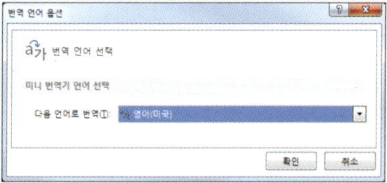 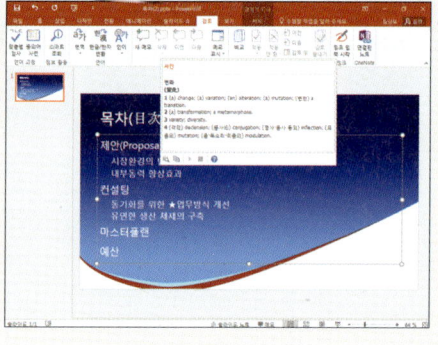

글머리 기호를 그림으로 삽입하기

:: **준비파일** Part02₩Chapter01₩Section02₩목차(3).pptx, icon_ 01.png | **완성파일** Part02₩Chapter01₩Section02₩목차(3)_완성.pptx

삽입한 글머리 기호는 그림으로 변경할 수 있으며 변경한 글머리 기호의 그림을 원하는 크기로 조정할 수도 있습니다.

01_ 텍스트 개체 틀을 선택한 후 [홈] 탭–[단락] 그룹에서 [글머리 기호]–[글머리 기호 및 번호 매기기]를 클릭합니다. [글머리 기호 및 번호 매기기] 대화상자가 나타나면 [그림]을 클릭합니다.

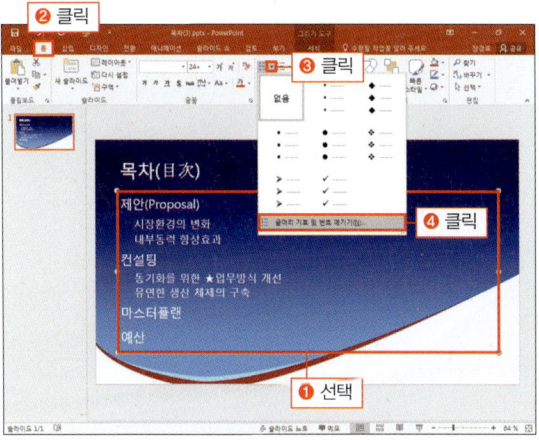 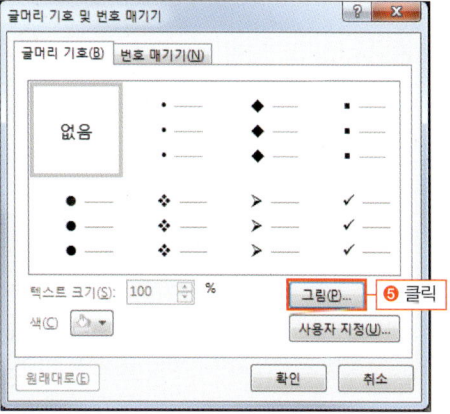

02_ [그림 삽입] 창에서 [파일에서]–[찾아보기]를 클릭합니다. [그림 삽입] 대화상자가 나타나면 'icon_03.png' 파일을 선택한 후 [삽입]을 클릭합니다.

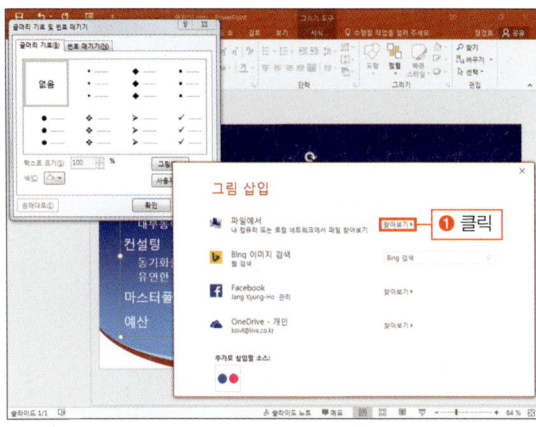 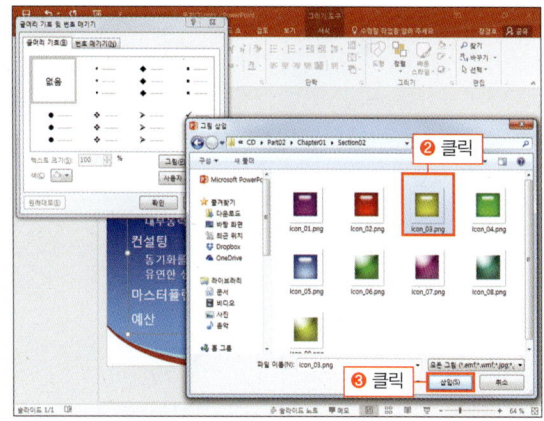

> **TIP**
> [그림 삽입] 창에 Facebook, OneDrive를 비롯해 다양한 검색 도구를 연결할 수 있습니다. Facebook 등을 연결하는 방법은 99페이지에서 설명합니다.

글머리 번호 매기기

:: **준비파일** Part02₩Chapter01₩Section02₩목차(4).pptx | **완성파일** Part02₩Chapter01₩Section02₩목차(4)_완성.pptx

텍스트에 삽입한 글머리 기호를 아라비아 숫자나 영어 알파벳순의 글머리 번호로 변경할 수 있습니다.

01_ 내용 개체 틀을 선택한 상태로 [홈] 탭-[단락] 그룹에서 [번호 매기기]-[글머리 기호 및 번호 매기기]를 클릭합니다.

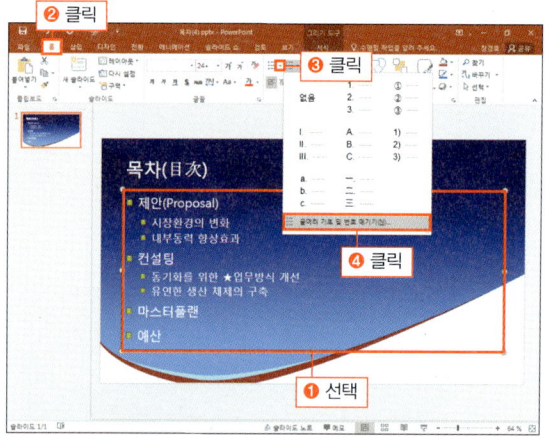

02_ 원하는 글머리 번호를 선택하고 [텍스트 크기]와 [색]에 원하는 크기와 색상을 지정합니다. 여기서는 [텍스트 크기]에 『110』, [색]은 '노랑'을 선택한 후 [확인]을 클릭합니다.

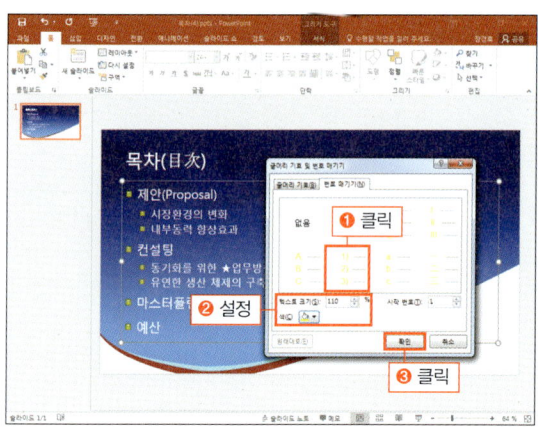 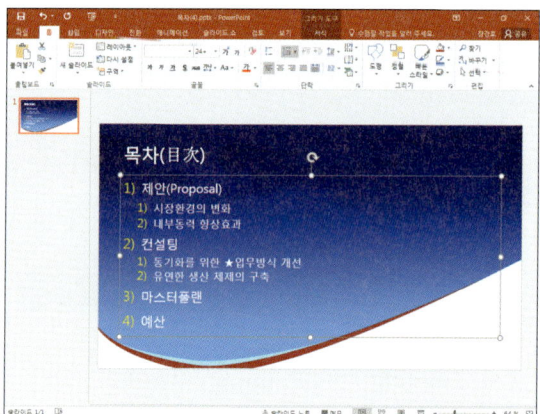

TIP

글머리 번호는 '1'부터 번호가 시작되지만 [시작 번호]에 원하는 번호를 입력하면 시작 번호를 변경할 수 있습니다.

텍스트를 워드아트로 변환하기

:: **준비파일** Part02₩Chapter01₩Section02₩영업프로세스.pptx | **완성파일** Part02₩Chapter01₩Section02₩영업프로세스_완성.pptx

텍스트를 워드아트 변환하여 3차원 효과의 서식이 포함된 텍스트로 만들 수 있습니다.

01_ '스마트 세일즈란?'이라고 적힌 텍스트 개체 틀을 선택하고 [그리기 도구]-[서식] 탭-[WordArt 스타일] 그룹에서 [빠른 스타일]을 선택한 후 원하는 스타일을 선택합니다.

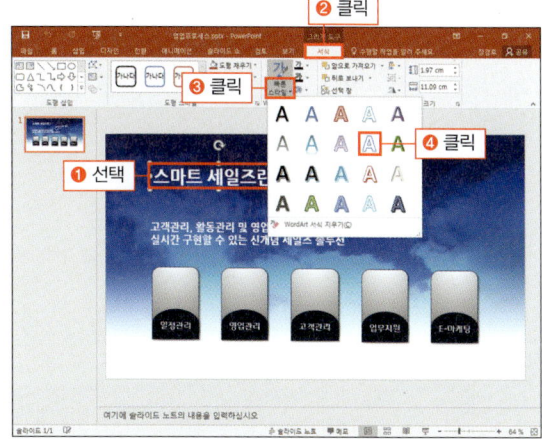

02_ 보다 화려한 효과를 원한다면 [그리기 도구]-[서식] 탭-[WordArt 스타일] 그룹에서 [텍스트 효과]-[반사]를 클릭한 후 원하는 반사 스타일을 선택합니다.

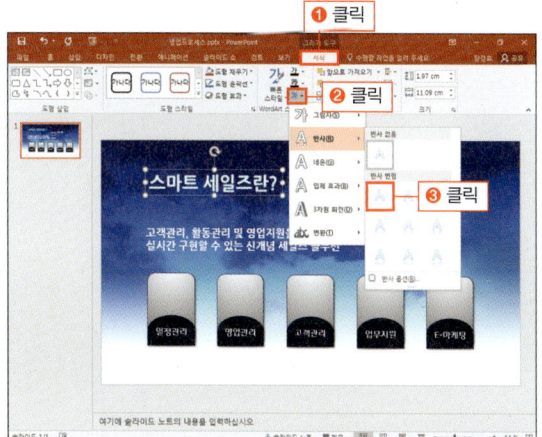

03_ 반사 효과가 지정되면 텍스트를 변형하기 위해 [그리기 도구]-[서식] 탭-[WordArt 스타일] 그룹의 [텍스트 효과]-[변환]에서 원하는 효과를 선택합니다. 여기서는 [휘기]-[삼각형]을 선택합니다.

> **TIP**
> 워드아트의 경우 변환 효과를 통해 다양한 형식으로 모양을 변경할 수 있습니다.

> **TIP**
> 노란색의 변환 조절 핸들(🔘)을 위쪽으로 드래그하여 워드아트 변환을 완성합니다.

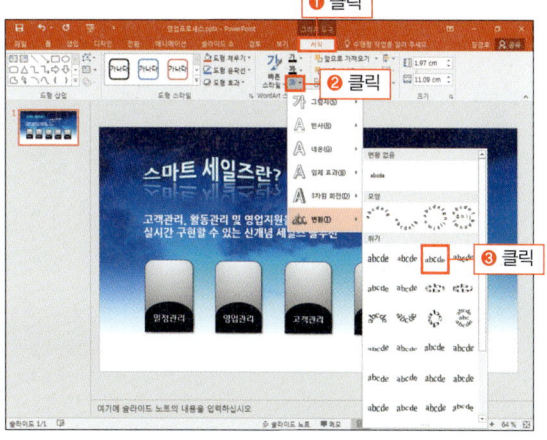

텍스트와 워드아트에 적용한 서식 지우기

:: **준비파일** Part02₩Chapter01₩Section02₩영업프로세스(2).pptx | **완성파일** Part02₩Chapter01₩Section02₩영업프로세스(2)_완성.pptx

텍스트와 워드아트에는 다양한 서식을 적용할 수 있습니다. 적용한 서식은 한 번에 삭제할 수도 있습니다.

01_ 워드아트에 적용된 다양한 서식을 처음으로 되돌리고 싶을 경우에는 [WordArt 스타일] 그룹에서 [빠른 스타일]-[WordArt 서식 지우기]를 클릭합니다.

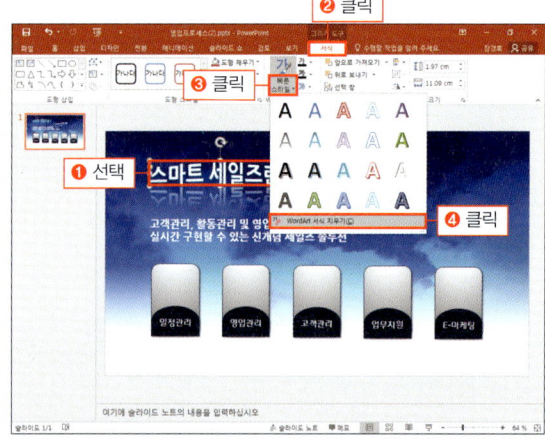

02_ 텍스트에 지정한 색상을 비롯해 크기 등 텍스트 관련 서식을 모두 지우고 싶다면 [홈] 탭-[글꼴] 그룹에서 [모든 서식 지우기]를 클릭합니다.

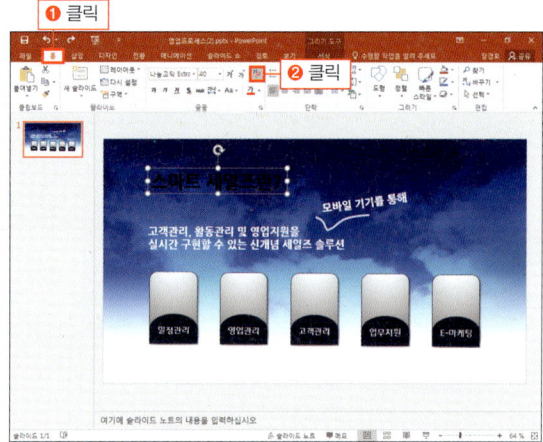

03_ 텍스트에 지정된 모든 서식이 삭제됩니다.

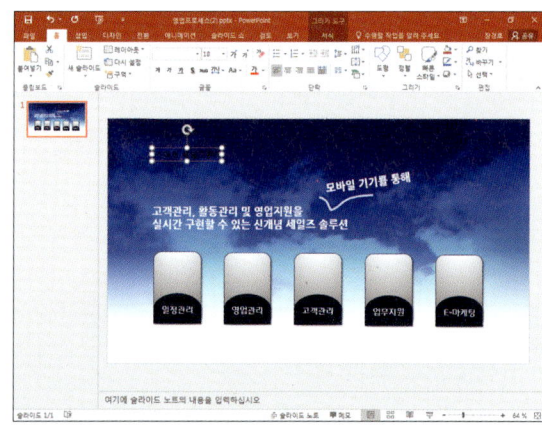

> **TIP**
> 단축키인 [Ctrl] + [Space Bar]를 눌러도 모든 서식을 지울 수 있습니다.

Special page

슬라이드에 입력한 서체를 한 번에 변경하기

전체 슬라이드에 삽입한 글꼴이 마음에 들지 않을 때 일일이 수정하지 않더라도 글꼴을 한 번에 변경할 수 있습니다.

 Part02₩Chapter01₩Section02₩장학생.pptx

 Part02₩Chapter01₩Section02₩장학생_완성.pptx

01 현재 슬라이드는 '돋움'이라는 기본 서체로 작성되어 있습니다. 이를 '나눔체'로 변경해 보겠습니다. [홈] 탭-[편집] 그룹에서 [바꾸기]-[글꼴 바꾸기]를 클릭합니다.

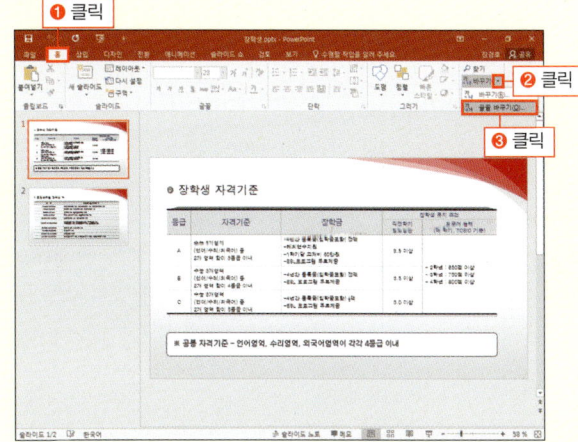

02 [글꼴 바꾸기] 대화상자가 나타나면 [현재 글꼴]에서 '돋움'을 선택합니다.

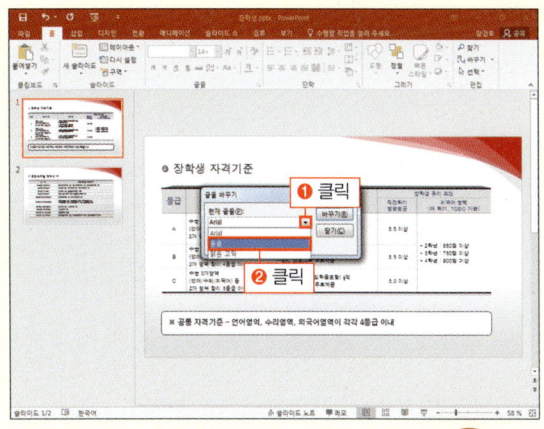

> **TIP**
> [글꼴 바꾸기] 대화상자에서 [현재 글꼴]의 화살표를 클릭하면 현재 슬라이드 파일에 적용된 글꼴이 모두 나타납니다. 본 슬라이드 파일에는 'Arial' 글꼴과 '돋움', '맑은 고딕' 글꼴이 적용되어 있습니다.

03 [새 글꼴]에서는 '나눔고딕'을 선택한 후 [바꾸기]를 클릭합니다. 글꼴이 적용되면 [닫기]를 클릭합니다.

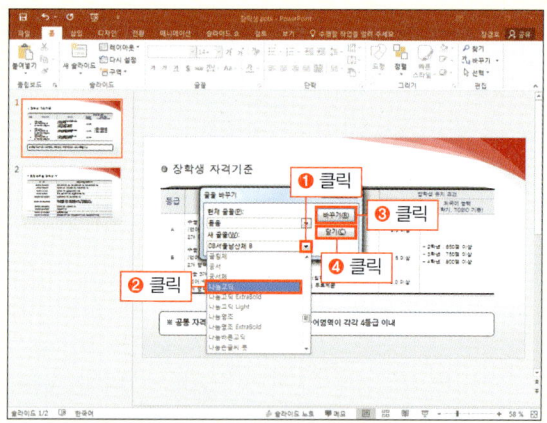

04 전체 슬라이드가 [새 글꼴]에서 선택한 글꼴로 한 번에 변경된 것을 확인할 수 있습니다.

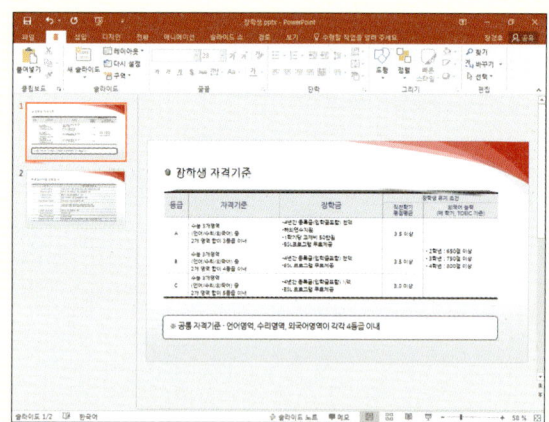

QR 코드로 더 자세히

서체 선택의 중요성과 무료 배포 서체 활용 방법

슬라이드 제작 시 가장 고려해야 하는 사항이 바로 '가독성'입니다. 서체 선택을 비롯해 서체 활용 방법이 궁금한 독자는 저자의 블로그(http://blog21.kr/40175662311)에서 알아보기 바랍니다. QR 코드를 스마트폰에서 찍으면 바로 확인할 수 있습니다.

1 텍스트에 삽입한 글머리 기호를 아라비아 숫자나 영어 알파벳순의 번호 매기기로 변경해 보세요.

◎ 준비파일 : Part02₩Chapter01₩Check₩목차.pptx ◎ 완성파일 : Part02₩Chapter01₩Check₩목차_완성.pptx

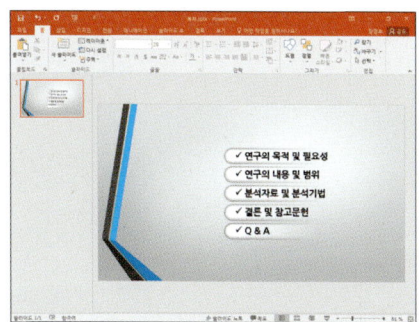 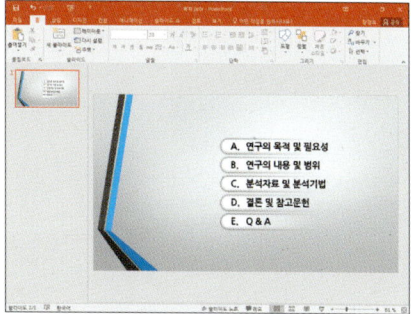

힌트

❶ [홈] 탭–[단락] 그룹에서 [번호 매기기]의 목록을 클릭합니다.

❷ 아라비아 숫자나 영어 알파벳을 선택합니다.

2 텍스트 개체 틀을 하나하나 선택해 서체를 변경할 수 있지만 한 번에 모든 서체를 변경할 수도 있습니다. 여기서는 '맑은 글꼴' 서체를 '나눔고딕' 서체로 변경해 보세요. '나눔고딕'이 없다면 인터넷에서 다운로드 받아 설치해 보세요.

◎ 준비파일 : Part02₩Chapter01₩Check₩부동산.pptx ◎ 완성파일 : Part02₩Chapter01₩Check₩부동산_완성.pptx

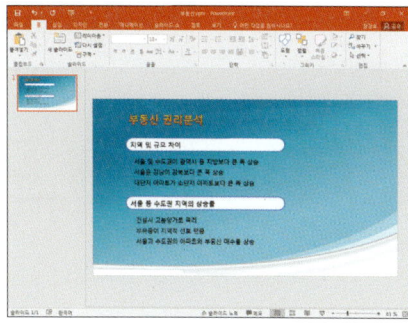 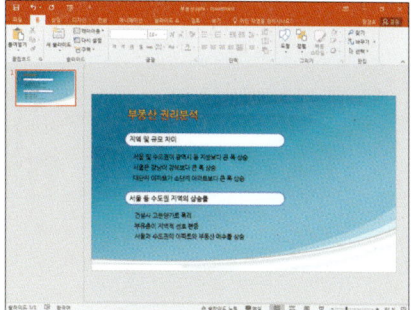

힌트

❶ 네이버에서 '나눔고딕'을 검색한 후 내 컴퓨터에 서체를 다운로드 받습니다.

❷ [홈] 탭–[편집] 그룹에서 [바꾸기]–[글꼴 바꾸기]를 클릭하여 변경될 서체와 원하는 서체를 선택합니다.

Chapter 2

도형과 그래픽
개체 활용하기

파워포인트는 텍스트만큼이나 도형이나 그래픽 개체가 자주 활용됩니다. 이번 Chapter에서는 도형을 그리는 다양한 방법과 함께 도형의 정렬을 도와주는 스마트 가이드를 비롯해 반사, 네온, 부드러운 가장자리, 그리고 3차원 회전 등 다양한 서식 효과에 대해서 알아보겠습니다. 또한, 여러 가지 도형을 이해하기 쉬운 도해로 만들어주는 스마트아트를 비롯해 표와 차트를 작성하는 방법도 함께 살펴보겠습니다.

Section 1. 도형과 그라데이션

Section 2. 그림 삽입과 서식 지정하기

Section 3. 표와 차트 작성하기

Section 01 도형과 그라데이션

파워포인트에서는 선, 사각형, 기본 도형, 블록 화살표, 별 및 현수막 등 다양한 도형을 그릴 수 있으며 곡선이나 자유형을 이용하여 도형을 직접 만들 수도 있습니다. 또한, 여러 색상이 혼합된 그라데이션을 쉽게 만들 수 있으며, 여러 도형을 응용한 병합 기능으로 전혀 다른 새로운 도형을 만들 수도 있습니다.

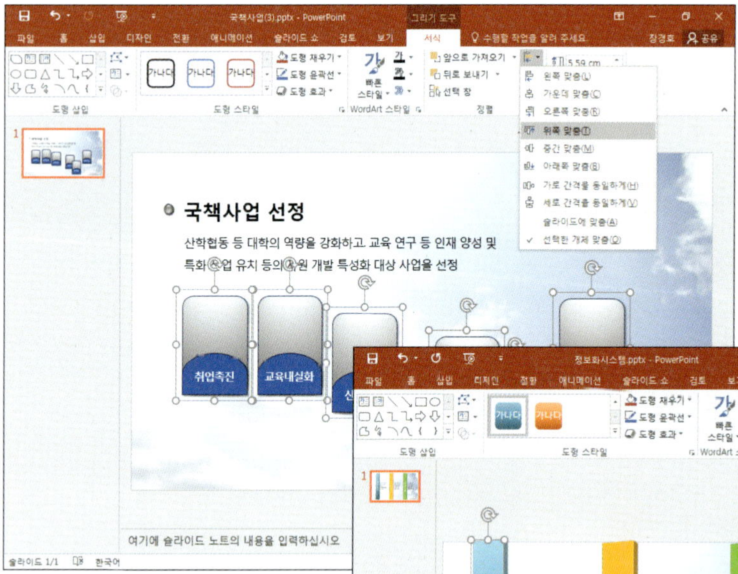

▲ 동일한 선상에 개체 정렬하고,
　사이 간격 맞추기

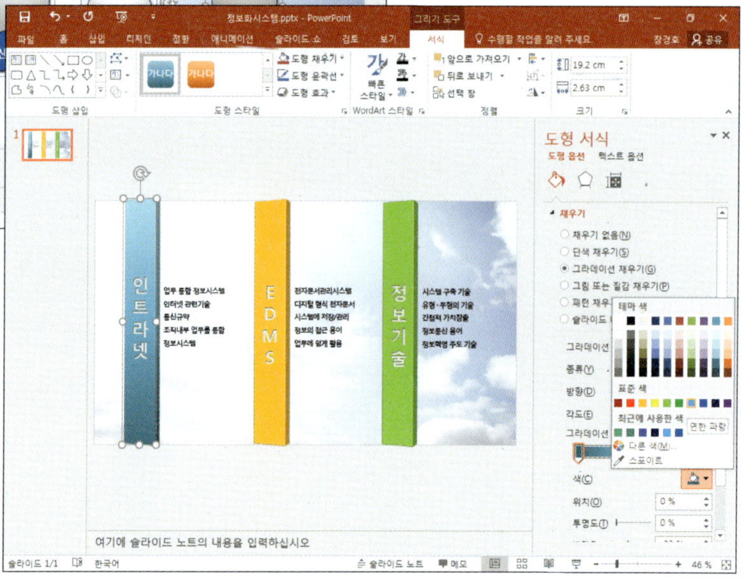

도형에 그라데이션 지정하기 ▶

이번 섹션에서 배울 주요 내용

- 그룹 지정하고 그룹 해제하기
- 스마트 가이드로 도형을 빠르게 정렬하기
- 동일한 선상에 개체 정렬하고, 사이 간격 맞추기
- 도형 삽입하고 조절 핸들을 통해 모양 변경하기
- 빠른 스타일과 도형 효과 적용하기

- 서식 복사하고 크기까지 동일하게 적용하기
- 선 개체를 삽입하여 연결선 만들기
- 도형에 그라데이션 지정하기
- **스페셜** 도형 병합 기능으로 파워포인트에 없는 새로운 도형 만들기

그룹 지정하고 그룹 해제하기

:: **준비파일** Part02₩Chapter02₩Section01₩국책사업.pptx | **완성파일** Part02₩Chapter02₩Section01₩국책사업_완성.pptx

도형을 슬라이드에 삽입한 다음 연관있는 개체를 한 번에 선택하여 그룹으로 지정해 놓으면 하나의 개체로 인식하게 됩니다. 하나의 개체로 인식하게 되면 개체를 이동하거나 정렬 등의 작업을 편리하게 할 수 있습니다.

01_ '산학협력'이라고 적힌 개체에서 큰 도형을 선택한 후 드래그하면 도형만 드래그가 됩니다. 이를 그룹으로 지정하여 하나의 개체로 만들어 보겠습니다. Ctrl + Z 를 눌러 실행한 기능을 되돌리기 합니다.

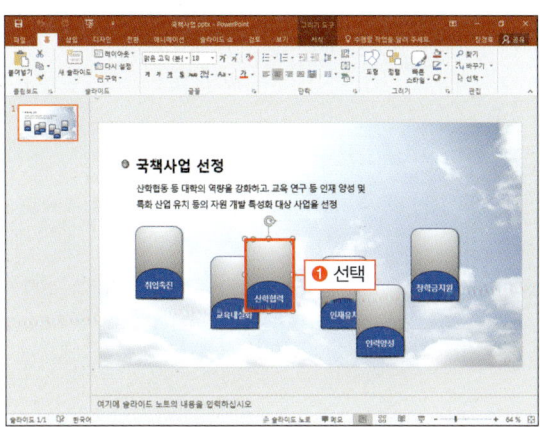 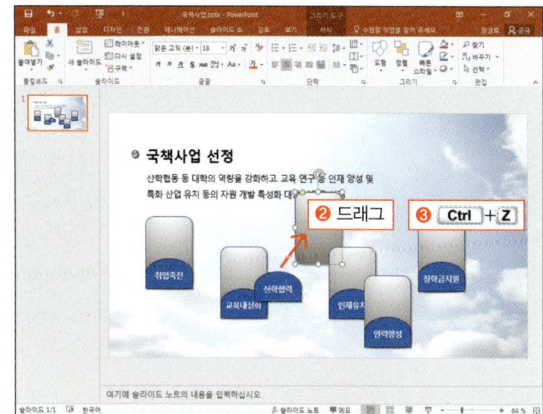

02_ '취업촉진'이라고 적힌 개체를 드래그하여 모두 선택하고, [그리기 도구]-[서식] 탭-[정렬] 그룹에서 [그룹화]-[그룹]을 클릭합니다.

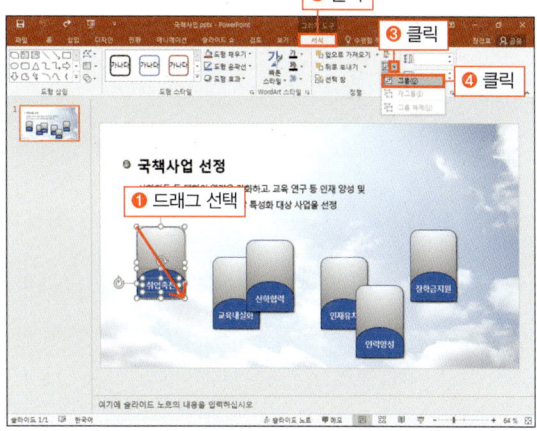

> **TIP**
>
> 그룹으로 지정할 개체를 모두 선택하고 마우스 오른쪽 버튼을 클릭한 후 [그룹화]-[그룹]을 선택해도 됩니다.

> **TIP**
>
> 그룹을 해제하려면 동일한 방법으로 개체를 선택한 후 [그룹 해제]를 선택합니다.

03_ 하나의 개체로 그룹화됩니다. '취업촉진'이라고 적힌 개체를 선택하고 드래그해 봅니다. 전체가 함께 이동하는 것을 확인한 후 ⌷Ctrl⌷+⌷Z⌷를 눌러 실행한 기능을 되돌리기 합니다.

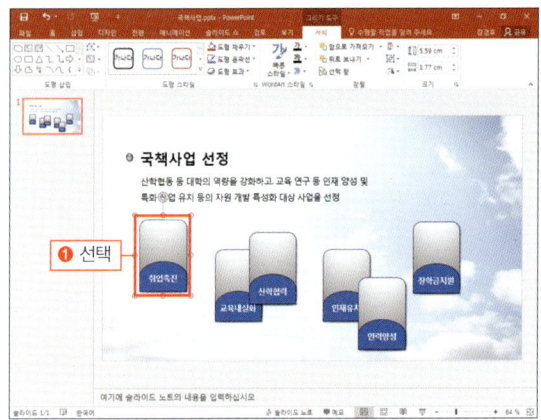 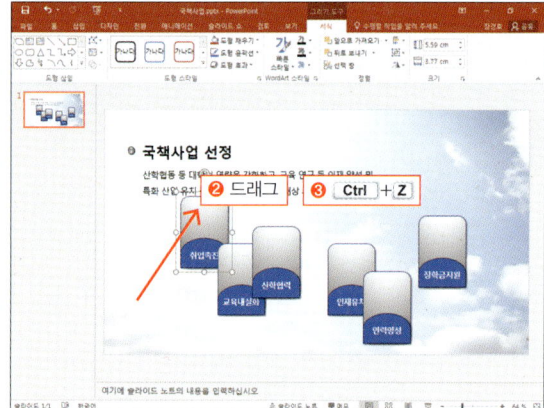

> **TIP**
> 그룹화가 된 개체라고 하더라도 그룹 안의 도형을 두 번 연속 클릭하면 개별적으로 도형을 선택할 수 있고 이동 역시 개별적으로 할 수 있습니다.

04_ '교육내실화'를 비롯해 '산학협력', '인재유치' 등 나머지 개체도 동일한 방법으로 그룹화합니다.

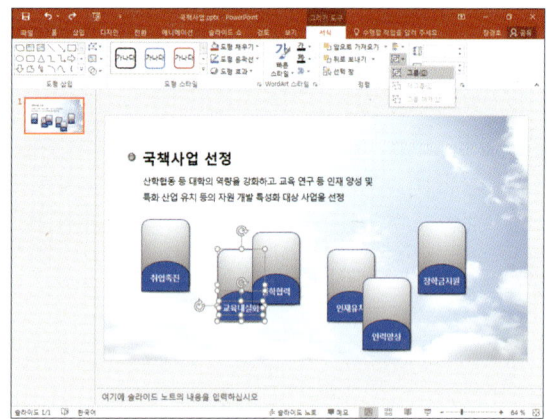

05_ 그룹으로 지정한 도형을 모두 선택해 보면, 총 6개의 개체가 선택되는 것을 확인할 수 있습니다.

▲ 그룹화 전   ▲ 그룹화 후

스마트 가이드로 도형을 빠르게 정렬하기

∷ **준비파일** Part02₩Chapter02₩Section01₩국책사업(2).pptx | **완성파일** Part02₩Chapter02₩Section01₩국책사업(2)_완성.pptx

'스마트 가이드'는 슬라이드에 포함되어 있는 개체들의 중심점이나 교차점, 회전 각도 등을 인지하여 각각의 개체마다 기준선을 잡아주는 기능입니다.

01_ '교육내실화' 개체를 선택한 후 '취업촉진' 개체 옆으로 이동시킵니다. 자동으로 스마트 가이드가 나타나며 상, 하 간격을 비롯해 좌, 우 간격을 알려줍니다. 상, 하 간격을 '취업촉진'과 동일하게 맞춘 후 마우스 버튼을 놓습니다.

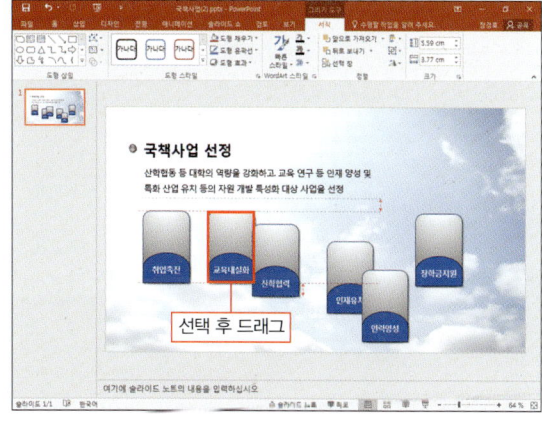

02_ 마찬가지로 '교육내실화' 개체를 선택한 후 '취업촉진' 개체와 '산학협력' 개체 사이에서 균등한 간격으로 놓기 위해 중앙에 위치시킵니다. 자동으로 스마트 가이드가 나타나면 균등한 간격으로 개체를 배치한 후 마우스 버튼을 놓습니다.

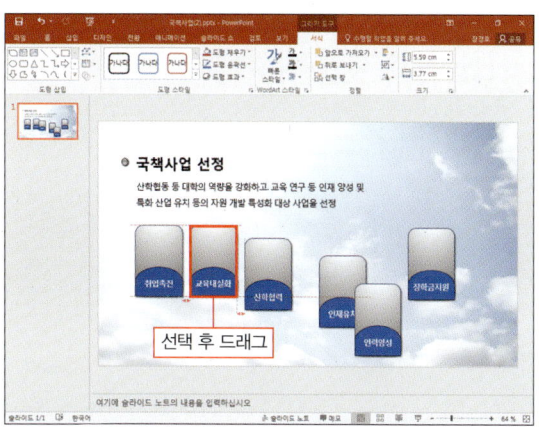

동일한 선상에 개체 정렬하고, 사이 간격 맞추기

:: **준비파일** Part02₩Chapter02₩Section01₩국책사업(3).pptx | **완성파일** Part02₩Chapter02₩Section01₩국책사업(3)_완성.pptx

슬라이드에 포함된 개체는 마우스 한 두 번의 클릭으로 가로 간격이나 세로 간격을 동일하게 정렬시킬 수 있습니다. 동일한 선상에 개체를 정렬하고 사이 간격을 맞추고 싶다면 맞춤 기능을 활용합니다.

01_ 모든 개체를 '취업촉진' 개체와 동일한 간격으로 정렬하기 위해 개체를 모두 선택합니다. [그리기 도구]–[서식] 탭–[정렬] 그룹에서 [맞춤]–[위쪽 맞춤]을 클릭합니다.

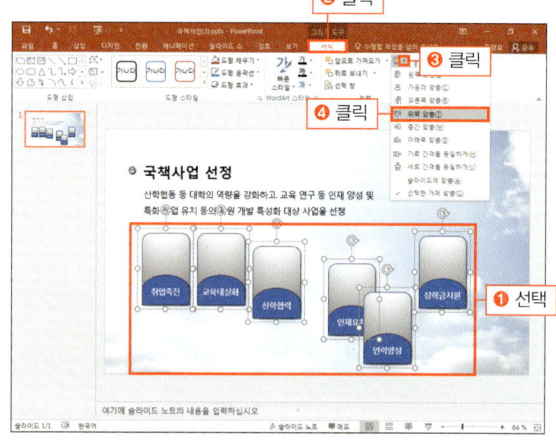

02_ 동일한 선상에 개체가 정렬됩니다. 이번에는 사이 간격을 동일하게 정렬시키기 위해 [그리기 도구]–[서식] 탭–[정렬] 그룹에서 [맞춤]–[가로 간격을 동일하게]를 선택합니다.

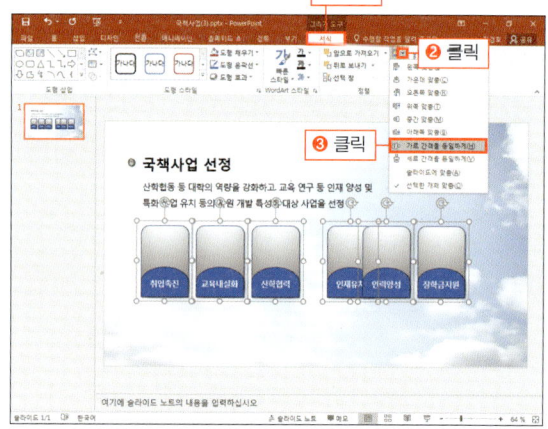

03_ 사이 간격이 동일하게 정렬된 것을 확인할 수 있습니다.

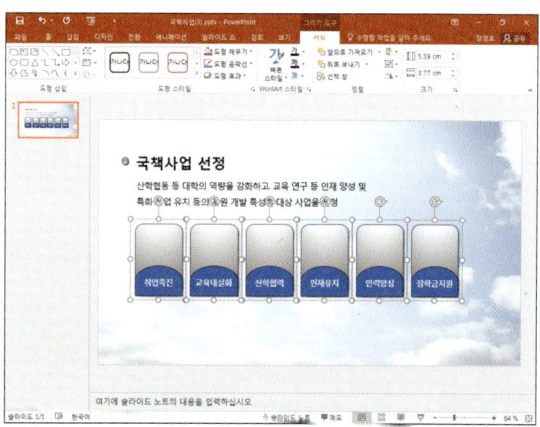

04_ 이번에는 사이 간격을 조금 더 넓게 벌리기 위해 '장학금지원' 개체를 선택한 후 오른쪽으로 드래그합니다.

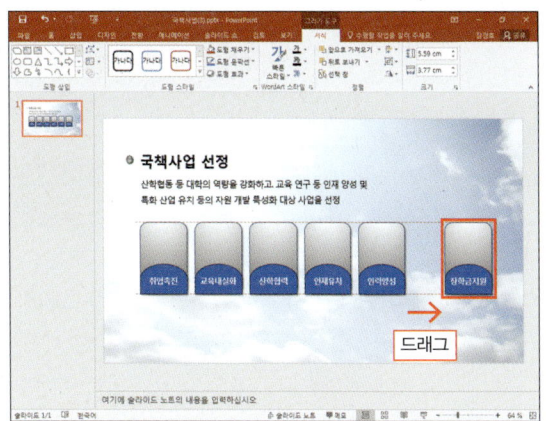

05_ 개체를 모두 선택하고 [그리기 도구]-[서식] 탭-[정렬] 그룹에서 [맞춤]-[가로 간격을 동일하게]를 클릭합니다.

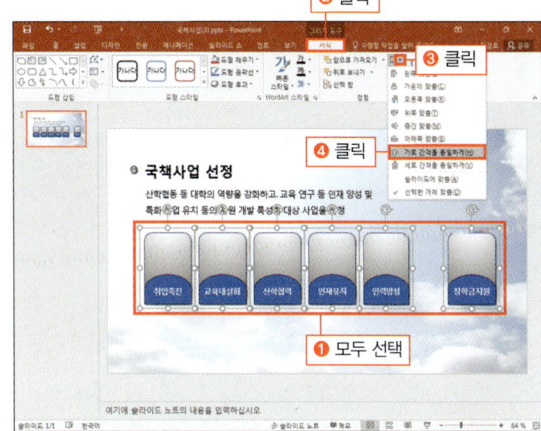

06_ 조금 더 넓은 사이 간격으로 동일하게 정렬됩니다.

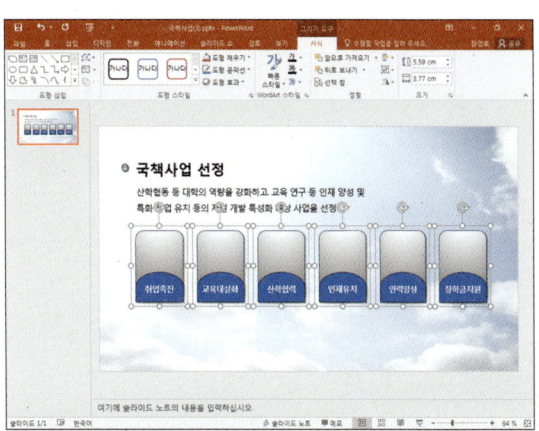

도형 삽입하고 조절 핸들을 통해 모양 변경하기

:: **준비파일** Part02₩Chapter02₩Section01₩기대효과.pptx | **완성파일** Part02₩Chapter02₩Section01₩기대효과_완성.pptx

파워포인트의 슬라이드는 보통 여러 가지 도형을 조합하여 완성합니다. 여기서는 슬라이드에 도형을 삽입해보고 빠른 스타일을 통해 서식을 적용하는 방법에 대해서 살펴보겠습니다.

01_ 도형을 추가해 보겠습니다. [홈] 탭–[그리기] 그룹에서 [자세히]–[기본 도형]–[십자형]을 클릭합니다.

> **TIP**
> [도형] 목록 중에서 [최근에 사용한 도형]은 최근에 사용했던 도형 목록이 나타나게 되며 평소에 즐겨 사용하는 도형을 빨리 선택해서 슬라이드에 추가할 수 있습니다.

02_ 드래그하여 도형을 삽입합니다. 도형을 선택하면 [크기 조절 핸들]과 [모양 소질 핸들]이 나타납니다. [크기 조절 핸들](◎)을 드래그하여 크기를 적절히 조절합니다.

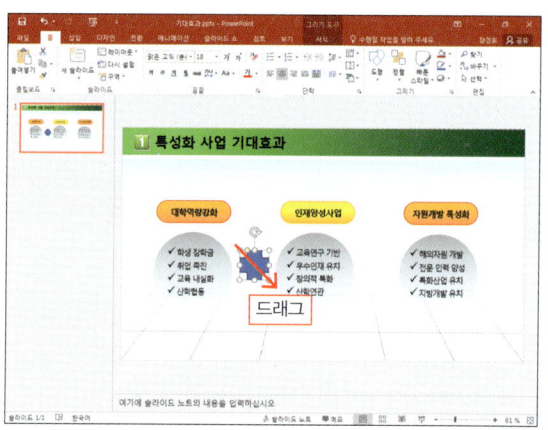

03_ 이번에는 [모양 조절 핸들](◎)을 안쪽으로 드래그하여 도형의 모양을 변경합니다.

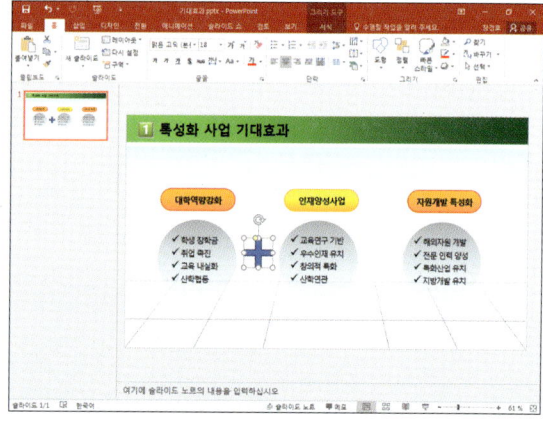

04_ 도형을 선택한 상태에서 Ctrl + C 를 눌러 복사한 후 Ctrl + V 를 눌러 붙여 넣습니다. 복사한 도형을 드래그하여 위치를 이동시킵니다.

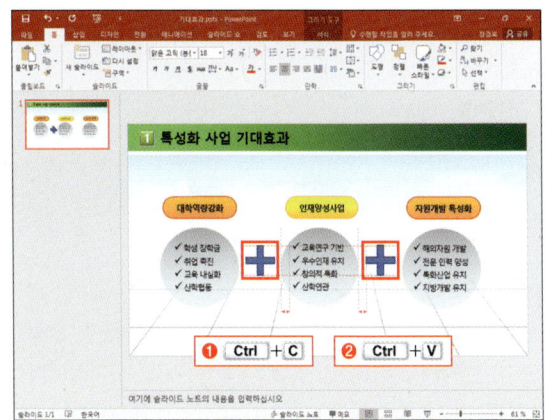

 모양 조절 핸들

[모양 조절 핸들]( )이 나타나는 도형의 경우 핸들을 드래그하여 원하는 모양으로 변경할 수 있습니다.

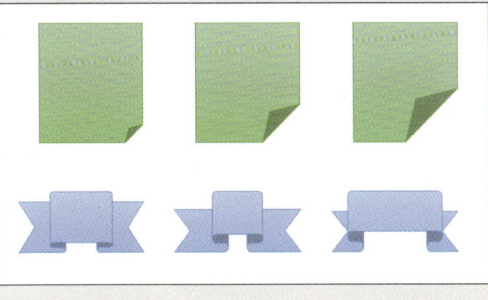

빠른 스타일과 도형 효과 적용하기

:: **준비파일** Part02₩Chapter02₩Section01₩기대효과(2).pptx | **완성파일** Part02₩Chapter02₩Section01₩기대효과(2)_완성.pptx

삽입한 도형에는 다양한 스타일을 적용할 수 있습니다. 여기서는 빠른 스타일 효과와 도형 효과를 지정하는 방법에 대해서 알아보겠습니다.

01_ 첫 번째 도형을 선택한 후 [그리기 도구]–[서식] 탭을 클릭합니다. [도형 스타일] 그룹에서 [자세히]를 클릭한 후 원하는 스타일을 선택합니다. 여기서는 [그라데이션 채우기–검정, 어둡게1, 윤곽선 없음]을 선택합니다.

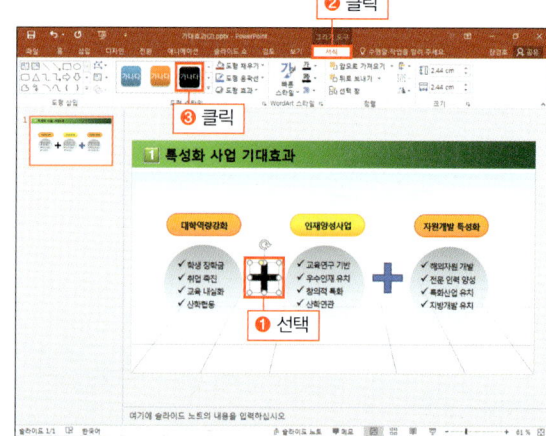

02_ [그리기 도구]–[서식] 탭–[도형 스타일] 그룹에서 [도형 효과]–[기본 설정]–[기본 실징 10]을 클릭합니다.

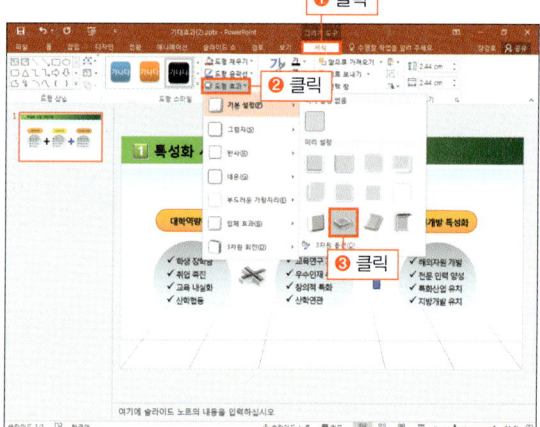

03_ 도형 스타일이 변경되면 크기 조절 핸들을 드래그하여 크기를 조절합니다.

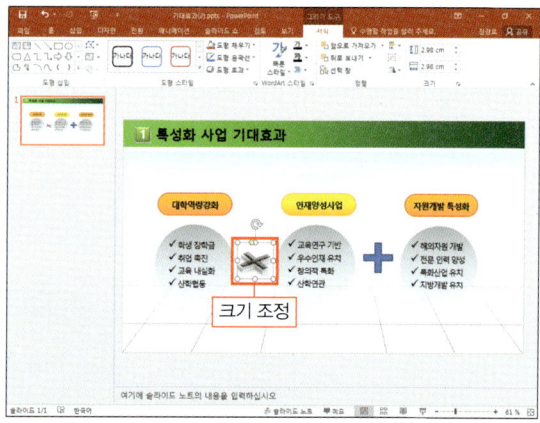

서식 복사하고 크기까지 동일하게 적용하기

:: **준비파일** Part02₩Chapter02₩Section01₩기대효과(3).pptx ┃ **완성파일** Part02₩Chapter02₩Section01₩기대효과(3)_완성.pptx

도형에 지정한 서식은 다른 도형에도 그대로 적용할 수 있습니다. 여러 개의 서식을 지정한 도형의 경우 한 번에 서식을 가져올 수 있기에 특히 유용합니다.

01_ 서식을 지정한 도형을 선택하고 [홈] 탭-[클립보드] 그룹에서 [서식 복사]를 클릭합니다. 마우스 포인터의 모양이 서식 복사 모양으로 변경되면 두 번째 도형을 선택합니다. 서식이 복사됩니다.

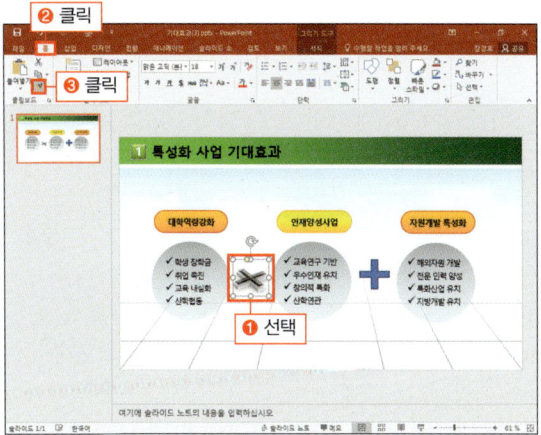 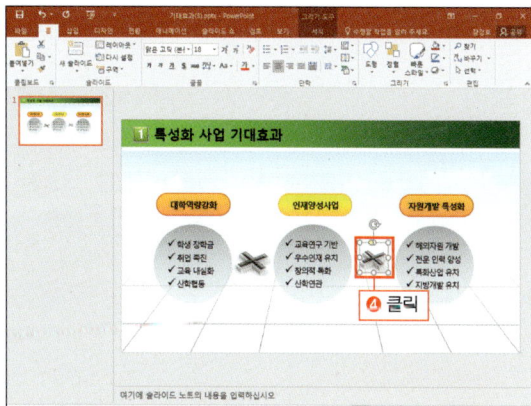

TIP
[홈] 탭-[클립보드] 그룹에서 [서식 복사]를 한 번 클릭하면 단 한 번만 서식이 복사됩니다. 여러 개의 도형에 동일하게 서식을 복사하고 싶다면 [서식 복사]를 두 번 연속으로 클릭합니다.

02_ 하지만 도형의 크기는 변함이 없습니다. 첫 번째 도형을 선택한 후 [그리기 도구]-[서식] 탭-[크기] 그룹에서 [높이]와 [너비]를 확인하고 메모합니다.

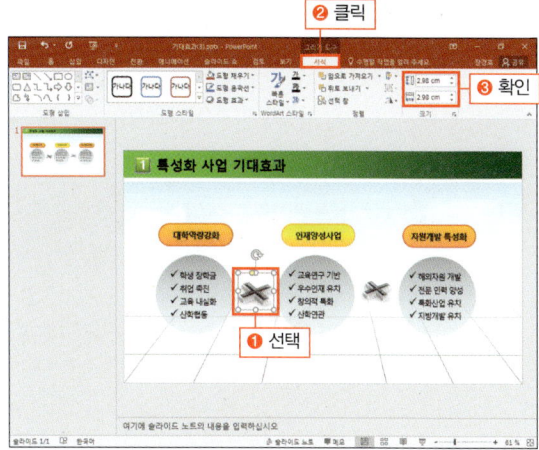

03_ 두 번째 도형을 선택하고 [그리기 도구]-[서식] 탭-[크기] 그룹에서 [높이]와 [너비]에 첫 번째 도형의 높이와 너비를 입력합니다.

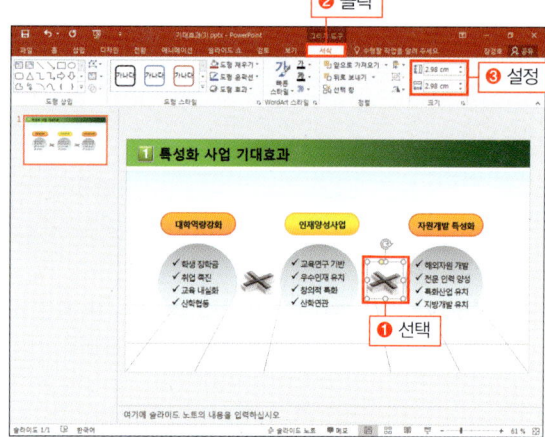

04_ 첫 번째 도형과 두 번째 도형의 크기가 동일하게 변경됩니다. 위치를 동일하게 조정하기 위해 두 개의 도형을 모두 선택하고 [그리기 도구]-[서식] 탭-[정렬] 그룹에서 [중간 맞춤]을 클릭합니다.

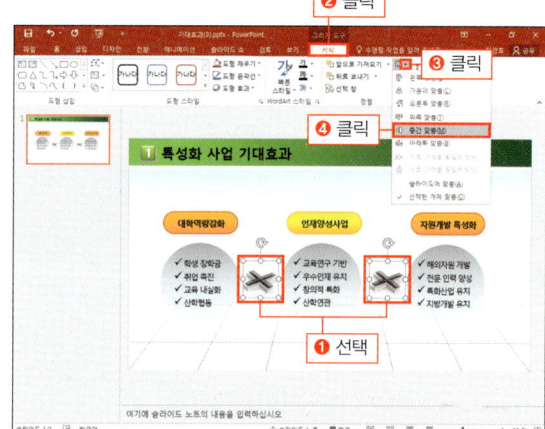

05_ 도형의 크기와 위치가 동일하게 조정됩니다.

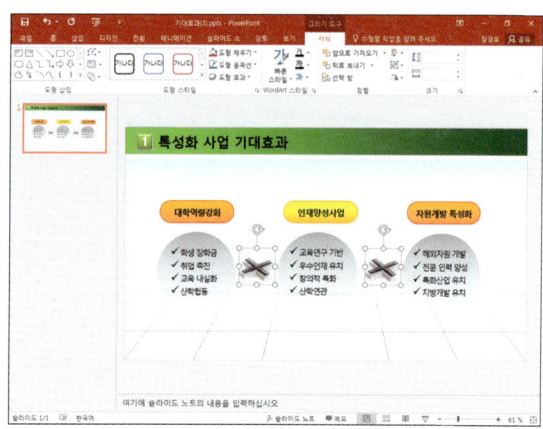

선 개체를 삽입하여 연결선 만들기

:: **준비파일** Part02₩Chapter02₩Section01₩조직도.pptx | **완성파일** Part02₩Chapter02₩Section01₩조직도_완성.pptx

연결 선을 삽입하여 도형과 도형을 이어주면 하나의 개체로 인식되어 편리하게 작업할 수 있습니다.

01_ [홈] 탭-[그리기] 그룹에서 [도형]-[선]-[선]을 클릭합니다.

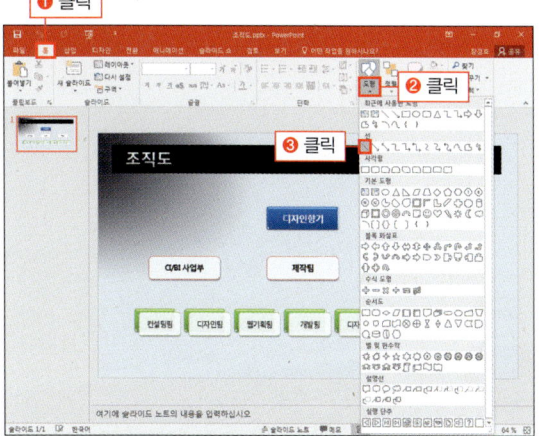

02_ 첫 번째 도형에 마우스 포인터를 위치시키면 검은 영역이 나타납니다. 이를 드래그하여 도형과 도형을 연결합니다.

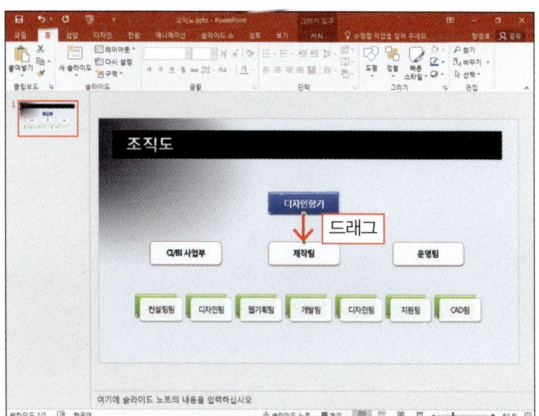

03_ 첫 번째 도형을 드래그합니다. 선까지 함께 함께 이동하는 것을 확인할 수 있습니다.

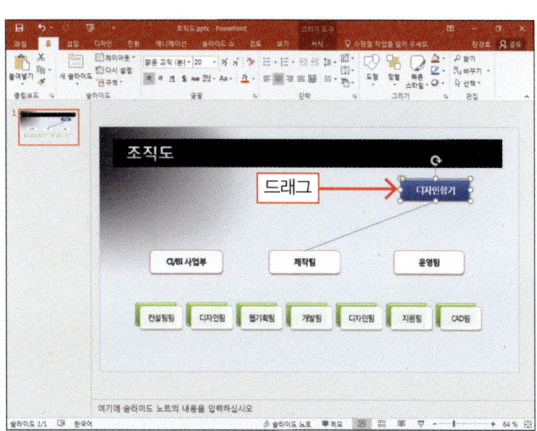

선까지 함께 이동하지 않는다면 연결 선으로 지정되지 않았음을 의미합니다. Ctrl + Z 를 눌러 되돌린 후 연결 선을 다시 이어줍니다.

04_ 나머지 영역에도 선을 연결하여 조직도를 완성합니다. 꺾인 선을 그릴 경우에는 비록 연결선은 아니지만 자유형을 활용해 그리는 것이 좋습니다.

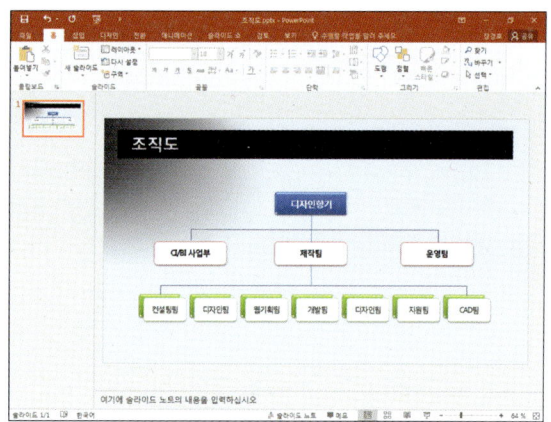

 일반 선과 연결 선

파워포인트에 삽입하는 선은 '일반 선'과 '연결 선'으로 나눌 수 있습니다. 일반 선은 말 그대로 파워포인트에 삽입하는 선을 말합니다. 연결 선은 도형과 도형을 서로 연결해 주는 선으로써 연결과 동시에 도형과 하나의 그룹으로 지정됩니다. 장점은, 도형을 이동할 때 함께 이동된다는 점입니다. 하지만 가끔 제대로 연결되지 않는 경우도 발생하는 데 이를 확인하는 방법은 선의 선택 핸들 색상으로 확인할 수 있습니다.

연결 선은 초록색과 흰색으로 구분할 수 있는데 초록색의 선택 핸들은 연결 선으로 지정된 것을 의미합니다. 도형과 도형 사이의 선이 초록색의 선택 핸들로 나타나면 도형과 연결된 선을 의미하며, 흰색의 선택 핸들로 나타나면 도형과 연결된 선이 아닌 일반 선을 의미합니다.

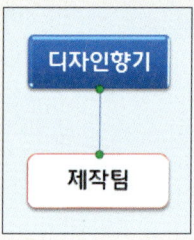 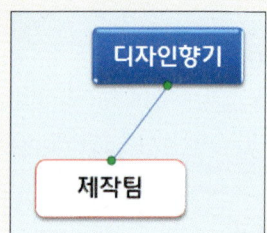

▲ 양쪽 연결 선

 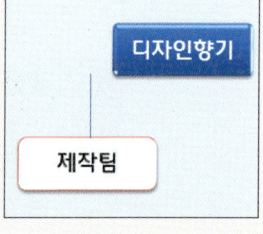  

▲ 양쪽 일반 선　　　　　　　　　　　　　　　　　　▲ 일부 연결 선　　　　　▲ 일부 연결 선

도형에 그라데이션 지정하기

:: **준비파일** Part02₩Chapter02₩Section01₩정보화시스템.pptx | **완성파일** Part02₩Chapter02₩Section01₩정보화시스템_완성.pptx

포토샵 등의 그래픽 프로그램을 이용하여 만들 수 있는 멋진 그라데이션 도형을 파워포인트에서도 충분히 만들 수 있습니다.

01_ 그라데이션을 적용할 첫 번째 도형을 선택하고 [그리기 도구]–[서식] 탭의 [도형 스타일] 그룹에서 도형 서식 옵션 창을 클릭합니다. [도형 서식] 옵션 창이 나타납니다. [채우기]를 클릭하면 [단색 채우기]로 색상이 지정되어 있는 것을 확인할 수 있습니다.

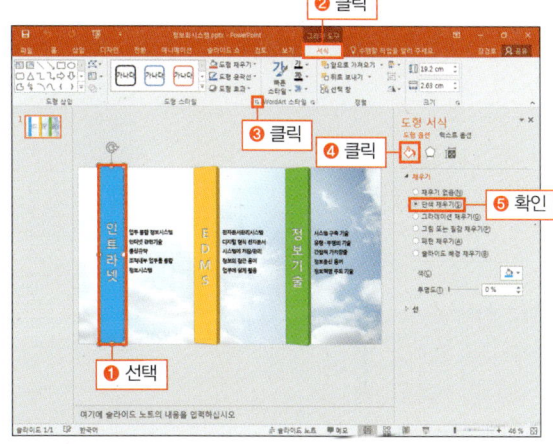

02_ 그라데이션으로 변경하기 위해 [채우기]–[그라데이션 채우기]를 체크합니다. [그라데이션 미리 설정]에서 '가운데 그라데이션–강조 5'를 선택합니다.

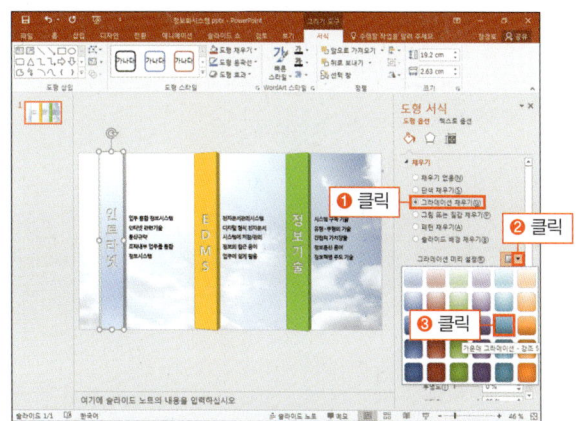

03_ [그라데이션 중지점]에서 첫 번째 중지점을 선택합니다. [색]을 클릭하고 [연한 파랑]을 선택합니다.

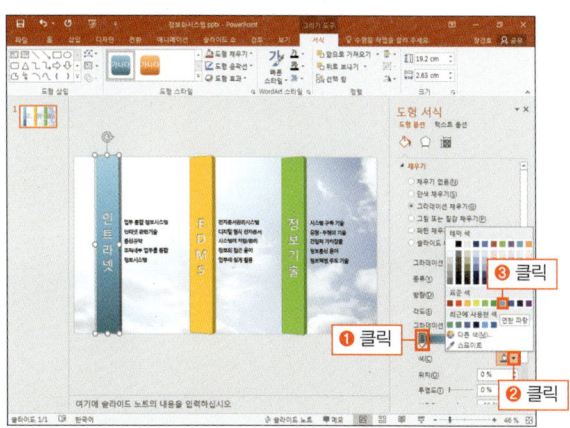

04_ 같은 방법으로 두 번째 중지점과 세 번째 중지점도 [연한 파랑]으로 색상을 변경합니다.

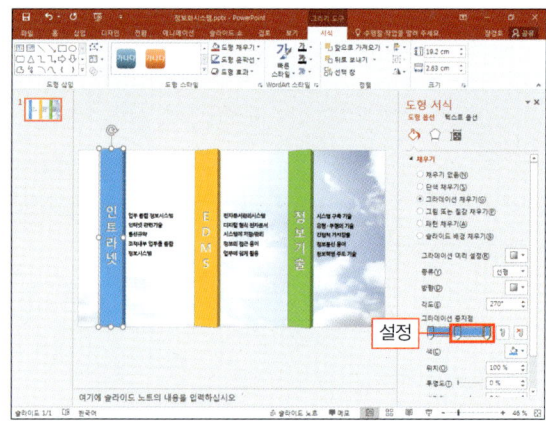

05_ 두 번째 중지점을 선택하고 왼쪽으로 조금 드래그 합니다. [밝기]에 『20』을 입력하여 그라데이션을 조절합니 다.

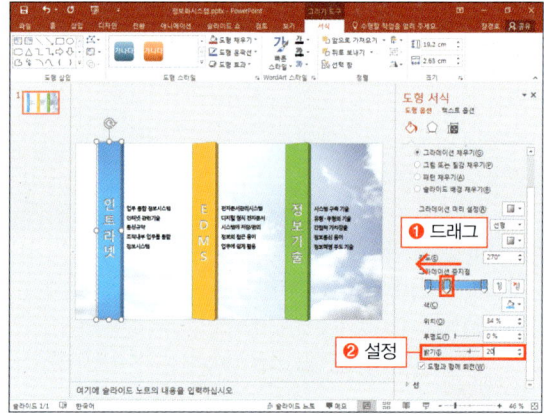

> **TIP**
>
> [그라데이션 중지점]을 살펴보면 여러 가지 중지점이 생성됩니다. 필요 없는 중지점은 [삭제]를 클릭해 삭제하고, 중지점을 추가하고 싶다면 [추가]를 클릭해 새로운 그라데이션을 만들 수 있습니다. 또한, 중지점의 위치를 드래그하여 조절할 수도 있습니다.

06_ 두 번째 도형과 세 번째 도형도 동일한 방법으로 그라데이션 색상을 완성합니다.

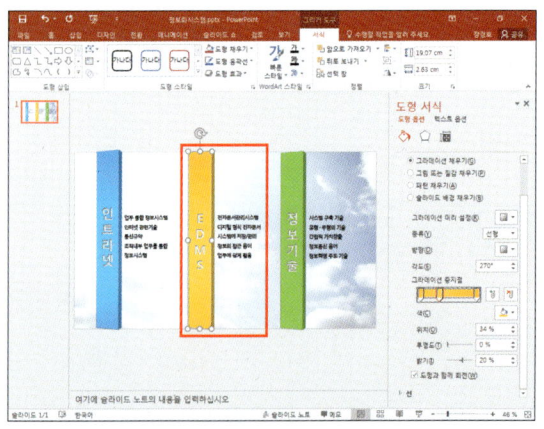
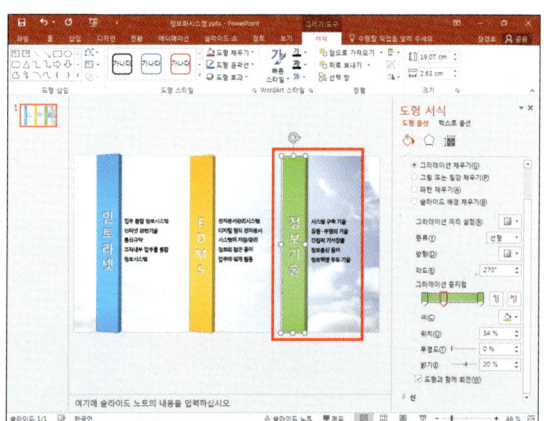

도형 병합 기능으로 파워포인트에 없는 새로운 도형 만들기

도형 병합 기능을 이용하면 두 개의 도형을 합치거나 교차되는 부분을 삭제하는 방법 등으로 파워포인트에서 지원하지 않는 다양한 도형을 만들 수 있습니다.

준비파일 Part02₩Chapter02₩Section01₩강의시간.pptx   완성파일 Part02₩Chapter02₩Section01₩강의시간_완성.pptx

01 [홈] 탭-[그리기] 그룹에서 [도형]-[도넛]을 클릭한 후 슬라이드에 드래그하여 도넛 모양의 도형을 만듭니다.

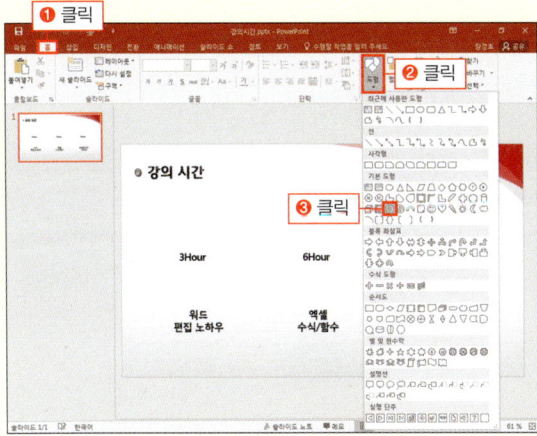
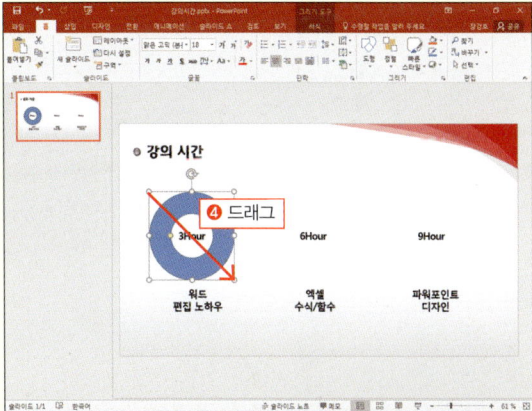

02 모양 조절 핸들을 드래그하여 모양을 변경합니다. [그리기 도구]-[서식] 탭-[도형 스타일] 그룹에서 [자세히]를 클릭한 후 색상을 선택합니다.

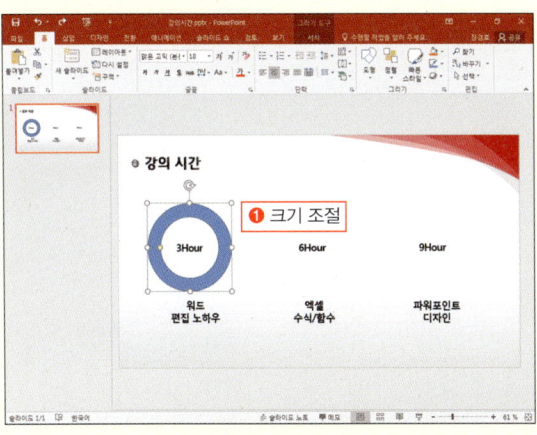
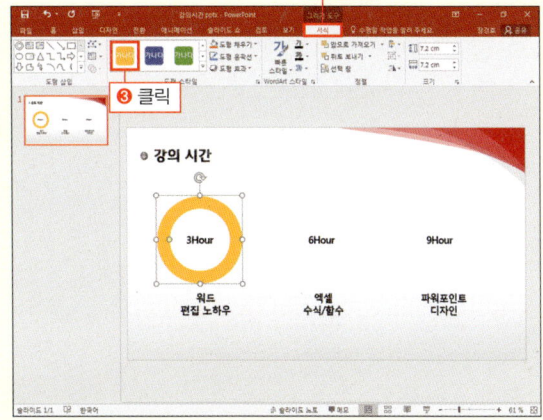

03 Ctrl + D 를 눌러 도넛 모양을 복제합니다. 도형의 모양을 변형하기 위해 [홈] 탭-[그리기] 그룹에서 [도형]-[자유형]을 클릭합니다.

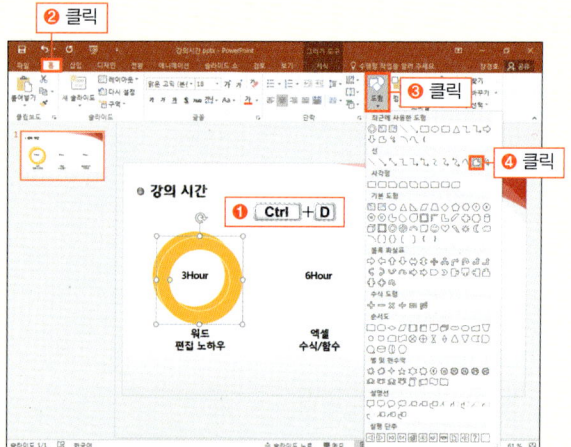

04 자유형 도구는 슬라이드 편집 화면에서 원하는 모양으로 도형을 만들어주는 도구입니다. 드래그하여 그림과 같은 모양의 도형을 만듭니다.

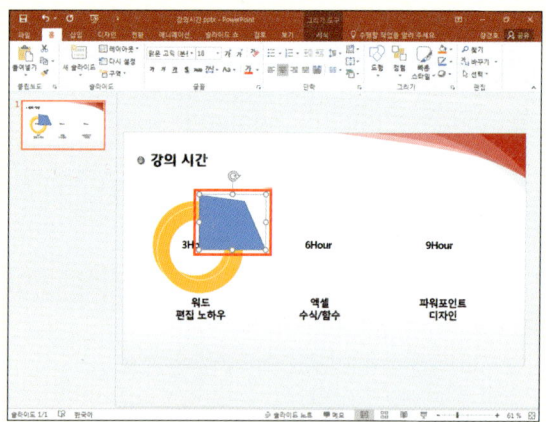

05 사각형 모양의 도형을 선택하고 Ctrl 을 누른 상태로 도넛 도형을 선택합니다.

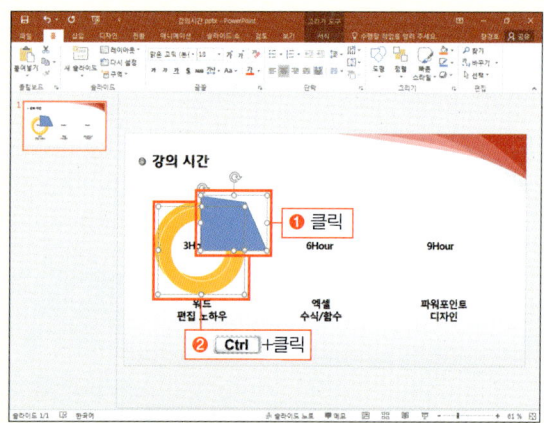

06 [그리기 도구]–[서식] 탭–[도형 삽입] 그룹에서 [도형 병합]–[교차]를 클릭합니다.

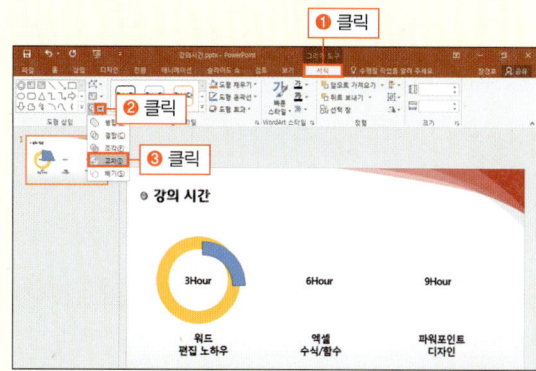

> **TIP**
>
> 도형 병합은 첫 번째 선택하는 도형을 기준으로 적용되기에 도형 병합을 지정할 도형을 먼저 선택해야 합니다.

07 도형이 병합되면 병합된 도형의 위치를 조절한 후 [그리기 도구]–[서식] 탭–[도형 스타일] 그룹에서 [도형 채우기]–[빨강] 색상을 선택합니다. [도형 윤곽선]을 클릭하여 [윤곽선 없음]을 선택합니다.

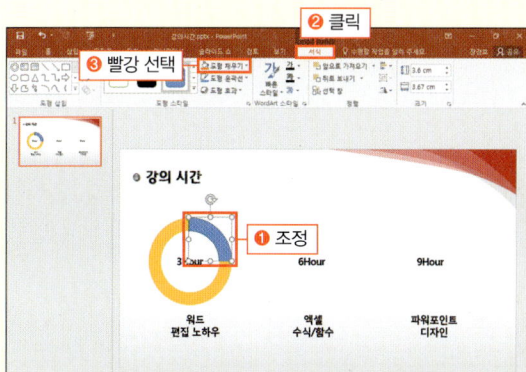
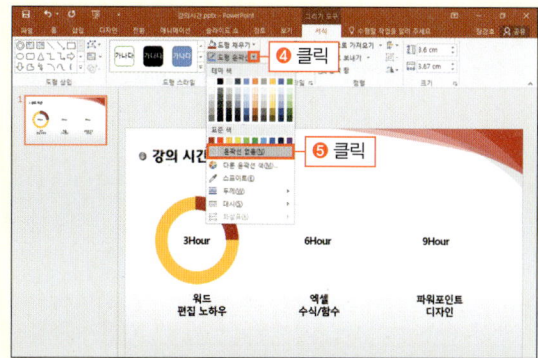

08 나머지 영역에도 **01**~**07** 따라하기를 반복하여 병합 기능으로 도형을 그려 넣고 색상을 지정합니다.

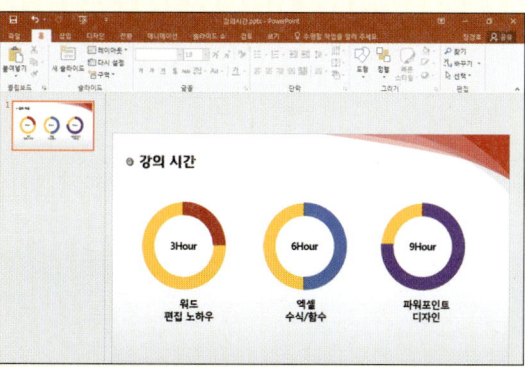

1 [그리기 도구]–[서식] 탭–[도형 삽입] 그룹을 이용하여 슬라이드에 삽입한 모서리가 둥근 직사각형을 타원으로 변경해 보세요.

◎ 준비파일 : Part02₩Chapter02₩Check₩전략시스템.pptx   ◎ 완성파일 : Part02₩Chapter02₩Check₩전략시스템_완성.pptx

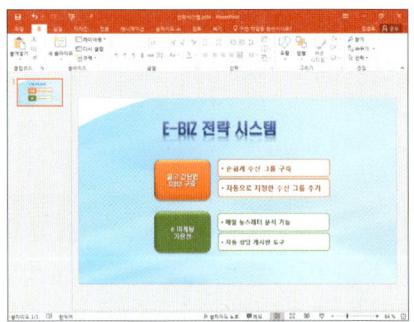 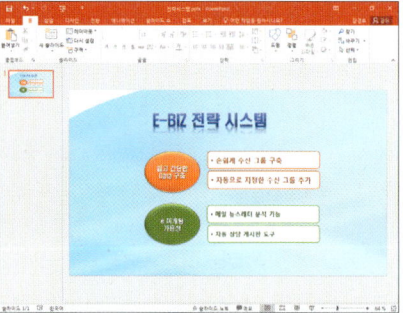

힌트

❶ 도형을 선택한 다음 [서식] 탭–[도형 삽입] 그룹에서 [도형 편집]–[도형 모양 변경]을 클릭합니다.

❷ [기본 도형]–[타원]을 선택합니다.

---

2 파워포인트의 도형을 활용하면 다양한 모양을 만들 수 있습니다. 여기서는 자유형 도형을 이용하여 자유롭게 도형을 만들어 봅니다.

◎ 준비파일 : Part02₩Chapter02₩Check₩오피스세션.pptx   ◎ 완성파일 : Part02₩Chapter02₩Check₩오피스세션_완성.pptx

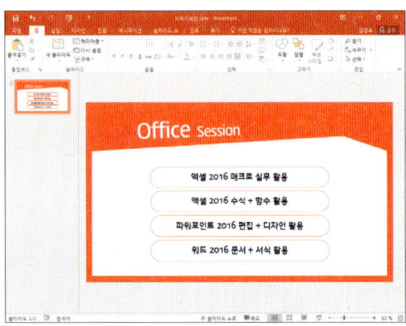 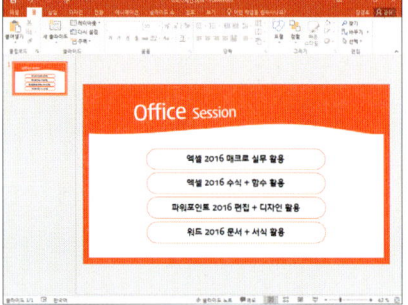

힌트

❶ [홈] 탭–[그리기] 그룹에서 [도형]–[자유형]을 클릭한 후 자유롭게 도형을 만듭니다.

Section# 02
그림 삽입과 서식 지정하기

그림이나 사진과 같은 이미지 개체를 슬라이드에 삽입하면 프레젠테이션의 사실감이나 청중의 이해도를 높일 수 있습니다. 이미지를 삽입하려면 슬라이드의 내용에 적합한 이미지를 찾아야 하며, 슬라이드의 배경이나 구성에 어울리게 이미지를 편집할 수 있어야 합니다.

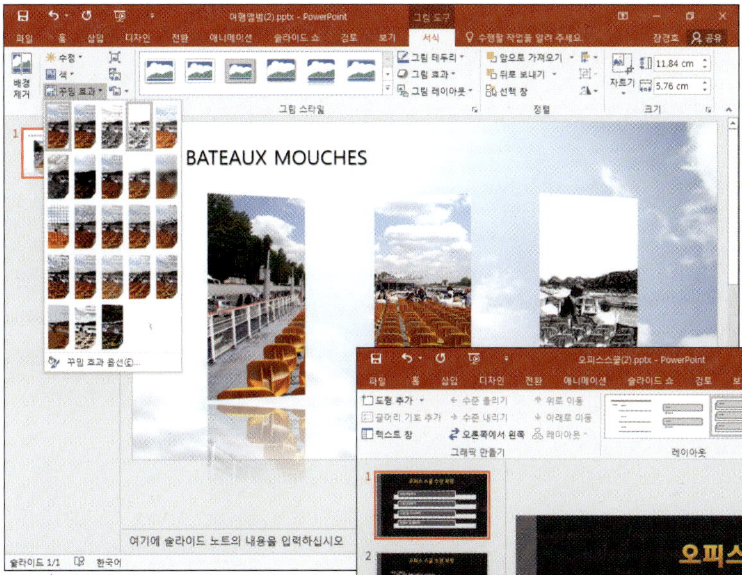

▲ 밝기 및 대비, 색상 톤 조정하기

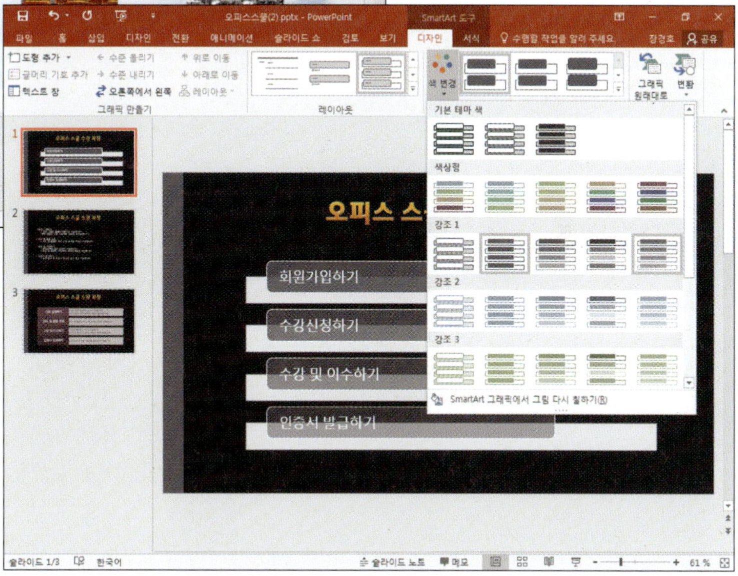

SmartArt 그래픽 색상 및 스타일 변경하기 ▶

★ 이번 섹션에서 배울 **주요 내용**

- 그림 개체 삽입하고 스타일 지정하기
- 밝기 및 대비, 색상 톤 조정하기
- 스포이트 기능으로 색상 추출하기
- 온라인 그림 삽입하기
- 그림의 배경 삭제하기
- 그림 자르고 도형 모양에 맞춰 넣기
- 스크린 샷과 화면 캡처하기

- 사진 앨범으로 사진 불러오기
- SmartArt 그래픽 삽입하기
- SmartArt 그래픽 색상 및 스타일 변경하기
- SmartArt 그래픽을 다른 도형으로 변경하기
- 텍스트를 SmartArt 그래픽으로 변경하기
- **스페셜** 페이스북 연결하고, 내 계정의 그림 가져오기

그림 개체 삽입하고 스타일 지정하기

:: **준비파일** Part02₩Chapter02₩Section02₩여행앨범.pptx, pic_01.png, pic_02.png, pic_03.png | **완성파일** Part02₩Chapter02₩Section02₩여행앨범_완성.pptx

다양한 종류의 그림 파일을 슬라이드에 삽입할 수 있으며, [그림 도구]–[서식] 탭을 활용하면 다양한 스타일을 지정할 수 있습니다.

01_ [삽입] 탭–[이미지] 그룹에서 [그림]을 클릭합니다. [그림 삽입] 대화상자가 나타나면 'pic_01.png, pic_02. png, pic_03.png' 파일을 모두 선택한 후 [삽입]을 클릭합니다.

TIP

.jpg나 .gif는 물론 .emf나 .png, .tif 등의 확장자를 지닌 파일도 삽입할 수 있습니다.

02_ 그림이 삽입되면 위치를 조정합니다. 스마트 그리드가 나타나면서 간격을 일정하게 조정할 수 있습니다. 그림을 모두 선택한 후 [그림 도구]–[서식] 탭–[그림 스타일] 그룹에서 [그림 효과]–[반사]를 클릭한 후 원하는 반사 효과를 선택합니다.

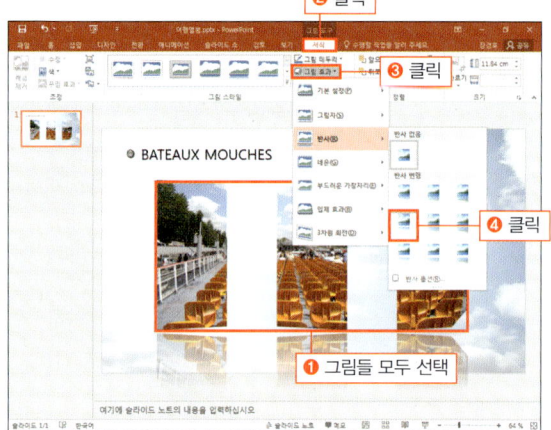

TIP

[그림 스타일] 그룹의 [그림 효과]를 이용하면 반사 효과를 비롯해 그림자, 네온, 입체 효과, 3차원 회전 등 다양한 효과를 적용할 수 있습니다.

밝기 및 대비, 색상 톤 조정하기

:: **준비파일** Part02₩Chapter02₩Section02₩여행앨범(2).pptx | **완성파일** Part02₩Chapter02₩Section02₩여행앨범(2)_완성.pptx

밝기 및 대비, 색상 톤을 조정하여 포토샵과 같은 프로그램에서 작업하던 것처럼 다양한 효과를 지정할 수 있습니다.

01_ 두 번째 그림을 선택하고 [그림 도구]–[서식] 탭–[조정] 그룹에서 [수정]을 클릭한 다음 [선명도 조절]–[선명하게 : 50%]를 클릭합니다. 선택한 선명도가 반영되어 선택한 그림에 미리 보기됩니다.

02_ 세 번째 그림을 선택하고 [그림 도구]–[서식] 탭–[조정] 그룹에서 [꾸밈 효과]–[연필 스케치]를 클릭합니다. 선택한 선명도가 반영되어 그림에 미리 보기됩니다.

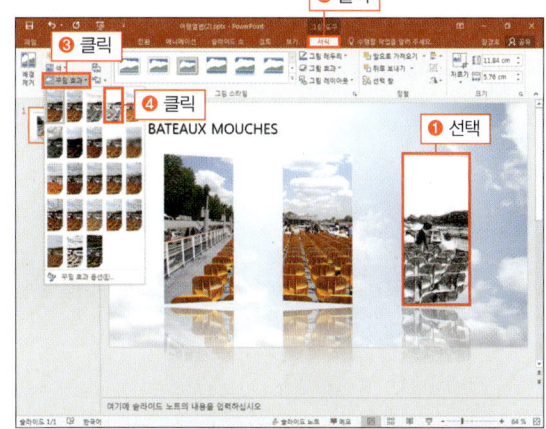

> TIP
>
> 보다 다양한 효과를 지정하고 싶다면 [그림 도구]–[서식] 탭–[조정] 그룹에서 [수정]–[그림 보정 옵션]을 클릭하거나, [색]–[색 그림 옵션], 혹은 [꾸밈 효과]–[꾸밈 효과 옵션]을 클릭합니다.

스포이트 기능으로 색상 추출하기

:: 준비파일 Part02₩Chapter02₩Section02₩여행앨범(3).pptx | 완성파일 Part02₩Chapter02₩Section02₩여행앨범(3)_완성.pptx

스포이트를 이용하면 특정 색상을 추출하여 원하는 개체에 똑같이 적용할 수 있습니다. 스포이트로 일치시키려는 색을 선택하여 텍스트나 도형에 적용하면 됩니다.

01_ 제목 텍스트를 그림에 있는 색상으로 변경해 보겠습니다. 제목 텍스트를 선택한 후 [홈] 탭−[글꼴] 그룹에서 [글꼴 색]−[스포이트]를 클릭합니다.

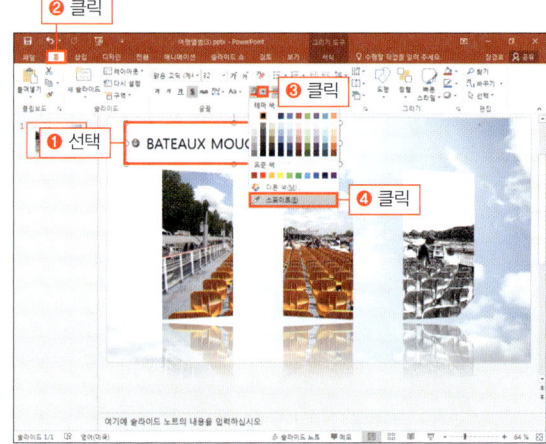

> **TIP**
> 텍스트가 아닌 도형의 색상을 스포이트 기능으로 변경하고 싶다면 도형을 선택한 상태로 [그리기 도구]−[서식] 탭−[도형 스타일] 그룹에서 [도형 채우기]−[스포이트]를 클릭합니다.

02_ 가져오고 싶은 색상에 마우스 포인터를 위치시키면 나타나는 색상을 클릭합니다. 스포이트로 지정한 색상이 텍스트에 적용됩니다.

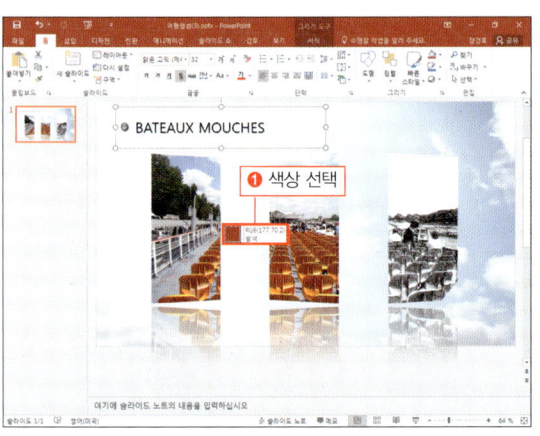

> **TIP**
> 슬라이드 편집 화면 이외의 색상을 추출하고 싶다면 스포이트를 클릭하고, 마우스 왼쪽 버튼을 클릭한 후 원하는 색상이 있는 곳으로 드래그합니다.

온라인 그림 삽입하기

:: 준비파일 Part02\Chapter02\Section02\온라인그림.pptx

파워포인트 슬라이드에는 Bing 이미지나 가입되어 있는 페이스북, 원드라이브 계정에 삽입되어 있는 이미지를 추가할 수 있습니다.

01_ [삽입] 탭-[이미지] 그룹에서 [온라인 그림]을 클릭하면 [그림 삽입] 창에 여러 개의 항목이 나타납니다. 여기서는 [Bing 이미지 검색]에 『powerpoint』를 입력한 후 [찾기]를 클릭합니다.

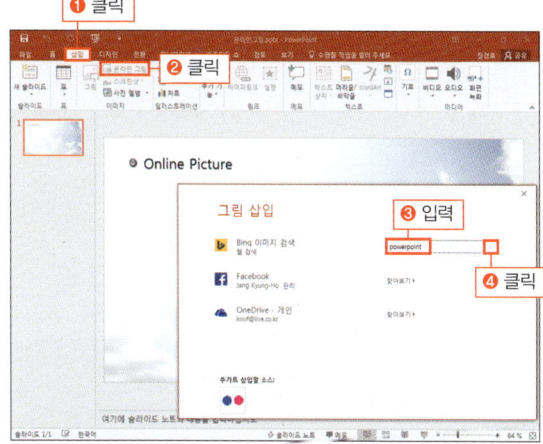

02_ 다양한 이미지가 검색되면 원하는 이미지를 선택하고 [삽입]을 클릭합니다.

> **TIP**
> Bing 이미지를 삽입할 경우에는 저작권에 특히 주의해야 합니다. 이미지를 삽입하기 전에 해당 이미지의 라이선스를 검토하고 준수해야 합니다.

그림의 배경 삭제하기

⁝⁝ 준비파일 Part02₩Chapter02₩Section02₩그림배경.pptx | **완성파일** Part02₩Chapter02₩Section02₩그림배경_완성.pptx

파워포인트에 삽입한 그림은 배경이나 원하는 부분을 투명하게 없앨 수 있습니다.

01_ 그림의 배경을 삭제하기 위해 그림을 선택하고 [그림 도구]-[서식] 탭-[조정] 그룹에서 [색]-[투명한 색 설정]을 클릭합니다.

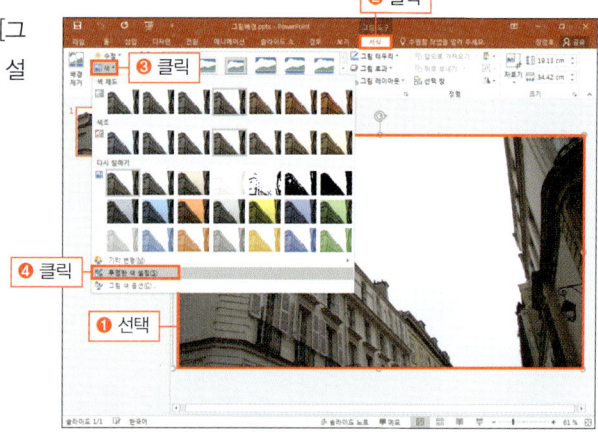

02_ 마우스 포인터의 모양이 바뀌면 투명하게 만들고 싶은 부분을 클릭합니다. 그러면 배경이 투명하게 변경됩니다. 보다 정밀하게 배경을 삭제하고 싶을 경우 [조정] 그룹에서 [배경 제거]를 통해 삭제할 수 있습니다. [그림 도구]-[서식] 탭-[조정] 그룹에서 [배경 제거]를 클릭합니다.

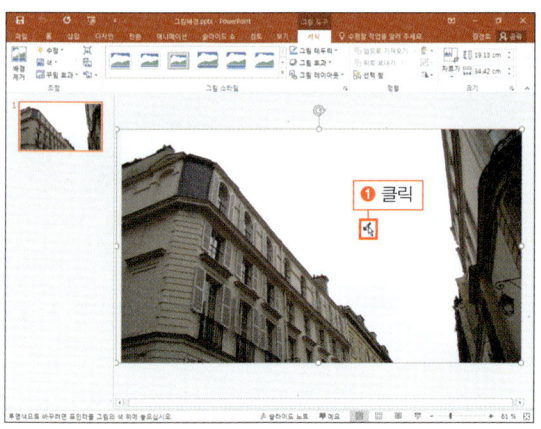

03_ [배경 제거] 탭이 나타나면서 그림의 영역을 보관하거나 제거할 수 있습니다. 그림 영역을 드래그하여 영역을 변경합니다.

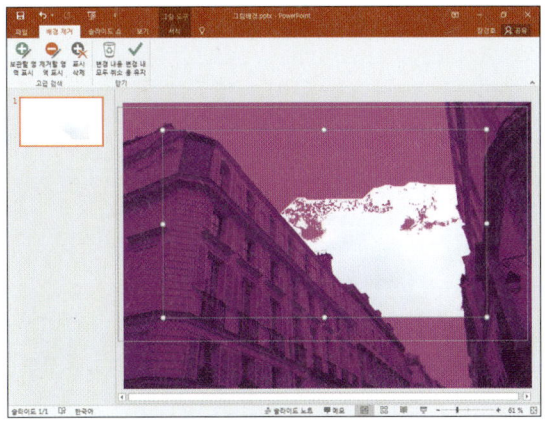 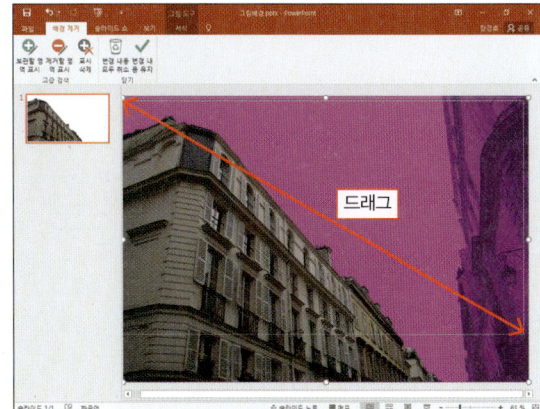

04_ [배경 제거] 탭-[고급 검색] 그룹에서 [보관할 영역 표시]를 클릭한 다음 마우스로 보관할 영역을 드래그하여 지정합니다. 여기서는 오른쪽 건물을 드래그하여 지정합니다. 드래그를 여러 번하여 정밀하게 조정할 수 있습니다.

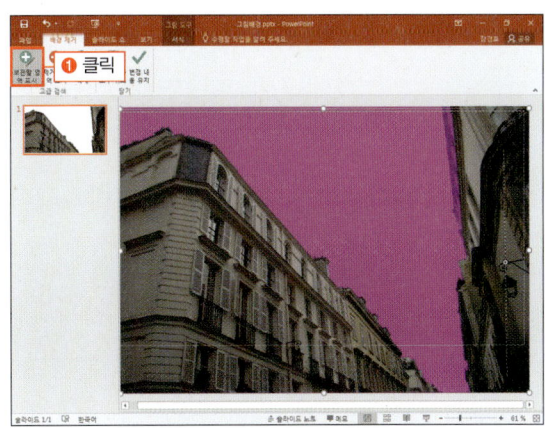 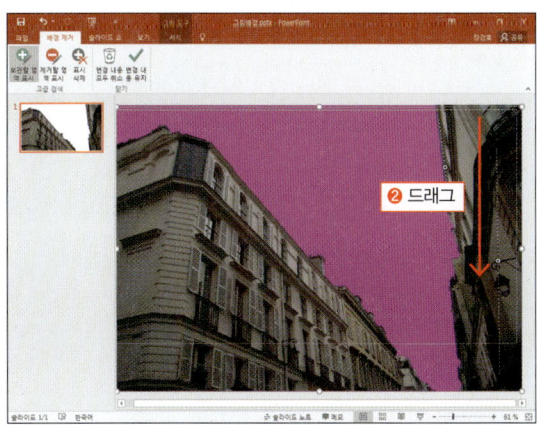

05_ 보관할 영역이 지정되었으면 이번에는 제거할 부분을 지정하기 위해 [배경 제거] 탭-[고급 검색] 그룹에서 [제거할 영역 표시]를 클릭한 다음 제거할 배경이 포함되어 있는 부분을 드래그하여 지정합니다. [닫기] 그룹에서 [변경 내용 유지]를 클릭합니다. 배경이 제거되며 원하는 부분만 남겨집니다.

그림 자르고 도형 모양에 맞춰 넣기

:: **준비파일** Part02₩Chapter02₩Section02₩영국.pptx | **완성파일** Part02₩Chapter02₩Section02₩영국_완성.pptx

그림을 삽입한 후 원하는 모양으로 자르거나 둥근 원형이나 별과 같은 도형 모양에 그림을 맞춰 넣을 수도 있습니다.

01_ 삽입된 그림을 선택하고 [그림 도구]-[서식] 탭-[크기] 그룹에서 [자르기] 윗부분을 클릭합니다.

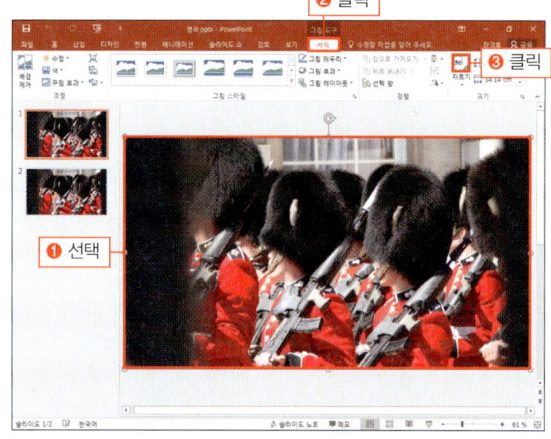

02_ 자르기 핸들이 나타나면 드래그하여 원하는 부분만 표시되도록 크기를 조정하고 [서식] 탭-[크기] 그룹에서 [자르기] 윗부분을 클릭하거나 슬라이드 편집 화면의 빈 공간을 클릭합니다. 또는, Esc 를 눌러 자르기를 완성합니다.

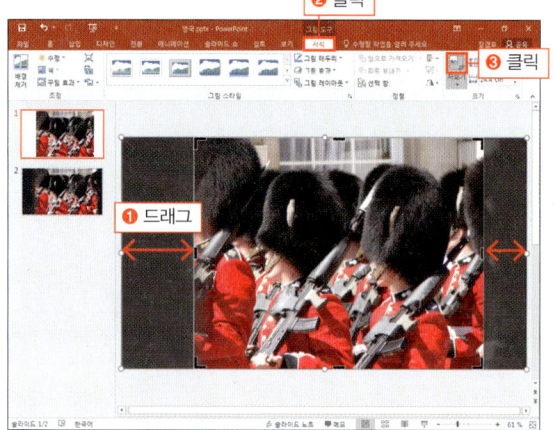

03_ 이번에는 도형 모양에 맞춰 그림을 넣어보겠습니다. 두 번째 슬라이드의 이미지를 선택하고 [그림 도구]-[서식] 탭-[크기] 그룹에서 [자르기] 아랫부분을 클릭한 다음 [도형에 맞춰 자르기]에서 원하는 도형 모양을 클릭합니다.

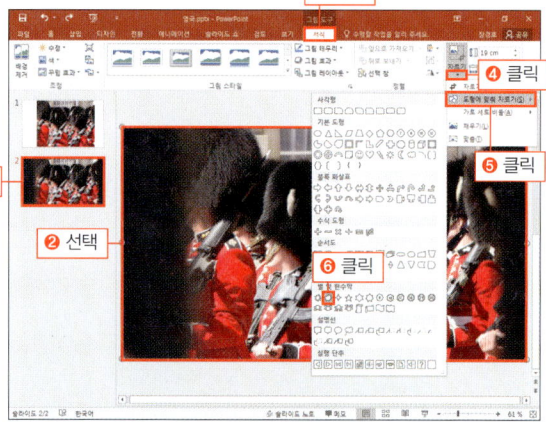

04_ 도형에 맞춰 그림이 편집됩니다. 그림의 크기 및 위치를 조절한 후 완성합니다.

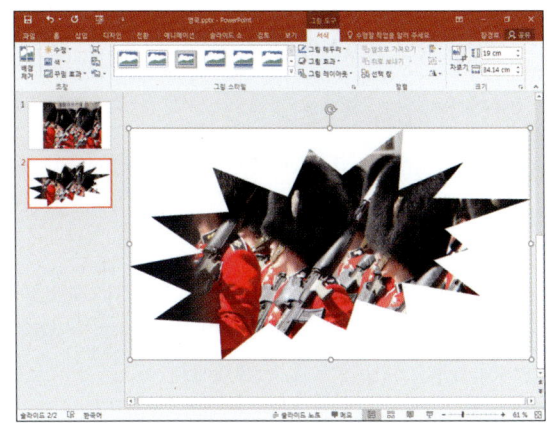

 자르기 옵션 살펴보기

[그림 도구]-[서식] 탭-[크기] 그룹에서 [자르기] 아랫부분을 클릭하면 다양한 자르기 옵션을 선택할 수 있습니다.

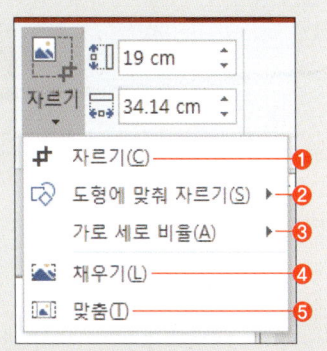

❶ **자르기** : 원하는 가로, 세로 방향으로 그림을 자릅니다.

❷ **도형에 맞춰 자르기** : 직사각형, 원형 등 도형의 모양에 맞춰 그림을 자릅니다.

❸ **가로, 세로 비율** : 1대1, 2대3, 3대4 등 가로, 세로 비율을 유지하면서 그림을 자릅니다.

❹ **채우기** : 채우기를 통해 자른 그림을 이동시킵니다.

❺ **맞춤** : 잘라진 비율에 맞게 그림을 고정시킵니다.

스크린 샷과 화면 캡처하기

:: **준비파일** Part02₩Chapter02₩Section02₩실무카페.pptx | **완성파일** Part02₩Chapter02₩Section02₩실무카페_완성.pptx

스크린 샷이나 화면 캡처 기능을 이용하면 인터넷의 다양한 그림을 캡처하여 슬라이드에 삽입할 수 있습니다.

01_ 인터넷 브라우저를 실행한 후 스크린 샷 기능으로 파워포인트에 캡처할 'http://cafe.naver.com/ppt' 사이트로 이동합니다. 파워포인트로 돌아와서 [삽입] 탭–[이미지] 그룹에서 [스크린 샷]을 클릭하면 내 컴퓨터에 현재 띄워져 있는 창이 나타납니다. 이 중에 'http://cafe.naver.com/ppt' 사이트를 선택합니다.

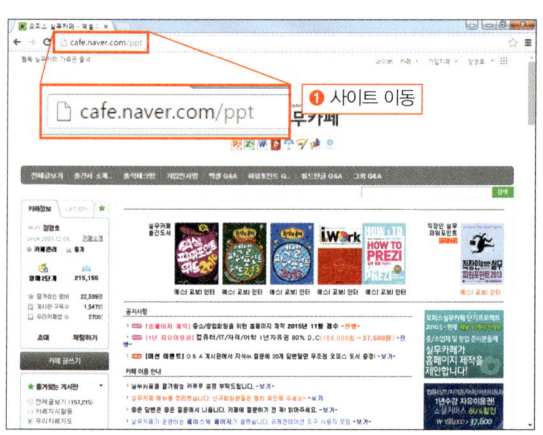
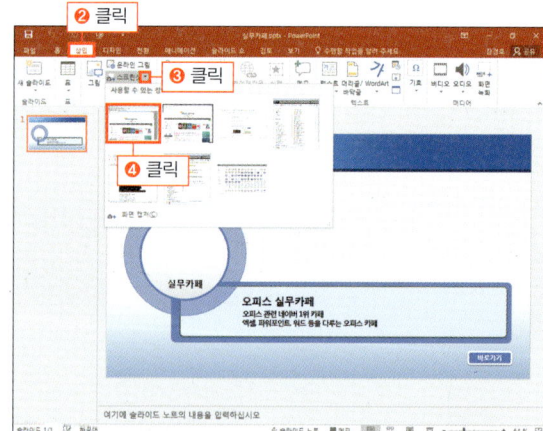

> **TIP**
> 스크린 샷 기능은 내 컴퓨터에서 파워포인트 이외의 다른 프로그램이 실행되어 있을 때 제대로 작동합니다. 캡처를 원하는 프로그램이나 인터넷 창을 실행한 후 본 기능을 진행합니다.

02_ [캡처된 브라우저 창의 URL로 자동 연결되는 하이퍼링크를 스크린 샷에 지정하시겠습니까?] 창이 나타납니다. 인터넷 창을 캡처했을 때 나타나는 경고 창으로 [예]를 클릭합니다. 그림이 삽입되면 [그림 도구]–[서식] 탭–[크기] 그룹에서 [자르기]를 통해 필요 없는 부분을 삭제한 후 위치 및 크기를 조정합니다.

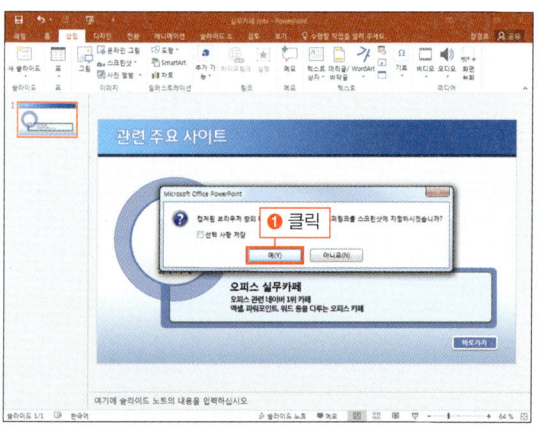
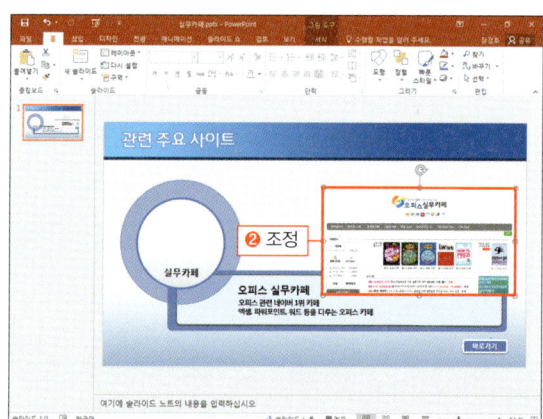

03_ 이번에는 'http://cafe.naver.com/ppt' 사이트의 로고를 슬라이드에 삽입해 보겠습니다. 인터넷 창을 통해 'http://cafe.naver.com/ppt' 사이트를 엽니다. 파워포인트로 돌아와 [삽입] 탭–[이미지] 그룹에서 [스크린 샷]–[화면 캡처]를 클릭합니다.

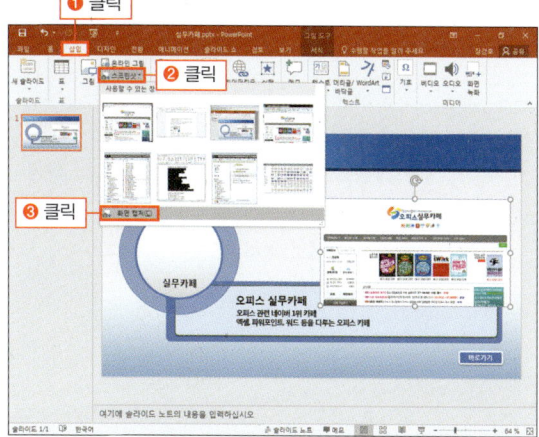

04_ 캡처할 창이 나타나면 원하는 부분을 드래그하여 선택합니다.

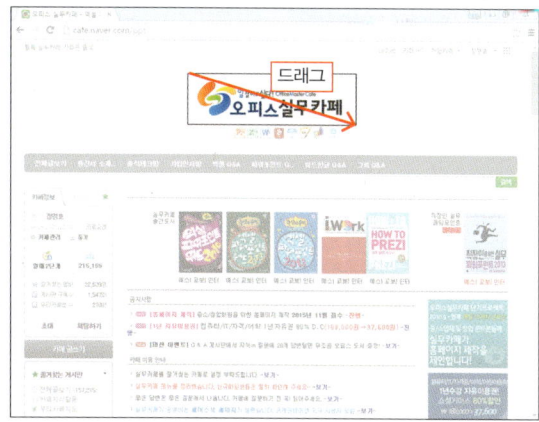

05_ 캡처한 영역이 슬라이드 편집 화면에 나타납니다. 크기 및 위치를 조정하여 완성합니다.

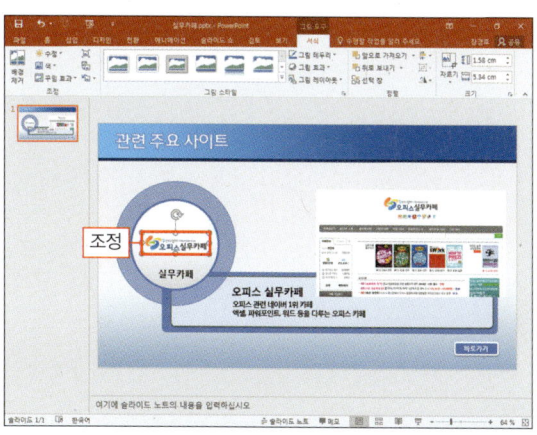

사진 앨범으로 사진 불러오기

∷ **준비파일** Part02₩Chapter02₩Section02₩album_01.jpg, album_02.jpg, album_03.jpg, album_04.jpg
완성파일 Part02₩Chapter02₩Section02₩사진앨범_완성.pptx

하드 디스크나 디지털 카메라에 담겨 있는 사진을 슬라이드에 삽입하고 캡션을 추가한 후 테마를 적용하면 멋진 앨범을 만들 수 있습니다.

01_ 새 프레젠테이션을 준비합니다. [삽입] 탭–[이미지] 그룹에서 [사진 앨범]의 윗부분이나 아랫부분의 [새 사진 앨범]을 클릭합니다.

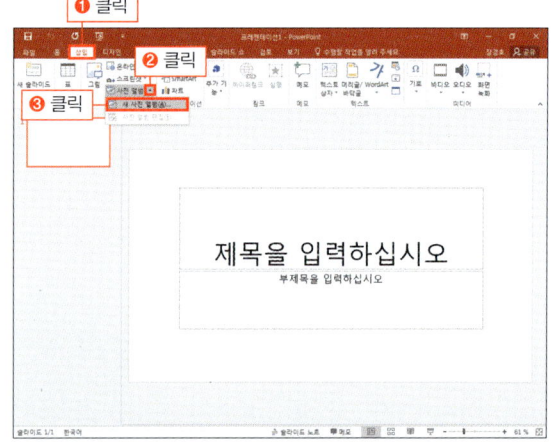

02_ [사진 앨범] 대화상자가 나타나면 [파일/디스크]를 클릭합니다. [새 그림 삽입] 대화상자가 나타나면 'album _01.jpg', 'album_02.jpg', 'album_03.jpg', 'album_04.jpg' 파일을 모두 선택한 후 [삽입]을 클릭합니다.

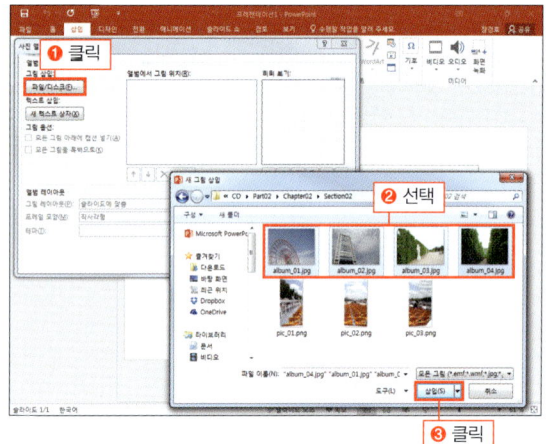

03_ [사진 앨범] 대화상자가 나타나면 [앨범에서 그림 위치]에서 그림의 순서를 조절합니다. [앨범에서 그림 위치]에서 'album_04'에 체크 표시를 한 후 [위]를 여러 번 클릭하여 제일 위로 이동시킵니다. [그림 레이아웃]에서 '슬라이드에 맞춤'을 선택하고 [테마]에서 [찾아보기]를 클릭합니다.

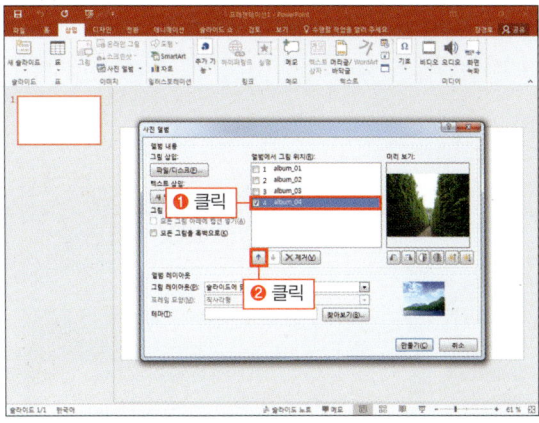 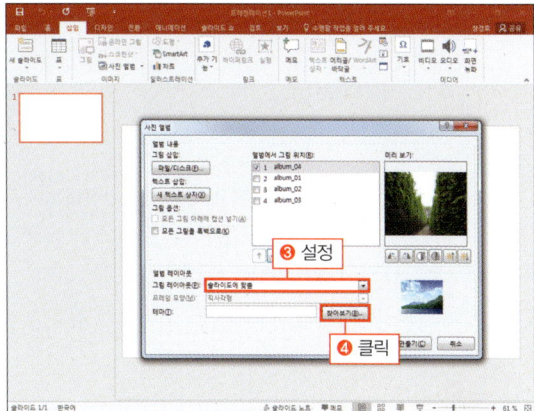

TIP

그림의 서식은 [미리 보기] 창의 하단에 있는 밝기 및 대비, 색상 톤 등을 통해 변경할 수 있습니다.

04_ [테마 선택] 대화상자기 나타나면 원하는 테마를 선택하고 [선택]을 클릭한 후 [만들기]를 클릭합니다.

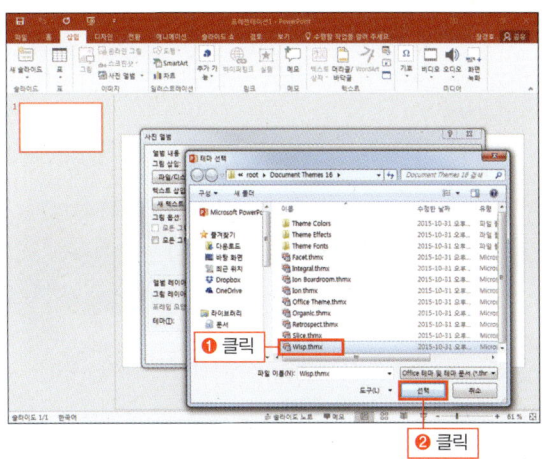 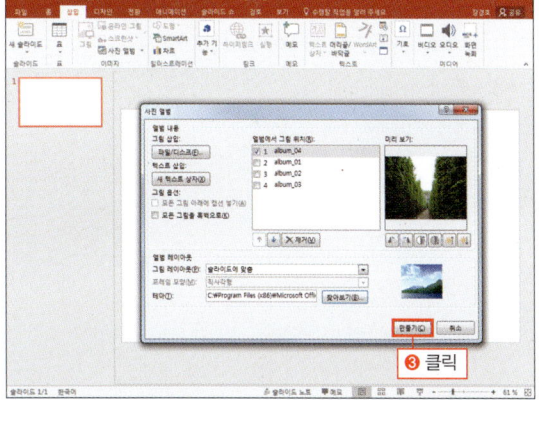

05_ 테마가 적용되면서 사진 앨범이 완성됩니다.

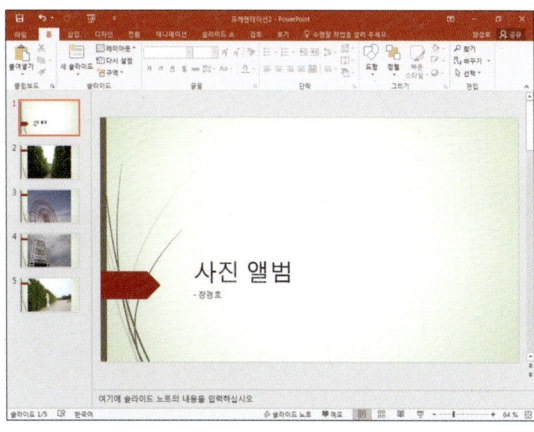

SmartArt 그래픽 삽입하기

:: 준비파일 Part02₩Chapter02₩Section02₩오피스스쿨.pptx | 완성파일 Part02₩Chapter02₩Section02₩오피스스쿨_완성.pptx

텍스트보다 도해로 구성된 슬라이드가 청중들을 설득하는데 있어 더 효과적입니다. 하지만, 도해를 만들기 위해서는 시간도 많이 소요될 뿐만 아니라 만들기도 쉽지 않습니다. 이럴 때 사용할 수 있는 기능이 바로 SmartArt(스마트아트)입니다.

01_ 스마트아트를 삽입하기 위해 [삽입] 탭–[일러스트레이션] 그룹에서 [SmartArt]를 클릭합니다. [SmartArt 그래픽 선택] 대화상자가 나타나면 [목록형]–[세로 상자 목록형]을 선택한 후 [확인]을 클릭합니다.

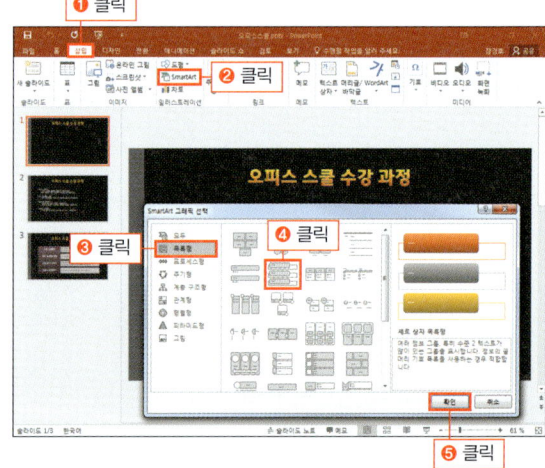

02_ 스마트아트가 슬라이드에 삽입됩니다. 스마트아트의 테두리를 선택한 후 크기와 위치를 변경합니다. 스마트아트와 함께 텍스트 창이 나타납니다. 만일, [텍스트] 창이 표시되지 않는다면 [SmartArt 도구]–[디자인] 탭–[그래픽 만들기] 그룹에서 [텍스트] 창을 클릭합니다.

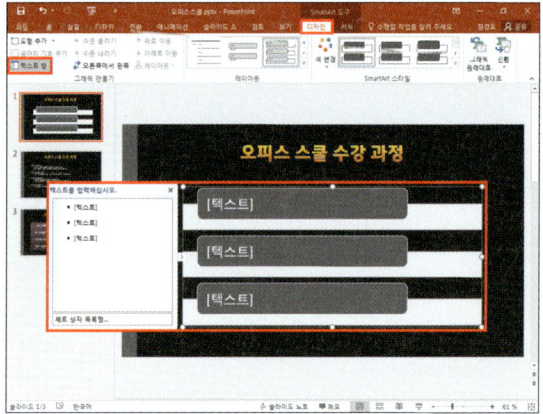

TIP

[텍스트] 창은 [SmartArt 도구]–[디자인] 탭–[그래픽 만들기] 그룹에서 [텍스트 창]을 클릭하거나 스마트아트의 왼쪽 중앙에 있는 [컨트롤]([◁]), ([▷])을 클릭하여 열거나 닫을 수 있습니다.

03_ [텍스트] 창에 그림과 같이 텍스트를 입력합니다.

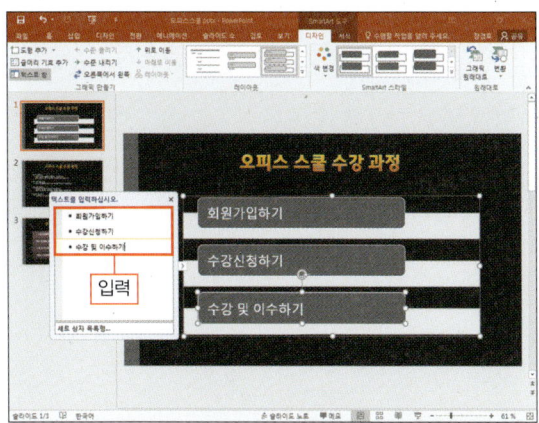

04_ 스마트아트 그래픽에 도형을 추가해 보겠습니다. '수강 및 이수하기' 도형이 선택된 상태로 [SmartArt 도구]-[디자인] 탭-[그래픽 만들기] 그룹에서 [도형 추가]-[뒤에 도형 추가]를 클릭합니다.

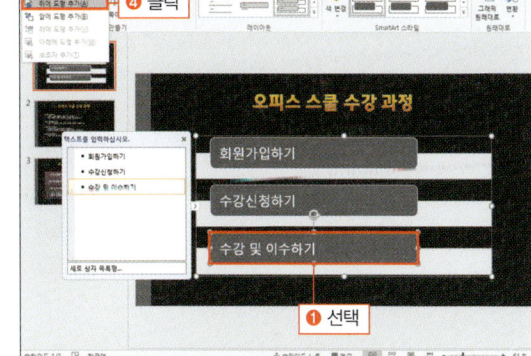

> **TIP**
> [텍스트] 창에서 **Enter**를 눌러 도형을 추가할 수도 있습니다.

05_ 도형이 추가되면 『인증서 발급하기』를 입력합니다. [SmartArt 도구]-[디자인] 탭-[그래픽 만들기] 그룹에서 [텍스트 창]을 클릭하여 [텍스트] 창을 닫습니다.

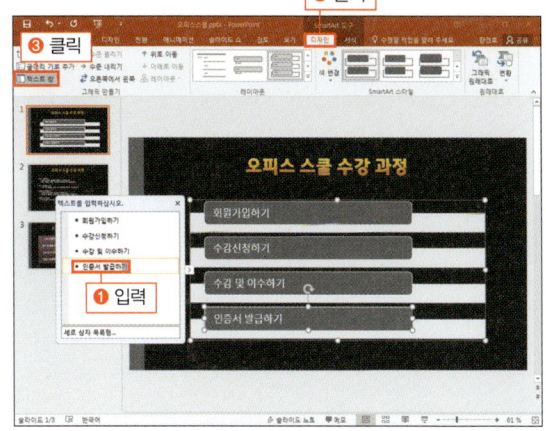

SmartArt 그래픽 색상 및 스타일 변경하기

:: **준비파일** Part02₩Chapter02₩Section02₩오피스스쿨(2).pptx | **완성파일** Part02₩Chapter02₩Section02₩오피스스쿨(2)_완성.pptx

스마트아트를 슬라이드에 삽입하고, 원하는 색상이나 스타일을 지정할 수 있습니다.

01_ 스마트아트의 테두리를 선택합니다. 색상을 변경하기 위해 [SmartArt 도구]–[디자인] 탭–[SmartArt 스타일] 그룹에서 [색 변경]을 클릭합니다. 나타나는 다양한 갤러리 중에서 원하는 색상을 선택합니다.

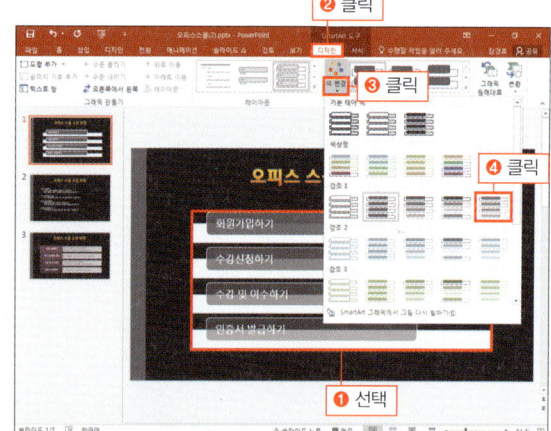

> **TIP**
> 스마트아트에 포함된 각종 도형의 색상을 하나씩 변경할 수도 있습니다. 도형 하나를 선택한 다음 색상을 지정하면 됩니다.

02_ 색상이 변경되면 이번에는 스마트아트의 스타일을 변경해 보겠습니다. [SmartArt 도구]–[디자인] 탭의 [SmartArt 스타일] 그룹에서 [자세히]를 클릭한 후 다양한 갤러리 중에서 원하는 스타일을 선택합니다.

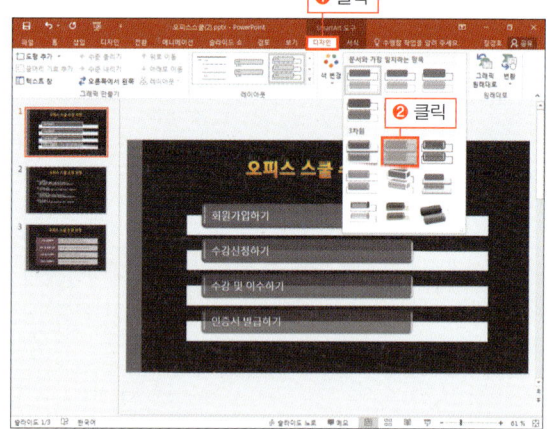

SmartArt 그래픽을 다른 도형으로 변경하기

: : 준비파일 Part02₩Chapter02₩Section02₩오피스스쿨(3).pptx | 완성파일 Part02₩Chapter02₩Section02₩오피스스쿨(3)_완성.pptx

스마트아트도 사실상 여러 가지 도형으로 구성된 도형 집합체입니다. 그렇기에 삽입된 도형을 다른 도형으로 얼마든지 변경할 수 있습니다.

01_ 스마트아트를 선택한 상태에서 [SmartArt 도구]–[디자인] 탭–[레이아웃] 그룹에서 [자세히]를 클릭한 후 원하는 모양을 선택합니다. 여기서는 [기타 레이아웃]을 선택합니다.

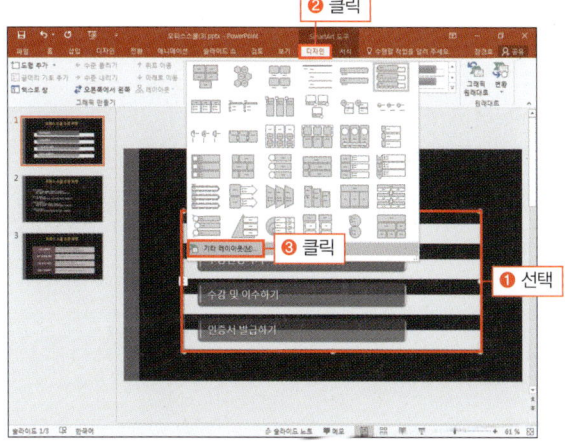

02_ [SmartArt 그래픽 선택] 대화상자가 나타나면 변경하고 싶은 스마트아트를 선택합니다. 여기서는 [목록형]의 [세로 곡선 목록형]을 선택하고 [확인]을 클릭합니다. 스마트아트 모양이 변경됩니다.

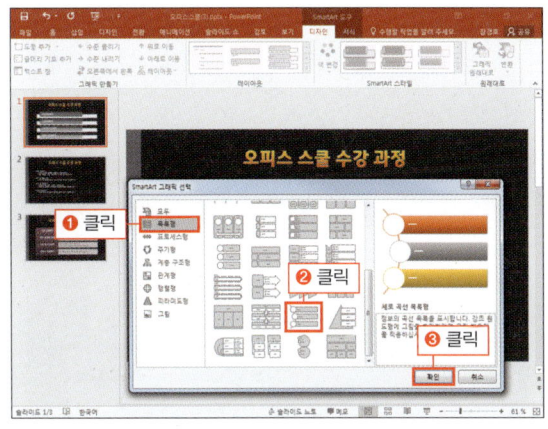
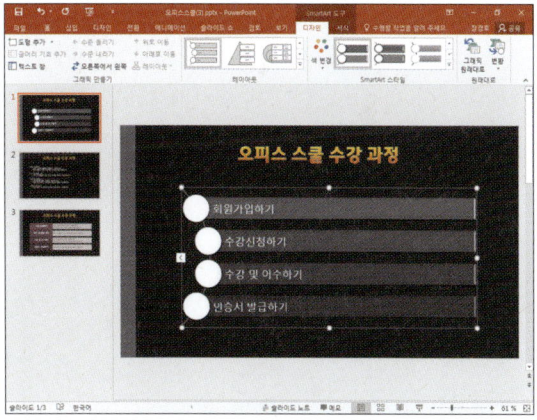

텍스트를 SmartArt 그래픽으로 변경하기

:: **준비파일** Part02₩Chapter02₩Section02₩오피스스쿨(4).pptx | **완성파일** Part02₩Chapter02₩Section02₩오피스스쿨(4)_완성.pptx

슬라이드에 입력한 텍스트를 스마트아트로 간단히 변경할 수 있습니다. 스마트아트 역시 텍스트나 도형으로 간단히 변환할 수 있습니다.

01_ 먼저 텍스트 상자에 작성되어 있는 개체를 선택해 스마트아트로 변경해 보겠습니다. 두 번째 슬라이드를 선택한 후 텍스트 개체 틀을 클릭합니다. [홈] 탭–[단락] 그룹에서 [SmartArt로 변환]–[세로 블록 목록형]을 클릭합니다.

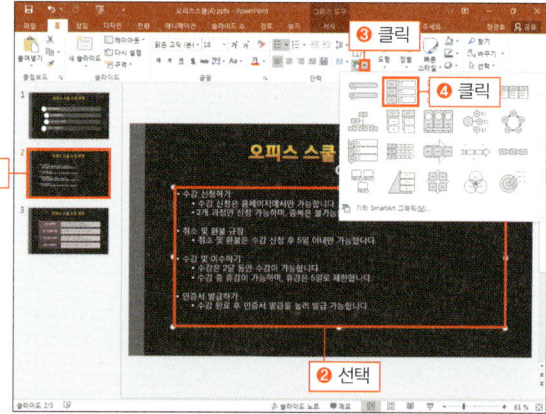

> **TIP**
> 원하는 스마트아트가 없다면 [기타 SmartArt 그래픽]을 클릭하여 [SmartArt 그래픽 선택] 대화상자에서 선택합니다.

02_ 텍스트가 세로 분류 목록형으로 변경됩니다. 스마트아트의 크기 및 위치를 적절히 조정한 후 [SmartArt 도구]–[디자인] 탭–[SmartArt 스타일] 그룹에서 [색 변경]을 클릭한 후 원하는 색상을 선택합니다. 마찬가지로 [SmartArt 도구]–[디자인] 탭–[SmartArt 스타일] 그룹에서 [자세히]를 클릭해 원하는 스타일을 선택합니다.

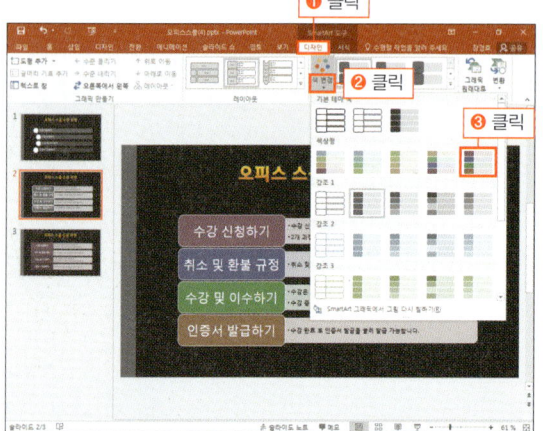
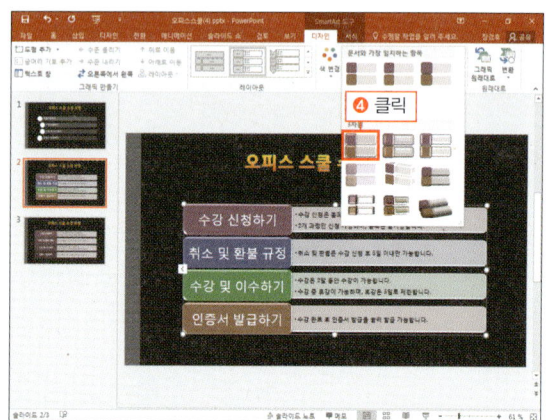

03_ 이번에는 스마트아트를 텍스트로 변환하기 위해 세 번째 슬라이드를 선택합니다. 스마트아트를 선택한 상태에서 [SmartArt 도구]-[디자인] 탭-[원래대로] 그룹에서 [변환]-[텍스트로 변환]을 클릭합니다.

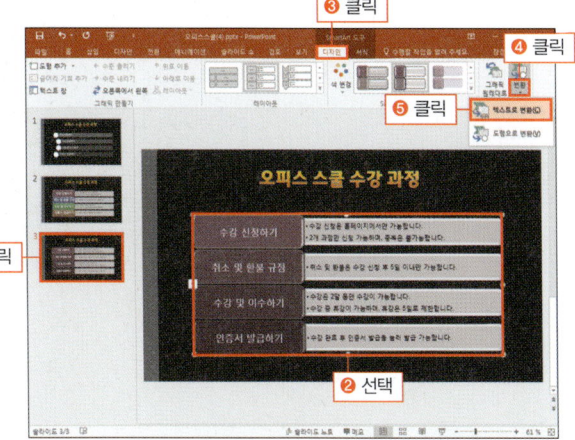

04_ 스마트아트가 텍스트로 변경됩니다. 줄 간격을 비롯해 텍스트 개체 틀을 수정합니다.

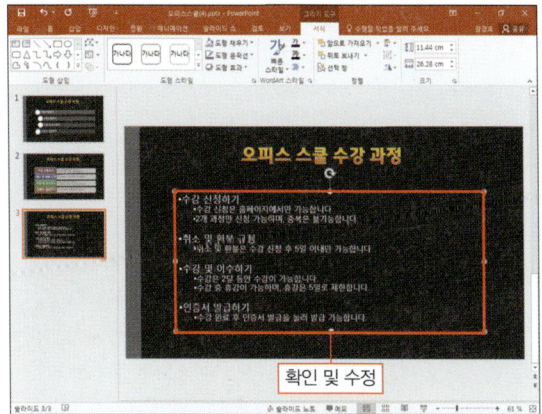

05_ 이번에는 스마트아트를 도형 개체로 변경해 보겠습니다. 다시, 두 번째 슬라이드를 선택하고 스마트아트를 선택합니다. 스마트아트는 하나의 개체로 움직이지만 도형으로 변환하면 개별 개체로 만들 수 있습니다. [SmartArt 도구]-[디자인] 탭-[원래대로] 그룹에서 [변환]-[도형으로 변환]을 클릭합니다.

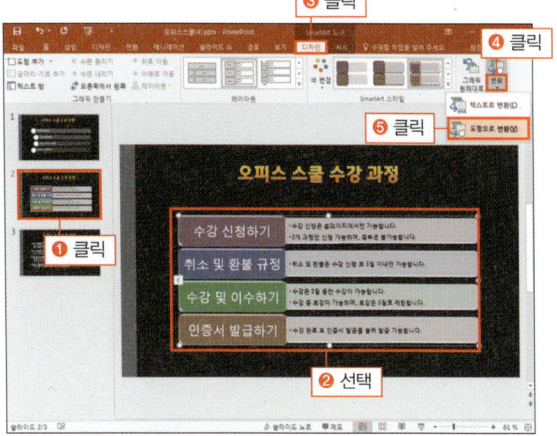

06_ 탭의 명칭이 [그리기 도구]-[서식] 탭으로 변경된 것을 확인할 수 있습니다. 처음 변환되면 도형이 그룹으로 묶여있기 때문에 그룹 해제가 필요합니다. 도형 개체를 마우스 오른쪽 버튼으로 선택한 후 [그룹화]-[그룹 해제]를 선택합니다.

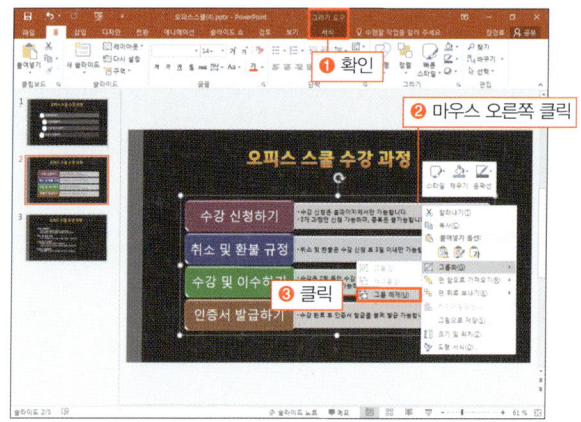

07_ 이제 도형의 간격 조정이나 다양한 서식을 적용할 수 있습니다. 도형을 선택하고 간격을 비롯해 슬라이드 크기에 맞게 조정합니다.

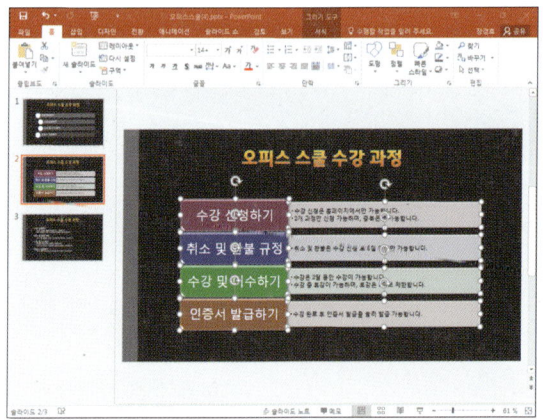
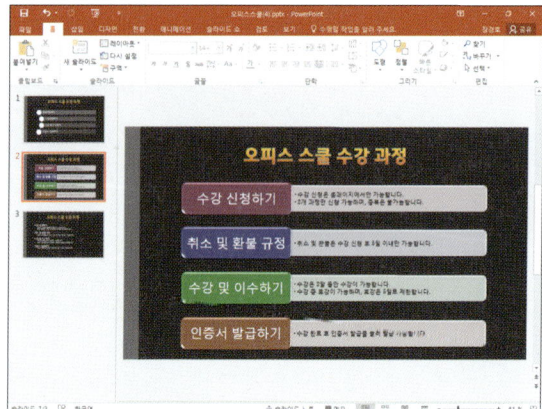

Special page

페이스북 연결하고, 내 계정의 그림 가져오기

파워포인트는 페이스북이나 원드라이드 등 본인의 계정에 접속하여 그림을 가져올 수 있습니다. 여기서는 페이스북에 접속하여 그림을 가져오는 방법에 대해서 살펴보겠습니다.

> 준비 파일 Part02₩Chapter02₩Section02₩페이스북.pptx
>
> 완성 파일 Part02₩Chapter02₩Section02₩페이스북_완성.pptx

01 페이스북을 파워포인트에 연결하기 위해서는 연결된 서비스에 페이스북을 추가해야 합니다. [삽입] 탭-[이미지] 그룹에서 [온라인 그림]을 클릭합니다. [그림 삽입] 창이 나타나고 그림 삽입 항목에 페이스북이 없다면 [추가로 삽입할 소스:]에서 페이스북 아이콘을 클릭합니다.

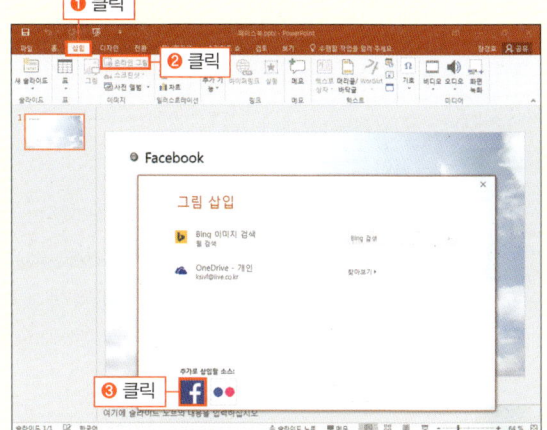

> **TIP**
> 이미 연결된 서비스에 페이스북이 있다면 본 과정은 생략합니다.

02 잠시 후 페이스북 창이 나타나면 [연결]을 클릭한 후 본인의 페이스북 아이디 및 패스워드를 입력하여 계정에 연결합니다.

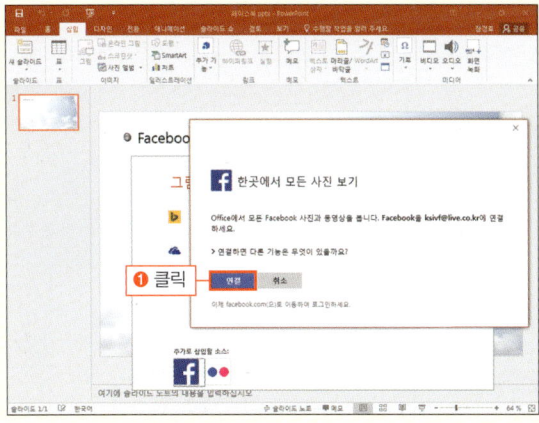

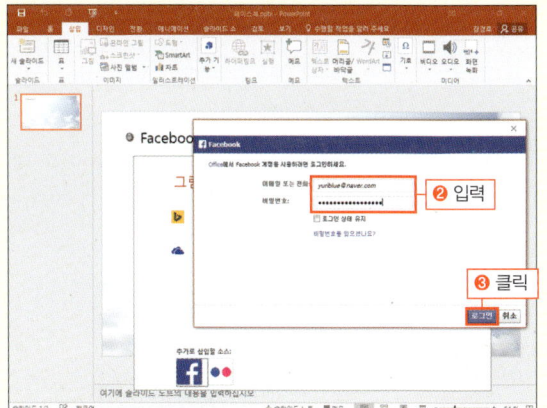

> **TIP**
> 페이스북(facebook)은 전 세계에서 가장 많은 사용자를 확보한 소셜 네트워크 서비스(Social Network Service, SNS)입니다. 한국의 싸이월드와 유사한 서비스로써 개인의 일상이나 관심사를 공유하는 사이트입니다. 페이스북 계정이 없다면 'http://www.facebook.com'에 접속하여 가입할 수 있습니다.

03 연결이 완료되면 [완료]를 클릭합니다.

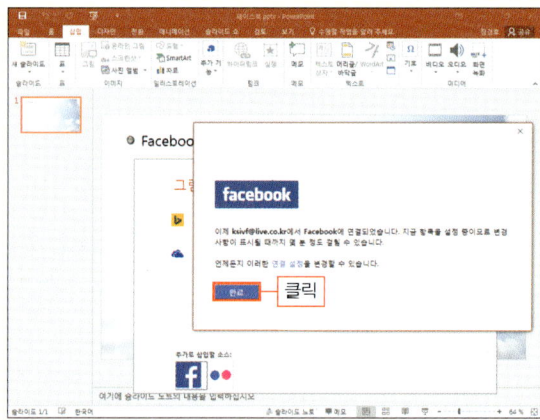

04 다시 [그림 삽입] 창이 나타납니다. [Facebook]이 [그림 삽입] 창에 나타나면 [Facebook]에서 [찾아보기]를 클릭합니다.

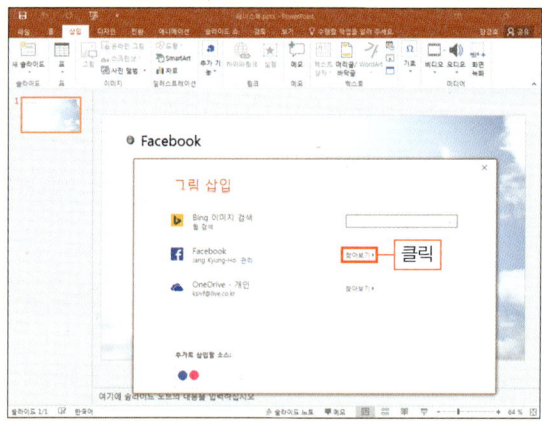

05 페이스북의 모든 앨범이 나타납니다. 원하는 항목을 두 번 클릭합니다.

TIP
페이스북에 표시되는 그림은 사용자에 따라 모두 다르게 나타납니다.

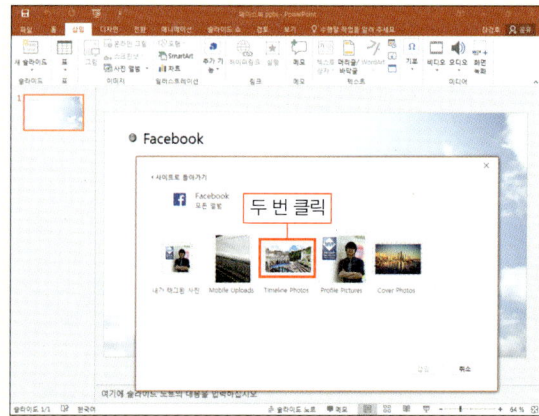

06 항목에 해당하는 그림이 나타납니다. 원하는 그림을
선택하고 [삽입]을 클릭합니다.

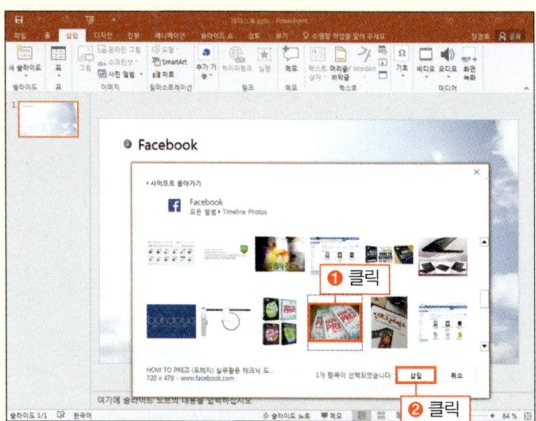

07 페이스북에 저장되어 있는 그림이 파워포인트 슬라
이드에 추가됩니다.

1️⃣ 파워포인트에 삽입되어 있는 그림을 원하는 도형 모양으로 변경할 수 있습니다. 여기서는 그림을 별 모양으로 변경해 보세요.

◎ 준비파일 : Part02₩Chapter02₩Check₩사진.pptx   ◎ 완성파일 : Part02₩Chapter02₩Check₩사진_완성.pptx

 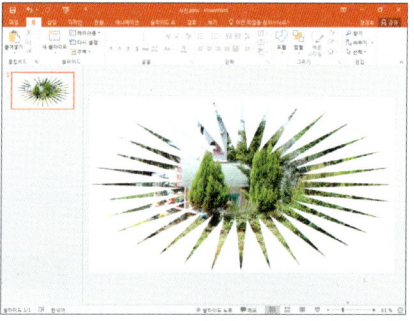

힌트

❶ [그림 도구]-[서식] 탭-[크기] 그룹에서 [자르기]의 아랫부분을 클릭하고 [도형에 맞춰 자르기]를 선택한 후 원하는 도형을 선택합니다.

2️⃣ [서식] 탭-[도형] 그룹에서 [도형 모양 변경]을 이용하여 스마트아트 중앙의 도형을 빗면 도형으로 변경해 보세요.

◎ 준비파일 : Part02₩Chapter02₩Check₩시스템.pptx   ◎ 완성파일 : Part02₩Chapter02₩Check₩시스템_완성.pptx

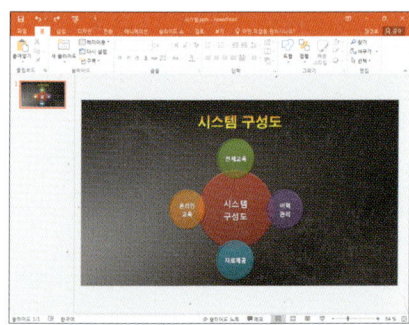 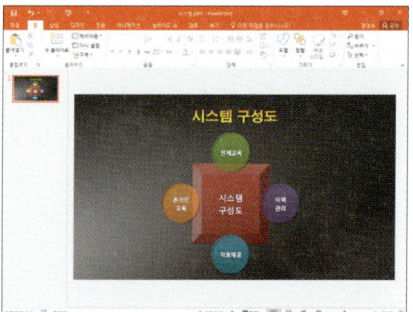

힌트

❶ [서식] 탭-[도형] 그룹에서 [도형 모양 변경]을 클릭합니다.
❷ [기본 도형]-[빗면] 도형을 선택합니다.

Section 03

표와 차트 작성하기

프레젠테이션에서는 수많은 텍스트와 수치 데이터가 오고 갑니다. 이럴 때 표를 이용하여 복잡한 텍스트를 일목요연하게 작성하고, 차트를 이용하여 보기에도 골치 아픈 수치 데이터를 한 눈에 볼 수 있게 작성한다면 파워포인트를 제대로 활용하고 있는 것입니다. 여기서는 표와 차트 기능에 대해서 살펴보겠습니다.

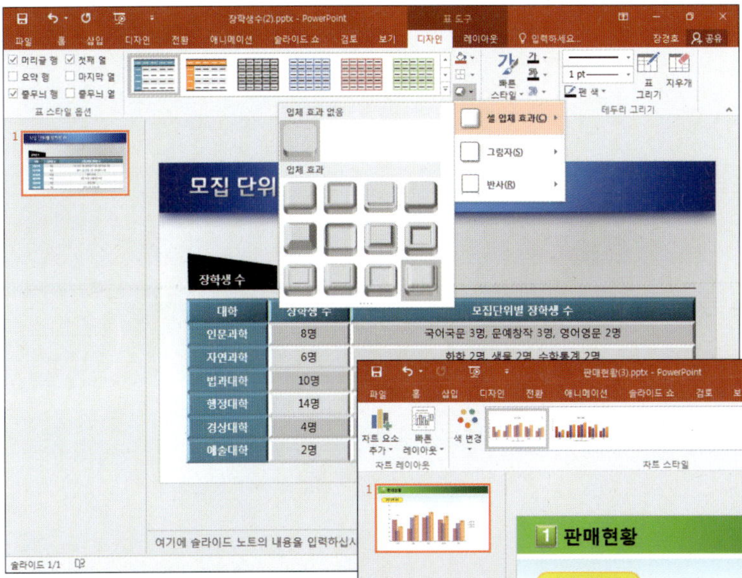

▲ 표 디자인 변경하고 음영 지정하기

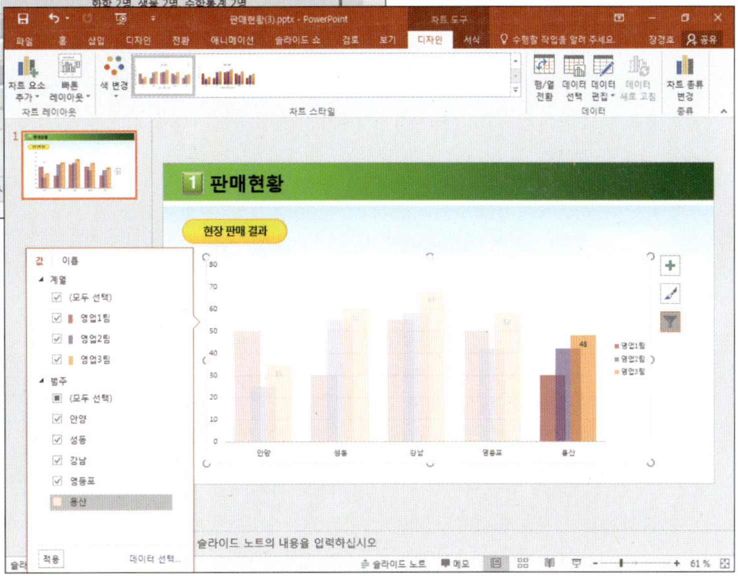

▲ 차트 레이아웃과 데이터 요소

이번 섹션에서 배울 주요 내용

- 표 삽입하고 셀 추가하기
- 표 디자인 변경하고 음영 지정하기
- 엑셀 워크시트를 통해 표 작업하기
- 엑셀 표를 파워포인트에 연동하기

- 차트 삽입하고 데이터 입력하기
- 차트 스타일과 색 변경하기
- 차트 레이아웃과 데이터 요소
- **스페셜** 원형 차트로 변경하고 3차원 효과 적용하기

표 삽입하고 셀 추가하기

:: **준비파일** Part02₩Chapter02₩Section03₩장학생수.pptx | **완성파일** Part02₩Chapter02₩Section03₩장학생수_완성.pptx

표 삽입에는 '모형대로 표 삽입, 행과 열을 입력하여 표 삽입, 표 그리기, Excel 스프레드시트로 표 작성하기'의 4가지 방법이 있습니다. 여기서는 가장 흔히 사용하는 [삽입] 탭-[표] 그룹에서 [표]를 이용해 삽입하는 방법에 대해서 살펴보겠습니다.

01_ [삽입] 탭-[표] 그룹에서 [표]를 클릭합니다. 표 삽입 셀이 나타나면 마우스 포인터를 드래그하여 원하는 가로 및 세로 개수를 선택합니다. 여기서는 가로 3칸, 세로 6칸을 드래그하여 선택합니다.

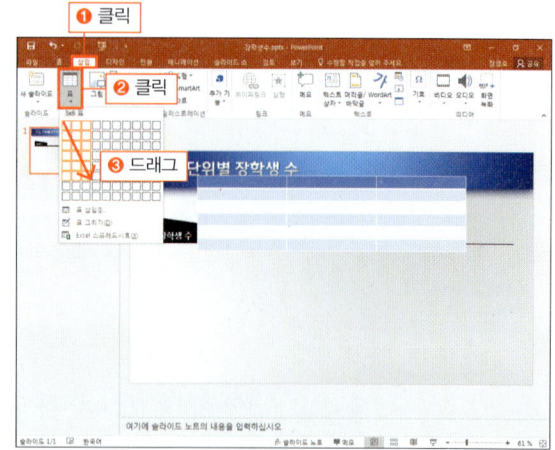

02_ 표가 슬라이드에 삽입되면 표의 크기와 위치를 조정한 다음 아래와 같이 텍스트를 입력합니다.

대학	장학생 수	모집 단위별 장학생 수
인문과학	8명	국어국문 3명, 문예창작 3명, 영어영문 2명
자연과학	6명	화학 2명, 생물 2명, 수학통계 2명
법과대학	10명	법학 10명
행정대학	14명	행정 10명, 경찰행정 4명
경상대학	4명	경영 4명

TIP

셀에 텍스트를 입력한 후 Tab 을 누르면 다음 셀에 텍스트를 입력할 수 있으며, 기존 셀에 되돌아가고 싶다면 Shift + Tab 을 누릅니다.

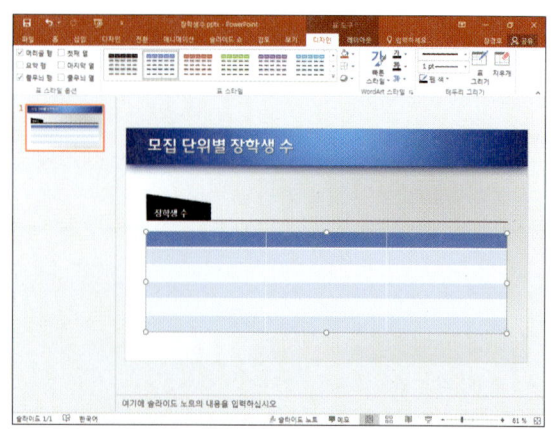

03_ 셀을 추가해 보겠습니다. 셀을 추가하고 싶은 부분을 선택합니다. 여기서는 '경상대학' 셀에 마우스 포인터를 위치시킨 후 [표 도구]–[레이아웃] 탭–[행 및 열] 그룹에서 [아래에 삽입]을 클릭합니다.

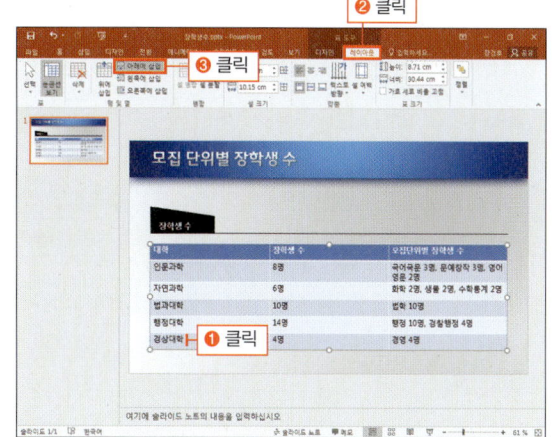

TIP

표 작업을 하다보면 셀을 추가해야 하는 경우가 발생합니다. [표 도구]–[레이아웃] 탭–[행 및 열] 그룹을 이용하거나 셀을 선택한 후 마우스 오른쪽 버튼을 클릭하고 [셀 분할]을 선택하면 셀을 추가할 수 있습니다.

04_ 표 안에 행이 추가됩니다. 추가된 셀에 텍스트를 입력합니다.

대학	장학생 수	모집 단위별 장학생 수
예술대학	2명	음악 1명, 미술 1명

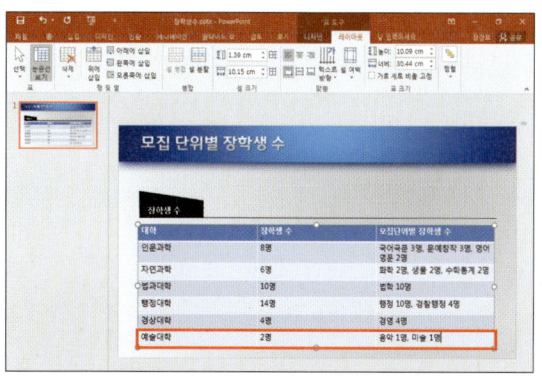

05_ 첫 번째 열을 선택하고 [표 도구]–[레이아웃] 탭–[셀 크기] 그룹에서 [표 열 너비]에 『5』를 입력하여 열 너비를 조정합니다. 나머지 열도 같은 방법으로 너비를 조정합니다.

첫 번째 열 : 5	
두 번째 열 : 5	
세 번째 열 : 21	

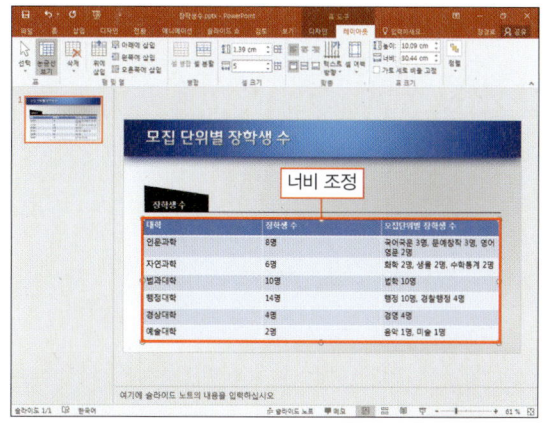

TIP

[표 도구]–[레이아웃] 탭–[셀 크기] 그룹에서 [표 열 너비] 입력란을 통해 너비를 조정할 수 있지만 표의 셀 테두리를 드래그하여 조정할 수도 있습니다.

표 디자인 변경하고 음영 지정하기

:: **준비파일** Part02₩Chapter02₩Section03₩장학생수(2).pptx | **완성파일** Part02₩Chapter02₩Section03₩장학생수(2)_완성.pptx

표 스타일마다 독특한 테두리와 음영을 조합하여 표 모양을 다르게 지정할 수 있습니다.

01_ 표 안의 텍스트를 정렬하기 위해 표를 드래그하여 선택하고 [표 도구]-[레이아웃] 탭-[맞춤] 그룹에서 [가운데 맞춤], [세로 가운데 맞춤]을 각각 클릭하여 텍스트를 정렬합니다.

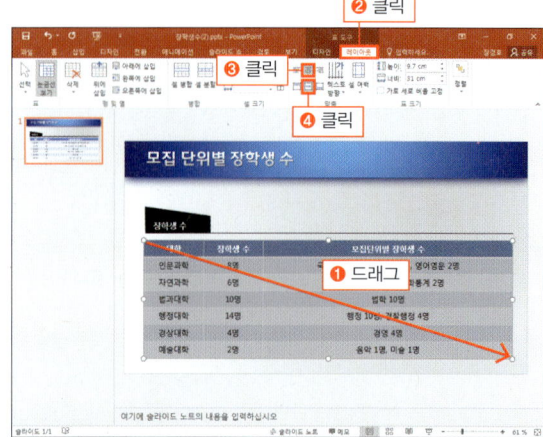

02_ 표를 선택하고 [표 도구]-[디자인] 탭-[표 스타일 옵션] 그룹에서 [첫째 열]에 체크하면 첫 번째 열에 스타일이 지정됩니다.

> **TIP**
> 표 스타일 옵션을 지정하면 표 스타일 갤러리의 스타일도 함께 변경됩니다.

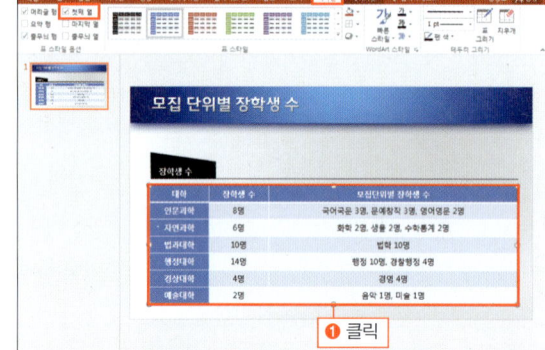

03_ [표 스타일] 그룹에서 [자세히]를 클릭한 후 원하는 표 스타일을 선택합니다. 여기서는 [보통 스타일 3, 강조 5]를 선택합니다.

> **TIP**
> 표 스타일 지정을 해제하려면 [표 도구]-[디자인] 탭-[표 스타일] 그룹에서 [자세히]를 클릭한 후 [스타일 없음, 눈금 없음]을 선택합니다.

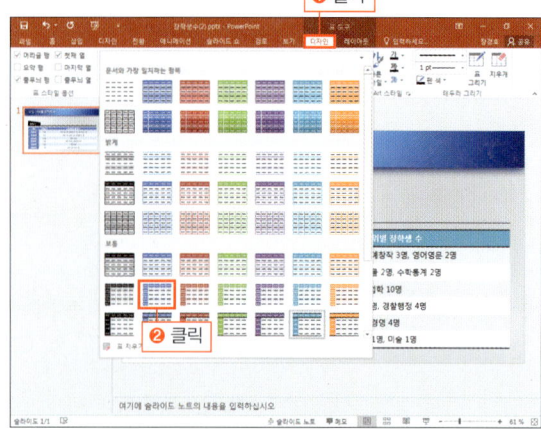

04_ 이번에는 음영을 지정하기 위해 첫 번째 행을 드래그하여 선택합니다. [표 도구]-[디자인] 탭-[표 스타일] 그룹에서 [음영]-[그라데이션]을 클릭하고 원하는 형식을 선택합니다.

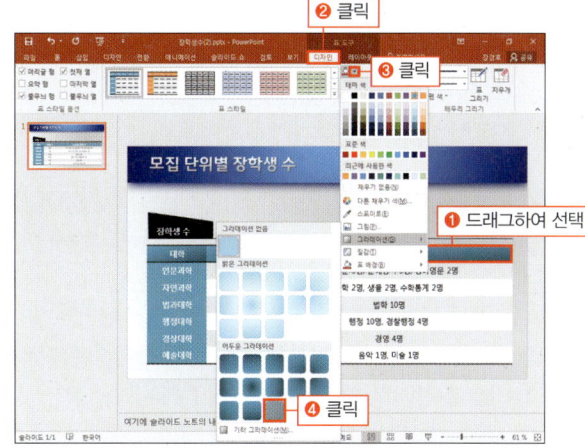

> **TIP**
>
> 표 디자인을 변경하여 원하는 스타일을 선택해도 그라데이션이나 다른 채우기 색을 통해 표 색상이나 디자인을 변경할 수 있습니다.

05_ 첫 번째 행에 음영이 지정됩니다. 표에 입체 효과를 주기 위해 표의 테두리를 선택하고 [표 도구]-[디자인] 탭-[표 스타일] 그룹에서 [효과]를 클릭합니다. [입체 효과] 중 원하는 스타일을 선택합니다.

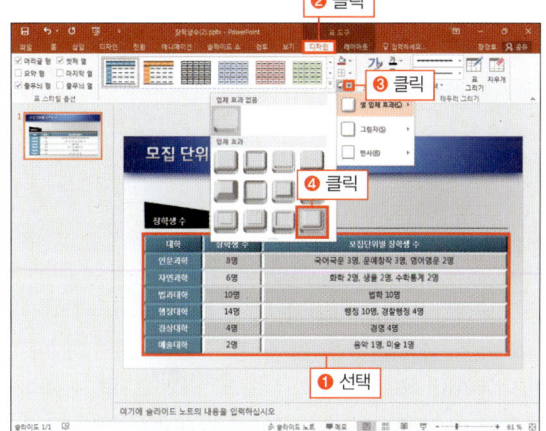

QR 코드로 더 자세히

파워포인트에서 표를 삽입하는 4가지 방법

파워포인트에서 표를 삽입하는 방법에는 4가지가 있습니다. 표를 삽입하는 방법이 더 궁금한 독자는 저자의 블로그(http://blog21.kr/40193537120)에서 알아보기 바랍니다. QR 코드를 스마트폰으로 찍으면 바로 확인할 수도 있습니다.

엑셀 워크시트를 통해 표 작업하기

:: **준비파일** Part02₩Chapter02₩Section03₩영업망현황.xlsx, 영업망현황.pptx | **완성파일** Part02₩Chapter02₩Section03₩영업망현황_완성.pptx

엑셀의 장점은 수식 및 자동 산출이 가능하다는 점이고, 파워포인트의 장점은 개체를 효과적으로 꾸밀 수 있다는 점입니다. 이 둘을 잘 활용하는 것이 좋습니다.

01_ 엑셀 예제 파일을 불러온 후 워크시트가 열리면 셀 영역을 마우스로 드래그하고 [홈] 탭-[클립보드] 그룹에서 [복사]를 클릭합니다. 워크시트의 표에 점선 나타납니다.

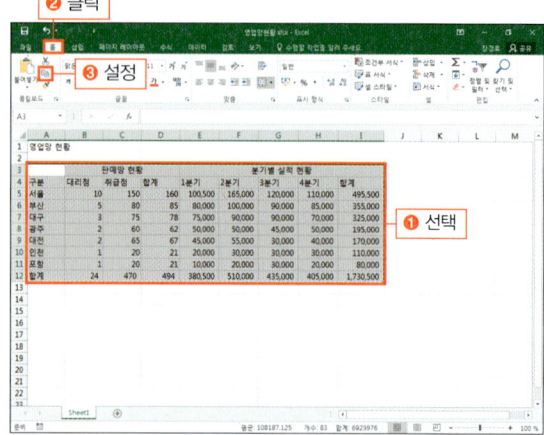

02_ 파워포인트 슬라이드를 엽니다. [홈] 탭-[클립보드] 그룹에서 [붙여넣기]-[대상 스타일 사용]을 클릭합니다. 표의 위치를 옮기고 테두리를 드래그하여 크기를 조절하고 텍스트 및 텍스트 크기, 서식 등을 수정합니다. 여기서는 [홈] 탭-[글꼴] 그룹에서 [글꼴]-[나눔바른고딕]을 클릭합니다. [글꼴 크기]-[14]로 설정하고 [단락] 그룹에서 [가운데 맞춤]을 클릭합니다.

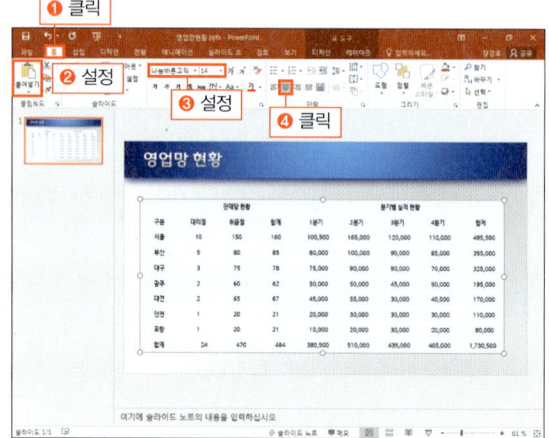

03_ [표 도구]-[디자인] 탭-[표 스타일 옵션] 그룹에서 [머리글 행], [요약 행], [줄무늬 행]에 체크합니다.

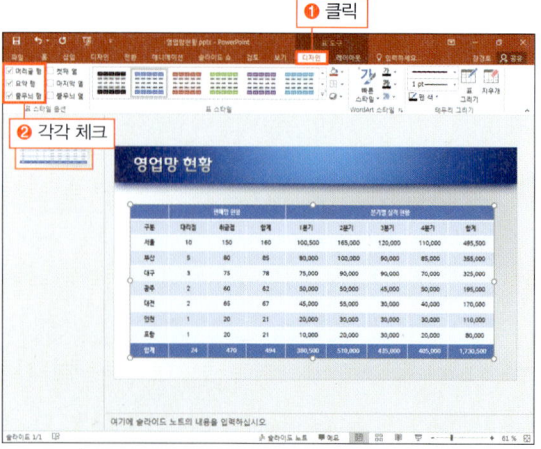

엑셀 표를 파워포인트에 연동하기

:: **준비파일** Part02₩Chapter02₩Section03₩제품발주현황.xlsx, 제품발주현황.pptx | **완성파일** Part02₩Chapter02₩Section03₩제품발주현황_완성.pptx

엑셀에서 만든 표를 복사하여 파워포인트와 연동시킬 수 있습니다. 엑셀의 표 데이터를 수정하면 파워포인트에 연동한 표의 데이터도 함께 수정됩니다.

01_ 엑셀 예제 파일을 불러온 후 워크시트가 열리면 파워포인트로 가져가고 싶은 표를 드래그합니다. 여기서는 [C4] 셀에서 [G15] 셀까지를 선택합니다. **Ctrl** + **C** 를 누르거나, [홈] 탭-[클립보드] 그룹에서 [복사]를 클릭하여 복사합니다.

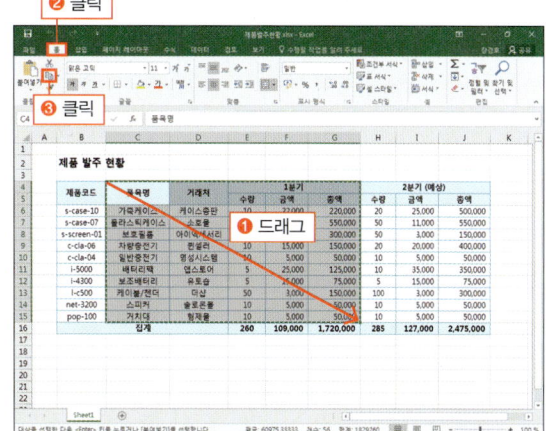

TIP

엑셀 데이터를 파워포인트에 연결하여 붙여넣기를 하면 엑셀 원본 파일이 파워포인트와 연결됩니다. 그렇기 때문에 엑셀 원본 데이터가 변경되면 파워포인트에서도 자동으로 수정되어 나타납니다. 표 데이터가 종종 변경되거나 방대한 데이터로 작업한 경우 오류를 바로 잡는다는 것은 매우 불편한 일이지만 연동을 통해 엑셀과 파워포인트를 함께 활용하면 매우 간단한 일입니다.

02_ 파워포인트에서 [홈] 탭-[클립보드] 그룹의 [붙여넣기]-[선택하여 붙여넣기]를 클릭합니다. [선택하여 붙여넣기] 대화상자가 나타나면 [연결하여 붙여넣기]를 체크하고 [Microsoft Excel 워크시트 개체]를 선택한 다음 [확인]을 클릭합니다.

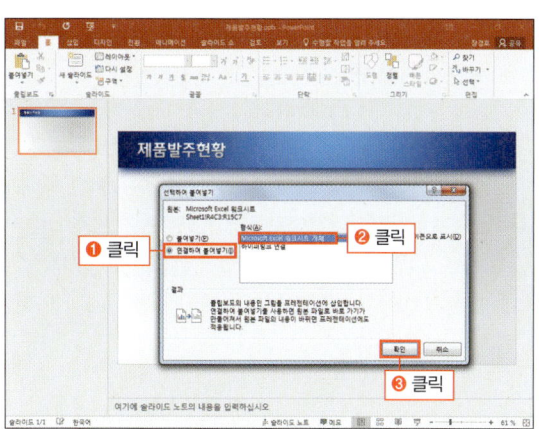

03_ 파워포인트에 엑셀 표가 붙여넣기 됩니다. 표 크기 및 위치를 조정합니다.

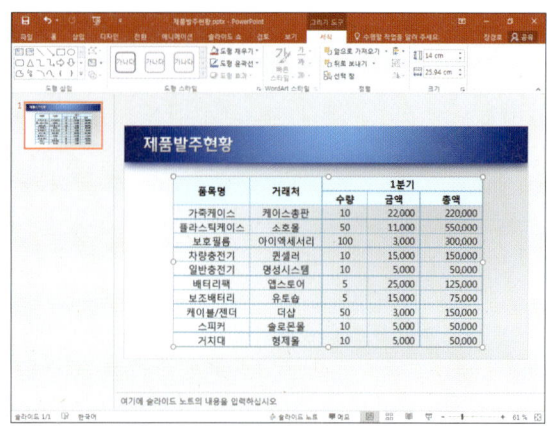

04_ 이제 엑셀 데이터를 수정해 보겠습니다. 다시 엑셀 파일을 불러온 후 엑셀 워크시트에서 표 내용을 수정합니다. 여기서는 [E6] 셀의 '10'을 '100'으로 변경합니다.

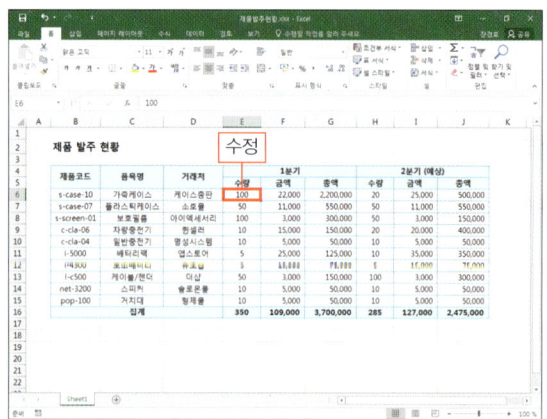

TIP

선택하여 붙여넣기한 엑셀 표는 파워포인트의 [빠른 스타일]이나 [그리기 도구]-[서식] 기능 중 일부를 사용할 수 없습니다. 그렇기 때문에 엑셀에서 빠른 스타일이나 서식을 적용한 후 가져오는 방법을 추천합니다.

05_ 파워포인트 표에서 [E6] 셀의 내용이 수정되었는지 확인합니다. 엑셀 워크시트에서 직접 수정하는 방법 외에도 파워포인트 표를 더블클릭하거나 마우스 오른쪽 버튼을 클릭하고 [연결된 워크시트 개체]-[편집]을 선택하여 엑셀 표를 수정할 수도 있습니다.

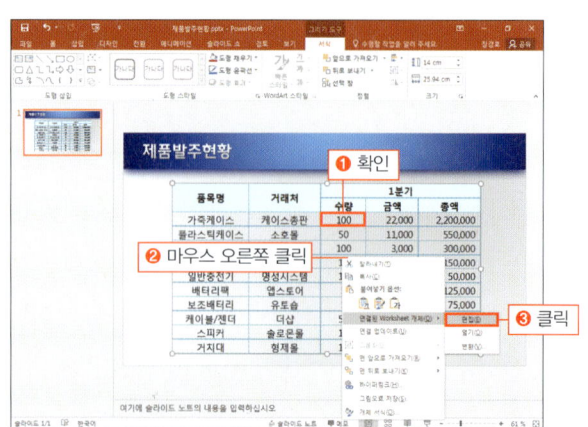

차트 삽입하고 데이터 입력하기

:: 준비파일 Part02₩Chapter02₩Section03₩판매현황.pptx | 완성파일 Part02₩Chapter02₩Section03₩판매현황_완성.pptx

파워포인트에서 비교 대상을 나열할 때는 텍스트보다 차트로 작성하는 것이 효과적입니다. 차트는 시각적으로 데이터를 표현하기 때문에 의사결정을 내리기가 훨씬 쉽습니다.

01_ 차트를 삽입하기 위해 [삽입] 탭–[일러스트레이션] 그룹에서 [차트]를 클릭합니다. [차트 삽입] 대화상자가 나타나면 [세로 막대형]–[묶은 세로 막대형]을 선택하고 [확인]을 클릭합니다.

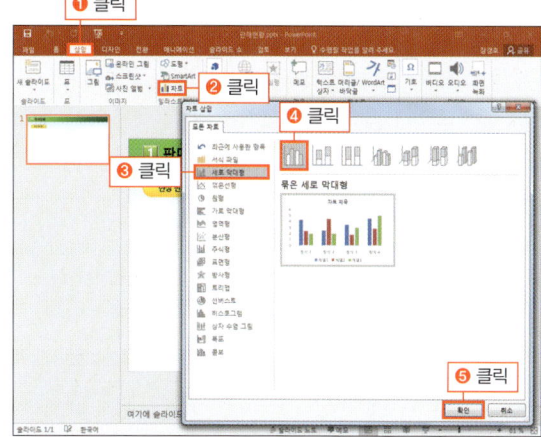

02_ 엑셀 시트 창이 나타나면 계열이나 항목, 혹은 데이터 범위를 늘리기 위해 조정 핸들을 드래그합니다. 여기서는 보라색 선의 범위 조정 핸들(⊞)을 아래로 드래그하여 늘린 후 계열을 입력합니다.

> **TIP**
>
> 엑셀 시트에는 빨간색, 보라색, 파란색 선이 나타납니다. 이 선은 계열과 항목, 그리고 데이터의 범위를 알려줍니다.

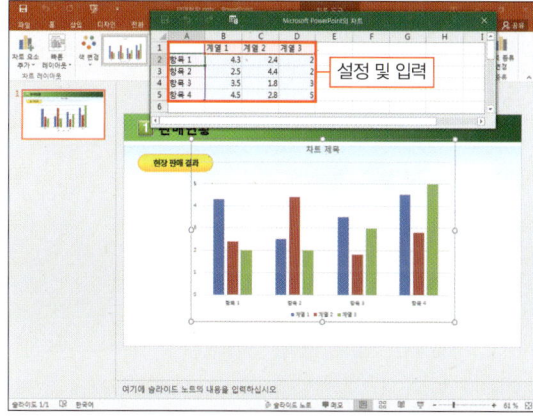

03_ 데이터를 다음과 같이 입력한 후 엑셀 시트 창의 [닫기]를 클릭합니다.

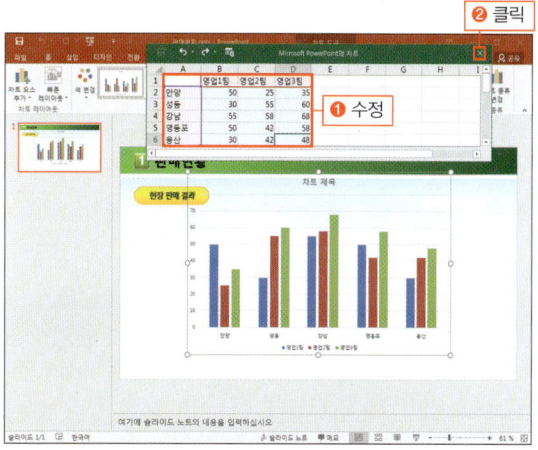

차트 스타일과 색 변경하기

∷∷ 준비파일 Part02₩Chapter02₩Section03₩판매현황(2).pptx | 완성파일 Part02₩Chapter02₩Section03₩판매현황(2)_완성.pptx

[차트 도구]-[디자인] 탭의 여러 기능을 이용해 차트 스타일 및 레이아웃을 변경하는 방법에 대해서 살펴보겠습니다.

01_ 차트를 선택한 상태에서 크기 및 위치를 조정합니다. [차트 도구]-[디자인] 탭-[차트 스타일] 그룹에서 [자세히]를 클릭하고 원하는 스타일을 선택합니다. 여기서는 [스타일 14]를 선택합니다.

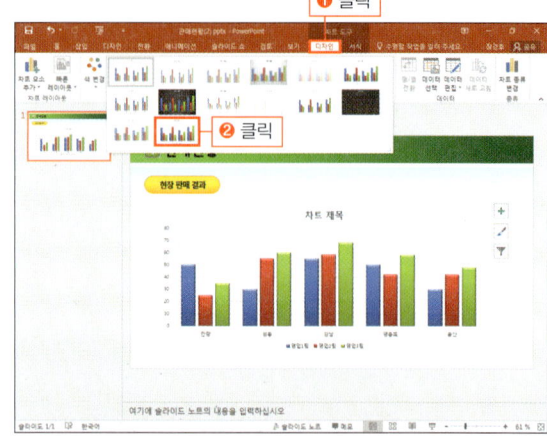

02_ [차트 도구]-[디자인] 탭-[차트 스타일] 그룹에서 [색 변경]을 클릭합니다. 다양한 색상 중에 원하는 색상을 선택합니다. 여기서는 [색 3]을 클릭합니다.

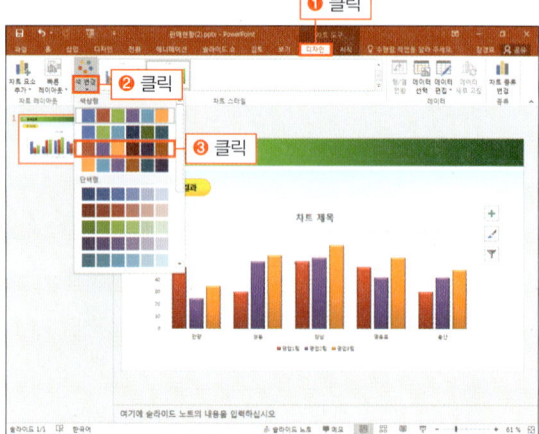

03_ 차트 상단 오른쪽에 있는 아이콘을 통해서도 차트 요소를 비롯해 스타일, 색 등을 변경할 수 있습니다. [차트 스타일]을 선택합니다. [차트 스타일]에는 [스타일]과 [색] 중에서 원하는 항목을 선택할 수 있습니다. 여기서는 [스타일]-[스타일 13]을 클릭합니다.

> **TIP**
> 차트를 선택하면 상단 오른쪽에 차트 요소를 비롯해, 스타일, 색 등을 변경할 수 있는 빠른 실행 단추가 나타납니다.

차트 레이아웃과 데이터 요소

:: **준비파일** Part02₩Chapter02₩Section03₩판매현황(3).pptx | **완성파일** Part02₩Chapter02₩Section03₩판매현황(3)_완성.pptx

설정한 차트 모양은 [차트 레이아웃] 그룹을 통해 축 제목이나 차트 제목 등의 차트 요소를 추가하거나 다른 레이아웃으로 변경할 수 있습니다. 또한, 차트 필터 기능을 통해 데이터 요소를 얼마든지 추가하거나 삭제 및 수정할 수도 있습니다.

01_ 이번에는 범례의 위치를 이동해 보겠습니다. 차트를 선택한 상태로 [차트 도구]–[디자인] 탭–[차트 레이아웃] 그룹에서 [차트 요소 추가]를 클릭합니다. 다양한 차트 요소가 나타나면 [범례]–[오른쪽]을 선택합니다.

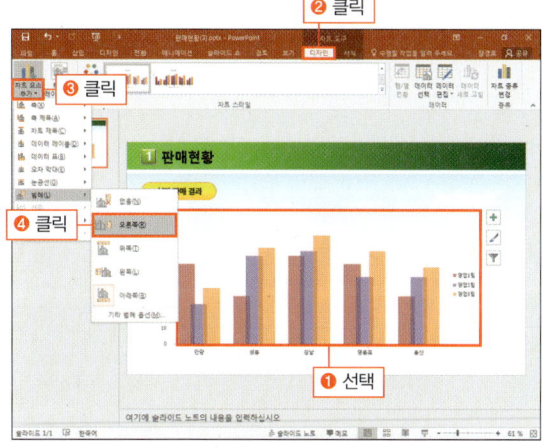

02_ 범례가 오른쪽으로 이동합니다. [차트 레이아웃] 그룹에서 [빠른 레이아웃]을 클릭합니다. 다양한 레이아웃이 나타나면 [레이아웃 10]을 선택합니다.

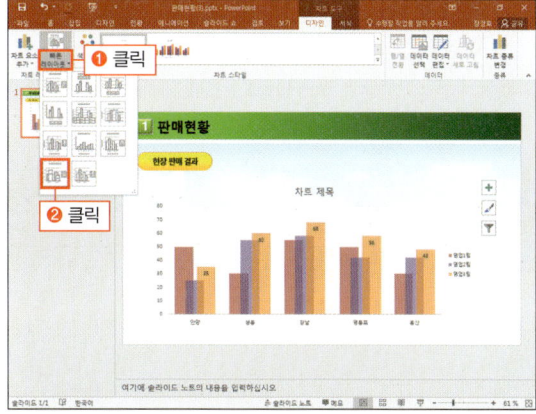

> **TIP**
>
> [차트 요소 추가]는 개별적으로 차트 요소를 변경 가능하지만 [차트 레이아웃]은 한 번에 차트 요소를 변경할 수 있습니다.

03_ 레이아웃이 변경됩니다. 다시 '차트 제목'이 표시되면 '차트 제목'을 선택한 후 마우스 오른쪽 버튼을 클릭하고 [삭제]를 선택합니다.

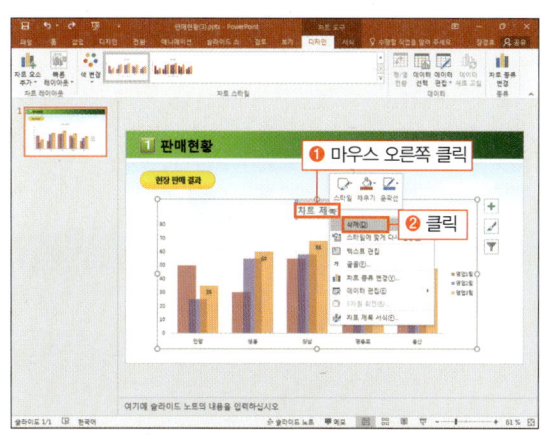

04_ 계열이나 범주를 삭제하기 위해 차트의 상단 오른쪽의 [차트 필터]를 클릭합니다. 차트 왼쪽에 데이터 요소 및 이름이 나타납니다. 차트에서 삭제하고 싶은 항목을 선택해 체크 해제합니다. 여기서는 [용산]의 체크를 해제하고 [적용]을 클릭합니다.

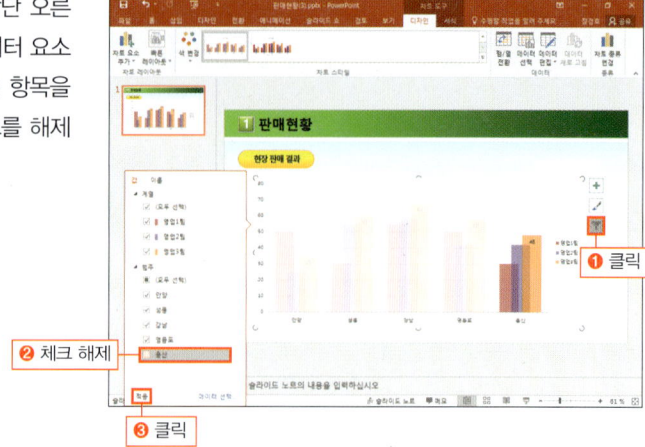

05_ 선택한 범주가 삭제됩니다. 참고로, [이름] 항목에서 계열이나 범주의 이름도 삭제할 수 있으며, 체크 해제된 항목을 다시 체크한 후 [적용]을 클릭하면 원래대로 복원됩니다.

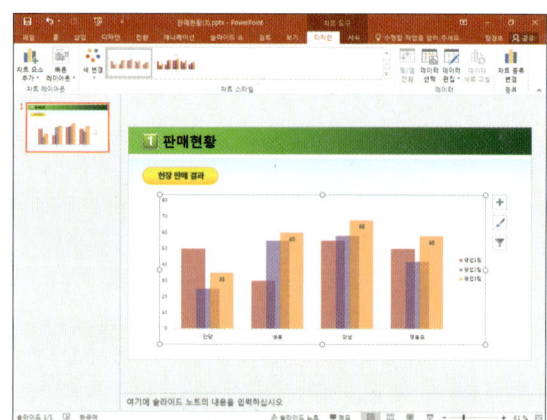

TIP

차트는 레이아웃 변경이나 차트 요소 추가뿐만 아니라 혼합(콤보)로 만들거나 데이터 영역에 클립아트를 삽입하여 강조할 수 있습니다. 차트 기능은 엑셀, 파워포인트, 워드 등 오피스 2016의 공통 기능이기에 더 자세히 알고 싶다면 엑셀편의 91페이지를 참조하기 바랍니다.

Special page

원형 차트로 변경하고 3차원 효과 적용하기

막대형으로 구성한 차트를 원형 차트로 손쉽게 변경할 수 있습니다. 특히, 원형 차트는 축이 하나이기에 단조롭기 쉬운데 이를 보완하기 위해 3차원 효과를 적용해 보겠습니다.

준비파일 : Part02₩Chapter02₩Section03₩투자분석서.pptx

완성파일 : Part02₩Chapter02₩Section03₩투자분석서_완성.pptx

01 예제 파일을 불러오면 막대형 차트가 나타납니다. 먼저 막대형 차트를 원형 차트로 변경해 보겠습니다. 차트를 선택하고 [차트 도구]–[디자인] 탭–[종류] 그룹에서 [차트 종류 변경]을 클릭합니다. [차트 종류 변경] 대화상자가 나타나면 [원형]–[3차원 원형]을 선택하고 [확인]을 클릭합니다.

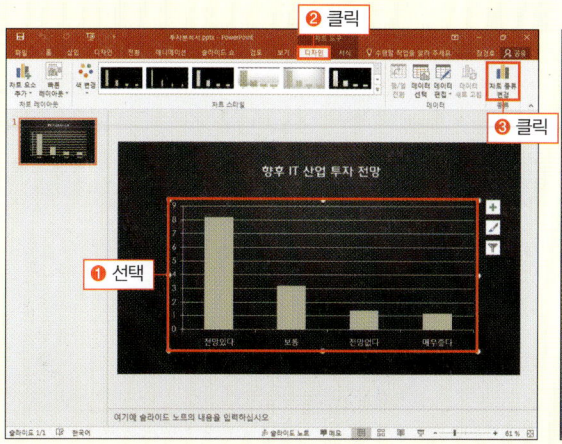

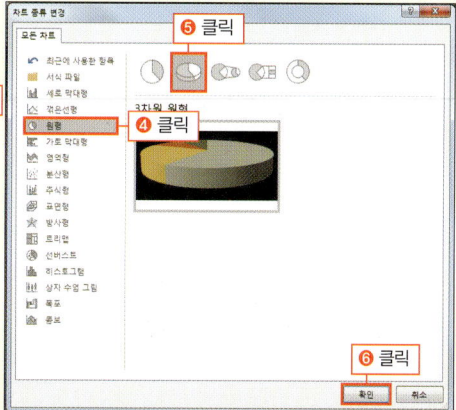

02 막대형 차트가 원형 차트로 변경됩니다. 데이터 레이블을 표시하기 위해 [차트 도구]–[디자인] 탭–[차트 레이아웃] 그룹에서 [차트 요소 추가]–[데이터 레이블]을 클릭한 후 [바깥쪽 끝에]를 선택합니다.

> **TIP**
> 원형 차트를 작성할 때 값(Y) 축의 개수가 너무 많으면 안됩니다. 여기서 말하는 값(Y) 축이란 원형 차트 각각의 조각을 말하는 것으로 이 조각이 너무 많으면 차트를 분석하기가 어려워질 뿐만 아니라 차트의 모양도 좋지 않습니다.

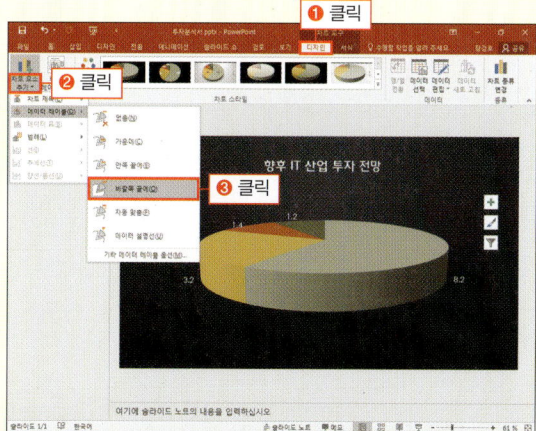

03 이번에는 차트 오른쪽에 있는 [차트 요소]를 클릭하여 원하는 요소를 추가해 보겠습니다. [차트 요소]를 클릭한 후 [범례]-[아래쪽]을 선택합니다. 차트에 범례가 추가되는 것을 확인합니다.

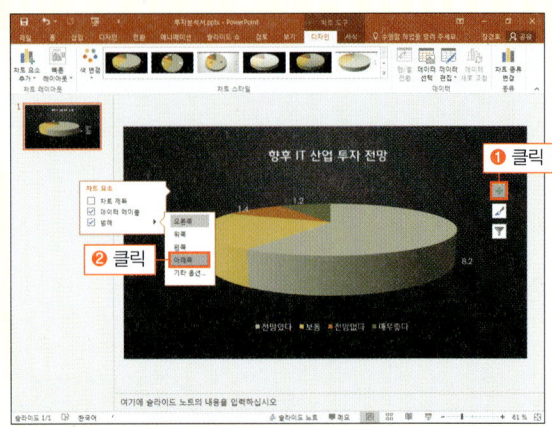

04 이번에는 차트에 3차원 서식을 적용해 보겠습니다. 차트 영역을 선택한 다음 마우스 오른쪽 버튼을 클릭하여 [데이터 계열 서식]을 선택합니다.

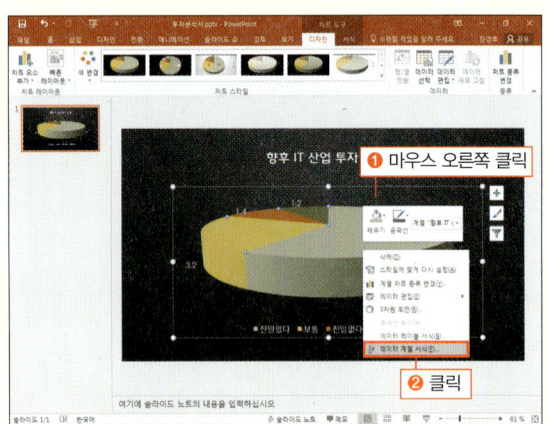

05 [데이터 계열 서식] 창이 나타나면 항목의 [계열 옵션]-[효과]에서 [3차원 서식]을 선택합니다. [3차원 서식]의 [위쪽 입체]에서 '둥글게'를 선택하고 [너비]는 『30』, [높이]는 『20』을 입력합니다.

06 동일한 방법으로 [아래쪽 입체]에서 '둥글게'를 선택
하고 [너비]는 『6』, [높이]는 『6』을 입력합니다.

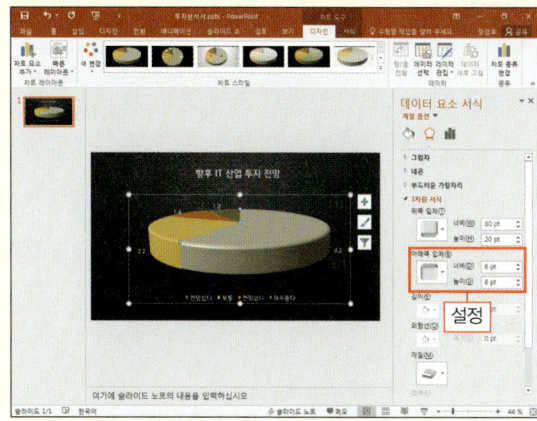

07 [재질]에서 [특수 효과]-[평면]을 클릭하면 차트의
재질이 변경됩니다.

08 이번에는 원형 차트를 회전시키고 나눠보겠습니다.
[데이터 계열 서식] 창의 [계열 옵션]을 클릭하고 [첫
째 조각의 각]에 『130』을 입력하면 차트의 각도가 조
절됩니다. [쪼개진 원형]에 『10』을 입력하면 차트가
분리되어 나타납니다.

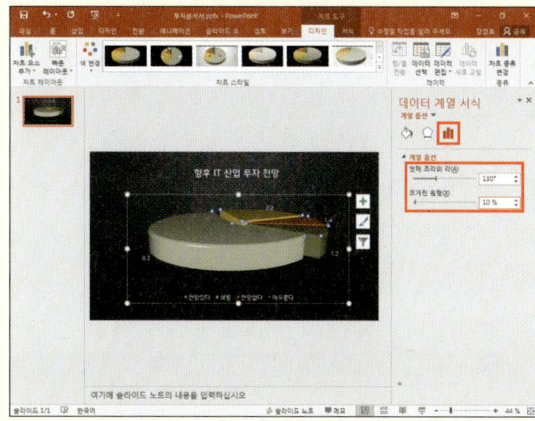

1 표 기능을 이용하면 다양한 방법으로 셀을 꾸미고 디자인할 수 있습니다. [표 스타일] 그룹에서 원하는 스타일을 선택하고 여러 셀을 병합해 봅니다.

◎ 준비파일 : Part02₩Chapter02₩Check₩역량사업.pptx   ◎ 완성파일 : Part02₩Chapter02₩Check₩역량사업_완성.pptx

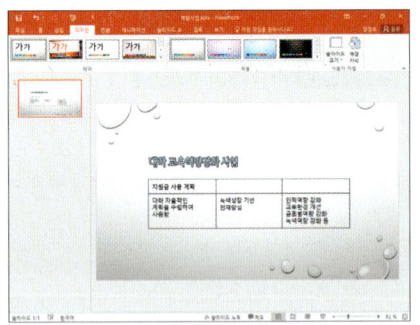 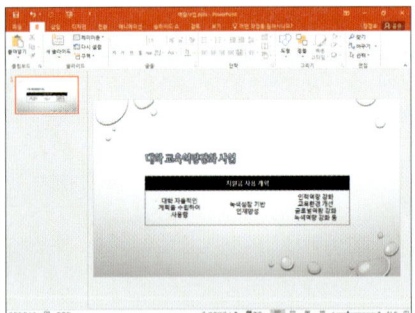

힌트

❶ [표 도구]–[디자인] 탭–[표 스타일] 그룹에서 [자세히]를 클릭한 후 원하는 스타일을 선택합니다.

❷ [표 도구]–[레이아웃] 탭–[병합] 그룹에서 [셀 병합]을 클릭합니다.

---

2 한번 삽입한 차트도 얼마든지 다른 차트로 변경할 수 있습니다. 여기서는 세로 막대형 차트를 가로 막대형 차트로 변경하되 3차원 묶은 가로 막대형으로 변경해 봅니다.

◎ 준비파일 : Part02₩Chapter02₩Check₩시공실적.pptx   ◎ 완성파일 : Part02₩Chapter02₩Check₩시공실적_완성.pptx

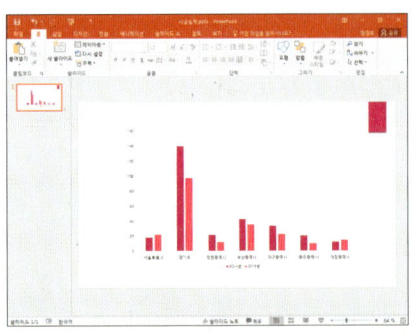 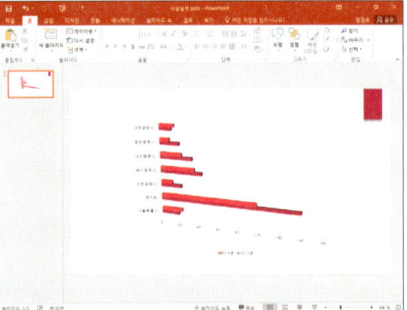

힌트

❶ [차트 도구]–[디자인] 탭–[종류] 그룹에서 [차트 종류 변경]을 선택합니다.

memo

Chapter 3

멀티미디어와
슬라이드 쇼

파워포인트 2016은 기존 영상 편집 프로그램에서나 가능하던 오디오나 비디오 편집 등을 간단히 적용할 수 있으며, 유튜브 등을 연결하여 스트리밍으로 재생할 수 있습니다. 또한, 애니메이션이나 화면 전환 효과를 통해 다이내믹한 슬라이드를 만들 수도 있습니다.

Section 1. 오디오와 비디오 편집하기

Section 2. 애니메이션과 화면 전환, 슬라이드 쇼

Section# 01

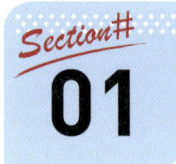

오디오와 비디오 편집하기

파워포인트는 WAV, MID, WMA 뿐만 아니라 MP3 등 다양한 소리 파일을 삽입할 수 있습니다. 또한, AVI, WMV, MP4 등 다양한 동영상 파일을 삽입할 수 있습니다. 여기서는 오디오나 비디오 파일을 이용한 다양한 편집 기능에 대해서 살펴보겠습니다.

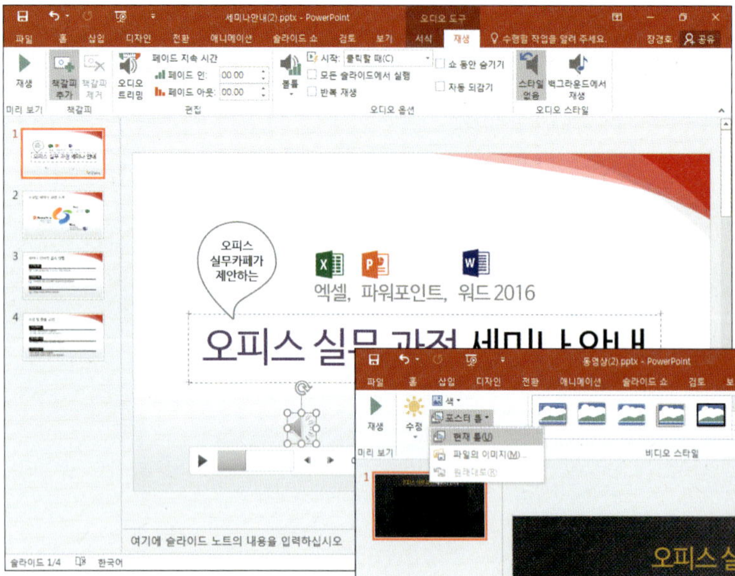

▲ 오디오 책갈피 추가하기

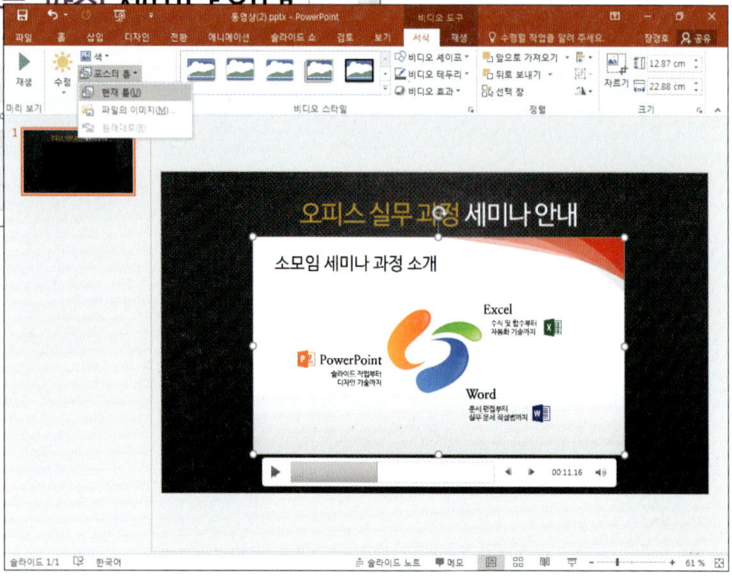

동영상 표지 만들기 ▶

이번 섹션에서 배울 주요 내용

- 오디오 파일 삽입하기
- 오디오 책갈피 추가하기
- 오디오 트리밍하기
- 연속으로 오디오 재생하기
- 비디오 파일 삽입하기
- 동영상 표지 만들기
- 비디오 서식 변경하기
- 페이드 인과 아웃 설정하기
- **스페셜** 화면 녹화를 통해 작업 화면 녹화하기
- **스페셜** 슬라이드를 비디오로 만들기

오디오 파일 삽입하기

:: **준비파일** Part02₩Chapter03₩Section01₩세미나안내.pptx, music.wma | **완성파일** Part02₩Chapter03₩Section01₩세미나안내_완성.pptx

오디오 파일을 삽입하면 [오디오 도구]-[재생] 탭이 생성됩니다. [재생] 탭을 통해 오디오 파일을 다양한 방법으로 조절할 수 있습니다.

01_ 오디오 파일을 삽입하기 위해 [삽입] 탭-[미디어] 그룹에서 [오디오]를 클릭하고 [내 PC의 오디오]를 클릭합니다. [오디오 삽입] 대화상자가 나타나면 'music.wma' 파일을 선택한 후 [삽입]을 클릭합니다.

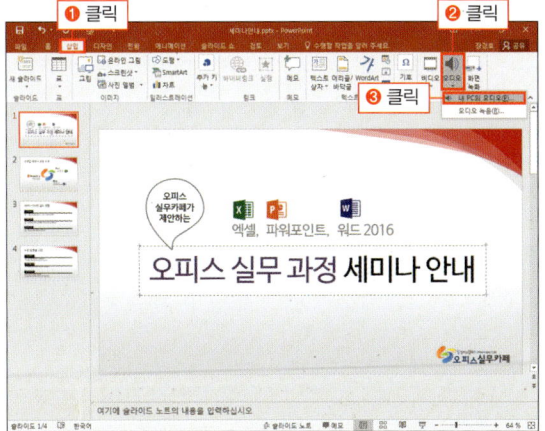 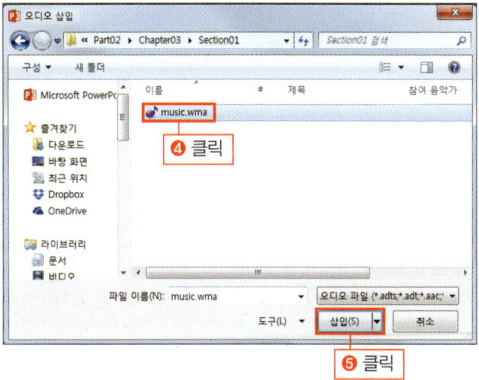

02_ [소리 아이콘](🔊)을 드래그하여 위치를 조절합니다. [소리 아이콘](🔊) 아래에 있는 제어판에서 [재생]을 클릭하면 소리 파일을 미리 들어볼 수 있습니다.

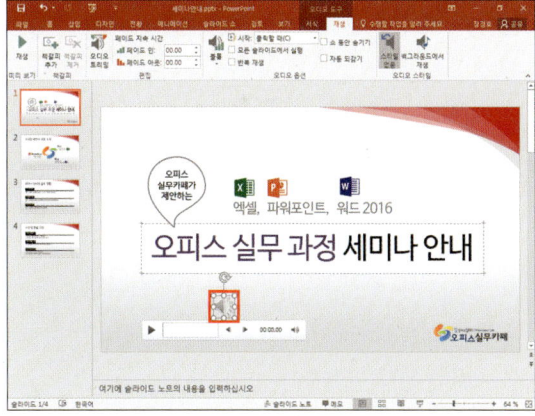

오디오 책갈피 추가하기

:: **준비파일** Part02₩Chapter03₩Section01₩세미나안내(2).pptx | **완성파일** Part02₩Chapter03₩Section01₩세미나안내(2)_완성.pptx

책갈피 추가 기능은 오디오 클립의 특정 지점을 빠르게 찾기 위해 사용합니다. 오디오 재생 시간이 길 경우 책갈피를 추가하여 원하는 지점에 빠르게 접근할 수 있습니다.

01_ [소리 아이콘](🔊)을 클릭하면 제어판이 나타납니다. 책갈피를 넣을 부분을 드래그하여 위치를 조정합니다. [오디오 도구]-[재생] 탭-[책갈피] 그룹에서 [책갈피 추가]를 클릭합니다.

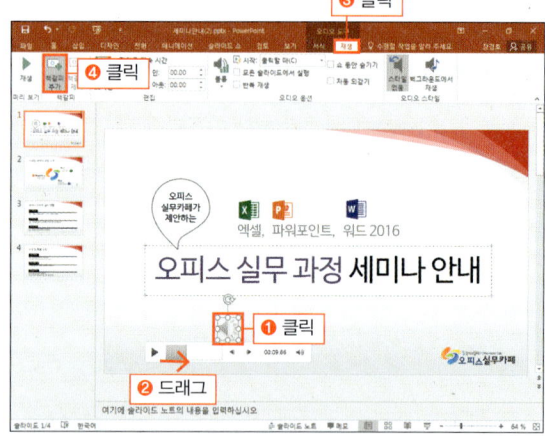

02_ 클릭한 지점에 책갈피가 추가됩니다. F5 를 눌러 슬라이드 쇼를 진행한 다음 오디오 클립 아이콘에 마우스 포인터를 위치시키면 책갈피가 나타납니다. 추가한 책갈피를 클릭하여 원하는 지점부터 오디오를 재생할 수 있습니다.

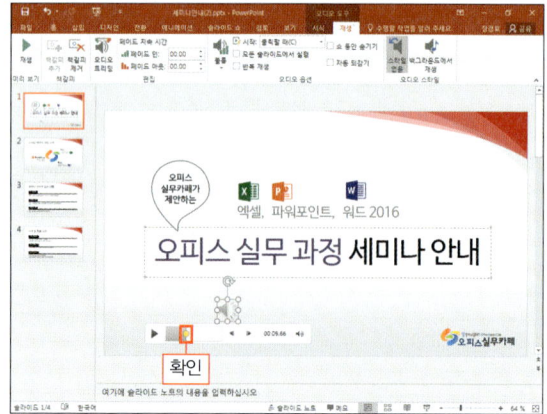

오디오 트리밍하기

:: **준비파일** Part02₩Chapter03₩Section01₩세미나안내(3).pptx | **완성파일** Part02₩Chapter03₩Section01₩세미나안내(3)_완성.pptx

트리밍이란 오디오나 비디오의 시작 지점과 끝 지점을 조절하여 원하는 부분만 재생할 수 있는 기능입니다.

01_ [소리 아이콘](🔊)을 클릭한 상태에서 [오디오 도구]-[재생] 탭-[편집] 그룹에서 [오디오 트리밍]을 클릭합니다. [오디오 맞추기] 대화상자가 나타나면 녹색(🟢) 지점을 드래그하여 시작 지점을 설정하고, 빨간(🔴) 지점을 드래그하여 끝 지점을 설정한 후 [확인]을 클릭합니다.

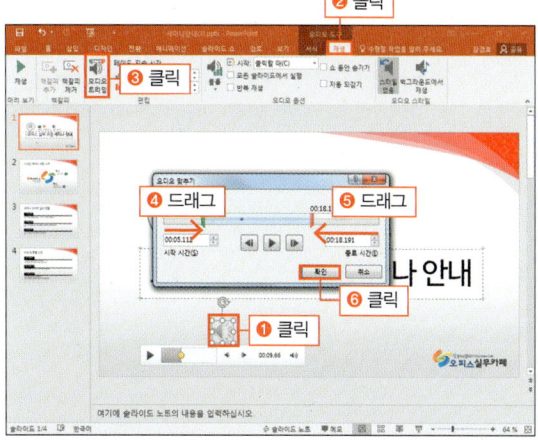

02_ 제어판에서 [재생]을 클릭하면 [오디오 맞추기] 대화상자에서 지정한 처음과 끝 지점만 재생되는 것을 확인할수 있습니다.

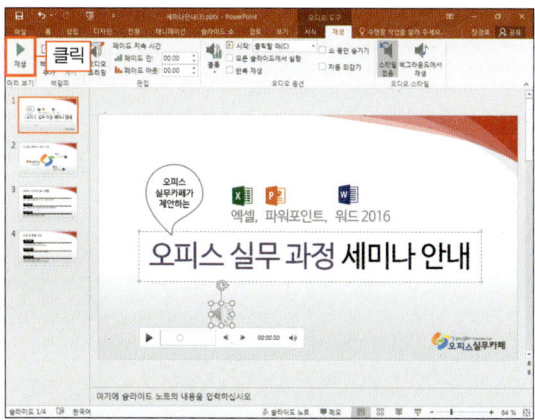

연속으로 오디오 재생하기

:: **준비파일** Part02₩Chapter03₩Section01₩세미나안내(4).pptx | **완성파일** Part02₩Chapter03₩Section01₩세미나안내(4)_완성.pptx

특정 슬라이드까지 페이지가 넘어가도 삽입한 음악이 계속 나오게 하고 싶다면 [오디오 재생] 대화상자에서 설정할 수 있습니다.

01_ 슬라이드 쇼가 진행되면 자동으로 오디오가 재생되도록 설정해 보겠습니다. [소리 아이콘](🔊)을 클릭한 상태로 [오디오 도구]-[재생] 탭-[오디오 옵션] 그룹에서 [시작]-[자동 실행]을 클릭합니다.

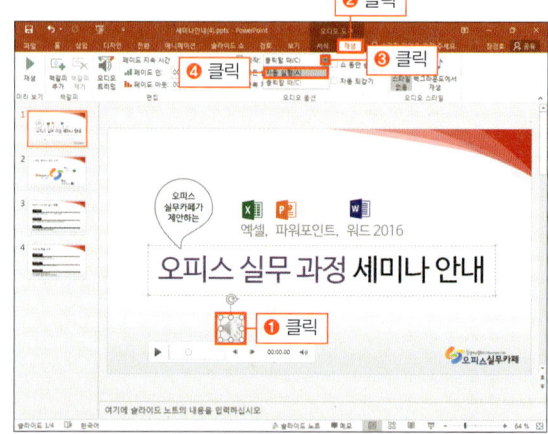

> **TIP**
>
> 두 번째 슬라이드로 넘어가면 오디오는 멈추게 됩니다. 이럴 때에는 [오디오 옵션] 그룹에서 [모든 슬라이드에서 실행]을 체크하거나 [오디오 스타일] 그룹에서 [백그라운드에서 재생]을 클릭하여 전체 슬라이드에 오디오를 재생할 수 있습니다.

> **TIP**
>
> 페이드 인과 페이드 아웃 기능을 통해 오디오 클립이 재생될 때 소리의 음향 조절이 자동으로 설정되면서 부드럽게 시작되고 종료되도록 만들 수 있습니다. 오디오 클립을 선택한 상태로 [오디오 도구]-[재생] 탭-[편집] 그룹에서 [페이지 인]과 [페이드 아웃]에 원하는 재생 속도를 입력합니다.

02_ 전체 슬라이드가 아닌 1번 슬라이드부터 3번 슬라이드까지 오디오를 연속으로 재생해 보겠습니다. [소리 아이콘](🔊)을 클릭한 상태에서 [애니메이션] 탭-[애니메이션] 그룹의 [추가 효과 옵션 표시]를 클릭합니다. [오디오 재생] 대화상자가 나타나면 [효과] 탭-[재생 중지]-[지금부터]를 체크한 후 『3』을 입력하고 [확인]을 클릭합니다.

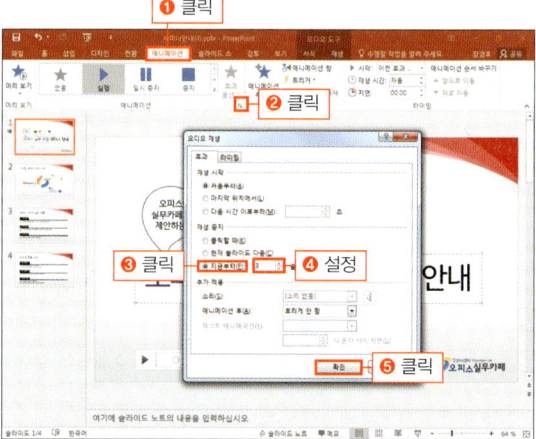

비디오 파일 삽입하기

:: **준비파일** Part02₩Chapter03₩Section01₩동영상.pptx, 세미나안내.mp4 | **완성파일** Part02₩Chapter03₩Section01₩동영상_완성.pptx

비디오 파일을 삽입하면 [비디오 도구]–[재생] 탭이 생성됩니다. [재생] 탭을 통해 비디오 파일을 다양한 방법으로 실행할 수 있습니다.

01_ 동영상 파일을 삽입하기 위해 [삽입] 탭–[미디어] 그룹에서 [비디오]–[내 PC의 비디오]를 클릭합니다. [동영상 삽입] 대화상자가 나타나면 '세미나안내.mp4' 파일을 선택하고 [삽입]을 클릭합니다.

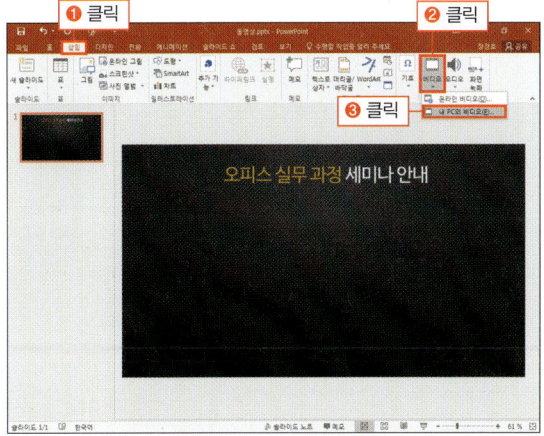
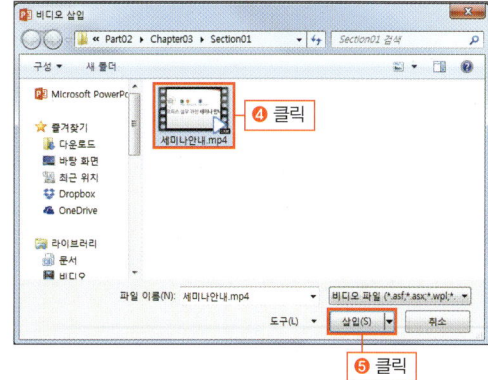

02_ 슬라이드에 동영상이 삽입됩니다. 크기 및 위치를 조정한 후 비디오 클립 아래에 있는 제어판에서 [재생] 단추를 클릭하여 동영상을 확인합니다.

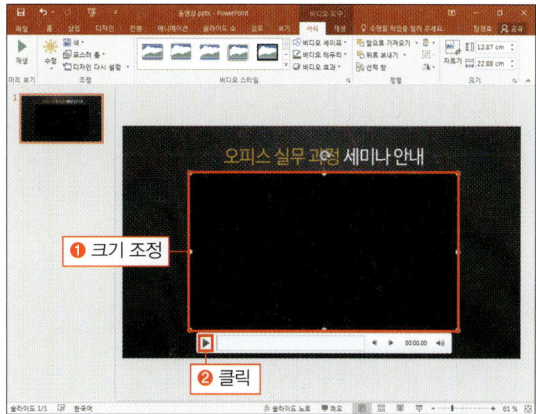

동영상 표지 만들기

:: **준비파일** Part02₩Chapter03₩Section01₩동영상(2).pptx | **완성파일** Part02₩Chapter03₩Section01₩동영상(2)_완성.pptx

동영상을 삽입한 슬라이드에는 검은색이나 무의미한 화면이 표지로 나타납니다. 그러므로 포스터 틀을 이용하여 동영상 표지를 만들어 주는 것이 좋습니다.

01_ 동영상을 재생한 후 표지로 사용할 부분을 선택합니다. [비디오 도구]-[서식] 탭-[조정] 그룹에서 [포스터 틀]-[현재 틀]을 클릭합니다.

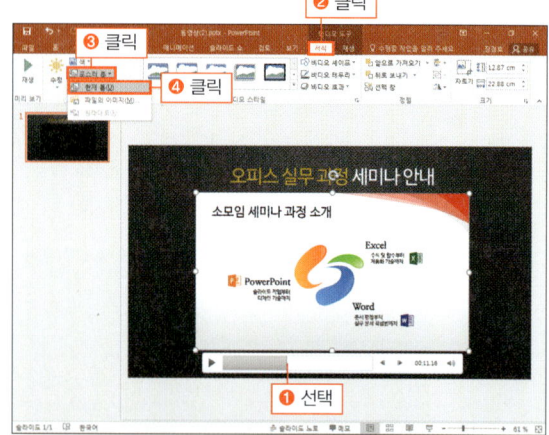

02_ 재생 바에 포스터 틀이 설정되었다는 문구가 나타납니다.

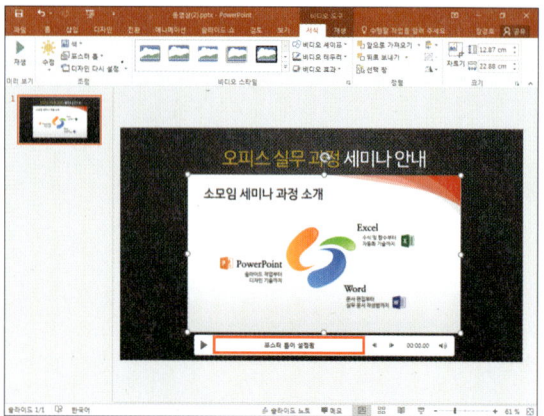

03_ F5 를 눌러 슬라이드 쇼를 진행해보고, 현재 틀이 동영상 표지로 지정되어 있는지 확인합니다.

비디오 서식 변경하기

:: **준비파일** Part02₩Chapter03₩Section01₩동영상(3).pptx | **완성파일** Part02₩Chapter03₩Section01₩동영상(3)_완성.pptx

비디오 파일에도 도형이나 이미지처럼 색이나 포스터 틀 등을 적용하여 꾸밀 수 있습니다.

01_ 비디오를 선택한 상태에서 [비디오 도구]–[서식]
탭–[비디오 스타일] 그룹에서 [자세히]를 클릭하고 [원근
감(낮은 수준의 입체)]를 선택합니다.

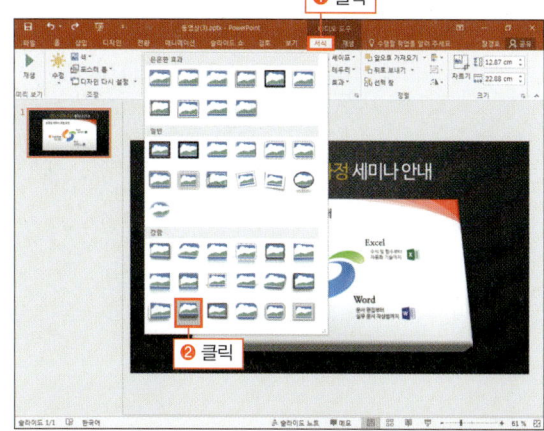

02_ 비디오 클립의 서식이 변경됩니다. 참고로, 비디오
클립의 색상도 변경할 수 있습니다. [비디오 도구]–[서식]
탭–[조정] 그룹에서 [색]을 클릭한 후 원하는 색상을 선택
하여 변경할 수 있습니다.

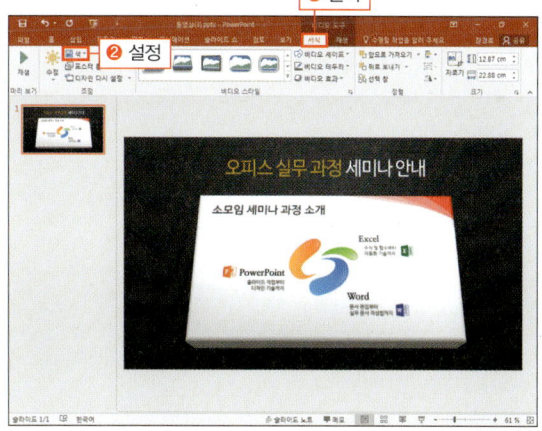

페이드 인과 아웃 설정하기

:: **준비파일** Part02₩Chapter03₩Section01₩동영상(4).pptv | **완성파일** Part02₩Chapter03₩Section01₩동영상(4)_완성.pptx

페이드 인은 점점 밝아지는 효과를 말하며, 페이드 아웃은 점점 어두워지는 효과를 말합니다.

01_ 비디오를 선택한 상태에서 [비디오 도구]–[재생] 탭–[편집] 그룹에서 [페이드 인]에 『05.00』을 입력하고 [페이드 아웃]에 『05.00』을 입력합니다.

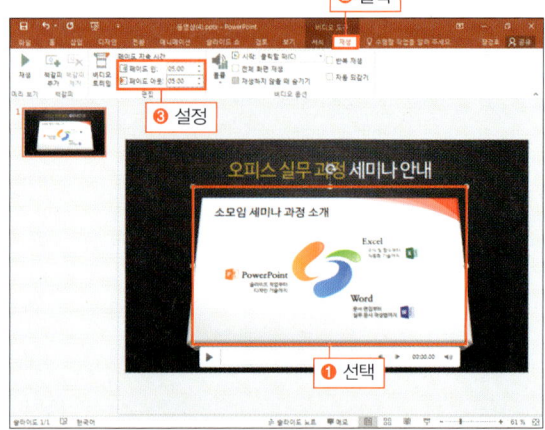

02_ [비디오 도구]–[재생] 탭–[미리 보기] 그룹에서 [재생]을 클릭합니다. 5초 동안 페이드 인 효과가 지속되며, 동영상의 마지막 부분에서 5초 동안 페이드 아웃 효과가 지속됩니다.

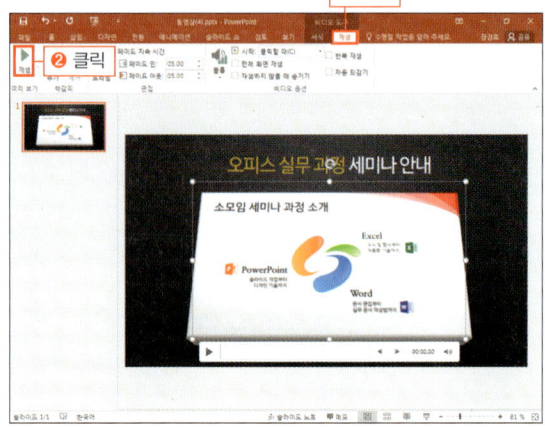

Special page

화면 녹화를 통해 작업 화면 녹화하기

파워포인트 2016의 기능 중에 가장 눈에 띄는 기능이 '화면 녹화'입니다. '화면 녹화' 기능을 통해 사용자가 직접 화면을 녹화하여 동영상 파일로 생성하거나 슬라이드에 삽입할 수 있습니다.

01 파워포인트를 실행하고 [삽입] 탭-[미디어] 그룹에서 [화면 녹화]를 클릭합니다.

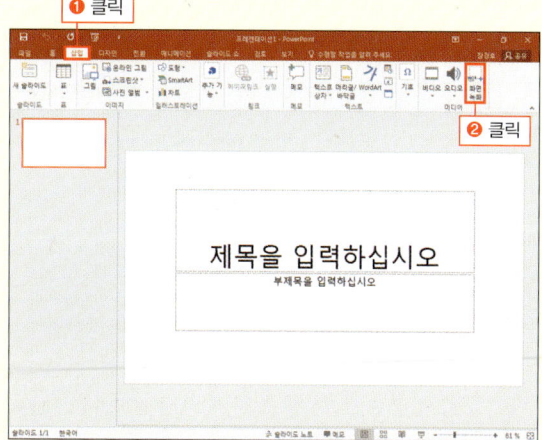

02 상단 중앙에 작은 옵션 창이 나타납니다. 동영상으로 만들 범위를 지정하기 위해 [영역 선택]을 클릭합니다. 마우스 포인터가 영역 선택 커서로 변경되면 동영상으로 만들 범위를 드래그하여 지정합니다.

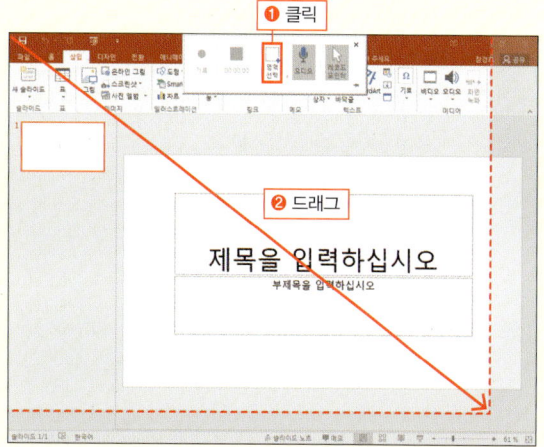

TIP
영역 선택이 중요한 이유는 영역 선택된 범위에서 동영상이 만들어지기 때문입니다. 영역을 벗어난 부분은 동영상에 포함되지 않습니다.

03 빨간색의 테두리가 나타나면 [기록]을 클릭합니다.

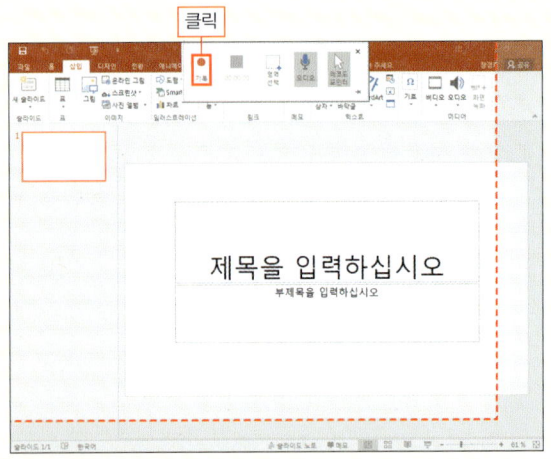

04 잠시 후 동영상 녹화가 진행됩니다. 이제 동영상으
로 만들 내용을 작업합니다.

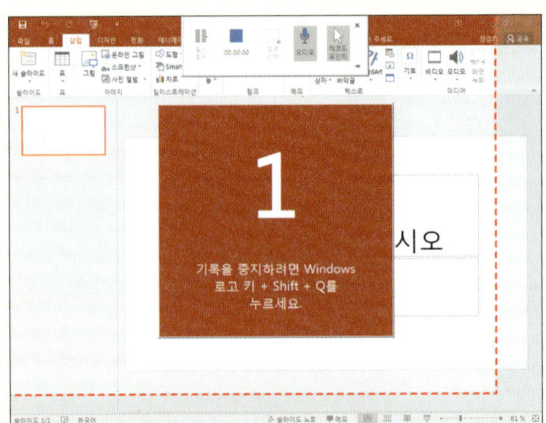

05 여기서는 동영상 삽입하는 방법을 화면 녹화 기능
을 통해 작업했습니다. 작업이 완료되었다면 ⊞
+ Shift + Q 를 누르거나 상단 중앙에 마우스를
올려 옵션 창을 불러온 다음 [멈춤]을 클릭합니다.

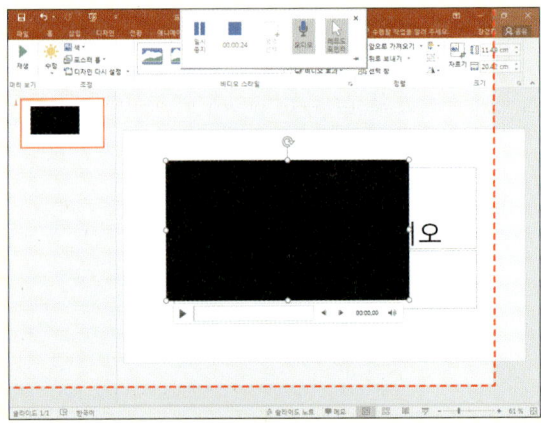

06 동영상이 만들어집니다. 재생을 클릭하면 동영상으로 만든 내용을 확인할 수 있습니다.

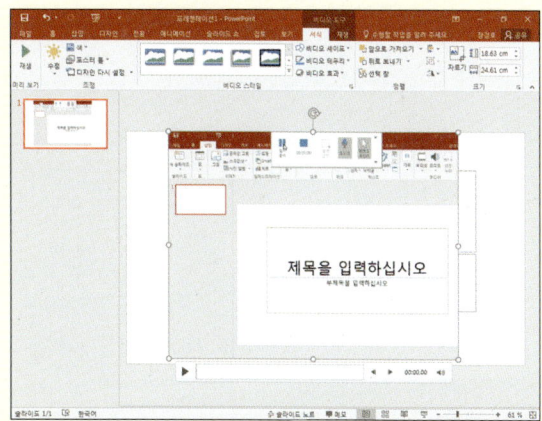

07 파워포인트 슬라이드에 동영상이 포함되었지만 이를 파일로 만들고 싶다면 동영상을 마우스 오른쪽 버튼으로 클릭한 후 [다른 이름으로 미디어 저장]을 선택합니다.

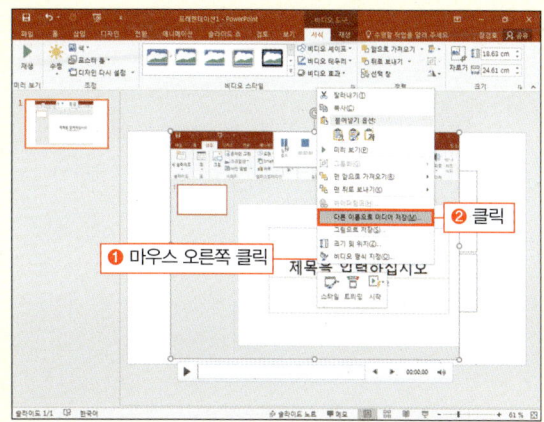

08 [다른 이름으로 미디어 저장] 대화상자가 나타나면 원하는 파일 이름과 파일 형식을 지정한 후 [저장]을 클릭합니다.

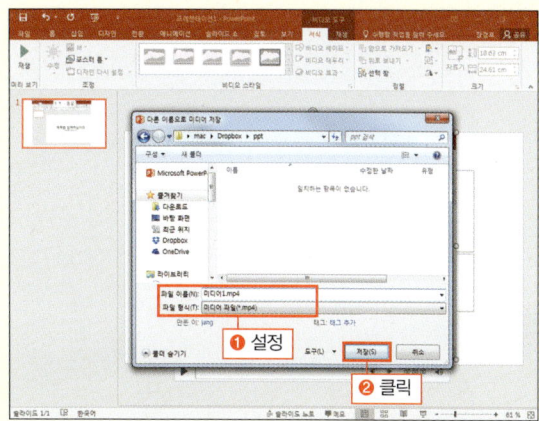

슬라이드를 비디오로 만들기

여러 장의 슬라이드를 웹이나 전자 메일을 통해 배포할 수 있는 고화질 동영상 파일로 변환할 수 있습니다.

준비파일 Part02₩Chapter03₩Section01₩이미지검색.pptx

01 [파일] 탭-[내보내기]-[비디오 만들기]를 클릭하고 '컴퓨터 및 HD 디스플레이'를 선택합니다. 원하는 해상도를 선택합니다. 여기서는 [프레젠테이션 품질]을 선택합니다.

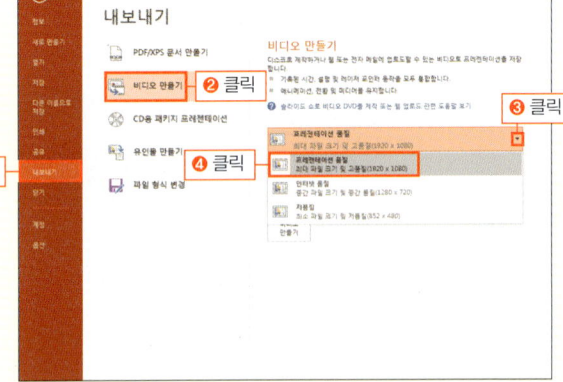

TIP

파워포인트 2016은 1920 * 1080 해상도의 고품질 비디오도 만들 수 있습니다.

02 [각 슬라이드에 걸리는 시간(초)]에 원하는 시간을 입력한 후 [비디오 만들기]를 클릭합니다.

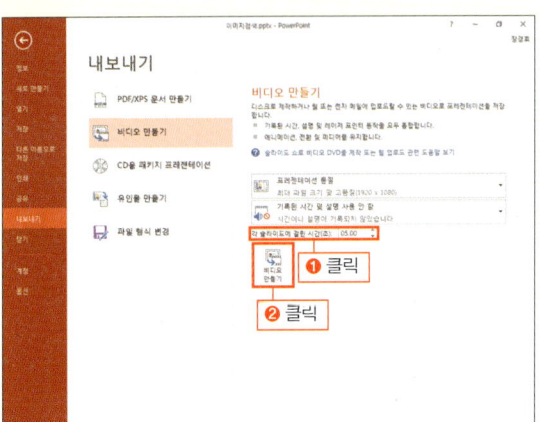

03 [다른 이름으로 저장] 대화상자가 나타나면 [저장 위치]를 선택하고 [파일 이름]을 입력한 후 [저장]을 클릭합니다.

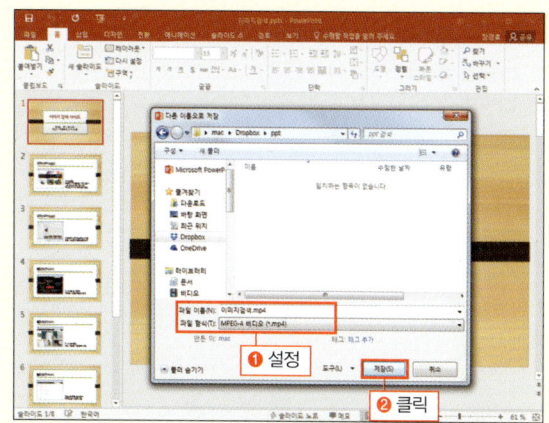

04 슬라이드가 동영상 파일로 변환됩니다. 저장한 파일을 실행하면 슬라이드가 아닌 동영상 파일이 열립니다.

1 슬라이드에 삽입한 동영상은 테두리나 그림자 등 다양한 서식을 지정할 수 있습니다. 여기서는 삽입한 비디오의 스타일을 다른 모양으로 변경해 봅니다.

◎ 준비파일 : Part02₩Chapter03₩Check₩동영상.pptx   ◎ 완성파일 : Part02₩Chapter03₩Check₩동영상_완성.pptx

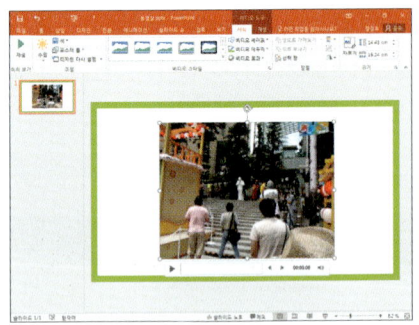 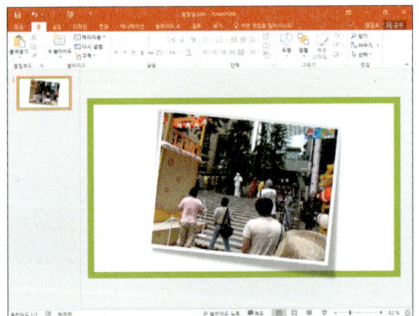

힌트

❶ [비디오 도구]–[서식] 탭–[비디오 스타일] 그룹의 [자세히]를 클릭해 원하는 스타일을 선택합니다.

2 유튜브와 같은 채널에 저장되어 있는 비디오를 검색하여 예제 슬라이드로 가져와 보세요.

◎ 준비파일 : Part02₩Chapter03₩Check₩스티브잡스.pptx   ◎ 완성파일 : Part02₩Chapter03₩Check₩스티브잡스_완성.pptx

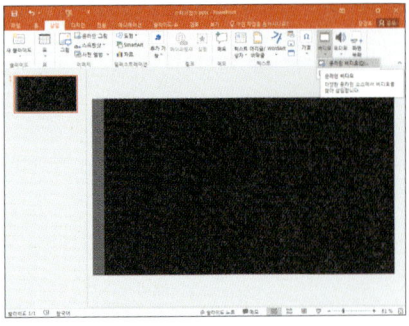 

힌트

❶ [삽입] 탭–[미디어] 그룹에서 [비디오]의 아랫부분을 클릭합니다.
❷ [비디오 삽입] 대화상자가 나타나면 [YouTube]에 원하는 키워드를 입력합니다.

Section 02

애니메이션과 화면 전환, 슬라이드 쇼

청중의 시선을 사로잡는 데 효과적인 파워포인트 기능 중 하나가 바로 애니메이션과 화면 전환 효과입니다. 애니메이션과 화면 전환 효과를 이용하면 슬라이드를 다이내믹하게 만들 수 있습니다. 또한, 프레젠테이션을 진행할 때에는 슬라이드 쇼 관련 기능은 반드시 숙지하고 있어야 합니다. 아무리 파워포인트의 다양한 기능을 숙지하고 잘 활용하더라도 슬라이드 쇼의 기능을 모른 채 프레젠테이션을 진행할 수는 없습니다.

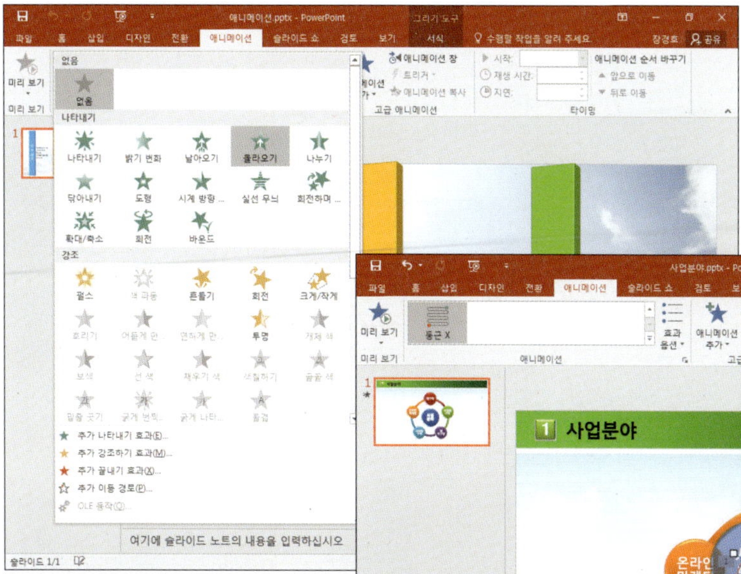

▲ 사용자 지정 애니메이션 지정하기

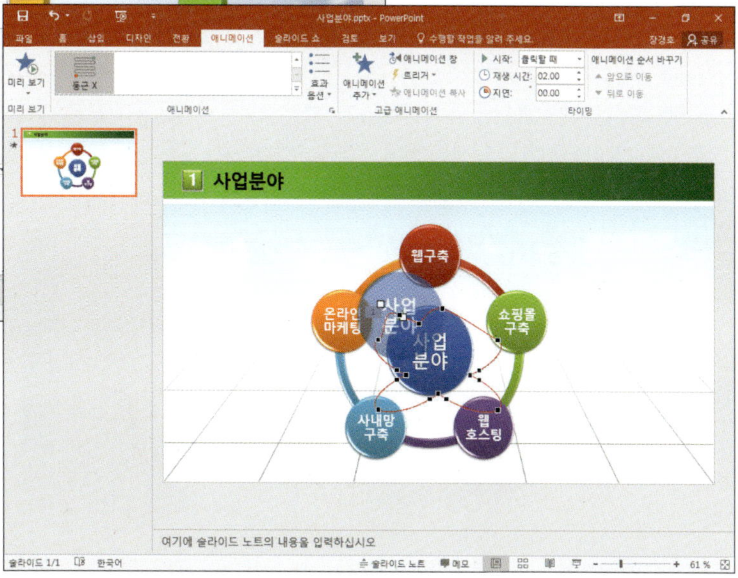

사용자 지정 경로 그리기 ▶

이번 섹션에서 배울 주요 내용

- 사용자 지정 애니메이션 지정하기
- 애니메이션 복사하기
- 사용자 지정 경로 그리기
- 화면 전환 효과 지정하기
- 화면 전환 동작 변경하기
- 전체 슬라이드 자동 전환하기
- 슬라이드 쇼 진행하기

- 포인트 옵션 적용하기
- 특정 영역 확대하여 쇼하기
- 슬라이드 쇼 재구성하기
- 필요 없는 슬라이드 숨기기
- **스페셜** 빠른 실행을 통해 전문가답게 작업하기
- **스페셜** 발표자 도구 활용하기

사용자 지정 애니메이션 지정하기

∷ **준비파일** Part02₩Chapter03₩Section02₩애니메이션.pptx | **완성파일** Part02₩Chapter03₩Section02₩애니메이션_완성.pptx

애니메이션 효과는 나타내기, 강조, 끝내기, 이동 경로 등 총 4개의 영역으로 표시되며, 각각의 영역마다 강조하는 애니메이션 효과가 다릅니다.

01_ 첫 번째 개체를 선택하고 [애니메이션] 탭-[애니메이션] 그룹에서 [자세히]를 클릭한 후 [나타내기]-[올라오기]를 선택합니다.

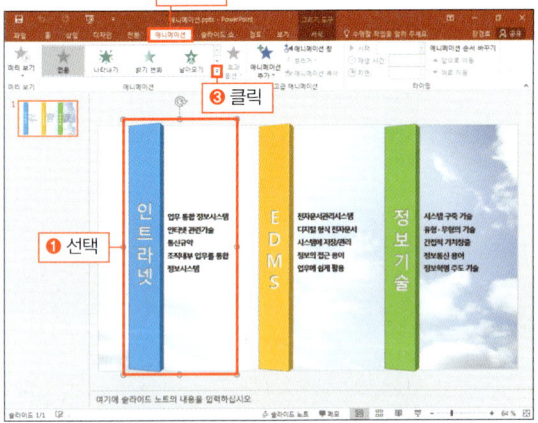

02_ 애니메이션이 적용되면 개체에 번호가 지정됩니다. 선택한 애니메이션은 효과 옵션을 통해 방향을 변경할 수 있습니다. [애니메이션] 탭-[애니메이션] 그룹에서 [효과 옵션]을 클릭한 후 [떠오르며 내려가기]를 선택합니다.

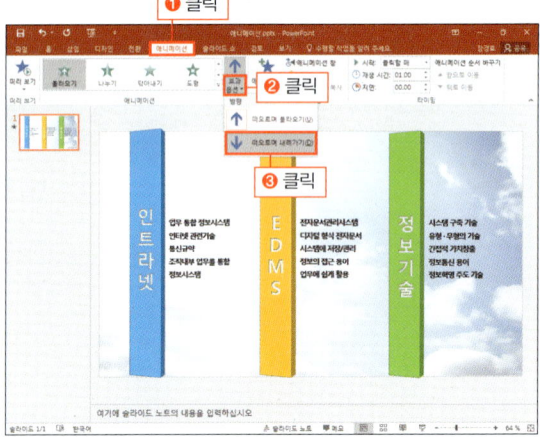

03_ 하나의 개체에 여러 개의 애니메이션을 중복 적용할 수 있습니다. [애니메이션] 탭-[고급 애니메이션] 그룹에서 [애니메이션 추가]를 클릭하고 [강조]-[펄스]를 선택합니다. 첫 번째 개체에 1, 2번 번호가 매겨집니다. 이는 개체에 애니메이션이 2개 지정되었다는 것을 의미합니다.

TIP

개체 왼쪽에 번호가 매겨진 번호는 애니메이션 효과의 진행 순서를 의미하며, 슬라이드 쇼 화면이나 인쇄 시에는 나타나지 않습니다.

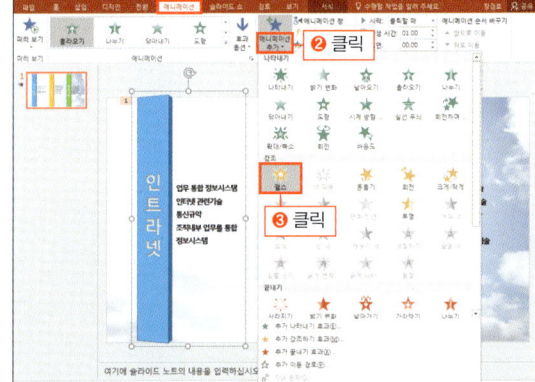

애니메이션 복사하기

:: 준비파일 Part02₩Chapter03₩Section02₩애니메이션(2).pptx | 완성파일 Part02₩Chapter03₩Section02₩애니메이션(2)_완성.pptx

[애니메이션] 탭–[애니메이션] 그룹에서 [애니메이션 복사]를 두 번 클릭하면 여러 번 연속으로 애니메이션을 복사할 수 있습니다.

01_ 첫 번째 개체에 적용되어 있는 애니메이션 효과를 두 번째, 세 번째 개체에도 적용해 보겠습니다. 그러기 위해서는 애니메이션을 복사하는 것이 좋습니다. 애니메이션을 복사할 첫 번째 개체를 선택한 다음 [애니메이션] 탭–[고급 애니메이션] 그룹에서 [애니메이션 복사]를 두 번 연속으로 클릭합니다.

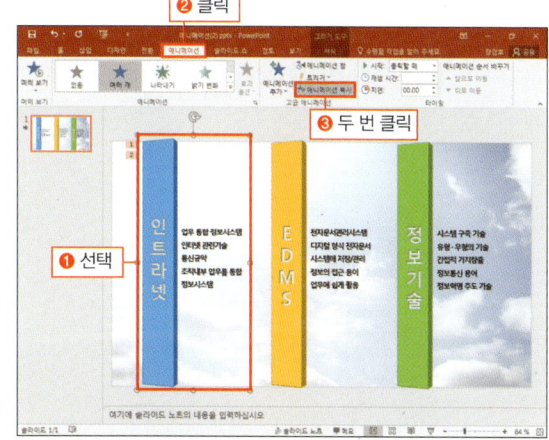

02_ 마우스 포인터 모양이 애니메이션 복사 모양으로 변경되면 두 번째 개체를 클릭합니다.

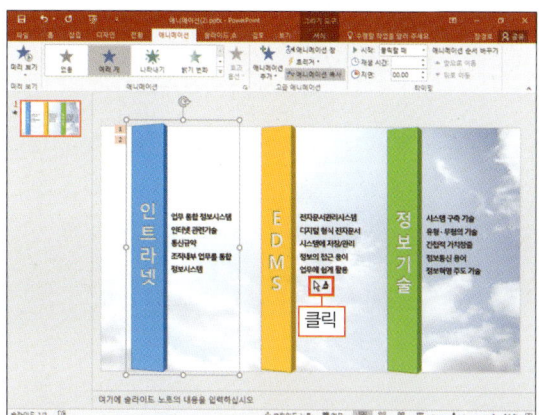

03_ 두 번째 개체에 3, 4번 번호가 매겨진 것을 확인하고 세 번째 개체를 클릭합니다. 애니메이션 지정이 완료되면 [애니메이션 복사]를 다시 클릭하거나 를 누릅니다.

> **TIP**
> [애니메이션 복사]를 한 번 클릭한 후 애니메이션을 복사하면 단 1회 복사가 진행됩니다. [애니메이션 복사]를 두 번 클릭한 후 예제를 따라하면 애니메이션을 연속으로 복사할 수 있습니다.

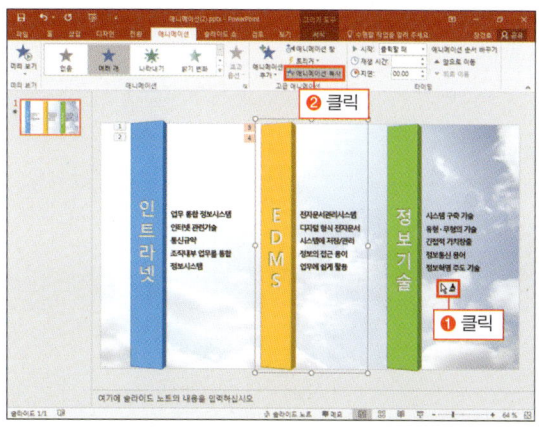

사용자 지정 경로 그리기

:: **준비파일** Part02₩Chapter03₩Section02₩사업분야.pptx | **완성파일** Part02₩Chapter03₩Section02₩사업분야_완성.pptx

사용자 지정 경로 그리기는 사용자가 지정하는 경로대로 애니메이션이 작동하게끔 만드는 작업을 의미합니다.

01_ 중앙에 위치하는 도형을 선택한 후 [애니메이션] 탭-[애니메이션] 그룹에서 [자세히]를 클릭한 후 [추가 이동 경로]를 선택합니다.

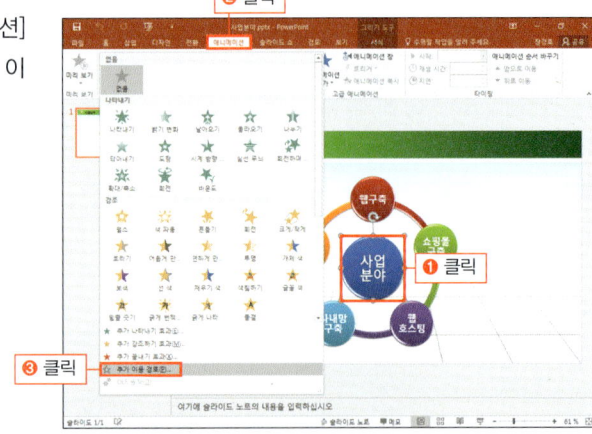

02_ [이동 경로 변경] 대화상자가 나타나면 [기타 경로]-[둥근 X]를 선택한 후 [확인]을 클릭합니다.

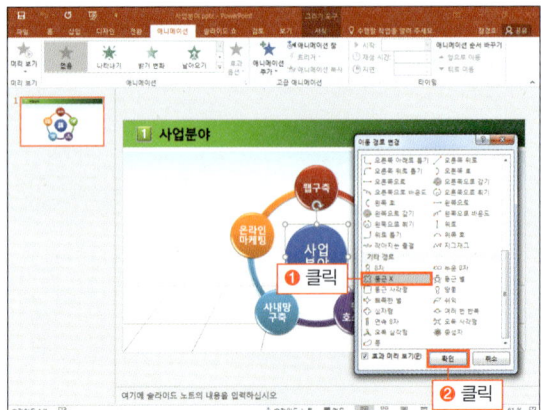

03_ 이동 경로가 지정되면, 슬라이드 편집 화면에 나타납니다.

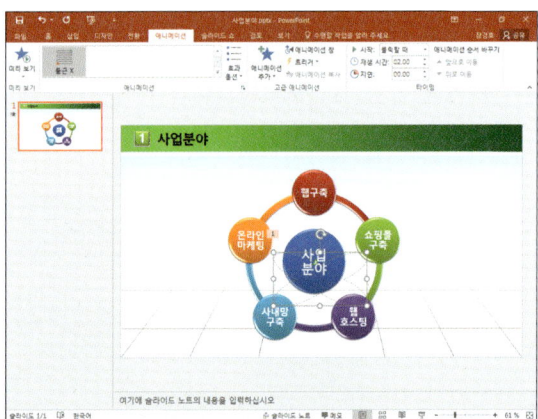

04_ 지정 경로의 선은 점 편집 기능을 통하여 변경할 수 있습니다. [애니메이션] 탭-[애니메이션] 그룹에서 [효과 옵션]을 클릭한 후 [경로]-[점 편집]을 선택합니다.

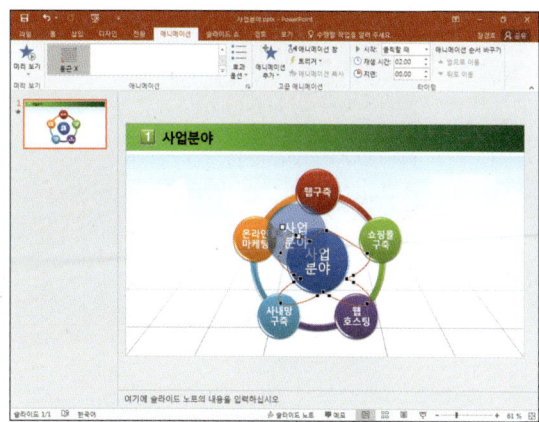

TIP

지정 경로 선을 선택하고 마우스 오른쪽 버튼을 클릭한 후 [점 편집]을 선택해도 됩니다.

05_ 지정한 경로의 점이 편집 가능한 상태로 열립니다. 드래그하여 지정 경로를 변경하고 **Esc** 를 눌러 지정 경로를 마무리합니다.

화면 전환 효과 지정하기

:: **준비파일** Part02₩Chapter03₩Section02₩화면전환효과.pptx | **완성파일** Part02₩Chapter03₩Section02₩화면전환효과_완성.pptx

화면 전환 효과는 슬라이드 쇼를 진행하는 경우에, 현재 슬라이드에서 다음 슬라이드로 넘어갈 때 작동하는 애니메이션 효과를 말합니다.

01_ 화면 전환 효과를 지정하기 위해 1번 슬라이드와 2번 슬라이드를 선택한 다음 [전환] 탭-[슬라이드 화면 전환] 그룹에서 [자세히]를 클릭합니다. 화면 전환 관련 갤러리가 나타나면 [화려한 효과]-[벗겨내기]를 선택합니다.

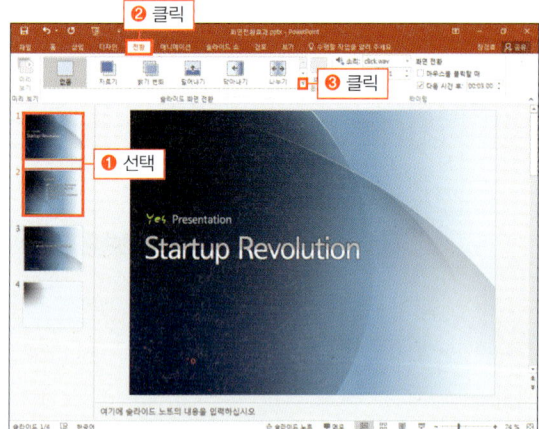
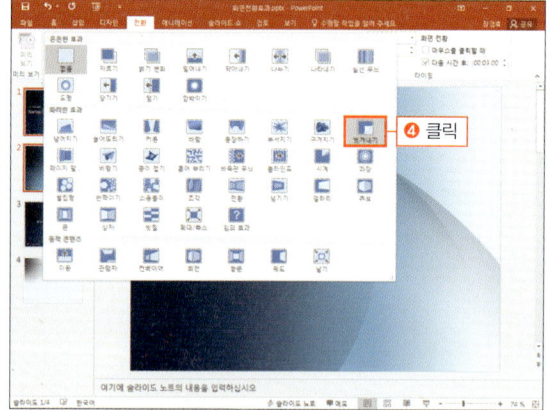

02_ 슬라이드 미리 보기 창에 애니메이션 효과 아이콘이 나타납니다. 두 번째 슬라이드를 선택한 후 [전환] 탭-[미리 보기] 그룹에서 [미리 보기]를 클릭하여 선택한 화면 전환 효과가 제대로 작동하는지 확인합니다.

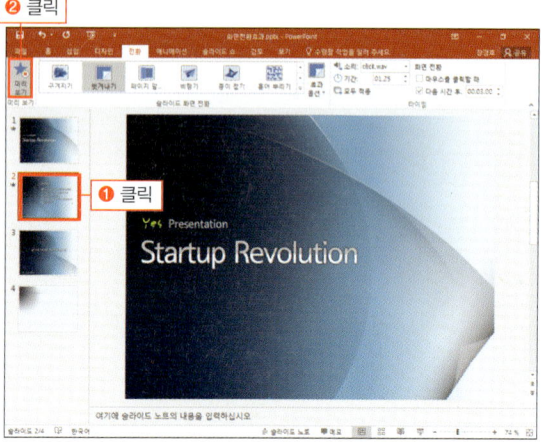

화면 전환 동작 변경하기

:: **준비파일** Part02₩Chapter03₩Section02₩화면전환효과(2).pptx | **완성파일** Part02₩Chapter03₩Section02₩화면전환효과(2)_완성.pptx

적용된 화면 전환 효과는 [효과 옵션]을 통해 진행되는 동작 옵션을 변경할 수 있습니다.

01_ 두 번째 슬라이드를 선택한 상태로 [전환] 탭-[슬라이드 화면 전환] 그룹에서 [효과 옵션]-[오른쪽으로]를 클릭합니다.

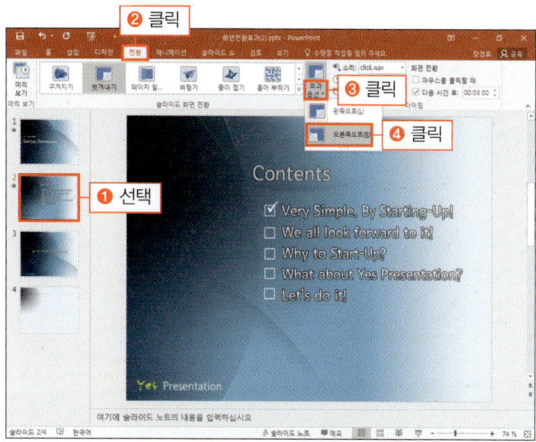

02_ 이번에는 전체 슬라이드에 동일한 화면 전환 효과를 지정하기 위해 [타이밍] 그룹에서 [모두 적용]을 클릭합니다. 슬라이드 미리 보기 화면에 화면 전환 효과 아이콘이 모두 나타납니다.

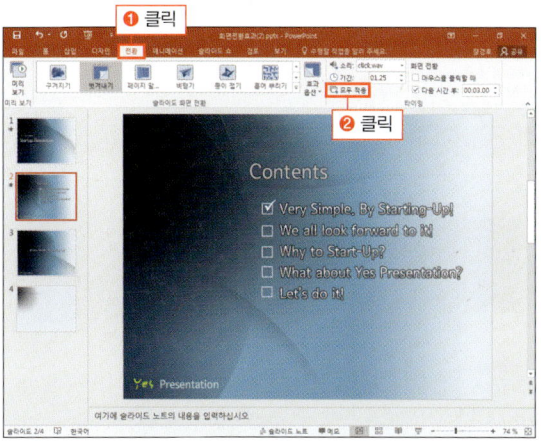

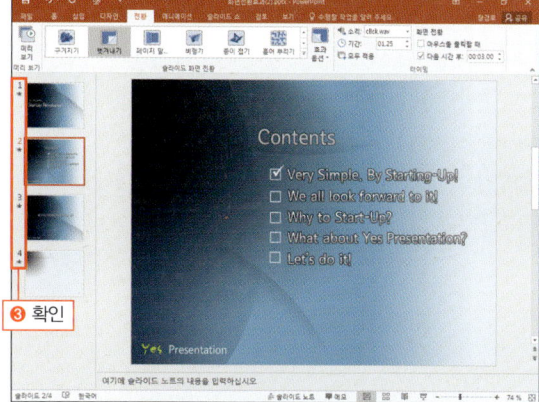

전체 슬라이드 자동 전환하기

:: **준비파일** Part02₩Chapter03₩Section02₩화면전환효과(3).pptx | **완성파일** Part02₩Chapter03₩Section02₩화면전환효과(3)_완성.pptx

슬라이드 화면이 일정 시간 후 자동으로 다음 슬라이드 화면으로 전환하도록 만들 수 있습니다.

01_ [전환] 탭-[타이밍] 그룹에서 [마우스를 클릭할 때]에 체크를 해제한 다음 [다음 시간 후]에 체크하고 『00:05』을 입력한 후 [모두 적용]을 클릭합니다.

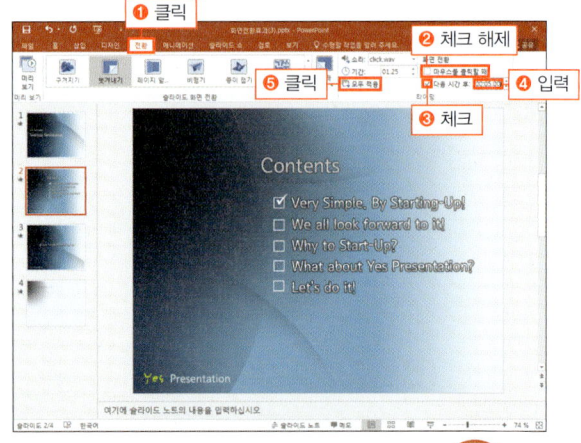

> **TIP**
>
> [마우스를 클릭할 때]에 체크 표시가 되어 있으면 슬라이드 쇼 진행 시 마우스를 클릭해야만 다음 슬라이드로 이동되기에 지금처럼 자동 전환으로 슬라이드 쇼를 진행하고 싶다면 [마우스를 클릭할 때]에 체크 표시를 해제한 다음 [다음 시간 후]에 원하는 자동 시간을 입력하는 것이 좋습니다.

02_ 전체 슬라이드에 시간이 제대로 지정되었는지 확인해 보겠습니다. [여러 슬라이드](▦)를 클릭합니다. 여러 슬라이드 보기 화면이 열리면 각 슬라이드의 아래쪽에 화면 전환 아이콘과 시간이 나타납니다.

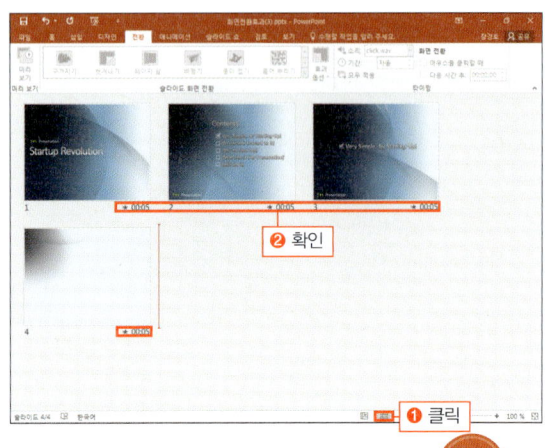

> **TIP**
>
> 특정 슬라이드에만 시간을 변경할 수도 있습니다. 특정 슬라이드를 선택한 후 [전환] 탭-[타이밍] 그룹에서 [다음 시간 후]에 시간을 입력하고 Enter 를 누릅니다.

슬라이드 쇼 진행하기

:: **준비파일** Part02₩Chapter03₩Section02₩사업계획서.pptx

슬라이드 쇼는 슬라이드 작업의 최종 단계입니다. 프레젠테이션을 진행하기 전에 전체 화면을 확인하는 과정에서도 반드시 거쳐야 하는 단계입니다.

01_ 슬라이드 쇼를 처음부터 실행하기 위해 [슬라이드 쇼] 탭-[슬라이드 쇼 시작] 그룹에서 [처음부터]를 클릭하거나 F5 를 누릅니다.

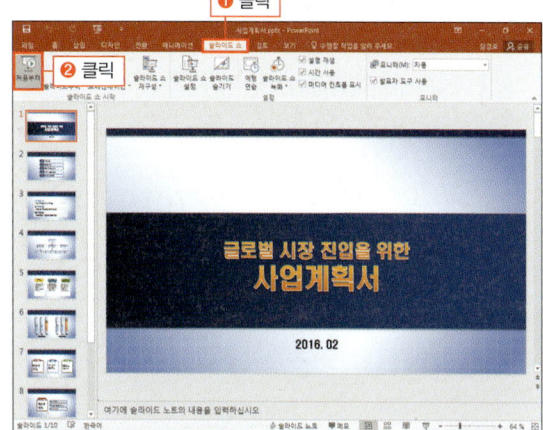

> **TIP**
> 특정 슬라이드부터 슬라이드 쇼를 실행하려면 시작할 슬라이드를 선택한 다음 [슬라이드 쇼] 탭-[슬라이드 쇼 시작] 그룹에서 [현재 슬라이드부터]를 클릭하거나 Shift + F5 를 누릅니다.

02_ 슬라이드 쇼로 전환됩니다. 마우스로 화면을 클릭하거나 Enter 혹은, Space Bar 를 눌러 다음 페이지로 이동할 수 있습니다. 슬라이드 쇼에서 마우스 오른쪽 버튼을 클릭하여 [모든 슬라이드 보기]를 선택합니다.

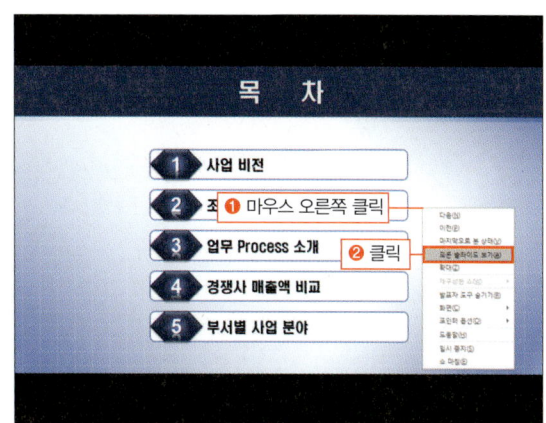

> **TIP**
> 슬라이드 쇼에서 왼쪽 하단의 아이콘 중 4번째를 클릭해도 [모든 슬라이드 보기]를 선택할 수 있습니다.

03_ 모든 슬라이드가 슬라이드 쇼 모드에서 열립니다. 원하는 슬라이드를 클릭하여 빠르게 넘어갈 수 있습니다. 여기서는 6번 슬라이드를 클릭합니다.

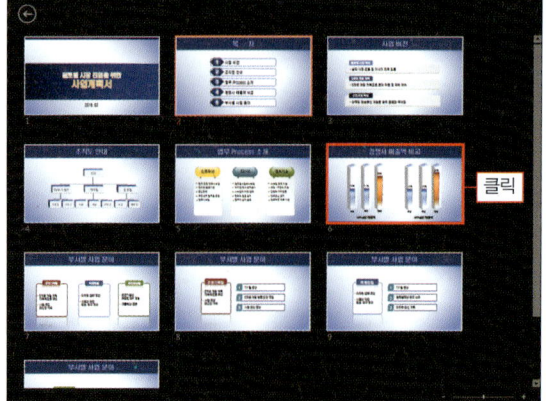

TIP
화면을 크게 확대하고 싶다면 오른쪽 하단에 위치하고 있는 [확대/축소] 단추를 활용합니다.

04_ 6번 슬라이드가 슬라이드 쇼로 열립니다. 슬라이드 쇼에서 왼쪽 하단의 아이콘 중 첫 번째, 두 번째 아이콘을 클릭해 이전, 다음 슬라이드로 넘어갈 수 있습니다. 또한, 슬라이드 쇼 화면에서 페이지 번호를 입력한 후 **Enter**를 누르면 원하는 슬라이드로 쉽게 이동할 수 있습니다. 여기서는 5번 슬라이드로 바로 넘어가기 위해 **5** + **Enter**를 누릅니다.

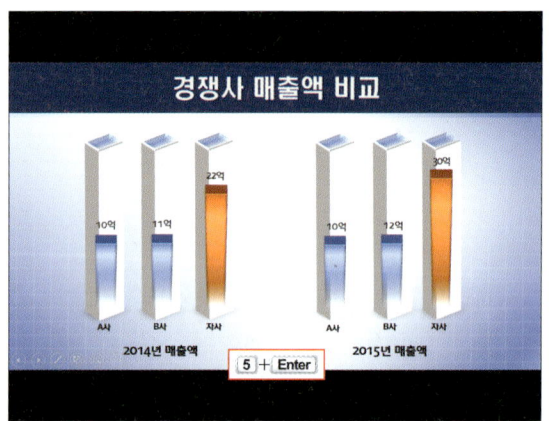

05_ 5번 슬라이드로 바로 넘어갑니다. 슬라이드 쇼를 마치고 슬라이드 편집 화면으로 돌아오기 위해 **Esc**를 누르거나 마우스 오른쪽 버튼을 클릭해 [쇼 마침]을 선택합니다.

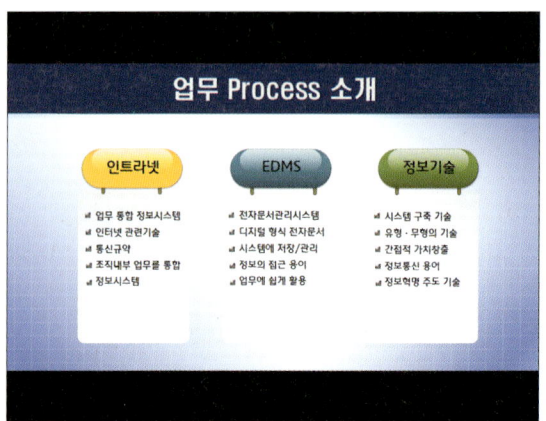

포인트 옵션 적용하기

:: 준비파일 Part02₩Chapter03₩Section02₩사업계획서.pptx | 완성파일 Part02₩Chapter03₩Section02₩사업계획서_완성.pptx

슬라이드 쇼를 진행하는 도중에 청중들에게 중요한 정보나 분위기 전환을 위해 포인트 옵션 기능을 사용할 수 있습니다.

01_ F5 를 눌러 슬라이드 쇼를 진행한 다음 마우스 오른쪽 버튼을 클릭하고 [포인트 옵션]-[잉크 색]에서 원하는 색상을 선택합니다.

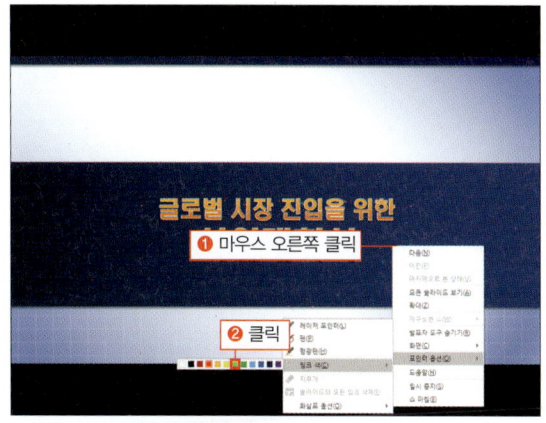

02_ 마우스 포인터 모양이 변경됩니다. 다음과 같이 드래그하여 그리면 펜 효과가 슬라이드 쇼에 적용됩니다.

> **TIP**
>
> Ctrl + P 를 누른 후 마우스를 드래그해도 동일하게 펜 기능을 실행할 수 있으며, 내용을 삭제하고 싶다면 E 를 누른 후 삭제할 수 있습니다.

> **TIP**
>
> 슬라이드 쇼에서 왼쪽 하단의 아이콘 중 세 번째 아이콘을 클릭해도 레이저 포인터나 펜, 형광펜 등을 선택해 그려 넣을 수 있습니다.

03_ Esc 를 눌러 슬라이드 쇼를 마칩니다. 잉크 주석을 유지하겠냐고 묻는 메시지 창이 나타나면 [예]를 클릭합니다.

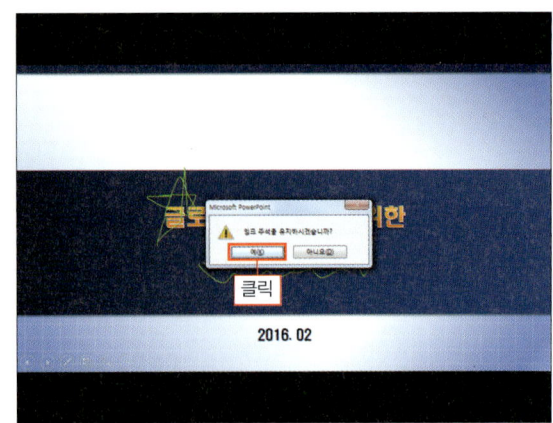

04_ 슬라이드 편집 화면에 잉크 주석이 유지된 채 저장됩니다. 잉크 주석은 하나의 개체로 인식되기 때문에 삭제를 원할 경우 클릭하여 삭제할 수 있습니다.

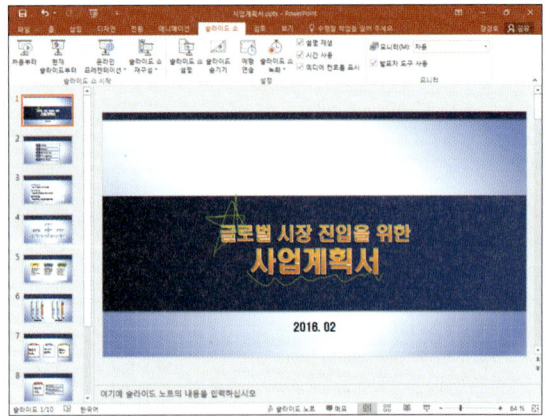

> **TIP**
>
> 레이저 빔 없이도 레이저 빔 효과를 적용할 수 있습니다. 슬라이드 쇼를 진행하다 레이저 빔을 사용할 필요가 있을 경우에는 Ctrl 을 누른 채 마우스를 드래그하거나 왼쪽 하단의 아이콘 중 세 번째 아이콘을 클릭해서 레이저 포인터를 선택한 후 레이저 포인트를 표시할 수 있습니다.

꼭!! 알고가기

포인트 옵션 살펴보기

프레젠테이션을 진행할 때 보통 레이저 펜을 이용하여 슬라이드 쇼를 진행하게 됩니다. 하지만 파워포인트 내에도 이와 유사한 기능이 숨겨져 있습니다. 슬라이드 쇼에는 왼쪽 하단에 6개의 아이콘을 통해 옵션을 지정할 수 있습니다.

❶ 이전 슬라이드로 돌아가기
❷ 다음 슬라이드로 넘어가기
❸ 레이저 포인터를 비롯해 펜, 형광펜 표시하기
❹ 섬네일 화면으로 모든 슬라이드 보기
❺ 슬라이드 일부 확대하기
❻ 슬라이드 쇼 옵션 더 보기

특정 영역 확대하여 쇼하기

:: **준비파일** Part02₩Chapter03₩Section02₩사업계획서(2).pptx

파워포인트에서는 슬라이드 쇼 진행 시 특정 영역을 크게 확대하여 표시할 수 있습니다.

01_ F5 를 눌러 슬라이드 쇼 상태에서 5 + Enter 를 누릅니다.

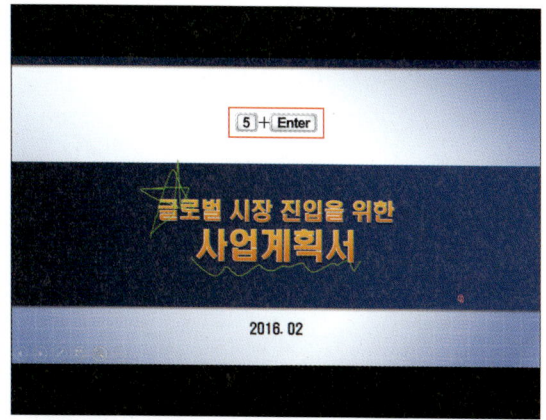

02_ 5번째 슬라이드가 바로 나타납니다. 왼쪽 하단의 아이콘 중 돋보기 모양의 다섯 번째 아이콘을 클릭합니다. 직사각형 모양의 영역이 나타납니다. 확대를 원하는 영역을 마우스로 클릭합니다.

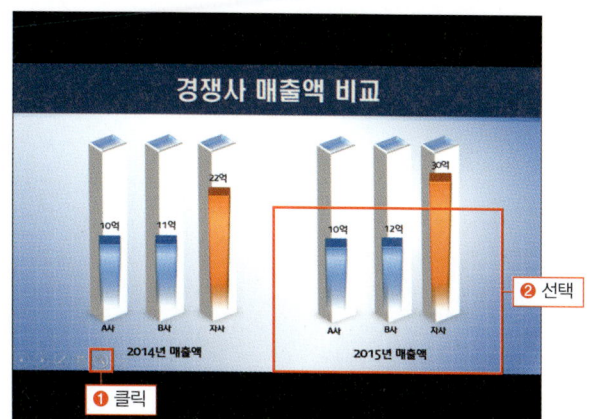

03_ 원하는 영역이 확대되어 나타납니다. Esc 를 눌러 확대를 해제합니다.

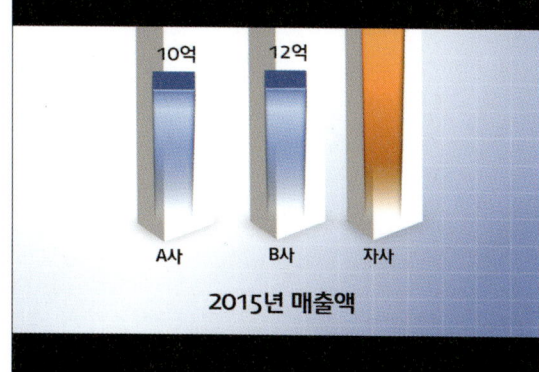

> **TIP**
> 슬라이드 쇼에서 여섯 번째 아이콘을 클릭한 후 [화면]-[화면 어둡게 하기]를 선택하거나 단축키 B 를 누르면 슬라이드 쇼 화면이 어둡게 변경됩니다.

슬라이드 쇼 재구성하기

:: **준비파일** Part02₩Chapter03₩Section02₩사업계획서(2).pptx | **완성파일** Part02₩Chapter03₩Section02₩사업계획서(2)_완성.pptx

슬라이드 쇼를 재구성하면 전체 슬라이드 중 몇몇 슬라이드를 선택하여 슬라이드 쇼를 진행할 수 있습니다.

01_ 특정 페이지만으로 슬라이드 쇼를 재구성하기 위해 [슬라이드 쇼] 탭-[슬라이드 쇼 시작] 그룹에서 [슬라이드 쇼 재구성]-[쇼 재구성]을 클릭합니다.

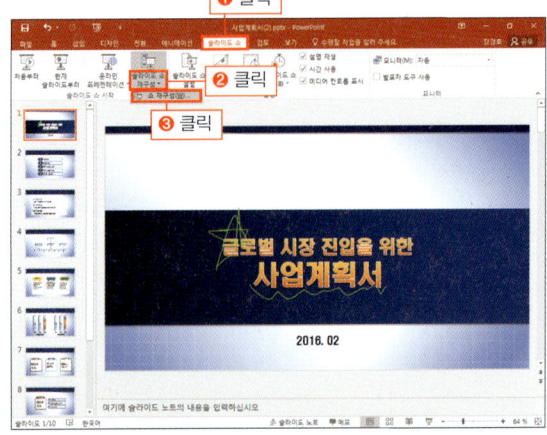

02_ [쇼 재구성] 대화상자가 나타나면 [새로 만들기]를 클릭합니다.

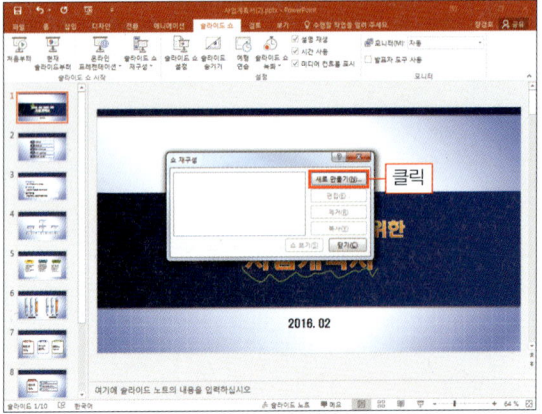

03_ [쇼 재구성하기] 대화상자가 나타나면 [슬라이드 쇼 이름]에 『재구성한 쇼 1』을 입력합니다. 재구성할 슬라이드에 체크한 후 [추가]를 클릭합니다. [재구성할 쇼에 있는 슬라이드] 목록에 선택한 슬라이드가 나타나면 [확인]을 클릭합니다.

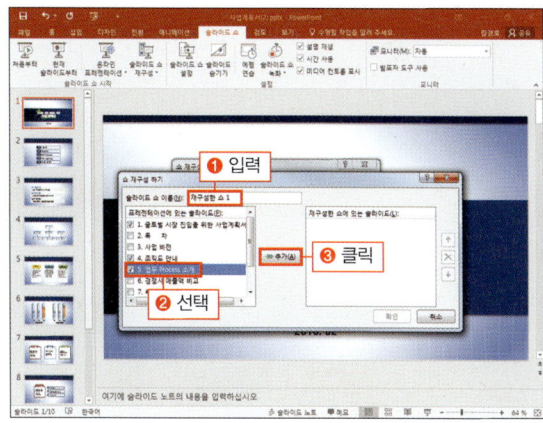
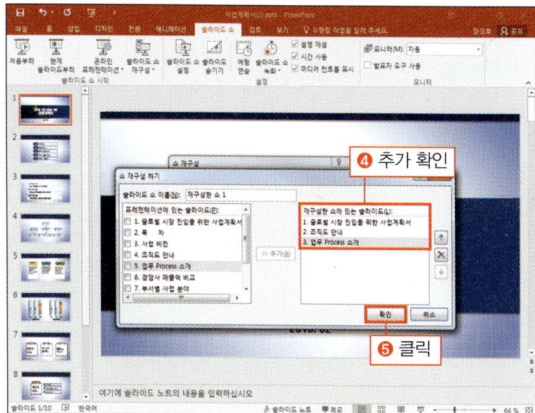

04_ [쇼 재구성] 대화상자가 나타납니다. [쇼 재구성] 목록에 새로 만든 재구성한 슬라이드 쇼가 나타납니다. [쇼 보기]를 클릭하면 재구성한 슬라이드 쇼가 진행됩니다. 여기서는 [닫기]를 클릭합니다.

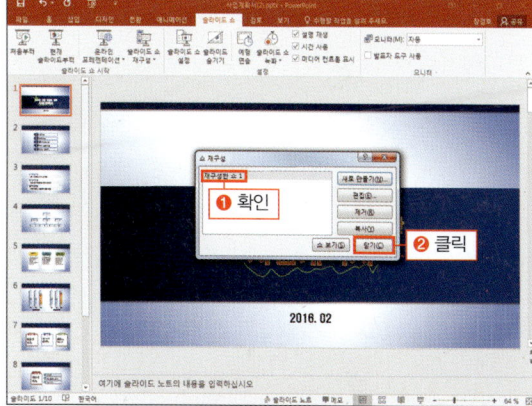

[쇼 재구성] 대화상자에서 [편집]을 클릭하면 원하는 슬라이드를 다시 재구성할 수 있습니다.

05_ [슬라이드 쇼] 탭-[슬라이드 쇼 시작] 그룹에서 [슬라이드 쇼 재구성]을 클릭하면 '재구성한 쇼 1'이라는 슬라이드 쇼 파일이 생성된 것을 확인할 수 있습니다. '재구성한 쇼 1'을 클릭하면 재구성한 슬라이드로 슬라이드 쇼를 진행할 수 있으며, [쇼 재구성]을 클릭하면 슬라이드를 다시 구성하거나 추가, 혹은 삭제할 수 있습니다.

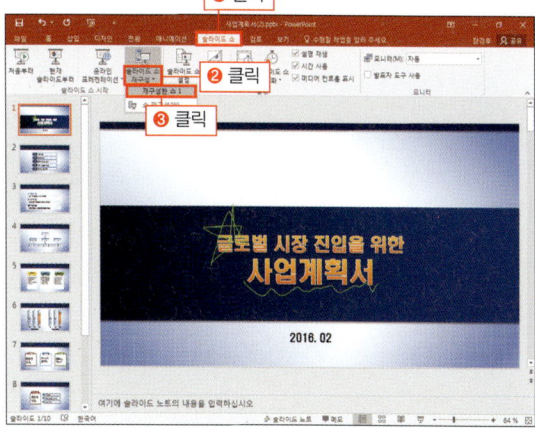

필요 없는 슬라이드 숨기기

:: 준비파일 Part02₩Chapter03₩Section02₩사업계획서(3).pptx | 완성파일 Part02₩Chapter03₩Section02₩사업계획서(3)_완성.pptx

'슬라이드 쇼 재구성하기'와 비슷한 기능이긴 하지만 슬라이드 쇼 진행 시 일회성으로 슬라이드를 숨겨야할 경우 유용하게 사용됩니다.

01_ 5번 슬라이드를 숨기기 위해 5번 슬라이드를 선택하고 마우스 오른쪽 버튼을 클릭한 후 [슬라이드 숨기기]를 선택하거나, [슬라이드 쇼] 탭-[설정] 그룹에서 [슬라이드 숨기기]를 클릭합니다.

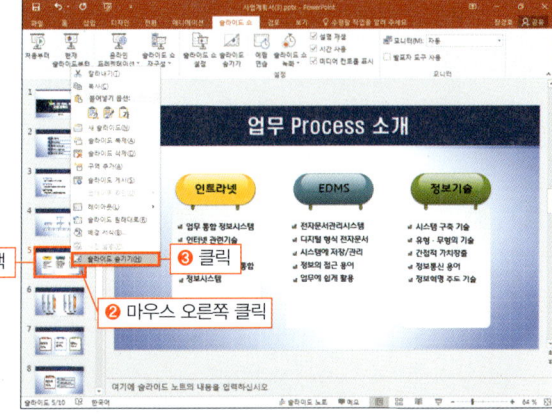

> **TIP**
> 슬라이드 쇼를 진행하다 보면 시간적인 제약이나 청중들의 스타일에 따라 특정 슬라이드를 보여주지 말아야 할 경우가 생깁니다. [슬라이드 쇼 재구성하기] 기능을 통해서도 가능하지만 [슬라이드 숨기기] 기능을 이용하면 보다 간편하게 슬라이드를 재구성할 수 있습니다.

02_ 5번 슬라이드가 연한 색상으로 변경됩니다. 이 슬라이드는 슬라이드 편집 화면에서는 보이지만 슬라이드 쇼를 진행하면 표시되지 않게 됩니다.

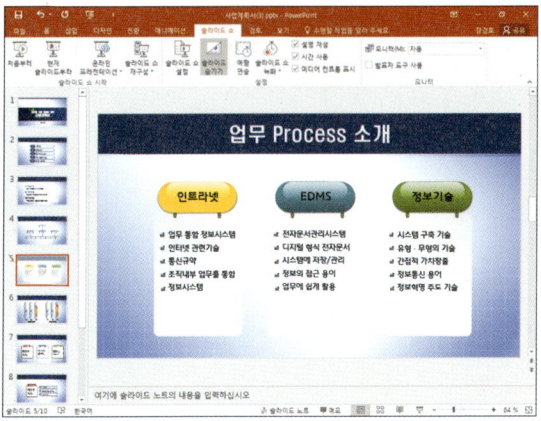

Special page

빠른 실행을 통해 전문가답게 작업하기

빠른 실행이란, 파워포인트 2016에 새롭게 등장한 기능으로 리본 메뉴의 [수행할 작업을 알려 주세요]에 원하는 명령을 입력하여 빠르게 작업을 수행할 수 있는 기능을 말합니다.

준비 파일 Part02₩Chapter03₩Section02₩빠른실행.pptx

완성 파일 Part02₩Chapter03₩Section02₩빠른실행_완성.pptx

01 예제 파일을 불러온 다음 첫 번째 이미지를 선택합니다. 리본 메뉴의 [수행할 작업을 알려 주세요.]에 『애니』라고 입력합니다.

02 '애니'로 시작하는 다양한 기능과 도움말이 나타납니다. 여기서는 [애니메이션 스타일]을 선택한 후 [강조]-[펄스]를 클릭하면 애니메이션이 지정됩니다. 이처럼, 원하는 기능을 빠른 실행을 통해 빠르게 작업할 수 있습니다.

발표자 도구 활용하기

발표자 도구를 사용하면 발표자의 모니터에는 슬라이드 노트를 표시하고, 청중에게는 슬라이드 쇼를 표시할 수 있습니다.

준비
파일　Part02₩Chapter03₩Section02₩영업프로세스.pptx

01 [슬라이드 쇼] 탭–[모니터] 그룹에서 [발표자 도구 사용]에 체크가 되어 있는지 확인합니다. 체크되어 있지 않다면 체크한 후 F5 를 눌러 슬라이드 쇼를 진행합니다.

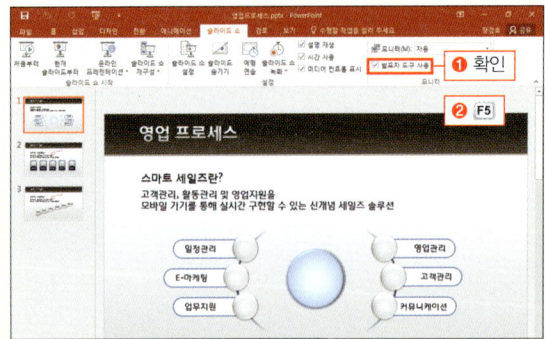

02 만일, 슬라이드 쇼 진행 시 발표자 도구가 표시되지 않는다면 마우스 오른쪽 버튼을 클릭하고 [발표자 도구 표시]를 선택합니다.

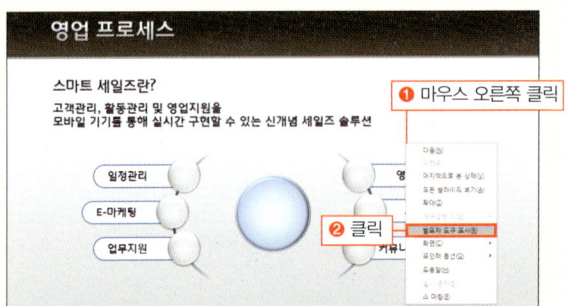

03 [발표자 보기] 창이 나타나면 발표자 보기는 프레젠테이션을 진행하는 발표자만 볼 수 있으며, 실제 프레젠테이션에서는 슬라이드 쇼가 진행됩니다.

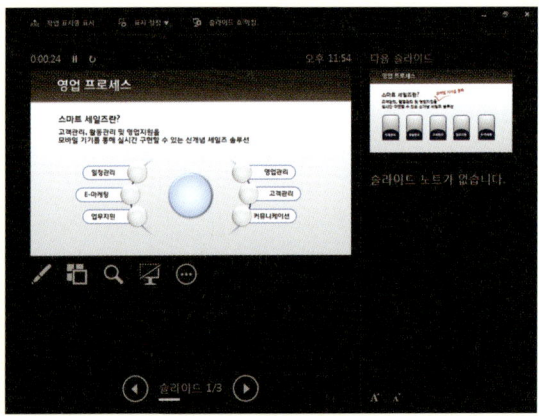

체크 해 봐요

1 화면 전환을 통해 인트로 페이지를 설명할 때 커튼이 열리는 것과 같은 효과를 표현할 수 있습니다.

◎ 준비파일 : Part02₩Chapter03₩Check₩커튼.pptx ◎ 완성파일 : Part02₩Chapter03₩Check₩커튼_완성.pptx

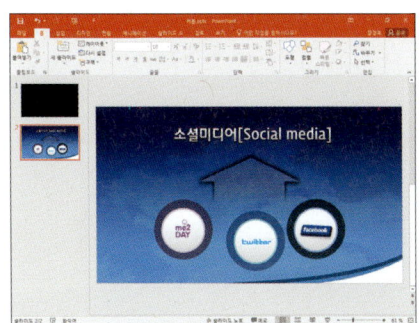 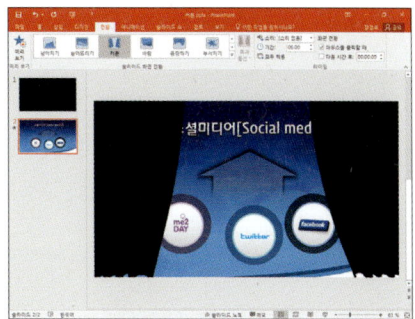

힌트

❶ 이미지를 선택하고 [전환] 탭–[슬라이드 화면 전환] 그룹에서 [자세히]를 클릭한 후 [커튼]을 선택합니다.

---

2 전체 슬라이드에 화려한 화면 전환 효과를 삽입하고, 카메라 소리를 각각의 슬라이드마다 적용해 보세요.

◎ 준비파일 : Part02₩Chapter03₩Check₩전자상거래.pptx ◎ 완성파일 : Part02₩Chapter03₩Check₩전자상거래_완성.pptx

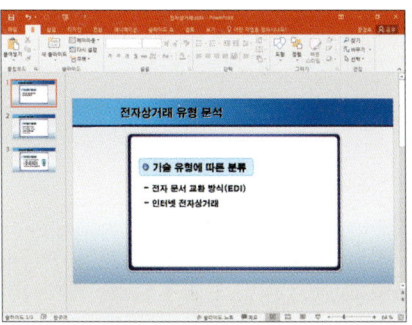 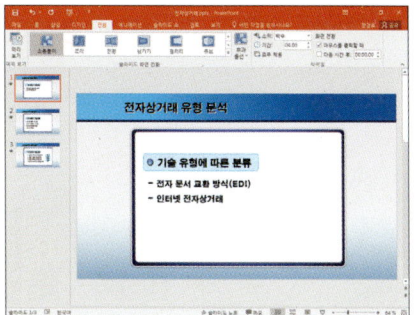

힌트

❶ [전환] 탭–[슬라이드 화면 전환] 그룹에서 [자세히]를 클릭합니다.
❷ [타이밍] 그룹에서 [소리]를 선택한 후 원하는 소리를 삽입합니다.

Chapter
4

테마 설정하고
인쇄 및 공유하기

파워포인트는 테마를 통해 사용자가 원하는 색상이나 글꼴을 전체 슬라이드에 적용할 수 있습니다. 원하는 테마를 선택하면 테마 효과에 해당하는 다양한 도형 스타일이나 선 효과가 변경됩니다. 여기서는 슬라이드에 테마를 적용하는 방법을 비롯해 슬라이드 검토 및 인쇄 기능에 대해서 살펴보겠습니다.

Section 1. 테마와 슬라이드 마스터
Section 2. 검토하고 인쇄하기

Section 01

테마와 슬라이드 마스터

테마는 배경이나 색상 등을 미리 완성해 놓은 스타일 갤러리로 사용자의 취향에 따라 원하는 스타일을 선택할 수 있습니다. 또한, 슬라이드 마스터를 통해 원하는 테마를 사용자가 직접 만들 수도 있습니다. 이번 섹션에서는 테마 기능을 비롯해 슬라이드 마스터에 대해서 살펴보겠습니다.

▲ 테마 적용하기

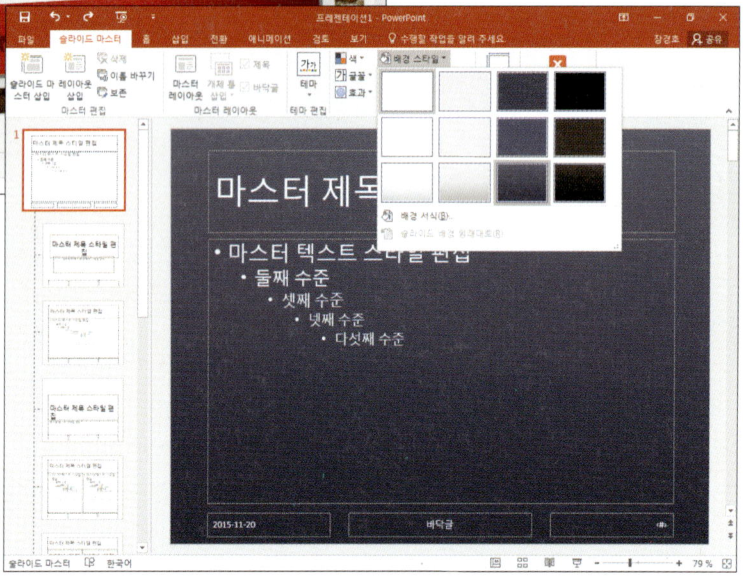

▲ 슬라이드 그림 배경 설정하기

이번 섹션에서 배울 주요 내용

- 테마 적용하기
- 사용자 테마 색 만들기
- 사용자 테마 글꼴 만들기
- 테마 및 서식 파일 저장하기

- 슬라이드 마스터란 살펴보기
- 슬라이드 그림 배경 설정하기
- **스페셜** 슬라이드 마스터 여러 개 적용하기

테마 적용하기

:: **준비파일** Part02₩Chapter04₩Section01₩제안서.pptx | **완성파일** Part02₩Chapter04₩Section01₩제안서_완성.pptx

여기서는 흰색 배경으로 구성된 예제 파일에 테마를 적용해 디자인이 가미된 멋진 슬라이드로 만들어보겠습니다.

01_ [디자인] 탭-[테마] 그룹에서 [자세히]를 클릭하면 테마 갤러리가 나타납니다. 원하는 테마 스타일을 선택하는데 여기서는 [주요 이벤트]를 클릭합니다.

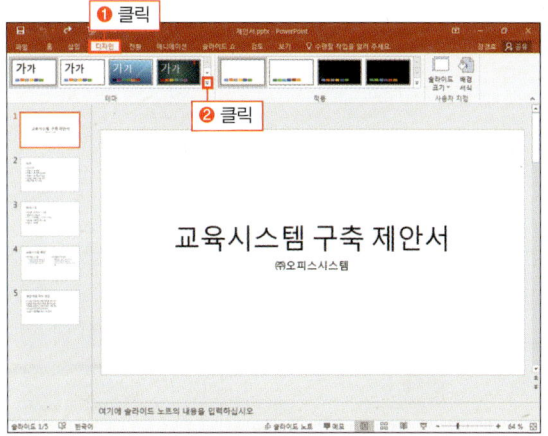 

> **TIP**
> 테마 갤러리 위에 마우스 포인터를 위치시키면 슬라이드 편집 화면에 선택한 테마가 미리 보기됩니다.

02_ 선택한 테마가 전체 슬라이드에 적용됩니다. 선택한 테마도 다른 색상 및 텍스트 등을 지정할 수 있습니다. [디자인] 탭-[적용] 그룹에서 원하는 색상을 선택합니다. 원하는 색상이 없다면, [자세히]를 클릭한 후 색상을 선택합니다. 여기서는 [움직이는 텍스트]를 클릭합니다.

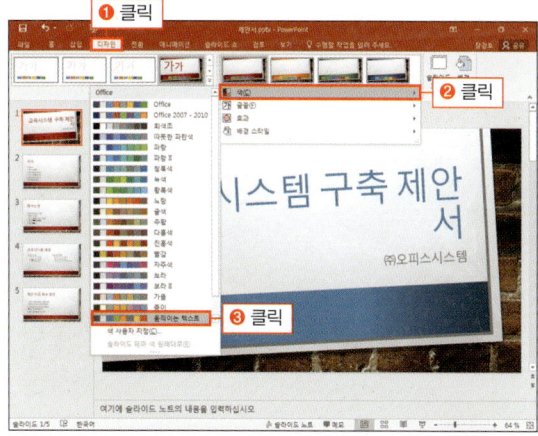

> **TIP**
> [디자인] 탭-[적용] 그룹에서 [자세히]를 클릭하면 색상을 비롯해 글꼴이나 효과 등을 적용하여 원하는 스타일로 변경할 수 있습니다.

사용자 테마 색 만들기

:: **준비파일** Part02₩Chapter04₩Section01₩제안서(2).pptx | **완성파일** Part02₩Chapter04₩Section01₩제안서(2)_완성.pptx

테마를 이용하면 배경과 색상, 그리고 글꼴 등 서로 다른 서식이 적용되어 있는 사용자의 취향에 따라 원하는 효과로 변경할 수 있습니다.

01_ 테마 색을 변경하기 위해 [디자인] 탭–[적용] 그룹에서 [자세히]를 클릭한 후 [색]–[색 사용자 지정]을 클릭합니다. [새 테마 색 만들기] 대화상자가 나타나면 각각의 색상을 클릭해 원하는 색상을 합니다. [이름]에 『사용자 색상』을 입력하고 [저장]을 클릭합니다.

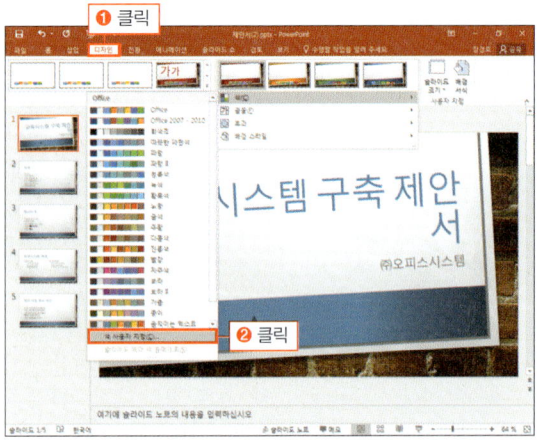
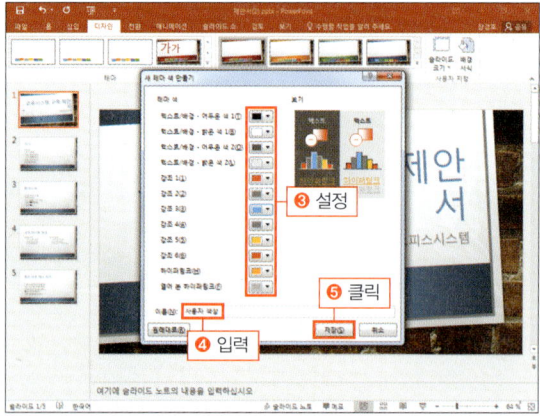

02_ 사용자가 지정한 색상으로 테마 색상이 변경됩니다. [디자인] 탭–[적용] 그룹에서 [자세히]를 클릭한 다음 [색]–[사용자 지정]에 새롭게 구성한 사용자 지정 색상을 확인합니다.

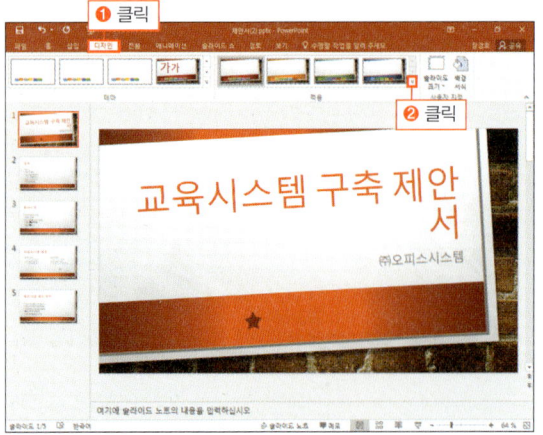
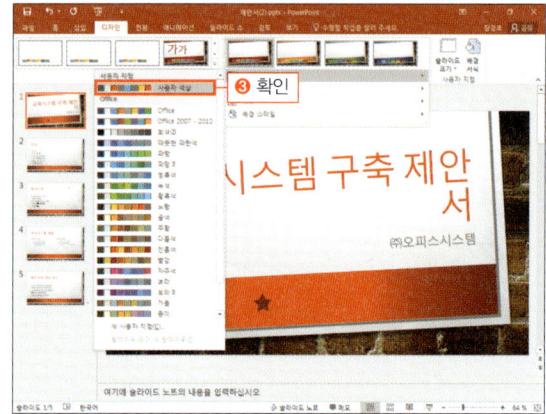

사용자 테마 글꼴 만들기

:: **준비파일** Part02₩Chapter04₩Section01₩제안서(3).pptx | **완성파일** Part02₩Chapter04₩Section01₩제안서(3)_완성.pptx

슬라이드에 테마를 적용하면 모든 레이아웃에 동일한 테마가 적용되며, 선택한 테마 스타일에 따라서 텍스트, 도형 등의 서식에도 변화가 생깁니다.

01_ 테마 글꼴을 변경하기 위해 [디자인] 탭-[적용] 그룹에서 [자세히]를 클릭한 후 [글꼴]-[글꼴 사용자 지정]을 클릭합니다. [새 테마 글꼴 만들기] 대화상자가 나타나면 [한글 글꼴]-[제목 글꼴(한글)]의 글꼴을 '다음_ SemiBold'로 변경합니다. [본문 글꼴(한글)]에는 '다음_ Regular'를 선택한 후 [이름]에 『사용자 글꼴』을 입력하고 [저장]을 클릭합니다.

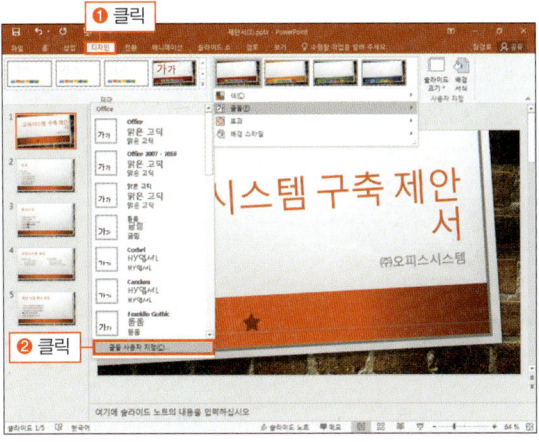

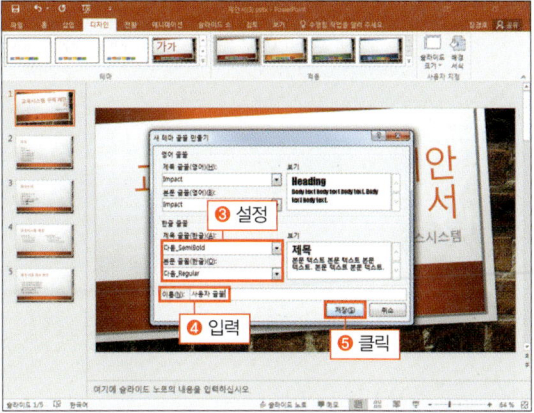

02_ 사용자가 지정한 글꼴로 모두 변경됩니다. 텍스트를 정렬한 다음 [디자인] 탭-[적용] 그룹에서 [자세히]를 클릭하고 [글꼴]-[사용자 지정]에 새롭게 구성한 사용자 지정 글꼴을 확인합니다.

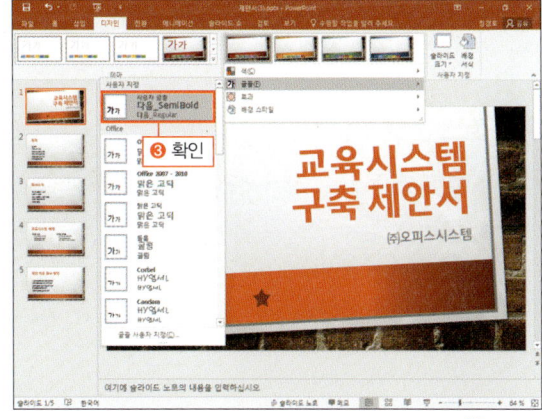

> **TIP**
>
> 사용자 지정한 테마를 삭제하고 싶으면 새롭게 구성한 사용자 지정 글꼴을 마우스 오른쪽 버튼으로 클릭하고 [삭제]를 선택합니다.

테마 및 서식 파일 저장하기

:: **준비파일** Part02₩Chapter04₩Section01₩제안서(4).pptx | **완성파일** Part02₩Chapter04₩Section01₩제안서(4)_완성.pptx

서식 파일이라는 별도의 파일로 저장해두면 필요할 때마다 불러와 사용할 수 있습니다.

01_ [디자인] 탭-[테마] 그룹에서 [자세히]를 클릭하고 [현재 테마 저장]을 선택합니다.

02_ [현재 테마 저장] 대화상자가 나타나면 [파일 이름] 에 『테마1.thmx』를 입력하거나 확인한 후 [저장]을 클릭합니다.

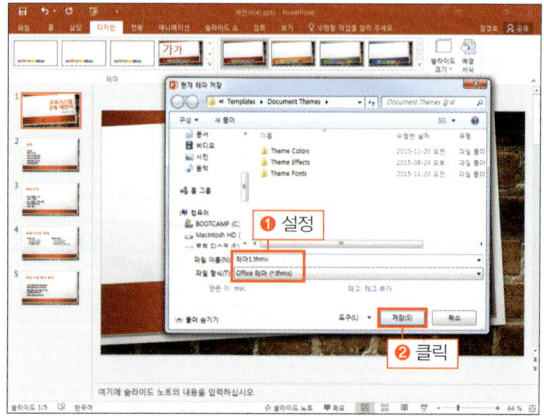

03_ [디자인] 탭-[테마] 그룹에서 [자세히]를 클릭합니다. [사용자 지정]에 새로운 테마가 나타납니다. 마우스 포인터를 위치시키면 파일 이름으로 지정한 '테마1'이라는 나만의 테마를 확인할 수 있습니다.

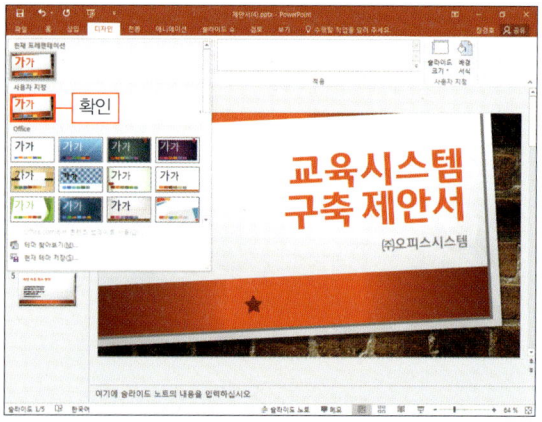

04_ 이제 저장된 테마를 불러오기 위해 새 슬라이드를 엽니다. [디자인] 탭–[테마] 그룹에서 [자세히]를 클릭한 후 [사용자 지정]–[테마]을 선택합니다.

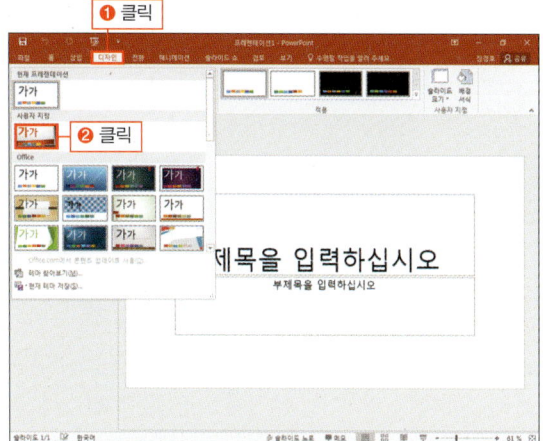

05_ 저장한 테마가 새 슬라이드에 적용되어 나타납니다. 이처럼 사용자 지정 테마 색이나 글꼴을 통해 완성한 슬라이드 테마를 사용자 지정 테마로 저장하여 원할 때마다 언제든지 불러올 수 있습니다.

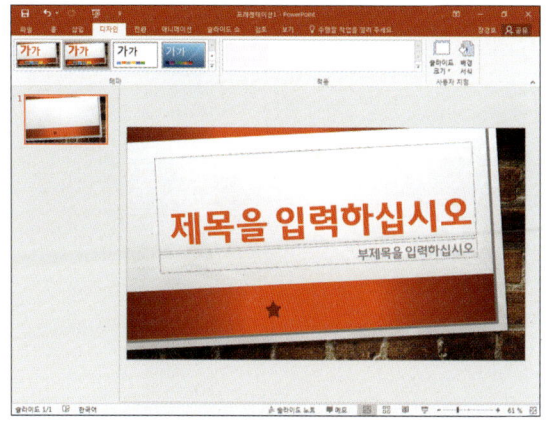

TIP

저장한 테마는 [디자인] 탭–[테마] 그룹에서 [자세히]를 클릭한 후 [사용자 지정]–[테마]를 마우스 오른쪽 버튼을 클릭하여 삭제할 수도 있습니다.

슬라이드 마스터 살펴보기

마스터는 '슬라이드 마스터, 유인물 마스터, 슬라이드 노트 마스터' 등 3가지 종류로 나누어집니다.

마스터 종류

'슬라이드 마스터'는 일반적으로 슬라이드의 배경과 서식, 머리글과 바닥글, 페이지 번호 등을 설정할 수 있으며, 슬라이드 레이아웃과 모든 테마 정보를 저장하는 슬라이드를 말합니다. '유인물 마스터'는 프레젠테이션 인쇄 시 유인물로 인쇄할 경우에 유인물의 배경 등을 지정할 때 사용합니다. '슬라이드 노트 마스터'는 프레젠테이션을 슬라이드 노트로 인쇄할 경우에 슬라이드 노트의 머리글이나 날짜 등 서식을 지정할 때 사용합니다.

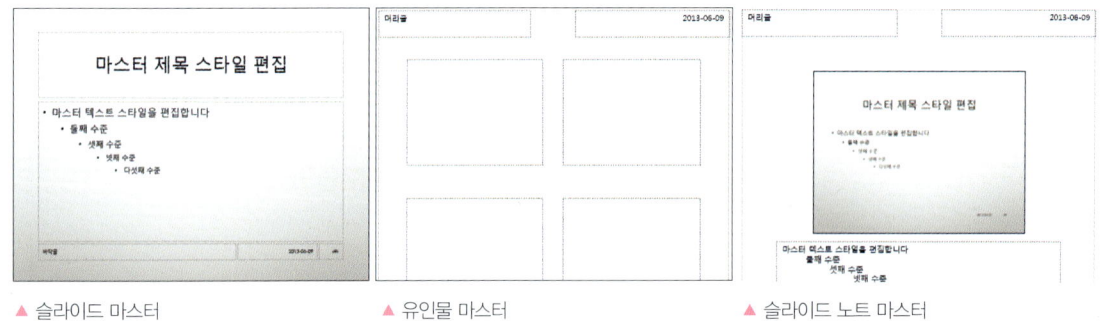

▲ 슬라이드 마스터   ▲ 유인물 마스터   ▲ 슬라이드 노트 마스터

슬라이드 마스터와 제목 슬라이드 레이아웃

슬라이드 마스터는 주로 본문과 제목 슬라이드의 서식을 지정할 때 사용합니다. 필요에 따라서 슬라이드 마스터를 변경할 수 있는데, 슬라이드 마스터를 수정하면 프레젠테이션의 모든 슬라이드의 스타일이 일괄적으로 수정되어 편리하게 프레젠테이션을 관리할 수 있습니다.

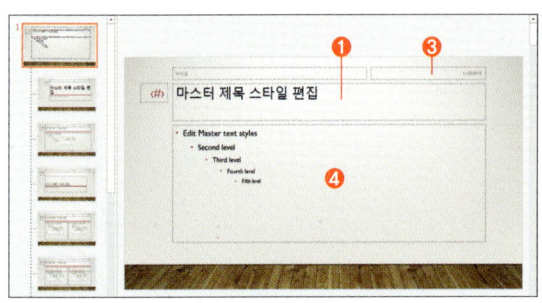   

▲ 슬라이드 마스터   ▲ 제목 슬라이드 레이아웃

❶ **제목 영역** : 제목 서식을 작성할 수 있는 영역입니다. 슬라이드의 제목이나 본문 내용의 제목 스타일을 편집합니다.

❷ **부제목 영역** : 부제목 서식을 작성할 수 있는 영역입니다.

❸ **날짜/바닥글/번호 영역** : 날짜나 바닥글, 번호를 입력할 수 있는 영역으로 내용을 표시하거나, 하지 않을 수도 있습니다.

❹ **본문 영역** : 본문을 입력할 수 있는 영역입니다. 본문에는 글머리 기호나 여러 텍스트 서식을 지정합니다.

슬라이드 그림 배경 설정하기

:: **준비파일** Part02₩Chapter04₩Section01₩bg_01.png, bg_02.png | **완성파일** Part02₩Chapter04₩Section01₩마스터_완성.pptx

슬라이드 마스터에서 배경 서식을 지정하면 모든 슬라이드에 동일한 배경이 지정됩니다.

01_ 새 프레젠테이션을 실행하고 [디자인] 탭─[사용자 지정] 그룹에서 [슬라이드 크기]─[표준 (4:3)]을 클릭합니다.

> **TIP**
> 슬라이드 크기를 '표준 (4:3)'으로 변경하면 슬라이드 편집 화면이 와이드 크기에서 표준 크기로 변경됩니다.

02_ 슬라이드 편집 화면의 창 크기가 와이드 화면에서 표준 화면으로 변경되면 슬라이드 마스터에서 배경 서식을 지정하기 위해 [보기] 탭─[마스터 보기] 그룹에서 [슬라이드 마스터]를 클릭합니다.

03_ 슬라이드 마스터 화면이 나타나면 제일 위에 있는 슬라이드 마스터를 클릭합니다. [슬라이드 마스터] 탭─[배경] 그룹에서 [배경 스타일]을 클릭한 후 [스타일 11]을 선택합니다.

> **TIP**
> 슬라이드 미리 보기 화면에 다양한 레이아웃이 나타납니다. 각각의 레이아웃에 다른 서식을 지정할 수도 있지만 제일 위에 있는 슬라이드 마스터에서 한 번에 동일한 서식을 지정하는 것이 가장 효율적입니다. 특정 레이아웃만 서식을 변경하려면 원하는 슬라이드 레이아웃을 선택한 다음 서식을 지정하면 됩니다.

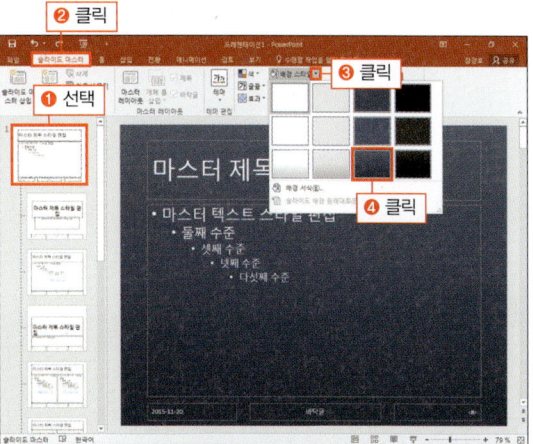

04_ 배경 스타일이 적용됩니다. 배경 서식을 가져와 슬라이드 마스터의 배경으로 지정할 수도 있습니다. [슬라이드 마스터]를 선택하고 [슬라이드 마스터] 탭-[배경] 그룹에서 [배경 스타일]을 클릭한 후 [배경 서식]을 선택합니다.

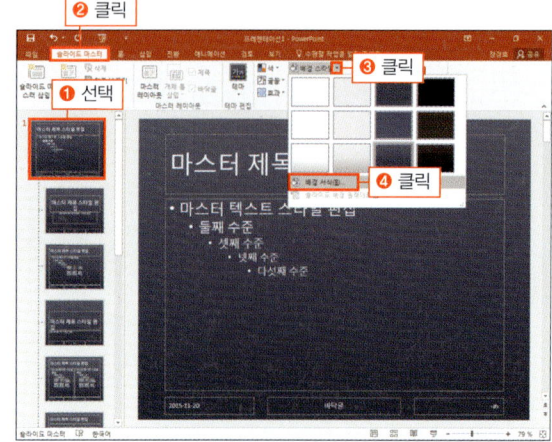

05_ [배경 서식] 창이 나타납니다. [채우기]에서 [그림 또는 질감 채우기]를 체크한 다음 [파일]을 클릭합니다. [그림 삽입] 대화상자가 나타나면 'bg_02.png' 파일을 선택하고 [삽입]을 클릭합니다.

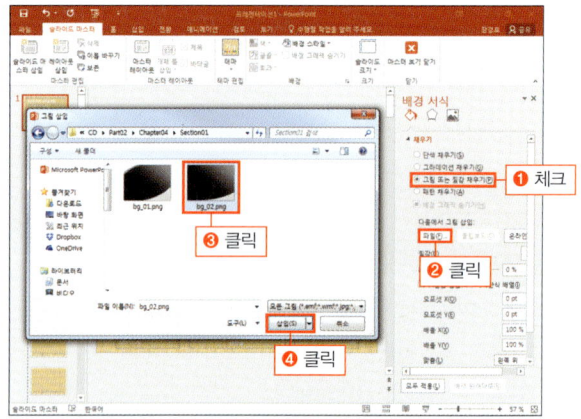

06_ 슬라이드 마스터 편집 화면에 배경 그림이 삽입됩니다. 이번에는 제목 슬라이드에 배경 그림을 삽입해 보겠습니다. 제목 슬라이드 레이아웃을 선택한 후 그림과 같이 [파일]을 클릭합니다. [그림 삽입] 대화상자가 나타나면 'bg_01.png' 파일을 선택하고 [삽입]을 클릭합니다.

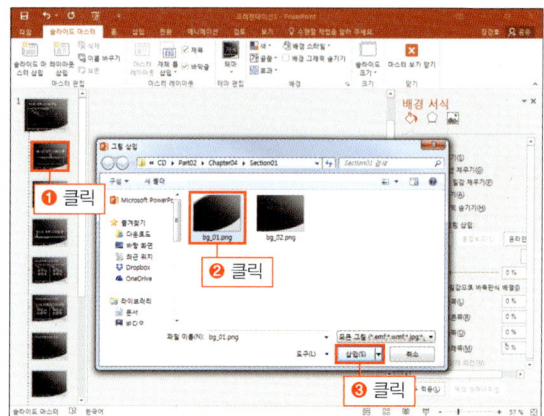

07_ 제목 슬라이드에만 다른 배경 그림이 지정됩니다. [배경 서식] 창의 [닫기]를 클릭한 후 [슬라이드 마스터] 탭-[닫기] 그룹에서 [마스터 보기 닫기]를 선택합니다.

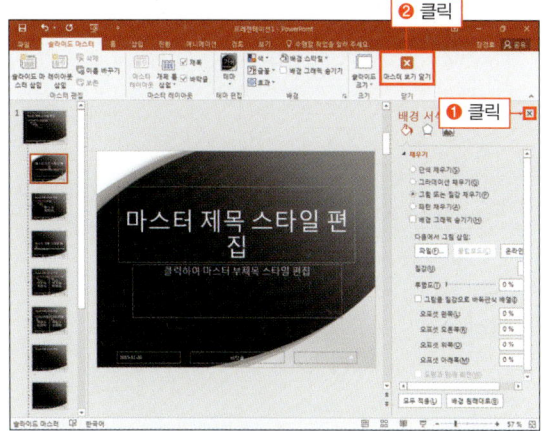

08_ 슬라이드 편집 화면으로 돌아옵니다. 슬라이드 미리 보기 화면을 선택한 후 Enter 를 눌러 새 슬라이드를 추가합니다. 슬라이드 마스터에서 지정한 배경이 적용되는 것을 확인할 수 있습니다.

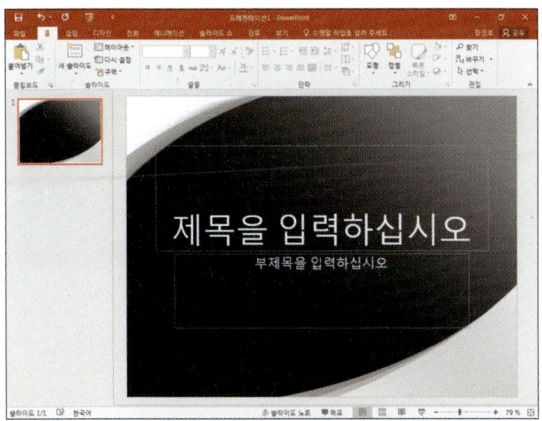

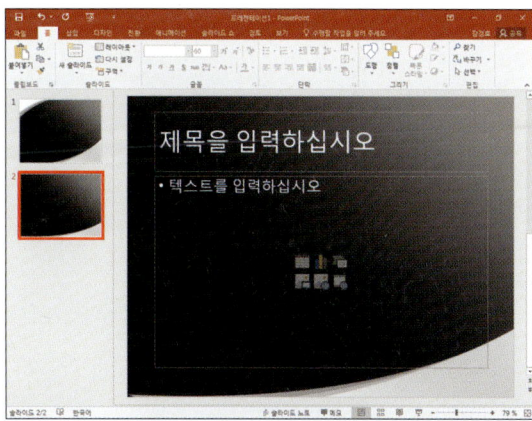

Special page

슬라이드 마스터 여러 개 적용하기

슬라이드 마스터는 하나뿐만 아니라 여러 개를 적용할 수도 있습니다. 이를 '다중 마스터' 기능이라고
합니다.

 준비 파일 | Part02₩Chapter04₩Section01₩다중마스터.pptx

 완성 파일 | Part02₩Chapter04₩Section01₩다중마스터_완성.pptx

01_ [보기] 탭–[마스터 보기] 그룹에서 [슬라이드 마스
터]를 클릭합니다.

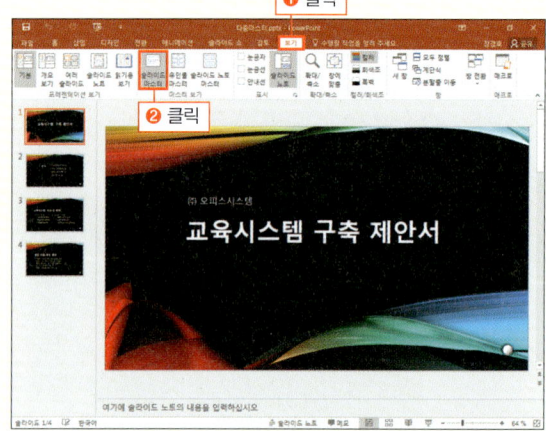

> **TIP**
> 슬라이드 마스터는 파워포인트 기능 중에 다소 고급 기능에 속합니다. 하지만 슬라이드 마스터를 제대로 활용할 수 있다
> 면 슬라이드 작업 시간을 비롯해 다양한 슬라이드를 취합할 때에도 시간을 획기적으로 줄일 수 있습니다.

02_ [슬라이드 마스터]에서 마우스 오른쪽 버튼을 클릭
한 후 [마스터 유지]를 선택하거나, [마스터 편집] 그룹에
서 [보존]을 클릭합니다.

03_ 슬라이드 마스터에 고정 단추가 생성됩니다. 슬라이드 마스터에서 마우스 오른쪽 버튼을 클릭해 [슬라이드 마스터 복제]를 선택합니다.

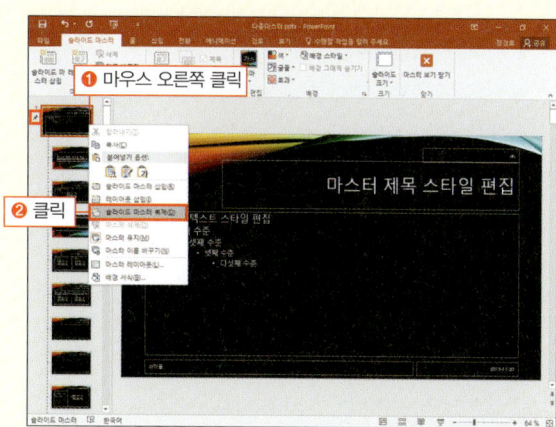

TIP

다중 마스터 기능은 슬라이드 마스터에 여러 개의 슬라이드 마스터를 만들어 놓고 슬라이드 편집 화면에서 슬라이드마다 다른 슬라이드 마스터를 지정할 수 있는 기능입니다.

04_ 슬라이드가 복제되면서 하단에 슬라이드 마스터를 비롯해 다중 마스터가 만들어집니다.

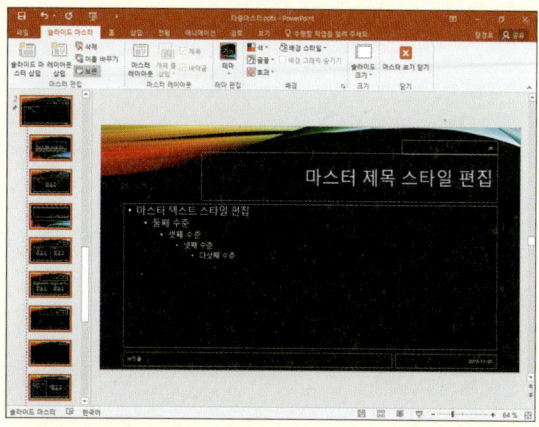

05_ 다중 마스터도 기존에 적용한 슬라이드 마스터처럼 원하는 배경 및 서식을 적용할 수 있습니다. [슬라이드 마스터] 탭-[테마 편집] 그룹에서 [테마]를 클릭한 후 원하는 테마를 선택합니다.

06_ 다중 마스터가 완성되면 [닫기] 그룹에서 [마스터 보기 닫기]를 클릭합니다.

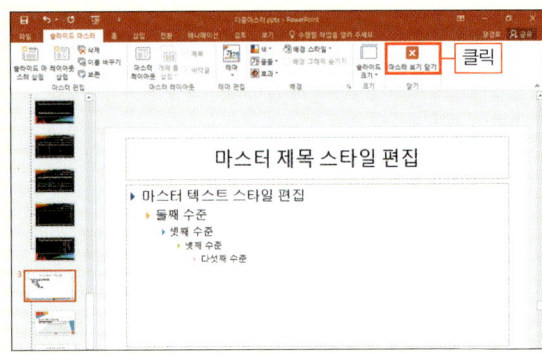

07_ [홈] 탭-[슬라이드] 그룹에서 [새 슬라이드]의 하단을 클릭하면, 다중 슬라이드 레이아웃이 적용되어 있는 것을 확인할 수 있습니다.

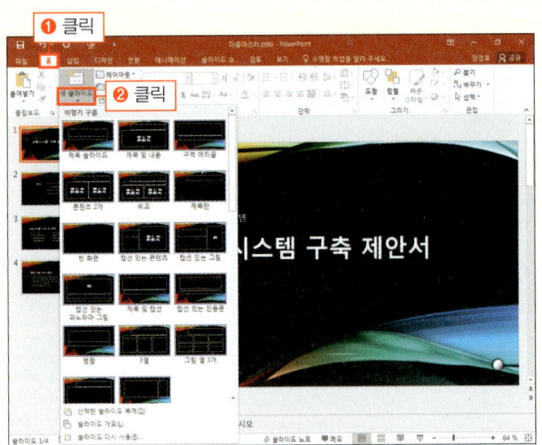
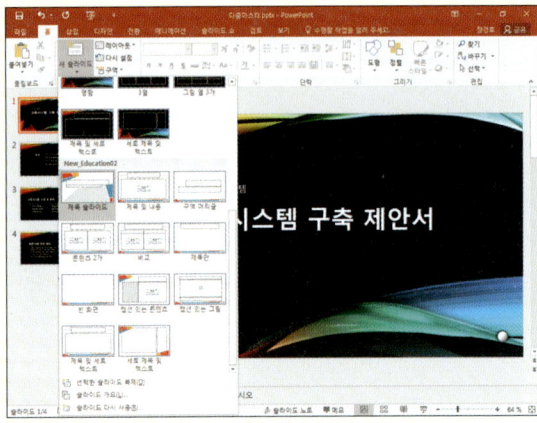

[마스터 편집] 그룹의 [보존]

다중 마스터를 적용할 경우 기존 마스터가 적용 해제될 수 있습니다. 다중 마스터를 지정하기 전에 [마스터 편집] 그룹에서 [보존]을 클릭하여 기존 마스터를 유지해야 합니다. [보존]을 클릭하면 슬라이드 마스터에 [고정] 아이콘 표시가 나타나면서 마스터가 유지됩니다.

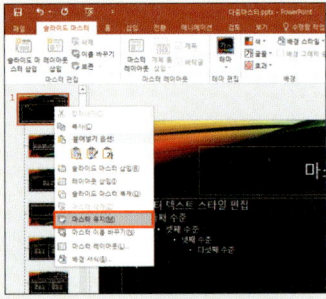

1 [보기] 탭–[마스터 보기] 그룹에서 [슬라이드 마스터]를 클릭하여 회사 로고를 전체 페이지에 삽입해 보세요.

◎ 준비파일 : Part02₩Chapter04₩Check₩실적과전망.pptx ◎ 완성파일 : Part02₩Chapter04₩Check₩실적과전망_완성.pptx

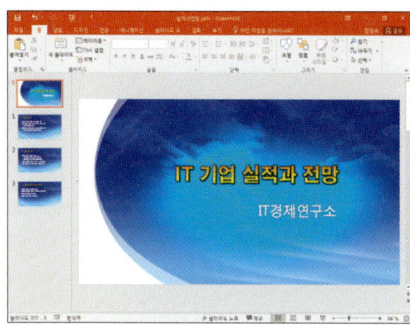 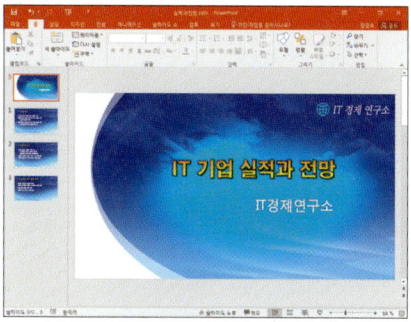

힌트

❶ [보기] 탭–[프레젠테이션 보기] 그룹에서 [슬라이드 마스터]를 클릭합니다.

❷ [삽입] 탭–[일러스트레이션] 그룹에서 [그림]을 클릭한 후 'logo.png' 파일을 선택합니다.

---

2 보통 슬라이드 마스터를 적용하면 하나만 적용할 수 있지만 파워포인트 2016은 슬라이드 마스터를 중복해서 적용할 수 있습니다. 여기서는 슬라이드 마스터를 3개 적용해 봅니다.

◎ 준비파일 : Part02₩Chapter04₩Check₩다중마스터.pptx ◎ 완성파일 : Part02₩Chapter04₩Check₩다중마스터_완성.pptx

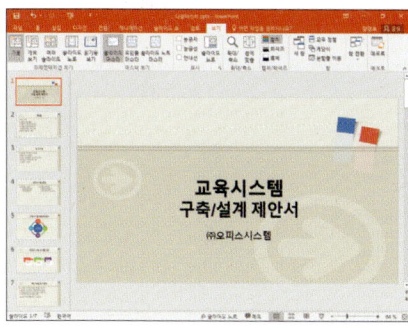 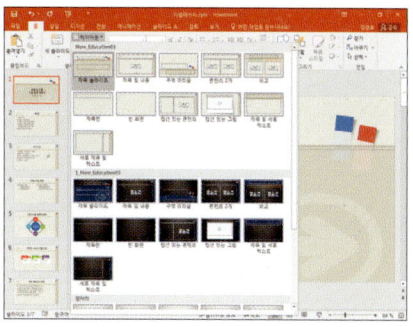

힌트

❶ [보기] 탭–[마스터 보기] 그룹에서 [슬라이드 마스터]를 클릭합니다.

❷ 슬라이드 마스터를 마우스 오른쪽 버튼으로 클릭한 후 [슬라이드 마스터 복제]를 선택합니다.

Section# 02

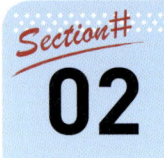

검토하고 인쇄하기

슬라이드 작업 후 혹시나 모를 오타에 대비해 맞춤법 검사를 진행하는 것이 좋습니다. 또한, 문서에 암호를 지정하여 보안을 강조하는 것도 좋습니다. 이번 섹션에서는 슬라이드 문서를 검토하는 방법을 비롯해 슬라이드를 인쇄하는 방법에 대해서 살펴보겠습니다.

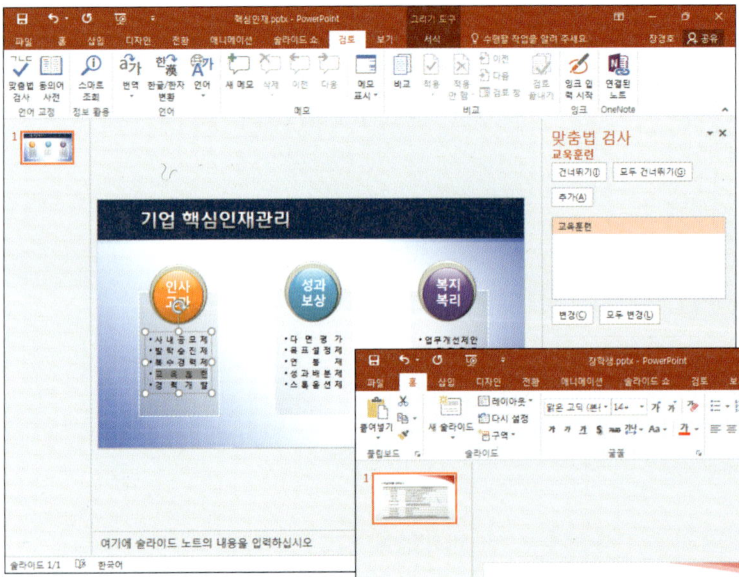

▲ 맞춤법 검사하기

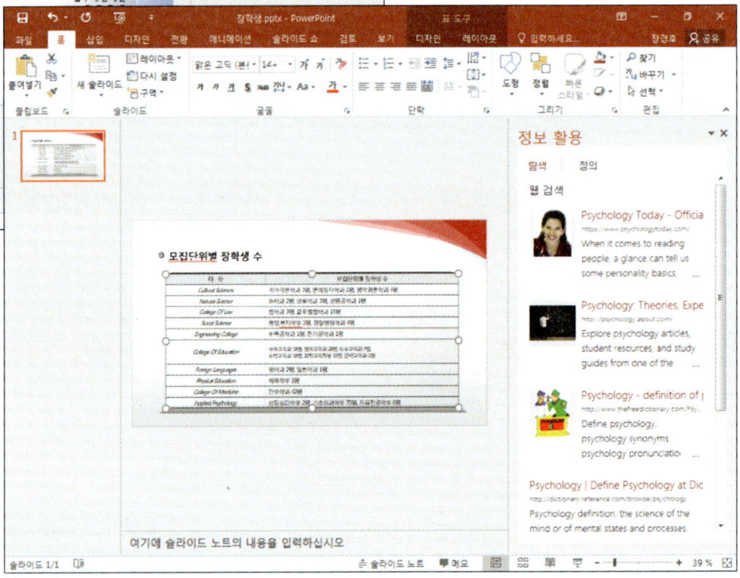

스마트 조회로 빠르게 탐색하기 ▶

이번 섹션에서 배울 주요 내용

- 맞춤법 검사하기
- 메모 활용하기
- 슬라이드 보호 및 암호 설정하기
- 하이퍼링크 지정하기
- 스마트 조회로 빠르게 탐색하기
- 슬라이드 인쇄하기
- 한 페이지에 여러 슬라이드 인쇄하기
- 흑백이나 회색조로 인쇄하기
- **스페셜** 클라우드에서 공동 작업하기

맞춤법 검사하기

:: **준비파일** Part02₩Chapter04₩Section02₩핵심인재.pptx | **완성파일** Part02₩Chapter04₩Section02₩핵심인재_완성.pptx

맞춤법 검사를 통해 오타나 잘못 표기된 단어를 맞춤법에 맞도록 변경할 수 있습니다.

01_ [검토] 탭-[언어 교정] 그룹에서 [맞춤법 검사]를 클릭합니다. 슬라이드 화면에 오류가 있는 텍스트가 블록으로 설정되면서 [맞춤법 검사] 창이 나타납니다. 맞춤법이 맞는 단어를 선택한 후 [변경]을 클릭합니다.

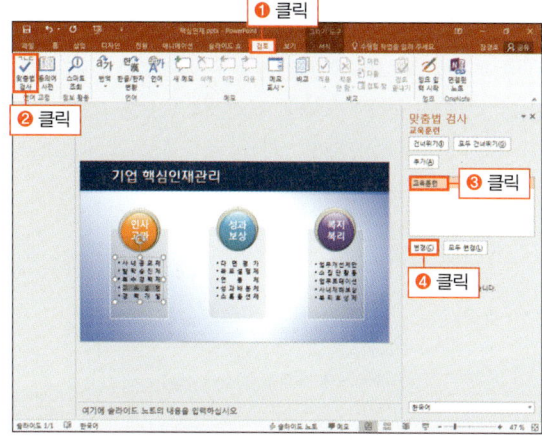

02_ 바른 맞춤법이 표기되며 [맞춤법 검사가 끝났습니다.] 창이 나타나면 [확인]을 클릭합니다.

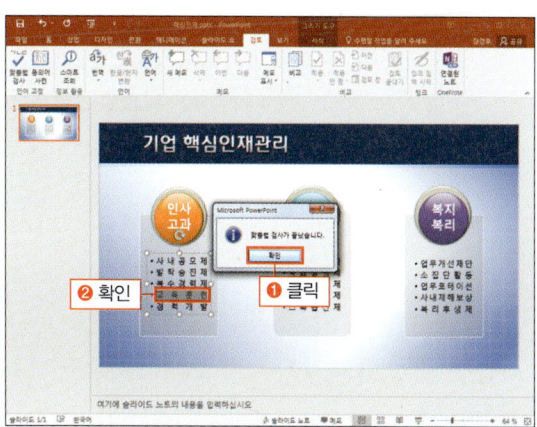

메모 활용하기

⋮⋮ 준비파일 Part02₩Chapter04₩Section02₩핵심인재(2).pptx | **완성파일** Part02₩Chapter04₩Section02₩핵심인재(2)_완성.pptx

슬라이드에 포스트잇처럼 메모를 붙여 협업하는 사용자들에게 공유할 수 있습니다.

01_ [삽입] 탭−[메모] 그룹에서 [메모]를 클릭합니다. 메모를 추가할 텍스트나 개체에 주황색의 메모 아이콘이 생성되며 [메모] 창이 나타나면 입력란에 메모를 입력합니다. 입력을 완료하면 메모 상자의 바깥쪽을 클릭하거나 Tab 을 누릅니다.

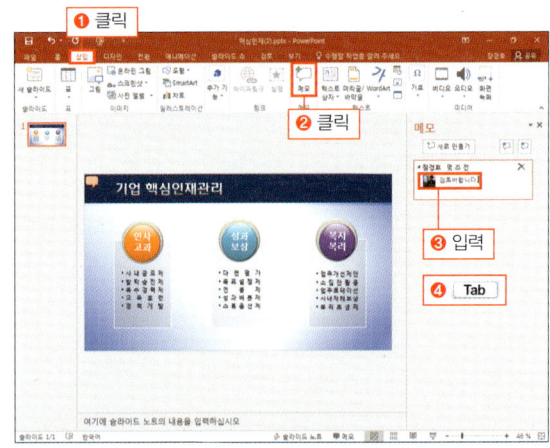

02_ [메모] 창의 사진을 더블클릭하면 메모를 남긴 상대방에게 메일이나 Skype 등에 가입되어 있다면 실시간 채팅도 진행할 수 있습니다. [메모] 창을 닫습니다.

TIP

입력한 메모를 더블클릭하면 입력한 메모 내용을 수정할 수 있습니다. 또한, 상대방이 남긴 메모의 [회신]에 내용을 입력해 메모를 회신할 수도 있습니다.

슬라이드 보호 및 암호 설정하기

:: **준비파일** Part03₩Chapter04₩Section02₩핵심인재(3).pptx | **완성파일** Part03₩Chapter04₩Section02₩핵심인재(3)_완성.pptx

문서에 암호를 지정하여 보안을 설정할 수 있습니다. 암호를 분실하면 슬라이드를 열 수 없기 때문에 신중하게 암호를 지정하는 것이 좋습니다.

01_ [파일] 탭-[정보]를 클릭한 다음 [프레젠테이션 보호]-[암호 설정]을 선택합니다.

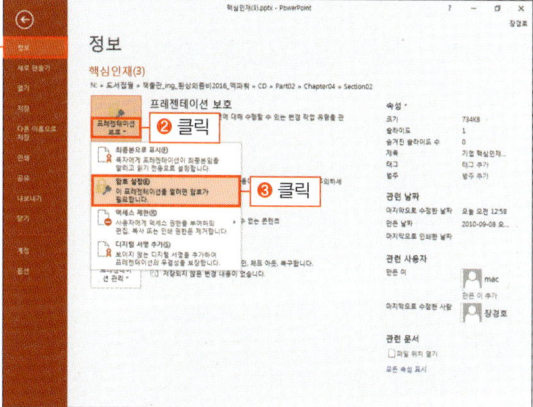

02_ [문서 암호화] 대화상자가 나타나면 암호를 입력한 후 [확인]을 클릭합니다. 여기서는 『1234』를 입력했습니다. [암호 확인] 대화상자가 나타나면 암호를 재입력한 후 [확인]을 클릭합니다.

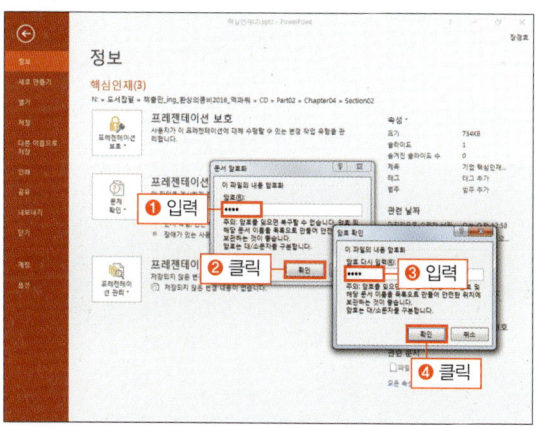

하이퍼링크 지정하기

:: **준비파일** Part03₩Chapter04₩Section02₩하이퍼링크.pptx | **완성파일** Part03₩Chapter04₩Section02₩하이퍼링크_완성.pptx

프레젠테이션의 다른 슬라이드에 연결하거나 다른 프레젠테이션의 슬라이드, 혹은 메일 주소 등을 하이퍼링크로 연결할 수 있습니다.

01_ 두 번째 슬라이드의 '제안 비용 회수 방안'이라고 적힌 텍스트를 선택한 다음 [삽입] 탭-[링크] 그룹에서 [하이퍼링크]를 클릭합니다. [하이퍼링크 삽입] 대화상자가 나타나면 [연결 대상]에서 [현재 문서]를 클릭합니다. [이 문서에서 위치 선택]에서 '4. 제안 비용 회수 방안'을 선택하고 [확인]을 클릭합니다.

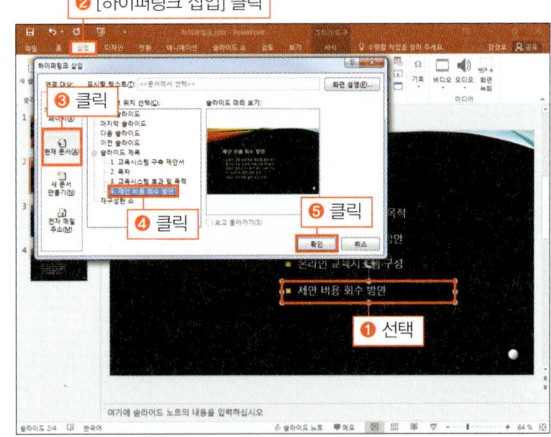

02_ 하이퍼링크가 제대로 작동하는지 확인하기 위해 Shift + F5 를 누릅니다. 목차 슬라이드에서 '제안 비용 회수 방안'에 마우스 포인터를 위치시킵니다. 포인터의 모양이 화살표에서 손 모양으로 변경되면 하이퍼링크가 걸려있는 개체로 판단할 수 있습니다. '제안 비용 회수 방안'을 클릭하면 4번 슬라이드로 넘어갑니다.

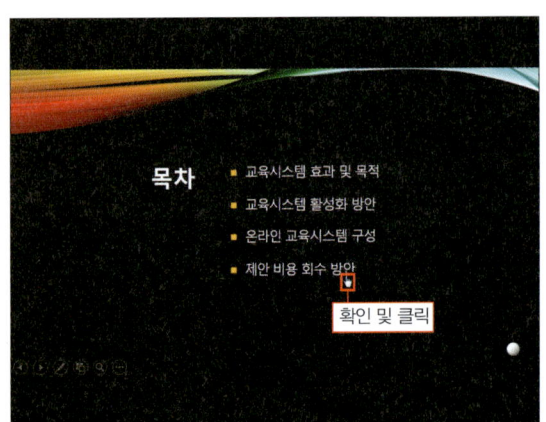

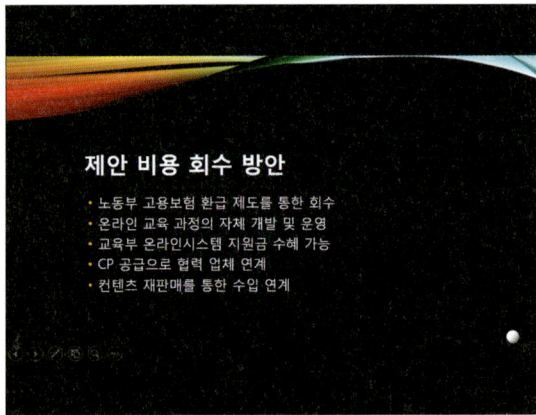

TIP

하이퍼링크를 걸 때 슬라이드뿐만 아니라 인터넷 주소나 전자 메일 주소도 이용할 수 있습니다. [삽입] 탭-[링크] 그룹의 [하이퍼링크]에서 [연결 대상]-[기존 파일/웹 페이지]의 [주소]에 인터넷 주소를 입력하거나 [연결 대상]-[전자 메일 주소]에 전자 메일 주소를 입력하면 됩니다.

스마트 조회로 빠르게 탐색하기

:: 준비파일 Part03₩Chapter04₩Section02₩장학생.pptx

스마트 조회는 파워포인트 2016에 새롭게 등장한 기능으로 파워포인트 2013의 리서치 기능이 조금 더 업그레이드되었다고 할 수 있습니다. 스마트 조회를 이용하면 원하는 키워드를 Wiki 문서 등 인터넷에서 파워포인트로 바로 불러올 수 있습니다.

01_ 원하는 키워드를 마우스 오른쪽 버튼으로 클릭한 후 [스마트 조회]를 선택합니다.

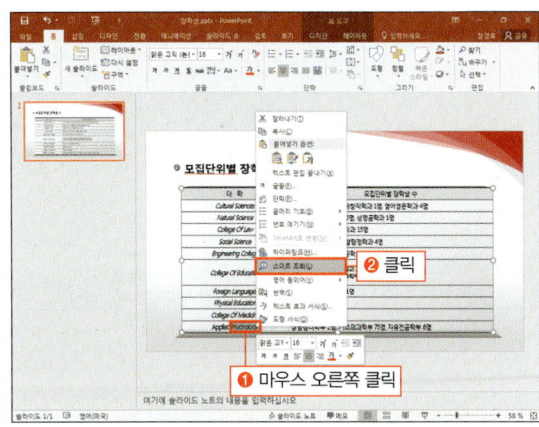

> **TIP**
>
> 스마트 조회는 Bing.com에서 제공합니다. 정보 활용 창을 통해 정의, Wiki 문서, 웹에서 가장 관련성이 높은 검색 결과가 표시됩니다

02_ [정보 활용] 창에서 정보 활용에 대한 동의가 나타나면 [알겠습니다.]를 클릭합니다.

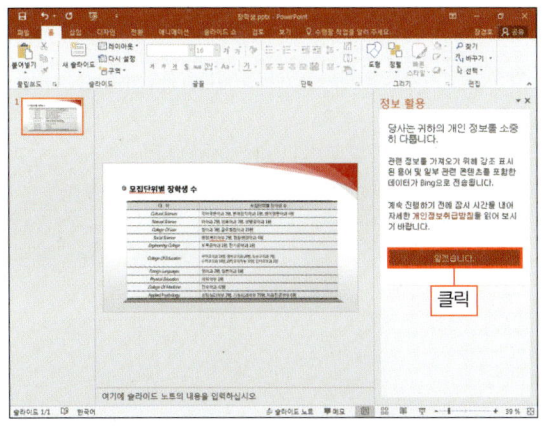

> **TIP**
>
> 정보 활용에 대한 동의를 이미 하였다면 본 내용은 표시되지 않습니다.

03_ 키워드와 연관된 다양한 정보가 나타납니다. 특정 항목을 클릭하면 웹 검색을 비롯한 다양한 정보를 확인할 수 있습니다.

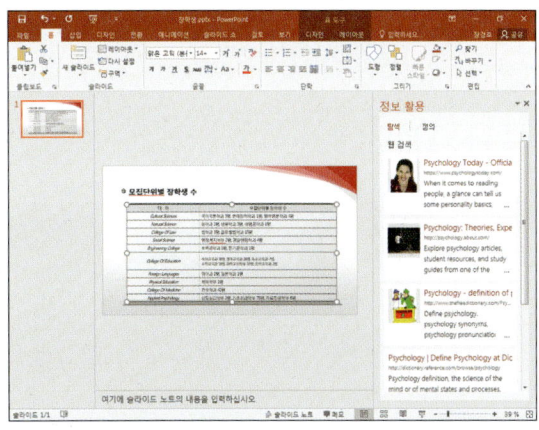

슬라이드 인쇄하기

:: **준비파일** Part02₩Chapter04₩Section02₩세미나안내.pptx

[파일] 탭–[인쇄]를 클릭하면 슬라이드 미리 보기 화면을 비롯하여 인쇄할 슬라이드 수, 인쇄 모양과 유인물, 컬러/회색조/흑백 등 다양한 옵션을 통해 인쇄를 진행할 수 있습니다.

01_ [파일] 탭–[인쇄]를 클릭하거나, [Ctrl]+[P]를 누릅니다.

클릭

02_ 인쇄와 관련된 설정 옵션이 나타납니다. 오른쪽 미리 보기 화면을 통해 인쇄될 화면을 미리 확인할 수 있습니다. [다음 페이지]를 클릭하여 인쇄될 페이지를 확인합니다. [프린터]를 클릭하여 사용할 프린터를 선택하고 [인쇄]를 클릭합니다.

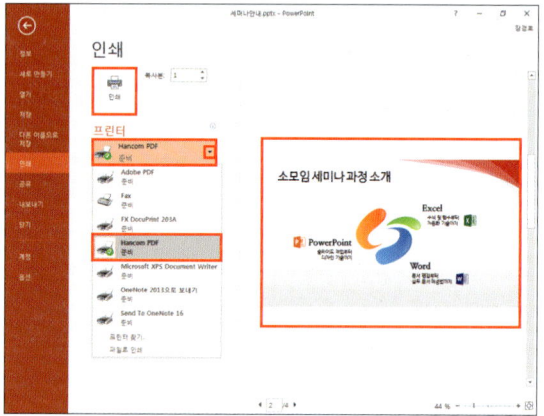

한 페이지에 여러 슬라이드 인쇄하기

:: **준비파일** Part02₩Chapter04₩Section02₩세미나안내.pptx

검토용으로 슬라이드를 인쇄하거나 유인물 형태에 인쇄를 하기 위해서는 한 페이지에 여러 슬라이드를 인쇄하는 것이 효율적입니다.

01_ [파일] 탭-[인쇄]를 클릭한 후 한 페이지에 두 개의 슬라이드를 인쇄하기 위해 [설정]-[전체 페이지 슬라이드]-[2슬라이드]를 선택합니다.

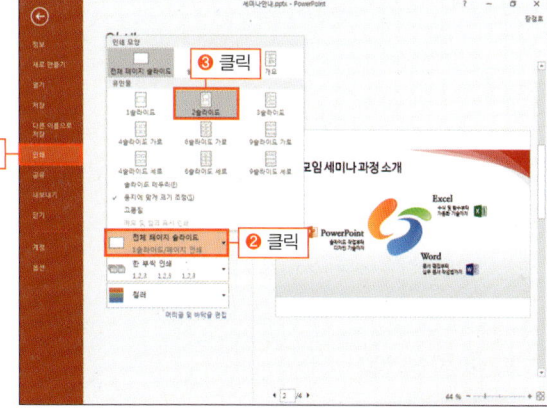

> **TIP**
> 한 페이지에 여러 장의 슬라이드를 인쇄하는 것을 유인물 인쇄라고 하며, 유인물로 먼저 설정이 되어야 한 페이지에 넣을 페이지 수를 지정할 수 있습니다.

02_ 하나의 페이지에 두 장의 슬라이드가 나타납니다.

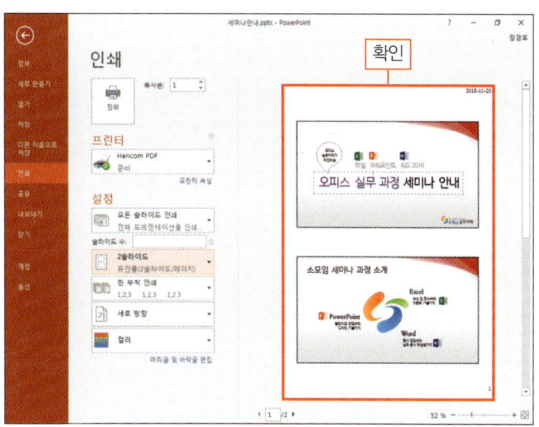

흑백이나 회색조로 인쇄하기

:: **준비파일** Part02₩Chapter04₩Section02₩세미나안내.pptx

파워포인트는 컬러 인쇄뿐만 아니라 회색조나 흑백으로 인쇄할 수 있습니다.

01_ [파일] 탭-[인쇄]를 클릭한 후 [컬러]에서 [회색조]를 선택합니다.

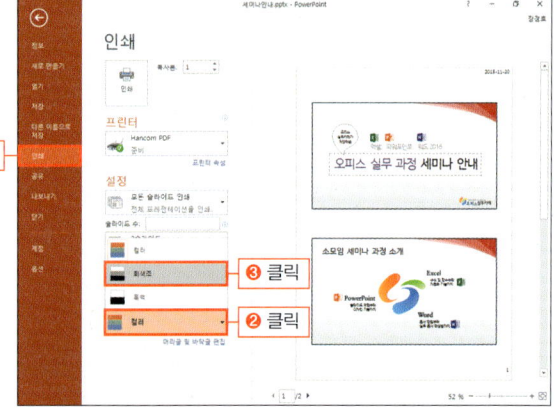

02_ 컬러에서 회색조로 변경됩니다.

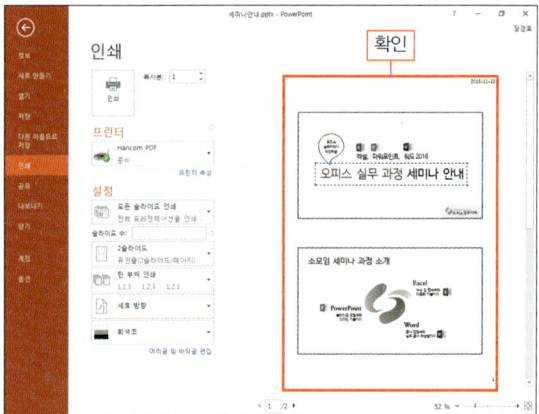

TIP

회색조나 흑백으로 인쇄시 이미지나 텍스트가 자동으로 회색조와 흑백으로 전환되어 나타납니다. 만일, 그라데이션 색상이나 다른 프로그램에서 만든 이미지나 아이콘의 경우 제대로 표시되지 않을 수 있습니다.

Special page

클라우드에서 공동 작업하기

윈드라이브라는 마이크로소프트 클라우드에 프레젠테이션 문서가 저장된 경우 동시에 여러 사람들과 공동 작업할 수 있습니다.

준비
파일   Part02₩Chapter04₩Section02₩공동작업.pptx

01 파일을 연 다음 클라우드에 저장하기 위해 [파일]-[다른 이름으로 저장]을 클릭합니다. 클라우드에 저장하기 위해 [OneDrive]-[공개] 혹은, [공유 문서] 등의 폴더를 선택합니다.

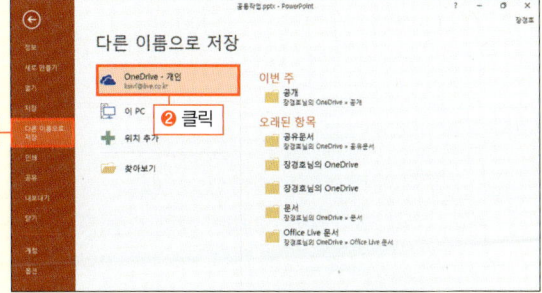

02 [다른 이름으로 저장] 대화상자가 나타나면 [저장]을 클릭합니다.

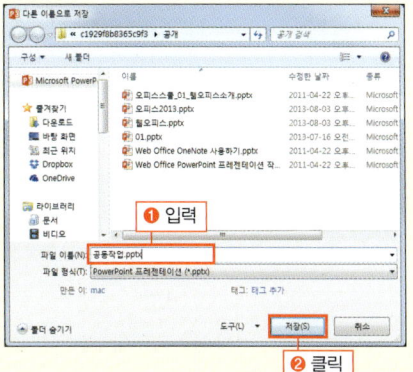

03 리본 메뉴의 오른쪽에 [공유] 단추를 클릭합니다. [공유] 창이 나타나면 [사용자 초대]에 함께 작업할 사용자의 이메일 주소를 입력합니다. 그리고 [편집 가능]을 선택한 후 [공유]를 클릭합니다.

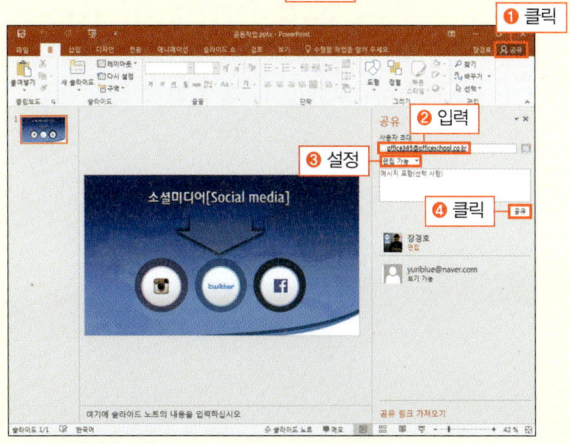

04 사용자가 추가됩니다. 공유된 사용자가 이메일을 통해 공유된 문서를 선택하면 동일한 화면으로 문서를 작업할 수 있습니다.

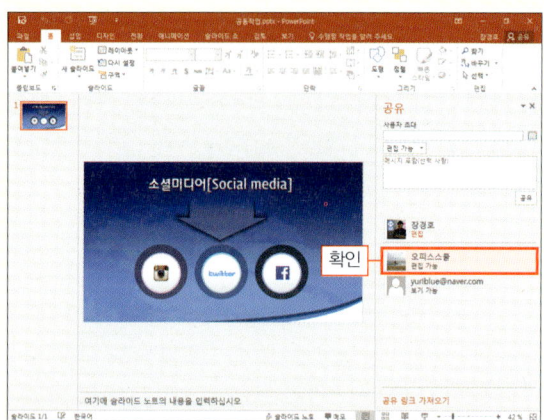

05 변경 내용을 즉시 동기화하려면 빠른 실행 도구 모음의 [저장] 단추를 클릭하여 새로 고칩니다.

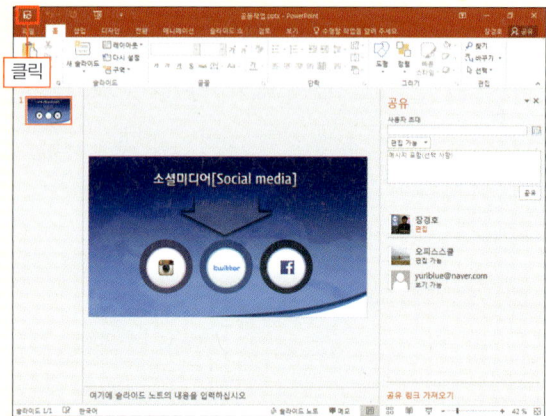

TIP

클라우드에 저장하면 [저장] 단추의 모양이 [공유] 단추로 변경된 것을 확인할 수 있습니다.

06 공유를 받은 사용자는 본인의 이메일을 확인하면 공유된 문서를 확인할 수 있습니다. [OneDrive에서 보기]를 클릭하여 문서를 확인하고 슬라이드를 수정할 수 있으며, 다운로드를 받을 수 있습니다.

1 [인쇄] 대화상자에서 한 페이지에 넣을 슬라이드 수를 '4'로 선택하고, 인쇄 색상을 '회색조'로 변경합니다. 그리고 [인쇄 미리 보기] 창에서 인쇄 방향을 '가로 방향'으로 변경해 보세요.

◎ 준비파일 : Part02₩Chapter04₩Check₩시장분석.pptx　　◎ 완성파일 : Part02₩Chapter04₩Check₩시장분석_완성.pptx

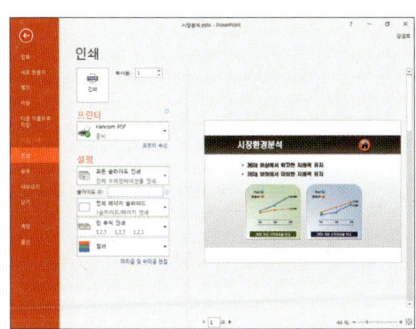 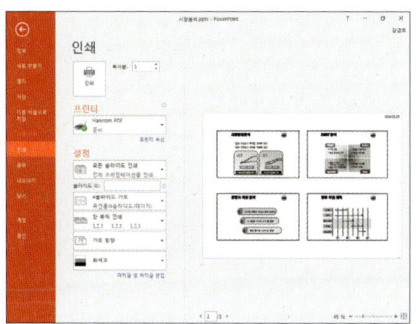

힌트

❶ [인쇄] 대화상자에서 [인쇄 범위]를 '모두', [인쇄 대상]을 '유인물'로 설정합니다.
❷ [한 페이지에 넣을 슬라이드 수]를 '4', [컬러/회색조]는 '회색조'로 설정한 후 [미리 보기]를 클릭합니다.
❸ [인쇄 미리 보기] 창의 [페이지 설정] 그룹에서 [용지 방향]을 '가로'로 설정합니다.

---

2 [파일] 탭에서 [다른 이름으로 저장]을 클릭한 후 슬라이드를 PNG 파일 형식의 그림 파일로 저장해 보세요.

◎ 준비파일 : Part02₩Chapter04₩Check₩리틀야구.pptx　　◎ 완성파일 : Part02₩Chapter04₩Check₩리틀야구 폴더

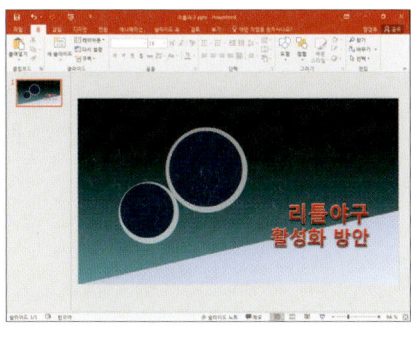 

힌트

❶ [파일] 탭을 클릭한 후 [다른 이름으로 저장]을 클릭합니다.
❷ [다른 이름으로 저장] 대화상자에서 [파일 형식]을 'PNG 형식'으로 설정합니다.

index

Symbols

[개요] 창 • 11

[슬라이드 노트] 창 • 11

[슬라이드] 미리 보기 창 • 11

[슬라이드] 편집 창 • 11

S

SmartArt • 92

ㄱ

그룹 • 61

글머리 기호 • 43

ㄴ

내어쓰기 • 45

네이버 나눔체 • 37

ㄷ

다음체 • 37

도형 병합 • 75

동영상 표지 • 128

들여쓰기 • 45

ㅁ

맞춤법 검사 • 173

ㅂ

발표자 도구 • 154

번역 • 49

비디오 서식 • 129

빠른 실행 도구 모음 • 30

ㅅ

사진 앨범 • 90

스마트 가이드 • 63

스마트 조회 • 177

스크린 샷 • 88

스포이트 • 82

슬라이드 레이아웃 • 19

슬라이드 마스터 • 158

슬라이드 쇼 • 137

ㅇ

애니메이션 • 137

오디오 파일 • 123

온라인 그림 • 83

와이드 스크린 • 27

워드아트 • 53

ㅈ

조절 핸들 • 66

줄 간격 • 44

ㅊ

차트 • 103

차트 레이아웃 • 113

차트 스타일 • 112

ㅌ

텍스트 간격 • 44

트리밍 • 125

특수 문자 • 47

ㅍ

페이스북 • 99

포인트 옵션 • 147

표 • 103

ㅎ

하이퍼링크 • 176

한자 • 47

화면 전환 • 137

회색조 • 180

Part 03

워드 2016

대학교나 가정, 혹은 관공서에서 주로 사용하는 워드프로세서는 한글과 컴퓨터
사의 한글이라는 프로그램이라 추측해 봅니다. 하지만 직장인이 되어 외국계
기업이나 일반 기업에 입사하게 되면 그때부터는 한글이 아닌 마이크로소프트
사의 워드를 사용하는 경우가 많습니다. 한글과 워드는 비슷한 점이 많지만 엄
연히 다른 프로그램입니다. 최근 한글이 버전 업되면서 워드를 많이 닮아가는
것이 사실이지만 그래도 워드만의 독특한 기능과 사용법은 존재하기 마련입니
다. 이번 파트에서는 워드 2016을 위해 반드시 숙지해야 하는 기능부터 실무에
서 보편적으로 사용하는 기능을 모아서 소개합니다. 짧은 시간에 워드를 마스
터해야 하는 분들에게는 더없이 좋은 파트가 되리라 확신합니다.

Contents

PART · 03 워드 2016

Chapter 01. 문서 작성과 편집하기   6

Section 01 워드 2016 시작하기   8

01 워드 2016 화면 구성 살펴보기   9

02 보기 모드 살펴보기   10

03 화면 보기 확대 및 축소하기   13

04 문서 탐색 창 살펴보기   16

05 텍스트 찾기 및 바꾸기   18

06 암호를 입력하여 문서 보호하기   19

07 문서를 최종본으로 표시하기   21

08 명령어를 빠르게 실행하고 도움말 요청하기   23

09 맞춤법과 문법 검사하기   24

10 한국어를 영어나 일어로 번역하기   26

11 워드 97-2003 버전으로 저장하기   28

12 한글과 컴퓨터의 한글(HWP) 문서 열기   29

13 워드 문서를 PDF로 변환하기   30

Special Page PDF 파일을 워드로 변환하여 편집하기   31

Section 02 기본 문서 작성하기   35

01 데이터 입력하고 수정하기   36

02 복사본을 작성하여 열기   38

03 글꼴 색, 텍스트 강조색, 음영 지정하기   39

04 텍스트 효과와 타이포그래피   41

05 기호와 한자 입력하기   42

06 위 첨자와 아래 첨자 달기 · 43

07 수식 도구와 잉크 수식 작성하기 · 44

08 서식 복사를 이용하여 반복 작업하기 · · · · · · · · · · · · · · · · · · 46

09 문자 간격과 장평 조절하기 · 49

10 단락 테두리와 음영 설정하기 · 50

11 글머리 기호와 번호 매기기 · 52

12 단락 들여쓰기와 내어쓰기 · 54

13 눈금자를 이용하여 단락 조절하기 · 55

14 줄과 단락 간격 조절하고 공백 제거하기 · · · · · · · · · · · · · · · 56

15 메모 삽입하고 편집하기 · 57

Chapter 02. 문서 인쇄와 개체 삽입하기 · · · · · · · · · · · · · · · · 60

Section 01 도형 디자인하고 문서 인쇄하기 · · · · · · · · · · · · · · · 62

01 SmartArt 그래픽으로 다이어그램 만들기 · · · · · · · · · · · · · 63

02 스타일 변경하고 그림 삽입하기 · 64

03 그림 삽입하고 스타일 변경하기 · 65

04 그림 크기 및 텍스트 배치하기 · 66

05 인쇄 미리 보기와 용지 방향 변경하기 · · · · · · · · · · · · · · · · · 67

06 용지 크기와 여백 설정하기 · 68

07 페이지 테두리와 색 지정하기 · 69

08 워터마크 삽입하여 인쇄하기 · 70

09 메모 제외하고 인쇄하기 · 71

10 원하는 페이지만 인쇄하기 · 72

11 용지 한 면에 두 페이지 인쇄하기 · 73

Section 02 표와 차트로 시각적인 문서 만들기 · **75**

01 표 삽입하고 행과 열 추가하기 · **76**

02 표 디자인 및 스타일 변경하기 · **78**

03 표 테두리 지정하고 스타일 적용하기 · **80**

04 막혀있는 표의 테두리를 지우개로 삭제하기 · · · · · · · · · · · · · · · · **82**

05 표를 가나다순으로 정렬하기 · **83**

06 표를 텍스트, 텍스트를 표로 변환하기 · **84**

07 셀 병합하고 분할하기 · **86**

08 하나의 표를 두 개로 분할하기 · **87**

09 삽입한 표를 차트로 만들기 · **88**

Special Page 엑셀처럼 표 데이터 계산하기 · · · · · · · · · · · · · · · · · · · **90**

Chapter 03. 문서 고급 기능 활용하기 · **94**

Section 01 페이지 편집하고 나누기 · **96**

01 새 페이지와 페이지 나누기 · **97**

02 단 기능으로 2단, 3단 조절하기 · **98**

03 구역별로 가로, 세로 다르게 지정하기 · **99**

04 머리글/바닥글 작성하기 · **100**

05 페이지 번호 추가하기 · **101**

06 문서에 책갈피 삽입하기 · **103**

07 책갈피로 빠르게 이동하기 · **104**

08 책갈피 연결하고 스타일 변경하기 · **105**

09 각주/미주 설정하고 편집하기 · **107**

10 목차 지정을 위한 텍스트 스타일 지정하기 · · · · · · · · · · · · · · · · · **108**

11 자동 목차 만들기 · **110**

12 색인 만들기 · **111**

Special Page 양식 컨트롤 도구로 확인란 만들기 · · · · · · · · · · · · · · **113**

Section 02 특수 기능 활용하기 · · · · · · · · · · · · · · · · · 116

01 데이터 목록 작성하기 · 117

02 저장한 목록 불러와 병합 필드 만들기 · · · · · · · · · · · · 119

03 엑셀 주소록으로 편지 DM 발송물 만들기 · · · · · · · · · · 121

04 DM 발송물 개별 문서 편집하기 · · · · · · · · · · · · · · · 124

05 주소 레이블 병합하기 · 125

06 사용할 필드 연결하기 · 127

07 워드를 원고지로 만들기 · · · · · · · · · · · · · · · · · · · 128

Special Page 워드 문서를 네이버 블로그에 바로 올리기 · · · · · · 129

Chapter 1

문서 작성과
편집하기

워드는 엑셀, 파워포인트와 함께 오피스 2016에 포함되어 있는 프로그램으로써 문서 편집을 위해 전 세계에서 가장 많이 사용하는 워드프로세서입니다. 이번 챕터에서는 최신의 워드 2016을 사용함에 있어 반드시 알고 있어야 하는 기본적인 기능과 편집 기술들을 살펴보겠습니다.

Section 1. 워드 2016 시작하기

Section 2. 기본 문서 작성하기

워드 2016 시작하기

워드 2016을 처음 실행하면 기존 버전과 큰 차이가 없음을 알고 실망할지도 모릅니다. 하지만, 실무 작업 환경에 반드시 필요했던 세련된 기능이 다수 추가되었습니다. 이번 섹션에서는 워드를 시작하는 사람들이 꼭 알고 있어야 하는 기본 기능에 대해서 살펴보겠습니다.

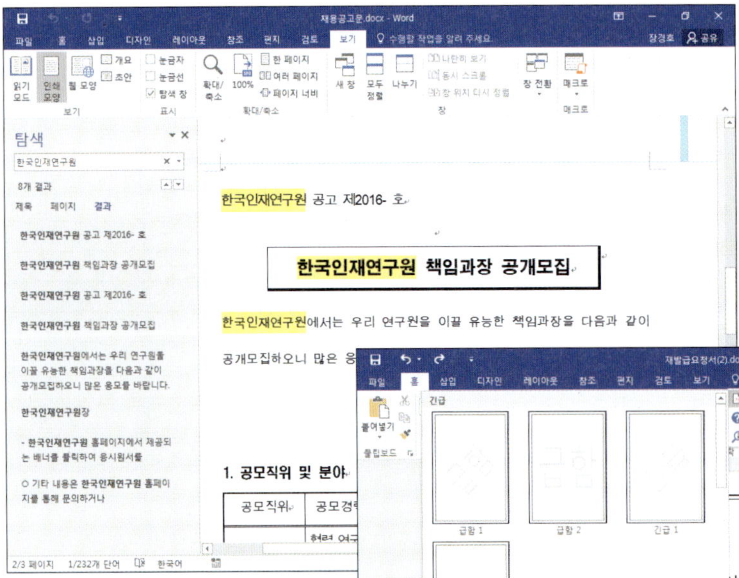

▲ 문서 탐색 창 살펴보기

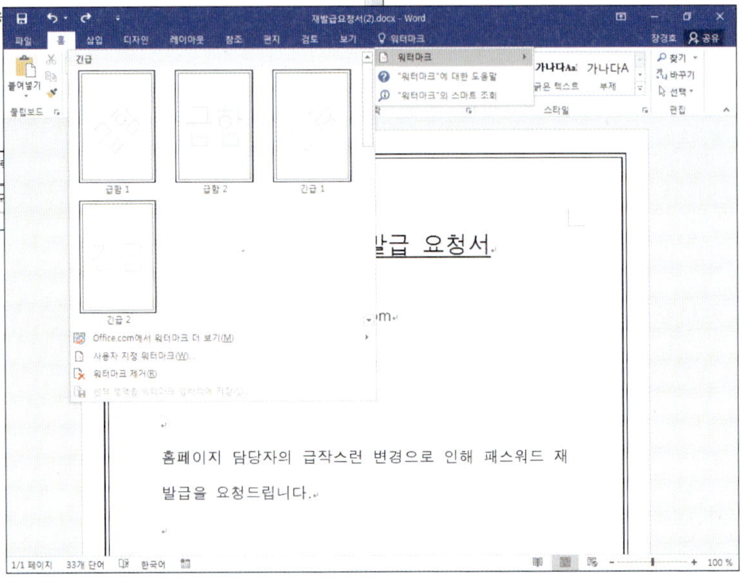

명령어 빠르게 실행하고 도움말 요청하기 ▶

이번 섹션에서 배울 주요 내용

- 워드 2016 화면 구성 살펴보기
- 보기 모드 살펴보기
- 화면 보기 확대 및 축소하기
- 문서 탐색 창 살펴보기
- 텍스트 찾기 및 바꾸기
- 암호를 입력하여 문서 보호하기
- 문서를 최종본으로 표시하기

- 명령어를 빠르게 실행하고 도움말 요청하기
- 맞춤법과 문법 검사하기
- 한국어를 영어나 일어로 번역하기
- 워드 97-2003 버전으로 저장하기
- 한글과 컴퓨터의 한글(HWP) 문서 열기
- 워드 문서를 PDF로 변환하기
- **스페셜** PDF 파일을 워드로 변환하여 편집하기

워드 2016 화면 구성 살펴보기

워드를 실행하면 최근에 사용한 항목과 온라인 서식 파일이 나타납니다. 이곳에서 원하는 항목이나 파일을 선택합니다.

워드 2016 시작 화면 살펴보기

워드 2016을 처음 시작하면 최근에 사용한 항목을 비롯해 온라인 서식 파일이 나타납니다. 이곳에서 원하는 온라인 서식 파일을 선택합니다.

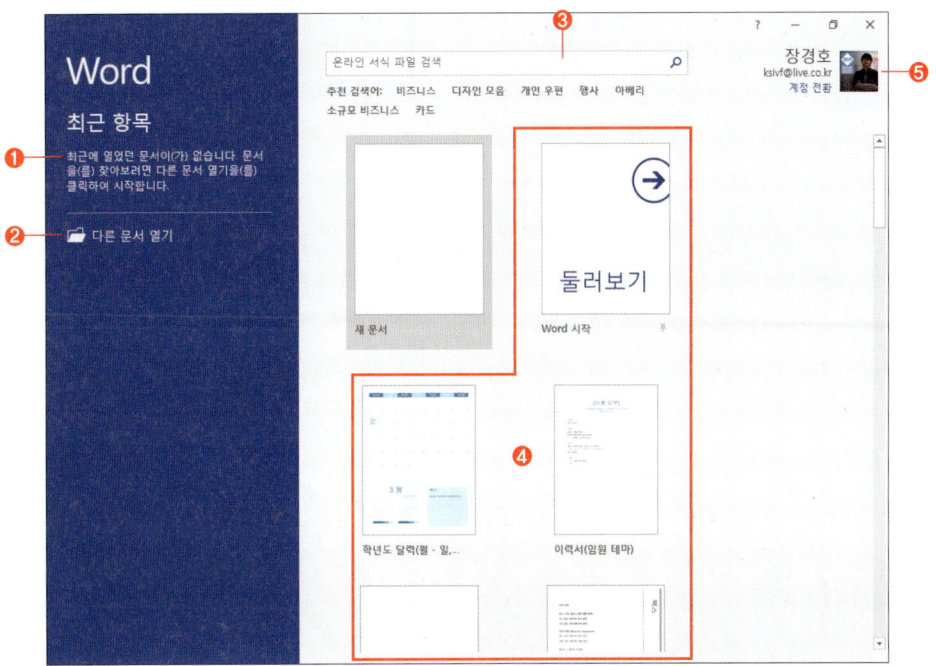

❶ **최근에 사용한 항목** : 최근에 열어본 파일이 순서대로 표시됩니다.

❷ **다른 문서 열기** : 원드라이브를 비롯해 내 컴퓨터에 저장된 문서를 불러올 수 있습니다.

❸ **온라인 서식 파일 검색** : Office.com의 다양한 워드 서식 파일을 검색하고 불러올 수 있습니다.

❹ **온라인 서식 파일** : 자주 사용하는 서식 파일이 섬네일 형식으로 표시됩니다.

❺ **사용자 정보** : 사용자 사진을 비롯한 정보가 표시됩니다.

보기 모드 살펴보기

워드는 읽기 모드를 비롯해 인쇄 모양, 웹 모양, 개요, 초안 등 다양한 보기 모드를 제공합니다.

[읽기 모드] 보기

[보기] 탭–[보기] 그룹에서 [읽기 모드]를 클릭하거나 상태 표시줄에서 [읽기 모드]를 클릭하여 나타
나는 읽기 모드는 단순히 문서를 읽을 때 유용한 모드입니다.

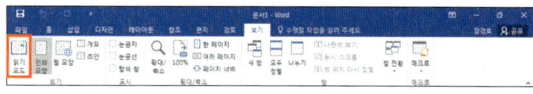

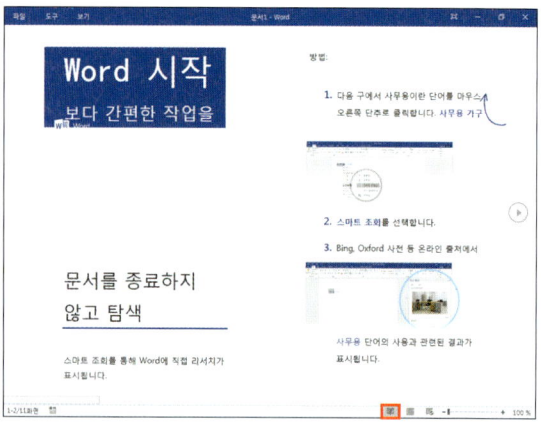

[인쇄 모양] 보기

워드로 문서 작업을 할 때 나타나는 기본 편집 화면으로 [보기] 탭–[보기] 그룹에서 [인쇄 모양]을 클
릭하거나 상태 표시줄에서 [인쇄 모양]을 클릭합니다. 보통 워드에서 편집하는 대부분의 작업은 [인
쇄 모양] 보기에서 진행합니다. [인쇄 모양] 보기는 인쇄될 모양대로 보면서 편집하는 모드입니다.
[보기] 탭–[표시] 그룹에서 [탐색 창]에 체크하여 [탐색] 창을 불러올 수 있습니다.

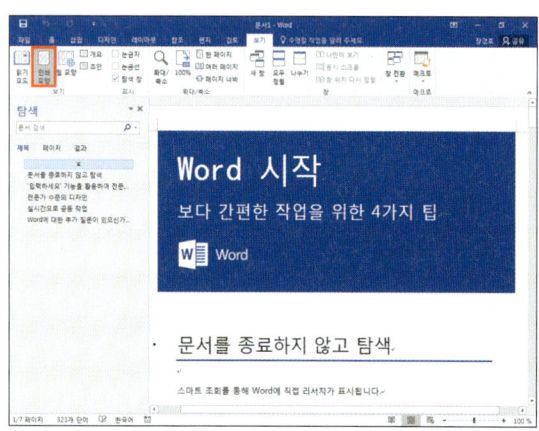

[웹 모양] 보기

[웹 모양] 보기 모드는 웹 페이지에 보이는 모습 그대로를 미리 보기하고 싶을 경우에 선택합니다. 창의 가로 폭에 맞춰 텍스트를 정렬하여 불러옵니다. [보기] 탭-[보기] 그룹에서 [웹 모양]을 클릭하거나 상태 표시줄에서 [웹 모양]을 클릭합니다.

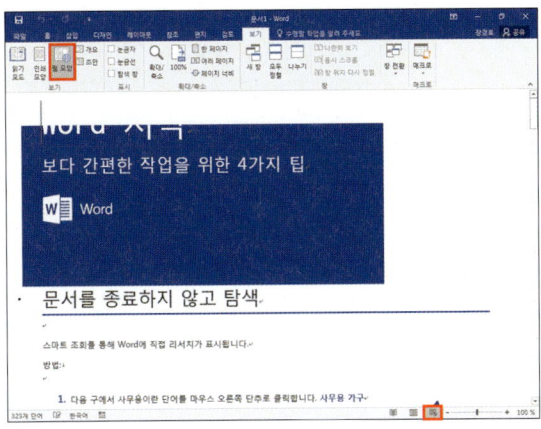

[개요] 보기

글머리 기호로 표시되는 개요 형식으로 문서를 불러옵니다. 개요 보기를 통해 문서의 구조 및 제목을 관리할 수 있으며, 제목을 이동하거나 편집하고, 수준을 변경하고 싶을 때 유용하게 사용합니다. [개요 보기]에서 개요 수준을 정하면 해당하는 제목 스타일이 적용됩니다. [보기] 탭-[보기] 그룹에서 [개요]를 클릭합니다. [개요] 탭이 나타나며 [개요 도구] 그룹과 [마스터 문서] 그룹을 통해 개요를 편집할 수 있습니다.

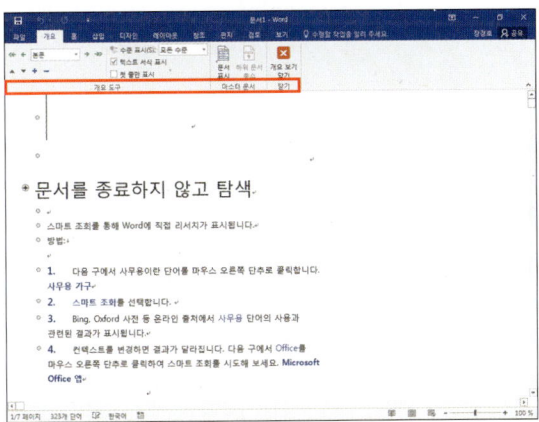

[초안] 보기

문서에서 텍스트만 표기하여 빠르게 내용을 완성하거나 초안을 편집할 때 유용하게 사용합니다. 그림 등의 개체는 표시되지 않기에 문서를 빠르게 편집할 때 사용하면 좋습니다. [보기] 탭-[보기] 그룹에서 [초안]을 클릭합니다.

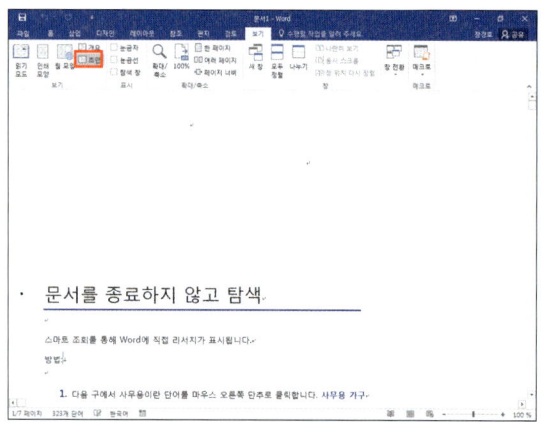

최근 읽은 위치 표시

열었던 문서를 다시 열 때 우측 스크롤바 상단에 [최근 읽은 위치] 단추가 나타납니다. 이를 클릭하는 것만으로 최근 읽은 위치로 쉽게 이동할 수 있습니다.

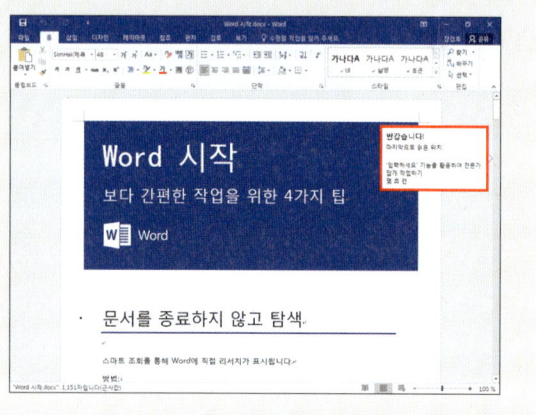

화면 보기 확대 및 축소하기

∷ 준비파일 Part03\Chapter01\Section01\채용공고문.docx

워드는 문서의 특정 부분을 확대, 축소하기를 비롯해 한 화면에 두 페이지를 표시할 수도 있습니다.

01_ 상태 표시줄에서 [인쇄 모양]을 클릭한 다음 두 번째 페이지로 이동합니다. 확대를 원하는 부분을 선택합니다. [확대/축소]에서 [확대]를 여러 번 클릭합니다.

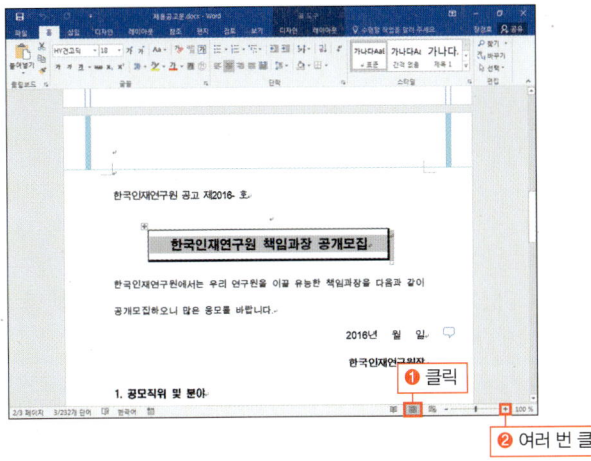

02_ 이번에는 [확대/축소] 대화상자를 통해 배율이나 백분율을 지정해 보겠습니다. [보기] 탭–[확대/축소] 그룹에서 [확대/축소]를 클릭합니다. [확대/축소] 대화상자가 나타나면 원하는 [배율]을 클릭하거나 [백분율]에 원하는 백분율을 입력합니다. 여기서는 [배율]–[200]을 선택하거나 [백분율]에 『200』을 입력한 후 [확인]을 클릭합니다.

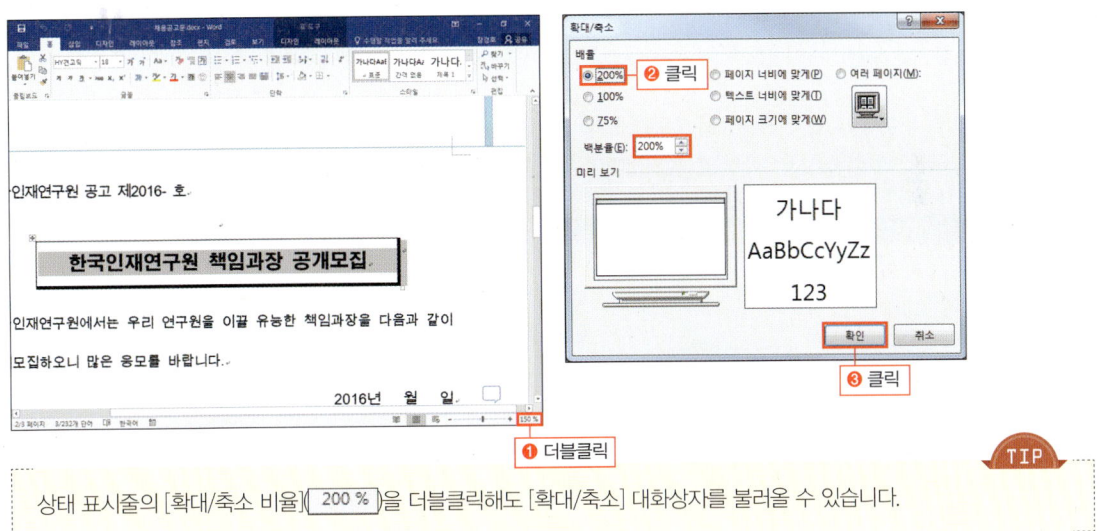

> **TIP**
>
> 상태 표시줄의 [확대/축소 비율](200 %)을 더블클릭해도 [확대/축소] 대화상자를 불러올 수 있습니다.

03_ 다시 원래의 화면 크기로 되돌리기 위해 [보기] 탭-[확대/축소] 그룹에서 [100%]를 클릭합니다.

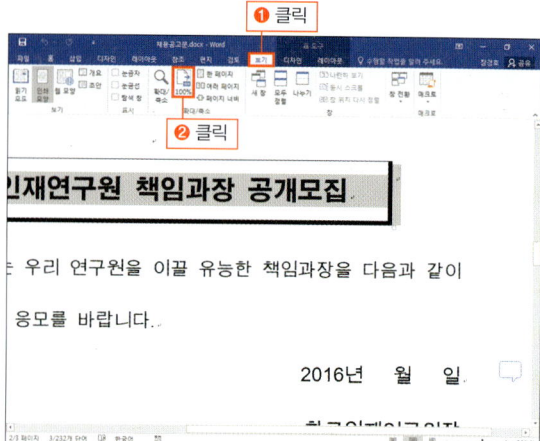

04_ 이번에는 한 화면에 여러 페이지를 표시해 보겠습니다. [보기] 탭-[확대/축소] 그룹에서 [여러 페이지]를 클릭합니다.

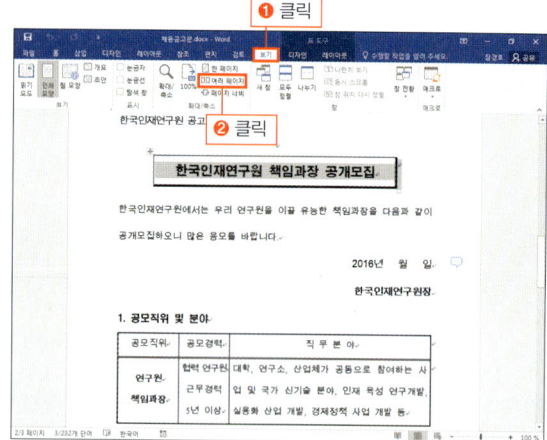

05_ 한 화면에 여러 페이지가 나타납니다. 표시되는 페이지 분량을 수정하기 위해 [보기] 탭-[확대/축소] 그룹에서 [확대/축소]를 클릭하여 [확대/축소] 대화상자를 불러옵니다. [여러 페이지]에서 [1 x 3페이지]를 선택합니다.

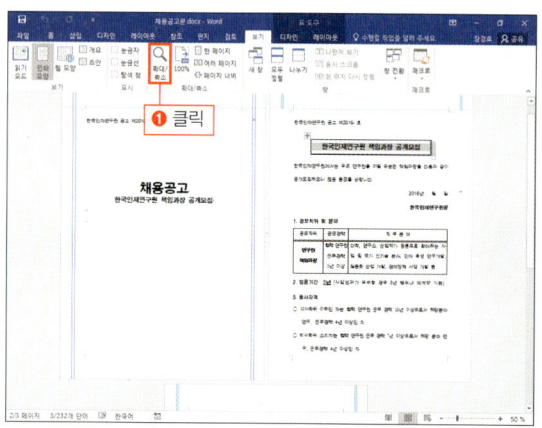

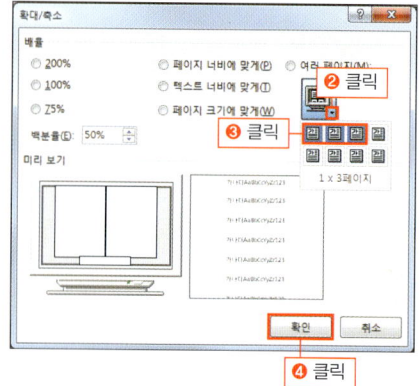

06_ 3장의 페이지가 한 페이지에 나타납니다.

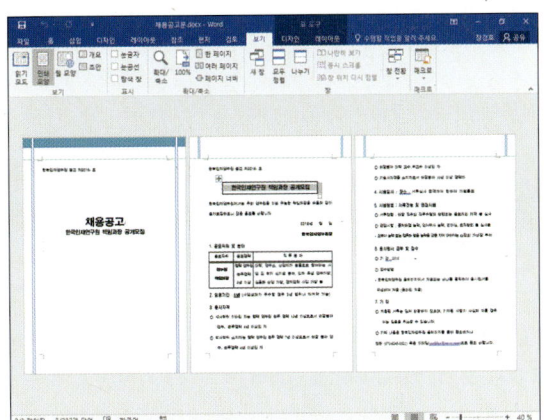

상태 표시줄

워드는 상태 표시줄에 다양한 정보를 표시하고 있습니다. 페이지나 구역, 줄, 변경 내용 추적, 보기 확대/축소 이외에도 단어 수를 비롯해 언어 변경 등을 확인할 수 있습니다. 특히, 단어 수를 클릭하면 문서의 단어 개수뿐만 아니라 페이지 수, 문자 수, 단락 수, 줄 수 등을 확인할 수도 있습니다.

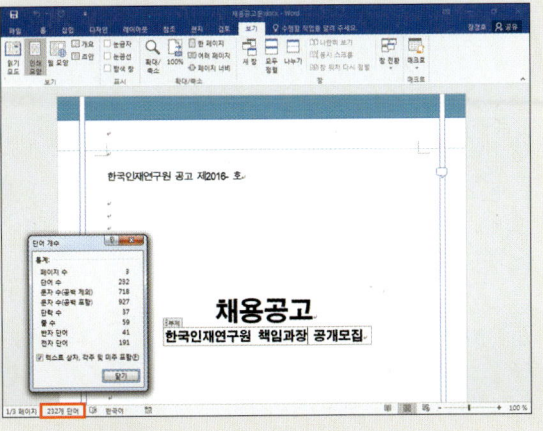

문서 탐색 창 살펴보기

:: 준비파일 Part03₩Chapter01₩Section01₩채용공고문.docx

탐색 창이란, 편집 화면의 왼쪽에 열리는 창으로써 스타일이나 개요 등을 알려주고 변경할 수 있는 옵션들이 있습니다. 탐색 창을 통해 문서를 다시 구성할 수 있으며, 간단한 검색을 통해 문서 내용을 쉽게 찾을 수도 있습니다.

01_ [보기] 탭─[확대/축소] 그룹에서 [100%]를 클릭합 니다. [보기] 탭─[표시] 그룹에서 [탐색 창]에 체크를 하면 [탐색] 창이 나타납니다. [문서 검색]에 『한국인재연구원』 을 입력하고 **Enter** 를 누릅니다. '한국인재연구원'이라는 키워드가 있는 페이지가 검색되어 표기됩니다. [위], [아 래]를 클릭해 키워드를 검색합니다.

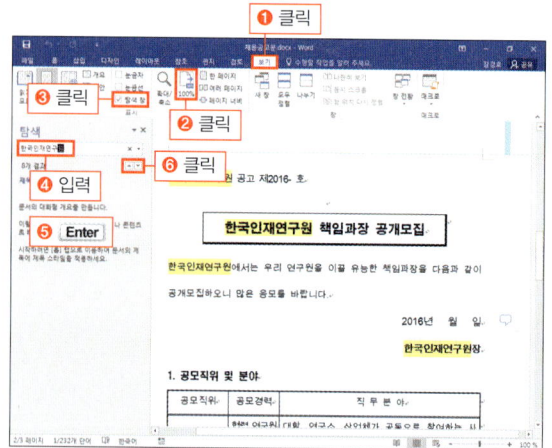

> **TIP**
> [문서 검색]에 원하는 키워드를 입력해 문서에서 내용 을 검색할 수 있습니다.

02_ [결과] 탭을 클릭하면 검색한 키워드의 문서 내용을 확인할 수 있습니다. 검색을 종료하기 위해 [취소]를 클릭 합니다.

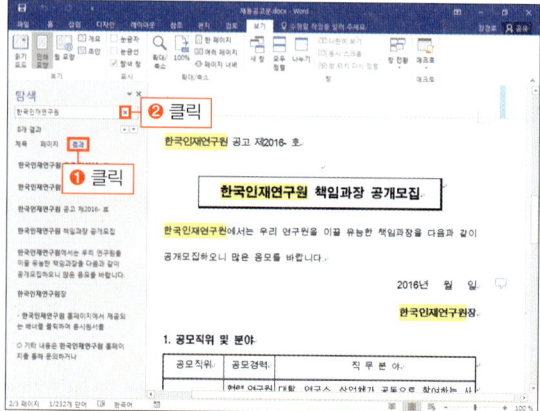

> **TIP**
> 키워드 검색 후 [취소]를 클릭하지 않으면 [탐색] 창의 제목 및 페이지, 결과 탭의 검색한 키워드가 계속 표시 됩니다.

> **TIP**
- 제목 : 개요 수준이 포함되어 있는 제목 스타일과 개요 수준을 적용한 단락을 불러옵니다.
- 페이지 : 페이지 모양을 인쇄될 모양대로 확인할 수 있으며, 클릭하여 해당 페이지로 이동할 수 있습니다.
- 결과 : [탐색] 창 상단의 [문서 검색]에 검색한 내용을 찾아 결과값을 불러옵니다.

03_ [탐색] 창에서는 제목, 페이지, 결과 탭을 통해 문서를 열람하고 확인할 수 있습니다. [제목]을 클릭하면 문서의 본문에 있는 제목에 스타일을 적용한 경우 제목이 [탐색] 창에 나타나며, [페이지] 탭을 클릭하면 각각의 페이지가 미리 보기 형식으로 표시됩니다. [페이지] 탭을 클릭합니다. 각각의 페이지가 미리 보기 형식으로 표시됩니다.

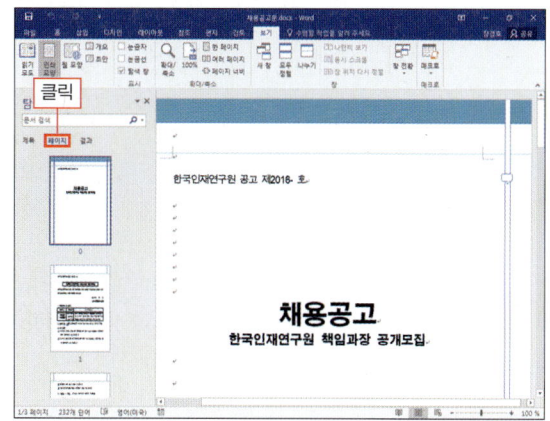

TIP

표나 텍스트 상자, 머리글 또는 바닥글에 있는 제목은 [탐색] 창에 표시되지 않습니다.

04_ [탐색] 창을 이용하여 그래픽이나 표 등 특정 콘텐츠를 찾을 수도 있습니다. 예를 들어, [탐색] 창의 [다른 내용 검색]을 클릭한 후 [메모]-[모든 검토자]를 선택합니다.

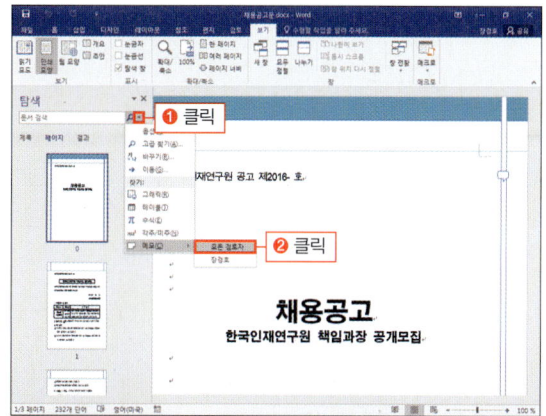

05_ 메모가 포함되어 있는 페이지가 열리며 메모 내용을 확인할 수 있습니다. 이제 [탐색] 창을 종료하기 위해 [닫기]를 클릭합니다.

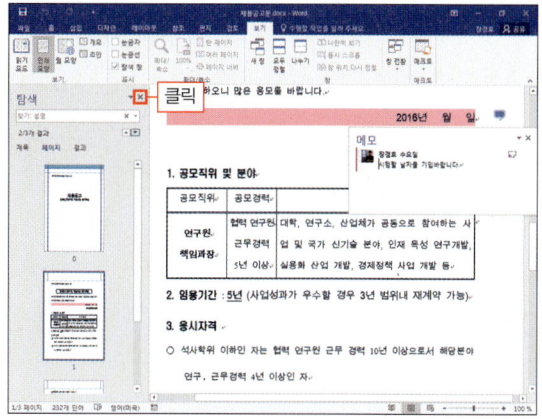

텍스트 찾기 및 바꾸기

:: 준비파일 Part03\Chapter01\Section01\채용공고문.docx | 완성파일 Part03\Chapter01\Section01\채용공고문_완성.docx

[탐색] 창과 [찾기 및 바꾸기] 대화상자를 이용하여 텍스트를 찾고 다른 텍스트로 변경할 수 있습니다.

01_ **Ctrl**+**F**를 눌러 [탐색] 창이 나타나면 『한국인재연구원』을 입력합니다. '한국인재산업연구원'과 연관된 모든 텍스트가 검색되면 [다른 내용 검색]을 클릭한 후 [바꾸기]를 선택합니다.

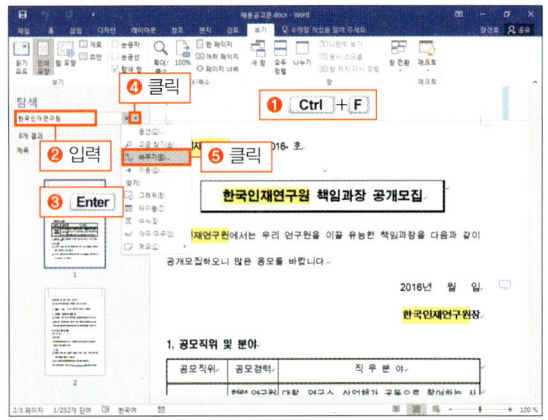

02_ [찾기 및 바꾸기] 대화상자가 나타나면 [바꾸기] 탭-[찾을 내용]에 『한국인재연구원』이 입력되어 있는 것을 확인한 후 [바꿀 내용]에 『한국인재산업연구원』을 입력하고 [모두 바꾸기]를 클릭합니다. 확인 창이 나타나면 [확인]을 클릭한 후 [닫기]를 클릭합니다.

> **TIP**
> [홈] 탭-[편집] 그룹에서 [바꾸기]를 클릭하여 [찾기 및 바꾸기] 대화상자를 불러올 수도 있습니다.

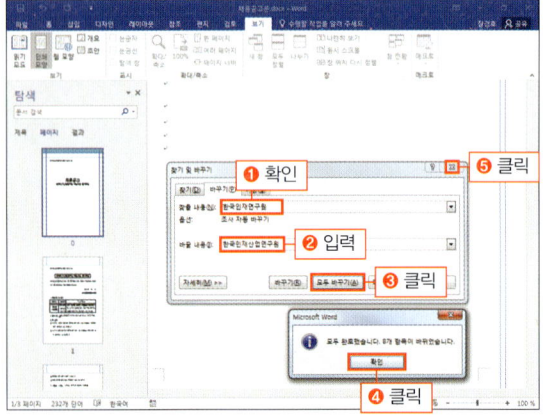

03_ '한국인재연구원'에서 '한국인재산업연구원'으로 단어가 변경된 것을 확인한 후 [탐색] 창의 [닫기]를 클릭합니다.

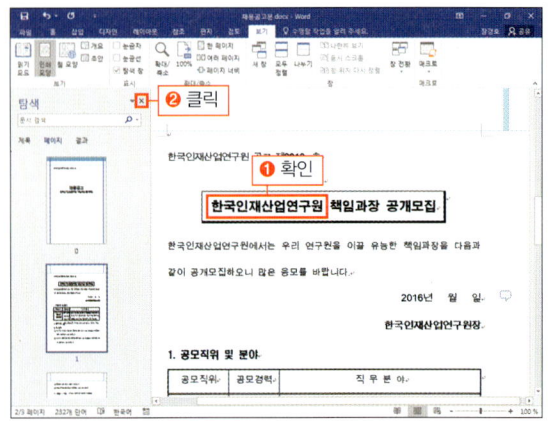

암호를 입력하여 문서 보호하기

:: **준비파일** Part03₩Chapter01₩Section01₩채용공고문(2).docx | **완성파일** Part03₩Chapter01₩Section01₩채용공고문(2)_완성.docx

중요 문서는 암호를 이용하여 보호하는 것이 좋습니다. 암호에는 열기 암호와 쓰기 암호가 있습니다.

01_ [파일] 탭-[정보]-[문서 보호]를 클릭한 후 [암호 설정]을 선택합니다.

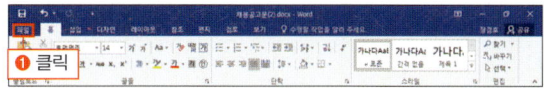
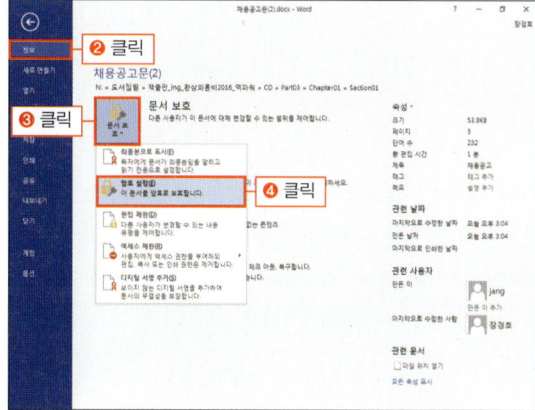

02_ [문서 암호화] 대화상자가 나타나면 [암호]에 『1234』를 입력하고 [확인]을 클릭합니다. 다시 [암호 확인] 대화상자가 나타나면 『1234』를 입력한 후 [확인]을 클릭합니다.

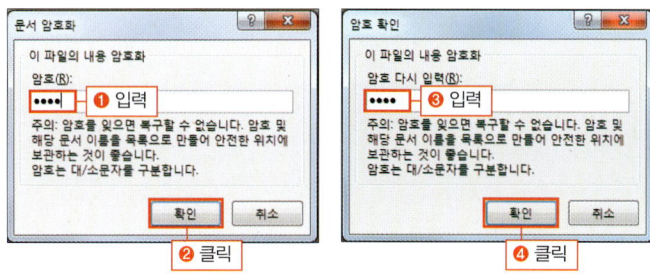

> **TIP**
>
> '열기 암호'는 문서를 열어 내용을 확인할 때 사용되는 암호이며, '쓰기 암호'는 문서를 열어 내용을 수정할 때 사용되는 암호입니다. 즉, 열기 암호만 지정하면 문서를 열 수는 있지만 수정은 할 수 없습니다. 쓰기 암호까지 지정하면 문서를 열어 수정까지 가능합니다.

03_ 문서 보호 항목에 노란색의 음영이 표시됩니다.

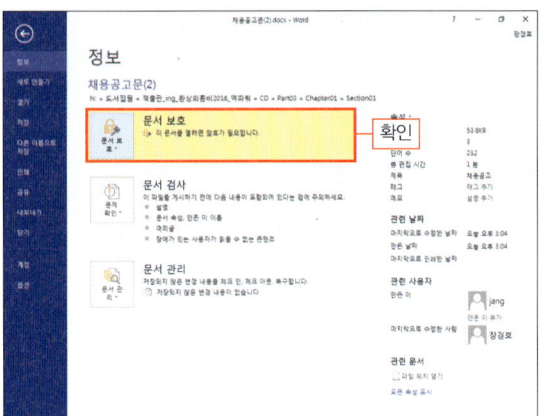

04_ 문서를 저장하기 위해 [파일] 탭-[다른 이름으로 저장]-[찾아보기]를 클릭합니다. [다른 이름으로 저장] 대화상자가 나타나면 폴더와 파일 이름을 지정한 후 [저장]을 클릭하고, [닫기]를 클릭하여 워드 2016을 완전히 종료합니다.

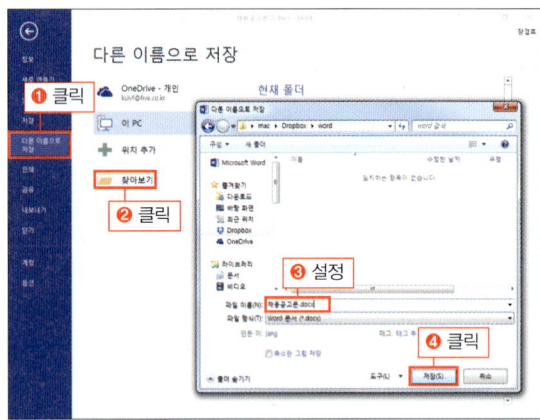

05_ 다시 워드 2016에서 저장한 파일을 불러옵니다. [암호] 대화상자가 나타나면 암호를 입력한 후 [확인]을 클릭합니다(암호 : 1234).

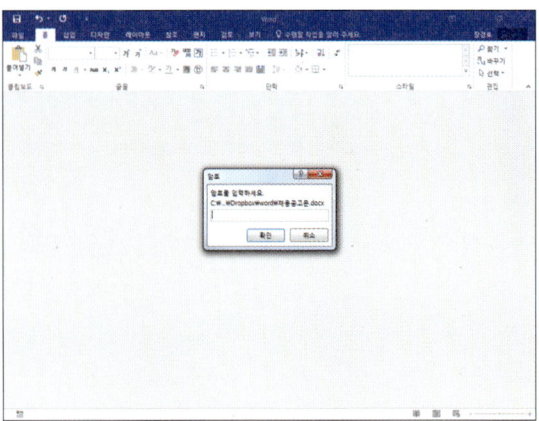

문서를 최종본으로 표시하기

:: **준비파일** Part03₩Chapter01₩Section01₩재발급요청서.docx | **완성파일** Part03₩Chapter01₩Section01₩재발급요청서_완성.docx

문서를 최종본으로 표시하면 다른 사람이 문서를 수정할 수 없습니다. 보고서가 최종본이라면 최종본 표시를 하는 것이 좋습니다.

01_ [파일] 탭→[정보]를 클릭한 다음 [문서 보호]→[최종본으로 표시]를 선택합니다.

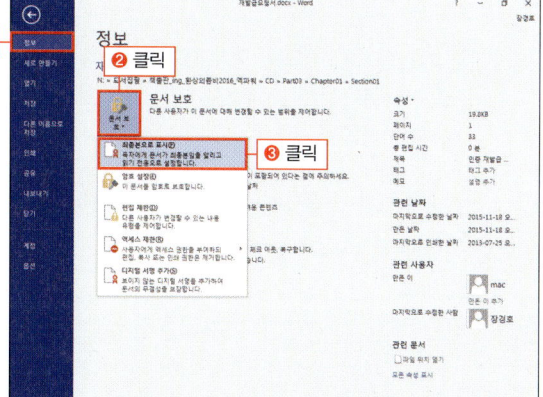

> **TIP**
> 문서를 최종본으로 표시하면 문서를 수정할 수 없게 '읽기 전용'으로 설정됩니다. 최종본으로 표시 명령을 사용하면 문서가 최종본이라는 것을 다른 사용자들에게 쉽게 알릴 수 있습니다.

02_ 경고 창이 나타나면 [확인]을 클릭합니다. 다시 최종본을 표시한다는 경고 창이 나타나면 [확인]을 클릭합니다.

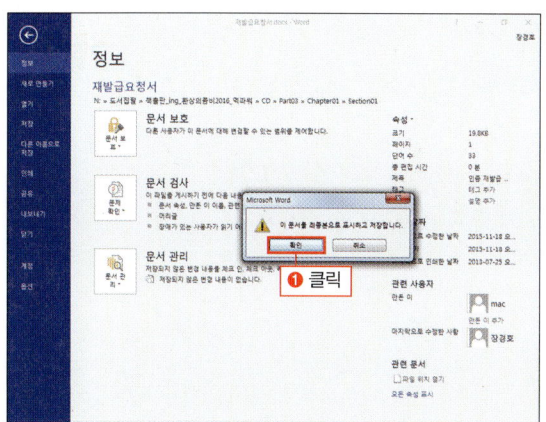
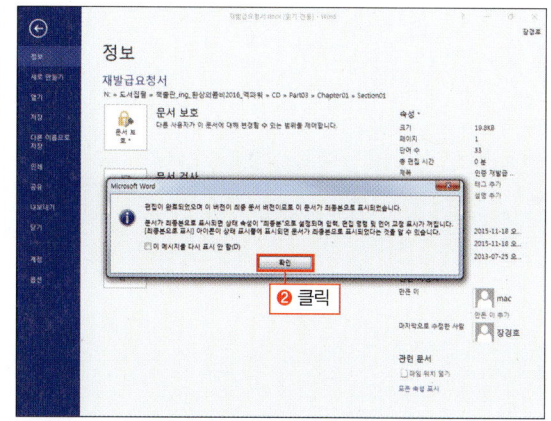

03_ [문서 보호]에 '이 문서는 더 이상 편집하지 않도록 최종본으로 표시되었습니다.'라는 메시지가 나타납니다. [뒤로]를 클릭합니다.

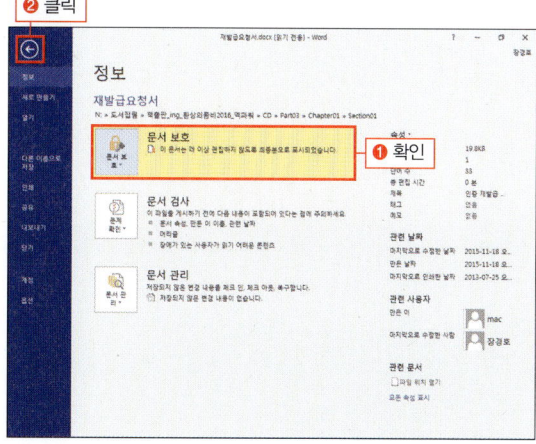

04_ 탭 메뉴 아래에 '최종본으로 표시됨'이라는 노란 색의 메시지 창이 나타나며, 제목 표시줄에는 '[읽기 전용]'이라는 글자가 나타납니다.

TIP
최종본임에도 문서를 편집하고 싶다면 [계속 편집]을 클릭해 최종본 표시를 해제할 수 있습니다.

05_ 최종본 표시를 삭제하려면 [파일] 탭–[정보]–[문서 보호]–[최종본으로 표시]를 다시 클릭합니다.

명령어를 빠르게 실행하고 도움말 요청하기

∴∴ 준비파일 Part03₩Chapter01₩Section01₩재발급요청서(2).docx │ **완성파일** Part03₩Chapter01₩Section01₩재발급요청서(2).docx

워드 2016의 다양한 기능을 빠르게 찾거나 명령어가 궁금할 때에는 [수행할 작업을 알려 주세요.]를 활용할 수 있습니다.

01_ 리본 메뉴에서 [수행할 작업을 알려 주세요.]를 클릭한 후 『워터마크』를 입력합니다. '워터마크'와 관련된 명령어와 도움말이 표시됩니다. '워터마크'의 화살표를 클릭하고 워터마크 기능이 바로 표시되면 워터마크를 선택합니다.

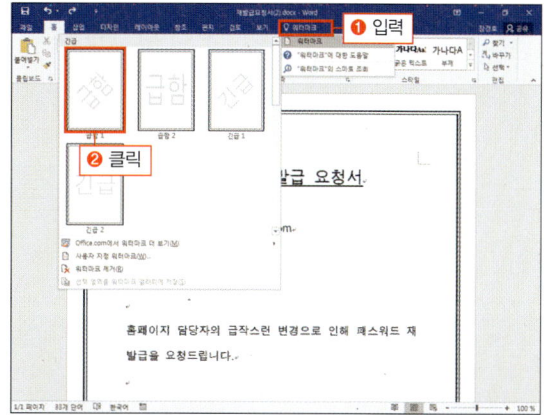

02_ '워터마크'가 문서에 표시됩니다. 다시, 리본 메뉴에서 [수행할 작업을 알려 주세요.]를 클릭한 후 『워터마크』를 입력합니다. ["워터마크"에 대한 도움말]을 클릭하면 입력한 명령어에 대한 도움말을 검색할 수 있습니다.

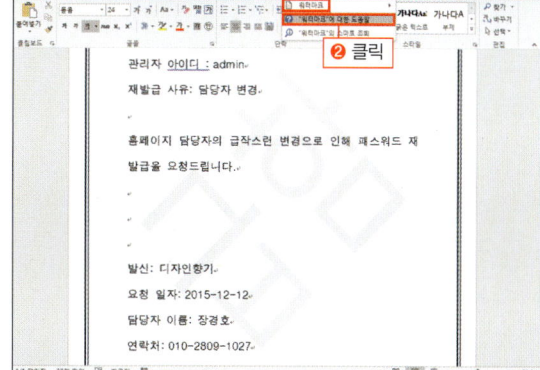

> **TIP**
> '워터마크' 기능은 70페이지에서 자세히 설명하고 있습니다.

맞춤법과 문법 검사하기

:: 준비파일 Part03₩Chapter01₩Section01₩사이트맵.docx | 완성파일 Part03₩Chapter01₩Section01₩사이트맵_완성.docx

맞춤법 검사를 통해 입력한 단어나 내용의 오류를 간단히 찾고 수정할 수 있습니다.

01_ 맞춤법과 문법을 검사하기 위해 [검토] 탭-[언어 교정] 그룹에서 [맞춤법 및 문법 검사]를 클릭합니다.

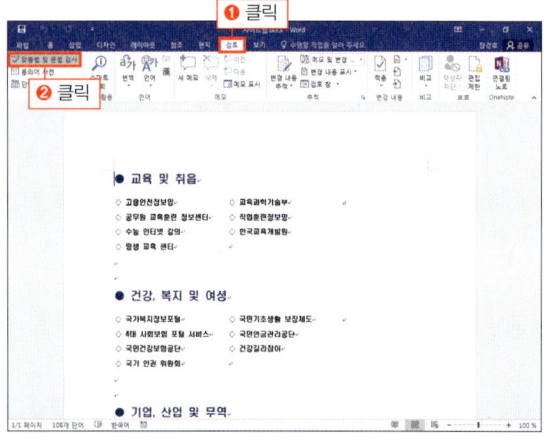

02_ [맞춤법 검사] 창이 나타나며 잘못된 단어나 오류를 검색하여 추천 단어 및 문장을 제시해 줍니다. 추천 단어 중 변경할 단어를 선택하고 [변경]을 클릭합니다.

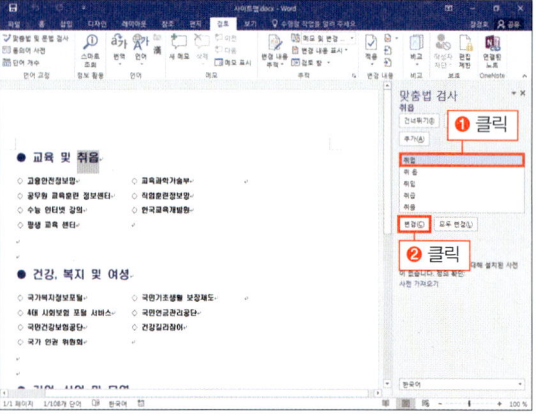

TIP

[Word 옵션] 대화상자에서 [언어 교정]-[입력할 때 문법 오류 표시]에 체크를 해제하면 문법에 오류가 있을 때 표시되는 파란색의 밑줄이 나타나지 않습니다.

03_ 잘못된 단어가 검색되어 나타나면, 추천 단어 중 변경할 단어를 선택하고 [변경]을 클릭합니다.

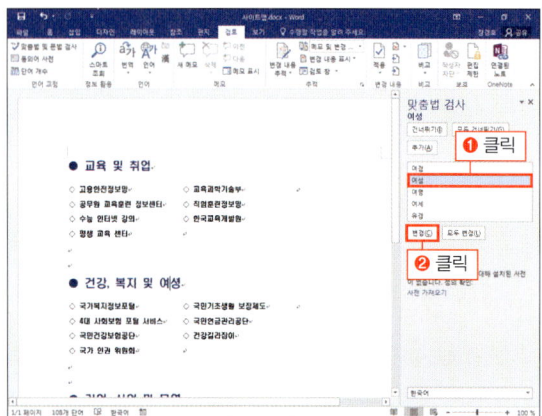

04_ 단어가 변경되어 표시됩니다. 더 이상 변경할 단어가 없다면 [맞춤법 검사] 창의 [닫기]를 클릭합니다.

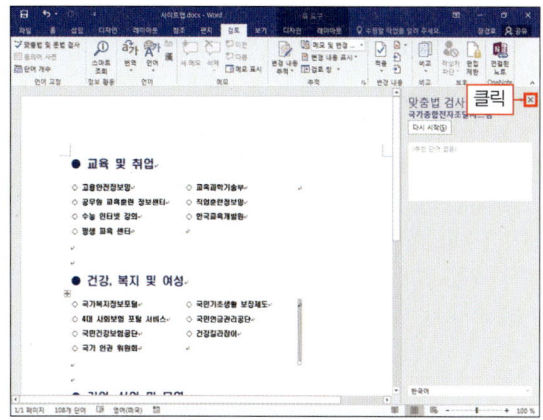

입력할 때 자동으로 맞춤법 검사

워드에서 잘못된 단어나 오류가 있다고 생각되는 단어는 빨간색의 밑줄이 표시되지만 때로는 불편할 때가 있습니다. 빨간색의 밑줄 표시를 없애보겠습니다. [파일] 탭–[옵션]을 클릭해 [Word 옵션] 대화상자를 불러옵니다. [언어 교정]을 클릭하고 [입력할 때 자동으로 맞춤법 검사]에 체크를 해제한 후 [확인]을 클릭합니다.

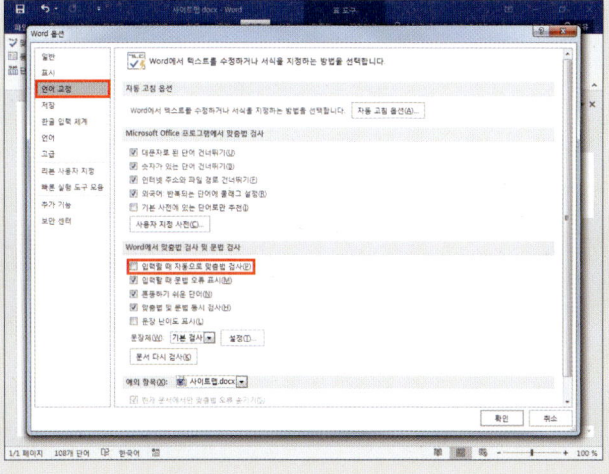

한국어를 영어나 일어로 번역하기

:: **준비파일** Part03₩Chapter01₩Section01₩사이트맵(2).docx | **완성파일** Part03₩Chapter01₩Section01₩사이트맵(2)_완성.docx

워드 2016에서는 한국어로 되어 있는 문서를 영어나 일어로 번역할 수 있습니다.

01_ [검토] 탭-[언어] 그룹에서 [번역]-[번역 언어 선택]을 클릭합니다.

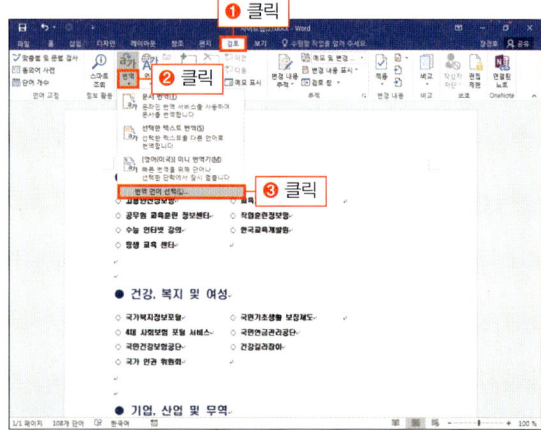

02_ [번역 언어 옵션] 대화상자가 나타나면 [원래 언어]에 '한국어'가 표시되어 있는지 확인한 후 [다음 언어로 번역]에서 '일본어'를 선택하고 [확인]을 클릭합니다.

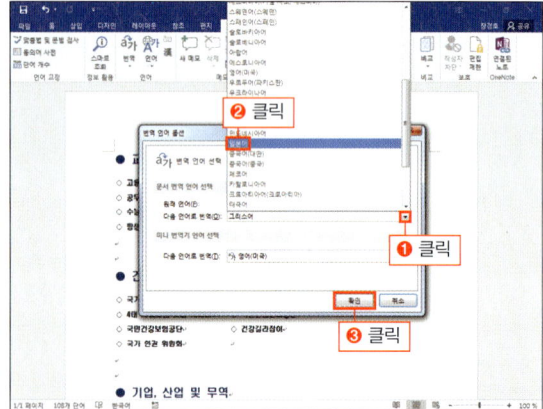

03_ [검토] 탭-[언어] 그룹에서 [번역]-[[한국어에서 일본어]으(로) 문서 번역]을 클릭합니다.

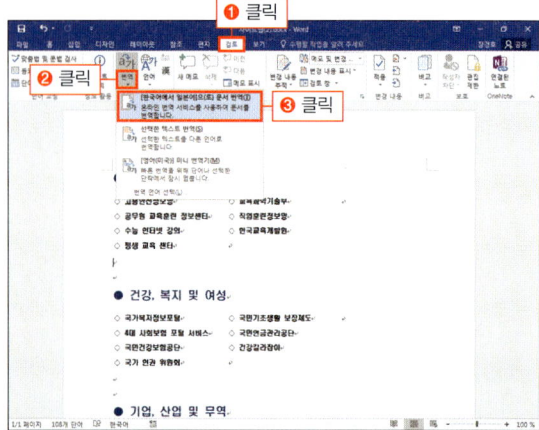

04_ [문서 전체 번역] 창이 나타나면 [예]를 클릭합니다.

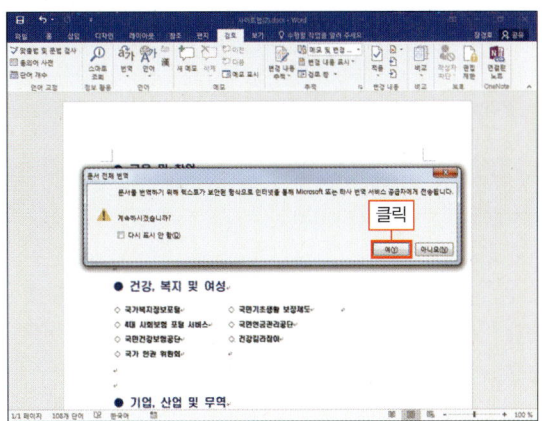

05_ 번역된 텍스트와 함께 브라우저 인스턴스가 열립니다. 한글과 번역된 일본어를 서로 비교하며 살펴보기 위해 [좌우 정렬] 레이아웃을 클릭합니다.

06_ 왼쪽에는 한글, 오른쪽에는 일본어가 표시됩니다.

TIP

참고로, 본 기능은 Microsoft Translation 번역 서비스를 사용하여 번역됩니다.

워드 97-2003 버전으로 저장하기

:: **준비파일** Part03₩Chapter01₩Section01₩사이트맵(3).docx | **완성파일** Part03₩Chapter01₩Section01₩사이트맵(3)_완성.doc

문서를 저장할 때 'Word 97-2003 문서'로 저장하면 워드 97이나 워드 2003 버전에서도 문서를 열어 편집할 수 있습니다.

01_ [파일] 탭–[내보내기]를 클릭한 다음 [파일 형식 변경]–[Word 97-2003 문서 (*.doc)]를 선택하고 [다른 이름으로 저장]을 클릭합니다.

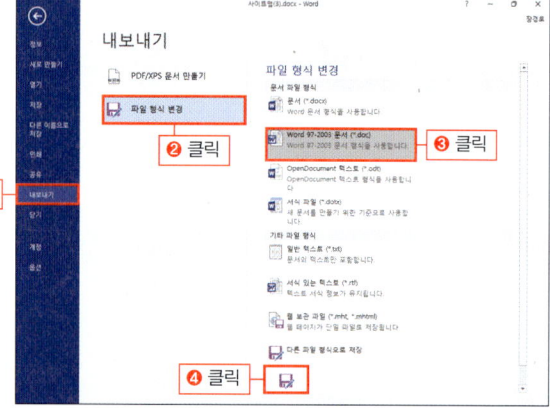

02_ [다른 이름으로 저장] 대화상자가 나타나면 원하는 위치를 선택한 후 [파일 형식]에 'World 97-2003 문서 (*.doc)'로 변경되어 있는지 확인합니다. [파일 이름]에 원하는 이름을 입력한 후 [저장]을 클릭합니다.

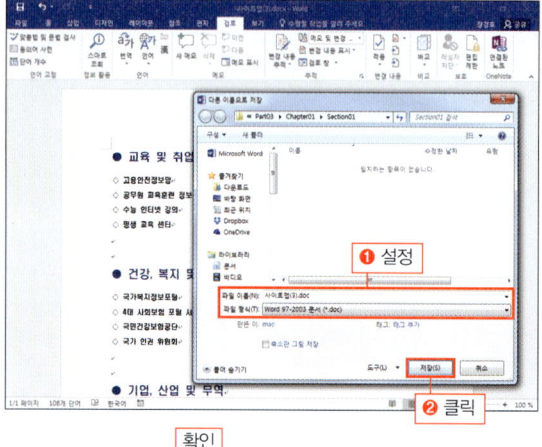

03_ 제목 표시줄에 '[호환 모드]'가 표시되는지 확인합니다.

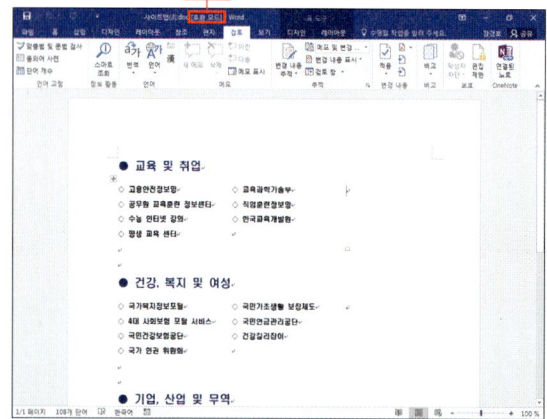

한글과 컴퓨터의 한글(HWP) 문서 열기

:: **준비파일** Part03₩Chapter01₩Section01₩견적서.hwp | **완성파일** Part03₩Chapter01₩Section01₩견적서_완성.docx

워드에서는 한글과 컴퓨터의 한글 문서를 자유롭게 열고 편집할 수 있습니다.

01_ [파일] 탭-[열기]-[이 PC]-[찾아보기]를 클릭합니다. [열기] 대화상자가 나타나면 [파일 형식]을 '아래아 한글 2.0-97 (*.hwp)'로 설정하고 한글 파일을 선택한 후 [열기]를 클릭합니다.

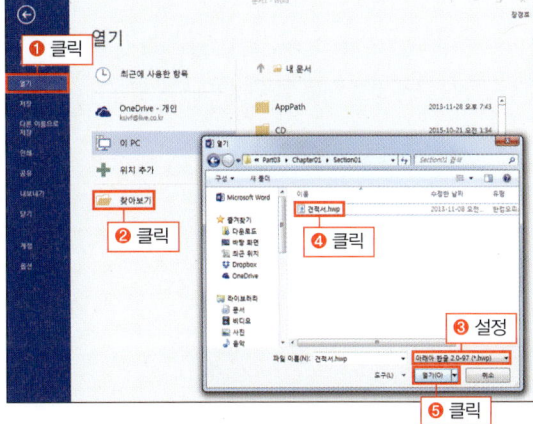

> **TIP**
> 한글 문서가 97 버전 이상일 경우 한글 프로그램에서 버전을 조정한 후 가져올 수 있습니다.

02_ 경고 창이 나타나면 [예]를 클릭합니다. 한글 문서가 워드에서 열리며 편집할 수 있습니다.

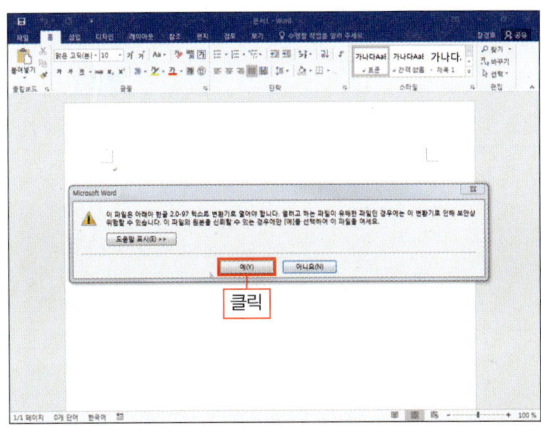

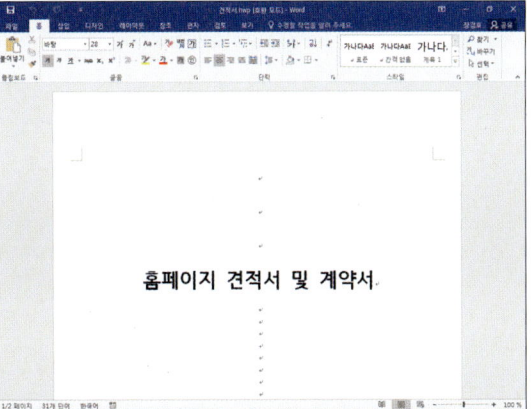

워드 문서를 PDF로 변환하기

:: **준비파일** Part03₩Chapter01₩Section01₩제작실무.docx | **완성파일** Part03₩Chapter01₩Section01₩제작실무.pdf

PDF란, 'Portable Document Format'의 약자로써 어도비시스템즈(Adobe Systems) 아크로뱃 (Acrobat) 등의 프로그램에서 볼 수 있는 파일을 말합니다.

01_ [파일] 탭-[내보내기]-[PDF/XPS 문서 만들기]- [PDF/XPS 문서 만들기]를 클릭합니다.

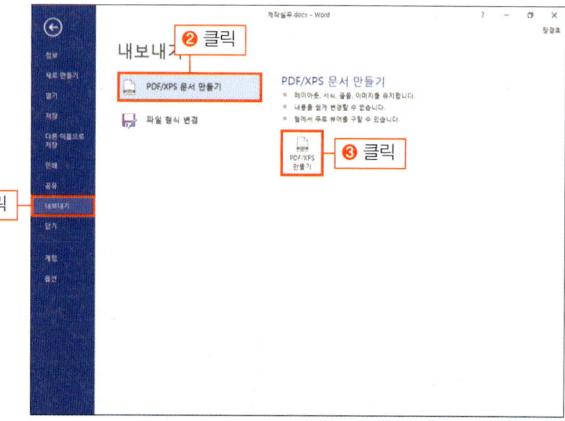

02_ [PDF 또는 XPS로 게시] 대화상자가 나타나면 원하는 폴더를 선택한 후 [파일 이름]에 『제작실무』를 입력하고 [게시]를 클릭합니다.

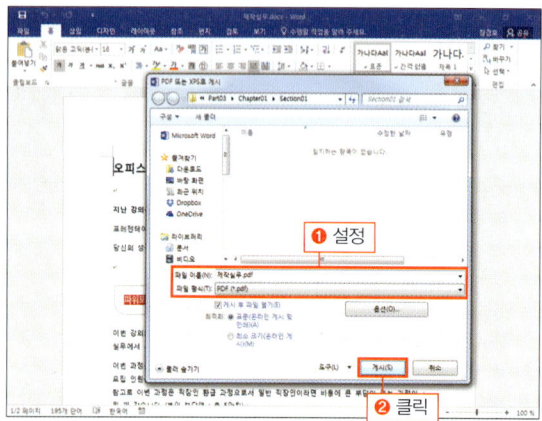

03_ PDF 파일로 저장되어 열립니다.

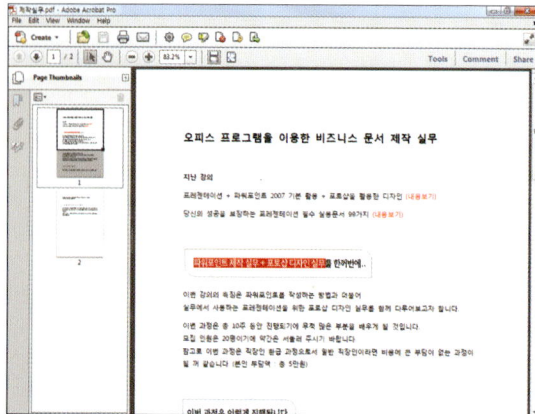

> **TIP**
> PDF(Portable Document Format)는 공유를 목적으로 하는 전자문서 파일 형식을 말하는 것으로 리눅스, 윈도우, 매킨토시 등 어떤 운영체제에서도 전송과 읽기가 가능한 전자문서 파일 형식이라고 볼 수 있습니다.

Special page

PDF 파일을 워드로 변환하여 편집하기

PDF 파일을 워드 파일로 변환하여 열고 문서를 편집할 수 있습니다.

준비
파일 Part03₩Chapter01₩Section01₩제작실무.pdf

01 PDF 파일로 작성한 문서도 워드 2016에서 불러와 편집 후 다시 PDF 파일로 저장할 수 있습니다. 여기서는 '제작실무'라는 PDF 파일을 워드로 불러온 후 편집해 보겠습니다.

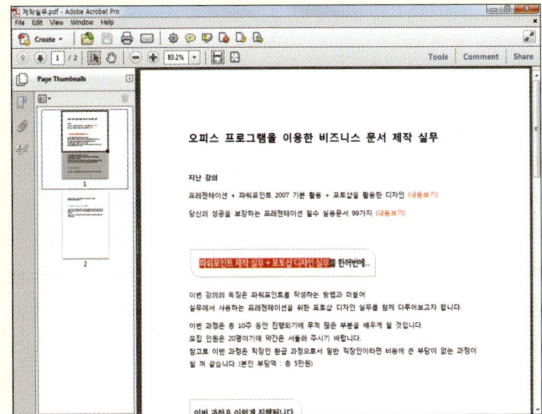

02 워드 2016에서 [파일] 탭-[열기]-[이 PC]-[찾아보기]를 클릭합니다. [열기] 대화상자가 나타나면 PDF 파일을 선택한 후 [열기]를 클릭합니다.

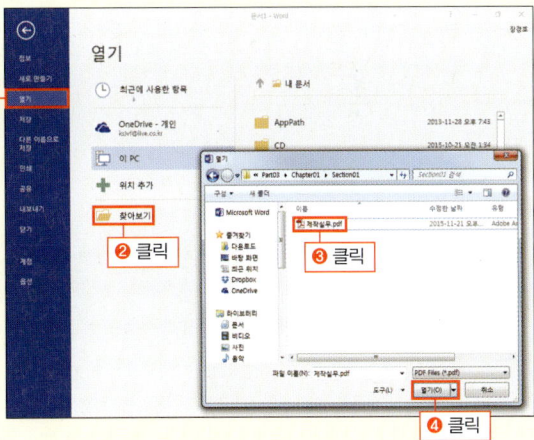

03 경고 창이 나타나면 [확인]을 클릭합니다.

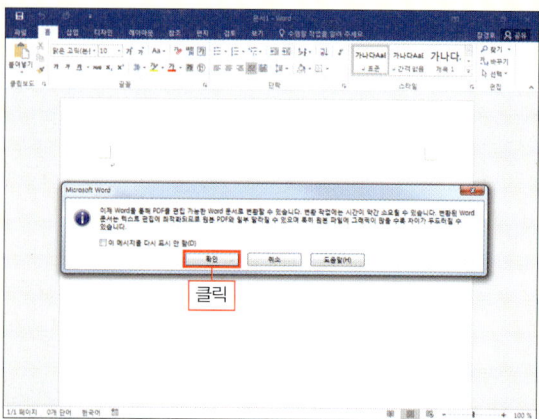

04 PDF 파일이 워드 파일로 변환되어 열리면 문서를 편집할 수 있습니다.

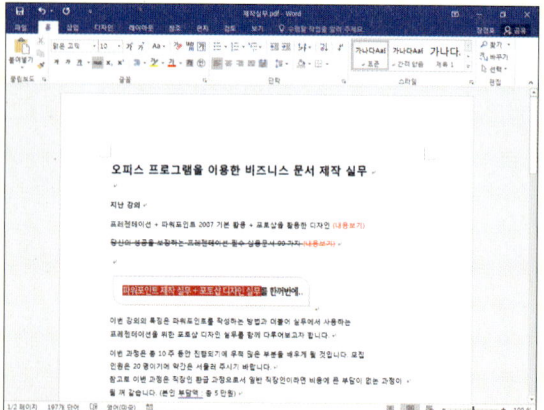

05 편집을 마쳤으면 다시 PDF 파일로 저장해 보겠습니다. [파일] 탭–[내보내기]를 클릭합니다. [PDF/XPS 문서 만들기]–[PDF/XPS 만들기]를 클릭합니다.

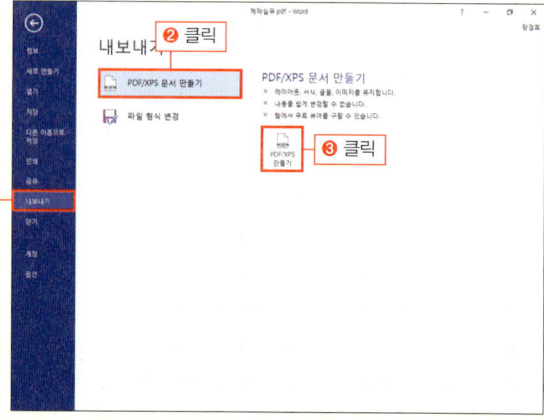

06 [PDF 또는 XPS로 게시] 대화상자가 나타나면 저장
위치 및 파일 이름을 입력하고 [게시]를 클릭합니다.

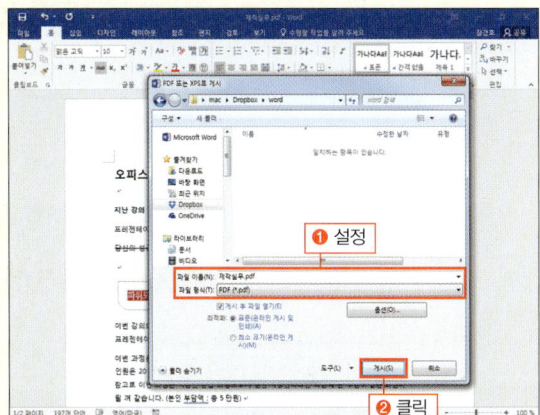

07 PDF 프로그램이 자동으로 실행되며 문서가 PDF 파
일로 전환되어 나타납니다.

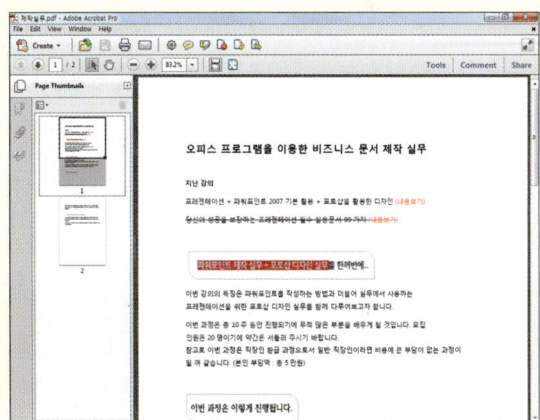

TIP

06번 따라하기의 대화상자에서 [게시 후 파일 열기]가 체크되어 있으므로 자동으로 PDF 파일이 열립니다.

🔍 체크해봐요

1 '환상의 콤비'라는 글자가 몇 번 나오는지 [탐색] 창을 통해 찾아보세요.

◎ 준비파일 : Part03₩Chapter01₩Check₩환상의콤비.docx　　◎ 완성파일 : Part03₩Chapter01₩Check₩환상의콤비_완성.docx

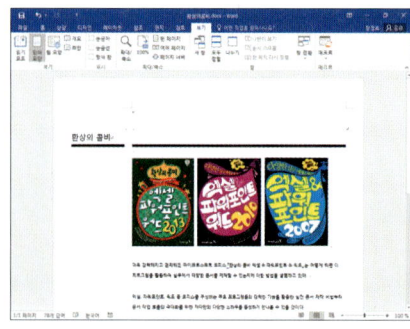 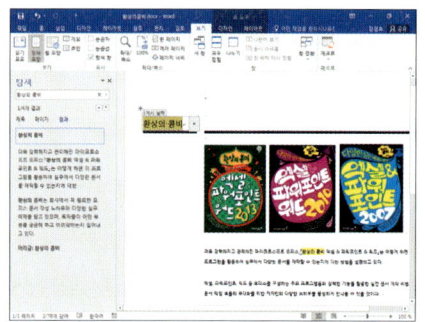

힌트

❶ [보기] 탭의 [탐색 창]에 체크를 하여 [탐색] 창을 불러옵니다.
❷ [탐색] 창의 [문서 검색]에 「환상의 콤비」를 입력한 후 검색합니다.

---

2 최종본임을 알리기 위해 문서를 읽기 전용으로 변경해 보세요.

◎ 준비파일 : Part03₩Chapter01₩Check₩환상의콤비(2).docx　◎ 완성파일 : Part03₩Chapter01₩Check₩환상의콤비(2)_완성.docx

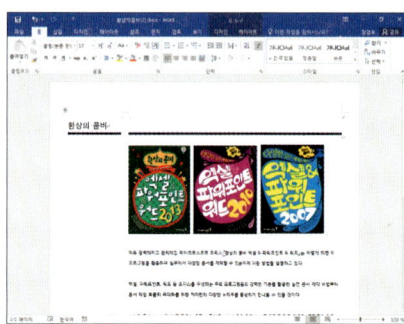 

힌트

❶ [파일] 탭에서 [정보]를 클릭합니다.
❷ [문서 보호]에서 [최종본으로 표시]를 클릭합니다.

기본 문서 작성하기

여기서는 새 문서를 만들고, 기호와 한자 입력, 그리고 수식 작성 방법에 대해서 배워보겠습니다. 또한, 서식 복사 기능으로 번거로운 반복 작업을 한 번에 해결하는 방법이나 리서치 기능 등 다양한 문서 작성 방법에 대해서도 알아보겠습니다.

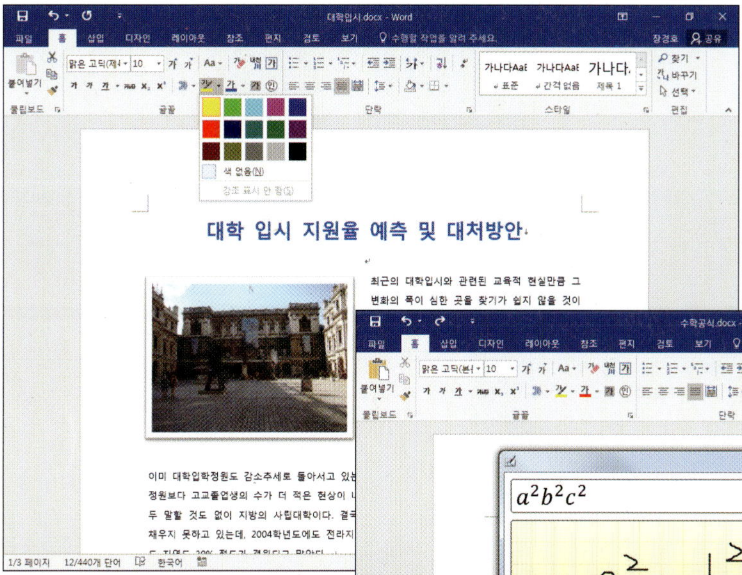

▲ 글꼴 색, 텍스트 강조색, 음영 지정하기

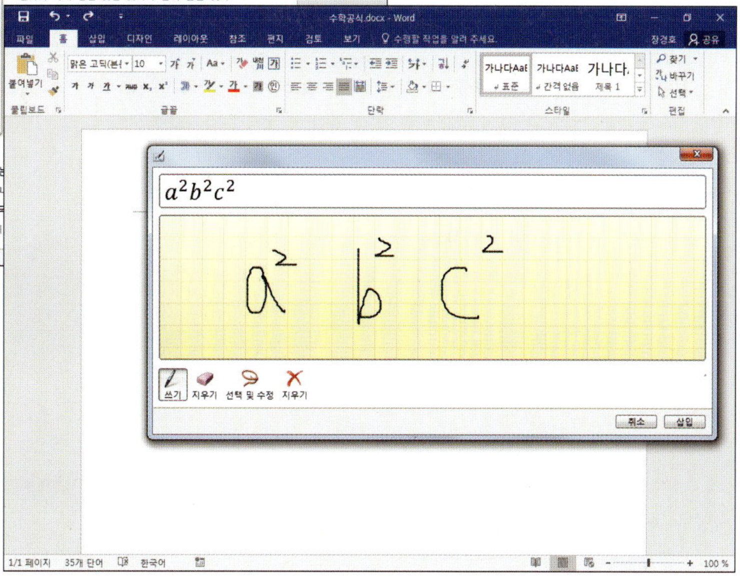

수식 도구와 잉크 수식 작성하기 ▶

이번 섹션에서 배울 주요 내용

- 데이터 입력하고 수정하기
- 복사본을 작성하여 열기
- 글꼴 색, 텍스트 강조색, 음영 지정하기
- 텍스트 효과와 타이포그래피
- 기호와 한자 입력하기
- 위 첨자와 아래 첨자 달기
- 수식 도구와 잉크 수식 작성하기
- 서식 복사를 이용하여 반복 작업하기

- 문자 간격과 장평 조절하기
- 단락 테두리와 음영 설정하기
- 글머리 기호화 번호 매기기
- 단락 들여쓰기와 내어쓰기
- 눈금자를 이용하여 단락 조절하기
- 줄과 단락 간격 조절하고 공백 제거하기
- 메모 삽입하고 편집하기

데이터 입력하고 수정하기

:: **준비파일** Part03₩Chapter01₩Section02₩이력서.docx | **완성파일** Part03₩Chapter01₩Section02₩이력서_완성.docx

내 컴퓨터에 저장된 워드 문서를 불러온 후 데이터를 입력하고 수정해 보겠습니다.

01_ 워드를 실행한 후 [다른 문서 열기]를 클릭합니다.

> **TIP**
> [열기] 단축키는 Ctrl + O 입니다.

> **TIP**
> [파일] 탭-[열기]를 클릭해도 됩니다.

02_ [열기] 대화상자가 나타나면 준비 파일인 '이력서.docx' 파일을 선택하고 [열기]를 클릭합니다.

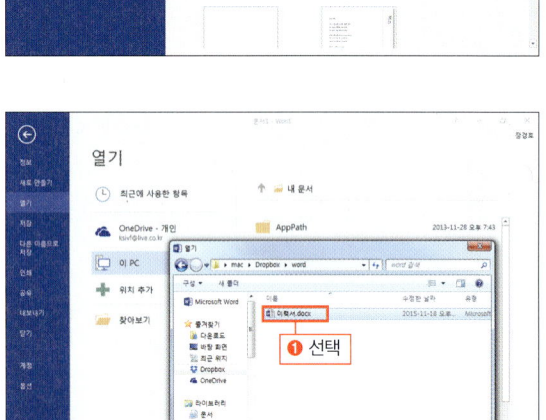

03_ 파일이 열리면 상단에 『이력서』라고 입력합니다. '이력서'를 드래그하여 선택하고 [홈] 탭-[글꼴] 그룹에서 [글꼴 크기]를 '14'로 설정합니다.

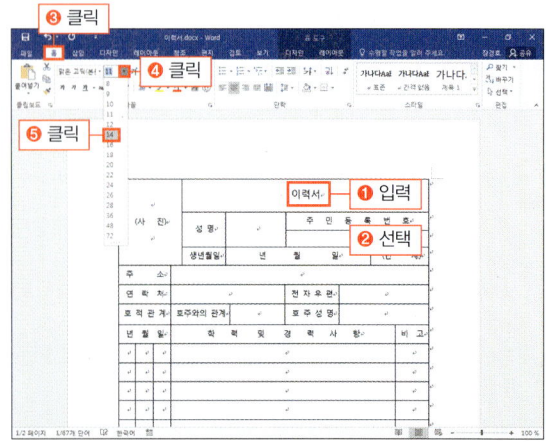

> **TIP**
> 글꼴 크기는 [홈] 탭-[글꼴] 그룹에서 [글꼴 크기 크게] (가) 또는, [글꼴 크기 작게] (가)를 클릭하여 조절할 수도 있습니다. [글꼴 크기 크게]와 [글꼴 크기 작게]의 경우 '2pt'씩 글꼴 크기가 늘어나고 줄어듭니다. 단축키인 Ctrl + Shift + > 나 Ctrl + Shift + < 를 눌러 글꼴 크기를 늘리거나 줄일 수도 있습니다.

04_ [홈] 탭-[글꼴] 그룹에서 [글꼴]-[HY견고딕]을 클릭합니다.

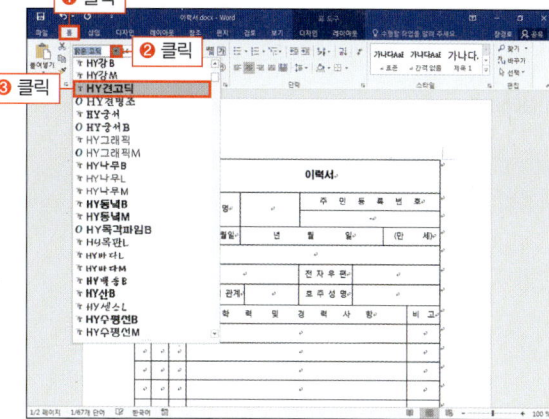

TIP

글꼴 목록 위에 마우스 포인터를 위치시키면 선택한 글꼴을 미리 보기로 확인할 수 있습니다.

 **꼭!!
알고가기**

원 문자 입력하기

텍스트와 텍스트를 하나로 합치거나 원형과 같은 모양을 텍스트와 하나로 합치는 과정을 워드에서는 '원 문자'라고 합니다. 특수 기호로도 표현할 수 없는 문자들은 원 문자로 표시할 수 있습니다.

[홈] 탭-[글꼴] 그룹에서 [원 문자]를 클릭합니다. [원 문자] 대화상자가 나타나면 스타일을 선택합니다. [모양]-[텍스트]에서 원 문자로 만들 단어를 입력하고 [모양]을 선택한 후 [확인]을 클릭합니다.

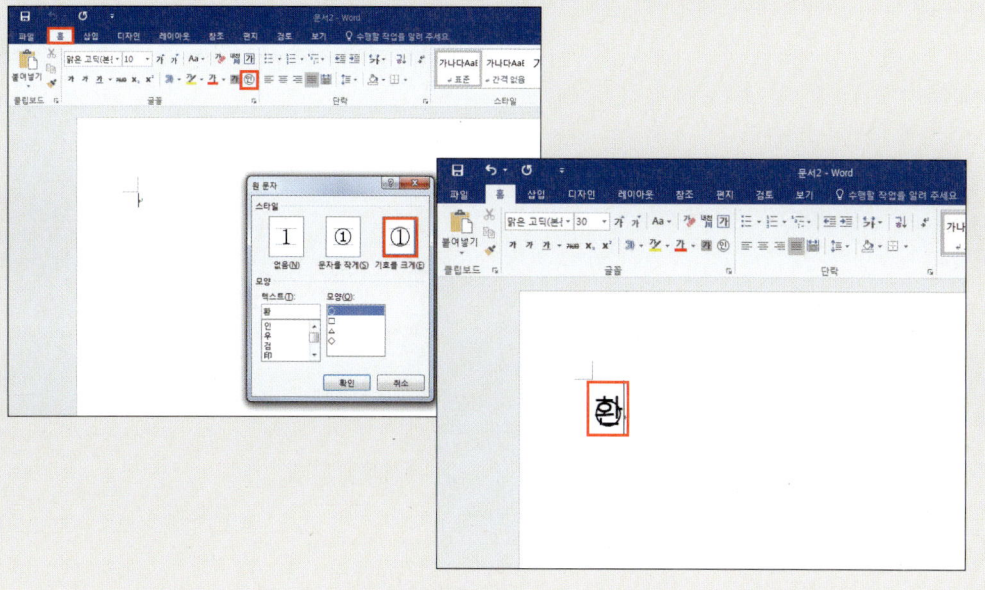

복사본을 작성하여 열기

:: **준비파일** Part03\Chapter01\Section02\이력서(2).docx

'복사본을 작성하여 열기'는 원본 문서는 그대로 두고 복사본을 생성하여 문서를 여는 기능입니다.

01_ [열기] 대화상자에서 파일을 선택한 후 [열기]-[복사본을 작성하여 열기]를 선택합니다.

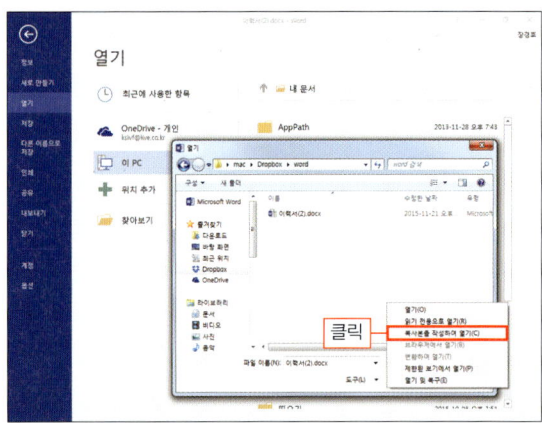

TIP

본 기능을 사용하기 위해서는 부록 CD의 준비 파일을 내 컴퓨터에 저장한 후 따라하기를 진행합니다.

02_ 복사본으로 문서가 열립니다.

글꼴 색, 텍스트 강조색, 음영 지정하기

:: **준비파일** Part03₩Chapter01₩Section02₩대학입시.docx | **완성파일** Part03₩Chapter01₩Section02₩대학입시_완성.docx

텍스트 색상을 변경하기 위해 글꼴 색을 선택하거나, 강조색을 통해 눈에 띄는 밝은 색으로 텍스트를 강조할 수 있으며 음영을 지정할 수도 있습니다.

01_ 제목을 드래그하여 선택하고 [홈] 탭-[글꼴] 그룹에서 [글꼴 색]-[표준 색]-[파랑]을 클릭합니다.

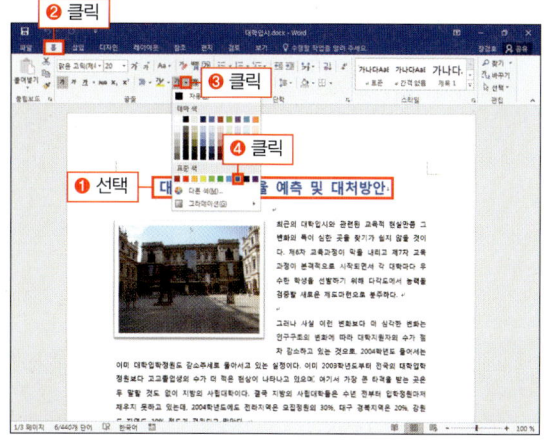

02_ 강조색을 적용하기 위해 '각 대학마다'부터 '분주하다'까지를 드래그하여 선택하고 [홈] 탭-[글꼴] 그룹에서 [텍스트 강조 색]-[노랑]을 클릭합니다.

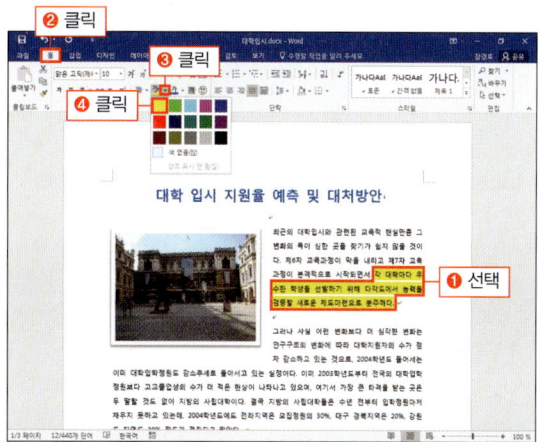

03_ 이번에는 텍스트에 테두리를 지정해 보겠습니다. 다음과 같은 단락을 드래그하여 선택하고 [홈] 탭-[글꼴] 그룹에서 [글자 테두리]를 클릭합니다.

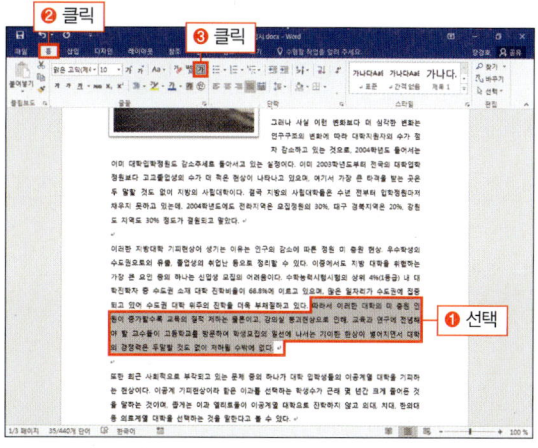

04_ 선택한 텍스트에 테두리가 적용됩니다. 마지막으로 문서에 음영을 적용해 보겠습니다. 다음과 같은 단락을 드래그하여 선택하고 [홈] 탭−[글꼴] 그룹에서 [음영]을 클릭합니다.

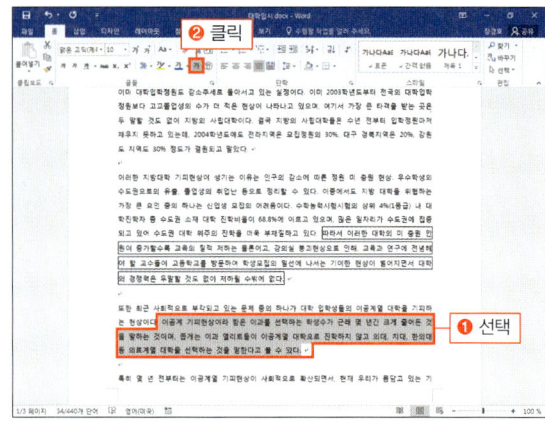

05_ 선택한 텍스트에 음영이 표시됩니다.

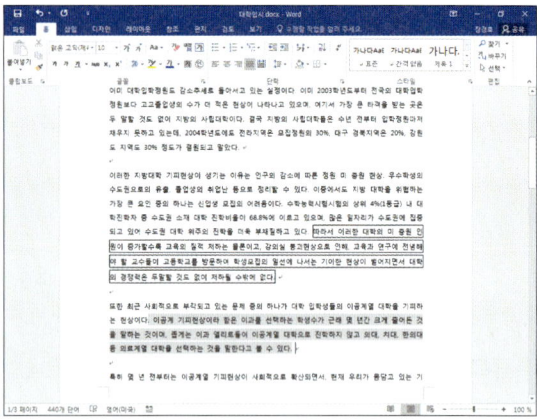

 대화상자 표시 아이콘

[홈] 탭−[글꼴] 그룹에서 [글꼴] 대화상자 표시 아이콘(⬚)을 클릭하면 [글꼴] 대화상자가 나타납니다. 보다 다양한 글꼴 옵션은 [글꼴] 대화상자에서 설정할 수 있습니다. 또한, 기본 글꼴로 변경을 원하는 글꼴이나 글꼴 크기를 지정한 다음 [기본값으로 설정]을 클릭하면 워드의 기본 글꼴과 크기가 변경됩니다.

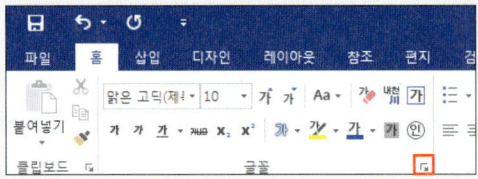

텍스트 효과와 타이포그래피

:: 준비파일 Part03₩Chapter01₩Section02₩대학입시(2).docx | 완성파일 Part03₩Chapter01₩Section02₩대학입시(2)_완성.docx

텍스트 효과와 타이포그래피 기능을 이용하여 제목이나 강조해야 할 텍스트에 윤곽선, 그림자, 반사 등 다양한 옵션을 지정할 수 있습니다.

01_ 제목을 드래그하여 선택하고 [홈] 탭-[글꼴] 그룹에서 [텍스트 효과와 타이포그래피]를 클릭합니다. 다양한 효과 중 원하는 효과를 선택합니다.

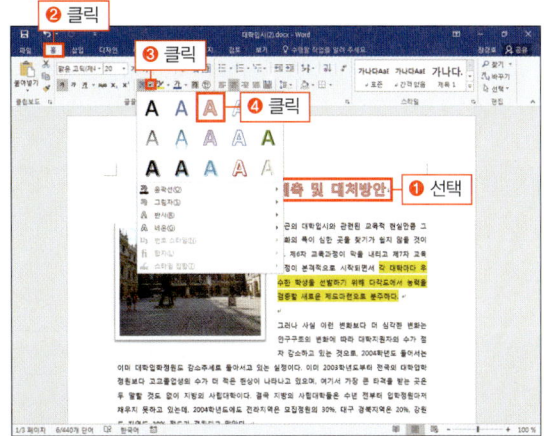

02_ 텍스트에 윤곽선이나 그림자, 반사, 네온 등의 효과를 추가로 지정하고 싶다면 [홈] 탭-[글꼴] 그룹의 [텍스트 효과와 타이포그래피]에서 [윤곽선]이나 [그림자], [반사] 등을 클릭해 원하는 효과를 선택합니다. 여기서는 [반사]-[반사 변형]-[전체 반사, 터치]를 선택합니다.

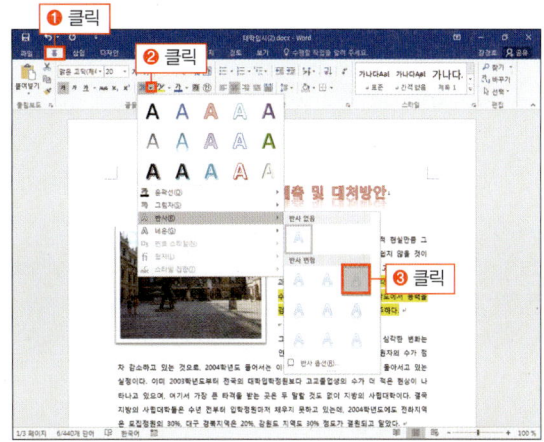

> **TIP**
> 문서에서 스타일, 텍스트 효과 및 글꼴 서식을 제거하려면 [홈] 탭-[글꼴] 그룹에서 [서식 지우기]를 클릭합니다. 서식을 지울 텍스트를 선택하거나 Ctrl + A 를 누른 다음 [서식 지우기]를 클릭하면 문서에 지정된 서식이 삭제됩니다.

기호와 한자 입력하기

:: **준비파일** Part03₩Chapter01₩Section02₩업무일지.docx | **완성파일** Part03₩Chapter01₩Section02₩업무일지_완성.docx

[한글/한자 변환] 대화상자를 활용해 한글을 한자로 변환할 수 있으며, 다양한 기호를 쉽게 삽입할 수도 있습니다.

01_ '업무일지' 앞에 커서를 위치시키고 [삽입] 탭-[기호] 그룹에서 [기호]-[다른 기호]를 클릭합니다. [기호] 대화상자가 나타나면 [글꼴]-'(현재 글꼴)', [하위 집합]-'기타 기호'로 설정하고 '★' 기호를 선택한 후 [삽입]을 클릭합니다. 그런 다음 [닫기]를 클릭합니다.

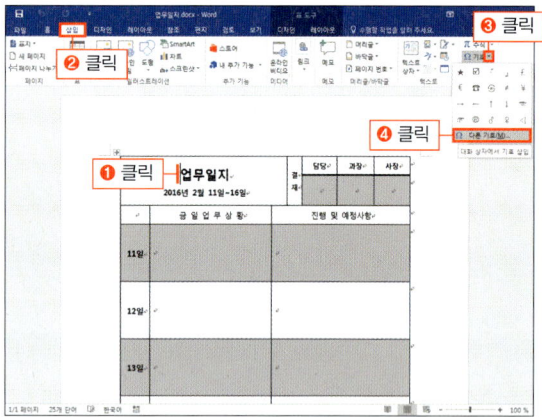 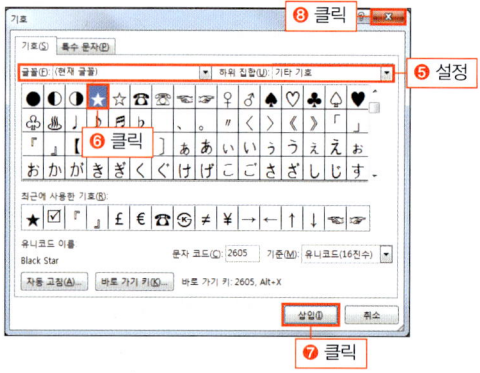

02_ 이번에는 한자를 삽입해 보겠습니다. '일지'를 드래그하여 선택하고 [검토] 탭-[언어] 그룹에서 [한글/한자 변환]을 클릭합니다. [한글/한자 변환] 대화상자가 나타나면 [한자 선택]에서 지정된 한자를 선택합니다. [한자 사전]을 클릭하면 드래그한 한글이나 한자의 음과 뜻을 확인할 수 있습니다. 한자의 음과 뜻을 확인한 후 [확인]을 클릭해 [한자 사전] 창을 닫습니다. [입력 형태]에서 [한글(漢字)]를 선택한 후 [변환]을 클릭하여 한자를 삽입합니다.

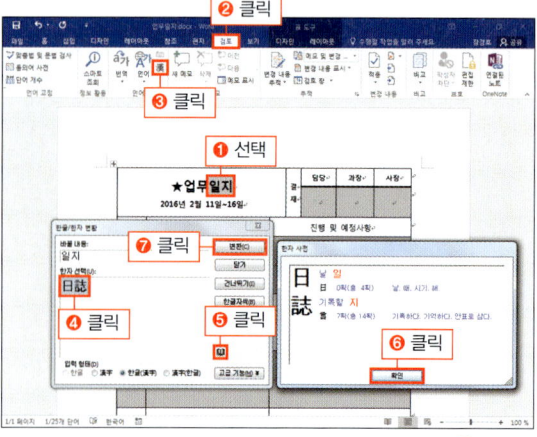

> **TIP**
> '한글/한자 변환' 단축키는 Alt + Ctrl + F7 입니다.

> **TIP**
> **[기호] 대화상자에서 특수 문자 입력하기**
> [기호] 대화상자의 [특수 문자] 탭을 클릭하면 다양한 특수 문자가 바로 가기 키와 함께 등록되어 있습니다. 원하는 특수 문자의 바로 가기 키를 알고 있다면 바로 가기 키를 사용하여 편리하게 특수 문자를 삽입할 수 있습니다.

위 첨자, 아래 첨자 달기

:: **준비파일** Part03₩Chapter01₩Section02₩업무일지(2).docx | **완성파일** Part03₩Chapter01₩Section02₩업무일지(2)_완성.docx

텍스트를 위 첨자나 아래 첨자로 변환할 수 있습니다. 참고로, 위 첨자나 아래 첨자를 통해 독음이나 성조 기호, 강조점 등을 입력할 수 있습니다.

01_ 먼저 텍스트를 위 첨자나 아래 첨자로 변환해 보겠습니다. 텍스트를 드래그하여 선택하고 [홈] 탭–[글꼴] 그룹에서 [아래 첨자]를 클릭합니다.

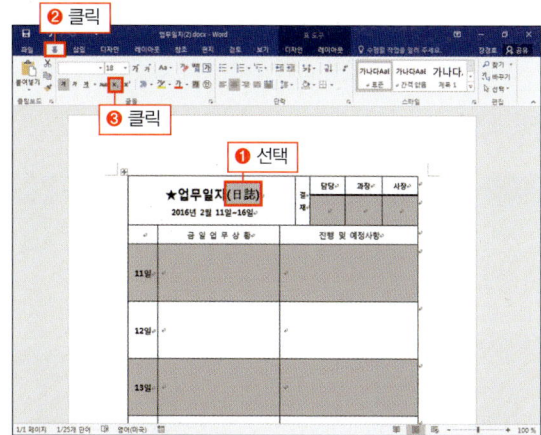

02_ 선택한 텍스트가 '아래 첨자'로 변경됩니다.

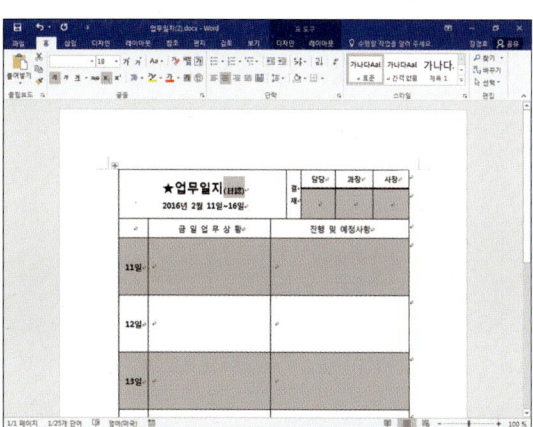

> **TIP**
> 텍스트를 선택한 후 [홈] 탭–[글꼴] 그룹에서 [윗주 달기]를 클릭해 윗주를 입력할 수 있습니다. [윗주 달기] 대화상자가 나타나면 [윗주]에 내용을 입력합니다. 참고로, 드래그한 텍스트에 개별적으로 윗주를 입력할 수 있으며, 묶어서 윗주를 입력할 수도 있습니다. 또한, 간격이나 글꼴, 크기 등도 변경할 수 있습니다.

수식 도구와 잉크 수식 작성하기

:: **준비파일** Part03₩Chapter01₩Section02₩수학공식.docx | **완성파일** Part03₩Chapter01₩Section02₩수학공식_완성.docx

워드 2007 이하에서는 Microsoft Equation 3.0 추가 기능 또는, Math Type 추가 기능을 설치해야만 수식을 사용할 수 있었습니다. 하지만 워드 2010부터는 수식 기능이 기본으로 제공됩니다. 또한, 워드 2016부터는 잉크 수식을 통해 수식을 편하게 작성할 수도 있습니다.

01_ [삽입] 탭–[기호] 그룹에서 [수식]을 클릭합니다. 수식 입력란이 나타나면 [수식 도구]–[디자인] 탭–[구조] 그룹에서 [첨자]–[첨자]를 클릭합니다.

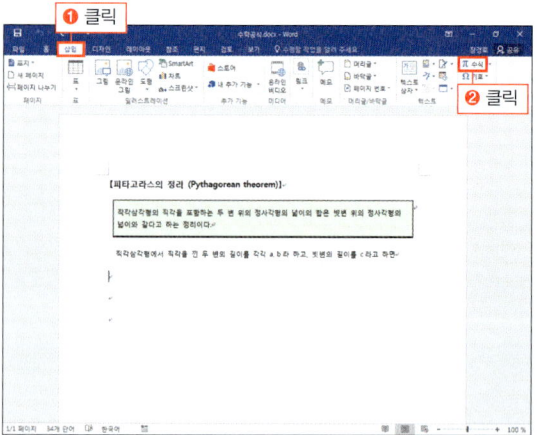
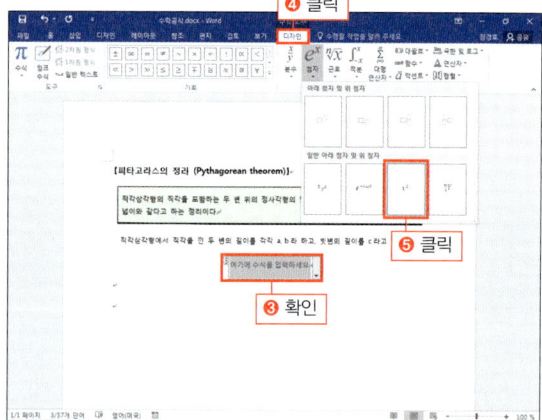

> [삽입] 탭–[기호] 그룹에서 [수식]의 화살표를 클릭하면 미리 정의된 일반 수학 수식을 손쉽게 삽입할 수 있습니다.

02_ 수식이 입력되면 'x'를 'a'로 수정합니다. '+'를 입력한 다음 다시 [수식 도구]–[디자인] 탭–[구조] 그룹에서 [첨자]–[첨자]를 클릭합니다. 같은 방법으로 수식을 완성하고 드래그하여 선택한 후 Ctrl + Shift + > 를 여러 번 눌러 수식을 크게 확대합니다.

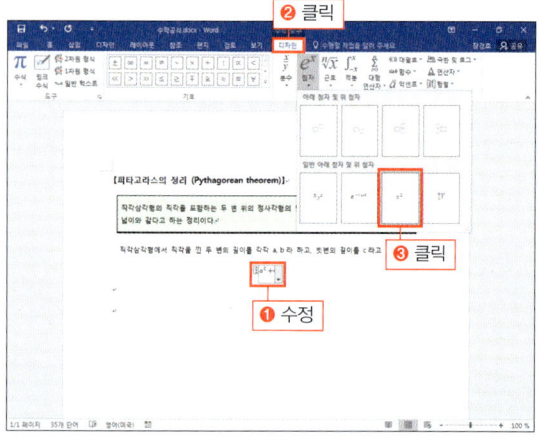
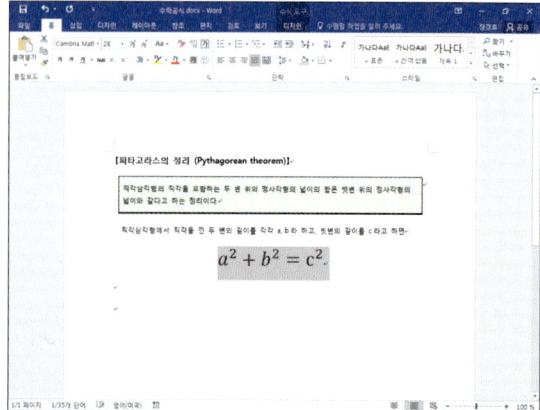

자주 사용하는 수식의 경우 삽입한 수식의 화살표를 클릭한 다음 [새 수식으로 저장]을 선택하면 자주 사용하는 수식 목록에 추가하여 계속 사용할 수 있습니다.

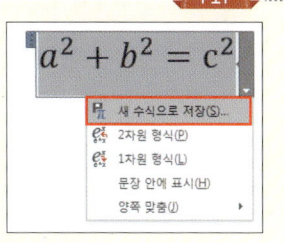

03_ 문서의 특정 부분을 클릭한 후 리본 메뉴에서 [수행할 작업을 알려 주세요.]에 『잉크』를 입력하고 Space Bar 를 누릅니다. 그리고 [잉크 수식]을 선택합니다.

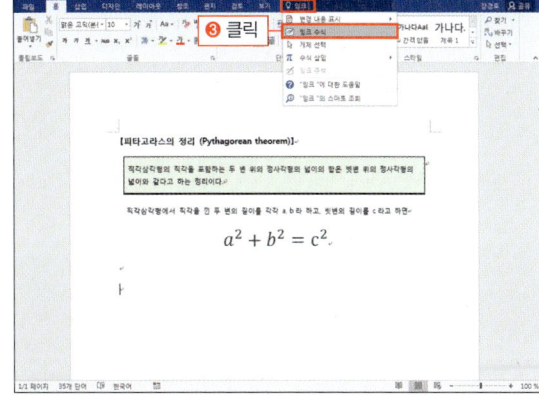

'수행할 작업을 알려주세요'는 워드 2016에 새롭게 등장한 기능입니다. 자세한 사항은 23페이지를 참조하세요.

04_ [여기에 수학식을 쓰십시오]에 원하는 수식을 손글씨로 씁니다. 손글씨가 변환되어 나타나면 [삽입]을 클릭합니다.

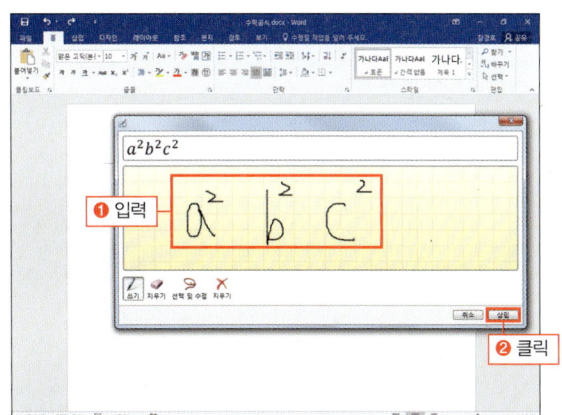

05_ 문서에 삽입된 수식을 확인합니다.

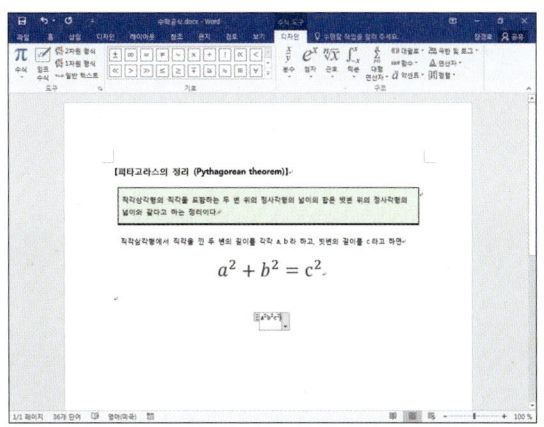

서식 복사를 이용하여 반복 작업하기

∷ **준비파일** Part03₩Chapter01₩Section02₩오피스.docx | **완성파일** Part03₩Chapter01₩Section02₩오피스_완성.docx

한번 설정한 서식은 다른 단어나 단락에도 그대로 복사해서 사용할 수 있습니다. 이를 통해 문서 편집 시간을 단축할 수 있습니다.

01_ '집이나 학교에서 사용하기 적합합니다.'를 드래그하여 선택합니다. [홈] 탭-[스타일] 그룹에서 [자세히]를 클릭한 후 [강한 참조]를 선택합니다.

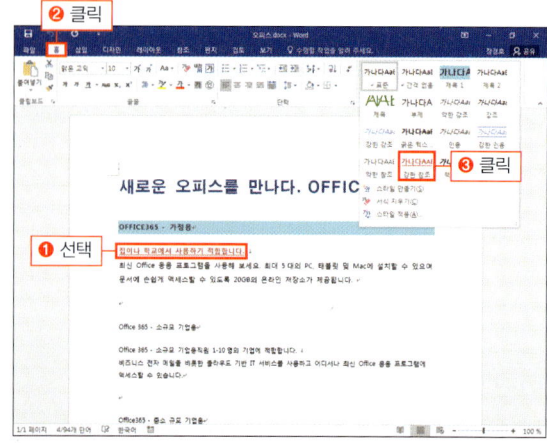

02_ 동일한 서식을 반복해서 지정하고 싶을 때에는 [서식 복사]를 통해 쉽고 빠르게 지정할 수 있습니다. '집이나 학교에서 사용하기 적합합니다.'를 드래그하여 선택한 후 [홈] 탭-[클립보드] 그룹에서 [서식 복사]를 두 번 연속해서 클릭합니다.

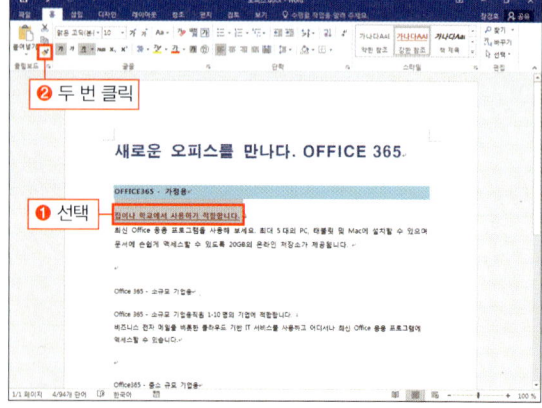

> **TIP**
>
> [서식 복사]를 두 번 클릭하면 연속해서 서식을 복사할 수 있습니다.

03_ 마우스 포인터가 붓 모양()으로 변경되면 문서 중간 부분의 'Office 365 – 소규모 기업용직원 1–10명의 기업에 적합합니다.'를 드래그합니다.

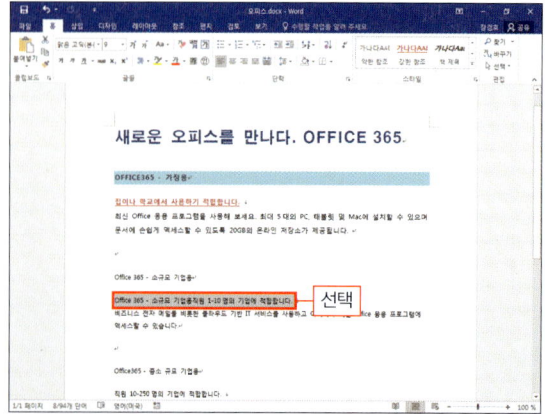

04_ 서식이 복사되어 적용됩니다. 이번에는 '직원 10~250 명의 기업에 적합합니다.'를 드래그합니다.

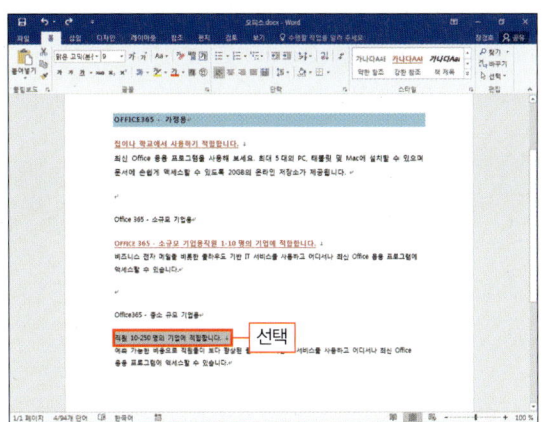

05_ 서식이 복사되어 적용됩니다. 서식 복사를 중단하려면 **Esc** 를 누릅니다.

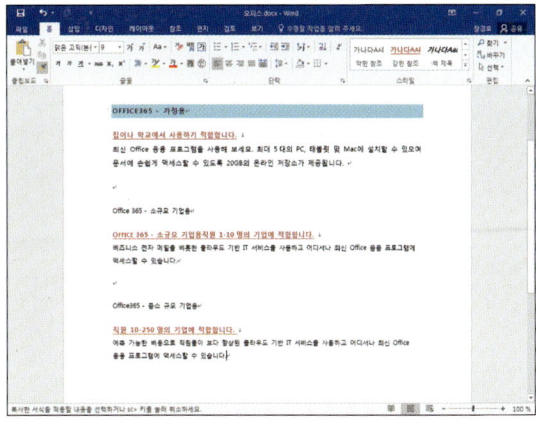

> **TIP**
>
> 서식 복사는 **Shift** + **Ctrl** + **C**를 눌러서 지정할 수도 있습니다. [홈] 탭-[클립보드] 그룹에서 [서식 복사]를 한 번 클릭하면 서식이 1회 복사되며, 두 번 클릭하면 여러 번 복사해서 사용할 수 있습니다.

06_ 이번에는 'OFFICE365 - 가정용'을 드래그하여 선택한 후 [클립보드] 그룹에서 [서식 복사]를 두 번 클릭합니다.

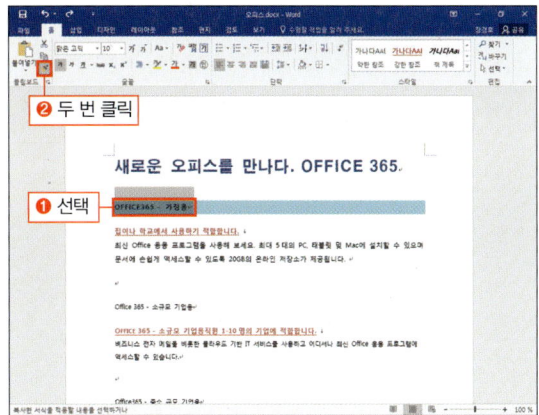

07_ 'Office 365 – 소규모 기업용'을 드래그하여 선택하면 자동으로 서식이 복사됩니다.

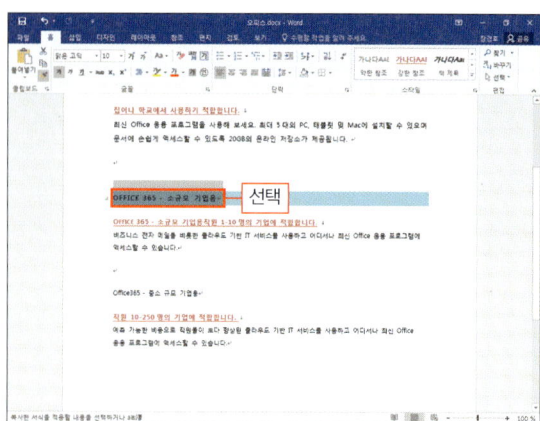

08_ 'Office365 – 중소 규모 기업용'도 동일한 방법으로 서식을 복사합니다.

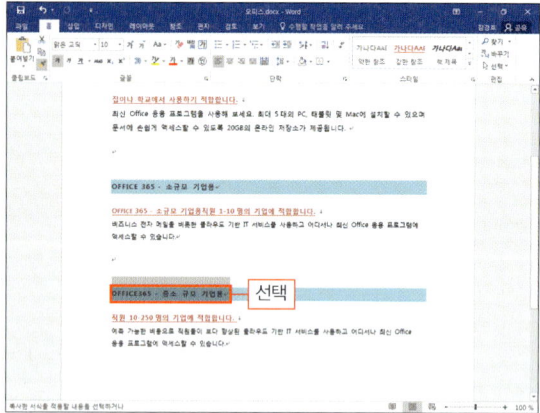

문자 간격과 장평 조절하기

:: **준비파일** Part03₩Chapter01₩Section02₩오피스(2).docx | **완성파일** Part03₩Chapter01₩Section02₩오피스(2)_완성.docx

문자의 간격이나 가로 폭인 '장평'을 조절하여 문서를 깔끔하게 편집할 수 있습니다.

01_ 먼저, 장평을 조절하기 위해 문장을 드래그하여 선택하고 [홈] 탭-[단락] 그룹에서 [문자 모양]-[장평]-[90%]를 클릭합니다.

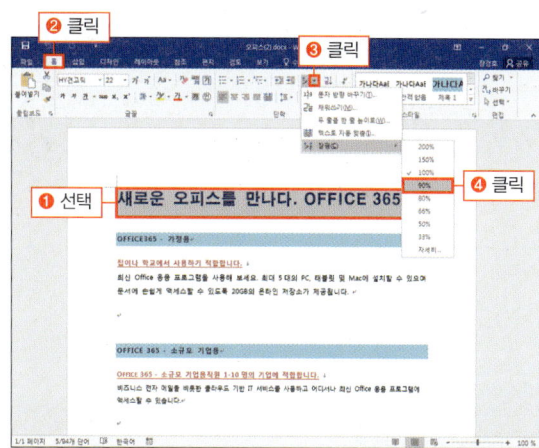

> **TIP**
> 장평은 문자의 너비를 말합니다. 즉, 문자의 세로 높이는 그대로 둔 채 가로 폭을 늘리고 줄이는 것을 장평이라고 합니다. 장평이 '100%'가 일반적인 문자 표준이라면, '90%'로 지정할 경우 문자 폭이 줄어들게 됩니다. 참고로, 자간은 문자 와 문자 사이의 간격을 말합니다.

02_ 이번에는 문자 간격을 조절해 보겠습니다. [홈] 탭-[단락] 그룹에서 [문자 모양]을 클릭한 다음 [장평]-[자세히]를 선택합니다.

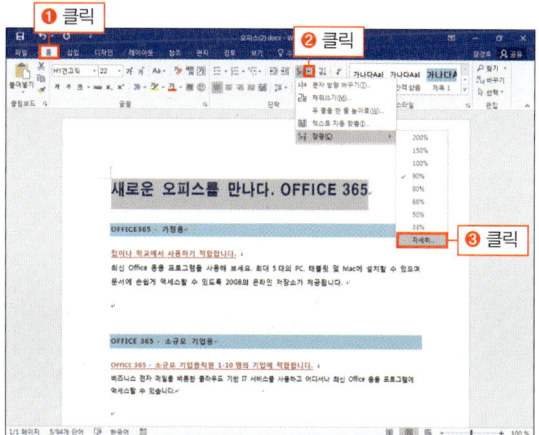

03_ [글꼴] 대화상자의 [고급] 탭-[문자 간격]-[간격]에서 '좁게'를 선택하고 [값]에서 '1'을 선택한 후 [확인]을 클릭합니다.

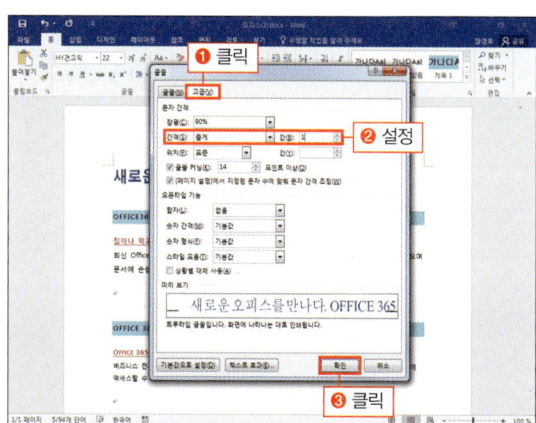

> **TIP**
> [글꼴] 대화상자의 [고급] 탭을 통해 장평을 비롯해 문자 간격이나 위치 등을 상세히 조절할 수 있습니다.

단락 테두리와 음영 설정하기

:: **준비파일** Part03₩Chapter01₩Section02₩채용공고.docx | **완성파일** Part03₩Chapter01₩Section02₩채용공고_완성.docx

지정한 단락 전체에 테두리를 적용하고 음영을 지정해 머리글이나 강조 단락을 만들 수 있습니다.

01_ 첫 번째 단락을 모두 선택하기 위해 드래그하여 선택합니다. 미니 도구 모음이 나타나면 [스타일]–[책 제목]을 클릭합니다.

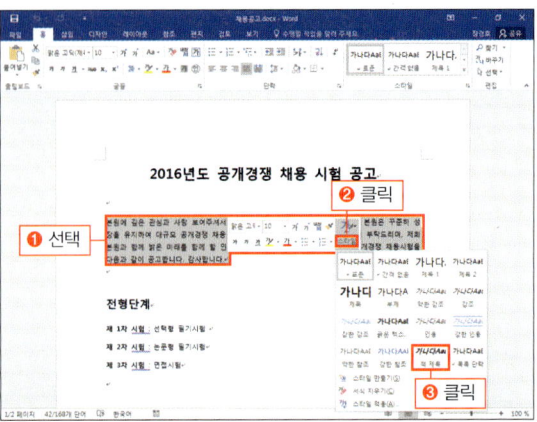

> **TIP**
> 마우스로 단락을 드래그하여 선택할 수도 있고, 단락의 왼쪽 여백이나 오른쪽 여백을 여러 번 클릭하면 단락 전체가 블록으로 지정됩니다.

02_ 첫 번째 단락의 스타일이 '책 제목' 스타일로 변경됩니다. 테두리 및 음영을 지정하기 위해 [홈] 탭–[단락] 그룹에서 [테두리]–[테두리 및 음영]을 클릭합니다.

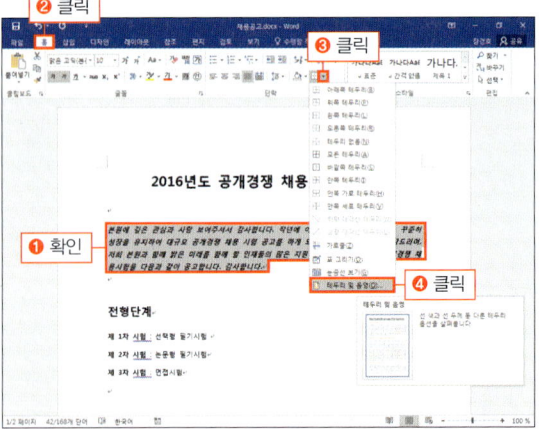

03_ [테두리 및 음영] 대화상자가 나타나면 테두리를 지정하기 위해 [테두리] 탭–[설정]–[그림자]를 선택하고 [스타일]–[두 줄]을 선택합니다. 음영을 지정하기 위해 [음영] 탭을 클릭합니다.

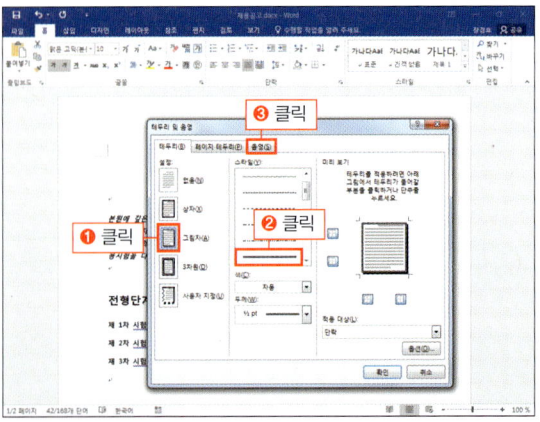

> **TIP**
> 테두리는 상자나 그림자, 3차원 효과 등 다양한 방식으로 설정할 수 있습니다. 테두리의 스타일을 비롯한 색상이나 선의 두께도 [테두리] 탭에서 지정합니다.

04_ [채우기]의 화살표를 클릭하여 원하는 색상을 선택하고 [확인]을 클릭합니다.

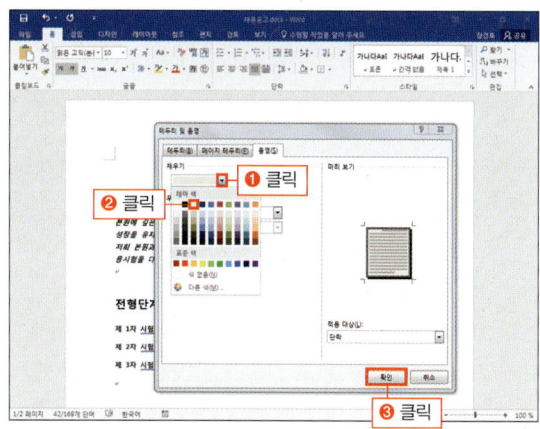

05_ 첫 번째 단락에 단락 서식인 테두리와 음영이 지정됩니다.

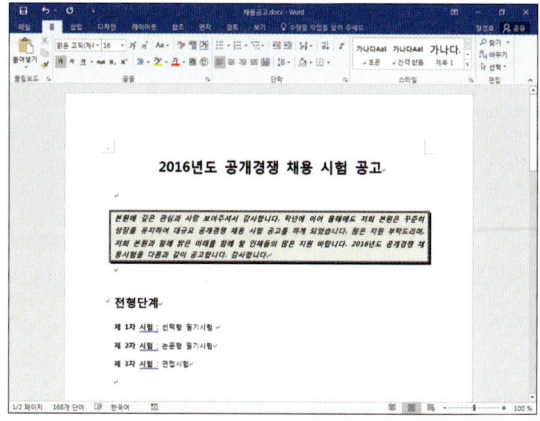

글머리 기호와 번호 매기기

⠿ 준비파일 Part03₩Chapter01₩Section02₩채용공고(2).docx ｜ **완성파일** Part03₩Chapter01₩Section02₩채용공고(2)_완성.docx

글머리 기호나 번호를 원하는 스타일대로 사용할 수 있습니다. 특히, 'Wingdings' 등의 서체에 등록된 글머리 기호도 가져올 수 있습니다.

01_ 글머리 기호를 삽입하기 위해 '전형 단계'의 내용을 드래그하여 선택합니다. [홈] 탭-[단락] 그룹에서 [글머리 기호]의 화살표를 클릭하고 원하는 글머리 기호를 선택합니다. 여기서는 보다 다양한 글머리 기호를 선택하기 위해 [새 글머리 기호 정의]를 클릭합니다.

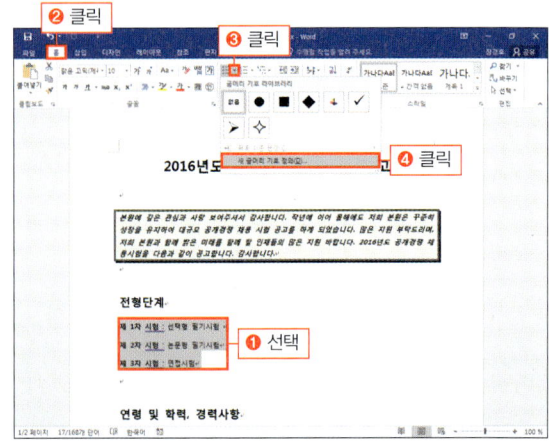

02_ [새 글머리 기호 정의] 대화상자가 나타나면 [기호]를 클릭합니다. [기호] 대화상자가 나타나면 [글꼴]-[Wingdings]를 선택하고 기호를 선택한 후 [확인]을 클릭합니다. 다시 [새 글머리 기호 정의] 대화상자가 나타나면 [확인]을 클릭합니다.

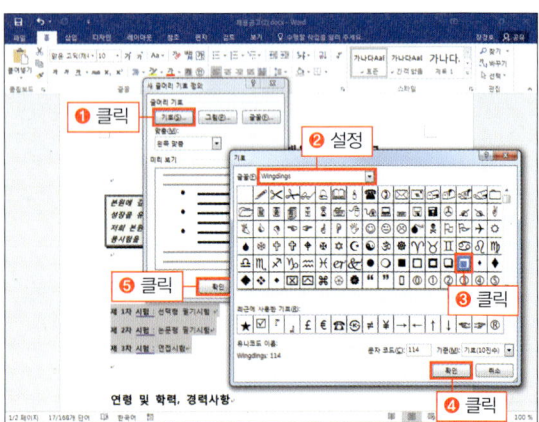

03_ 이번에는 단락에 번호를 매겨보겠습니다. 번호를 매길 범위를 드래그하여 선택하고 [홈] 탭-[단락] 그룹에서 [번호 매기기]의 화살표를 클릭한 후 원하는 번호 형식을 선택합니다.

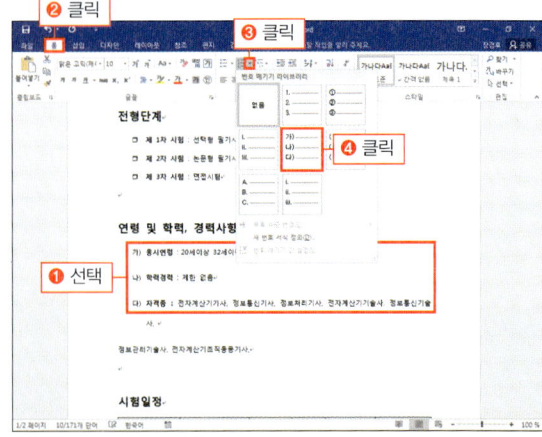

04_ '정보관리기술사' 앞에 커서를 위치시킨 후 `Back Space`를 두 번 눌러 텍스트 위치를 조절합니다.

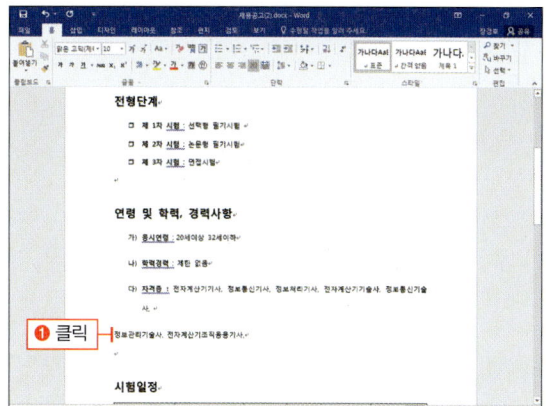 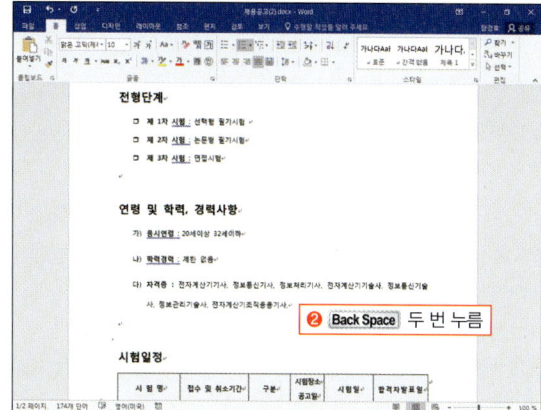

 번호 매기기 스타일 변경하기

[홈] 탭–[단락] 그룹에서 [번호 매기기]–[새 번호 서식 정의]를 클릭합니다. [새 번호 서식 정의] 대화상자가 나타나면 [번호 스타일]의 화살표를 클릭하여 원하는 스타일을 선택하고 [확인]을 클릭합니다. 번호는 '1'부터 시작되지만 시작되는 번호를 변경할 수 있습니다. [홈] 탭–[단락] 그룹에서 [번호 매기기]의 화살표를 클릭하고 [번호 매기기 값 설정]을 선택하여 [번호 매기기 값 설정] 대화상자가 나타나면 [시작 번호]에 원하는 번호를 지정하면 됩니다.

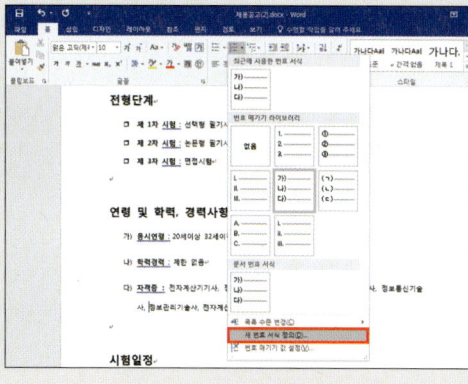 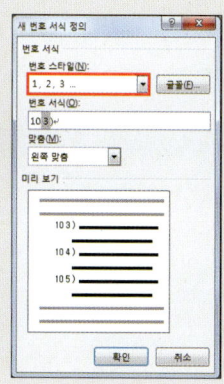

단락 들여쓰기와 내어쓰기

:: **준비파일** Part03₩Chapter01₩Section02₩채용공고(3).docx | **완성파일** Part03₩Chapter01₩Section02₩채용공고(3)_완성.docx

단락 첫 줄의 간격을 조정하여 들여쓰기나 내어쓰기를 하거나 전체 단락에 들여쓰기를 할 수 있습니다.

01_ 단락을 내어쓰기 위해 원하는 단락을 드래그하여 선택하고 [홈] 탭–[단락] 그룹에서 [내어쓰기]를 클릭합니다. 단락의 들여쓰기 수준이 한 단계 내려 내어쓰기 됩니다. 같은 방법으로 다른 단락도 드래그하여 선택하고 [홈] 탭–[단락] 그룹에서 [내어쓰기]를 클릭합니다.

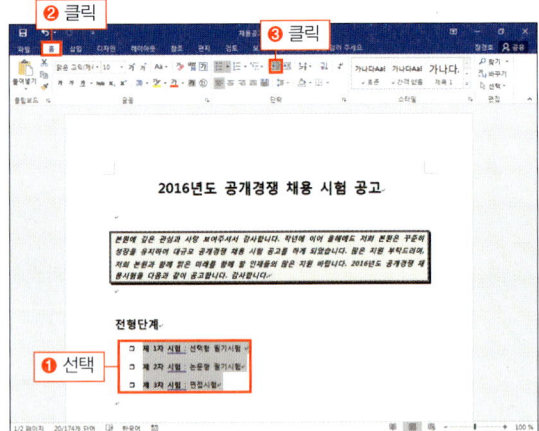

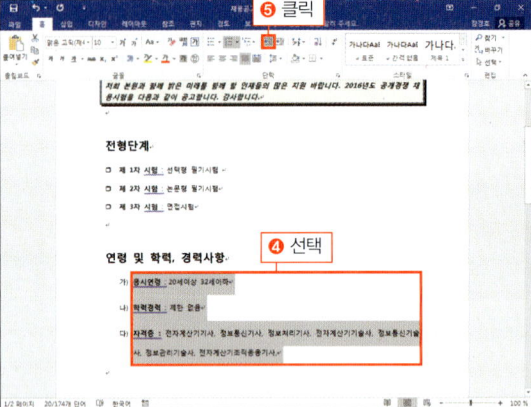

02_ 이번에는 단락의 첫 줄을 들여쓰기 위해 첫 번째 단락을 클릭하고 [단락] 대화상자 표시 아이콘(□)을 클릭합니다. [단락] 대화상자가 나타나면 [들여쓰기]–[첫 줄]에서 '첫 줄'을 선택하고 [값]은 '1 글자'로 설정한 후 [확인]을 클릭합니다.

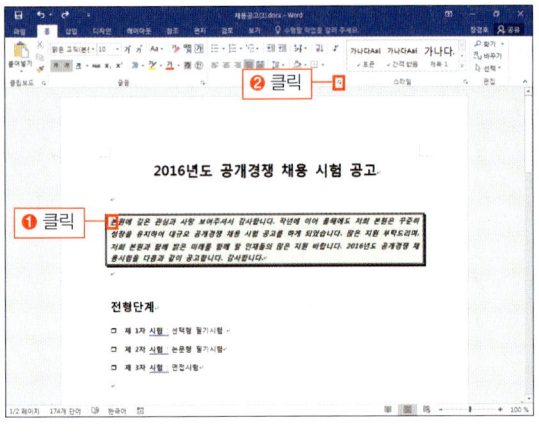

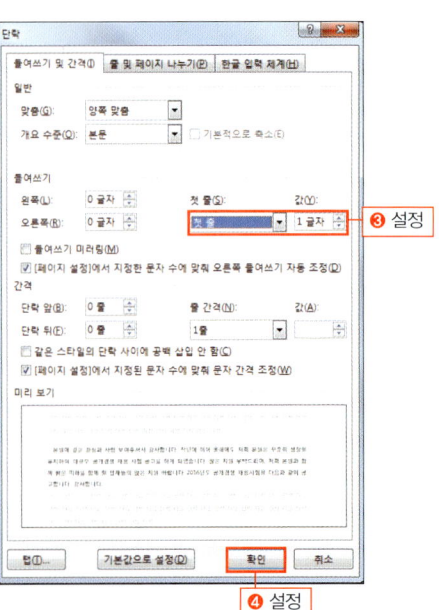

눈금자를 이용하여 단락 조절하기

:: **준비파일** Part03₩Chapter01₩Section02₩채용공고(4).docx | **완성파일** Part03₩Chapter01₩Section02₩채용공고(4)_완성.docx

눈금자를 편집 창에 표시하면 보다 편하게 들여쓰기와 내어쓰기를 할 수 있습니다.

01_ [보기] 탭–[표시] 그룹에서 [눈금자]에 체크합니다. 눈금자가 나타나면 다음과 같이 단락을 드래그하여 선택하고 눈금자 마커()를 오른쪽으로 이동시킵니다.

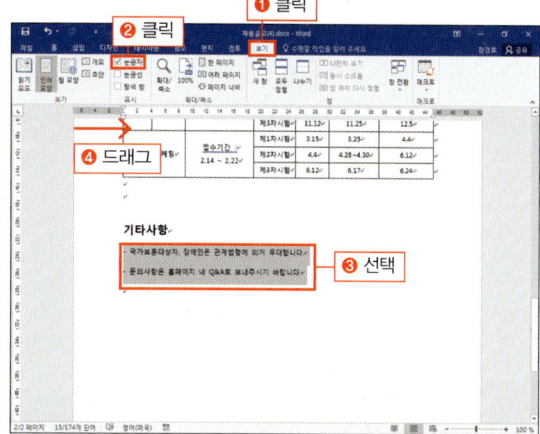

02_ 눈금자를 통해 단락 조절이 완료되면 [보기] 탭–[표시] 그룹에서 [눈금자]에 체크를 해제합니다.

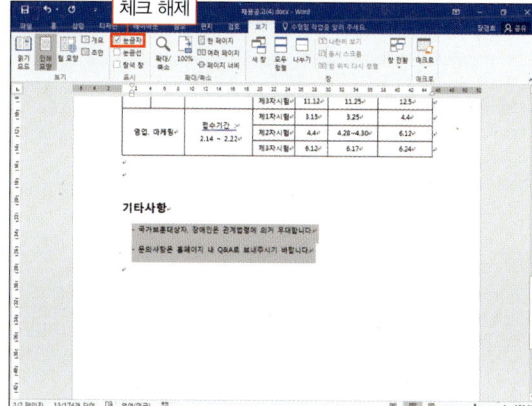

TIP

눈금자를 이용하여 들여쓰기나 내어쓰기를 할 때 Alt 를 누른 상태로 조절하면 보다 세밀하게 조절할 수 있습니다.

꼭!! 알고가기

들여쓰기와 내어쓰기 눈금자

들여쓰기나 내어쓰기를 할 때 [홈] 탭–[단락] 그룹에서 [목록 수준 늘림]이나 [목록 수준 줄임]보다 정밀하게 혹은, 눈으로 보면서 수치를 조정하고 싶을 때는 눈금자를 활용합니다.

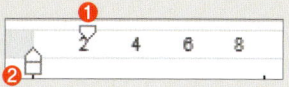

❶ **첫째 줄 들여쓰기/내어쓰기 표식** : 첫째 줄을 들여쓰기 혹은, 내어쓰기하고 싶을 때 사용하는 눈금자입니다.
❷ **전체 들여쓰기/내어쓰기 표식** : 목록 전체 텍스트의 들여쓰기 혹은, 내어쓰기하고 싶을 때 사용하는 눈금자입니다.

줄과 단락 간격 조절하고 공백 제거하기

:: 준비파일 Part03₩Chapter01₩Section02₩채용공고(5).docx | 완성파일 Part03₩Chapter01₩Section02₩채용공고(5)_완성.docx

줄이나 단락 사이의 간격을 조절하거나 단락 앞이나 단락 뒤에 있는 공백을 제거할 수 있습니다.

01_ 줄 간격을 조절하기 위해 조절을 원하는 단락을 드래그하여 선택합니다. [홈] 탭-[단락] 그룹에서 [선 및 단락 간격]-[줄 간격 옵션]을 클릭합니다.

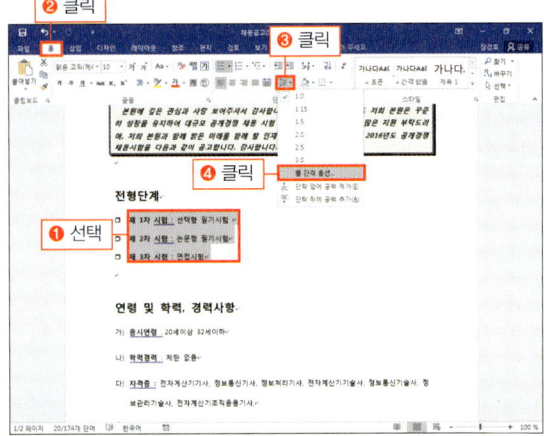

02_ [단락] 대화상자가 나타나면 [들여쓰기 및 간격] 탭-[간격]-[줄 간격]-[고정]을 선택합니다. [값]에 『11』을 입력한 다음 [확인]을 클릭합니다.

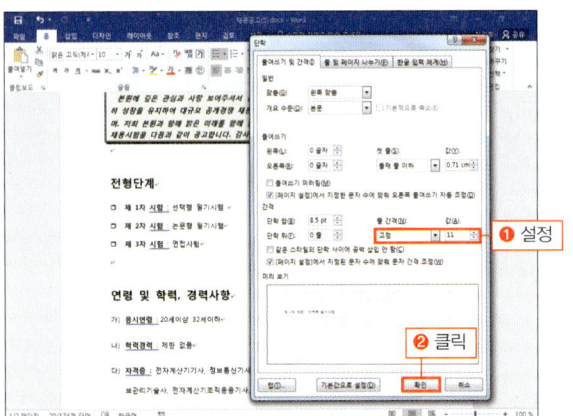

03_ 이번에는 다른 단락을 드래그하여 선택하고 [홈] 탭-[단락] 그룹에서 [선 및 단락 간격]-[단락 앞에 공백 제거]를 클릭합니다.

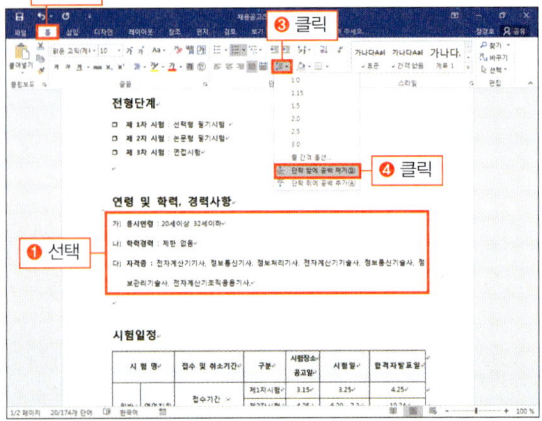

> **TIP**
> [단락 앞에 공백 제거]를 클릭하면 단락 앞에 있는 공백을 제거하여 단락 사이의 간격을 조절합니다.

메모 삽입하고 편집하기

:: **준비파일** Part03₩Chapter01₩Section02₩훈련과제.docx | **완성파일** Part03₩Chapter01₩Section02₩훈련과제_완성.docx

문서에 메모를 추가하여 협업 당사자들과 다양한 의견을 나누거나 피드백을 요청할 수 있습니다.

01_ 메모 삽입을 원하는 텍스트를 드래그하여 선택하고 [검토] 탭-[메모] 그룹에서 [새 메모]를 클릭합니다. 그리고 메모란에 메모를 입력합니다.

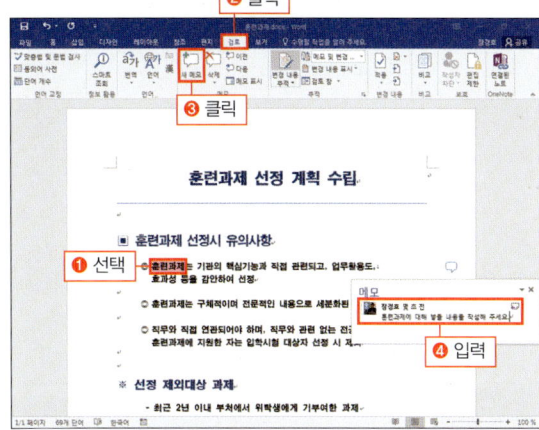

02_ 메모를 여러 개 추가하면 오른쪽 여백에 풍선 모양의 아이콘이 표시됩니다. [검토] 탭-[추적] 그룹에서 [검토용 표시]-[메모 및 변경 내용 모두]를 클릭하면 메모가 모두 표시됩니다.

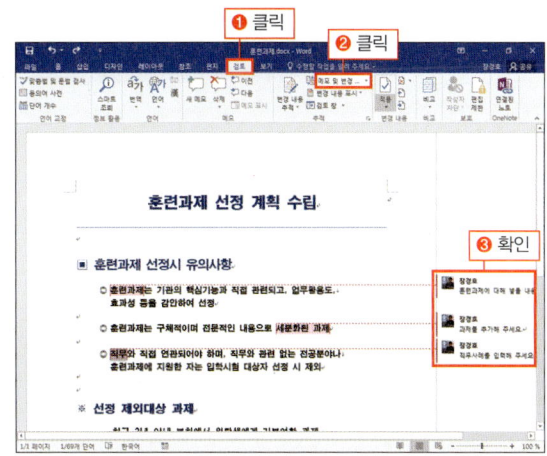

03_ 표시된 메모의 오른쪽에 [회신] 단추를 클릭하면 메모에 대한 회신이나 답장을 입력할 수 있습니다.

TIP
메모가 넘칠 경우 [검토] 탭-[메모] 그룹에서 [이전], [다음] 단추를 클릭하여 메모 내용을 확인합니다.

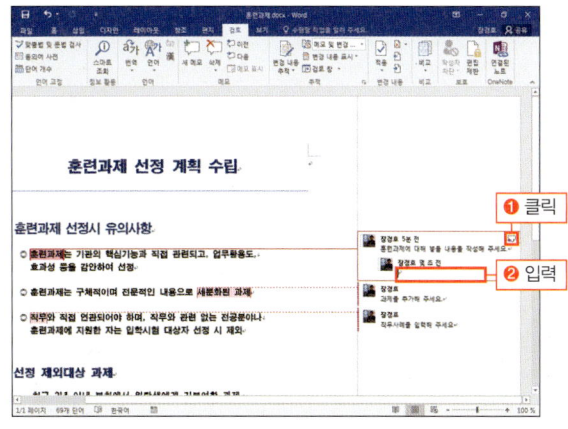

04_ 검토 창을 열어 메모를 관리해 보겠습니다. [검토] 탭─[추적] 그룹에서 [검토 창]─[세로로 표시]를 클릭합니다.

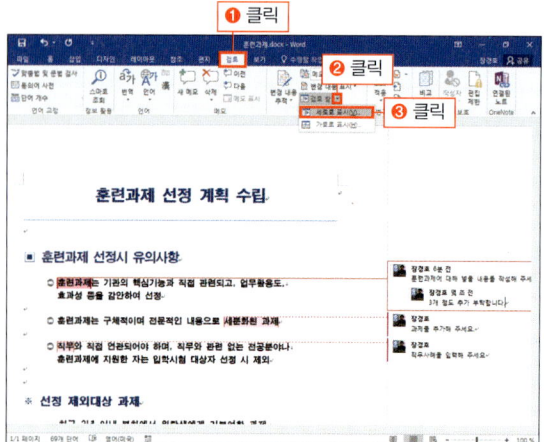

05_ [수정] 창이 나타나면서 메모 내용을 확인할 수 있습니다. [수정 내용 4개] 옆의 화살표를 클릭하면 메모뿐만 아니라 서식이나 삽입, 삭제된 내용도 확인할 수 있습니다. 확인 후 [닫기]를 클릭합니다.

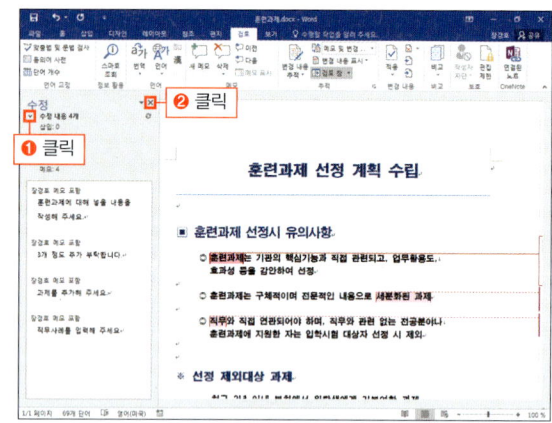

06_ 메모 창을 닫기 위해 [검토] 탭─[추적] 그룹에서 [변경 내용 표시]─[메모]의 체크를 해제합니다.

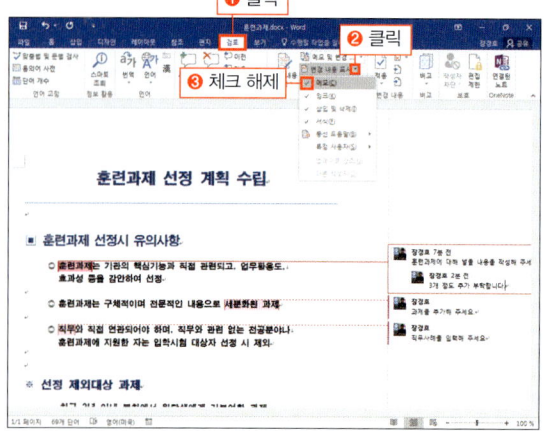

1 자주 사용하는 특수 문자는 바로 가기 키를 생성하여 쉽게 불러올 수 있습니다. 바로 가기 키를 설정해 보세요.

◎ 준비파일 : 없음   ◎ 완성파일 : Part03₩Chapter01₩Check₩바로가기_완성.docx

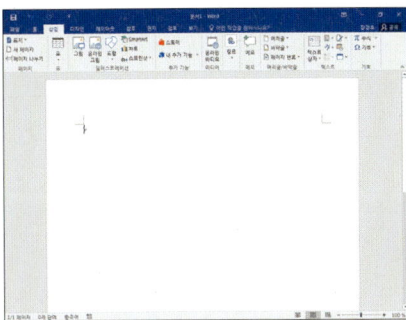 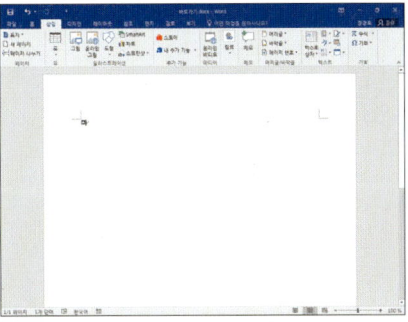

힌트

❶ [삽입] 탭–[기호] 그룹에서 [기호]를 클릭한 후 [다른 기호]를 선택합니다.

❷ [기호] 대화상자가 나타나면 원하는 기호를 선택한 후 [바로 가기 키]를 클릭합니다.

---

2 자동 고침 기능을 통해 특정 텍스트를 기호로 전환할 수 있습니다. 텍스트를 입력하여 기호를 불러와 보세요.

◎ 준비파일 : 없음   ◎ 완성파일 : Part03₩Chapter01₩Check₩자동고침_완성.docx

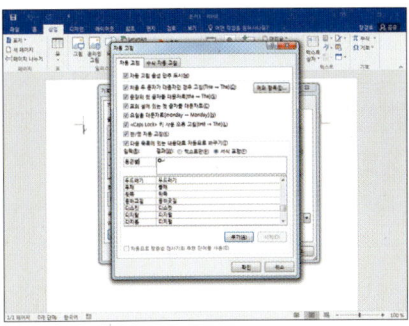 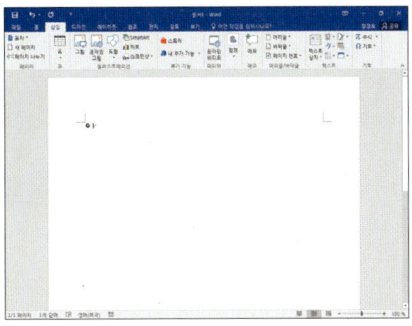

힌트

❶ [삽입] 탭–[기호] 그룹에서 [기호]를 클릭한 후 [다른 기호]를 선택합니다.

❷ [기호] 대화상자가 나타나면 기호를 선택하고 [자동 고침]을 클릭합니다.

Chapter 2

문서 인쇄와
개체 삽입하기

문서를 인쇄할 때 용지 크기나 여백, 혹은 테두리 등을 지정할 수 있습니다. 이번 챕터에서는 다양한 인쇄 기술에 대해서 살펴보겠습니다. 더불어 워드에서 제공하는 표와 차트, 그리고 스마트아트 등의 개체 삽입 노하우를 이용하여 보다 완성도 높은 문서를 만들어보겠습니다.

Section 1. 도형 디자인하고 문서 인쇄하기
Section 2. 표와 차트로 시각적인 문서 만들기

도형 디자인하고 문서 인쇄하기

다양한 종류의 그림 파일 혹은, 도형을 삽입하여 문서를 만들 수 있습니다. 또한, 다양한 클립아트나 온라인 그림을 불러와 문서를 꾸밀 수도 있으며, SmartArt 그래픽을 이용하여 쉽게 도해를 만들 수도 있습니다. 여기서는 도형을 디자인하고 문서를 인쇄하는 노하우에 대해서 살펴보겠습니다.

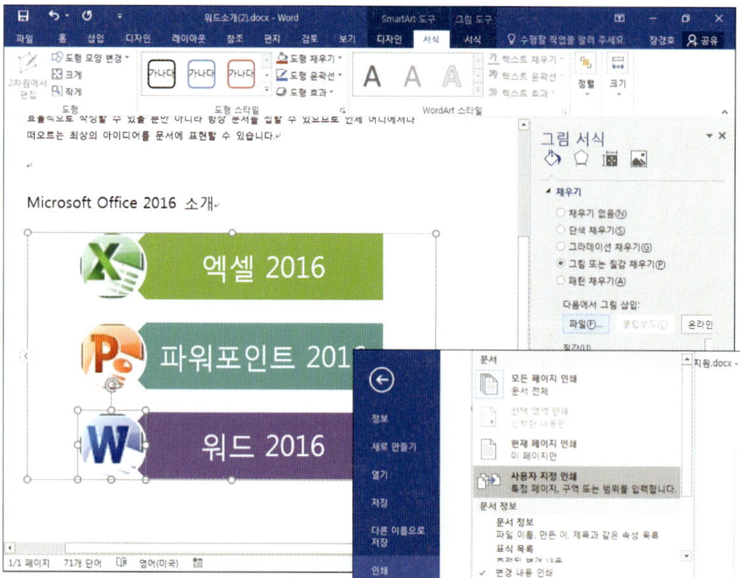

▲ 스타일 변경하고 그림 삽입하기

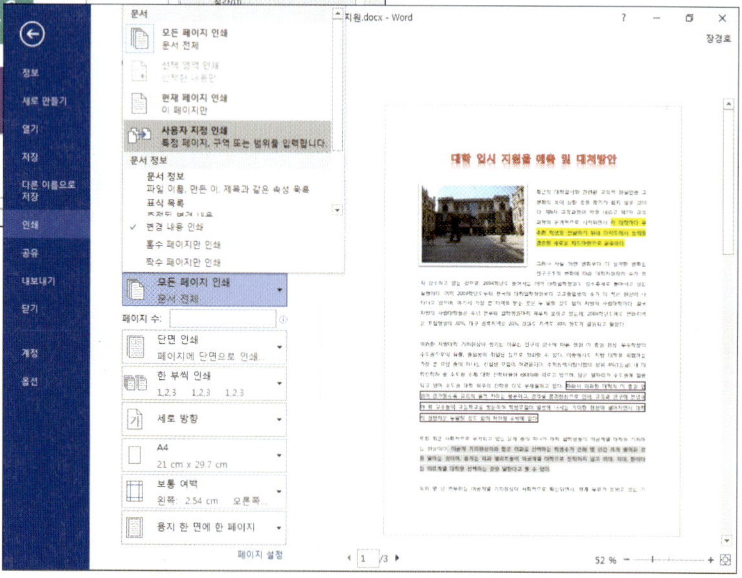

원하는 페이지만 인쇄하기 ▶

이번 섹션에서 배울 주요 내용

- SmartArt 그래픽으로 다이어그램 만들기
- 스타일 변경하고 그림 삽입하기
- 그림 삽입하고 스타일 변경하기
- 그림 크기 및 텍스트 배치하기
- 인쇄 미리 보기와 용지 방향 변경하기
- 용지 크기와 여백 설정하기

- 페이지 테두리와 색 지정하기
- 워터마크 삽입하여 인쇄하기
- 메모 제외하고 인쇄하기
- 원하는 페이지만 인쇄하기
- 용지 한 면에 두 페이지 인쇄하기

SmartArt 그래픽으로 다이어그램 만들기

:: 준비파일 Part03₩Chapter02₩Section01₩워드소개.docx | 완성파일 Part03₩Chapter02₩Section01₩워드소개_완성.docx

SmartArt 그래픽은 다이어그램을 보다 쉽고 빠르게 만들어주는 기능으로 도해 작업을 할 때 주로 사용합니다.

01_ 스마트아트로 다이어그램을 만들기 위해 [삽입] 탭-[일러스트레이션] 그룹에서 [SmartArt]를 클릭합니다. 원하는 스마트아트 그래픽을 선택하고 [확인]을 클릭합니다.

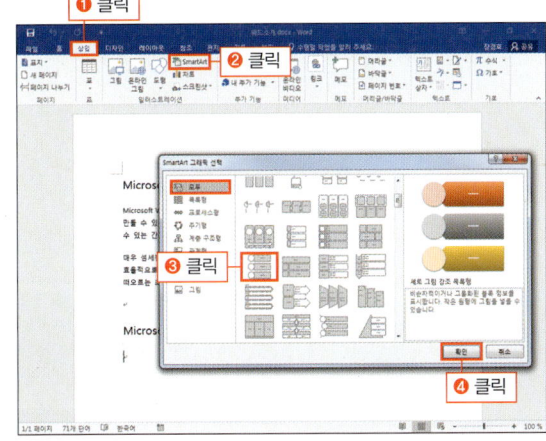

02_ 스마트아트가 삽입되면 텍스트를 입력할 수 있습니다. [텍스트] 창을 이용해도 텍스트를 입력할 수 있는데 [텍스트] 창이 나타나지 않으면 [SmartArt 도구]-[디자인] 탭-[그래픽 만들기] 그룹에서 [텍스트 창]을 클릭합니다.

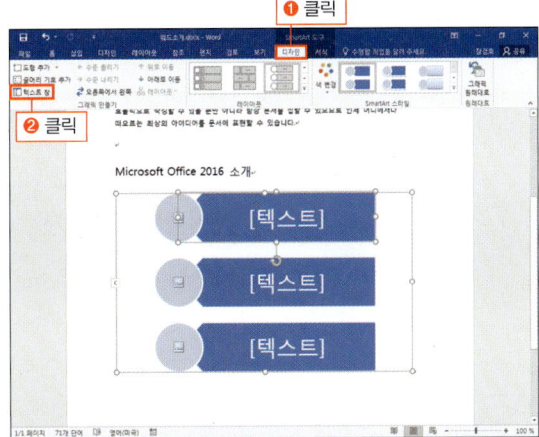

03_ [텍스트] 창이 나타나면 텍스트를 입력하고 [닫기]를 클릭합니다.

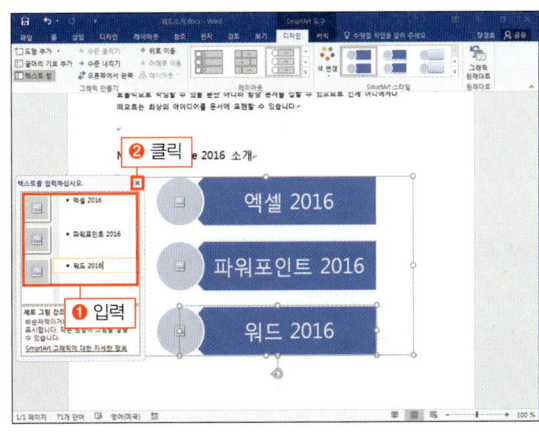

스타일 변경하고 그림 삽입하기

:: **준비파일** Part03₩Chapter02₩Section01₩워드소개(2).docx, excel.jpg, powerpoint.jpg, word.jpg
완성파일 Part03₩Chapter02₩Section01₩워드소개(2)_완성.docx

SmartArt 스타일을 이용하면 선 스타일, 입체 효과, 3차원을 비롯하여 다양한 효과를 적용할 수 있으며 그림도 삽입할 수 있습니다.

01_ 스마트아트를 선택하고 [SmartArt 도구]–[디자인] 탭–[SmartArt 스타일] 그룹에서 [색 변경]을 클릭하여 원하는 색상을 선택합니다.

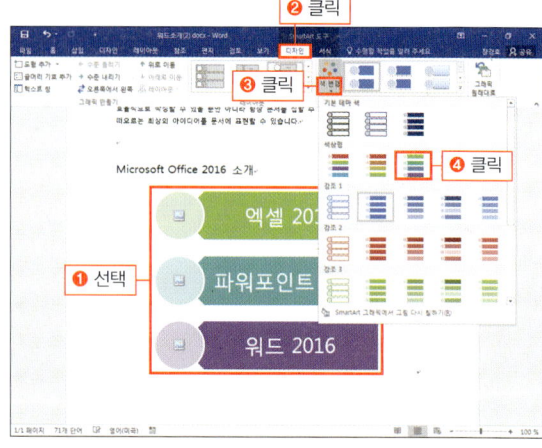

02_ 스마트아트에서 원형 도형을 선택합니다. [SmartArt 도구]–[서식] 탭–[도형 스타일] 그룹에서 도형 서식 표시 아이콘을 클릭합니다. [도형 서식] 창이 나타나면 [채우기]–[그림 또는 질감 채우기]를 선택하고 [파일]을 클릭합니다. [그림 삽입] 대화상자가 나타나면 'excel.jpg' 파일을 선택하고 [삽입]을 클릭합니다.

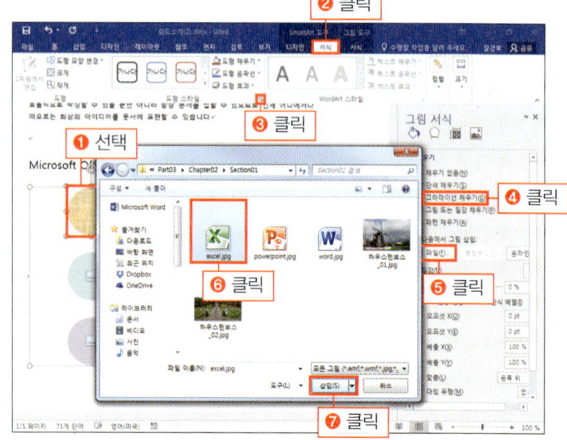

03_ 동일한 방법으로 'powerpoint.jpg', 'word.jpg' 파일도 삽입한 후 [그림 서식] 창의 [닫기]를 클릭합니다.

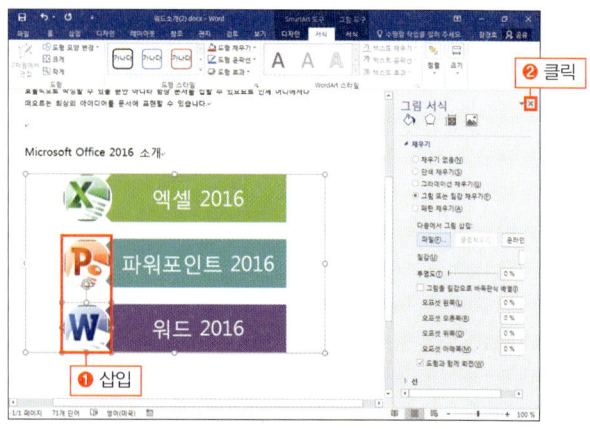

그림 삽입하고 스타일 변경하기

:: **준비파일** Part03₩Chapter02₩Section01₩하우스텐보스.docx, 하우스텐보스_01.jpg | **완성파일** Part03₩Chapter02₩Section01₩하우스텐보스_완성.docx

삽입한 그림은 선명도, 밝기, 가장 어두운 영역과 밝은 영역의 차이(대비) 혹은, 색 채도나 색조 등을 조정할 수 있습니다.

01_ [삽입] 탭–[일러스트레이션] 그룹에서 [그림]을 클릭합니다. [그림 삽입] 대화상자가 나타나면 '하우스텐보스_01.jpg' 파일을 선택하고 [삽입]을 클릭합니다.

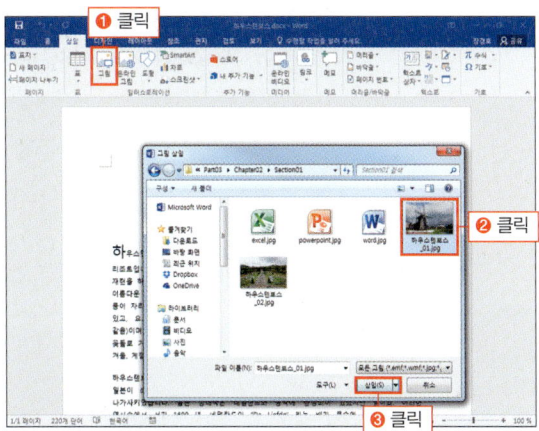

> **TIP**
>
> [삽입] 탭–[일러스트레이션] 그룹에서 [온라인 그림]을 클릭하면 온라인상의 다양한 그림을 워드에 삽입할 수 있습니다. [온라인 그림] 기능은 Part 02. 파워포인트의 '온라인 그림 삽입하기'(83page)를 참고하기 바랍니다.

02_ 그림을 선택한 상태로 [그림 도구]–[서식] 탭–[그림 스타일] 그룹에서 [자세히]를 클릭한 후 [사각형 가운데 그림자]를 선택합니다.

그림 크기 및 텍스트 배치하기

:: **준비파일** Part03₩Chapter02₩Section01₩하우스텐보스(2).docx | **완성파일** Part03₩Chapter02₩Section01₩하우스텐보스(2)_완성.docx

삽입한 그림은 크기를 조절하고 텍스트를 원하는 영역으로 배치할 수 있습니다.

01_ 그림을 선택하고 조절 핸들을 이용해 그림의 크기를 조절합니다.

TIP

마우스로 그림을 드래그하여 조절할 수도 있지만 [크기] 그룹에서 값을 지정하면 정확하게 크기를 조절할 수도 있습니다.

02_ 그림을 재배치하기 위해 그림을 선택한 상태에서 [레이아웃 옵션]( )을 클릭하고 [텍스트 배치]-[빽빽하게]를 선택하면 레이아웃이 정렬됩니다.

인쇄 미리 보기와 용지 방향 변경하기

:: **준비파일** Part03₩Chapter02₩Section01₩하우스텐보스(3).docx | **완성파일** Part03₩Chapter02₩Section01₩하우스텐보스(3)_완성.docx

인쇄하기 전에 인쇄 미리 보기를 통해 어떻게 인쇄될 것인지를 검토하는 것이 좋습니다. 여기서는 인쇄를 미리 보기를 확인하고 용지의 방향을 가로, 세로로 변경해 보겠습니다.

01_ 인쇄 미리 보기를 통해 인쇄될 문서를 확인할 수 있습니다. [파일] 탭-[인쇄]를 클릭하면 인쇄될 문서가 미리 보기 형식으로 나타납니다.

> **TIP**
> [파일] 탭을 클릭하고 [인쇄]를 선택하면 다양한 인쇄 관련 설정을 할 수 있습니다.

02_ 현재 문서는 가로 방향으로 지정되어 있습니다. 세로 방향으로 변경하기 위해 [파일] 탭-[인쇄]에서 [세로 방향]을 클릭한 후 [가로 방향]을 선택하면 용지의 방향이 가로로 변경됩니다.

> **TIP**
> [페이지 레이아웃] 탭-[페이지 설정] 그룹에서 [용지 방향]을 클릭하여 변경할 수도 있습니다

용지 크기와 여백 설정하기

:: 준비파일 Part03₩Chapter02₩Section01₩하우스텐보스(4).docx | 완성파일 Part03₩Chapter02₩Section01₩하우스텐보스(4)_완성.docx

내용의 성격에 따라 용지 크기와 여백을 설정할 수 있습니다. 현재 문서는 'A4' 용지 크기로 지정되어 있지만 이를 'A3'로 변경해 보겠습니다.

01_ [레이아웃] 탭–[페이지 설정] 그룹에서 [크기]–[A3]를 클릭합니다. 편집 창의 크기가 조절되며 'A3' 용지 크기로 변경됩니다.

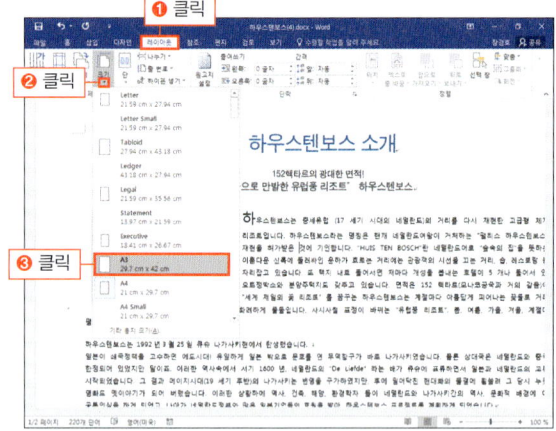
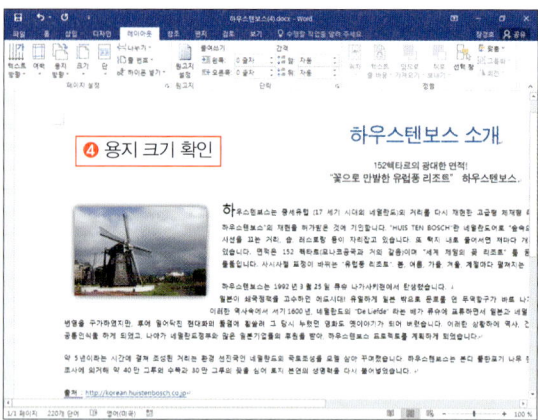

02_ 이번에는 용지의 여백을 조절해 보겠습니다. [페이지 레이아웃] 탭–[페이지 설정] 그룹에서 [여백]–[좁게]를 클릭합니다. 용지의 여백이 재설정됩니다.

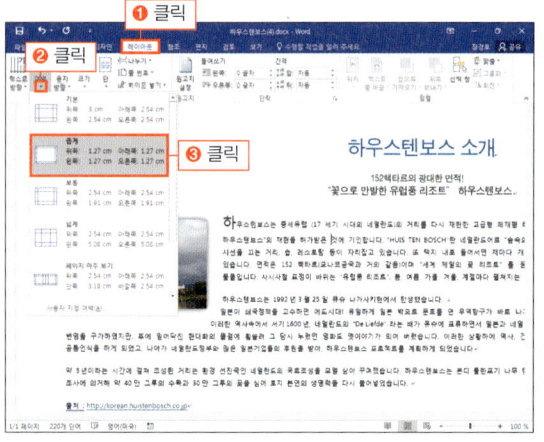

TIP

용지의 크기나 용지 방향, 또는 여백 등을 설정하여 회사나 사용자별로 주로 사용하는 인쇄 설정을 조절할 수 있습니다. 특히, 여백의 경우 문서의 머리말이나 꼬리말 등을 지정할 때에도 영향을 미치기 때문에 적절히 조절할 필요가 있습니다.

페이지 테두리와 색 지정하기

:: **준비파일** Part03₩Chapter02₩Section01₩참가신청서.docx | **완성파일** Part03₩Chapter02₩Section01₩참가신청서_완성.docx

[테두리 및 음영] 대화상자를 이용하면 페이지 테두리 및 음영을 쉽게 그려 넣을 수 있습니다. 또한, 페이지 전체에 색상을 넣을 수도 있습니다.

01_ 페이지 전체에 테두리를 지정하기 위해 [디자인] 탭–[페이지 배경] 그룹에서 [페이지 테두리]를 클릭합니다. [테두리 및 음영] 대화상자가 나타나면 [페이지 테두리] 탭을 클릭하고 [설정]–[상자]를 선택합니다. 원하는 테두리 스타일을 설정하고 [확인]을 클릭합니다.

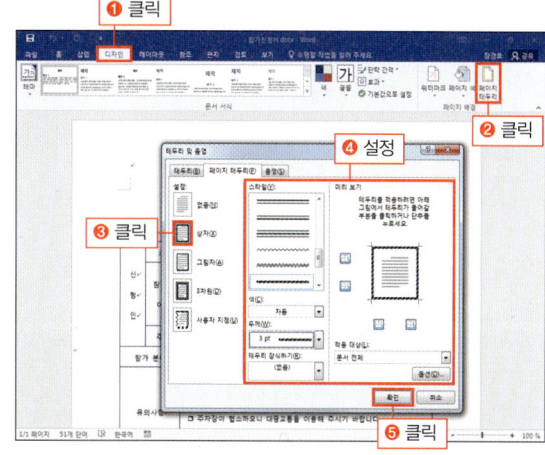

02_ 이번에는 페이지에 색상을 삽입해 보겠습니다. [디자인] 탭–[페이지 배경] 그룹에서 [페이지 색]을 클릭하고 원하는 색상을 선택합니다.

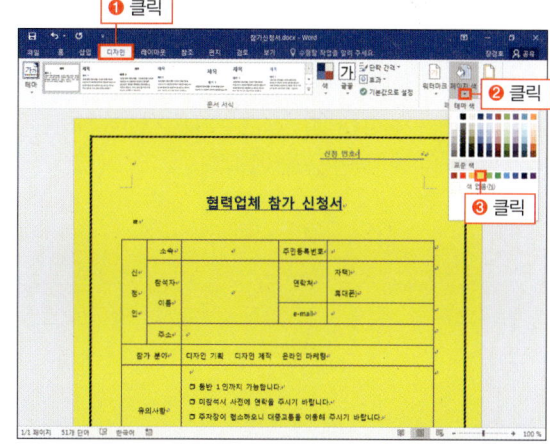

꼭!!\n알고가기

용지의 가로, 세로 길이 및 규격 살펴보기

사무용으로 주로 사용하는 규격은 다음과 같습니다. 문서를 출력할 때 아래의 종이 규격을 인쇄 시 참고하기 바랍니다. 가장 흔하게 쓰는 A4(국배판)부터 신국판, 크라운판까지 원하는 용지를 선택할 수 있습니다. 또한, 사용자가 원하는 별도의 용지 크기를 지정하여 사용할 수도 있습니다.

용지 종류	폭 * 길이(mm)	용지 종류	폭 * 길이(mm)	용지 종류	폭 * 길이(mm)
프린트 132	335.3*279.4	A4(국배판)	210*297	A5(국판)	148*210
레터	215.9*279.4	A3(국배배판)	297*420	신국판	148*225
B5(4*6배판)	182*257	리갈	215.9*355.6	크라운판	176*248
B4(타블로이드판)	257*364	A6(문고판)	105*148	사용자 정의	

워터마크 삽입하여 인쇄하기

:: 준비파일 Part03₩Chapter02₩Section01₩참가신청서(2).docx | **완성파일** Part03₩Chapter02₩Section01₩참가신청서(2)_완성.docx

문서의 텍스트나 개체 뒤에 들어가는 장식으로 회사 로고, 학교 마크, 또는 대외비, 보안 등급 등의 워터마크를 삽입하여 문서의 성격을 나타낼 수 있습니다.

01_ [디자인] 탭─[페이지 배경] 그룹에서 [워터마크]─[사용자 지정 워터마크]를 클릭합니다.

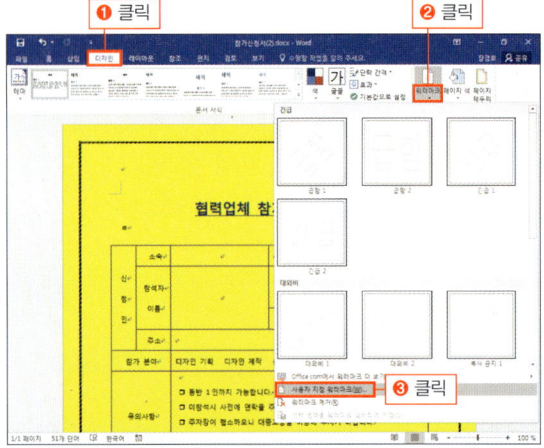

02_ [워터마크] 대화상자가 나타나면 [텍스트 워터마크]를 체크하고 [언어]는 '한국어', [텍스트]는 '초안', [글꼴]은 'HY견고딕'으로 설정합니다. [색]은 '주황'을 선택하고 [반투명]에 체크한 후 [확인]을 클릭합니다.

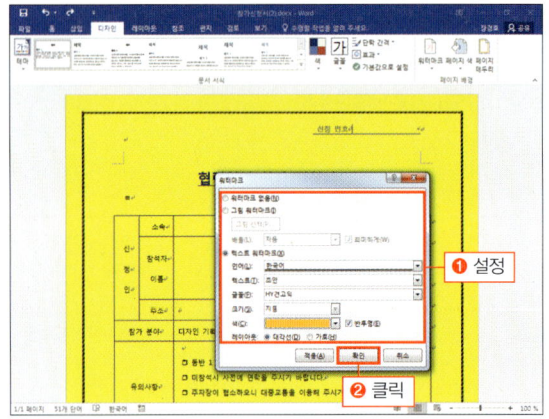

03_ 문서의 배경에 '초안'이라는 워터마크가 삽입됩니다.

> **TIP**
> 워터마크를 삭제하려면 [디자인] 탭─[페이지 배경] 그룹에서 [워터마크]─[워터마크 제거]를 클릭합니다.

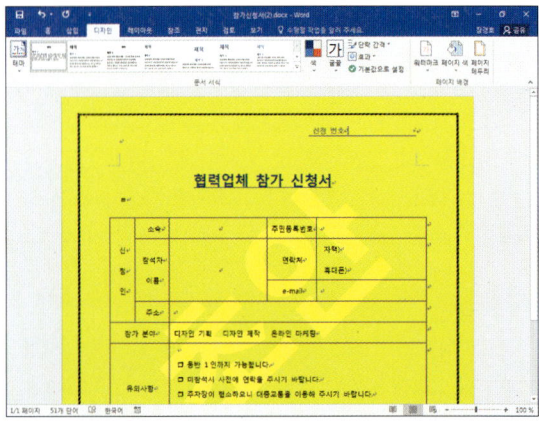

메모 제외하고 인쇄하기

:: **준비파일** Part03₩Chapter02₩Section01₩계획수립.docx | **완성파일** Part03₩Chapter02₩Section01₩계획수립_완성.docx

문서를 인쇄하면 메모까지 모두 인쇄되지만 간단한 설정으로 메모를 제외하고 인쇄할 수 있습니다.

01_ [파일] 탭-[인쇄]를 클릭합니다. 본 예제에는 메모가
포함되어 있어서 메모까지 모두 미리 보기가 되는 것을
확인한 후 [뒤로]를 클릭합니다.

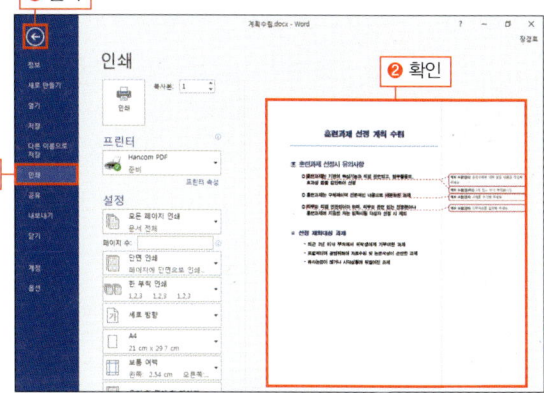

02_ 메모를 인쇄하지 않도록 [검토] 탭-[추적] 그룹에서 [변경 내용 표시]-[메모]를 클릭하여 체크를 해제합니다.

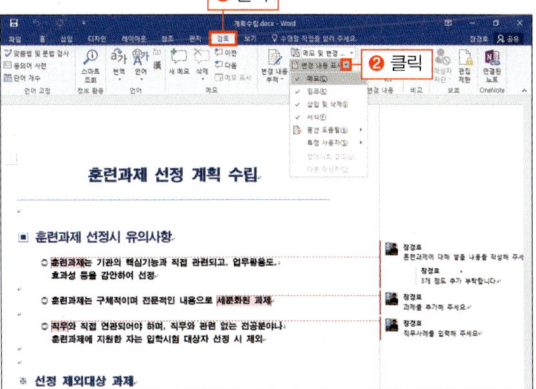
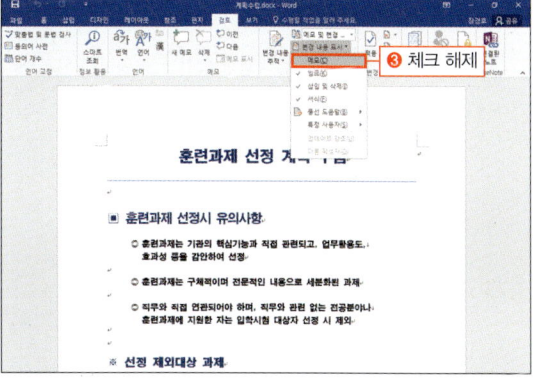

03_ 다시 [파일] 탭-[인쇄]를 클릭합니다. 메모는 제거되
고 인쇄될 문서를 미리 보기로 확인할 수 있습니다.

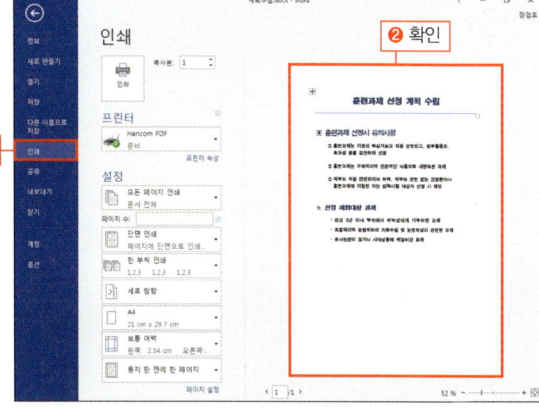

원하는 페이지만 인쇄하기

준비파일 Part03₩Chapter02₩Section01₩입시지원.docx | **완성파일** Part03₩Chapter02₩Section01₩입시지원_완성.docx

1페이지부터 3페이지, 그리고 5페이지만 인쇄되도록 전체 페이지 중에서 원하는 페이지만 선별하여 인쇄할 수 있습니다.

01_ [파일] 탭-[인쇄]를 클릭한 다음 [모든 페이지 인쇄]-[사용자 지정 인쇄]를 선택합니다.

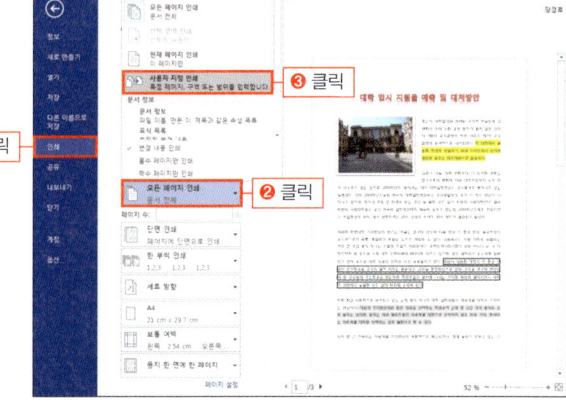

02_ 1페이지부터 3페이지, 그리고 5페이지만 인쇄하기 위해 [페이지 수]에 『1-3, 5』를 입력합니다.

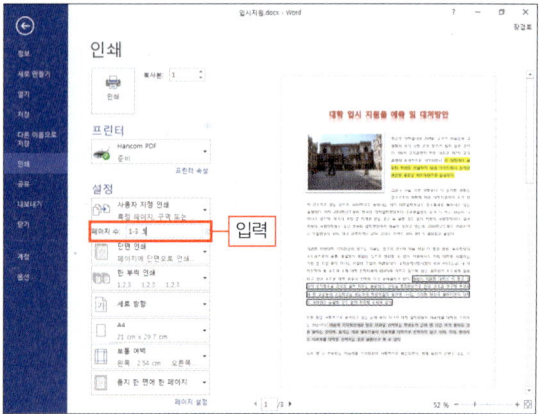

TIP

인쇄할 페이지는 쉼표(,)로 구별합니다. 이어지는 페이지의 경우 하이픈(-)을 넣어 구별합니다. 즉, 1페이지부터 3페이지까지 인쇄하고, 5페이지를 인쇄하려면 '1-3, 5'를 입력하면 됩니다.

용지 한 면에 두 페이지 인쇄하기

: : **준비파일** Part03₩Chapter02₩Section01₩입사지원(2).docx | **완성파일** Part03₩Chapter02₩Section01₩입사지원(2)_완성.docx

용지 한 장에 한 장을 인쇄하는 것이 보통이지만 참조용 페이지나 배포용 문서의 경우 용지 한 장에
여러 페이지를 모아서 인쇄할 수도 있습니다.

01_ [파일] 탭-[인쇄]를 클릭한 다음 [용지 한 면에 한 페
이지]-[용지 한 면에 두 페이지]를 선택합니다.

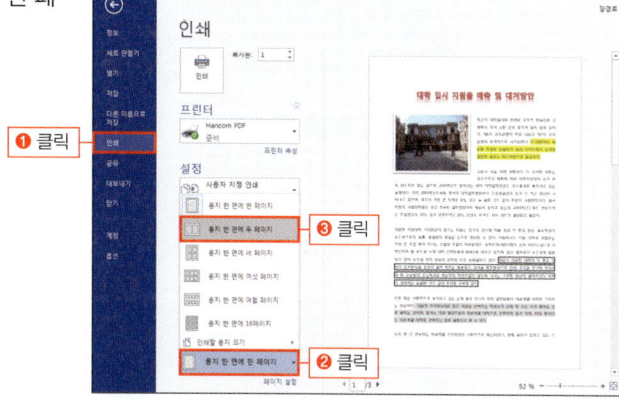

02_ 용지 한 면에 두 페이지가 인쇄됩니다. 용지 한 면에
총 16페이지까지 인쇄할 수 있으며, [인쇄할 용지 크기]를
이용하여 원하는 용지 크기를 선택할 수 있습니다.

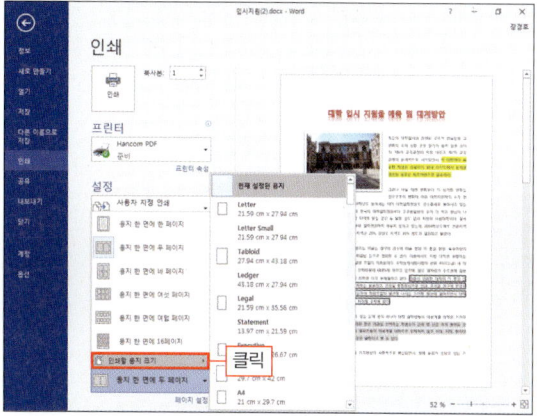

1 홈페이지 구축 제안서의 목차에 번호를 매기되 각 세부 목차의 번호가 이어지도록 만들어 보세요.

◎ 준비파일 : Part03₩Chapter02₩Check₩홈페이지구축목차.docx ◎ 완성파일 : Part03₩Chapter02₩Check₩홈페이지구축목차_완성.docx

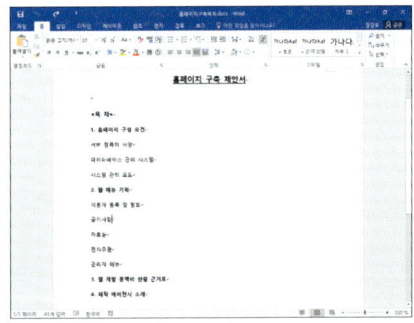 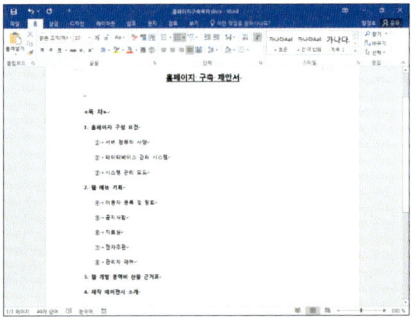

힌트

❶ 번호 매기기를 적용할 부분을 드래그하여 선택합니다.

❷ [홈] 탭–[단락] 그룹에서 [번호 매기기]를 클릭하고 원하는 형식을 선택합니다.

---

2 워드에서는 기호에 없는 원 문자를 직접 만들 수 있습니다. 원 문자를 통해 원하는 문자를 만들어 보세요.

◎ 준비파일 : Part03₩Chapter02₩Check₩자기소개서.docx ◎ 완성파일 : Part03₩Chapter02₩Check₩자기소개서_완성.docx

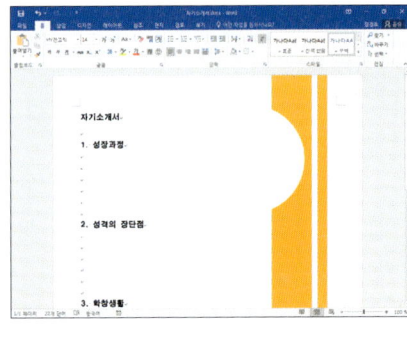 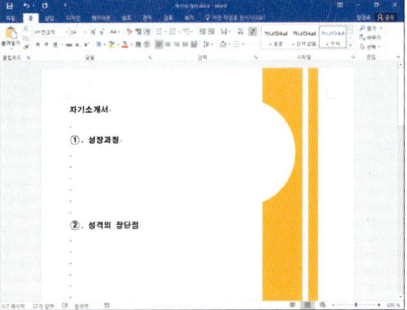

힌트

❶ 숫자를 드래그하여 선택한 다음 [홈] 탭–[글꼴] 그룹에서 [원 문자]를 클릭합니다.

❷ [원 문자] 대화상자가 나타나면 [기호를 크게]를 선택한 다음 [확인]을 클릭합니다.

Section#
02
표와 차트로 시각적인 문서 만들기

표를 통해 복잡한 내용을 일목요연하게 표현할 수 있으며, 차트를 통해 수치 데이터를 한 눈에 들어오도록 표현할 수도 있습니다. 워드에서 제공하는 표와 차트는 다양한 스타일 및 서식을 미리 제공하기 때문에 표와 차트에 익숙하지 않은 사용자도 모양이나 구성 요소를 쉽게 변경할 수 있습니다.

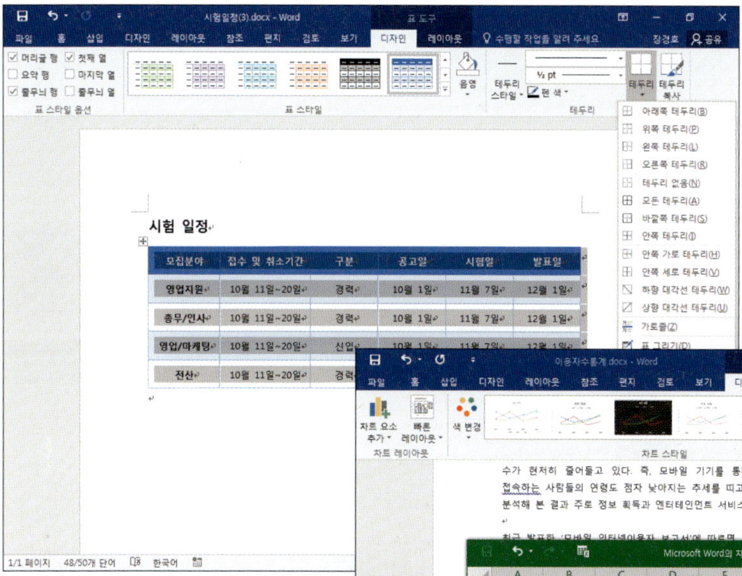

▲ 표 테두리 지정하고 스타일 적용하기

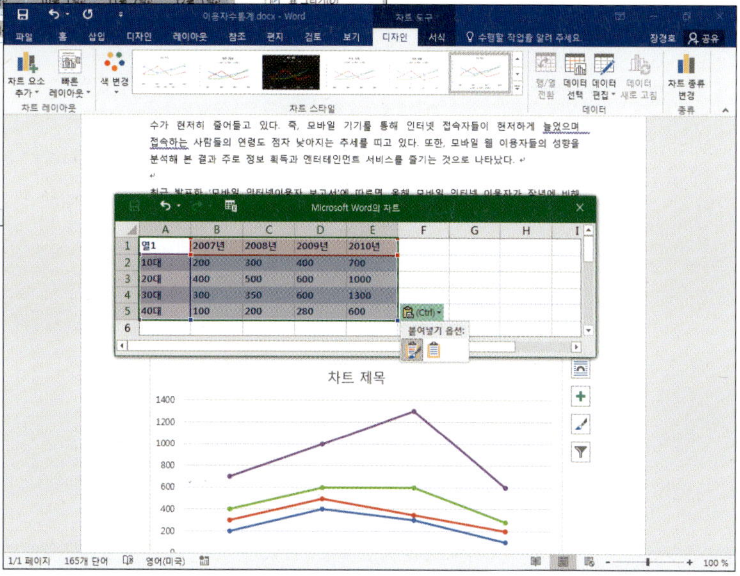

삽입한 표를 차트로 만들기 ▶

이번 섹션에서 배울 **주요 내용**

- 표 삽입하고 행과 열 추가하기
- 표 디자인 및 스타일 변경하기
- 표 테두리 지정하고 스타일 적용하기
- 막혀있는 표의 테두리를 지우개로 삭제하기
- 표를 가나다순으로 정렬하기

- 표를 텍스트, 텍스트를 표로 변환하기
- 셀 병합하고 분할하기
- 하나의 표를 두 개로 분할하기
- 삽입한 표를 차트로 만들기
- **스페셜** 엑셀처럼 표 데이터 계산하기

표 삽입하고 행과 열 추가하기

∷ 준비파일 Part03₩Chapter02₩Section02₩시험일정.docx | **완성파일** Part03₩Chapter02₩Section02₩시험일정_완성.docx

문서의 내용들을 표로 일목요연하게 정리하여 표현할 수 있습니다. 삽입한 표는 행과 열을 쉽게 추가할 수도 있습니다.

01_ 표를 삽입하기 위해 [삽입] 탭-[표] 그룹에서 [표]를 클릭합니다. 가로 6개, 세로 5개의 셀을 드래그하여 선택합니다.

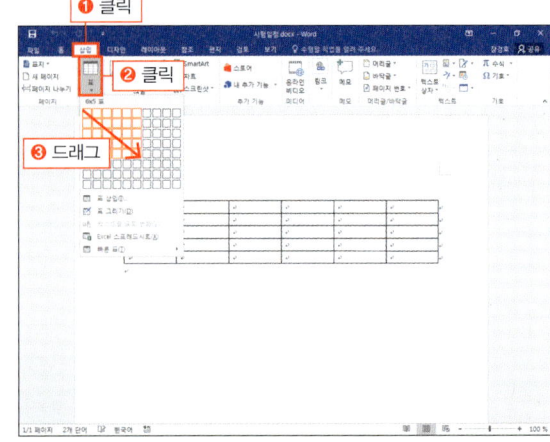

02_ 편집 화면에 표가 삽입되면 그림과 같이 텍스트를 입력합니다. 표 하단에 행을 추가하기 위해 하단 셀을 하나 선택하고, [표 도구]-[레이아웃] 탭-[행 및 열] 그룹에서 [아래에 삽입]을 클릭합니다.

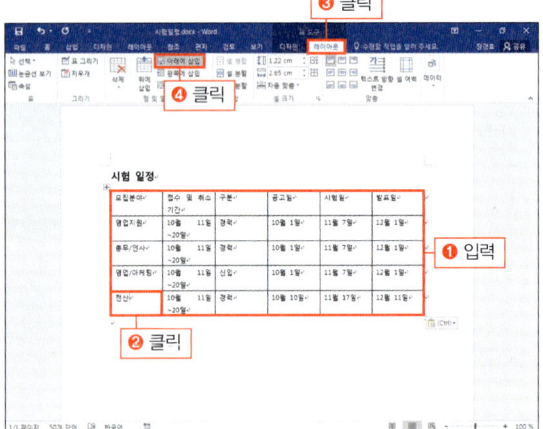

03_ 행이 추가되면 표 하단의 마지막 셀에서 ⌨Tab 을 누릅니다. 그러면 마찬가지로 행이 추가됩니다.

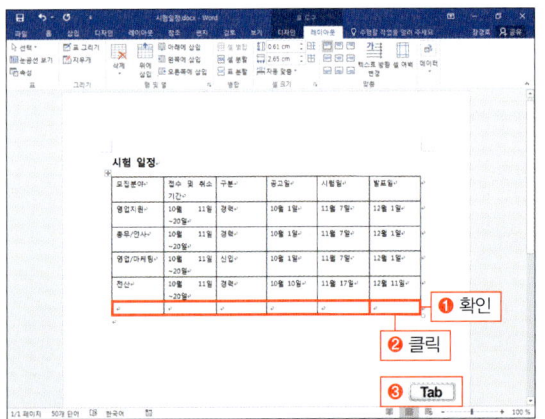
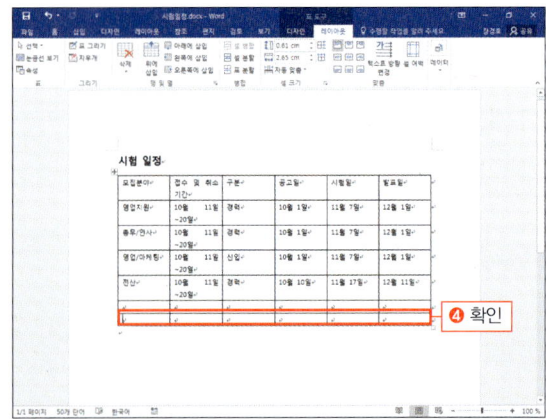

04_ 미니 도구 모음을 통해 행이나 열을 추가하거나 삭제할 수도 있습니다. 추가하거나 삭제할 셀을 선택한 상태에서 마우스 오른쪽 버튼을 클릭하여 미니 도구 모음을 불러옵니다. 여기서는 [삭제]-[행 삭제]를 클릭하여 삽입했던 행을 삭제합니다.

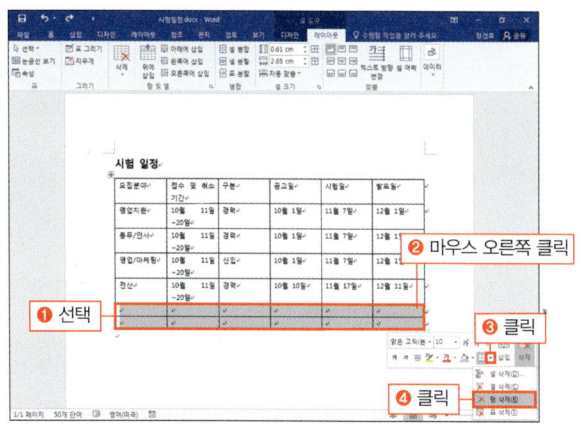

05_ 행이 삭제되는 것을 확인할 수 있습니다.

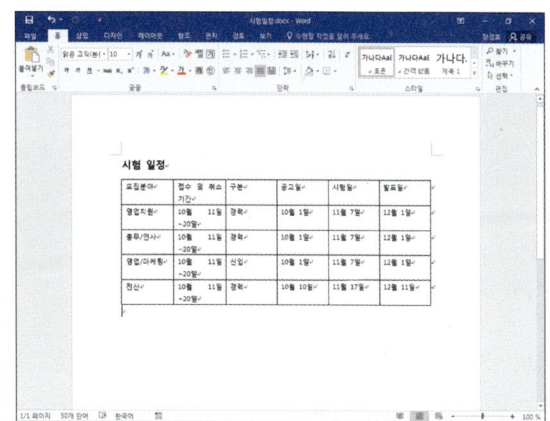

> **TIP**
> [표 도구]-[레이아웃] 탭-[행 및 열] 그룹에서 여러 명령을 통해 행과 열을 추가하거나 삭제할 수 있으며, 마우스 오른쪽 버튼을 클릭하고 [삽입]이나 [셀 삭제]를 선택하여 쉽게 추가하거나 삭제할 수 있습니다.

QR 코드로 더 자세히

표를 작성하는 세 가지 방법

워드는 [표 삽입] 대화상자뿐만 아니라 다양한 방법으로 표를 작성할 수 있습니다. 표를 작성하는 세 가지 방법이 궁금한 독자는 저자의 블로그(http://blog21.kr/40193860904)에서 확인하기 바랍니다. QR 코드를 스마트폰에서 찍으면 바로 확인할 수 있습니다.

표 디자인 및 스타일 변경하기

:: **준비파일** Part03₩Chapter02₩Section02₩시험일정(2).docx | **완성파일** Part03₩Chapter02₩Section02₩시험일정(2)_완성.docx

표는 음영 혹은, 스타일 옵션 등으로 표 디자인이나 스타일을 간단히 변경할 수 있으며, 표 모양도 쉽게 조정할 수도 있습니다.

01_ 먼저 표의 열 너비를 조절하기 위해 셀과 셀 사이를 드래그하면 열 너비가 조절됩니다.

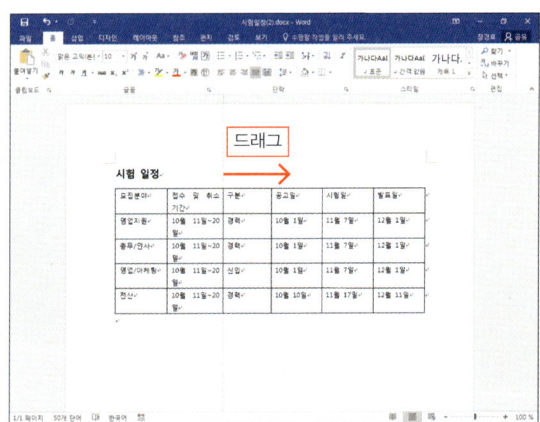
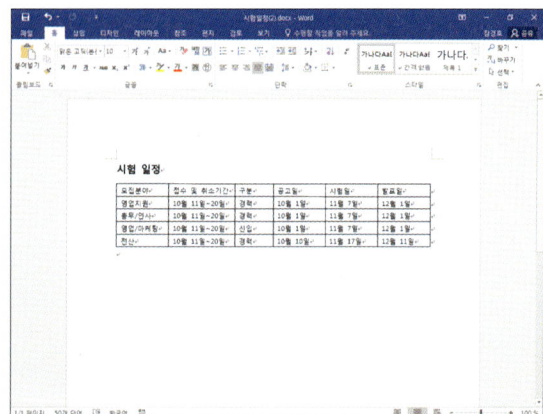

02_ 열 너비를 동일하게 변경하고 싶다면 셀을 드래그하여 선택하고 [표 도구]-[레이아웃] 탭-[셀 크기] 그룹에서 [열 너비를 같게]를 클릭합니다. 그러면 열 너비가 동일하게 변경됩니다.

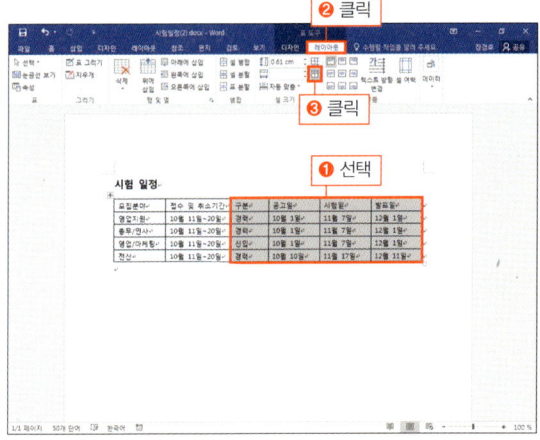
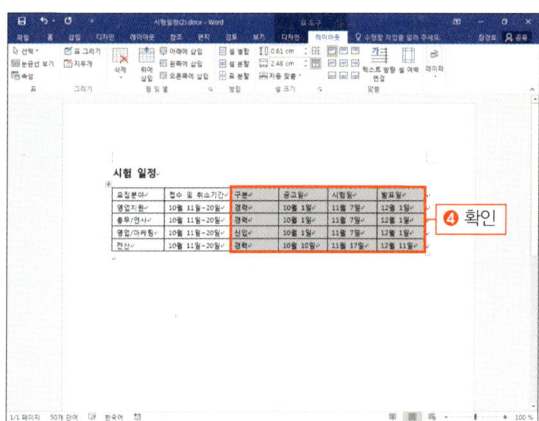

> **TIP**
>
> [셀 크기] 그룹에서 [자동 맞춤]을 선택하면 셀 크기를 내용에 자동으로 맞추거나 창에 자동으로 맞추는 등 작성된 표의 내용에 따라 셀 크기를 자동으로 맞출 수 있습니다.

03_ 이번에는 높이나 너비를 사용자가 직접 지정해 보겠습니다. 표를 전체 선택하고 [표 도구]-[레이아웃] 탭-[셀 크기] 그룹의 [표 행 높이]에서 셀 크기를 지정합니다. 여기서는 『1』을 입력합니다.

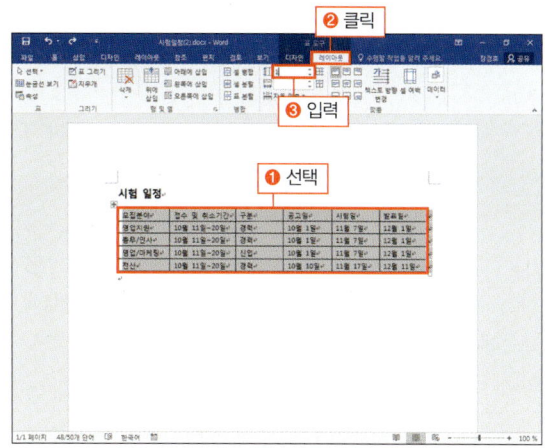

04_ 셀 높이가 조정되면 이번에는 표 디자인을 변경해 보겠습니다. 표의 특정 셀을 선택한 상태에서 [표 도구]-[디자인] 탭-[표 스타일] 그룹의 [자세히]를 클릭한 후 원하는 스타일을 선택합니다.

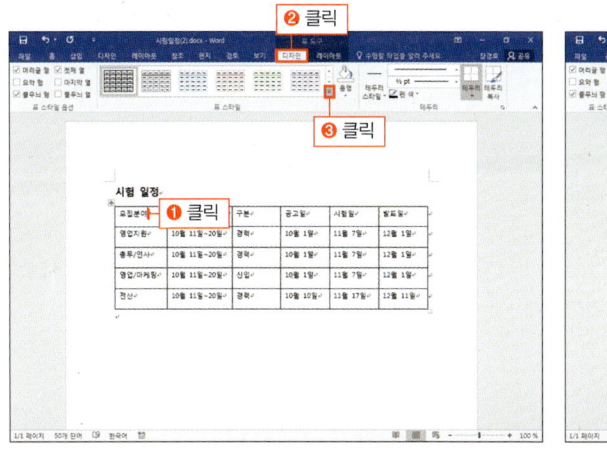
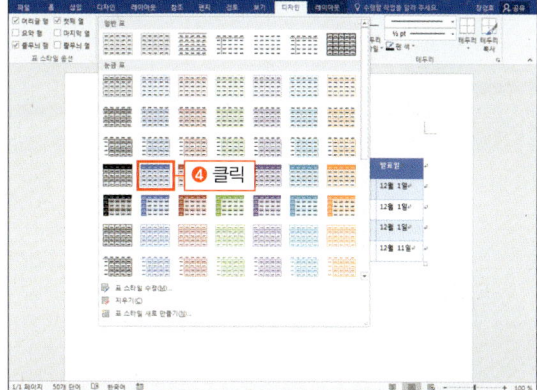

05_ 이번에는 텍스트를 셀의 가운데로 맞추기 위해 표 왼쪽 상단의 ⊞를 클릭하여 셀을 모두 선택합니다. [표 도구]-[레이아웃] 탭-[맞춤] 그룹에서 [정가운데]를 클릭합니다.

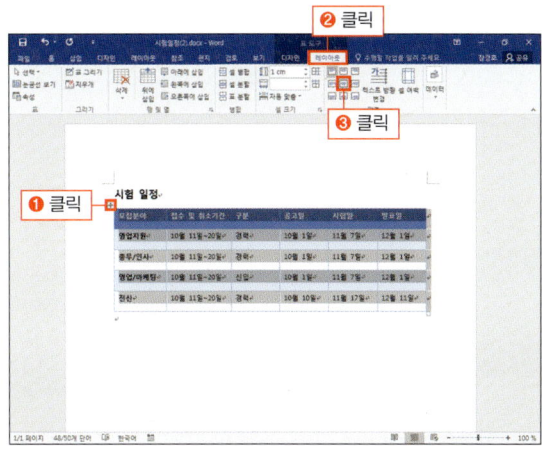
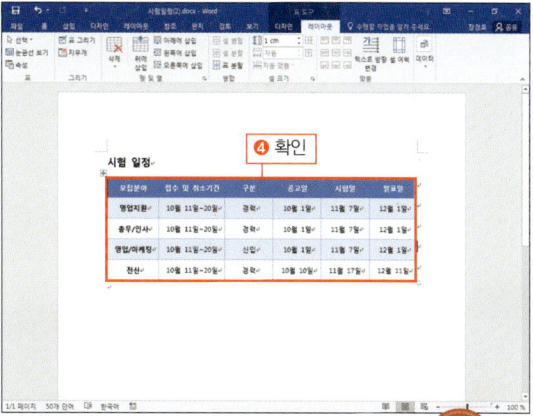

> **TIP**
> 표 왼쪽 상단의 ⊞를 클릭하면 표가 모두 선택되며, ⊞를 드래그하면 표 전체의 위치가 변경됩니다.

표 테두리 지정하고 스타일 적용하기

:: 준비파일 Part03₩Chapter02₩Section02₩시험일정(3).docx | 완성파일 Part03₩Chapter02₩Section02₩시험일정(3)_완성.docx

표 테두리를 지정한 후 스타일을 변경하고 음영 효과를 이용하면 표 효과를 강조할 수 있습니다.

01_ 테두리를 지정하기 위해 표 왼쪽 상단의 ⊞를 클릭하여 셀을 모두 선택합니다. 그리고 [표 도구]-[디자인] 탭-[테두리] 그룹에서 [테두리]-[테두리 및 음영]을 클릭합니다.

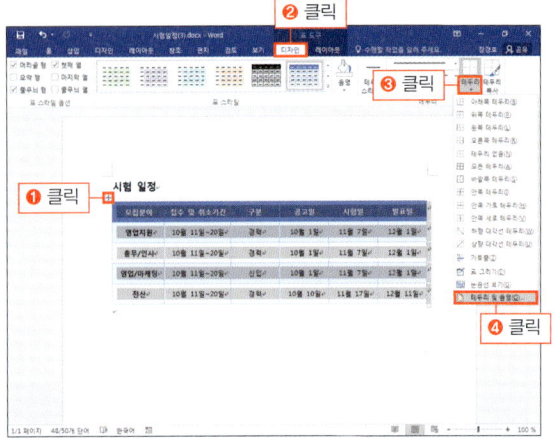

02_ [테두리 및 음영] 대화상자가 나타나면 [테두리] 탭-[설정]에서 [상자]를 선택합니다. [스타일]에서 [이중선]을 선택하고 [확인]을 클릭합니다.

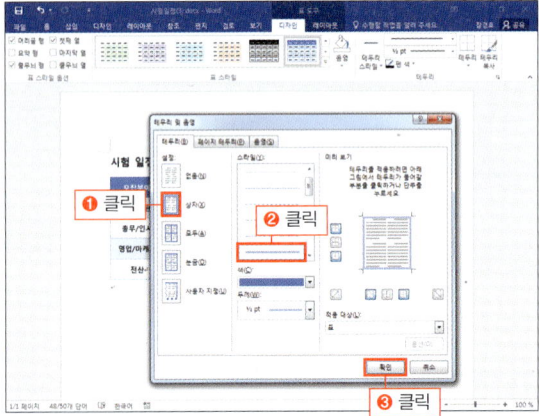

03_ 같은 방법으로 다시 [표 도구]-[디자인] 탭-[테두리] 그룹에서 [테두리]-[테두리 및 음영]을 다시 클릭합니다.

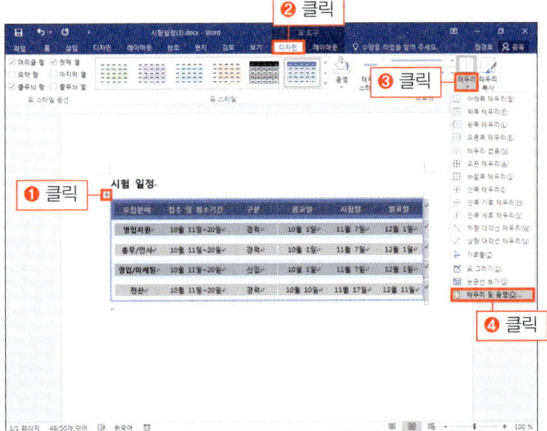

04_ [설정]에서 [사용자 지정]을 선택하고 [스타일]에서 [실선]을 클릭합니다. [미리 보기]에서 [중간 가로선]과 [세로 가로선]을 선택하고 [확인]을 클릭합니다.

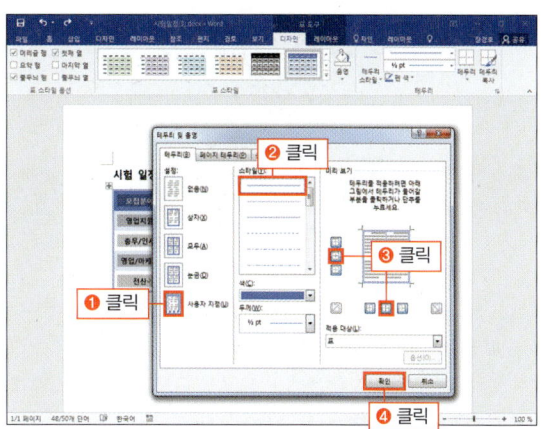

05_ 표 외곽은 이중선으로 표 내곽은 실선으로 표 모양이 변경됩니다.

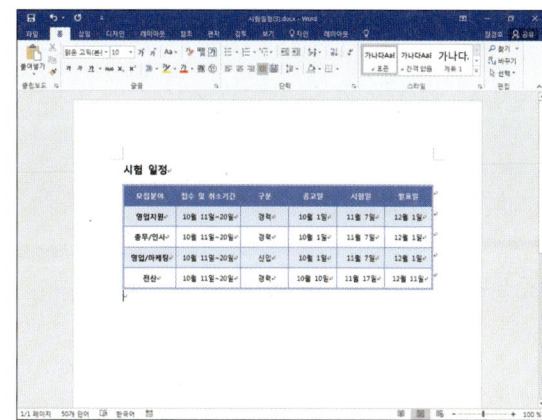

 셀 삽입 컨트롤

표의 열이나 행 경계선에 마우스 포인터를 가져가면 셀의 추가가 가능하도록 [삽입 컨트롤](⊕)이 표시됩니다. 클릭하면 열이나 행을 추가할 수 있습니다.

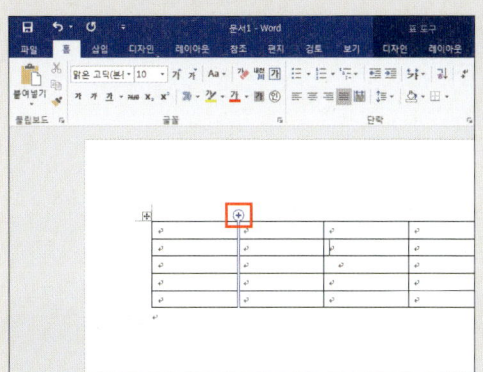 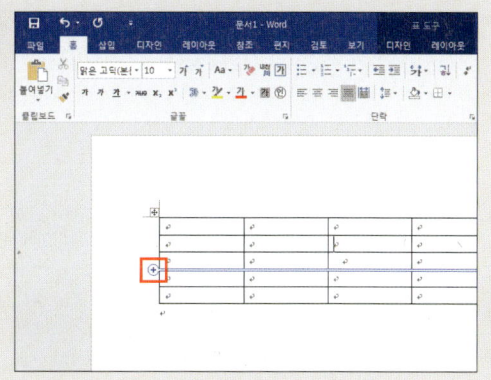

막혀있는 표의 테두리를 지우개로 삭제하기

:: **준비파일** Part03₩Chapter02₩Section02₩시험일정(4).docx | **완성파일** Part03₩Chapter02₩Section02₩시험일정(4)_완성.docx

표 작업 시 지우고 싶은 테두리나 셀이 존재하기 마련입니다. 이럴 때 지우개를 통해 빠르고 쉽게 삭제할 수 있습니다.

01_ 표를 선택한 상태로 [표 도구]-[레이아웃] 탭-[그리기] 그룹에서 [지우개]를 클릭합니다. 표의 좌측에 막혀있는 선을 드래그하면, 빨간색의 지우개 표시가 나타나면서 테두리가 삭제됩니다.

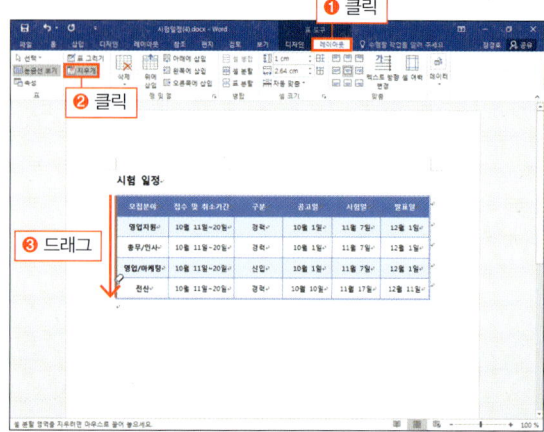

02_ 마찬가지 방법으로 우측에 막혀있는 선도 드래그하여 테두리를 삭제합니다.

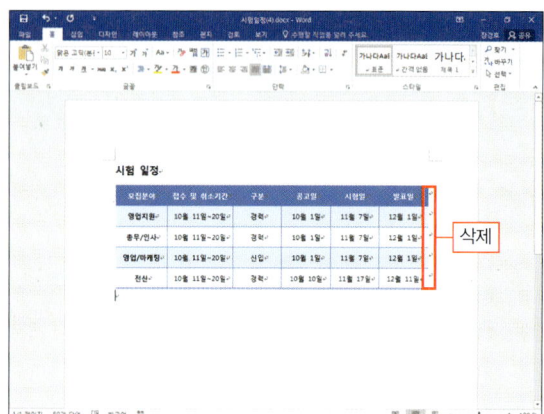

표를 가나다순으로 정렬하기

:: **준비파일** Part03₩Chapter02₩Section02₩시험일정(5).docx | **완성파일** Part03₩Chapter02₩Section02₩시험일정(5)_완성.docx

표의 내용을 엑셀의 오름차순이나 내림차순 기능처럼 가나다순으로 정렬할 수 있습니다.

01_ 표를 선택한 상태로 [표 도구]-[레이아웃] 탭-[데이터] 그룹에서 [정렬]을 클릭합니다. [정렬] 대화상자가 나타나면 [선택한 범위의 첫 행]에서 [머리글 행]을 체크하고, [첫째 기준]의 화살표를 클릭하여 '모집분야'를 선택합니다. [오름차순]이 선택되어 있는지 확인한 후 [확인]을 클릭합니다.

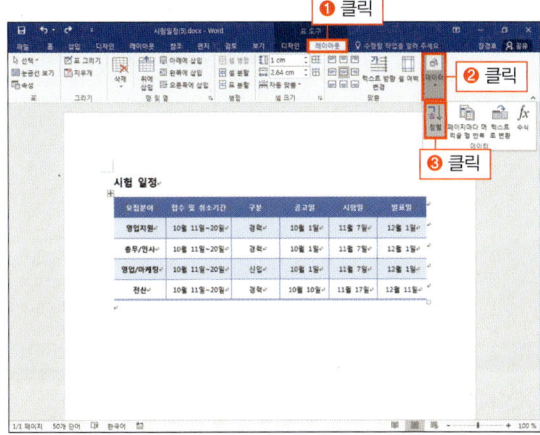
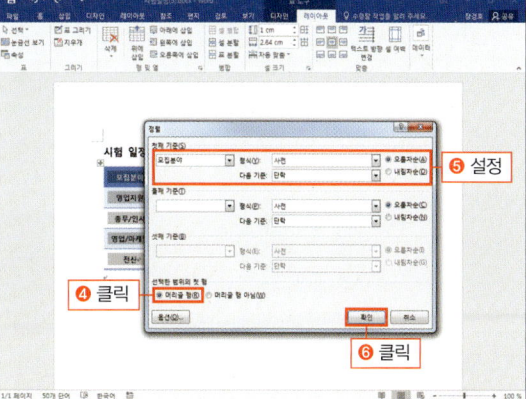

> **TIP**
> 오름차순이나 내림차순은 여러 개의 기준으로 동시에 정렬할 수 있습니다. 즉, 첫째 기준으로 '모집분야'를 선택하고 둘째 기준으로 '구분'을 선택한다면 '모집분야' 순으로 정렬하되 같은 차순일 경우 '구분'을 기준으로 재정렬하게 됩니다.

02_ 표가 '모집분야' 필드의 가나다순으로 정렬됩니다.

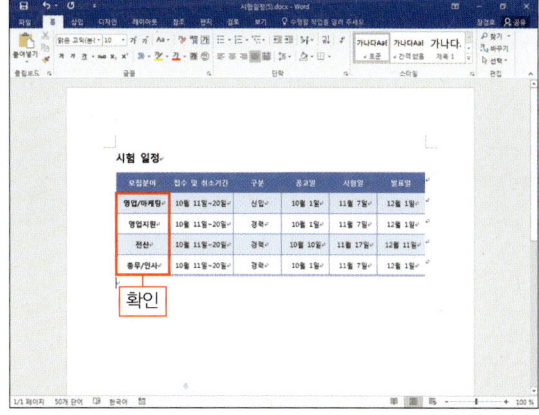

> **TIP**
> 역순으로 표를 정렬하고 싶다면 [내림차순]을 클릭합니다.

표를 텍스트, 텍스트를 표로 변환하기

준비파일 Part03₩Chapter02₩Section02₩시험일정(6).docx | **완성파일** Part03₩Chapter02₩Section02₩시험일정(6)_완성.docx

표를 텍스트로 변환할 수 있습니다. 마찬가지로 텍스트도 표로 변환할 수 있습니다.

01_ 표를 텍스트로 변환해 보겠습니다. 표를 선택한 상태로 [표 도구]–[레이아웃] 탭–[데이터] 그룹에서 [텍스트로 변환]을 클릭합니다.

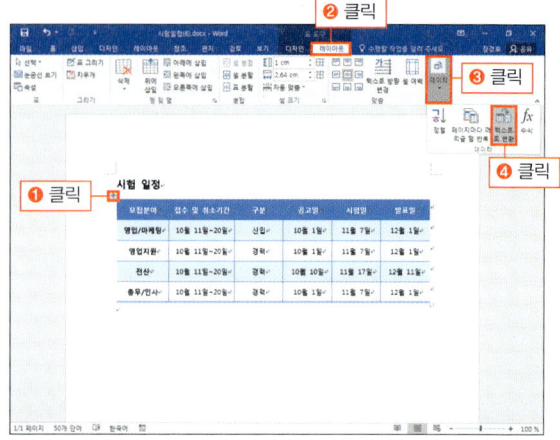

02_ [표를 텍스트로 변환] 대화상자가 나타나면 [탭]을 체크하고 [확인]을 클릭합니다.

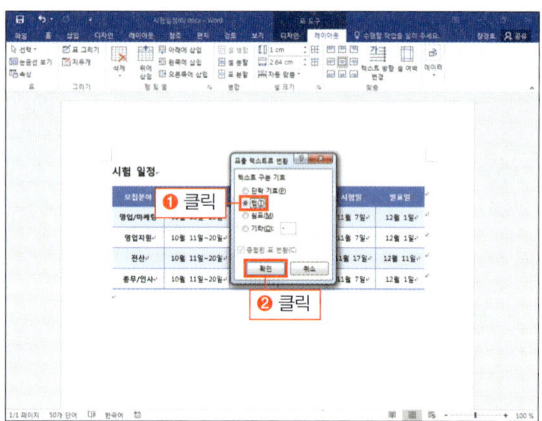

03_ 표가 텍스트로 변환됩니다.

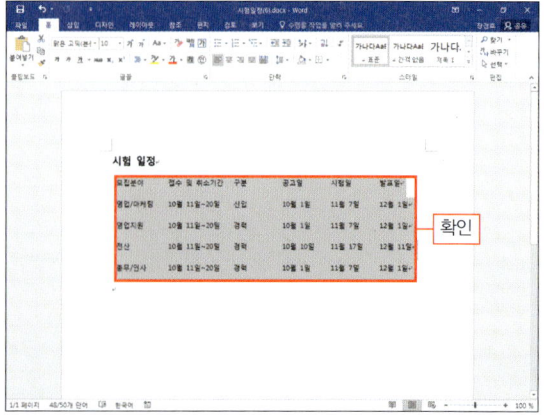

> **TIP**
>
> [탭]을 체크하면 표 안의 셀 내용이 탭으로 구분되어 텍스트로 변환됩니다.

04_ 이번에는 텍스트를 표로 변환해 보겠습니다. 표로 변환하고 싶은 텍스트를 드래그하여 선택하고 [삽입] 탭–[표] 그룹에서 [표]–[텍스트를 표로 변환]을 클릭합니다.

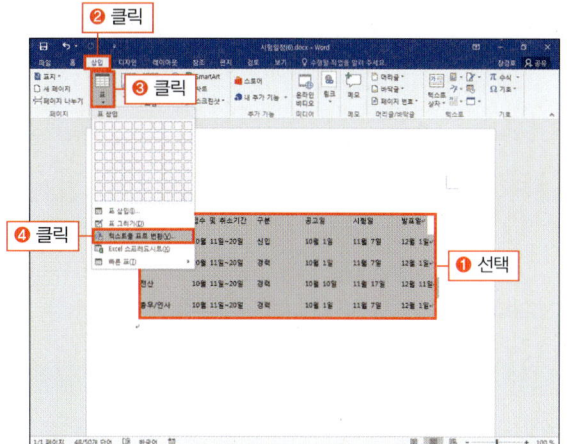

05_ [텍스트를 표로 변환] 대화상자가 나타나면 [표 크기]–[열 개수]에 『6』, [텍스트 구분 기호]–[탭]을 체크한 후 [확인]을 클릭합니다.

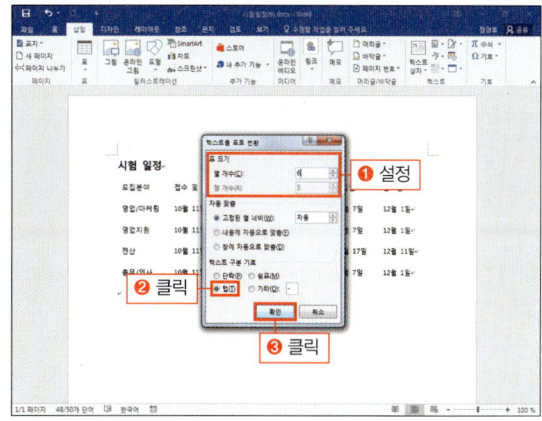

> **TIP**
>
> 텍스트를 표로 변환하기 위해서는 텍스트가 쉼표, 마침표 혹은 탭으로 구분되어 있어야 제대로 된 표로 변환할 수 있습니다.

06_ 텍스트가 표로 변환됩니다. [표 도구]–[디자인] 탭–[표 스타일] 그룹에서 [자세히]를 클릭한 후 원하는 스타일을 선택하여 표를 완성합니다.

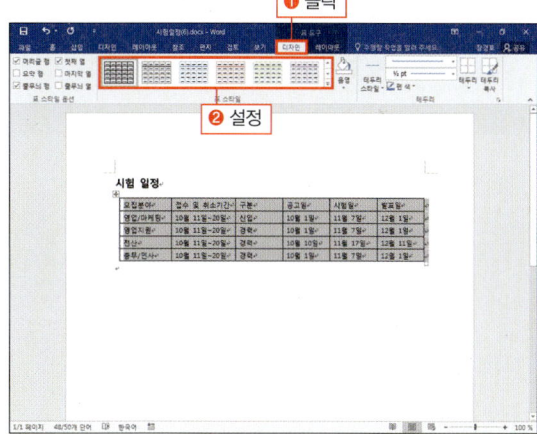

셀 병합하고 분할하기

:: 준비파일 Part03\Chapter02\Section02\팩스전송문.docx | **완성파일** Part03\Chapter02\Section02\팩스전송문_완성.docx

여러 개로 나누어져 있는 셀을 하나로 병합하거나 하나의 셀을 여러 개의 셀로 나눌 수 있습니다.

01_ 먼저 여러 개의 셀을 하나로 병합해 보겠습니다. 병합할 셀을 드래그하여 선택하고 [표 도구]-[레이아웃] 탭-[병합] 그룹에서 [셀 병합]을 클릭합니다. 분할되어 있던 셀이 하나로 병합됩니다.

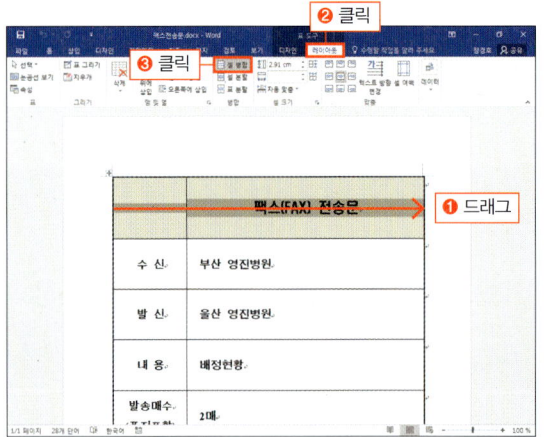 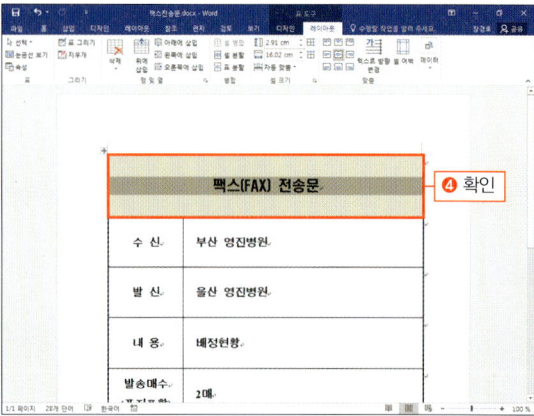

> **TIP**
> 병합할 셀을 드래그하여 선택한 후 마우스 오른쪽 버튼을 클릭하고 [셀 병합]을 선택해도 셀을 병합할 수 있습니다.

02_ 이번에는 셀을 분할해 보겠습니다. [표 도구]-[디자인] 탭-[테두리] 그룹에서 [펜 색]을 클릭한 후 [검정]을 선택합니다. [테두리]-[표 그리기]를 클릭한 후 분할하고 싶은 영역을 드래그합니다.

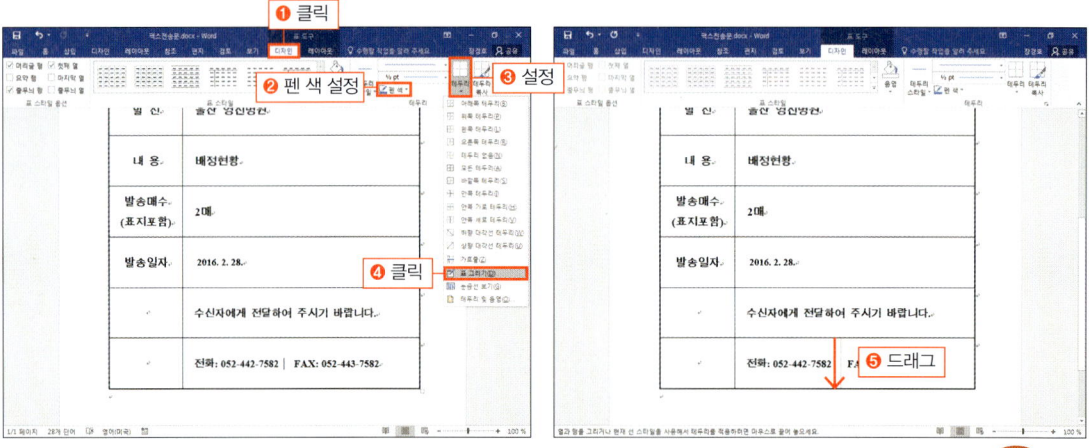

> **TIP**
> [표 도구]-[레이아웃] 탭-[병합] 그룹에서 [셀 분할]을 클릭해도 셀 분할을 할 수 있습니다. [셀 분할] 대화상자가 나타나면 [열 개수]와 [행 개수]에 분할할 개수를 입력하고 [확인]을 클릭합니다.

하나의 표를 두 개로 분할하기

:: **준비파일** Part03₩Chapter02₩Section02₩팩스전송문(2).docx | **완성파일** Part03₩Chapter02₩Section02₩팩스전송문(2)_완성.docx

작성한 표를 두 개의 표로 나눌 수 있습니다. 표가 두 개로 분할되면 표 사이에 공백이 발생할 수 있습니다. 이는 '단락 뒤에 공백 제거' 기능으로 해결할 수 있습니다.

01_ 표를 분할해 보겠습니다. 분할하고 싶은 부분을 선택하고 [표 도구]─[레이아웃] 탭─[병합] 그룹에서 [표 분할]을 클릭합니다.

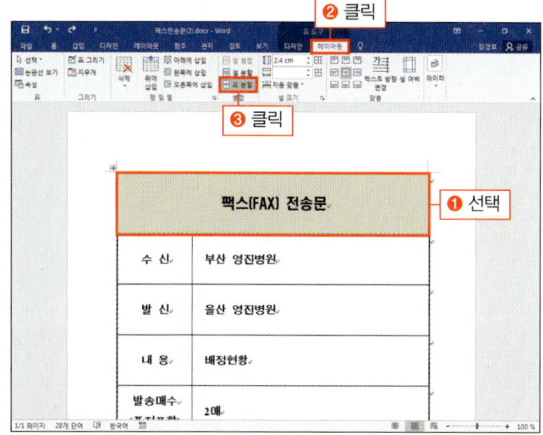

02_ 표가 두 개로 분할됩니다. 표 사이의 공백을 제거하기 위해 [홈] 탭─[단락] 그룹에서 [선 및 단락 간격]─[단락 뒤에 공백 제거]를 클릭하면, 단락 뒤의 공백이 제거됩니다.

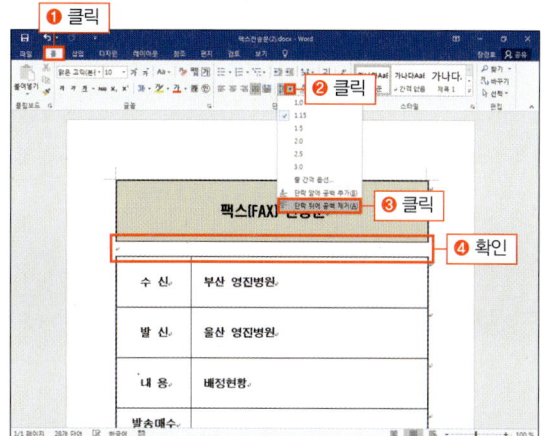

삽입한 표를 차트로 만들기

:: **준비파일** Part03₩Chapter02₩Section02₩이용자수통계.docx | **완성파일** Part03₩Chapter02₩Section02₩이용자수통계_완성.docx

표 내용이 수치 데이터로 작성되어 있다면 [차트 삽입] 대화상자를 통해 차트로 변경할 수 있습니다.

01_ 표 아래에 커서를 위치시키고 [삽입] 탭─[일러스트레이션] 그룹에서 [차트]를 클릭합니다. [차트 삽입] 대화상자가 나타나면 [꺾은 선형]─[표식이 있는 꺾은 선형]을 선택하고 [확인]을 클릭합니다.

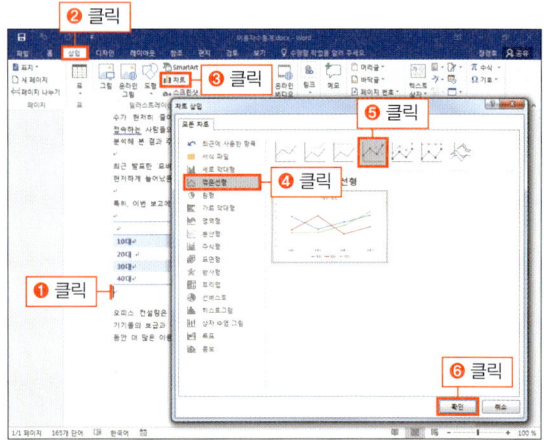

02_ 차트가 삽입되면 [데이터 편집] 창을 닫습니다. 표를 차트로 변경하기 위해 표 영역을 마우스로 모두 선택하고 [홈]탭─[클립보드] 그룹에서 [복사]를 클릭합니다.

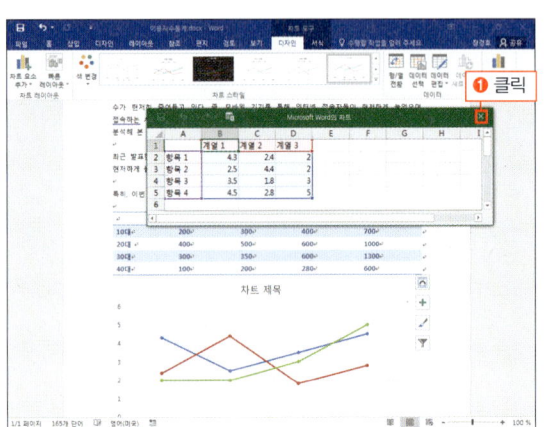

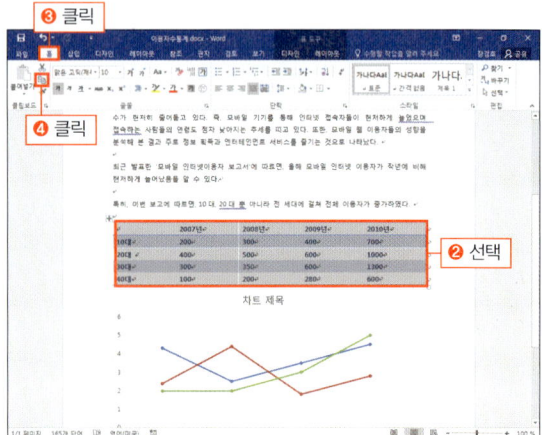

03_ 표 데이터를 차트로 만들기 위해 차트를 선택한 상태로 [차트 도구]-[디자인] 탭-[데이터] 그룹에서 [데이터 편집]-[데이터 편집]을 클릭합니다.

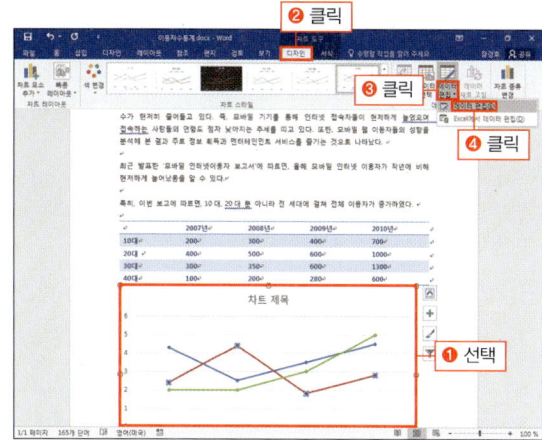

TIP

[데이터 편집]을 선택하면 차트를 삽입 시 나타나는 [데이터 편집] 창이 다시 나타납니다. [데이터 편집] 창을 통해 붙여넣기를 할 수 있으며, [Excel 2016에서 데이터 편집]을 통해 데이터를 편집할 수도 있습니다.

04_ [데이터 편집] 창에서 [A1] 셀을 선택하고 **Ctrl** + **V** 를 눌러 데이터를 붙여넣고, [닫기]를 클릭하여 [데이터 편집] 창을 닫습니다.

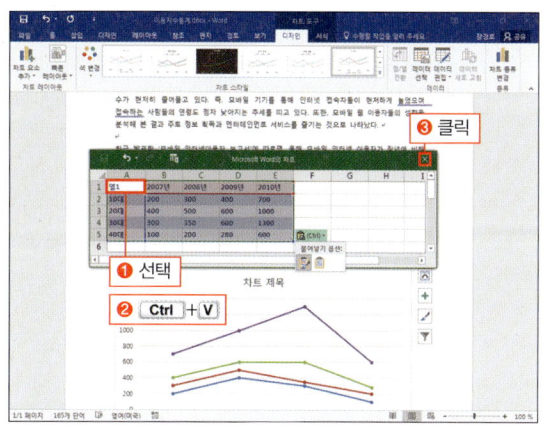

05_ 표의 수치가 차트에 반영되어 나타나는 것을 확인할 수 있습니다.

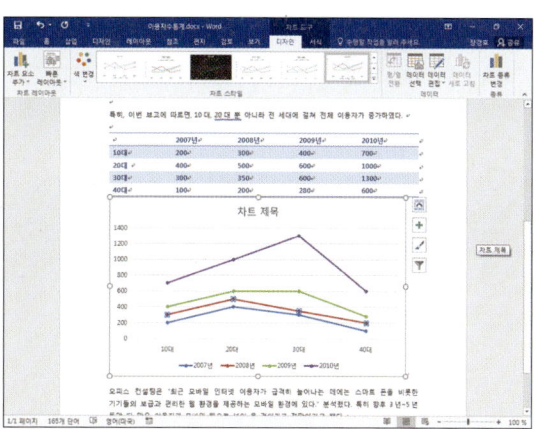

TIP

워드의 차트 기능에 대해서 보다 자세한 사항은 저자의 블로그(http://blog21.kr) 워드 게시판을 확인하기 바랍니다.

엑셀처럼 표 데이터 계산하기

워드에서도 엑셀처럼 표 데이터를 자동으로 계산할 수 있습니다. 간단한 합계나 통계 등의 간단한 수식을 워드에서 바로 처리해 보겠습니다.

준비파일 Part03₩Chapter02₩Section02₩결과표.docx   완성파일 Part03₩Chapter02₩Section02₩결과표_완성.docx

01 '총점' 아래의 셀에 커서를 위치시키고 [표 도구]-[레이아웃] 탭-[데이터] 그룹에서 [수식]을 클릭합니다.

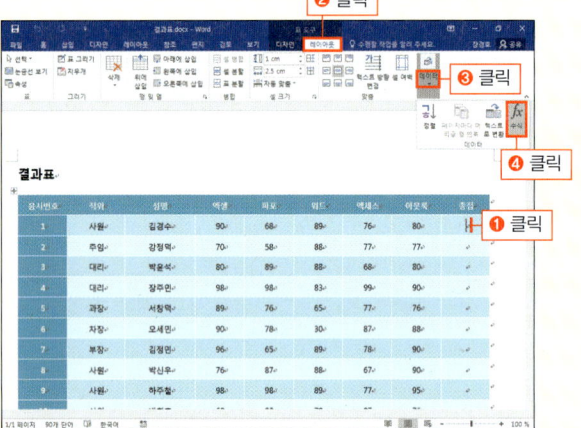

02 [수식] 대화상자가 나타나면 [수식]에 『=SUM(LEFT)』를 입력합니다. [숫자 형식]에서 '#,##0'을 선택한 후 [확인]을 클릭합니다.

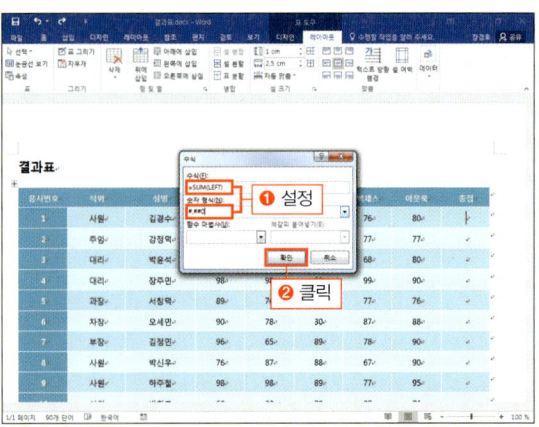

TIP

[숫자 형식]에서 선택할 수 있는 숫자 형식은 다음과 같습니다.

- #,##0 : 천 단위 기호로 숫자를 불러옵니다.
- #,##0.00 : 천 단위 기호와 함께 소수점 두 자리까지 불러옵니다.
- ?#,##0;(?#,##0) : 통화 형식으로 숫자를 불러옵니다.
- 0 : 숫자 형식을 정수로 불러옵니다.
- 0% : 숫자 형식을 백분율로 불러옵니다.
- 0.00 : 소수점 두 자리까지 불러옵니다.

03 수식이 입력되면 수식을 복사하기 위해 드래그하여 선택하고 [홈] 탭–[클립보드] 그룹에서 [복사]를 클릭합니다.

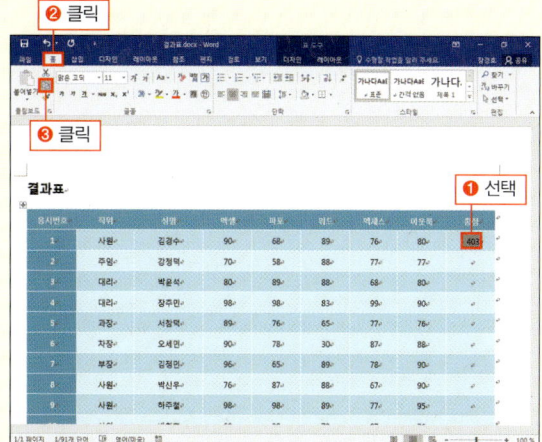

04 수식을 구할 나머지 셀을 모두 드래그하여 선택한 후 [붙여 넣기 옵션]–[원본 서식 유지]를 클릭합니다.

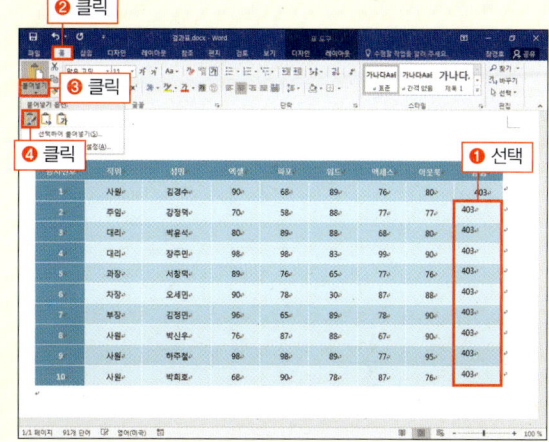

05 수식 필드가 복사되었다면 이번에는 서식을 복사하기 위해 첫 번째 셀을 드래그하여 선택하고 [홈] 탭–[클립보드] 그룹에서 [서식 복사]를 클릭합니다.

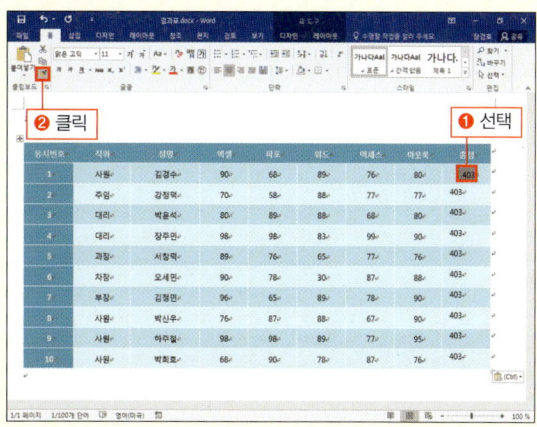

06 서식을 복사할 셀을 드래그하여 모두 선택합니다.

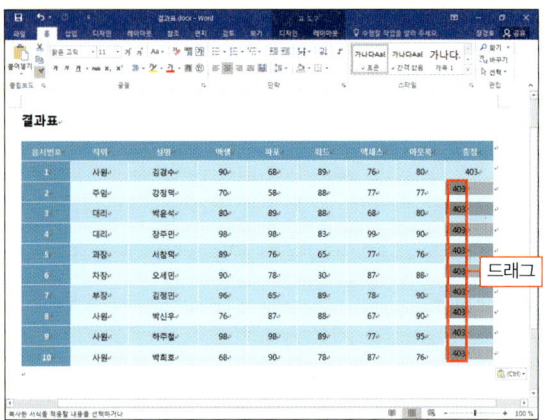

07 필드를 업데이트하기 위해 **F9** 를 누른 후 결과 값을 확인합니다.

TIP

필드 업데이트 단축키는 **F9** 입니다.

1 문서에 테두리를 삽입하거나 문서에 워터마크를 삽입할 수 있습니다. 여기서는 테두리를 적용하고 워터마크를 삽입해 보세요.

◎ 준비파일 : Part03₩Chapter02₩Check₩입시전략.docx　　◎ 완성파일 : Part03₩Chapter02₩Check₩입시전략_완성.docx

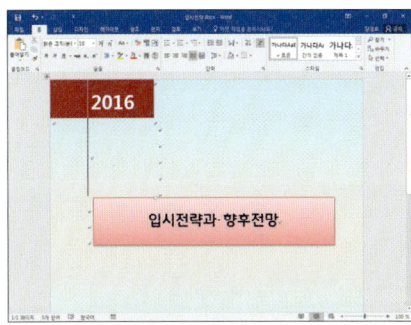 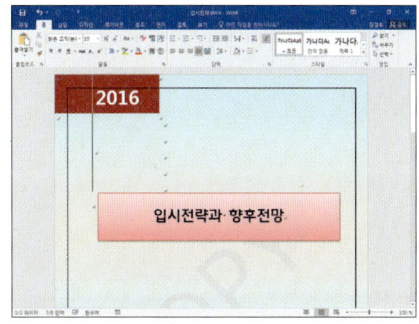

힌트

❶ [디자인] 탭-[페이지 배경] 그룹에서 [페이지 테두리]를 클릭합니다.

❷ [디자인] 탭-[페이지 배경] 그룹에서 [워터마크]-[사용자 지정 워터마크]를 클릭합니다.

2 텍스트를 표로 변환할 수 있으며 다양한 서식을 지정할 수 있습니다. 텍스트를 표로 변환해 보세요.

◎ 준비파일 : Part03₩Chapter02₩Check₩노임단가.docx　　◎ 완성파일 : Part03₩Chapter02₩Check₩노임단가_완성.docx

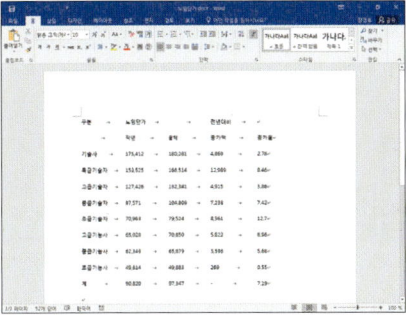 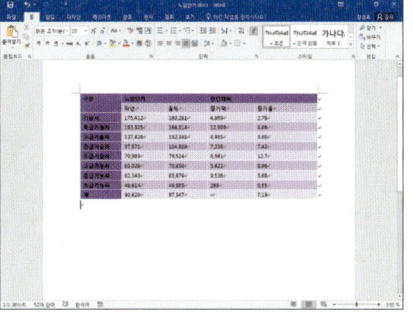

힌트

❶ [삽입] 탭-[표] 그룹에서 [표]를 클릭한 후 [텍스트를 표로 변환]을 선택합니다.

❷ [표 도구]-[레이아웃] 탭-[병합] 그룹에서 [셀 병합]을 클릭합니다.

Chapter 3

문서 고급 기능
활용하기

이번 챕터에서는 나만의 문서 작성을 위한 페이지 편집 기능과 책갈피와 자동 목차 등을 구성할 수 있는 고급 기능, 그리고 데이터 목록을 구성하여 DM을 발송하는 방법과 문서를 원고지 형식으로 변환하는 특수 기능 등 문서 고급 기능에 대해서 알아보겠습니다.

Section 1. 페이지 편집하고 나누기

Section 2. 특수 기능 활용하기

Section# 01 페이지 편집하고 나누기

보통의 워드 문서는 여러 장으로 이루어지기에 각각의 페이지를 나누거나, 구역을 만드는 등 편집하고 나누는 기능이 종종 사용됩니다. 여기서는 다양한 페이지 편집 기능을 비롯해 다단 편집, 머리글/바닥글, 페이지 번호 넣기 등의 기능에 대해서 살펴보겠습니다.

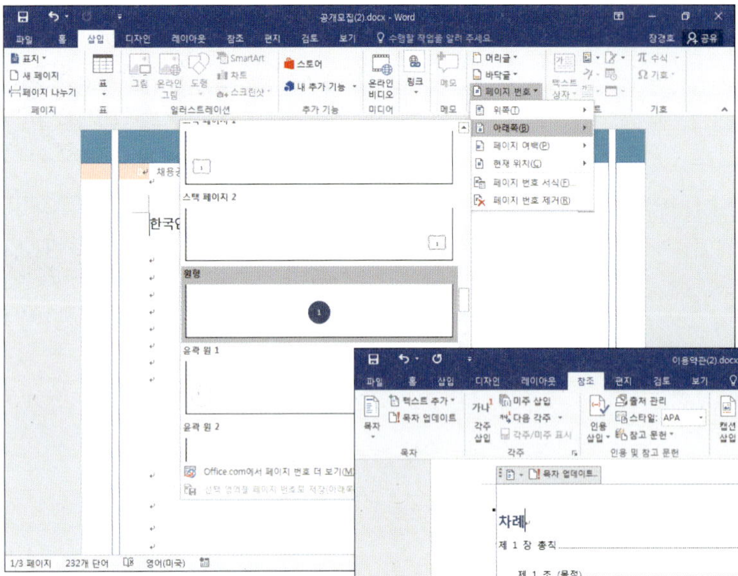

▲ 페이지 번호 추가하기

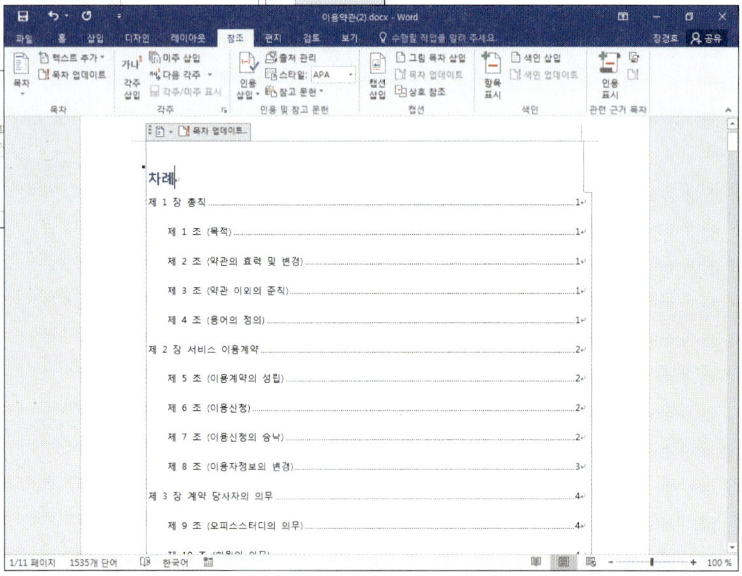

자동 목차 만들기 ▶

이번 섹션에서 배울 주요 내용

- 새 페이지와 페이지 나누기
- 단 기능으로 2단, 3단 조절하기
- 구역별로 가로, 세로 다르게 지정하기
- 머리글/바닥글 작성하기
- 페이지 번호 추가하기
- 문서에 책갈피 삽입하기
- 책갈피로 빠르게 이동하기

- 책갈피 연결하고 스타일 변경하기
- 각주/미주 설정하고 편집하기
- 목차 지정을 위한 텍스트 스타일 지정하기
- 자동 목차 만들기
- 색인 만들기
- **스페셜** 양식 컨트롤 도구로 확인란 만들기

새 페이지와 페이지 나누기

:: 준비파일 Part03₩Chapter03₩Section01₩모바일웹.docx | 완성파일 Part03₩Chapter03₩Section01₩모바일웹_완성.docx

문서의 페이지 끝에 도달하는 경우 자동으로 페이지 나누기가 되어 다음 페이지에서 문서를 계속 편집할 수 있습니다. 하지만 원하는 위치에서도 얼마든지 페이지를 나눌 수 있습니다.

01_ 마우스 포인터를 새 페이지로 나눌 위치에 놓은 다음 [삽입] 탭-[페이지] 그룹에서 [새 페이지]를 클릭합니다. 빈 페이지가 한 장 추가됩니다. 마우스 포인터가 위치했던 아랫부분의 텍스트는 다음 페이지로 내려갑니다.

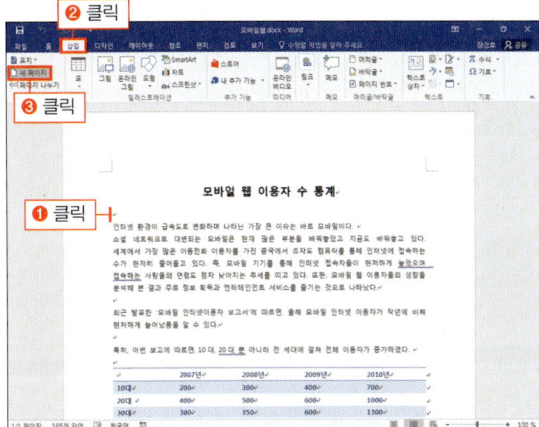 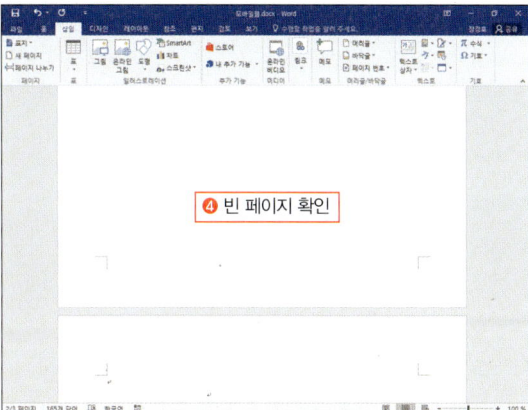

02_ 이번에는 세 번째 페이지에서 페이지를 나눌 위치에 마우스 포인터를 위치시키고 [삽입] 탭-[페이지] 그룹에서 [페이지 나누기]를 클릭합니다. 마우스 포인터가 위치했던 부분부터 한 장의 페이지가 두 장으로 나누어 나타납니다.

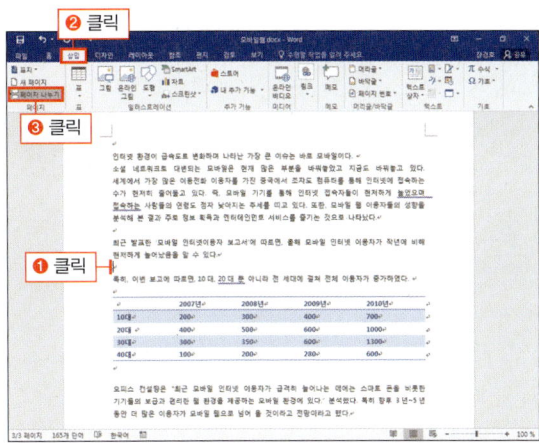 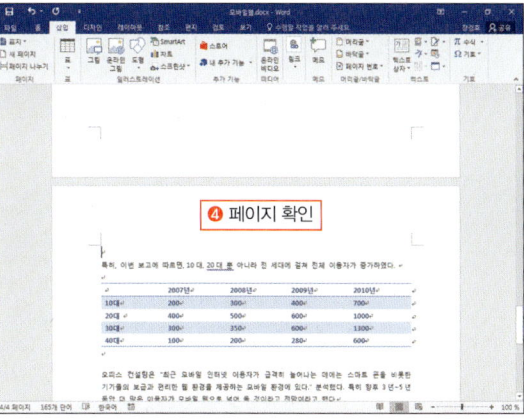

> **TIP**
> '새 페이지' 기능은 새로운 페이지를 한 장 추가하는 기능이며, '페이지 나누기'는 한 장의 페이지를 두 장으로 분리해 주는 기능입니다. **Ctrl** + **Enter** 를 눌러도 페이지 나누기를 할 수 있습니다.

> **TIP**
> [홈] 탭-[단락] 그룹에서 [편집 기호 표시/숨기기]( )를 클릭하면 편집한 워드 문서의 편집 기호를 표시할 수 있습니다.

단 기능으로 2단, 3단 조절하기

∷ 준비파일 Part03₩Chapter03₩Section01₩모바일웹(2).docx | 완성파일 Part03₩Chapter03₩Section01₩모바일웹(2)_완성.docx

많은 내용을 입력하거나 읽기 편하게 만들기 위해서 텍스트를 둘 이상의 열로 변경할 수 있습니다.

01_ 네 번째 페이지를 선택한 후 [레이아웃] 탭-[페이지 설정] 그룹에서 [단]-[둘]을 클릭합니다.

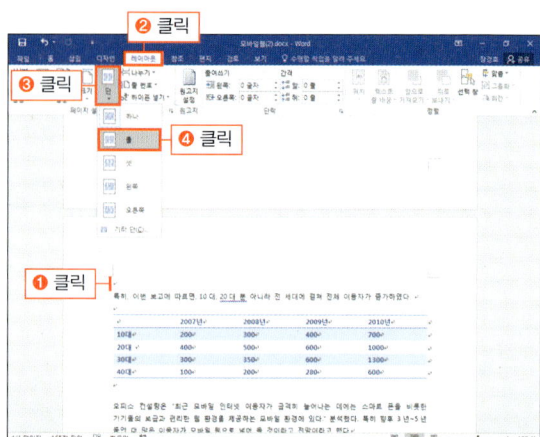

TIP

다단이란, 문서를 읽기 쉽도록 한 페이지에서 여러 개의 페이지로 나누어주는 기능입니다. 다단이라는 기능은 신문이나 잡지나 찾아보기 등을 만들 때 자주 사용하는 방법으로써 문서가 정돈되는 느낌과 함께 보다 많은 내용을 한 눈에 확인할 수 있습니다.

02_ 페이지가 2단으로 나누어집니다.

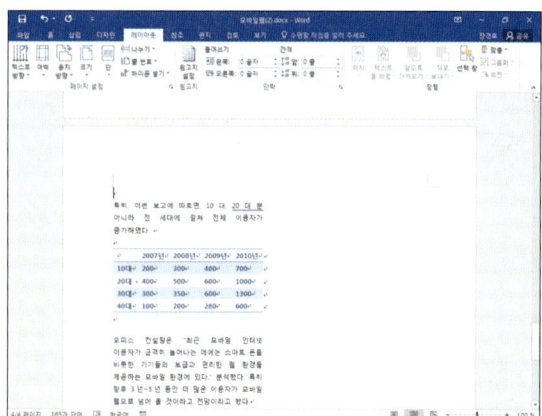

TIP

페이지를 다단으로 나누고 경계선을 삽입할 수 있습니다. 경계선은 [레이아웃] 탭-[페이지 설정] 그룹에서 [단]-[기타 단]을 클릭하고, [단] 대화상자가 나타나면 [경계선 삽입]에 체크한 후 [확인]을 클릭하면 됩니다.

구역별로 가로, 세로 다르게 지정하기

:: **준비파일** Part03₩Chapter03₩Section01₩모바일웹(3).docx | **완성파일** Part03₩Chapter03₩Section01₩모바일웹(3)_완성.docx

하나의 문서를 구역으로 나누어 구역별로 머리글, 바닥글을 지정하거나 페이지 방향을 가로, 세로로 다르게 지정할 수 있습니다.

01_ 세 번째 페이지에서 [레이아웃] 탭-[페이지 설정] 그룹의 [나누기]-[이어서]를 선택합니다.

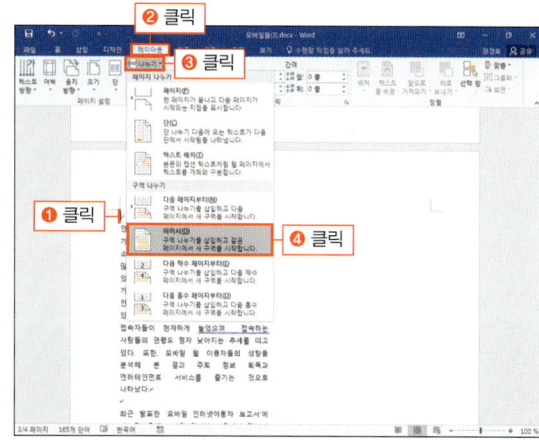

> **TIP**
> [페이지 설정] 그룹에서 [나누기]-[이어서]를 클릭하면 한 페이지에서 다른 구역을 나눌 수 있습니다.

02_ 구역이 나누어지면 페이지의 윗부분에 마우스 포인터를 위시시키고 [레이아웃] 탭-[페이지 설정] 그룹에서 [용지 방향]-[가로]를 클릭합니다.

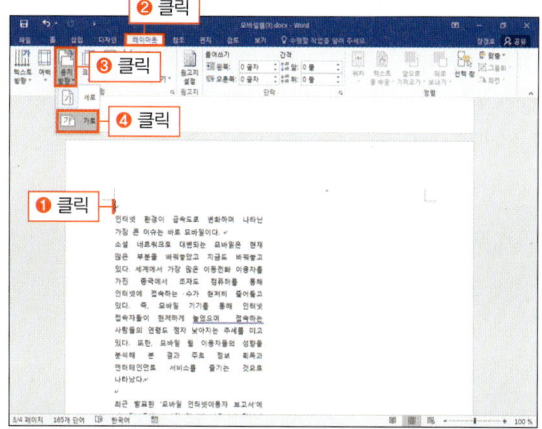

03_ 하나의 문서에서 페이지 방향이 따로 설정됩니다. 이를 확인하기 위해 [보기] 탭-[확대/축소] 그룹에서 [여러 페이지]를 클릭합니다. 선택한 페이지의 용지 방향이 세로에서 가로로 변경된 것을 확인합니다.

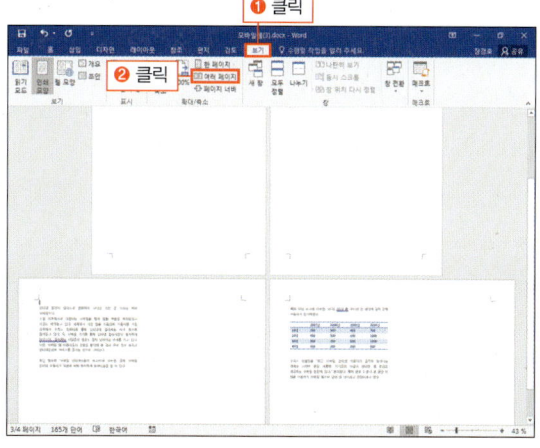

머리글/바닥글 작성하기

:: **준비파일** Part03₩Chapter03₩Section01₩공개모집.docx | **완성파일** Part03₩Chapter03₩Section01₩공개모집_완성.docx

머리글/바닥글의 경우 한 번 지정하면 문서의 전체 페이지에 동일하게 입력됩니다. 머리글/바닥글 편집 시에는 어떤 페이지에서 편집을 하더라도 전체 페이지에 반영됩니다.

01_ [삽입] 탭-[머리글/바닥글] 그룹에서 [머리글]-[모션 (짝수 페이지)]를 클릭합니다.

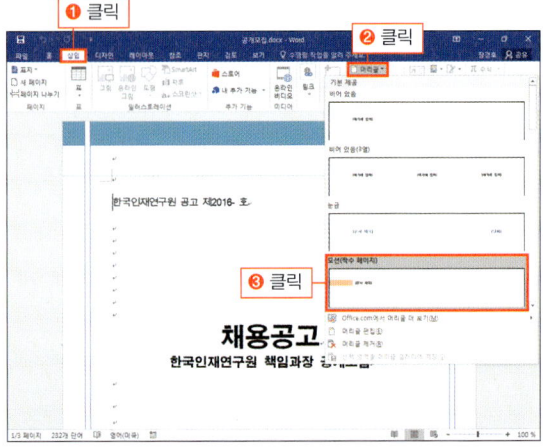

02_ 머리글 부분이 활성화되면 따로 설정할 부분이 없기 때문에 [머리글/바닥글 도구]-[디자인] 탭-[닫기] 그룹에서 [머리글/바닥글 닫기]를 클릭합니다.

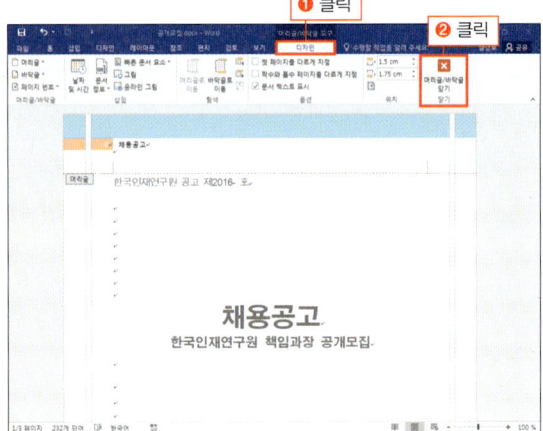

> **TIP**
>
> 머리글이나 바닥글을 삭제하려면 머리글, 바닥글 부분을 두 번 클릭해 활성화한 다음 [머리글/바닥글 도구]-[디자인] 탭-[머리글/바닥글] 그룹에서 [머리글]-[머리글 제거], 혹은 [바닥글]-[바닥글 제거]를 클릭합니다.

페이지 번호 추가하기

:: **준비파일** Part03₩Chapter03₩Section01₩공개모집(2).docx │ **완성파일** Part03₩Chapter03₩Section01₩공개모집(2)_완성.docx

편집한 문서에 페이지 번호를 추가해 보고 서식을 변경해 보겠습니다.

01_ [삽입] 탭-[머리글/바닥글] 그룹에서 [페이지 번호]-[아래쪽]-[원형]을 클릭합니다.

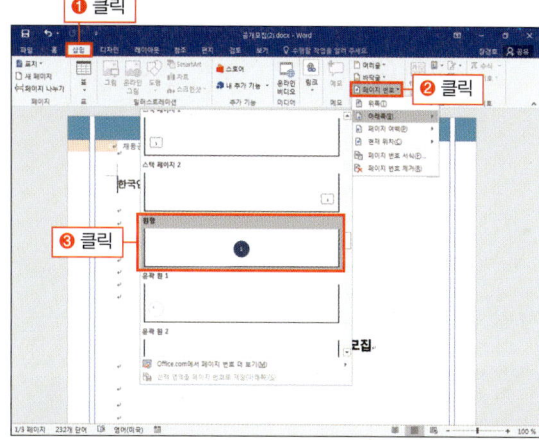

02_ 페이지 번호가 지정된 것을 확인한 다음 [머리글/바닥글 도구]-[디자인] 탭-[닫기] 그룹에서 [머리글/바닥글 닫기]를 클릭하여 페이지 번호 삽입을 마무리합니다.

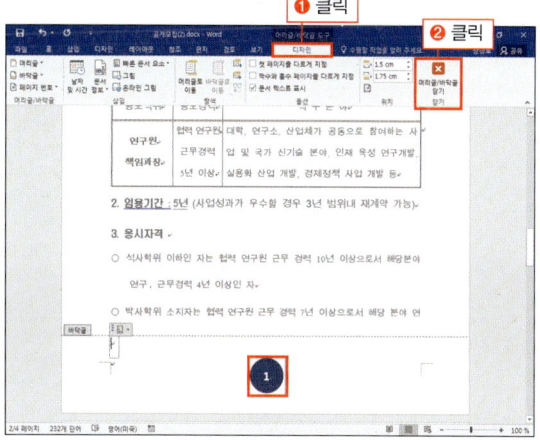

03_ 문서의 첫 페이지는 보통 표지로 구성됩니다. 표지는 페이지 번호를 표시하지 않기 때문에 여기서는 첫 페이지에 번호를 삭제하는 방법에 대해서 살펴보겠습니다. [레이아웃] 탭-[페이지 설정] 그룹에서 페이지 설정 표시 아이콘(⬚)을 클릭합니다. [페이지 설정] 대화상자가 나타나면 [레이아웃] 탭을 클릭하고 [머리글/바닥글]-[첫 페이지를 다르게 지정]에 체크를 한 다음 [확인]을 클릭합니다.

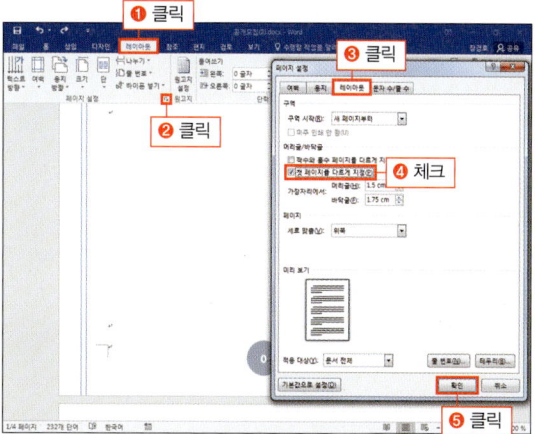

04_ 첫 페이지의 페이지 번호가 사라집니다.

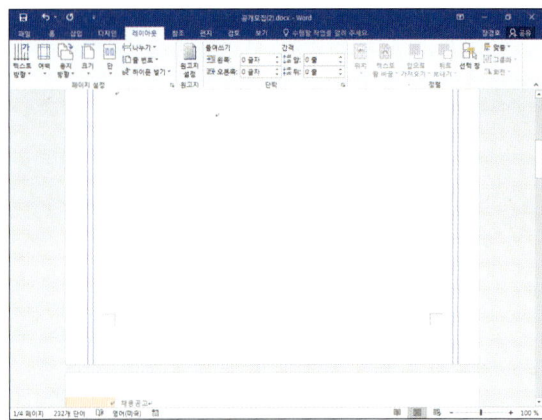

05_ 다른 페이지에는 페이지 번호가 그대로 남아 있는지 확인합니다.

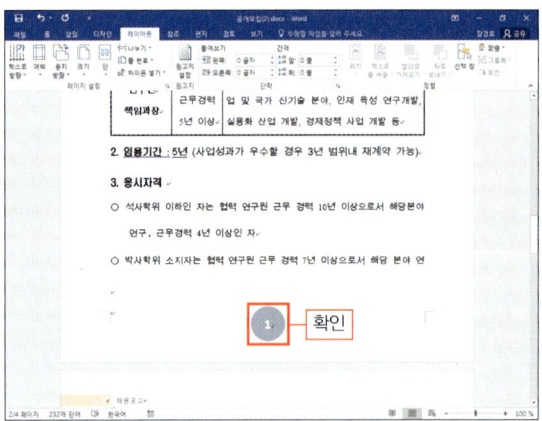

문서에 책갈피 삽입하기

:: **준비파일** Part03₩Chapter03₩Section01₩개인정보.docx | **완성파일** Part03₩Chapter03₩Section01₩개인정보_완성.docx

책갈피는 특정 위치로 빠르게 이동하기 위해 사용하며, 특히 문서의 분량이 많거나 문서의 내용을 빠르게 찾아야 하는 경우에 주로 사용합니다.

01_ 첫 페이지에서 책갈피로 추가하고 싶은 '제 24조 (개인정보의 이용 제한)'을 선택하고 [삽입] 탭-[링크] 그룹에서 [책갈피]를 클릭합니다. [책갈피] 대화상자가 나타나면 [책갈피 이름]에 『제24조_개인정보의이용제한』을 입력하고 [추가]를 클릭합니다.

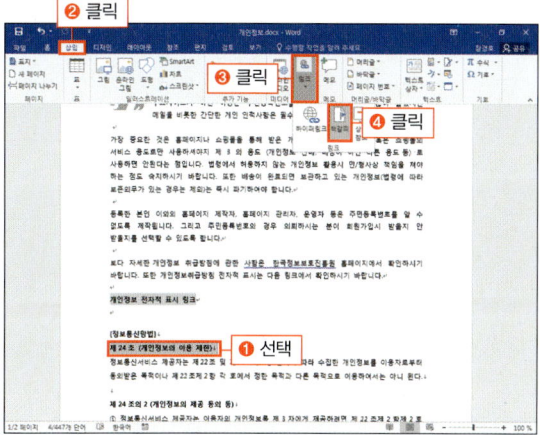
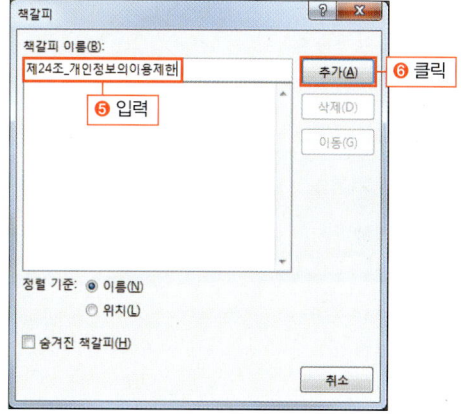

02_ 01번 따라하기와 같이 책갈피로 추가하고 싶은 부분을 선택하여 책갈피를 여러 개 만듭니다.

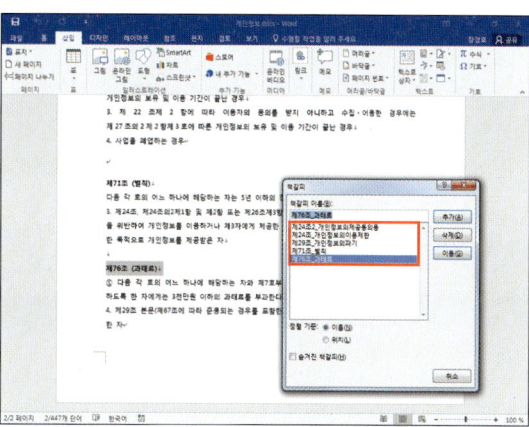

> **TIP**
> 문서에 추가할 수 있는 책갈피의 개수는 제한이 없으나 띄어쓰기는 할 수 없습니다. 책갈피 이름은 문자로 시작해야 하며, 문자로 시작한 후에는 숫자도 포함해서 만들 수 있습니다

책갈피로 빠르게 이동하기

:: **준비파일** Part03₩Chapter03₩Section01₩개인정보(2).docx | **완성파일** Part03₩Chapter03₩Section01₩개인정보(2)_완성.docx

책갈피로 지정하면 [책갈피] 대화상자나 [찾기 및 바꾸기] 대화상자를 통해 빠르게 이동할 수 있습니다.

01_ 추가한 책갈피로 빠르게 이동해 보겠습니다. 문서에서 제일 윗부분을 선택하고 [삽입] 탭-[링크] 그룹에서 [책갈피]를 클릭합니다. [책갈피] 대화상자가 나타나면 빠르게 이동하고 싶은 책갈피 이름을 선택합니다. 여기서는 [제29조_개인정보의파기]를 선택하고 [이동]을 클릭합니다.

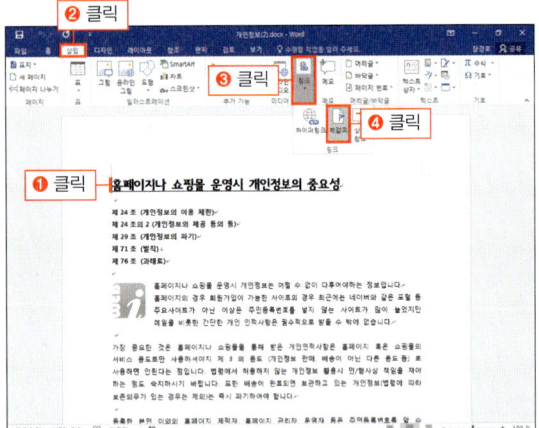
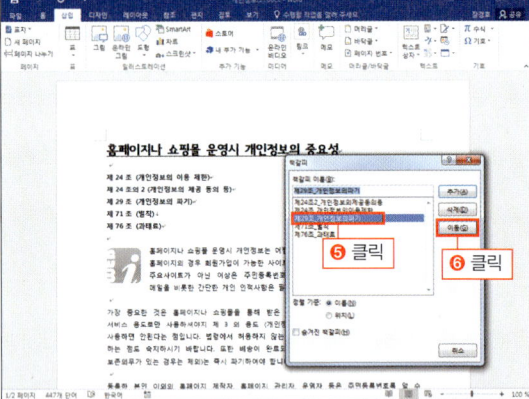

> **TIP**
>
> 책갈피 이름이 나오는 목록은 이름순 혹은, 위치순으로 순서를 지정할 수 있습니다. [책갈피] 대화상자에서 [정렬 기준]에서 지정할 수 있습니다.

02_ 선택한 책갈피 위치인 '제 29조 (개인정보의 피기)'로 문서가 바로 이동하면 [닫기]를 클릭합니다. 이번에는 [찾기 및 바꾸기] 대화상자에서 이동해보겠습니다. **Ctrl** + **G**를 눌러 [찾기 및 바꾸기] 대화상자를 불러옵니다. [이동] 탭을 클릭하고 [이동할 곳]에서 책갈피를 클릭하거나 [책갈피 이름 입력]에서 '제76조_과태료'를 선택한 후 [이동]을 클릭합니다.

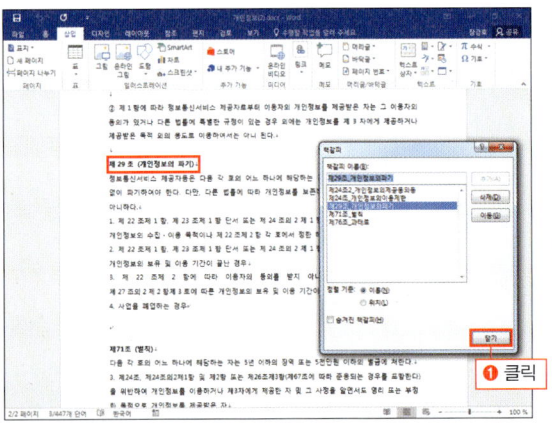
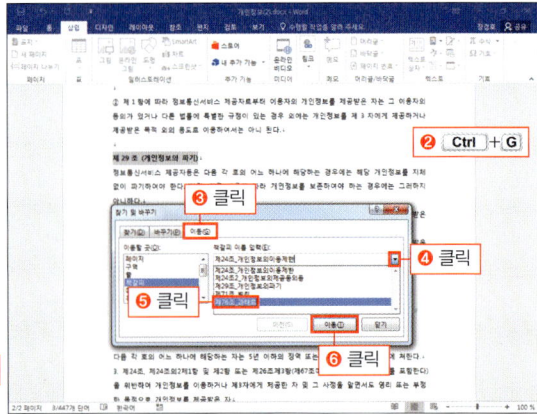

책갈피 연결하고 스타일 변경하기

: : **준비파일** Part03₩Chapter03₩Section01₩개인정보(3).docx | **완성파일** Part03₩Chapter03₩Section01₩개인정보(3)_완성.docx

책갈피는 하이퍼링크로 연결할 수 있으며, 다양한 스타일을 지정할 수도 있습니다.

01_ 이번에는 하이퍼링크로 책갈피를 연결하기 위해 문서 상단의 '제 24조 (개인정보의 이용 제한)'을 드래그하여 선택합니다. [삽입] 탭-[링크] 그룹에서 [하이퍼링크]를 클릭합니다.

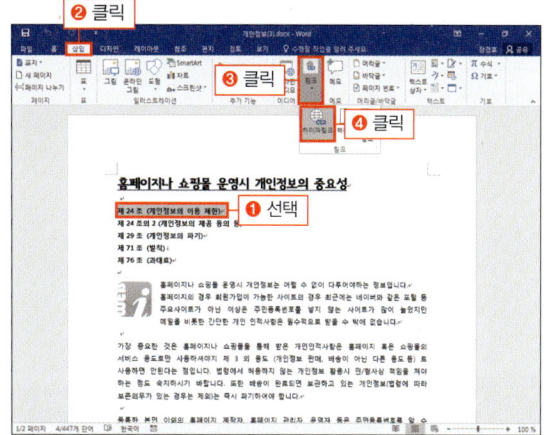

02_ [하이퍼링크 삽입] 대화상자가 나타나면 [연결 대상]-[현재 문서]에 이미 책갈피로 지정한 책갈피 목록이 나타납니다. [제24_개인정보의이용제한]을 선택한 후 [확인]을 클릭합니다. 드래그한 영역이 하이퍼링크가 됩니다.

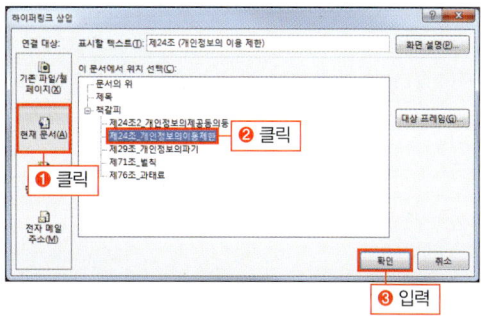

> **TIP**
> 마우스 포인터를 하이퍼링크에 올려놓을 때 풍선 그림으로 설명이 나타나게 하려면 [화면 설명]을 클릭한 후 텍스트를 입력합니다.

03_ 나머지 부분도 하이퍼링크로 책갈피를 연결합니다. '제 24조 (개인정보의 이용제한)'을 Ctrl 을 누른 상태로 클릭합니다.

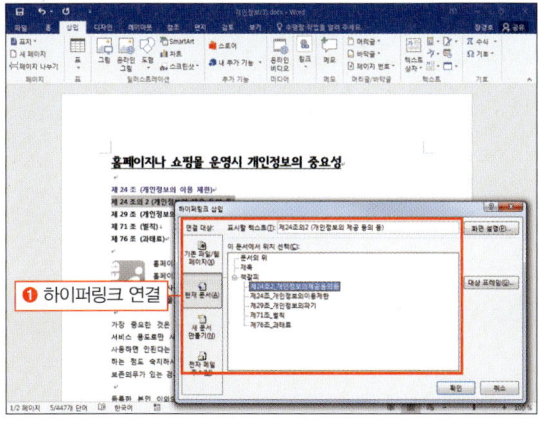

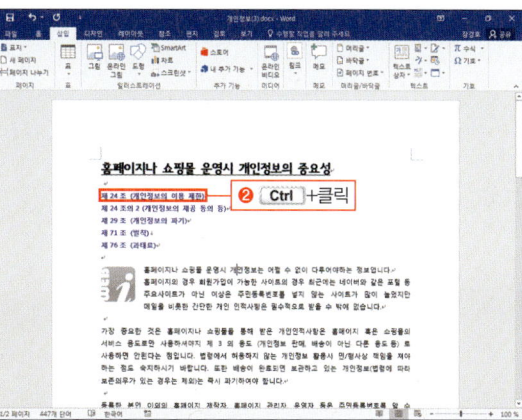

04_ '제 24조 (개인정보의 이용제한)'가 입력되어 있는 문서 영역으로 이동됩니다.

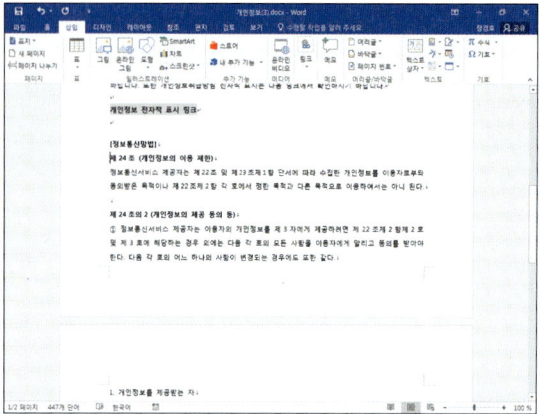

05_ 이번에는 하이퍼링크의 스타일을 변경해 봅니다. 문서의 첫 부분으로 마우스 포인터를 이동한 후 [홈] 탭–[스타일] 그룹에서 대화상자 표시 아이콘(□)을 클릭합니다. [스타일] 창이 나타나면 [하이퍼링크]–[수정]을 클릭합니다.

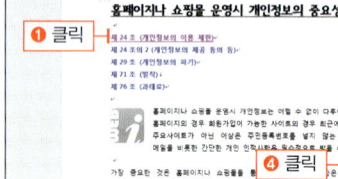

06_ [스타일 수정] 대화상자가 나타나면 [색상]에서 원하는 색상을 선택하고 [확인]을 클릭합니다. 하이퍼링크의 색상이 변경되면, [스타일] 창의 [닫기]를 클릭합니다.

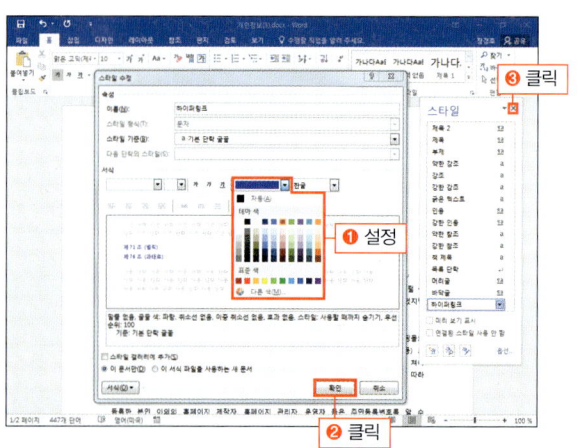

각주/미주 설정하고 편집하기

:: **준비파일** Part03₩Chapter03₩Section01₩개인정보(4).docx | **완성파일** Part03₩Chapter03₩Section01₩개인정보(4)_완성.docx

각주나 미주를 설정하여 단어에 부연 설명이나 상세한 설명을 표시할 수 있습니다. 각주는 각 페이지 끝에 들어가는 설명을 말하며, 미주는 문서 마지막 페이지에 표시하는 설명을 말합니다.

01_ 먼저 각주를 달아보겠습니다. 첫 페이지의 '개인정보'라는 단어 뒤를 클릭한 후 [참조] 탭-[각주] 그룹에서 [각주 삽입]을 클릭합니다.

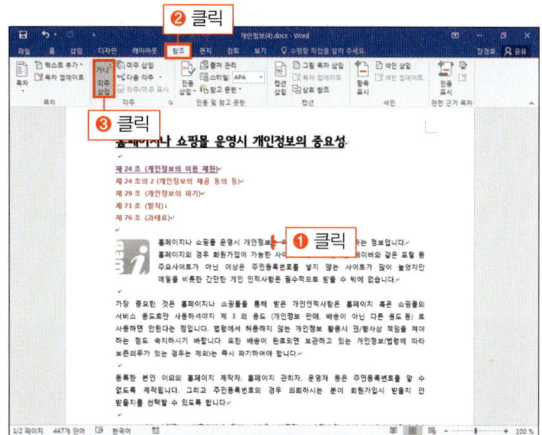

> **TIP**
>
> 단어에 상세한 부연 설명을 달기 위해서는 각주나 미주를 설정하여 표시할 수 있습니다. 각주는 `Ctrl` + `Alt` + `F`를 눌러 삽입할 수 있으며, 미주는 `Ctrl` + `Alt` + `D`를 눌러 삽입할 수도 있습니다.

02_ 페이지 하단 부분에 각주 영역이 나타나면 '개인 정보'에 관한 자세한 설명을 입력합니다.

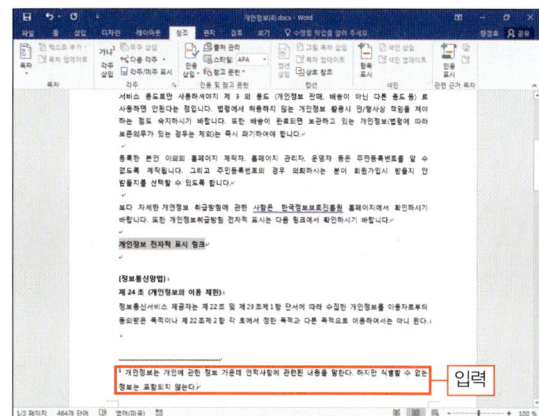

> **TIP**
>
> 각주나 미주 번호가 삽입된 부분에 마우스 포인터를 가져가면 삽입한 각주나 미주 텍스트가 나타납니다. 또한, 각주나 미주 번호를 더블클릭하면 각 페이지 하단에 삽입한 각주나 미주 텍스트 부분으로 이동합니다.

목차 지정을 위한 텍스트 스타일 지정하기

∷ **준비파일** Part03₩Chapter03₩Section01₩이용약관.docx | **완성파일** Part03₩Chapter03₩Section01₩이용약관_완성.docx

목차를 지정하기 위해서는 먼저 텍스트 스타일을 지정해야 합니다. 텍스트 스타일을 지정하면 자동으로 목차를 만들 수 있습니다.

01_ 첫 페이지 상단의 '제 1 장 총칙'을 드래그하여 선택합니다. [홈] 탭-[스타일] 그룹에서 [자세히]를 클릭한 후 스타일 목록 중 [제목]을 선택합니다. '제 1 장 총칙'에 제목 스타일이 적용됩니다.

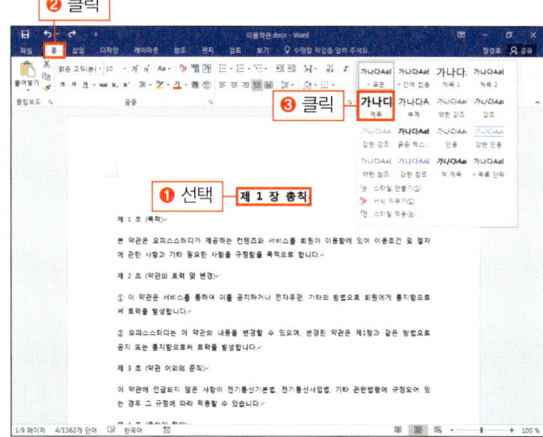

> **TIP**
> 목차 페이지를 쉽게 넣을 수 있는 방법은 자동 목차를 이용하는 것입니다. 자동 목차는 스타일로 지정된 텍스트를 연결하여 사용할 수 있습니다.

02_ '제 2장 서비스 이용계약'을 드래그하여 선택합니다. [홈] 탭-[스타일] 그룹에서 [자세히]를 클릭한 후 스타일 목록 중 [제목]을 선택합니다. '제 2 장 서비스 예용계약'에 제목 스타일이 적용됩니다.

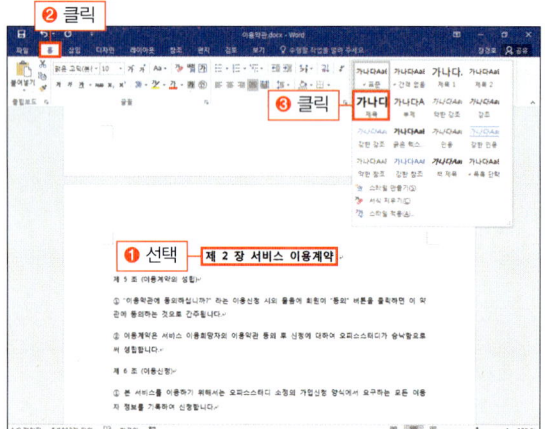

03_ 같은 방법으로 '제 5 장 기타'까지 제목 스타일을 적용합니다.

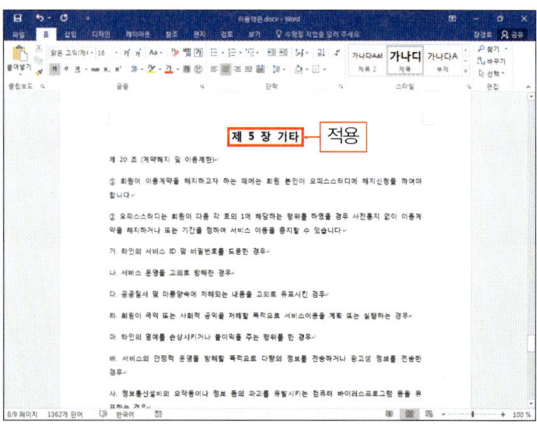

04_ 이번에는 첫 페이지의 '제 1 조 (목적)'을 드래그하여 선택하고 [홈] 탭-[스타일] 그룹에서 [자세히]를 클릭한 후 [부제]를 선택합니다.

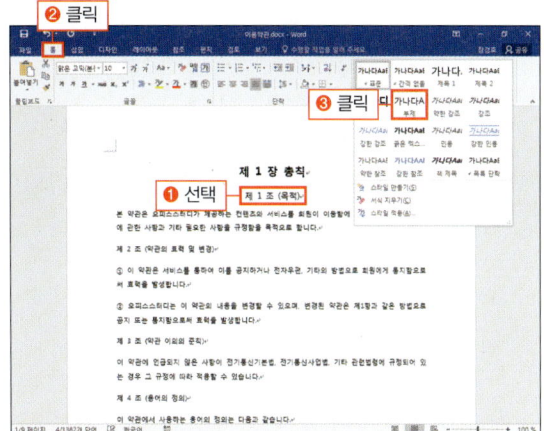

05_ '제 2 조 (약관의 효력 및 변경)'을 드래그하여 선택하고 [홈] 탭-[스타일] 그룹에서 [자세히]를 클릭한 후 [부제]를 선택합니다.

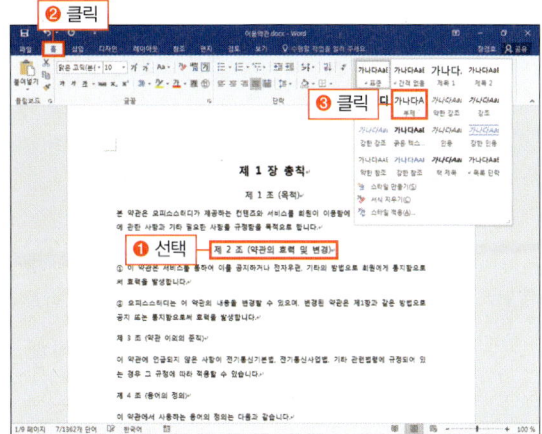

06_ '제 23 조 (관할법원)'까지 부제 스타일을 동일하게 적용합니다.

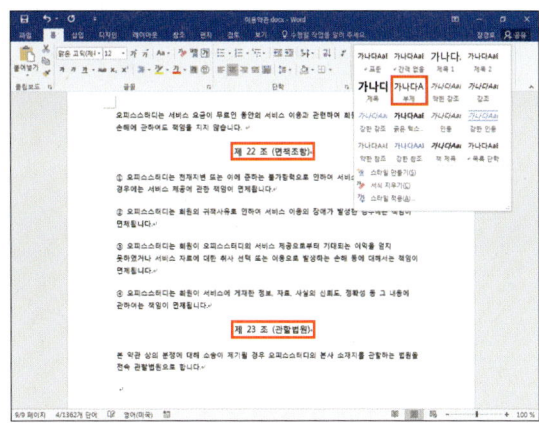

자동 목차 만들기

준비파일 Part03₩Chapter03₩Section01₩이용약관(2).docx | **완성파일** Part03₩Chapter03₩Section01₩이용약관(2)_완성.docx

목차를 만들기 위해 텍스트 스타일을 지정했다면 간단한 설정만으로도 자동 목차를 만들 수 있습니다.

01_ 자동 목차를 만들기 위해 첫 페이지 상단에 마우스 포인터를 위치시키고 [참조] 탭-[목차] 그룹에서 [목차]-[자동 목차 1]을 클릭합니다.

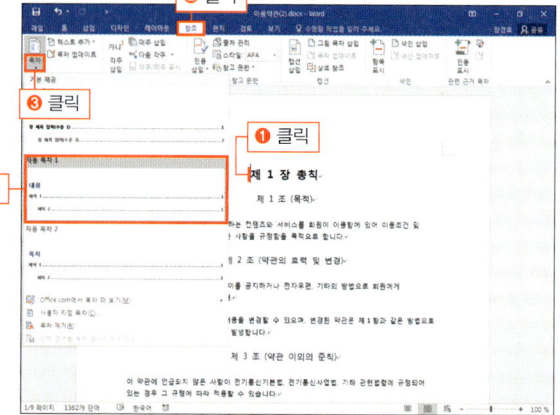

TIP
자동 목차를 적용하면 각 제목 및 부제 스타일에 따라 목차와 페이지 번호가 자동으로 만들어 집니다.

02_ 스타일로 지정한 제목과 부제 스타일에 해당하는 목차가 만들어집니다. '내용'을 '차례'로 수정합니다.

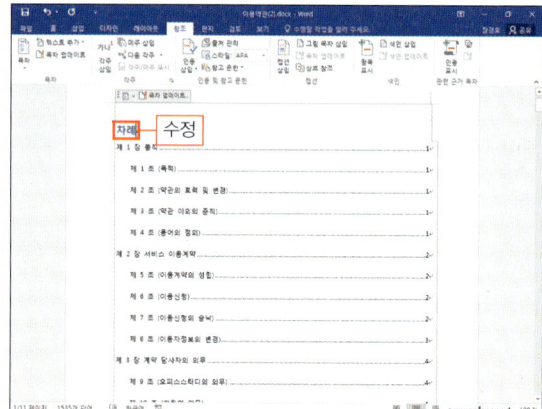

TIP
[목차 업데이트]를 클릭하면 페이지 번호나 목차 전체를 업데이트할 수 있습니다.

110 | PART.03 워드 2016

색인 만들기

:: **준비파일** Part03₩Chapter03₩Section01₩이용약관(3).docx | **완성파일** Part03₩Chapter03₩Section01₩이용약관(3)_완성.docx

색인은 본문의 주요 내용에 해당하는 단어를 가나다순으로 정렬하여 페이지 위치를 안내하는 역할을
합니다.

01_ 색인으로 지정할 부분을 드래그하여 선택합니다. 여
기서는 먼저 2페이지의 하단에 있는 '전기통신기본법'을
선택하고 [참조] 탭-[색인] 그룹에서 [항목 표시]를 클릭
합니다. [색인 항목 표시] 대화상자가 나타나면 [표시]를
클릭합니다.

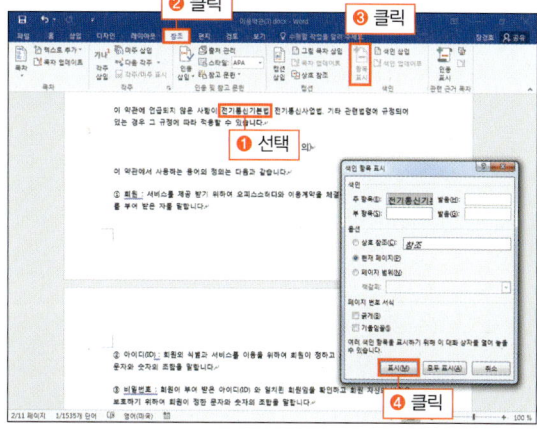

> **TIP**
> 색인은 보통 문서의 가장 마지막 페이지에 들어갑니다.
> 색인은 키워드만으로도 문서의 내용과 페이지를 쉽게
> 검색할 수 있는 기능으로 Alt + Shift + X 를 눌러도
> 지정할 수 있습니다.

02_ 선택한 단어 오른쪽에 색인 항목 편집 기호가 표시
되면 [닫기]를 클릭합니다. 01_과 같은 방법으로 색인으로
만들 단어를 모두 색인 항목으로 지정합니다.

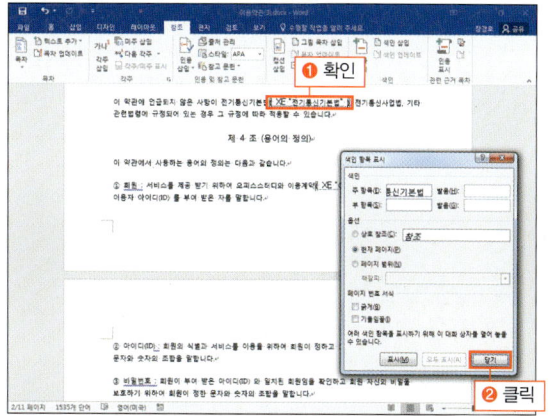

03_ 색인을 모두 만들었다면 마지막 페이지의 끝 부분
에 커서를 놓습니다. 페이지를 나누기 위해 [삽입] 탭-[페
이지] 그룹에서 [페이지 나누기]를 클릭합니다.

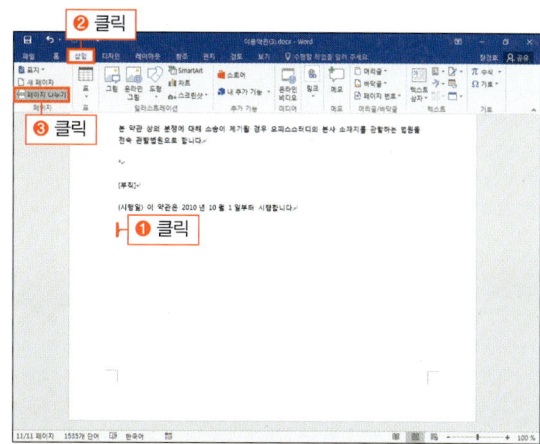

> **TIP**
> Ctrl + End 를 눌러도 문서의 마지막 부분으로 이동
> 할 수 있습니다.

04_ 마지막 페이지 다음에 새로운 페이지가 삽입됩니다. [참조] 탭–[색인] 그룹에서 [색인 삽입]을 클릭합니다. [색인] 대화상자가 나타나면 [색인] 탭–[페이지 번호를 오른쪽에 맞춤]에 체크한 후 [확인]을 클릭합니다.

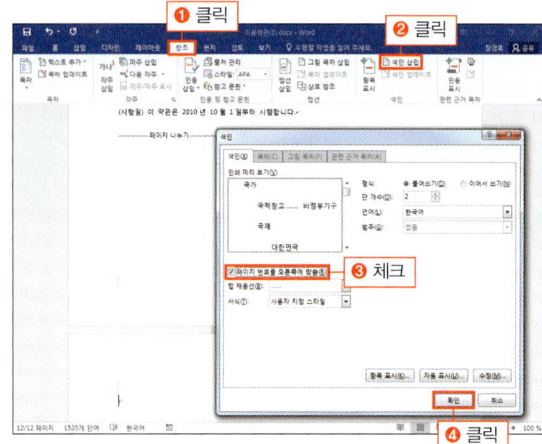

05_ 색인 항목이 모두 표시됩니다.

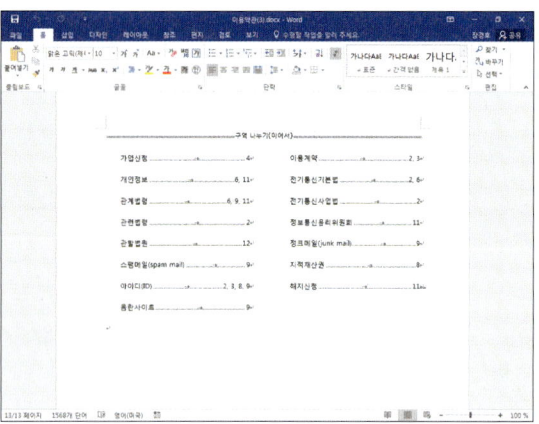

양식 컨트롤 도구로 확인란 만들기

양식 컨트롤 도구를 삽입하기 위해서는 [개발 도구] 탭을 표시해야 하며, [개발 도구] 탭을 이용하여 확인란을 만들 수 있습니다.

준비 파일   Part03\Chapter03\Section01\양식컨트롤.docx

완성 파일   Part03\Chapter03\Section01\양식컨트롤_완성.docx

01 [파일] 탭-[옵션]을 클릭합니다. [Word 옵션] 대화 상자가 나타나면 [리본 사용자 지정]을 선택한 다음 [리본 메뉴 사용자 지정]에서 [개발 도구]에 체크하고 [확인]을 클릭합니다.

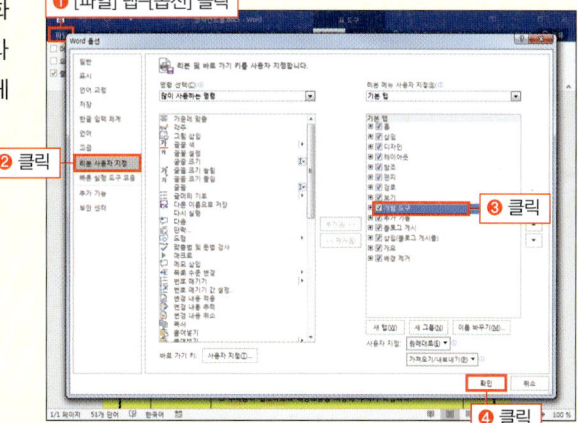

02 [개발 도구] 탭이 삽입됩니다. '참석자 이름'에 해당하는 영역을 클릭한 다음 [개발 도구] 탭-[컨트롤] 그룹에서 [일반 텍스트 콘텐츠 컨트롤]을 클릭합니다.

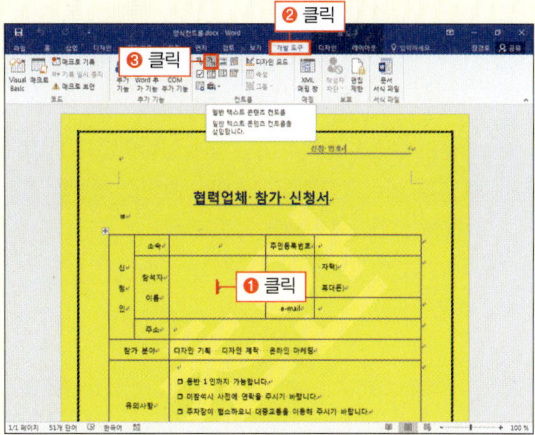

03 '일반 텍스트 콘텐츠 컨트롤' 상자가 삽입됩니다. '일반 텍스트 콘텐츠 컨트롤'에 제목을 넣기 위해 [개발 도구] 탭-[컨트롤] 그룹에서 [속성]을 클릭합니다. [콘텐츠 컨트롤 속성] 대화상자가 나타나면 [제목]에 『2명까지 가능합니다.』를 입력하고 [확인]을 클릭합니다.

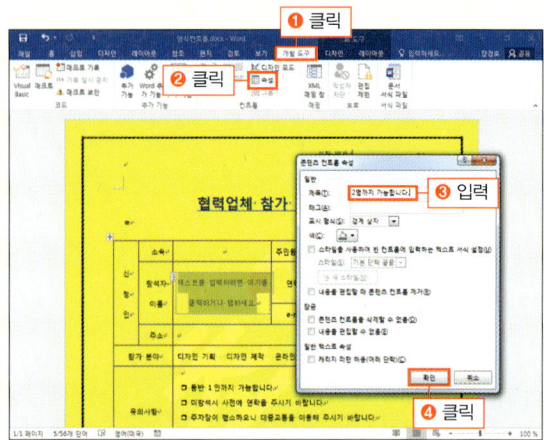

04 '일반 텍스트 콘텐츠 컨트롤'에 제목이 입력됩니다. 이번에는 '확인란 콘텐츠 컨트롤'을 삽입하여 참가 분야를 체크 표시로 만들어 보겠습니다. '디자인 기획' 앞에 커서를 놓은 다음 [개발 도구] 탭-[컨트롤] 그룹에서 [확인란 콘텐츠 컨트롤]을 클릭합니다.

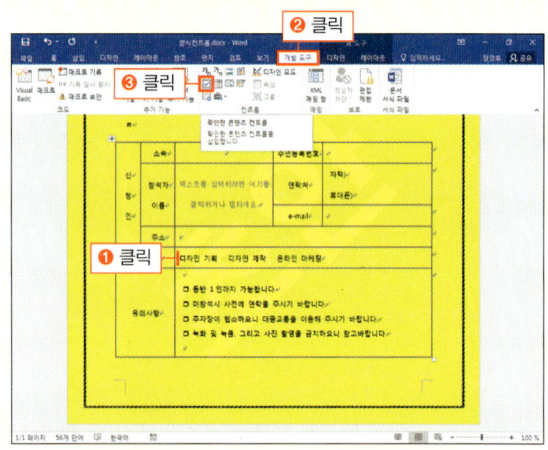

05 '확인란 콘텐츠 컨트롤'이 문서에 삽입되면, '디자인 제작'과 '온라인 마케팅' 앞에도 '확인란 콘텐츠 컨트롤'을 삽입하여 문서를 완성합니다.

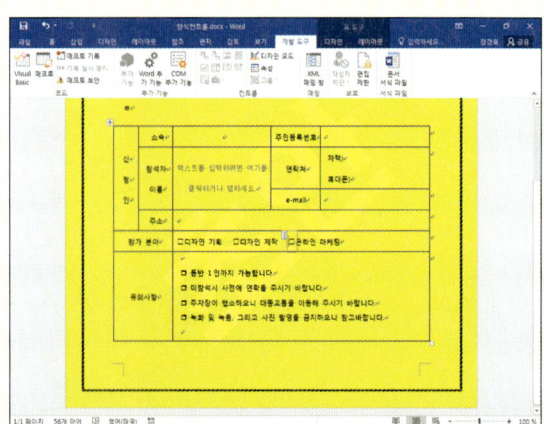

1 문서의 페이지 하단에 각주를 삽입해 보세요.

◎ 준비파일 : Part03₩Chapter03₩Check₩쇼핑몰.docx   ◎ 완성파일 : Part03₩Chapter03₩Check₩쇼핑몰_완성.docx

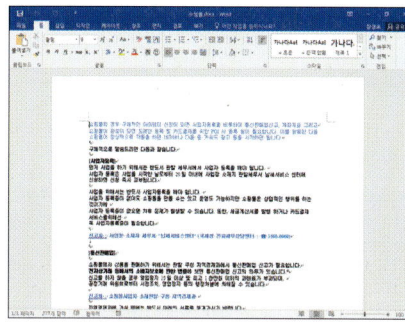 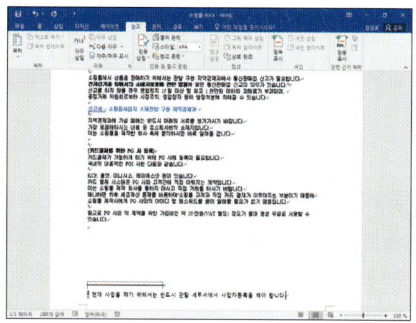

힌트

❶ [참조] 탭–[각주] 그룹에서 [각주 삽입]을 클릭합니다..

---

2 문서의 머리글에 파일 제목을 입력하고 바닥글에 만든 이를 입력해 보세요.

◎ 준비파일 : Part03₩Chapter03₩Check₩계약서.docx   ◎ 완성파일 : Part03₩Chapter03₩Check₩계약서_완성.docx

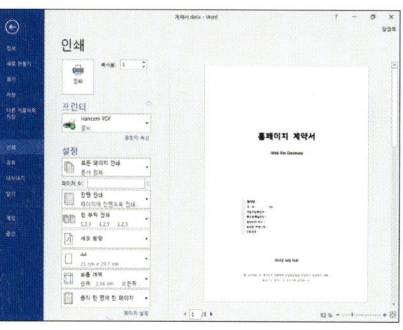 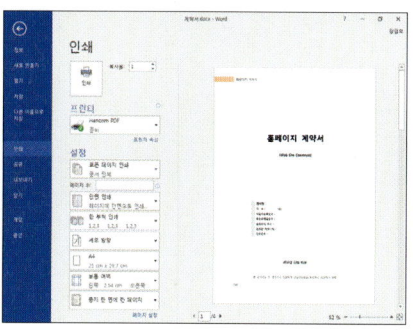

힌트

❶ [삽입] 탭–[머리글/바닥글] 그룹에서 [머리글]이나 [바닥글]을 클릭해 머리글이나 바닥글을 입력합니다.

특수 기능 활용하기

워드에는 다양한 특수 기능이 많습니다. 데이터 목록을 작성하거나 엑셀, 액세스 등에서 작성한 문서를 워드로 불러와 DM 발송물을 만들거나, 주소 레이블을 만들 수 있습니다. 참고로 엑셀에서는 단순한 주소 레이블을 만드는 것이 가능하지만 워드는 문서 편집 프로그램답게 문서를 꾸며 다양한 발송물을 만들 수 있습니다.

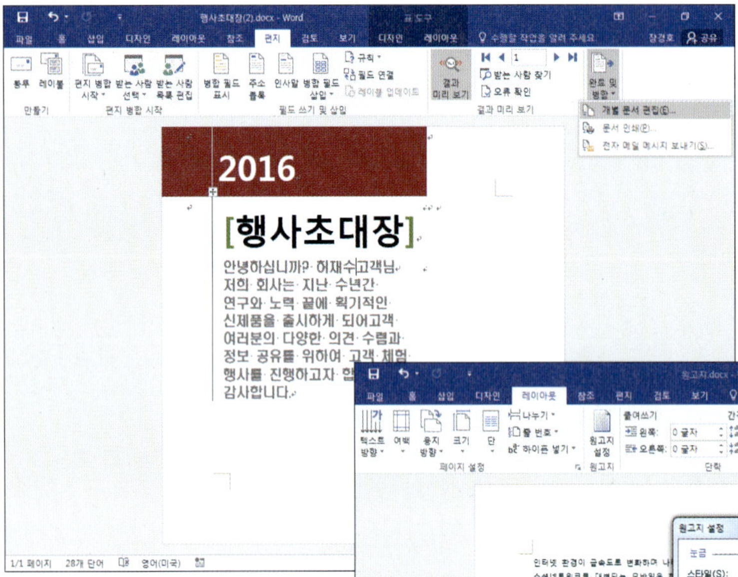

▲ DM 발송물 개별 문서 편집하기

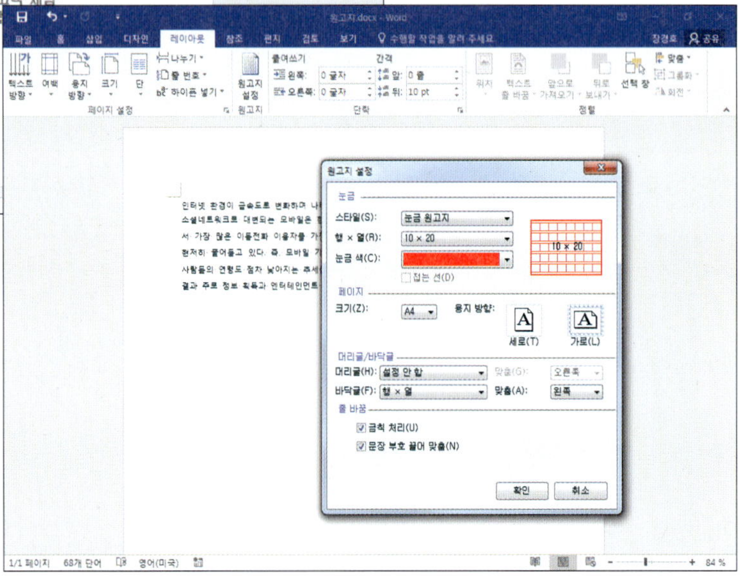

▲ 워드를 원고지로 만들기

이번 섹션에서 배울 주요 내용

- 데이터 목록 작성하기
- 저장한 목록 불러와 병합 필드 만들기
- 엑셀 주소록으로 편지 DM 발송물 만들기
- DM 발송물 개별 문서 편집하기

- 주소 레이블 병합하기
- 사용할 필드 연결하기
- 워드를 원고지로 만들기
- **스페셜** 워드 문서를 네이버 블로그에 바로 올리기

데이터 목록 작성하기

:: **준비파일** Part03₩Chapter03₩Section02₩초대권.docx | **완성파일** Part03₩Chapter03₩Section02₩초대권.mdb

편지 병합 시작을 통해 편지, 봉투, 레이블 등 다양한 데이터 목록을 작성할 수 있습니다.

01_ [편지] 탭-[편지 병합 시작] 그룹에서 [편지 병합 시작]-[편지]를 클릭합니다.

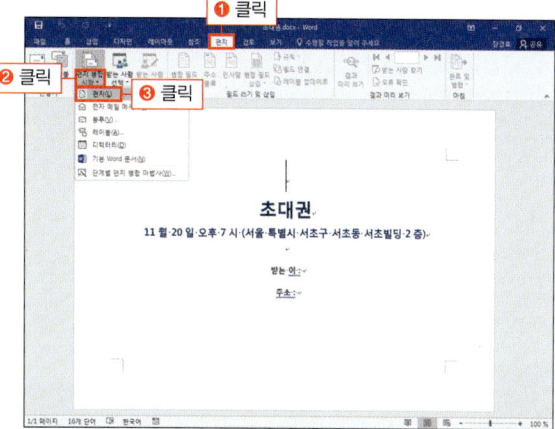

02_ [편지] 탭-[편지 병합 시작] 그룹에서 [받는 사람 선택]-[새 목록 입력]을 클릭합니다.

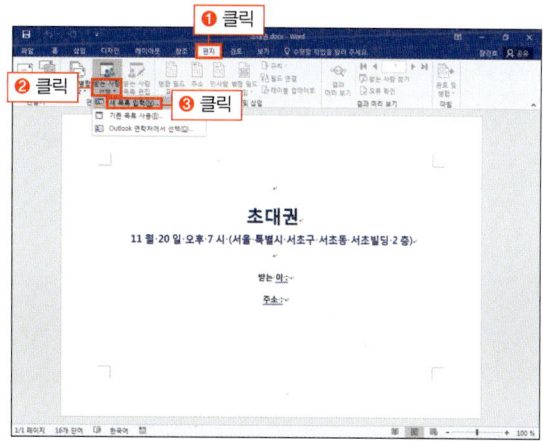

> **TIP**
> '새 목록 입력'을 선택하면 워드에서 데이터 파일을 직접 만들어 불러올 수 있으며, '기존 목록 사용'을 선택하면 엑셀이나 액세스 등의 문서를 가져올 수 있습니다.

03_ [새 주소 목록] 대화상자가 나타나면 [열 사용자 지정]을 클릭합니다. [주소 목록 사용자 지정] 대화상자가 나타나면 [필드 이름]에서 필요 없는 필드를 삭제합니다. 여기서는 [호칭]을 선택하고 [삭제]를 클릭한 후 경고 창이 나타나면 [예]를 클릭합니다.

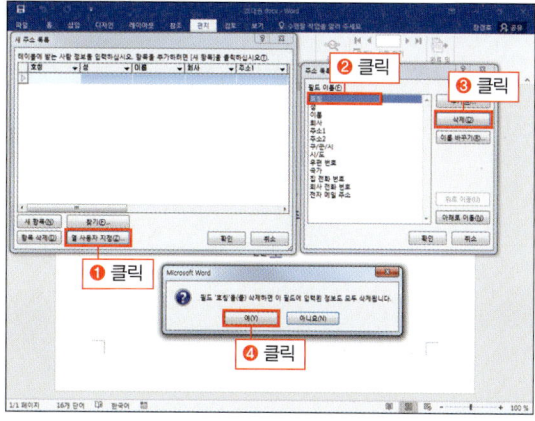

04_ 동일한 방법으로 나머지 필도도 삭제하여 다음과 같은 필드만 남긴 다음 [확인]을 클릭합니다.

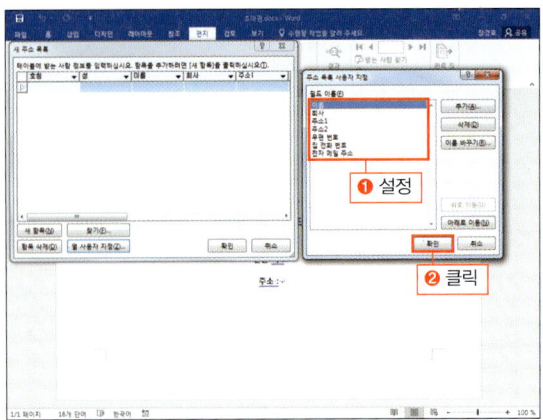

05_ [새 주소 목록] 대화상자에서 첫 번째 행의 각 필드에 데이터를 입력하기 위해 [새 항목]을 클릭합니다. 다음과 같이 새 주소 목록을 완성한 후 [확인]을 클릭합니다.

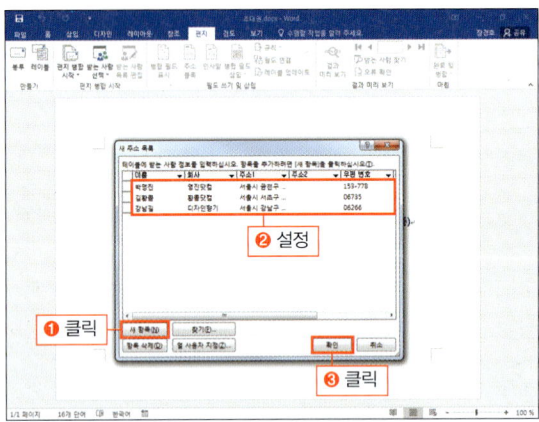

06_ [주소 목록 저장] 대화상자가 나타나면 [저장 위치]를 지정한 다음 [파일 이름]에 『초대권』을 입력하고 [저장]을 클릭합니다.

TIP

[주소 목록 저장] 대화상자를 통해 파일을 저장하면 .mdb 파일로 저장됩니다.

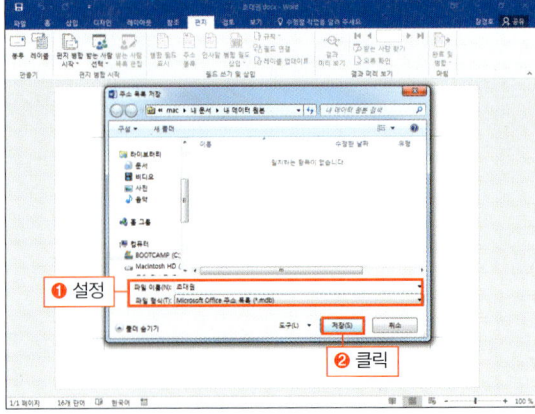

저장한 목록 불러와 병합 필드 만들기

:: **준비파일** Part03₩Chapter03₩Section02₩초대권.docx, 초대권.mdb | **완성파일** Part03₩Chapter03₩Section02₩초대권_완성.docx

데이터 목록을 작성했다면 목록을 불러와서 병합 필드를 만들 수 있습니다. 병합 필드를 통해 문서에 사용자의 이름이나 주소를 자동 입력할 수도 있습니다.

01_ 저장한 주소 목록을 불러오기 위해 [편지] 탭-[편지 병합 시작] 그룹에서 [받는 사람 선택]-[기존 목록 사용]을 클릭합니다.

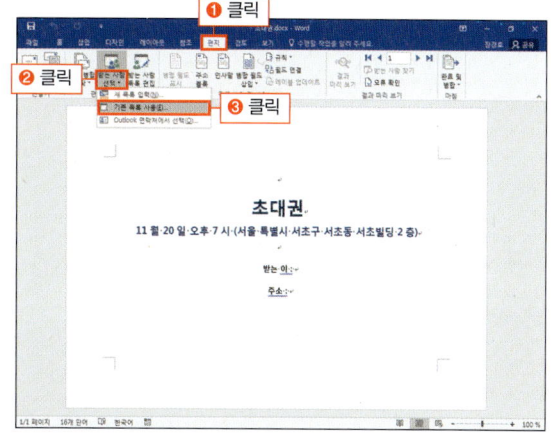

02_ [데이터 원본 선택] 대화상자가 나타나면 저장한 파일을 선택하고 [열기]를 클릭합니다.

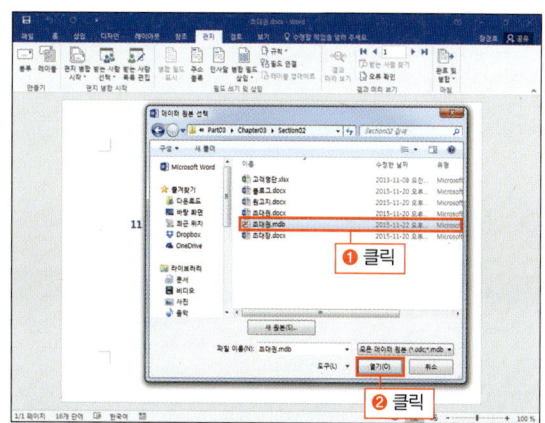

03_ 편집 화면에서 '받는 이 :' 다음에 커서를 위치시키고 [편지] 탭-[필드 쓰기 및 삽입] 그룹에서 [병합 필드 삽입]-[이름]을 클릭합니다.

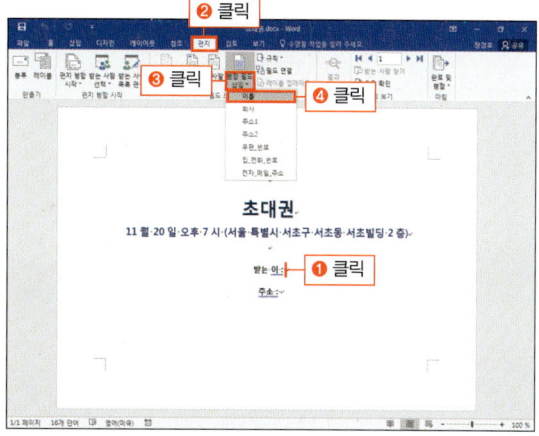

04_ 이름 필드가 추가됩니다. '주소 :' 다음에 커서를 위치시키고 [편지] 탭-[필드 쓰기 및 삽입] 그룹에서 [병합 필드 삽입]-[주소1]을 클릭합니다.

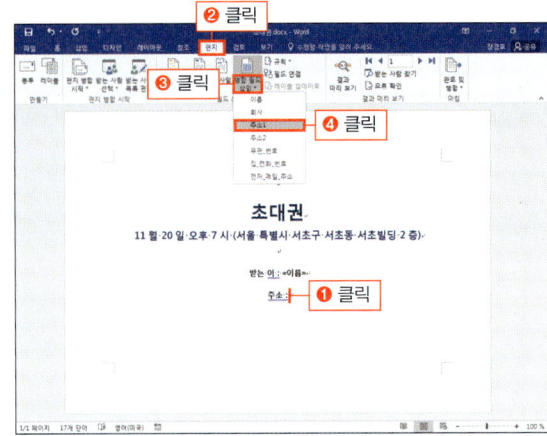

05_ [편지] 탭-[결과 미리 보기] 그룹에서 [결과 미리 보기]를 클릭합니다. 문서에 '받는 이'와 '주소'에 작성했던 데이터 목록이 삽입됩니다.

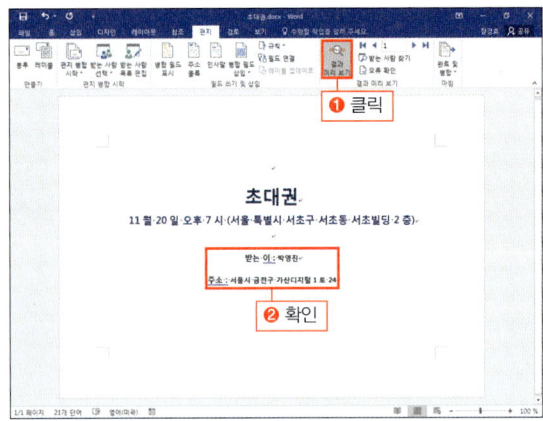

06_ [결과 미리 보기] 그룹에서 [다음 레코드]를 클릭하여 나머지 저장 목록도 제대로 삽입됐는지 확인합니다.

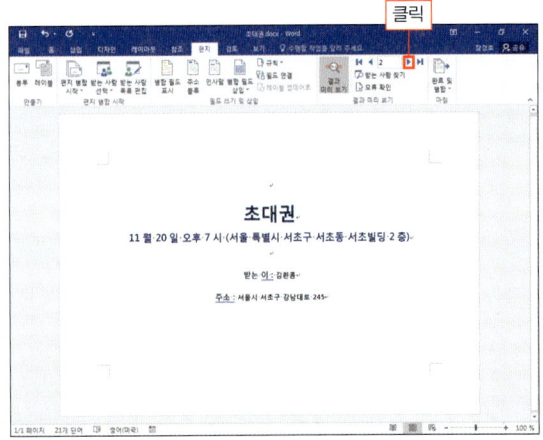
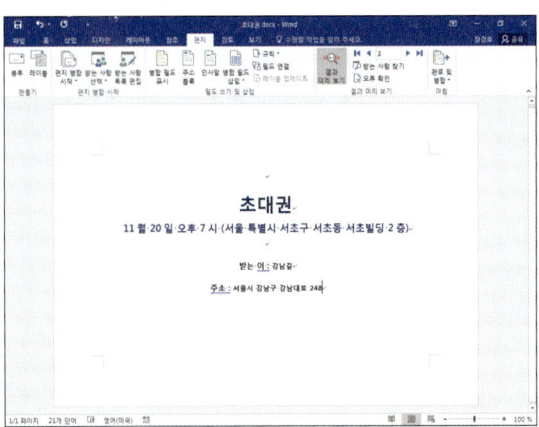

TIP

[결과 미리 보기] 그룹에서 [다음 레코드]를 클릭하면 지정한 레코드를 모두 확인할 수 있습니다.

엑셀 주소록으로 편지 DM 발송물 만들기

:: **준비파일** Part03₩Chapter03₩Section02₩행사초대장.docx, 고객명단.xlsx | **완성파일** Part03₩Chapter03₩Section02₩행사초대장_완성.docx

'기존 목록 사용' 기능을 이용하면 워드 문서나 엑셀, 액세스 등에 저장했던 다양한 문서를 불러와 사용할 수 있습니다.

01_ '고객명단.xlsx' 파일을 불러오면 엑셀 시트에 고객의 명단이 작성되어 있습니다. 이를 활용하여 행사초대장을 쉽고 빠르게 만들어 보겠습니다.

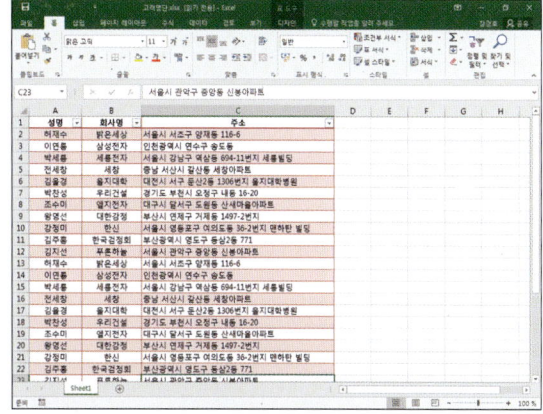

02_ 워드에서 [편지] 탭─[편지 병합 시작] 그룹의 [편지 병합 시작]─[편지]를 클릭합니다.

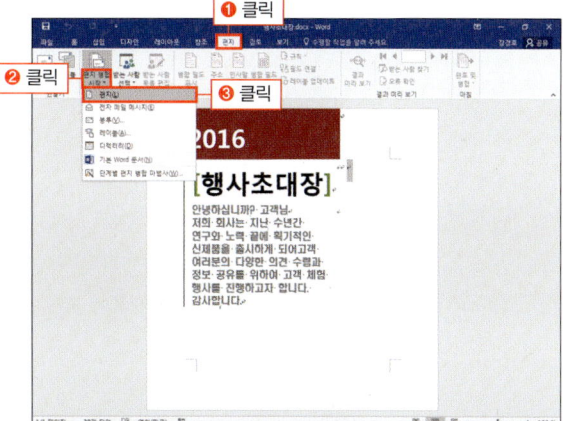

03_ [편지] 탭─[편지 병합 시작] 그룹에서 [받는 사람 선택]─[기존 목록 사용]을 클릭합니다.

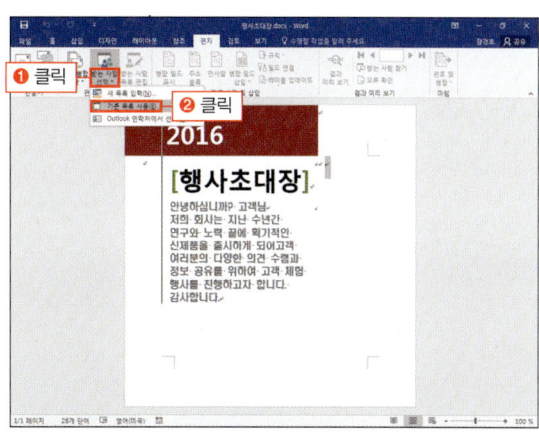

04_ [데이터 원본 선택] 대화상자가 나타납니다. '고객명
단.xlsx' 파일을 불러온 다음 [열기]를 클릭합니다.

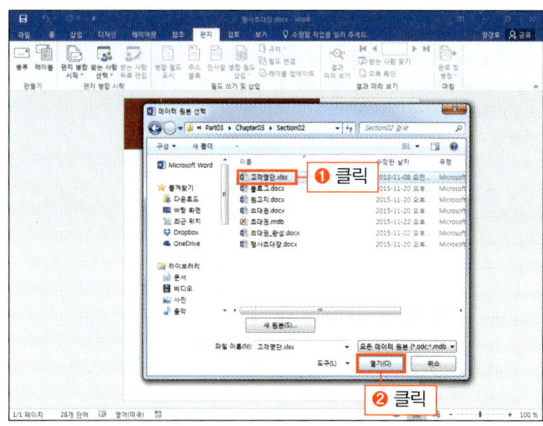

05_ [테이블 선택] 대화상자에서 'Sheet1$'를 선택하고
[확인]을 클릭합니다.

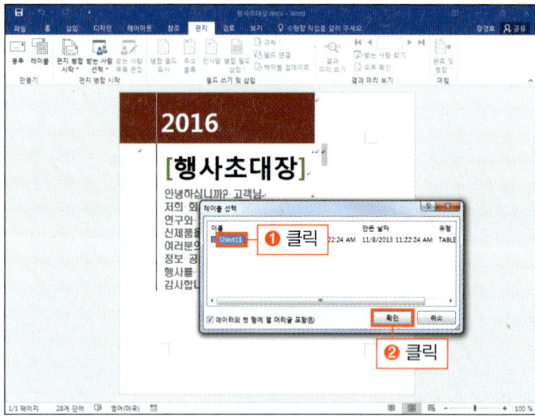

06_ 병합 필드를 삽입하기 위해 편집 화면의 '고객님' 텍
스트 앞에 커서를 위치시키고 [편지] 탭-[필드 쓰기 및 삽
입] 그룹에서 [병합 필드 삽입]-[성명]을 클릭합니다.

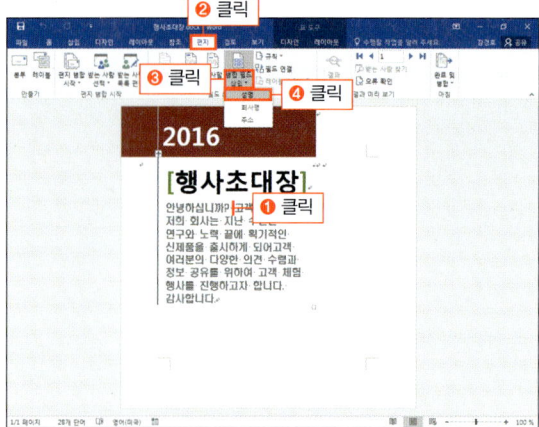

07_ '고객님' 텍스트 앞에 필드가 포함됩니다. [편지] 탭─[결과 미리 보기] 그룹에서 [결과 미리 보기]를 클릭하고 고객의 이름이 필드에 포함되는지 확인합니다.

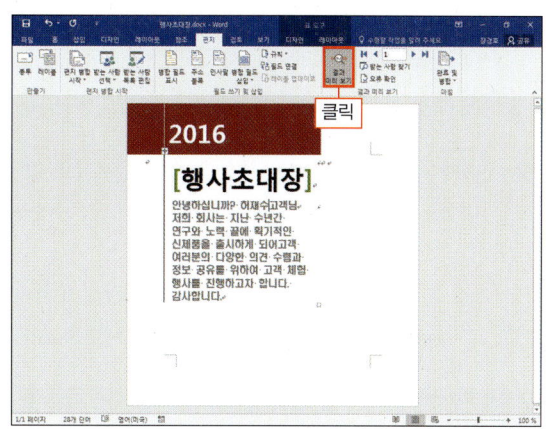

08_ 인쇄를 진행해 보겠습니다. [편지] 탭─[마침] 그룹에서 [완료 및 병합]─[문서 인쇄]를 클릭합니다.

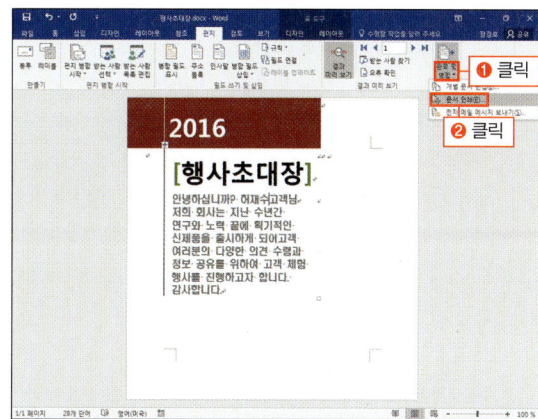

09_ [프린터로 출력] 대화상자가 나타나면 [인쇄 기록]─[모두]를 체크한 후 [확인]을 클릭합니다. 인쇄가 진행됩니다.

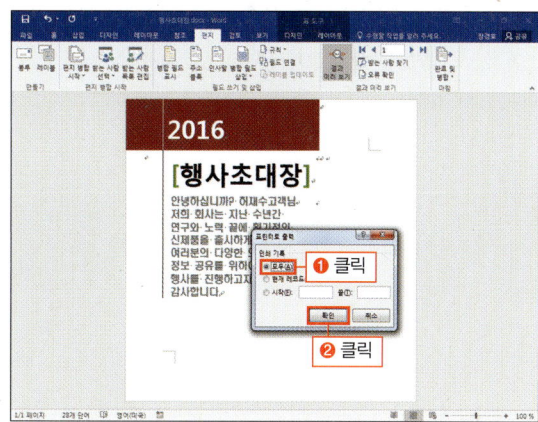

DM 발송물 개별 문서 편집하기

:: 준비파일 Part03₩Chapter03₩Section02₩행사초대장(2).docx | 완성파일 Part03₩Chapter03₩Section02₩행사초대장(2)_완성.docx

DM 발송물을 만들면 동일한 내용의 문서가 고객의 명단에 따라 자동 생성됩니다. 하지만 고객에 따라 내용이 달라지는 경우가 있습니다. 이럴 때 개별 문서 편집 기능을 활용할 수 있습니다.

01_ 개별 문서를 편집하기 위해 [편지] 탭-[마침] 그룹에서 [완료 및 병합]-[개별 문서 편집]을 클릭합니다. [새 문서로 병합] 대화상자가 나타나면 [레코드 병합]-[모두]를 체크하고 [확인]을 클릭합니다.

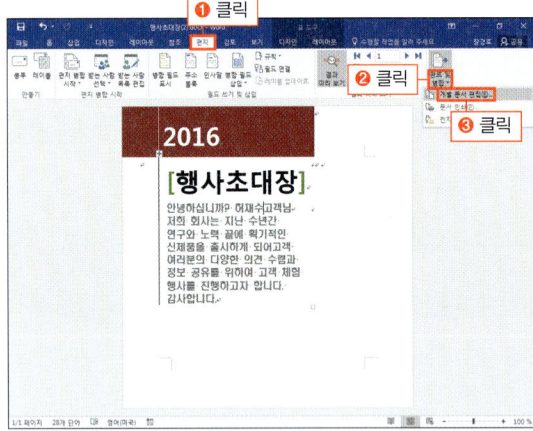

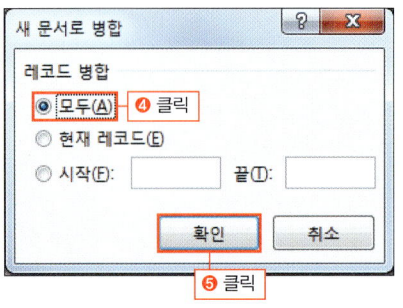

02_ [보기] 탭-[확대/축소] 대화상자에서 [여러 페이지]를 클릭하여 개별 문서를 확인합니다. 수정이 필요한 페이지를 선택해 내용을 수정합니다.

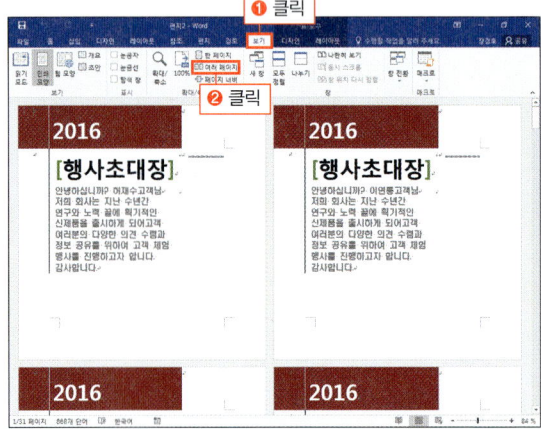

주소 레이블 병합하기

:: **준비파일** Part03₩Chapter03₩Section02₩고객명단.xlsx | **완성파일** Part03₩Chapter03₩Section02₩주소레이블_완성.docx

편지 봉투 등에 붙여넣을 주소를 워드에서 레이블로 만들어 적합한 레이블 용지에 출력할 수 있습니다.

01_ 비어있는 새 워드 문서를 엽니다. 주소 레이블을 병합하기 위해 [편지] 탭-[편지 병합 시작] 그룹에서 [편지 병합 시작]-[레이블]을 클릭합니다.

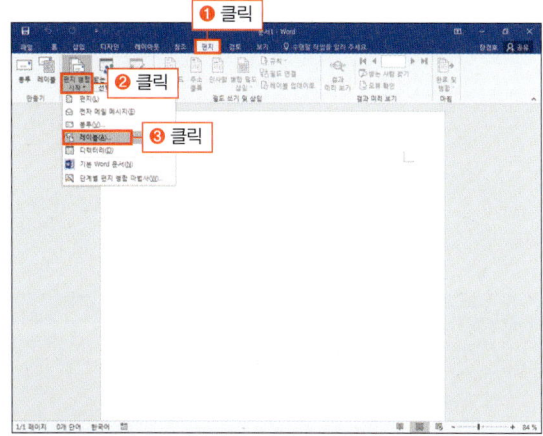

02_ [레이블 옵션] 대화상자가 나타나면 [레이블 정보]-[레이블 제조 회사]에서 원하는 제조사를 선택하고 [제품 번호]에서 원하는 제품을 선택합니다. 여기서는 [레이블 제조 회사]-[Formtec]을 선택한 후 [제품 번호]-[Formtec 3109]를 선택하고 [확인]을 클릭합니다.

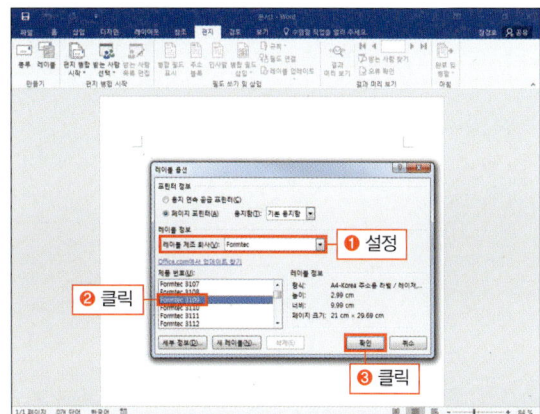

03_ [편지] 탭-[편지 병합 시작] 그룹에서 [받는 사람 선택]-[기존 목록 사용]을 클릭합니다.

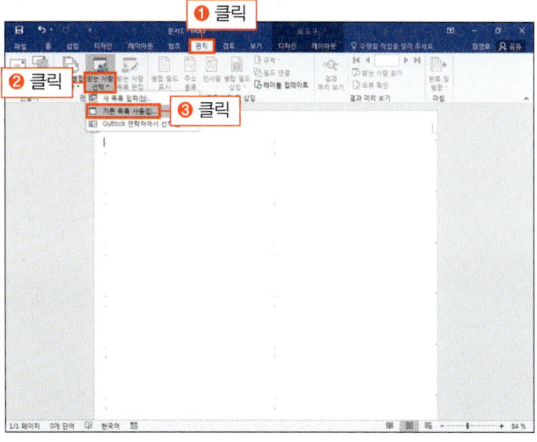

04_ [데이터 원본 선택] 대화상자가 나타나면 '고객명단.xlsx'를 선택하고 [열기]를 클릭합니다.

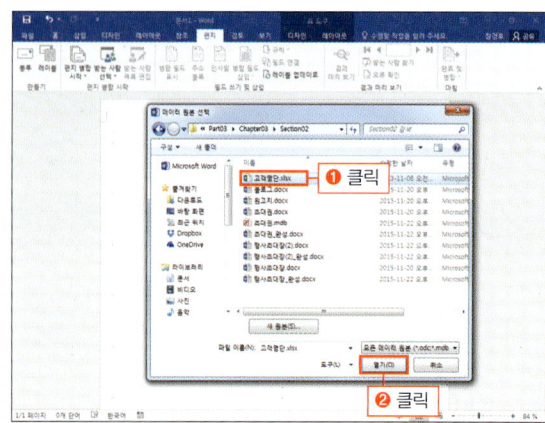

05_ [테이블 선택] 대화상자가 나타나면 'Sheet1$'를 선택하고 [확인]을 클릭합니다. 레코드가 정렬됩니다.

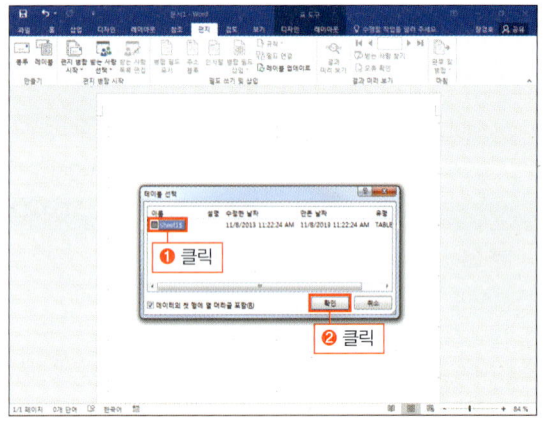
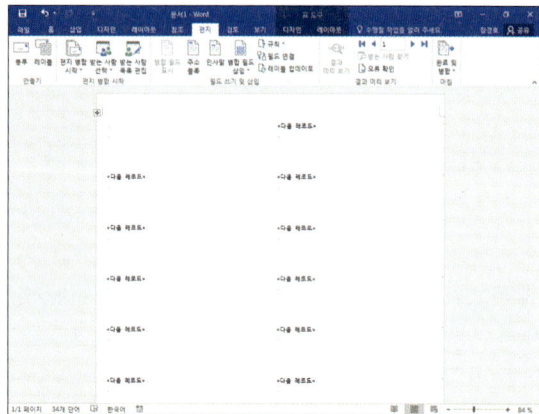

사용할 필드 연결하기

∷ **준비파일** Part03₩Chapter03₩Section02₩주소레이블(2).xlsx | **완성파일** Part03₩Chapter03₩Section02₩주소레이블(2)_완성.docx

주소 레이블 병합을 통해 필드가 연결되었다면 사용할 필드를 선택할 수 있습니다.

01_ [편지] 탭–[필드 쓰기 및 삽입] 그룹에서 [병합 필드 삽입]–[성명]을 클릭합니다. 동일한 방법으로 [회사명], [주소]를 차례대로 삽입합니다.

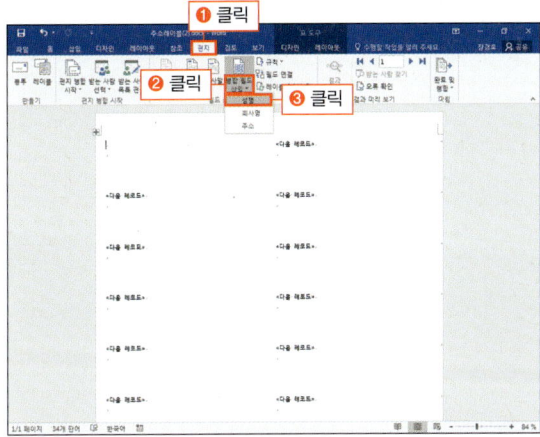

02_ [편지] 탭–[필드 쓰기 및 삽입] 그룹에서 [레이블 업데이트]를 클릭합니다. 레이블이 업데이트되었는지 확인하기 위해 [편지] 탭–[결과 미리 보기] 그룹에서 [결과 미리 보기]를 클릭합니다. 레코드가 정렬되어 표시됩니다.

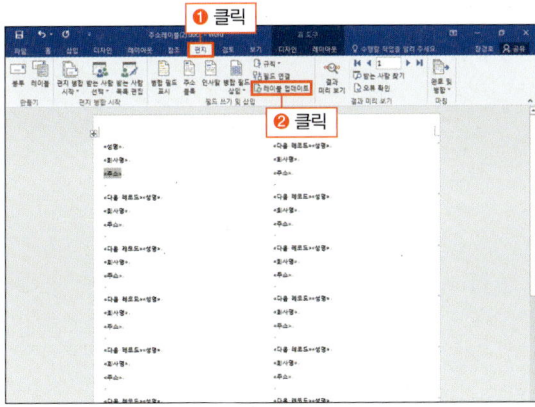
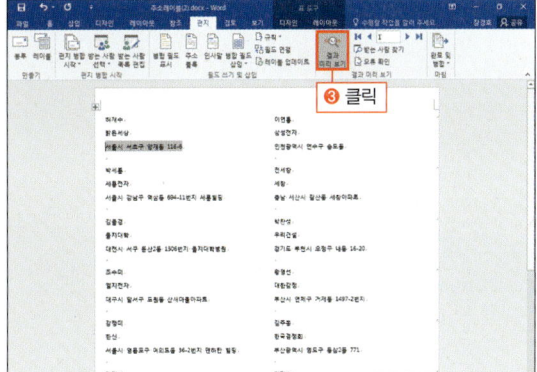

QR 코드로 더 자세히

사용할 필드 연결하기

필드 이름과 불러온 데이터 목록의 필드 이름이 일치하지 않을 경우에는 [필드 연결]을 통해 올바르게 연결을 해야 합니다. [필드 연결] 대화상자를 통해 주소 레이블을 병합하는 방법은 저자의 블로그 (http://blog21.kr/40194070055)에서 알아보기 바랍니다. QR 코드를 스마트폰으로 찍으면 바로 확인할 수 있습니다.

워드를 원고지로 만들기

:: 준비파일 Part03₩Chapter03₩Section02₩원고지.docx | 완성파일 Part03₩Chapter03₩Section02₩원고지_완성.docx

200자나, 400자, 혹은 1000자 원고지 중에서 작성할 원고지 종류를 선택하여 문서를 작성할 수 있고, 기존에 작성한 문서를 원고지 형식으로 변환할 수도 있습니다.

01_ [레이아웃] 탭-[원고지] 그룹에서 [원고지 설정]을 클릭합니다. [원고지 설정] 대화상자가 나타나면 [스타일]-[눈금 원고지], [행 x 열]-[10 x 20], [용지 방향]-[가로]로 설정하고 [확인]을 클릭합니다.

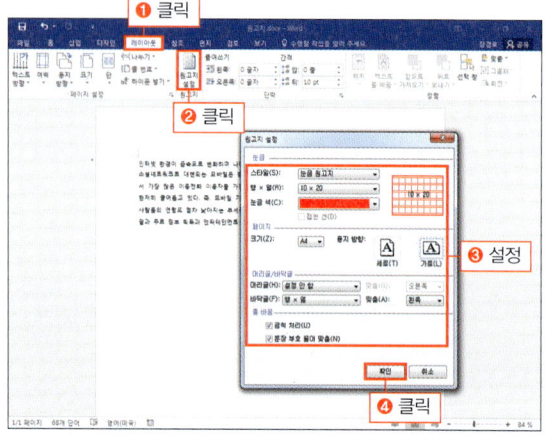

02_ 현재 커서가 놓여 있던 곳의 내용이 원고지에 그대로 변환되어 나타납니다.

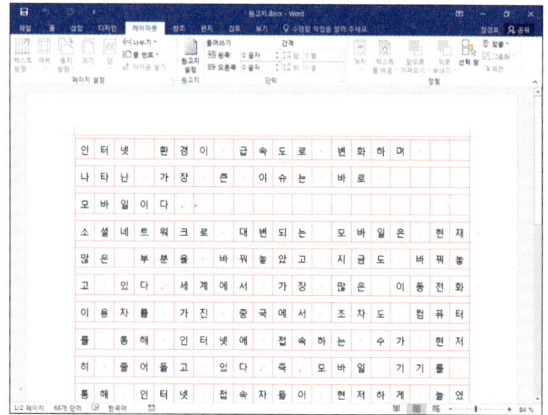

워드 문서를 네이버 블로그에 바로 올리기

작성하는 문서를 본인의 블로그 등에 바로 올릴 수 있습니다. 여기서는 가장 많은 사람들이 사용하는 네이버 블로그를 기준으로 설명하겠습니다.

준비 파일 Part03₩Chapter03₩Section02₩블로그.docx   **완성 파일** Part03₩Chapter03₩Section02₩블로그_완성.docx

01 [파일] 탭-[공유]를 클릭한 다음 [블로그에 게시]-[블로그에 게시]를 클릭합니다.

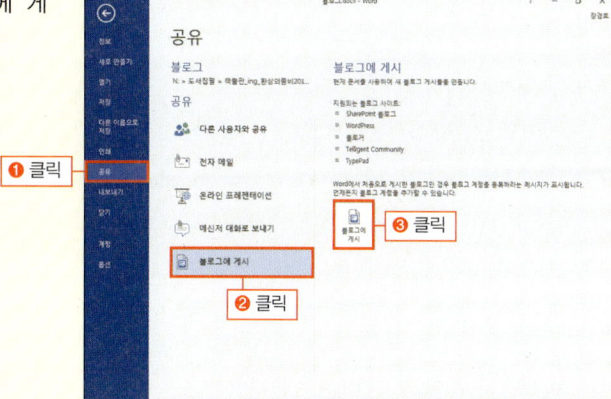

02 [블로그 계정 등록] 창이 나타나면 [지금 등록]을 클릭합니다. [새 블로그 계정] 창이 나타나면 [블로그]에서 '기타'를 선택하고 [다음]을 클릭합니다.

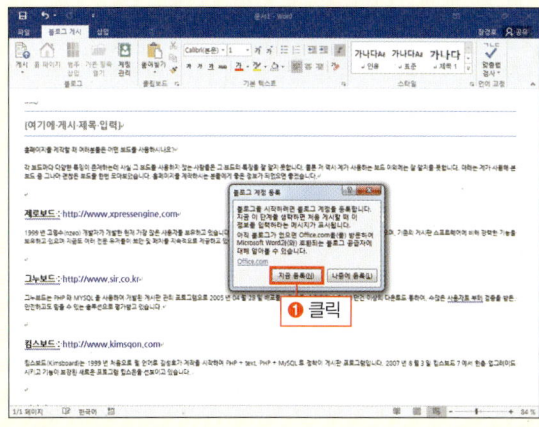

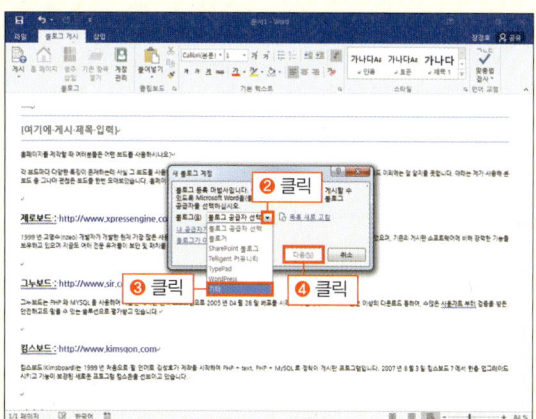

03 여기서는 네이버 블로그를 예로 알아보겠습니다. 인터넷 창을 연 다음 본인의 네이버 블로그 관리자 모드에서 [글쓰기 API 설정]을 클릭합니다. 본인의 'API 연결 정보'를 확인합니다.

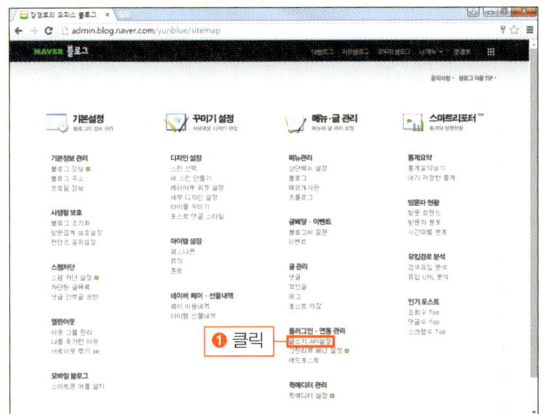 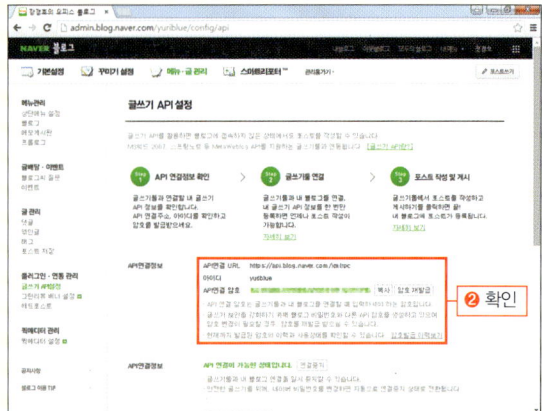

04 워드의 [새 계정] 대화상자에 [블로그 게시 URL]과 [사용자 이름], [암호]를 'API 연결 정보'에서 확인하여 각각 입력한 다음 [확인]을 클릭합니다. [계정이 등록되었습니다.] 창이 나타나면 정상적으로 계정이 등록된 것입니다. [확인]을 클릭합니다.

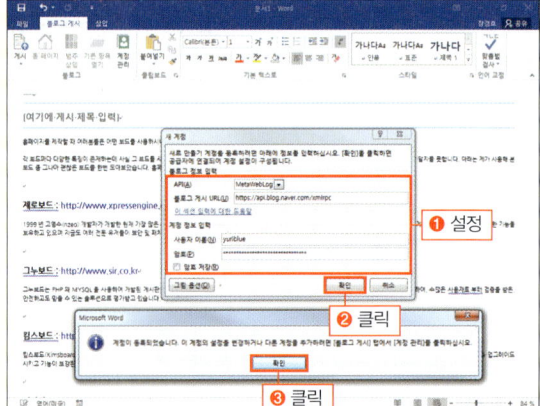

05 [블로그 게시] 탭-[블로그] 그룹에서 [게시]-[게시]를 클릭합니다.

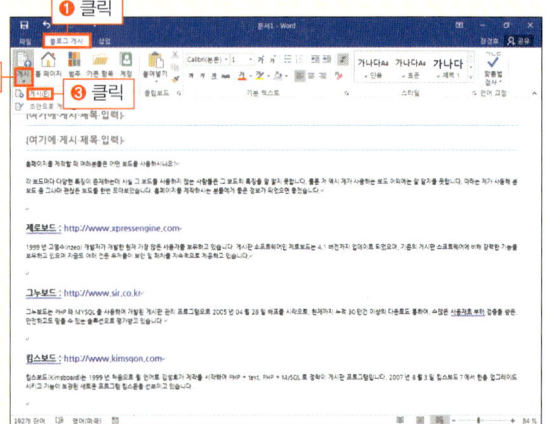

06 사용자 이름과 암호 입력란이 나타나면 본인의 블로그 아이디와 API 연결 암호를 입력합니다. [암호 저장]에 체크를 한 후 [확인]을 클릭합니다.

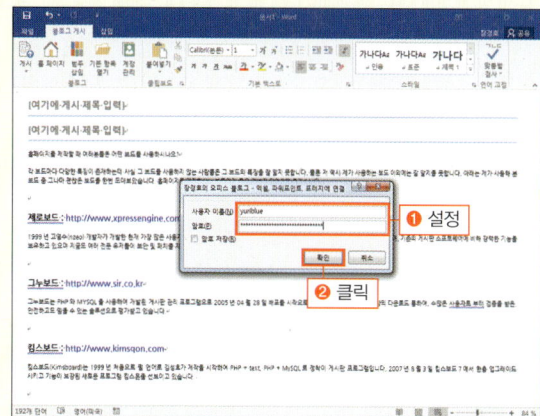

07 '게시되었습니다.' 메시지가 나타납니다. 본인의 블로그를 방문해 포스팅이 업로드되었는지 확인합니다. [수정]을 클릭해 내용을 재편집한 후 포스팅을 완료합니다.

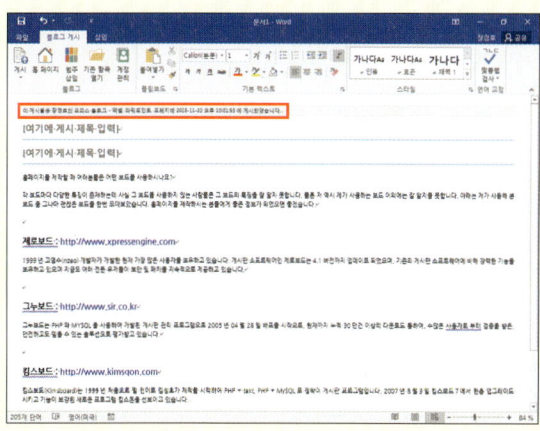
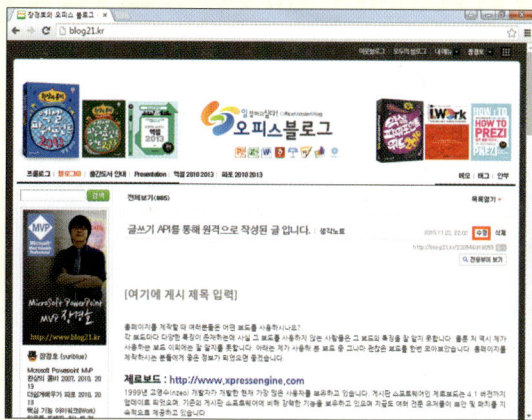

1 워드 문서를 공유하기 위해 PDF 파일로 저장하여 첨부 파일로 전달할 수 있습니다. 여기서는 워드 문서를 메일로 공유해 보세요.

◎ 준비파일 : 없음　　◎ 완성파일 : 없음

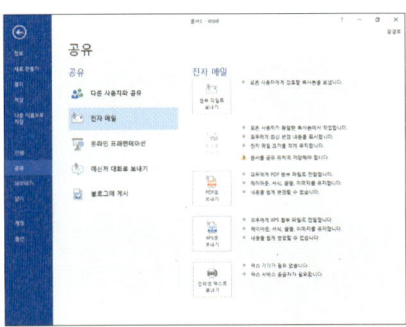 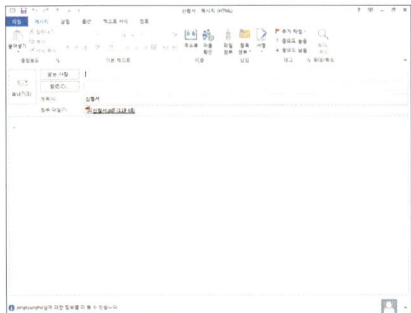

힌트

❶ [파일] 탭–[공유]–[전자 메일]–[PDF로 보내기]를 클릭합니다.

---

2 워드는 원고지로 만들 수 있습니다. 눈금 원고지를 만들되, 행 20, 열 20으로 구성된 원고지를 만들어 보세요.

◎ 준비파일 : 없음　　◎ 완성파일 : Part03₩Chapter03₩Check₩원고지_완성.docx

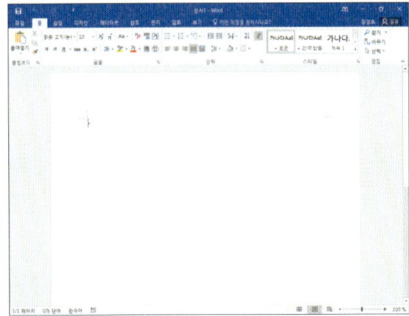 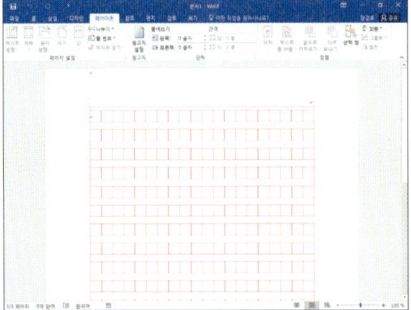

힌트

❶ [레이아웃] 탭–[원고지] 그룹에서 [원고지 설정]을 클릭합니다.

index

Symbols

[개요] 보기 • 11

[단락] 대화상자 • 56

[맞춤법 검사] 창 • 25

[문서 전체 번역] 창 • 27

[웹 모양] 보기 • 11

[인쇄 모양] 보기 • 10

[읽기 모드] 보기 • 10

[찾기 및 바꾸기] 대화상자 • 18

[초안] 보기 • 12

[한글/한자 변환] 대화상자 • 42

[확대/축소] 대화상자 • 13

D

DM 발송물 • 121

P

PDF/XPS 문서 만들기 • 30

S

SmartArt 그래픽 • 63

ㄱ

각주 • 107

그림 삽입 • 64

글꼴 색 • 39

글머리 기호 • 52

ㄴ

내어쓰기 • 54

네이버 블로그 • 129

눈금자 • 55

ㄷ

다른 문서 열기 • 9, 36

단 • 98

데이터 목록 • 117

들여쓰기 • 54

ㄹ

레이블 • 125

ㅁ

맞춤법 • 24

머리글 • 100

메모 • 57

목차 • 108

문법 검사 • 24

문서 보호 • 19

문자 간격 • 49

미주 • 107

ㅂ

바닥글 • 100

번역 • 26

번호 매기기 • 52

병합 필드 • 119

복사본 • 38

ㅅ

사용자 정보 • 9

상태 표시줄 • 15

새 메모 • 57

색인 • 111

서식 복사 • 46

셀 병합 • 86

셀 분할 • 86

수식 도구 • 44

쓰기 암호 • 19

ㅇ

아래 첨자 • 43

암호 설정 • 19

양식 컨트롤 도구 • 113

여백 • 68

열 • 76

열기 암호 • 19

온라인 서식 파일 • 9

온라인 서식 파일 검색 • 9

용지 방향 • 67

용지 크기 • 68

워터마크 • 70

원고지 • 128

원 문자 • 37

위 첨자 • 43

음영 • 39

인쇄 미리 보기 • 67

잉크 수식 • 44

ㅈ

자동 목차 • 110

장평 • 49

정렬 • 83

지우개 • 82

ㅊ

차트 • 88

책갈피 • 103

최근에 사용한 항목 • 9

최종본으로 표시 • 21

ㅌ

타이포그래피 • 41

탐색 창 • 16

테두리 및 음영 • 50

텍스트 강조색 • 39

텍스트로 변환 • 84

텍스트를 표로 변환 • 85

텍스트 효과 • 41

ㅍ

페이지 나누기 • 97

페이지 번호 • 101

페이지 테두리 • 69

표 • 76

표 테두리 • 80

ㅎ

한글 문서 • 29

행 • 76

환상의 콤비
엑셀 & 파워포인트 & 워드 2016

1판 1쇄 발행 2016년 3월 31일
1판 2쇄 발행 2017년 4월 7일

저　　자 | 장경호
발 행 인 | 김길수
발 행 처 | (주)영진닷컴
주　　소 | (우)08505 서울시 금천구 가산디지털2로 123
　　　　　월드메르디앙벤처센터2차 10층 1016호

등　　록 | 2007. 4. 27. 제16-4189호

YoungJin.com **Y.**
영진닷컴